丛书策划　陈义望　朱宝元

看世界｜区域国别史经典丛书

The Penguin History of EUROPE

欧洲史

从古希腊到冷战后　上

J. M. Roberts

[英] J. M. 罗伯茨——著
李腾　史悦　等——译

中国出版集团 東方出版中心

图书在版编目（CIP）数据

欧洲史：从古希腊到冷战后 / (英) J.M.罗伯茨著；李腾等译. —上海：东方出版中心，2023.8
ISBN 978-7-5473-2256-7

Ⅰ. ①欧… Ⅱ. ①J… ②李… Ⅲ. ①欧洲—历史
Ⅳ. ①K500

中国国家版本馆 CIP 数据核字(2023)第 149254 号

审图号：GS（2023）4035 号，本书地图系原书插附地图
上海市版权局著作权合同登记：图字 09-2023-1062 号

The Penguin History of Europe by J.M.Roberts.

欧洲史：从古希腊到冷战后

著　　者　[英] J.M. 罗伯茨
译　　者　李　腾　史　悦　等
丛书策划　陈义望　朱宝元
责任编辑　赵　明　潘灵剑　张芝佳
装帧设计　钟　颖

出 版 人　陈义望
出版发行　东方出版中心
地　　址　上海市仙霞路 345 号
邮政编码　200336
电　　话　021-62417400
印 刷 者　上海盛通时代印刷有限公司

开　　本　710mm×1000mm　1/16
印　　张　58
字　　数　880 千字
版　　次　2024 年 1 月第 1 版
印　　次　2024 年 1 月第 1 次印刷
定　　价　198.00 元

目录 Contents

前　　言

我写本书的目的是为欧洲过去的历史提供一个轮廓。我的出发点就是几年前在我的《世界历史》一书中所说的关于欧洲的内容，本书的结构对此也有所反映。本书有些地方会重复早前那本书中的一些内容；如果我对某一特定话题没有改变想法，并且不觉得多少需要给予一些关注的话，我也不愿意重复自己的观点。如果我想到的这些观点仍然正确，那力求做些简练的修改似乎也毫无意义。但是所有读过那本书的人在阅读本书时，会从中发现很多新的不同的观点。

我希望我写的是一本有用的指导用书。当前，"欧洲"一词具有浓厚的政治色彩，我不想攫取政治家的角色。在接下来的言辞中，我不想对"欧洲"一词作任何特别的回应，只有一点就是：谨慎对待其含义。我们甚至经常还无法就欧洲人是谁或者（如果我们认为我们能回答这个问题的话）他们共有的是什么这样的问题达成一致意见。问题的答案总是"因时而异"，这样的问题需要历史的回答。历史确立了大部分欧洲人自我认知的很多方式（尽管他们可能没有意识到），这也值得我们努力去了解在拥有共同的经历之后，很多欧洲人身上留下的究竟是怎样的感觉。

我们现在试图认识历史的意义并衡量历史对现在的重要性可能比过去这么做要合理得多。最近的时事也已表明，我们是如何经常性地被周围爆发(或反复爆发)的历史事件所震惊。历史总是被人遗忘,这在爱尔兰就表现得很清楚。其实没必要指出这一点,但是现在历史在家庭和学校中受到的关注比过去要少得多,这让我们比过去更加脆弱。就在几个月以前,我读报纸的时候看到有报道说现在有些英国皇家空军官员都不知道不列颠战役。更加悲惨、残酷的是,正是对历史的遗忘促使波斯尼亚(Bosnia)遭受了五年的不幸。

促使我写本书的直接原因是受到出版商大卫·阿特沃尔(David Attwooll)的邀请。除了最正式的目的以外,他不用对本书中我选择的任何个人观点负责,但我很感谢他能给予我这次机会。有人可能会认为每次叙述历史,最后都证实了其中固有的一个现象,就是阻碍对历史的理解。描述历史往往会把历史过分简单化,尤其是通史,更容易遭到这方面的不利批评。本书显然是一部通史。即使是本书高度概括的六卷中的最后两卷,虽然作为对全文的进一步细分,空间上比前几卷更自由一些,但每卷的叙述也都跨越了半个世纪左右。当有些读者发现很多重要的话题没有收入其中时,他们肯定会很失望。在约100万字的叙述中,肯定很难为整个欧洲大陆的历史找到足够的空间。

我有时候试图最大限度地把信息压缩进来,但我不想过多地对它们加以强调。除非是在某些非常特殊的事例中,一般情况下历史数据都应作图解说明或明确标示,而不是给出一个巧妙估算出来的范围。我们不能过分相信这些数据。即使是最好的数据通常也只是比较接近的估算,其使用的地方不同,效果也就不一样。我曾经想依据值得信赖的权威人士,但即使是他们也不得不运用一些不精确的数据。切尔诺贝利(Chernobyl)灾难发生10年以后,科学家们仍然无法确定其死亡人数。另一种截然不同的情况是,各种"权威"慷慨地提供了大量丰富的数据资料(美国中央情报局认为他们能够确认1991年7月印度人口的数量不是8.5亿乃至8.66亿,而是精确的866 351 738人),因此如果我们估计目前地球上生活着的人类数量在5 000万左右,那将是很愚蠢的行为。同样,我们往回追溯得越远,所得到的资料往往就越不可靠。我希望我能达到的最理想状态就是,我能用这些经过深思熟虑的估算数据来指出相关的数据比较的重要规则。

朱莉·格哈迪夫人承受了巨大的压力帮我输入本书的部分书稿内容,但她对我没有一点抱怨(尽管我不知道她的家人从她那里听到的情况是怎样的),我谨对她表示最诚挚的谢意。本书的编辑安妮·露西·诺顿,忍受着各种批评以及很多其他的问题,但在整理出版的过程中她仍然对我充满善意,给予我很多的关心和帮助。我从未视之为理所当然,并衷心地感谢她。我还要感谢她的同事们所提供的专业帮助。最重要的是,我要一如既往地感谢我的家人对我表现出的宽容与耐心,他们被迫接受了我的作息时间表,而我的作息时间与他们期望的通常是截然不同的。如果本书需要有正式的献词的话,那我要把它献给几年前匆匆离世的一位朋友——诺埃尔·萨尔特。50 年前他就已经是一位热忱的亲欧盟者了。无疑,他会不赞同这些篇章中的很多内容(对此我毫无疑虑,因为他对朋友的观点从来都是坦率批评,没有保留的),但我想如果本书问世了,他应该不会感到遗憾。因为此处可以很好地记录我跟他之间从半个多世纪以前就开始的感情,我们认识的时候都还是学生。

J. M. 罗伯茨

1996 年 7 月

第一卷

遗　　产

1 人类有时候是有意识地书写历史。然而，他们只能通过手头已经发现并掌握的资料来做这项工作，所持的观点也得是自己和旁人都能信服的，并且需要他们自己选择哪些可能发生，哪些不可能发生——总之，就是得在现有环境和过去历史所设定的条件下才能书写历史。事实上影响他们如何书写的，可以是非常古老的历史。例如，现代的欧洲人就可以追溯到漫长的地质时期。正是在那时，欧洲奠定了其独特的地理形状，特定的岩石、土壤，以及特殊的矿产资源（近 30 年来北海油田的开发就足以提醒我们去发现很多我们生活的土地下面，或者土地周围的大陆架下面蕴藏的矿产）。欧洲历史之所以有其自身的发展方向，就是因为它占有一方土地，并且有着特殊的轮廓，这些都为其发展提供了一些可能性，并使之与其他大陆相区别。为了让欧洲与人类史实相结合，我们必须从地理方面开始说起。

如果说地形结构为人类创造历史设立了一定的环境，那么我们同样可以说过去的人类也影响着地形结构的形成。最能鲜明代表人类勤劳与智慧的事物并非总是最负盛名的。在过去大约 2 000 年的时间里，史前巨石柱除了作为学术研究以及人们惊叹、好奇的焦点之外，与别的都不相关。然而，其他同时期的人类创造物却对未来产生了巨大的影响。它们影响着世世代代人的思想（有些至今仍然如此），有时表现为引导，有时表现为激励，有时又表现为限制，通常都会给欧洲和欧洲人的历史留下根深蒂固的影响和烙印。我们很难对其进行真实的描述，也不可能加以总结。我们所能尝试的最好的办法也就是通过概述让人们对它们的重要性和影响力留下一个大致的印象。其中最为重要的将在古希腊、古罗马人创造的世界、早期基督教及上古时代最后几个世纪中蛮族入侵西欧等事件中出现。它们正是通过这些历史事件奠定了未来欧洲的基础。

第一章　基　　础 3

地理

我们手头的地图总是让我们忽略了某些地理现实，即使是一些出现没多久的情况也不能幸免。轮廓的形成就是其中之一。我们大约可以从1万年前开始寻找欧洲，那时欧亚大陆西端的次大陆已经有了几分今天的形状。当时已经存在的很多因素将在很大程度上决定着之后的历史，并将在几千年的时间里影响数百万生命。更为遥远的史前时代为我们留下了一个巨大的海角或半岛，它刚好从亚洲大陆向西边凸出，就像印度从亚洲大陆向南凸出一样。除了东部，即使是欧洲内陆地区，大部分也都离海洋不远，无论过去还是现在都是如此。在大陆的北部和西部有一些较大的近海岛屿（不列颠群岛），南部也有科西嘉岛（Corsica）、撒丁岛（Sardinia）、西西里岛及克里特岛。这些岛屿周围及大陆沿海地区还星罗棋布着其他很多较小的岛屿。大陆沿岸还分布着一些附属半岛，虽是附属，但面积仍然很大。其中最重要的有斯堪的纳维亚、布列塔尼、伊比利亚、意大利以及希腊半岛。几乎每一处海岸线上都交错分布着大量的峡湾、海峡以及海湾。其中一些由从内陆蜿蜒数百英里而来的河流孕育而成。

地理因素非常重要，但也有评论说历史是由掌握并发现地理真相的人创造的。海洋将成为欧洲变化和当地人生活重要的决定性因素。

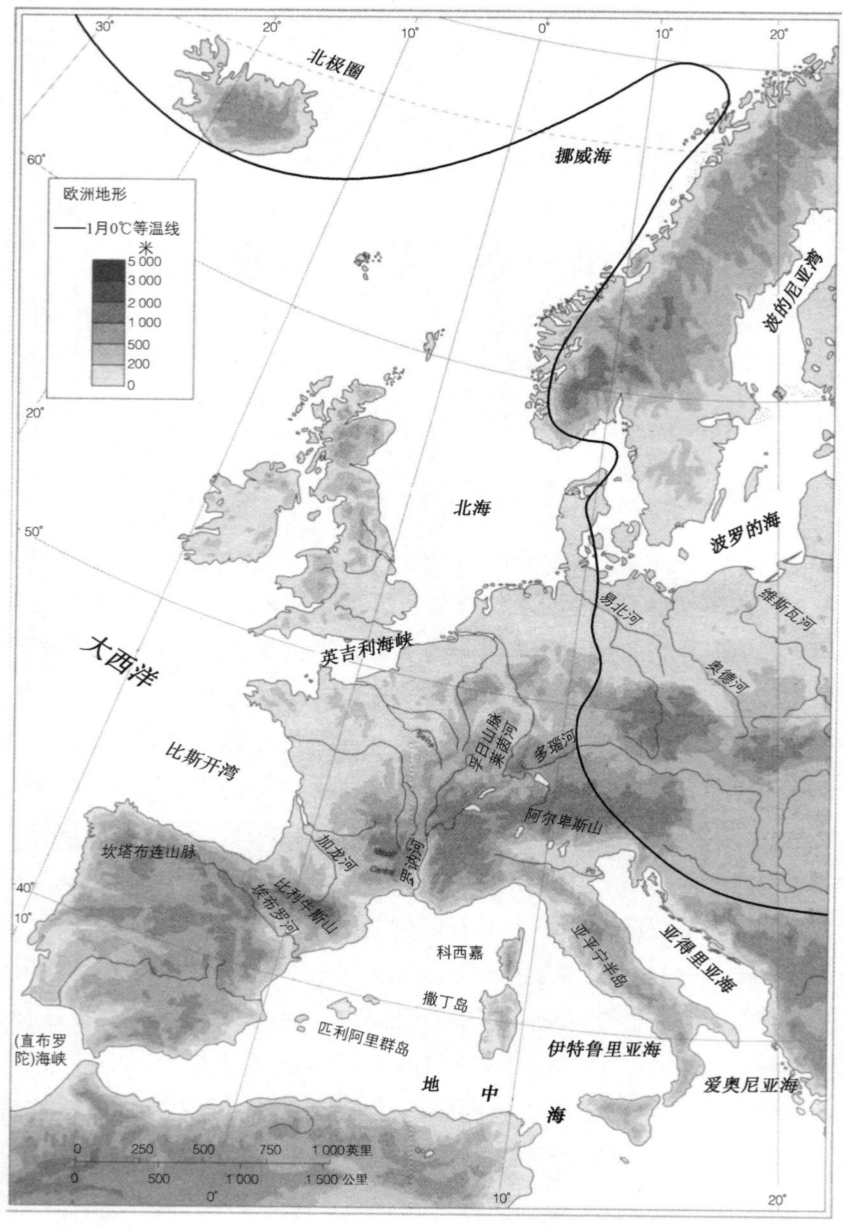

欧洲地形
——1月0℃等温线
米
5 000
3 000
2 000
1 000
500
200
0
北极圈
挪威海
波的尼亚湾
北海
波罗的海
易北河
维斯瓦河
奥德河
英吉利海峡
大西洋
比斯开湾
罕日山脉
莱茵河
多瑙河
Seine
阿尔卑斯山
加龙河
罗讷河
坎塔布连山脉
比利牛斯山
埃布罗河
亚平宁半岛
亚得里亚海
科西嘉
撒丁岛
匹利阿里群岛
(直布罗
陀)海峡
伊特鲁里亚海
爱奥尼亚海
地
中
海
0 250 500 750 1 000英里
0 500 1 000 1 500 公里
30°
20°
10°
0°
10°
20°
60°
50°
40°

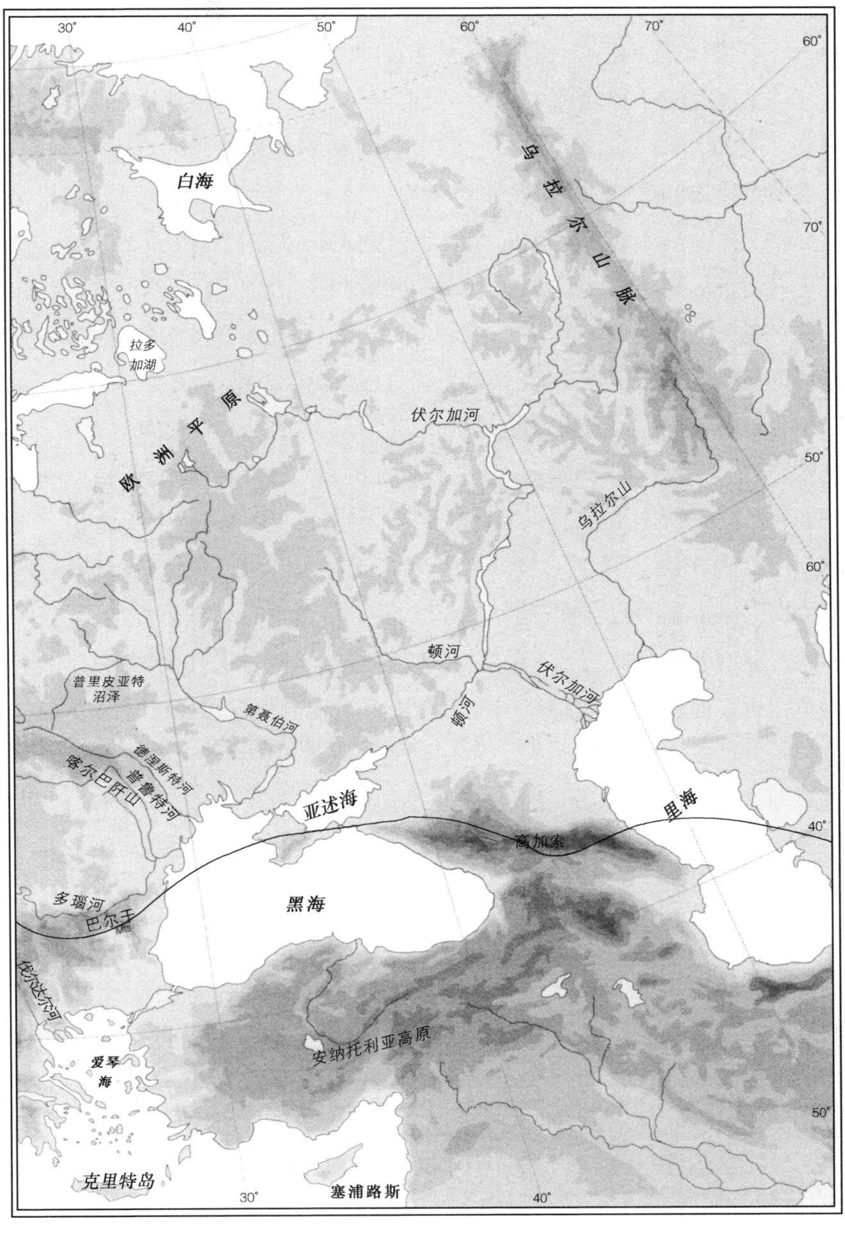
白海
乌拉尔山脉
拉多加湖
欧洲平原
伏尔加河
乌拉尔山
顿河
伏尔加河
普里皮亚特沼泽
第聂伯河
顿河
德涅斯特河
喀尔巴阡山
普鲁特河
亚述海
里海
高加索
多瑙河
巴尔干
黑海
瓦尔达尔河
爱琴海
安纳托利亚高原
克里特岛
塞浦路斯
30°
40°
50°
60°
70°

3 最初的人们做梦也不曾想到，几千年以后，对于他们的后代而言，进入
海洋所带来的机遇会如此重要。他们往南面向两大几乎封闭的水
域——黑海和地中海。在北部，波罗的海形成了另一个巨大的湖泊。
另一方面，大西洋和北海对世界开放。当人类最终学会了如何在海上
进行长途航行时，欧洲人发现他们可以顺利地绕开主要的风系和洋流，
这为他们周游世界提供了很好的条件。另一个重要的海洋因素就是湾
流，以及由它带给欧洲西北部的温暖气候。但对温度最常规的决定因素
6 还是纬度(其方位与太阳相关)，欧洲的纬度和大量的大西洋水汽共同决定
了欧洲的大部分地区雨水充足、气候温和。大约在公元前 7000 年，冰原从
斯堪的纳维亚南部消失，从此就再也没有重大的起伏或改变了。

这一温和气候区的北部边界线穿过斯堪的纳维亚半岛，其北端有一半地区进入另一地形和植被区，与我们现在的俄罗斯北部有很多重合的地区，以冻土带、森林，最终以北极冰和积雪为特征。但俄罗斯其余大部分地区与中欧、东欧很多地区一样，具有一种所谓的“大陆性”气候，此处我们将首次提到区分东西欧时具有决定意义的主要因素之一。在俄罗斯，夏天和冬天的温度非常极端。另一种独特的气候区位于欧洲大陆南部，它对欧洲的命运有着重要的影响。现在，整个地中海沿岸的气候可能不像从前那样统一了。过去的南欧海岸要比现在绿得多，北非、地中海东部及近东地区也是如此(如果我们能看见的话，甚至会更醒目)。《圣经》中黎巴嫩的雪松产于一个树木繁茂的国家，比现代旅行者所见的要茂盛得多，北非也曾是一个盛产谷物的地区。尽管历史上地中海南北岸都比现在更为湿润、富饶，但干燥的气候已蔓延至北非和地中海东部地区，随之而来的沙漠如今与海的距离也比古代近了很多。我们不能把面朝北方的所谓的欧洲地中海内陆边沿简单地确定为其海岸线，但这条重要的长线是橄榄种植北部界限的标志。一位学者评论说：“去往南边的路上的第一棵橄榄树标志着地中海区域的起点。”[①]受气候和地形的限制(意大利就是沿着中

① F. Braudel, *The Mediterranean and the Mediterranean World in the Age of Philip II* (London, 1972), I, p. 168.

央山脉两侧离海不远的地区展开的），欧洲在2 000年里几乎没怎么迁移过，其最初的城市都出现在欧洲南部。

地形和地貌比气候要稳定得多。英吉利海峡在史前时期出现或消失了不止一次，但最终再次出现是在8 000年前（尽管大约在公元前4000年时，海洋才达到现在这样的程度）。其后，局部地貌当然也会因为出现更多有效的技术而受到人为的改变，有些地方确切的海岸线也发生了很大的变动。特别是随着沼泽地排水技术的出现，即使是早期人类也能在河口附近地区定居，这也造成了对地表的人为影响。当然，自文明出现以来，欧洲大陆的基本形状变化得很少。

内陆地区最鲜明的特色就是壮丽的群山以及众多的河谷。坎塔布连山（Cantabrian massif）、比利牛斯山（Pyrenees）、阿尔卑斯山（Alps）和喀尔 7
巴阡山（Carpathians）拔地而起，覆盖了除伊比利亚半岛以外的大部分欧洲地区，这些山脉从南向北逐渐倾斜。比如说，以巴约讷（Bayonne）至莫斯科为线，该线以北地区除了斯堪的纳维亚半岛以外，基本没有特别高的地形。这样就形成了较多的河谷，有些流经很长的距离注入大西洋、北海或波罗的海。尤其是河口地区，由于受到很多人为因素的影响，我们再也不能笼统地将其视为“自然”因素了。在伊比利亚，杜罗河（Douro）、塔霍河（Tagus）及瓜迪亚纳河（Guadiana）在离河口不远的地方就不适宜通航了，狭窄的河谷有风吹过，中央高地地势又高；瓜达尔基维尔河（Guadalquivir）在罗马时期基本上就已经是沼泽地了；塞维利亚（Seville）经过一段时期的排水和深挖后成了一个重要的港口，但如今近海地区河道都已经淤积了，只有西班牙的埃布罗河（Ebro）流入地中海，但发源于大西洋沿岸附近地区，它为伊比利亚内陆地区提供了一道较为宽阔的河谷。

以上这些河流没有哪条具有像罗讷河（Rhône）、莱茵河、波河或（其中最长的）多瑙河那样的历史意义。这些河流彼此挨得很近，其源头都集中在阿尔卑斯山。东流的易北河（Elbe）、奥德河（Oder）和维斯瓦河（Vistula）都发源于维也纳附近方圆百里的地区，维也纳则坐落于多瑙河畔。最终，在俄罗斯有几条欧洲大陆最长的河流：德涅斯特河

(Dniester)和第聂伯河(Dnieper)流入黑海；伏尔加河(Volga)流入里海。

欧洲地中海沿岸的大部分海岸线背后都有狭窄的平原，然后上升成陡峭的山脉。这些山脉导致内陆长期无法形成平坦的道路。最明显的就是法国西南部加龙河(Garonne)和奥德河(Aude)上游形成的大峡谷——罗讷河河谷，以及希腊的伐尔达尔河(Vardar)河谷。要想凿通阿尔卑斯山脉[最低的伯伦纳山海拔刚好过 4 500 英尺(1 英尺＝0.304 8 米)]或位于亚得里亚海(Adriatic)源头地区和巴尔干地区的较为平坦的邻近山脉需要很长一段时间。多瑙河、萨沃河(Save)和德拉瓦河(Drave)开辟了通往意大利北部和环阿尔卑斯山北麓的道路，这些道路较为平坦，但路线也较长。从南部进入欧洲要比从东部或北部进入欧洲难得多，因此地中海沿岸的居民更倾向于沿海岸寻找出路，而不是翻越他们身后的山脊。但是他们所处的地理位置以及共同的气候环境使他们必然能够与沿海其他地区进行交流(尽管要实现沿海航行之外的或不受季风限制的航行仍需经历很长一段时间)。

欧洲的河谷为其提供了几条主要的内部相通的南北通道(某种程度上，甚至在史前时期就是如此)。东西向的交通将在某个时候通过别的地理特征得到改善，但这要到很久以后才能表现出来。冰雪的消融为树木生长提供了肥沃的土壤。冰川消融以后是所谓的“苔原”气候时期，此时欧洲肯定很快(就史前时间长度而言)就被茂密的森林所覆盖，因而很难穿越或通过。起初在森林中，后来在林中空地上，一个个小群落里的人类真正过着与世隔绝的生活。开拓这些广阔的林地需要很多
8 代人的努力。罗马人开始在其间开通道路，但主要的拓荒工作直到公元后才慢慢步入正轨。虽然近代一些欧洲人开始重新种植树木(英国现在的林地是 20 世纪初的两倍)，但从某种意义上来说，他们从来不曾中断过拓荒工作。尽管只是零碎而缓慢地进行采伐森林的工作，但这是人们第一次有意识地、系统地改变环境对欧洲的决定性作用。一旦绿地变少，陆地的另一个主要地理特征就显现出来了：北方大平原不断延伸，从相对狭窄的法国和低地国家开始向外扩展，呈扇形伸展到德

国、波兰、波罗的海地区及俄国，最后逐渐消失于乌拉尔山脉(Urals)和高加索山脉(Caucasus)的山麓地带。这条道路后来成为一条双向走廊。亚洲的移民由于受某些尚未知晓的压力的影响(权威观点认为是干旱和人口过剩)不断沿这条通道西来。后来，西欧人也通过这片平原东行，开始移民并占用潜在的农耕地。

此处我们无意中又提到了在讲气候因素时已经涉及的一个问题，而且也是在全书中将反复出现的一个问题：欧洲东部的边界在哪里？19 世纪著名的政治家、哈布斯堡帝国的大臣、莱茵兰德人伯爵——克劳斯·梅特涅伯爵(Klaus Metternich)对这一点非常清楚。他认为，亚洲的起点就在维也纳离他办公室窗户不远的地方。这种观点不无道理，但它是基于历史的角度而言的，并不是从地理的角度出发。这条疆界很难防守，也不经常使用，直到距离史前时代很久以后这种状况才有所改变。其实，就哪里可以作为史前欧洲边界这一问题，不管是从地理上还是从气候上来决定，都必然有些武断，从人种上来说也很难决定。欧洲与欧亚大陆的其他地区之间并没有天然的界线将其区分开，不像大陆的西部，有海岸线为其提供如此鲜明的轮廓。因此本书在处理欧洲大陆地理范围这一问题时，将包含乌拉尔山脉至高加索山脉一线以西的俄罗斯地区，关于这一点下文就不多加赘述了。

这样，整个欧洲地区就达到了 950 万平方公里，是印度、巴基斯坦和孟加拉国总面积的两倍多，大约相当于美国的领土面积。在这片土地上，巨大的经济潜力正有待开发。人们从原始时期就开始开发这片土地，先是到处觅食，然后又进行狩猎和采集。如果说一开始只是偶然性的行为，那么从更新世(史前最后一段时期，以大冰原的消融为止)末期开始，欧洲人就已不断地致力于改变他们赖以生存的自然环境。尽管他们只能逐步地对基本资源——土壤，进行充分的利用。

世界陆地的表面有一部分地区天然就适于耕种而不需要灌溉、化
学药品、生物制品或重大工程方面的投入，欧洲人生活的土地就占其中
很大一部分。尽管越往南可耕地的边界范围就越往山坡和山脉地带延 9
伸，但大部分耕地海拔都相对较低。随着时间的流逝，人们通过垦荒及

更好的管理，慢慢掌握了这种资源，这一过程虽然缓慢却很稳定，可以说是历史上的一大成就。尽管后来也是如此，但是欧洲人的人数增长如此迅速，以至于不得不进口食物。此时他们开始关注外面的世界，希望由美洲大草原巨大的天然粮仓或由潘帕斯(Pampas)、澳大利亚和新西兰的牧场提供食物；从这一角度而言，是历史扩大了欧洲的自然资源范围。但是欧洲从一开始就具有重要的有利条件。曾经有人推测冰河时代过后，欧洲的自然环境就一直适宜农作物的生长。然而欧洲和其他地区一样，农业的产生非常艰难。在欧洲出现农民之前很久，有些欧洲人就已经是渔民了，他们开始开发另一种巨大的自然资源——近海渔场的财富。

人类已经践行了很多通向文明的道路。在社会发展方面，从来没有永远不变的进程或普世的线性发展过程。同样有利的条件并非总能产生相同的社会结构或维持相同的文化发展速度。在美索不达米亚、埃及和印度西北部的大河谷地带，人们需要通过集体的努力来进行有效的灌溉，并控制洪水，这很可能刺激了这些地区进行迅速的社会和政治变革。生活在那里的民族可能不得不把人们组织起来进行大规模作业，其目的就是为了生存。而另一方面，在早期的欧洲，由一些家庭组成的群落可以通过狩猎、捕鱼和原始农业彼此相处，维持生活，他们不需要复杂的政府或社会组织来管理他们的小群体。他们几乎不曾居住在乡村乐园中，但他们继续以自己的方式生活着，即使那意味着他们要比其他地区晚些步入文明时期。

最早的欧洲人

人类究竟怎样来到欧洲，何时来到欧洲这些问题已经受到考古学家和史前学家的广泛讨论，但至今仍无定论。幸好这些问题对欧洲历史并没有影响，也不会妨碍我们。我们可以从以1万年前为终点的最后一个冰川期开始算起，当时全部现代人(Homo sapiens sapiens)人种已经出现很久了。早在2万或3万年以前，他们的祖先就已经被鉴定为生理上具备现代人特征的人类。尤其是他们的大脑尺寸已经与现代人类接近了，在这方面，他们与其他大陆的人种成员很相似。在史前时期的最后阶段，土著的欧洲人在基因上与即将出现的世界其他地区的人类有同样的智力水平。这种智力水平给予人类一种天生的、特有的力量去改变他们的周边环境，形成他们自己的生活方式，同时也让人类表现出一种固有的心理上的二元性。这让人类有别于其他物种，但也一直困扰着人类。无论是出于生理上还是其他方面的原因，我们身上至今仍然有一种过去留下来的决定性的本能情绪遗传，同时也有一种能够放宽或限制这种遗传因素影响力的理性思考的力量。欧洲人在这些方面也不例外。

然而人类更多的其他鲜明的进化特征从 1 万年前就已经开始出现
了，这划分出欧洲人的历史，使其有别于世界上其他地区的历史。例 10
如，早在公元前 1 万年，最初的欧洲人就已经注定了不会是黑皮肤的人种。在所谓的旧石器时代末期(这一时期下至最后的冰川期末期)，居住在欧洲的人类就已经具备了生理上的特征，他们的肤色及皮下脂肪的特殊分布，让他们看起来与居住在世界上其他地区的人类有所不同。他们与现代欧洲人的面部也有所不同。在对切咀嚼基本上消失之前，人类将经历几百年饮食的变化，一种减少将牙齿作为工具的需要的技术也将产生，随之而来的是腭骨形状间接地发生变化。按我们现阶段的知识水平，要想推断其他基因遗传的特征和性能都是徒劳的(这也正是让一些人倍感忧心的地方)。

在让人类能够成功生存并不断加强对自然的控制这一点上，文化和技术的影响仅次于遗传的作用。早在冰河时代末期之前，世界各地的人类就已经精通很多业已发现并不断得到改进的重要技术，而且代代相传。这些技术肯定让他们在面临挑战时更易生存下来。人类很早就拥有语言能力，并知道如何生火。首次使用钻木取火是什么时候我们不得而知，但是不管是什么时候出现的，它很可能是人类第一次运用旋转技术。同样的技术不久后又用来给石斧头钻镗孔，使其能配上斧柄，这是利用弓弦钻动或磨损来实现的。不久以后，欧洲人(和其他地区的人类)又将石器工艺用于制造角器和骨器，使之成为传承几十万年的技术。因此还产生了相对专业化的工具装备，包括鱼鳔、针之类的东西，他们通过这些工具来满足采集食物的需要，并以之应付寒冷的天气。他们也通过混合黏土和骨粉制造了第一种人工原料。

关于最早的欧洲人的精神活动，我们更多的只能是猜测，而不能确切地加以论述。基本可以肯定的是，他们对自身与自然界之间的关系有一些神秘的信仰。有人认为这些信仰表现在最早留存下来的艺术作品之中，比如从很多欧洲人遗址中发掘出来的精美的陶瓶画、小雕像、刻在骨头或象牙器具上的图案，以及用几何图纹装饰的圆石等。至于早期欧洲人生活的各个部落之间是否都有这些信仰，以及他们怎样共同维持这些信仰，我们无从知晓。当这些人的早期活动拉开序幕时，他们的社会组织形式甚至比他们的思想更模糊。冰川时代的幸存者起先还是一如既往地生活，主要居住在洞穴中，这样可以躲避严寒，以狩猎和捕鱼为生，穿着用动物皮毛做成的原始的衣服，有时用骨头珠子点缀。他们的社会群体之间可能基本上处于相互独立的状态，因为当时
11 的人类数量很少。有人估计在公元前 7500 年冰川消融的过程中，欧洲居住的人口总数可能从 25 万人“增加到 400 万人的水平”。[①]

新石器时代的农业革命

史前时代的线性发展过程一般都很难追溯。其痕迹经常都堆积在从不同时代留存下来的零星遗址中，因此在对其进行一系列推理的过程中，有时有必要进行几千年的时间跳跃。本文也将适当地进行较短的跳跃。人们倾向于认为最后巨大的冰川作用给北方地区的人类带来了如此大的挫折，以至于欧洲居民在文化上相对落后，他们比其他人种的文化进步慢这一现象就体现了这一点(事实已经证明农业最早出现在别的地区)。事实可能确实如此，然而毋庸置疑的是，一般文化加速发展的一个非常重要的标志就是我们所说的“新石器革命”(这一措辞

---

① C. McEvedy and R. Jones, *Atlas of World Population History* (London, 1978), pp. 14, 19.

的准确性在某些方面不能完全令人满意)。19 世纪最早用这个词时，它仅仅指代石器工具。这一说法至今仍然适用，因为改进后的石器，如刮皮刀、凿子和“手斧”(没有手柄的切割工具)等，为这一重大发展提供了大部分早期证据。然而，就其广度而言，“新石器”包括的范围不仅仅以石器修整和磨光时代为终点，也包括陶器、纺织和早期金属加工时代的到来，最重要的是农业的产生。但是，史前史学家在使用“新石器”一词时，并非所有这些都必须包括在内。它们也不会按时间顺序有规律地依次出现。

农业(食物的种植)确实很重要。它解除了阻碍人口增长的屏障，人口无法增长阻碍了狩猎、采集人口的增长，因为他们在进行群体活动时是一种依赖、寄生的关系。随着食物供给更加稳定，人类得到了解放，不必再过野生生活，他们可以过更为固定的生活，可以居住在有居所的村庄里。此外，食物的储藏也缓解了人类职能的专门化。其间，潜在的人口增长非常明显：到公元前 2000 年，欧洲可能已经有 500 万人口了。

农业从此成为文明的先决条件；它能够提供食物，让一部分人不必再继续寻找食物，而可以从事其他的活动。至于农业如何产生这一问题，则需要我们加以推测。有人提出农业的产生是出于对人口压力的积极回应(而不是“自然”地产生，然后成为发展的促进因素)。不管每个具体的地区发生了什么，显而易见的是大约到公元前 4000 年，原始农业即使还没有达到连续不断的程度，也已经遍及整个欧洲。大约 2 000 年以后，新的谷物出现(可能来源于近东地区)，肯定让欧洲西部
和地中海沿岸的欧洲人加速发展，全面进入农耕生活。可以种植、饲 12
养、驯化什么样的动植物很大程度上取决于当地的气候，以及当地的植物和动物种类，但技术也起到一定的作用。随着铁制农具的产生，古代农业发生了重大的变化。铁农具的性能远比角器、骨器和木制工具的性能要好，这大大提高了土地出产率和劳动生产效率。尽管这些技术先进入其他地区，之后才传入欧洲。

欧洲最早的新石器时代遗址出现在希腊和巴尔干半岛。公元前

5600 年以前,陶器都是在马其顿生产的。长期以来,人们都认为欧亚大陆东南部地区是很有参考价值的。可能(有人至今仍然坚定地认为)向亚洲大陆更加先进的文明学习的过程也发生在爱琴海周围地区,这也是解释欧洲文明出现的主要原因。但是随着近期考古技术的进步(最显著的就是碳同位素年代测定法),另一些观点给出了更具说服力的解释。关于此类问题的讨论激起了很久之前的一些争论,使之死灰复燃。可能有人认为文明"起源"于何处这样的问题与本文无关,过去我们对其给予的关注过于夸张,但总的来说,关于文化交流的实质,其含义就是从文化起源问题上得出的,而且至今有些时候仍是如此。稍后我们会提到历史上一些毋庸争辩的外部文化因素对欧洲人产生的巨大影响;我们在看待这些易于被人所接受的因素时应尽可能地从现实的观点出发,这样可能会更有助益,那些外来的影响正是作用于这些因素之上,即便在古代也是如此。

专家们现在不再倾向于接受这样的观点,即所有史前文化和技术的进步必须完全通过当地自发的发现或完全通过从某一发源地向外传播才能产生。最近由于碳同位素年代测定法的支持,年代学的广泛运用削弱了这些所谓的"文化传播"理论,即技术和文化的革新总是从几个重要的地区向外扩散的。这种观点本来可能会让人觉得不合理;在世界上不同的地区,这两种形式的变化都有其鲜明的例子。农业最先可能产生于公元前 1 万年的东南亚地区;大约 5 000 年以后农业显然又独立地出现在中美洲这个极为不同的环境中。欧洲野牛——现代牛种就起源于这种牲畜,似乎在公元前 6000 年之前就已经在克里特得到驯化。克里特在一个岛上,驯化技术为何会在那儿出现我们不得而知。在欧洲大陆,农业可能是当地经验革新的结果,也可能是从外面学习得来的。相反,这并不意味着重要的进步总是需要两种来源都具备。某些技术技巧很可能是从安纳托利亚、地中海东部地区及近东地区传入欧洲的。能够推论出这一观点的一个论据就是,新石器时代遗址的年代顺序貌似符合多瑙河河谷地区相关技术的缓慢发展过程,公元前 5000 年它们传播到低地国家的一些地区,在接下来的几个世纪中又传

播到斯堪的纳维亚半岛和不列颠群岛。这似乎也符合以下这种形式，
即在一丘砂土(黄土)上用原始工具就能轻而易举地耕种，但有时也通 13
过其他途径耕种。外来技术的传入变得相对容易这一点一定非常重要。法国最早的新石器时代定居点似乎出现在南部，可能是由沿海的移民建立的；这些定居点发展的特点可以和瑞士定居点联系起来。

这些都是支持文化传播观点的参考性因素。但同时很多新技术也在逐步发展，我们很难说某项技术首先出现在哪里；我们所知的只有结果。纺织品和篮筐成品在瑞士人遗址中留存下来。公元前 3000 年，多瑙河沿岸的人类正在建筑大型棚屋，比其他地区更早地体现出当地革新的成果；较为暖和、干燥的地区可以用泥砖搭建房屋，但是中欧民族的“长屋”则大量使用适宜当地环境的木结构。他们甚至采用有坡度的屋顶，对北方气候而言，这比地中海和近东地区的平顶要适合得多。

欧洲的冶金业在很早的时候就已经非常重要了。铜是最早得到广泛使用的金属。约公元前 7000 年，通过锤打制成的铜制品出现在近东地区，但是公元前 5000 年以后，巴尔干半岛也很快开始开采铜矿。这比爱琴海地区首次使用铜的记载来得更早。这么早的年代，虽有异议但还是可以确保其误差在几个世纪之内，这有助于解释为什么在欧洲，一经发现就可以同时找到锡和铜(两者在制作青铜时都需要用到)，欧洲的冶金技术似乎比其他地区发展得更快。考古资料显示欧洲的工具和武器革新比中东地区要快。无疑，这不仅因为欧洲拥有矿石，还因为它拥有大量的木材，在提炼矿石时可以用作燃料。史前欧洲民族似乎不可能仅仅靠从远东文明中心借鉴冶金技术来获得主要的技术进步。亚洲在城市化、技术、文字、宗教和科学观念等方面为欧洲的文明开化做出了基本的、必要的贡献，但是古老文明并不是开发欧洲大陆潜能的所有有效行为的发源地。其本源也不是埋在地底下的所有金属矿藏。历史上有很多矿产资源的重要性恰好都是在晚些时候才体现出来的。用不了多久就会出现有效的开采技术，例如，欧洲的位置处在从阿巴拉契亚山脉到中国的北半球煤矿带上，其开采程度却远不及埋在地表和

沿海地下的油田和天然气田中的其他化石燃料矿藏。欧洲大陆的能源只能有待进一步的技术开发；水首先用作直接动力资源，很久以后才用于发电，电能是另一种更便于分配的能源形式。

14 移民和外来者

到公元前 4000 年，欧洲大部分地区已彻底进入新石器文明时期。之后无意间占领欧洲宝库的民族，现已确认属于“高加索人”血统，早在美索不达米亚和埃及早期文明出现之前，他们就从俄罗斯南部扩散，进入欧洲和伊朗。在之后的几千年中，他们和他们在西欧、中欧的后代不断面临从更远的东部迁移而来的新成员所带来的压力，尽管需要注意的是，大多数时候这种压力对他们而言都不太明显。当时很难把这种压力视为一种进步的动力。在每次具体的迁移过程中，参与的人数肯定很少，而且一般而言没人知道之后会怎样，也没人能做出相应的比较。在很长一段时期内，移民现象都不稳定。个别林地得到开垦，但是由于原始农业要求土地在使用后不久就能恢复地力，因此林地开发也不能连续几年一直进行下去。这就意味着需要迁到另一片易于耕作的土地上去。在这种环境下，尽管小部落之间偶尔会卷入冲突，但对于那些从长期发展的趋势来看其实“处于压力之下”的人来说，他们并没有感受到多大的人口威胁。随着农耕文化的建立，动植物的分布也呈现出多样性，因此狩猎和采集人员很可能会发现他们的活动受到了限制，但是有那么多土地可供耕种，人们很少会感觉到他们整体都面临着危险。随着群居生活在整个新石器时代的欧洲得到广泛传播，打猎文化肯定也留存了很长时间。

从东部来的大量新移民（或者可能我们应称之为“后来者”）都说同一语系的语言，即后来所谓的“印欧语系”，在过去两个世纪中，这个语言学词汇既没有遗传上的意义，也没有种族上的意义，直到近 200 年间人们才偶尔赋予它这些方面的意义。现在欧洲以及亚洲、美洲、南非和澳大拉西亚（Australasia，泛指澳洲、新西兰及附近南太平洋诸岛）所使用的多种语言（后三种情况多亏了欧洲移民）都属于这个语系。大约到公元前 2000 年，这些种族又进一步进行划分，考古资料充分显示，其中一些部落因为更多的一些个性特征而凸显出来。不久后一些有胆量且精力充沛的民族进入西欧，其中两个分别被称为“大口杯”和“战斧”民族（得名于他们墓葬中最易识别、最具特色的物品）。他们被视为武士-掠夺者，分别来自欧洲大陆的两端——俄国和伊比利亚，他们在北欧和中欧形成了最早的贵族和武士社会的混合文化。其中就有后来的“凯尔特”族，他们在大陆西边穿越海洋进入不列颠群岛，（很久以后）在东边又迁入安纳托利亚（从船只来看又要往后追溯一些；在丹麦发现的一条独木舟可以追溯到大约公元前 7000 年）。

在关于古代欧洲的记叙中，凯尔特人在很长一段时间里都占据着 15
最重要的位置，这主要是因为有文化的观察者最早写到的北方民族就是他们（尽管差不多在公元前 500 年以后才提到）。他们在古典时代早期还统治着欧洲很多地区。由于技术的进步（他们拥有轮式运输工具，而且在罗马人到来以前就发明了他们自己的耕犁），他们也成为娴熟的金属制造者，能生产出精美的工艺品，同时也是非常令人畏惧的武士。战斧是关于欧洲人互相争斗最早的确凿证据。新石器时代早期的村庄没有防御性建筑的痕迹，当时的欧洲似乎是个和平的地区，这很可能是因为当时的欧洲还很空旷。

但是凯尔特人带领我们走在历史的最前端。公元前 2 世纪，在欧洲东部和北部已经存在其他一些重要的印欧语系民族，最明显的就是后来的斯拉夫人的祖先，以及居住在斯堪的纳维亚和俄国的日耳曼人的祖先。欧洲更北部的仍是芬兰人的祖先，他们进入不列颠西部时说的不是印欧语言；伊比利亚和布里多尼半岛是“最早”的欧洲人的幸存者。要想改进这一粗略的图景还有很多有待我们去发觉，但它显示了未来欧洲表面的各个组成部分。

思想意识

在很长一段时间内，这些民族都不太关注外面的世界，外人也很难接触到他们。我们几乎没有关于他们的文献资料（指确实符合欧洲情况的文献资料，尽管可能不是来自欧洲本土，而是来自欧洲以外的其他地区，就跟很久以后撒哈拉以南非洲地区的情况一样），我们只能从他们遗留下来的物质资料来推测文明开化前欧洲人的思想。长久以来，他们的思想似乎都没有引起东方先进民族太多的兴趣。与欧洲地区相关的记载，也就是黎凡特（Levant，地中海东部地区）和爱琴海地区的城市中被人视若珍宝的一些商品可以从欧洲买到，例如金属、琥珀及精美的宝石。但是这些商品已足够重要，它们刺激交换，从而产生了贸易（如果这样表述确切的话）和专门的制造业。有时候这比简单的双方物物交换要包含更多的内容。人们发现琥珀起源于波罗的海，从这里流入不列颠，加工成新的形状后继续转卖，最终进入希腊本土。这对解释欧洲文明开化前的发展状况来说很重要，而且多少生产了一些东西，人们乐于将其描述为最早的“欧洲”文化。

至公元前 2000 年，金属制造业在欧洲广为传播；采矿和冶金业在希腊和西班牙南部传播，同时也在巴尔干地区流传。青铜得到广泛使用，铜和锡的合金比纯铜更适宜制造工具和武器，近东地区与欧洲一样，青铜也逐渐取代铜。当时，矿石和熔炼金属又辗转进入欧洲原始的
16 设菲尔德（Sheffields）和埃森（Essens）地区，这些地区肯定很不起眼。
铜和锡开始形成运输路线，外来者正是通过这些路线进入次大陆，同时金属运输也对海运和河运产生影响。

除了金属制造工艺的发展（和多样化），还有大量更加令人信服的证据显示在文字到来之前，古代欧洲确实已经存在独立的文明了。数千块我们称之为“史前巨石”（该词源自古希腊语，意为“巨石”）的石头形成了一条宏伟的弧线，它从马耳他、撒丁岛和科西嘉向西延伸至伊比利亚半岛，又到达布列塔尼、不列颠群岛及斯堪的纳维亚半岛。并不是只有欧洲才在建筑中布置和使用巨石，但是我们目前的知识表明欧洲运用此类技术要早于其他任何一片大陆。最早的例证大约可以追溯到公元前 4000 年的新石器时代早期，当时西班牙和布列塔尼地区的墓室比最古老的埃及金字塔早 1 000 多年。马耳他神庙的大型雕花石板似乎也在公元前 3000 年就已经存在了，比近东地区发现的类似的建筑要

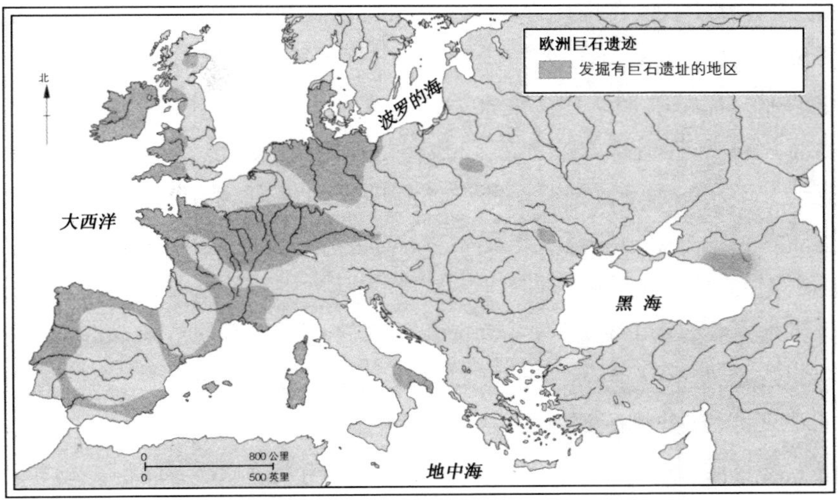

早得多。巨石除了用于屋顶、道路或简单的墓室装置以外，还会成排地铺在主要的道路上，有时在乡村绵延数英里，或者组合成形，有时又像树林一样。最大的巨石确实很壮观，尤其是经过长途跋涉被运到史前巨石阵的重达 50 吨的巨型石块，其详细位置在英格兰南部，我们现在鉴定其建成年代约为公元前 2000 年。

巨石阵遗址如何建成，在哪里建成，为什么他们要建成这种形状，他们这样做的目的是什么，这些问题已经吸引了很多人对其进行学术 17
研究（可能还有更多的猜测和幻想）。很多巨石（尤其是墓室）出现在海岸附近，一度有人认为这意味着可以用它们来解释单一的传播；这些巨石被视为欧洲原始人类的劳动成果，这些欧洲原始人类受到来自古老文明中心的石匠和工程师的指导，后者手艺灵巧，到处巡游。在那些古老的文明中心，大型建筑管理和建筑发展都已很普遍，这就像 16 世纪的西班牙天主教传教士激励并组织墨西哥印第安人建立欧洲风格的教堂和传教团机构的房舍一样。但是最近的年代测定逐渐削弱了这个一度貌似正确的观点。史前巨石阵并不能表明其建造者以近东或爱琴海地区为基础。

有人认为其中一些排列较为精巧的巨石阵（特别是史前巨石阵）就

是一些巨型时钟、日历或天文台，它们是根据天文历年上太阳、月亮和星星升落的重要时刻排列的。其中一些巨石阵的排列很可能意味着在它们建立以前欧洲人就已经开始仔细观察天文现象了，尽管由于缺乏书面材料，很难让人相信其在细节和精确度上已经达到了美索不达米亚天文学家的水平。与我们所知的其他文明相似(例如中美洲)，人们也开始相信其中一些巨石阵在某些方面与宗教仪式场所或超自然力的控制相关；可能史前巨石柱的建造者们认为这些石阵可以调节气候，从而获得丰收。但我们并不知道实情。我们也不知道这些思想(如果存在的话)是广为人们所接受，还是仅仅被小部分中坚分子所关注，他们可以威胁、强制、贿赂或说服其他人为建造巨石阵而付出劳动。显然，由于没有适用的轮式推车(因为没有什么用车轴组成的推车结实到足以承受搬运巨型石块所需要的拉力)，当时的北欧和西欧肯定拥有可以组织劳动的社会力量，至少应接近近东地区巨型建筑的规模(即使完成得不是那么出色)。然而建造者们无法记录他们为何要做这些工作，我们也只能猜测当时可能存在能够建成这些工程的社会机构。

对此我们最好谨慎一些。这些遗迹并不一定要成为统一的计划、单一的社会进程或持续的活动浪潮的一部分。马耳他神庙并不一定与法国西部和布列塔尼的墓室有关，即使后者在时间上要早于前者。所有的巨石遗迹可能分属于完全分开、完全孤立的文明成果，只是在源头上相似，都起源于有些许关联的小规模且简单的农业社会，其中有些比其他社会更为发达，他们的行动均出于不同的动机和时机，相互之间完全独立。在有些地方，这也可以跟偶然的外来影响或偶尔的模仿相关联。毋庸置疑的是，欧洲的很多农业、工程和建筑(如果这个词确实合
18 适的话)都和中美洲一样，其兴起与外部世界无关。有证据强有力地表明，欧洲很多由几百人组成的社会群体都有足够强大的社会准则和社会制度来确保长期计划的实施(他们可能从农业需求方面分出很多精力来快速完成这些长期计划)，从而得以克服主要的技术难题。

不管最终的解释是什么，也不管巨石建造者们取得了多大的成功，他们所在的社会未来发展的潜力却因此受到了限制。在公元前，北欧

民族大部分的精力和创造力似乎都是为了生存或应付环境。人们需要以此来充分开发技术资源,这一目标在很长一段时期都难以达到。除此之外,可能由于其冶金方面的潜力,史前时代末期的北欧与后来的非洲有某些相似之处,这些地区因其自身原因而引起学者的兴趣,但最终又依赖于,并且需要外来影响或动力对其加以刺激或改变,这些地区只有这样才能进入新的历史时期。到目前为止,欧洲对世界发展而言都只是个消极的贡献者,它为其他地区提供它们所需的物质资源。更先进的文明中所蕴含的贪婪的品性及其不断发展的知识总是能使有利害关系的探究者和创业者沉醉于其中,但学习这些东西却是一项漫长的工作。例如,北欧和西欧的人们从公元前不久才开始与这样的外来者进行定期的习惯性接触。如果说当时住在那里的人们在遇见来自更先进文明地区的使者时,感觉到的是不安、犹豫、没有把握或者完全不了解,那么几百年后在世界上别的地区也会引起类似或相似的情景。那时,"真正的"文明已经在欧洲其他地区,即欧洲南部沿海及其周围地区扎根。

早期爱琴文明

公元前1000年是一个虽然专制但很容易让人铭记且令人满意的时代,是一个很有助益的标志性时代;当时欧洲进化史上一个重要的时期显然已经结束,它有效地独立于其他文明之外,但也偶尔受到外来文化的影响。公元前2世纪末,欧洲地中海地区、亚洲和埃及之间的交流不断加强,有时甚至非常密切。随后,欧洲开始向着文明开化的未来突破,在橄榄种植线以南地区、地中海沿岸及地中海各岛屿上,未来的种子已经开始萌芽。

关于地中海的一种著名的描述就是称之为"海的集合"。[①] 其中之一就是爱琴海,它作为多种文化的交汇点显得尤为重要。爱琴海中的很多岛屿以及狭窄的海峡使得这一地区的交流比北部内陆地区更为便

---

① *Braudel*, *I*. p.23.

捷。爱琴海是文化的汇集地和传播地，流入其中的文化影响很快就能广为传播。不久以后这些影响又会渗透到地中海西部和黑海地区。海
19 运只有在冬季的几个月里才非常困难。在如此有利的环境下，商业繁荣、语言广泛传播也就不足为奇了。确实，爱琴海周围几乎所有居住地都能出产充足的食物来满足自身需要，几个世纪以来只有几种特殊商品需要交换。其实，同样的文明生活的基础也开始出现在地中海周围地区，文明开化以小麦、大麦、橄榄和酒的增长为基础，小城镇也开始成形，这是欧洲首次转向城市化。

其中有两种特别重要的长期影响尤为突出。首先就是长期以来人们认为几乎可以解释所有重要问题并将继续如此的一个影响因素：2 世纪早期就已经很鲜明的近东和埃及文明的影响。克里特岛是最接近埃及的爱琴海岛屿。早在公元前 2000 年，这里就已经有了用石头和砖块建成的城镇，金属制造者和宝石制造者在这里为可能赋闲的中坚阶层工作。这些特殊的、发展良好的社会群体可能是自然产生的（尽管他们不得不从外部获得金属矿石）。我们不知道外来影响从什么时候开始进入克里特。然而不久以后，那里出现了一个文明，一位英国建筑师以该岛一位传说中的国王的名字将其命名为“米诺斯”。它具备一般公认的一个真正的文明所应具备的主要特征：巨型的建筑、复杂的社会组织和文字的出现。在之后几个世纪中它影响着整个爱琴海地区，并促进当时明显是从海外引进的克里特的技术和风格向更远的地方传播。这个社会幸存了约 600 年，我们通过它拥有了欧洲最早的文字，这些文字出现在用作管理或记账的石板上。泥板在亚洲大陆早已用作管理存档。克里特人可能就是从那里找到的灵感，正如他们也可能从埃及获得建筑上的灵感一样。

在经济上，米诺斯长期繁荣，农业发达；约公元前 6000 年，小麦就已经在克诺索斯遗址附近种植，现在牛的祖先也已经在岛上得到驯养。欧洲人很可能就是从那里开始种植橄榄和葡萄，并逐渐繁荣的。克里特人也饲养绵羊，以供给羊毛出口。甚至在公元前 2 世纪早期，克里特岛就已经成为贸易帝国的中心，他们与国外政权进行复杂的外交活动，

并行使一些制海权。米诺斯文明这一伟大的时代虽然于公元前 1500 年左右结束了,但它至少与爱琴海周边的重要文明都建立了联系。很可能在锡拉——爱琴海上的另一个岛屿上发生了严重的地震和火山喷发,然后导致位于克诺索斯中心的王宫被毁。有证据显示,不久以后来自希腊的入侵者到达了克里特,证据同时还显示了一个显著的新史实:他们引进了欧洲大陆最早的语言。这显示在管理用的石板文书上;公元前 1450 年左右,他们开始用不同的字体书写,根据学术性解读,现已表明其为希腊语的一种。新来的统治者显然接管了米诺斯的管理技巧,但是他们所有的文件(跟过去一样)都用自己的语言写成。这样的 20
存档文件也出现在希腊南部和伯罗奔尼撒这样的大陆聚居地,尤其是一个叫迈锡尼的地区。其间,克里特王宫建筑群得以重建,以克诺索斯为中心的一些社会机构也保存了下来。米诺斯文明最后似乎是在公元前 14 世纪,衰落于来自希腊本土或其他爱琴海岛屿的入侵者手里。

这表明了公元前 2 世纪,长期影响着爱琴海地区发展的第二个历史悠久的因素;虽然有大量证据显示这一地区的技术向北、向西流出,但也有使用铁器的印欧语系民族从北部和东北部迁入爱琴海地区,这一迁徙运动虽然断断续续,但持续了很长时间。其中之一就是赫梯,公元前 2000 年它压进色萨利,然后又穿过安纳托利亚,在那里建立了帝国。其他民族紧随其后,但是在公元前 2000 年,他们又从色萨利继续向阿提卡和伯罗奔尼撒迁移。其中就有最早的说希腊语的民族。

这些善战的民族后来被称为亚该亚人,他们已经掌握了用双轮马车作战的技术,并居住在坚固的要塞上,其中有些要塞后来成为希腊城邦。雅典就是其中之一,但是最宏伟的还是迈锡尼,那里保存下来的巨型建筑如此雄伟,以至于 20 世纪的一些建筑师认为西方巨石阵建造的技术肯定源于迈锡尼。迈锡尼似乎从公元前 1650 年就开始发展了。当时的石碑扩充了政府用于文献记载的范围。亚该亚人一直处于繁荣状态,直到公元前 2 世纪的最后几百年,才轮到他们被来自北方的征服者打败。我们也许可以认为，就部落战争而言，首领们无须理会欧洲对于官僚主义的首次探索性尝试。经过这次混乱，最终产生了另一个爱琴文明，那就是希腊自身的文明开化。在迈锡尼的殖民地(通常都是取代了米诺斯的贸易点)已经发现了关于文字书写、复杂的建筑、壮丽的艺术品(如琢磨过的宝石、装在轮子上的陶器等)等方面的证据，这些技术显然都绝对起源于大陆。根据官方碑铭证据显示，米诺斯的威望或者说米诺斯作为榜样(我们只能对其中确切的关系加以猜测)刺激着亚该亚人社群继续采用原有的技术。迈锡尼自身有足够的影响力，以致远在安纳托利亚的赫梯在外交记录中对其加以关注。因此到公元前1400 年，如果它能在新的外族入侵中幸存下来，那么那里就奠定了新的文明成果的基础。

一次能够展示亚该亚人精力的劫掠行为逐渐演变成《特洛伊战争》这一传说，该传说还涉及很多城市和岛屿的军队。该传说大约形成于公元前 1200 年。它似乎成为爱琴文明最后的伟大成就之一。不久以后，主要的爱琴文明中心都被摧毁了。文化上的衰退显而易见。经过这次衰退，最终形成了一个全新的希腊，根据大部分新近来到这里的人
21 们的血缘关系分成了几个社会单元，但是首先到来的是被学者们称为“黑暗时代”的一段模糊时期，对此我们很难加以断言。

在黑暗时代前夕，我们会发现人类发展之间的巨大差距再次出现，这种差距总是存在于不同的社会之间，甚至在毗邻的地区之间也是如此。这类差距只有在 20 世纪才开始消失，尽管这种变化在世界范围内都有所体现，但巨大的文化障碍甚至在现代交流中也仍然存在。欧洲自身史前文化的多样性经历了很长时间才逐渐消失。这可以从古典时代晚期的古迹，在一些偏远的地区甚至可以从中世纪的古迹中体现出来。然而在公元前 1000 年左右的爱琴文明黑暗时代，我们知道很多即将构成欧洲的因素已经开始形成。在越来越多的地区，民族之间截然不同，但却拥有相同起源的语言。在那些地区我们会发现，冶金和农耕技术能够维持自新石器时代以来的人口大幅增长(也能支持技术人员和统治阶层的生存)，甚至在大陆北部的一些地区也是如此。对外交流

的顺畅也足以支持一些远程的经济和文化交流;很大一片地区现在都与爱琴海地区建立了联系,这对未来而言极其重要。地理上,欧洲大陆现在与其他地区成熟的文明之间也建立了较多的联系。这样的潜力将会创造出怎样的未来,现在就取决于当地的各民族了。

22

第二章　古代希腊

古典时期的重要性

历史的影响从来都不简单，即使当它的作用看起来最明显、最直接的时候，它也通过很多方式影响着我们，包括：历史创造的环境，留下的物质文化，物质遗产及其表达的教义和思想，迷信和错误，教化和宣传，所树立的好的榜样或坏的例子，以及我们对它的印象。约公元前1000年以后，尽管新的人类迁徙使爱琴世界的发展受到挫折，但爱琴文明本身正受到从米诺斯文明流传下来的重要因素的影响，这些因素可能最终根植于埃及和美索不达米亚文明，影响爱琴文明的因素也包括起源于迈锡尼文明的故事和传说、用来自黎凡特地区的闪米特字母书写的希腊语、能够制造铁器和武器的技术，以及对大型工程建筑的管理。这些都是从古典时代继承的遗产，虽然相隔甚远，它们都适时地在形成一个对当时而言是不可思议的欧洲的过程中，起到了一定的作用。

所有过去的历史也能通过其他方式产生巨大的影响，比如通过后人信奉并从中学习的思想和神话。这些通常形成了后人坚信应该追求的目标，也指明了后人应该规避的事物。这些影响和过去更为直接的遗传因素一样，并非总是那么明显，对于继承它们的人来说也并非总能清楚地感受到。可能正是因为它们没有经过细究，当时的人们认为它们是理所当然就存在的而没有强行对其进行细查，它们才能够产生最大的影响。这些因素非常重要，因为它们规定、限制着人们在某个历史时期能做什么，不能做什么，就像流传下来的不得不忍受的环境所起的决定性作用一样。

然而，公元前 1 世纪早期，居住在欧洲的人类对于过去的了解其实很少，或者说没有。即使是具体的物质文化遗产也很难让他们加深对过去的了解——很多零星分布的巨石遗址，它们后来所起的作用很可能已经与人类最早使用它们时的初衷不一样了，有些建成了道路（到处都是未铺平的道路）和一些宗教场所或交易场所，在这些地方人们可以结识来自同样狭小的其他环境中的人。人们偶尔也会意识到在其他地 23
方可能有与其差异很大的人类居住着，他们中的有些名字可能在游吟诗人的诗歌中被提到过。这些内容针对的是我们可以断定的从人类历史上留存下来且在当时已为人所知的所有遗产。但是我们现在对其所

具备的认识可以为我们制定一些历史参照标准提供依据，我们可以根据这些标准来判断什么因素对欧洲及其未来而言非常重要，或者来判定从我们现在能够认识到的哪个时期开始出现这种持久的重要影响力。

历史的开端仍然是在爱琴海地区，历史开始的几百年间，其文化中心也都是在那里。在爱琴海沿岸地区及其岛屿上，不断进化的这一文明不仅在时代和地理环境方面具有突出的重要性，而且在另一方面也表现出独特性——它对至今仍然影响着我们生活的文化传统产生了首要的、厚重的影响。很多文献都致力于这方面的研究，然而此处我们只能对这段历史作简要的、不太充分的概述。按时间顺序来说，我们可以将其视为公元前 800 至前 300 年间一段可以确认的历史时期，其创造者为希腊人。即使在当时，这一文明也不断从爱琴海发源地向整个地中海地区发展、演化、传播，产生新的习俗，摒弃旧有的制度。不过其特性和很多方面的特征仍然易于识别，显而易见。它总是兼收并蓄、富有
24 新意，且能及时地作出很多改变，这在某种程度上是因为它能不断地汲取对其产生影响的各种新鲜因素。

我们对希腊文明了解得很多。希腊文明除了留下宏伟的考古碑铭遗迹之外，还有丰富的书写材料可供我们研究，这在任何更早的文明中都是前所未有、史无前例的。但是在很长一段时间内，大多数希腊文献资料都是通过别人建立的渠道间接传承下来的。正因如此，公元前 300 年出现了一个新的历史实体——罗马，其文化深受希腊影响，也是欧洲历史的一个重要因素。罗马是意大利中部一个特殊的民族，从一开始就与希腊息息相关，深受希腊影响，它将在西亚、地中海、西欧和北非建立一种世界秩序，这一秩序首次覆盖了这一整个地区。罗马的政治主导地位及其确立的疆界，对欧洲未来思想的形成具有不可估量的重要性，同时也将希腊的遗产传给了欧洲。如果没有罗马，没有罗马各大城市提供的机会，那么希腊历史及其影响可能将局限于近东地区。

更重要的是，如果没有罗马的统治地位，对未来欧洲的个性将产生重要的决定性影响的宗教启示就不能扎根、繁荣。坚持这一宗教启示

的人们看到罗马完成了一项超自然的任务,罗马的重要性在他们的意识里留下了深刻的印象,这一任务也构成了宗教启示本身的一部分。罗马及时成为基督教国家,基督教才得以(在几百年间)创造一个基督教地中海世界,以及之后的基督教欧洲地区。如果没有罗马,伊斯兰教的宗教视野仍然局限于一个孤立的自我界定的民族,通过分布在本地和地中海地区的各港口传播,这种传播主要局限于黎凡特地区和犹太教社会。从长远来看,如果没有罗马,犹太教的变种——基督教不可能成为世界性的宗教。犹太教神话及其暗示的可能发生的事情通过希腊语和拉丁语流入一个新的世界,这个世界在耶稣殉难时已经是一个政治统一体。在几百年间,人们都试图在这个统一体中为犹太教找到一个位置,而大部分希腊人都将其视为一种"蛮族"文化。在罗马人继承基督教时,这些"对希腊人来说很愚蠢"(圣保罗这样说)的信条已译成希腊语(少数非犹太人会读希伯来语),而且从那种语言和它带来的文化中汲取了新的特色和意义。受过教育的欧洲人在 1 000 年间都将用希腊语或拉丁语阅读他们的宗教著作和教义。

不难理解,欧洲人之所以长期以来一直非常注重古典根源,正是出于这种历史重要性。但这种结果很大程度上也归功于古人非常成功的自我表达。我们对古代希腊的印象以及它持续的、绝对的影响主要是通过希腊和拉丁作家流传下来的,他们提供了那么多的经典(《圣经》除
外),后来都被欧洲文化吸收。更重要的是,他们建立了评判人类生活 25
的标准,这在很长一段时间内都是绝对得到公认的。这就是"古典"的含义:古典就是某种标准的源头,这种标准可以用来衡量以后的成就。

当然,这样想也有一些微妙的风险和困境,其隐含的假设就是想当然地认为,世间存在一种适用于所有人、所有文化的标准,而且正因为它们广泛适用,所以应该得到普遍的认同,这种观点在 20 世纪末并不流行。我们应该记住,其他文化也有他们的古典时期,也创造了后人遵循的标准,而且同样被认为是普遍适用的。同时我们也会发现,古典传统的划分和定义通常能公开地让人加以讨论。然而,当所有这些都已加以说明和考虑,当持怀疑态度的现代学者们已作了惊人的努力来限

定和解释希腊和罗马世界文明的界限时，我们也继承了大量的文化因素，这些因素到了一定的时候，就有助于决定欧洲和欧洲人的思想在历史上以何种形式出现。为了对此加以了解，我们必须从希腊人入手。

希腊人

后来的欧洲人从希腊人那里继承了大量持久的精神成果方面的遗产，我们的祖先在几百年间效仿、学习这些精神成果，我们也至今仍在使用它们。希腊人精力充沛，从不停歇(即使在自我否定方面也是如此)，他们给予后人思维、观念、理想和制度方面的模式，这些模式把我们从早期文明神秘的不确定性中带出来，进入了一个新的世界，一位牛津大学学者曾这样描述古代希腊："一个我们可以呼吸到其中的空气的世界。"[①]"遗产"是一种过度使用、过分熟悉的历史象征物，而且有误导的倾向；即使它们能够加以鉴定，最终还是变得含糊不清、错综复杂。这个词表示某些易于形容的事物，但事实并非如此。文明的影响并不简单，也不明确，我们尤其难以确定古代希腊人给我们留下了什么，由于其分支广泛，因此经常被掩盖。例如，我们认为哲学家规定了某些观念和原则。然而哲学思维这项系统反映事物(即使是反映思维本身)的事业是由希腊人发明的，他们留给我们的不仅是具体的观念，还有系统的框架，哲学家们至今仍然能够在这个框架中进行研究。甚至在 20 世纪，仍然有人把整个欧洲哲学传统描述为对雅典柏拉图作品的一系列评注。[②] 希腊哲学创造了很多结构和类别，还创造了很多术语，很多问题至今仍用这些术语进行讨论。这是一种非常深刻，但也非常微妙的影响方式。当人们抱怨一些现代哲学并不像依赖某些真实的事物那样
26 依赖古希腊哲学时，正好反映了他们对希腊人流传给我们的东西原本应有的样子带有成见。

即使是今天，我们也能给出其他例子来体现希腊对我们的集体生

① A. Andrews, *Greek Society* (Harmondsworth, 1971), p. 294.

② A. N. Whitehead, *Process and Reality* (Cambridge, 1929), p. 53.

活(艺术、政治和科学等方面)产生的潜移默化的渗透性影响;只要我们对欧洲历史往回追溯几个世纪,这些影响就非常明显了。即使中途被误解或曲解(因为人们通常用错误的方式遵循古人的指导),这些影响最终总是深刻而有效的。在我们让遗产产生普遍的、强有力的影响时,最好不要期望过多,当然也不要试图绘制包含整个领域的精确的目录或理性的系统。

现在我们重新回到哲学,进行简要的叙述,像很多现代英语中的其他词汇一样,哲学一词来自希腊语。它和其他词汇(例如“民主”“历史”“政治”这样为人熟知的词汇)一起以公认的相似形式进入几乎所有的欧洲语言。这就是为什么语言是作为切入口的最好选择的原因之一。另一个原因就是语言让古代希腊人产生了自我意识,他们称自己为“希腊人”(Hellenes),并且通过特殊的方式相互联系。无论底比斯人、科林斯人、斯巴达人或其他希腊人会感受和表现出怎样的个性和自我认同,他们都说着不同版本的同一语言。这让他们拥有一个共同的精神世界,这首先体现在口语上,其次体现在文献材料上,当希腊人遇见希腊人时,他们能够互相对话,表达非常丰富的意思。不管他们的地方神灵或崇拜偶像是什么,他们都有一个所有人都非常敬仰的万神庙。当他们在所有希腊人都会出席的运动会上相遇时,他们意识到彼此间的这种联系;尽管他们可能激烈地争吵、争斗,劫掠彼此的领土,但他们意识到一种共同的遗产,希腊人不会和其他人共享这种遗产。他们意识到自己属于“希腊(Hellas)”。

这不是一个抽象的概念,而是精神和文化上的事实。非希腊人,即那些不以希腊语作为他们母语的人,都被归为“蛮族”(*barbaraphonoi*, barbarians)。不管是斯基泰人、波斯人、埃及人还是其他民族,不管他们是否拥有权力、技术或财富,蛮族都在说希腊语民族的界线之外,因此是劣等民族。这是一个基本特征,这种特征在希腊人丧失了他们对世界的统治权后,也在几百年里决定着他们的观念、心理和行为。它表达了一些更全面的东西,而不只是一种语言特征;它关注的是成功的一种具体水平,或者更确切地说是不成功的一种具体水平,“蛮族”是比有教养的人更劣等的种族。公元前 5 世纪,希腊人与波斯人进行了两次大战,希腊人认为他们是为了波斯帝国的所有财富和权力在与蛮族作战,尽管事实上,很多希腊人此时都作为雇佣军为波斯效劳。他们不认为国王的臣民能像有教养的人那样举手投足,也不认为他们能够管理自己的事物;他们向统治者磕头的行为(在希腊人看来这是卑微、可笑
27 的行为)表明他们并没有真正的自由。这种在希腊人内部产生共鸣的敌对状态经过很长时间才逐渐消失,甚至可能至今也未完全消除。几千年后,人们仍然认为波斯战争不仅是希腊和蛮族间的斗争,也是西方与东方、欧洲与亚洲之间的战争。

希腊人大迁徙

希腊人的自我意识使首届泛希腊运动会在公元前 776 年举行。古希腊人从那天开始纪年。整个爱琴海地区的希腊人都参加了这次运动会,他们所在的各个社区在物质生活水平上都没有太大的差距。他们依靠捕鱼、耕种沿海居民点后面狭窄的平原而生活;或者,越来越多的人靠贸易生活。这些小社群在爱琴文明的黑暗时代——迈锡尼文明末期以后开始首次流散,大陆民族的到来和离开给本地民族带来了压力,就像当初早期希腊民族被赶往岛上和爱奥尼亚(Ionia)地区一样。传统赋予雅典特殊的重要性,他们是希腊人在爱奥尼亚和亚洲岛屿上定居的源头,考古学也证实了这一传统的正确性。雅典不是一个多利安人城市,它可能比其他城市保留了更多黑暗时代迈锡尼文化的特色。爱奥尼亚语是小亚细亚地区的希腊语,它是来自于多利安人的一种独特的语言,运用于伯罗奔尼撒地区,类似的典型城市有斯巴达和阿尔哥斯。公元前 1200 至前 800 年,新来的民族向四周扩散,进入了后定居时代,产生了多利安人、波奥蒂亚人(Boeotians)和其他不同的群体。他们把新的技术和知识传播到更远的地方,流向更趋世界性的地区。爱琴文明让他们成为希腊人。新的环境非常重要,与过去相比,它对这些民族未来的形成具有更加重要的影响。例如,在阿提卡和伯罗奔尼撒本土,任何地方离海岸都不超过 60 公里。狭窄的沿海平原和陡峭的

山地刺激着人们向外发展。希腊人几乎是被迫向海上发展的。

黑暗时代的迁徙运动以人们的来回往复为标志，一些(从本土)出去的人去往更远的东方建立居民点，他们是迈锡尼时代的幸存者。以爱琴海为通道的商品交换从未真正停止过，尽管在很长一段时间内该地区都缺少一种重要的流通物——钱币。公元前 7 世纪，希腊人艰难地运送诸如三足鼎、铁签这样的铁器，作为粗陋的通货，直到最后发明了货币，铸造了最早的硬币，即在具有一定标准的金属片上印上记号，标出它们的含量和价值(人们长期认为这项发明出自吕底亚人之手，一个传说中非常富裕的民族，居住在小亚细亚西北部，似乎至今也没有什么好的理由来反驳这个观点)。货币的出现使贸易活动方便了很多。

此外还有希腊殖民活动。人口压力无疑对此产生了一定影响。不断增长的人口必然给食物的供给带来压力，在早期居民点，食物只能在
狭小、密集、有限的农耕地上种植；这是迁徙和移民的刺激因素之一。 28
希腊人最早通过爱琴海或围绕爱琴海迁徙，然后到达黑海沿岸和地中海西部地区。最终产生了 1 000 多个希腊社群，他们起先是通过原始移民过程中某些偶然的机会确定定居点的，后来则是通过贸易和政策来确立。当一个城市发展得太大，出现资源短缺时，或者其居民发觉已经到了这种状态时，一群由整个家族或家庭组成的移民就开始到海外寻找合适的地方作为新的定居点。关于合适性的问题，就是可以寻求一种希腊式的生活，改变得尽可能少，而且能够提供地中海特色和地中海气候，这样的地方通常不难找到。最后产生的这些殖民点，由于都有公民权和经济上的独立性，它们与母邦城市保持了一种特殊的关系，它们属于母邦的分支，并尽量保持母邦的习俗。由此在地中海沿岸及其岛屿上出现了很多希腊城市，如同一位希腊人所言："像是池塘周围的蚂蚁和青蛙"，它们传播着共同的语言知识，给其他民族带来希腊文化的影响，即使只是通过某些范例来产生这些影响。

西部一些最重要的希腊殖民点建立在西西里和意大利南部，后来我们用拉丁语称之为"大希腊"(*Magna Graecia*, Great Greece)。希腊人去西方最初是为了寻找农矿产品，最重要的就是意大利中部出产

的金属。有些殖民点就是从贸易点或贸易港口转变而来的。锡拉库萨(Syracuse)是其中最大、最富有的一个殖民点。公元前733年，来自科林斯的移民建立了锡拉库萨，这里拥有西西里地区最优良的港口，并适时地成为地中海西部的统治权威，同时也是希腊世界最强大、最富有的城市之一。在更靠近西部的地区，殖民地不久后出现在科西嘉岛，同时还出现在意大利中部的西海岸，以及法国南部；其中，我们至今仍能从马赛(Marseilles)一词中找到Massilia这个地名留给后世的印记。如果正如人们所相信的那样，希腊人还把葡萄引进普罗旺斯和罗讷河谷地区，改变了西欧的生态系统，那么欧洲殖民活动确实在西方留下了深厚的文化遗产。

希腊海外贸易通过殖民地得到了更广泛的发展，随之而来的是与竞争者产生冲突。其中最早的就是腓尼基人，这是一个在贸易上富有进取精神的民族，他们来自黎凡特地区的各个城市，其中最著名的城市在《圣经·旧约》中都有记载：提尔和西顿。在腓尼基城市(或在来自这些城市的贸易者中间)，希腊人发现了闪米特人创造的字母，他们对其加以引用和改编，为自己所用。这后来成为拉丁字母的基础，现在拉丁字母在世界上各个地区都或多或少地得到了运用。腓尼基人在西班牙成功地战胜了希腊人，他们主要是成功地驱逐了当时已经到达那里的希腊人，同时也在西西里岛建立起他们自己的要塞，尽管他们无法将希腊殖民者从该岛驱逐出去。

29 城邦

首先，在很多个世纪中，用于研究希腊城市生活所花的时间、精力和笔墨在数量上似乎与其重要性有些不成比例，对于其中一些城市的研究几乎不能和一个英国区自治会政府的研究相提并论。然而这样的社群有强烈的自我意识，也有很强的身份感。尽管他们互相之间会激烈地争吵，但事实上，通常都是希腊城邦之间共有的东西，才会给后人留下深刻的印象。他们谁都没有占据很大的地理空间，这对他们的经济资源和社会生活都有重大的影响，我们所谓的希腊城市和现代城市之间任何隐含的相同点都非常具有误导性。它们与同时代的埃及、美索不达米亚、波斯和黎凡特地区在建筑规模上也有差异。居住在希腊城市中的大部分人可以而且确实参与了一些活动，对他们的公共事务进行集体商议和监督。相对富有（也可以说相对贫穷）无疑总是会产生很大的影响，但在生活方式和消费模式方面，他们彼此间的贫富差距比现在要小得多；以后人的标准而言，大部分希腊人都生活得很简单。他们当中比较富裕的人拥有土地，但土地面积相对较小。

大部分希腊城邦都有一座卫城或高地，上面矗立着保护神的神庙。这种忠诚对城邦的同一性非常重要，它体现在遗址的外形和建筑主体上。然而，希腊人并不只属于他们的城邦；他们也忠实于其他群体，尤其是家族群体。在早期，血缘关系通常是公民团体的基础，它提供了最重要的下一级单元。部落的重要性将减少，尽管到公元前 5 世纪，部落作为一个组织性概念仍然很重要，它们产生于混乱的黑暗时代，希腊人社群通常都由国王统治。在下一阶段，有证据显示，当王权逐渐被贵族议事会取代时，武士的后代们早已获得了土地。他们能够提供铁制武器和盔甲，这些对于城邦的战斗部队而言都是必需的，但却越来越昂贵。然而公元前 7 世纪，贵族议事会经常受到“僭主”的排挤，“僭主”一词从古希腊语引用而来，至今仍在使用，但是随着时间的流逝，这个词也被加上了贬义的含义。我们最好把希腊的僭主视为强势的人，而不是坏人，他们的黄金时代就是公元前 7 世纪。

贵族当然比其他大部分公民拥有更多的土地，尽管可能没有现代标准意义上那么多。但是较穷的农民也仍然拥有少量的土地。有时候他们只有极少数的土地，有时候没有土地，他们可能为了偿还债务而为大地主干活。该社会中的其他居民（但不属于这个社会）就是奴隶、外邦人或“侨民”；他们没有公民身份。由于经济的进一步分化，而且随着城市之间交换和贸易的发展，经济变得更加复杂，侨民也越来越多。直 30
到公元前 5 世纪，希腊本土城邦开始从地中海西部、埃及，甚至从黑海沿岸各港口进口谷物。另一个被排除在公民团体之外的重要群体就是非奴隶的妇女。希腊人对妇女的态度从古风时代到公元前 6 世纪末

（或者，在某些方面还要晚得多）都改变甚少。他们在城邦中只是丈夫或男性亲人的附属品，没有独立的社会地位或法定权利。从她们的准监护人这方面来看，古代希腊与古代地中海及近东世界的其他国家也没有多大的差别。

在这些小社群中，最重要的管理力量就是风俗和习惯法。通常当我们需要让一种惯常的制度去适应变化了的环境时，我们才听从立法者。其中之一就是雅典的梭伦，他留下的盛名已经在美国报纸的标题中代表立法者。但是直到很久以后，要想弄清楚新的法律是如何制定的，或者甚至立法（起草和实施法律）这个概念是怎样产生的，都很不容易。亚里士多德（Aristotle）与其他希腊人相比，在其幸存的作品中对制度问题做出了更多的反应，他似乎反对立法，除非它确实必须实行。尽管我们已经对某些城邦（尤其是雅典）的制度安排有了相当多的了解，但也存在一些我们一无所知，或者最多也只是拥有一些二手材料的情况。若我们脱离具体的证据狂妄地讨论希腊人如何处理他们的公共事务，这是很危险的。但是在现存资料的基础上，我们还是可以找到相对的文化方面的要点：尽管他们都是男人，在通过某些方式参与公共生活的希腊人当中，希腊男人所占的比例要比同时代其他古代文明的比例大得多。而且，他们不仅共同参与统治，分享很多经济利益，还用我们现在所谓的思想意识这种方式组成了一个文化单元，尤其是形成了一套宗教信仰、宗教习惯，以及一些设想和理想。这体现在由此产生的仪式、艺术、游行和戏剧当中，这些对未来也是非常重要的。

希腊人还创造了政治。他们用来指代城市这一概念的词就是“城邦”（*polis*），它和我们现在的“政治”（politics）一词，还有“政治的”（plitical）、“政治家”（politician）这些词的联系显而易见。然而这个希腊词汇比我们赋予“城市”（city）一词的含义要宽泛得多。它不仅意味着人和建筑的巨大集合，它还包含着我们需要用“社区”（community）这样的词来表达的意思，或者还包含我们指代国家或民族时所具有的概念。他们是独立的、自治的社会，具有正式的，有时候甚至是详尽的协议来保证公民参与公共事务。这种协议似乎在公元前 5 世纪的雅典发展到最高峰，即我们所谓的“民主制”（democracy，同样借用于一个希腊词汇）。某种定期举行的全体公民大会到公元前500年仍然相当普遍地存在。这些大会的行动和讨论开启了我们所知的政治，即由符合 31
制度规定的人们讨论公共和集体事务，随后做出决定。当然对于我们所谓的政治活动的界线和形式，从来没有确切的定义，它们一直都在改变。但是他们心中承认一些共同的公共利益，他们拥有一片共同关心的，能够加以讨论的领域；这就是希腊人创造的成果，也是希腊政治非常重要的一步。他们可以绘制一些共同的原则，这不只是继承古老的习俗或遵守不变的法则，公民们可以对其释义发表自己的意见。当这种制度刚出现时，能够公开讨论的领域肯定很小，只包括个别重要的政策行为——可能只是决定发动战争或维持和平。起初能参加讨论的人数也很少；他们可能组织了一个议事会，甚至可能是个别统治者组成的法庭，在这里可以争取支持者，也可以产生权力。但是这样的机构还会继续发展，而且更重要的是，他们越来越能反映原本被排除在统治阶级之外的其他人的利益以及他们潜在的力量。在这种背景下，有时候会在公民大会中出现一个微弱的“公共团体”（*public*）。

根据现代经验，我们开始怀疑参与政治是一种强大的教育力量这一观点。尽管如此，参与政治还是具有教育意义的，它用实践证明可以通过商量和辩论来做出公共决议这一事实，即使这场讨论由少数人控制，表现出的是人们更加盲目地坚持传统、风俗和权威的重要性。政治有很多公开的或隐蔽的形式，也被很多腐败的、完全自私的目的所利用，它们的影响力在几个世纪中历经盛衰，有时几乎消失不见。尽管如此，它们还是证实了希腊人对文明作出的一项最重要的贡献。之后，政治学用我们至今仍在使用的词汇把希腊人的政治特色传播到了全世界；民主政治、寡头政治、独裁统治仍是我们讨论时常用的词汇，不过我们现在已经曲解了这些词汇。

希腊世界的冲突

公元前500年，在城邦之间以及同一城邦的居民之间，商业的兴起及其随后的专业化，带来了一些新的变化。在很多城邦中，法律和制度改革限制着传统统治阶级的权力，这些“贵族”或“上流阶层”属于地主家族，他们统治着早期的经济生活。尽管我们只能了解一两个地方(尤其是雅典)的进程，但与这样的变化随之而来的是大部分甚至整个公民团体都参与了城邦事务。随着更多铁制(有时候是钢)武器的产生，战争的性质也有所改变，更为整齐、训练更加有素的方阵出现在战场上，我们称之为重装步兵(hoplites)的公民士兵在城邦军队中越来越具代表性。

32 希腊世界的疆域图形成于公元前 500 年。在希腊本土、爱琴海地区、小亚细亚沿岸，甚至在黑海这样遥远的地区一共分布着数百个希腊城邦。至于当时希腊人对希腊世界以外的地区有何了解，我们可以从希罗多德(Herodotus)的著作中略知一二。希罗多德是被誉为艺术和历史科学之父的两位学者之一，他来自小亚细亚的一个小镇——哈利卡纳苏斯(Halicarnassus)，生于公元前 5 世纪前半期。他一生在游历上花了很多时间，并告诉我们还有一块鲜为人知的土地坐落于希腊世界边界以外的北部和西北部地区，希腊人称之为“欧罗巴”；但是他很少说到该地区的具体情况。但这是这个名字首次在文献中用来指代某个地方。东北部地区，在俄罗斯(不是当时所使用的名称)南部，越过通往黑海和金羊毛产地的海峡，生活着一些蛮族，其中最重要的就是斯基泰人，他们与沿海的希腊人开展贸易。黑海南岸由波斯统治者——国王统治，他的领土范围最大的时候从波斯湾一直延伸到地中海。在非洲(另一个未知的名称)坐落着伟大的埃及王国，它以名胜古迹和智慧而闻名，在它的西部是利比亚王国。希罗多德对于这些领土以外地方的记载更加不切实际。但他仍是一个勤奋、认真的历史学家，他考究所有他能找到的证据，而且游历到很远的地方去寻找那些通过亲身观察才能确认的信息。尽管无可避免的，他的调查是很有限的。无论如何，在他广泛的兴趣范围内，他主要关注的事物在时间和空间上都与一个重要的核心主题相关，就是希腊和波斯之间长期的斗争。

希腊与波斯进行了两次大战。第一次战争始于公元前 492 年，当时波斯派出一支军队惩罚雅典和埃雷特里亚(Eretria)帮助爱奥尼亚反抗波斯统治。随之而来的是第二次远征,以公元前 490 年波斯在马拉松战役中的失败而告终。第二次战争以希腊在公元前 480 至前 479 年之间获得三次伟大的胜利而告终,然后波斯人返回国内。在希腊人受到的教导中,把这两次战争看成文明人对蛮族、自由人对奴隶的斗争;但是很多希腊人却站在波斯阵营中作战,因为雇佣兵在海外服役是一种早已确立并相当完善的希腊风俗。很快神话开始模糊这些事实。东西方敌对观念是欧洲历史上反复出现的主题,有人总是把这次纷争视为东西方敌对观念的首次表现,而且是出于道德因素的一次战争,即反对特权和奴役。其中也有种族和地理因素,一位雅典演说家以及与亚里士多德同时期的人们已经能够追溯历史,并且能够把特洛伊战争描述成欧洲和亚洲之间的一次斗争。[①]

波斯威胁的消减开创了之后与希腊文化最伟大的成就息息相关的
一个时代。但是这可能被误解。希腊文明最重要的成就之一产生于公 33
元前 6 世纪或前 7 世纪,当时爱奥尼亚城邦的希腊人创造了科学。后来,在一定程度上由于城邦内出现了一些杰出的作家,加上自我宣传和自我标榜,文化版图逐渐被雅典控制,雅典人甚至受到鼓舞,把自己视为其他希腊城邦的典范,代表着被后人铭记的大部分“希腊成果”。从主要意义上来说,这种成就也很简单。城邦没有幸存下来。即使在波斯战争期间,城邦间的对抗和分歧也很明显。这也激励着很多历史学家去推测为什么希腊人从来没有克服他们的分歧。某个城邦引起激烈的斗争,最终削弱了很多城邦的力量(尤其是雅典),从而被外敌战胜,这就是伯罗奔尼撒战争。

很多关于伯罗奔尼撒战争精彩的分析记载都是通过雅典人修昔底德(Thucydides)留给后人的,修昔底德和希罗多德一样,是历史编写原则的创造者。雅典和斯巴达之间的战争是伯罗奔尼撒战争的核心,这

---

① 参见 F. Chabod, *Storia dell'idea d'Europa*, ed. E. Seatori and A. Saitta(Bari, 1961),p. 16. 亚里士多德仍然把欧洲与希腊区分开(Politics, vii, 1327b),并把欧洲描述为“富于活力,但缺少知识和技能”(Jowett 的译本)。

场纷争可以追溯到两者在波斯战争中的分歧。公元前 5 世纪 60 至 70 年代之间，当雅典成为实际上由一些附庸城邦组成的同盟的首领时，它与其他城邦同盟之间公开的敌对状态越来越明显。这首先导致了公元前 457 年的战争。在随后的几十年中，雅典的国内政策使城邦间的关系更加复杂。雅典的民主制威胁着其他城邦的寡头制，结果这些城邦向斯巴达寻求支持。这些冲突最后累积成公元前 431 至前 421 年和公元前 414 至前 404 年的两次大战，两次战争合称伯罗奔尼撒战争。战争接连发生最终致命地削弱了希腊各邦。雅典及其附庸在军事上失败，然后又在议和时蒙羞，但其实整个希腊都是失败者。城邦之间的争吵仍未停止。随之而来的是斯巴达短暂的统治，但最终，在下一个世纪中，外来势力强迫希腊人集体归降，并受到绝对控制。

希腊的“成就”

追溯那些流传到后世的因素总是很危险的。希腊文明比后人（不止一群后代对幸存下来的希腊文明进行筛选和过滤）所珍视的内容要丰富得多。然而希腊知识分子的作品至今仍然如此显著，而且又对以后文化和社会的形成产生了如此巨大的影响，以至于我们需要不断努力，通过这些知识分子来了解他们所在的那个世界的价值。他们为后人的愚昧和迷信留下了很大的空间，同时也给后人的理性和智慧留下了很大的空间。很多希腊艺术对此都有所体现。当然也不是所有希腊成果都是对未来绝对有益的。比如，他们认为奴隶制是天生的，因为它符合某些人类形成的方式，这个观点几百年来都非常具有说服力。在
34 现代人看来，妇女的被支配地位是希腊文化令人不安的另一个方面，这比其他社会的这一行为更难让人忽略。

大部分希腊人生活在传统、愚昧和迷信的躯壳中，即便是那些能够对思考有所了解的人，也不太乐于接受思考的结果，其实思考可以开拓新的精神世界。人们继续尊重古老的公共正统观念，而且在某些方面随着时间的流逝还有所加强。例如，在公元前 5 世纪晚期的雅典，拒绝

信仰神灵是一种不敬的行为。一位哲学家认为太阳是一个又红又热的圆盘；当他这样说的时候，即便他是伟大领袖伯里克利（Pericles）的朋友也不能得到保护，不得不被流放。同样是在雅典，在一次重要的军事行动前夕，某个公共雕像——赫尔墨斯（Hermae）神像神秘地遭到损坏，这是不祥之兆，震动了公众舆论。有人把随后西西里远征的失败归因于这次渎神的行为。对于希腊社会而言，公众的迷信肯定比著名哲学家的存在更具代表性。而且，希腊思想反映了由自身动力所引发的侧重点和风格的变化。这有时候会通向死胡同或陷入僵局，也会导致奇异、荒谬的幻想。希腊思想并非完全统一，而是在历史上延续发展了三四百年的时间，而且不同时期有不同的因素占据主导地位。

虽然如此，希腊遗留给未来世界的核心，以及它长期运作的方式，我们都不难了解。希腊人在顺应自然，以及用人类经验理性、自觉地进行研究和控制方面比古代其他地区取得了更大的进步。他们对他们所在的世界以及其中的居民充满好奇心，没有哪个民族会像他们那样；希腊的思想家不愿意沉溺于漠不关心或顺从接受的状态。结果，尽管严重的愚昧和迷信思想仍然充斥着他们的文化，他们还是向用理性控制人类的生活迈出了一大步，即使我们需要永远谨记对这样的观点必须有所保留。神灵总是希腊生活的背景之一。复仇女神（*Nemesis*）伺机等待某人变得自高自大，忘了自己仅仅是个人类，或认为他所享有的好运只是他个人优点和技艺的反映；人类必须取悦神灵的意识一直围绕着大部分希腊人，即使他们不能完全做到这一点。圣路加记载圣保罗在雅典看见“未知的神”的圣坛，这表明了希腊精神两个永恒的事实——好奇心和迷信戒律。[①] 即使是希腊哲学家中的精英分子似乎也
赞成限制无神论者，这在今天看来很不可思议。至少在大部分情况下， 35

① 《圣经·新约·使徒行传》，第 17 卷，第 16—33 节。圣保罗正在进行他第二次传教旅行（第一次在欧洲传教），这可以鉴定为公元 51—52 年。圣路加，传统上都普遍公认他为《使徒行传》的作者，参与了圣保罗的这次旅行，并提到雅典人“他们的时间没用在别的事情上，就是用来告知或听取新事物”。

传统的权威还是得到了极大的尊重，甚至是推崇。[①] 尽管我们还无法对所有这些情况进行明确的评价和权衡，但希腊在思想上无疑对绝对权威进行了挑战，这是史无前例的。在此后的2 000多年中，尽管质疑的精神一直受到打压，但人们却再也无法对其视而不见。最终，希腊在此基础上创造出了一部卓有成效的神话巨作，其中的情节天马行空，同时也充满了新的思维方式和灵感。

系统研究的开端

希腊人相信自觉研究和讨论是一种很好的方法，而且能够找出真理，并把这一点与另一个同样对后人非常重要的观点联系在一起。那就是不管自然世界和宇宙最根本的基础是什么，又包含着怎样神秘的力量，他们在运行中通常都合乎逻辑、相互关联，因此人类可以对其进行理性的研究。这一观点构成了欧洲科学的核心，欧洲科学的历史起源就在爱奥尼亚。公元前6世纪，希腊世界的部分地区开始有人探索自然世界及其运行方式。这些人是现代科学的真正创始人，尽管现在只有专家们记得这些人的名字(或者说其中一些人的名字)。现在全球从事的所有科学工作都起源于现代欧洲早期的组织机构，而这个机构又最终依赖于希腊传统，这种传统通过直接或间接的方式流传下来。

爱奥尼亚的科学为何会出现我们至今仍不清楚，但它标志着一次思想的革命。它跨越了虚构与理性之间的一条重要界线。这条界线始于人类早期；(例如)毋庸置疑，埃及人的建筑实践，以及他们通过实践获得的工程建造、材料处理等方面的知识，肯定向希腊人透露了数学和测量方面的一些知识。巴比伦天文学家在为宗教服务的过程中也进行了重要的观察，并认真加以记录。然而我们发现小亚细亚的希腊人最先留下了他们对自然世界进行思考的一些证据，当时他们已经用更加独立的各种方法研究自然。

---

① 哲学家苏格拉底主张他绝对服从他受指控违反的法律，也不会在他因此被判刑时否认法律的重要性。他的观点以对话的形式出现在《克里托篇》里，特里德尼克对其做了适当的翻译，Plato: *The Last Days of Socrates* (Harmondsworth, 1954)。

现在我们所知的最早的希腊科学家中，最著名的两位就是泰勒斯(Thales)和阿那克西曼德(Anaximander)，他们生活在公元前 6 世纪的米利都(Miletus)(这里的环境可能非常重要；那是一个富裕的城邦，他们似乎能够保证足够的时间用来思考)。他们的很多宇宙概念和很多资料可能都要归功于巴比伦的资料来源；确实，如果科学始于观察， 36
那么其最深的根源可以追溯到巴比伦。但是下一步就是理解，也就是对观察到的事物进行解释。然后就获得了经验方法，而且通过不断积累，获得了更先进的知识，随之而来的就是对其加以控制的野心。爱奥尼亚人很快就超越了他们从亚洲人那里借鉴的知识，他们用客观解释取代神话虚构的尝试比他们给出的最终证明是错误的具体答案更加重要，更引人注目。其中有人提倡 2 000 多年前的一种原子理论，但希腊科学文化却一致支持物质是由四种“元素”(空气、土壤、水和火)按不同物性、不同比例混合而成的理论。这一理论作为西方科学 2 000 多年来的基础获得了巨大的成功，对西方科学的范围和发展前景产生了很大的影响。但是爱奥尼亚人及其继承者“发现”的知识的正确性并没有他们过去实现的根本性突破重要。他们的方法就是逐渐排除用神和魔鬼来解释自然。这并非总是得到赞同：公元前 5 世纪末，雅典谴责其为渎神思想，远不及某些爱奥尼亚人勇敢。(其中有人惊人地质疑说：“如果公牛会画画，那么它的神灵看着就像一头牛。”)[①]地中海古典文明后来丢失了很多这样的勇敢精神，并非所有对未来产生最大影响的文明都乐于质疑公认的观点。

在研究其他文化时总会产生的问题之一，就是回避不恰当的用语。例如希腊的各种思想(即所谓的他们开始仔细思考某些具体问题之前，所展现的思维脉络)并不是我们今天所呈现的思想，尽管前者决定了今天我们思想中的某些方面，而且通常看起来很相似。我们现在使用的一些思想类型并非由希腊人所创造。他们还划定了研究领域之间的界

① 引自 E. R. Dodds, *The Greeks and the Irrational* (Berkeley and Los Angeles, 1959), p. 181。

线，这与我们想当然的分类截然不同。这通常很明显，没有什么困难；例如，亚里士多德（Aristotle）限定了家庭管理及其在他所谓的“政治”研究中的位置，我们不可能被这个误导。但是，这样的分类和设置在其他问题中会变得很复杂。不过希腊人在寻求方法了解宇宙方面还是保持着旺盛的活力，而且非常有用：哲学家至今仍把他们的研究分支领域称为“伦理学”“形而上学”“逻辑学”，它们全都源于希腊词汇和希腊思想。

希腊思想的很多内容也都有很强的生命力。尤其是与所有希腊哲学家中最出名的一位——雅典的柏拉图（Plato）有关的一个例子。柏拉图出身贵族，但却厌恶他曾经希望参与其中的事务，对雅典的民主政治大失所望，这一政治曾以渎神罪判处他最敬仰的老师苏格拉底
37 （Socrates）以死刑。他从苏格拉底那里学到了研究道德问题的“唯心主义”方法，以及进行哲学研究的方法。他认为，真理可以通过辩论和直觉发现：理念是真实存在的。它是一系列“思想”（真理、美好、正义除外）中最重要的思想，其意义不在于它每时每刻都必须出现在人们的脑海中（正如某人会说：“关于这点我有一个想法”），而是真实的存在，它真实地存在于一个固定的、永恒的世界里，这些哲学思想组成了这个世界。柏拉图认为，不变的物质世界通过意识隐藏在我们周围，欺骗并误导着我们；物质世界并不重要。但我们可以了解精神，可以用理性来理解精神。这就是欧洲唯心主义哲学思想漫长传统的开端。

在上述思想和其他一些希腊人的思想中，我们可以发现另一种为人熟知的思想痕迹，就是在人身上，具有神圣起源的精神与作为肉体禁锢的身体彼此分开，不可调和。结果必定是其中一方获胜，而不可能协调。[①] 这种二元论思想长期以来都得到道德禁欲主义者的支持。这种思想传到基督教世界，产生了巨大影响，当时离公元前 5 世纪已经过去了很长一段时间，雅典也已成为一段记忆。柏拉图认为宇宙唯心世界和物质世界方面的知识可以帮助人类更好地管理自己生活的世界；相

---

① 参见 *Dodds*, p. 139。

反,他也认为一些管理会阻碍人们获取这类知识。这些思维方式保存在苏格拉底与前来与他辩论的人之间的对话中,由柏拉图记录。这些对话录是关于哲学思维方面最早的教材。其中在《理想国》(*The Republic*)一书中,人们首次设计了一套社会蓝图,指引、计划着实现一个道德目标。它描绘了一个极权主义国家(有点像斯巴达),在这里婚姻受到控制,用来生育基因最好的后代,不存在家庭和私人财产,文化和艺术受到审查,教育受到严格监督。统治国家的少数人必须是那些拥有足够智慧和道德水平的人,以便他们学习和理解理想世界,使他们能够在实践中实现公正的社会。跟苏格拉底一样,柏拉图认为智慧就是理解现实,回避表象的诱惑。他认为要想知道真理,就应该先做到依照它而行事。但是,和他的老师不同,他认为对大多数人来说,教育和法律必须强加于未经审视的生活中,而苏格拉底认为不值得在这样的社会中生活。

柏拉图对数学也非常喜欢,很有兴趣。其唯心主义思想的基础很多都源于此。数学家们思考的数字在柏拉图看来具有一些稳定的特性,这在物质世界显然非常缺乏;数字既具有明确的精确性,又具有他认为体现物质世界的理念的抽象性。对于其他希腊思想家来说[著名的毕达哥拉斯(Pythagoras)就是其中之一],数学也具有一种类似精神
上的吸引力,但在更大的希腊思想背景下,这不是数学唯一的意义。数 38
学除了决定公元 7 世纪的欧洲人非常依赖的大部分算术和几何以外(他们从其他地方学习代数),还深刻地影响着希腊人探究自然的方法。它激励着一种观点,即我们可以通过数学和推理方法认识宇宙,而不是通过观察和实验(尽管一些希腊人认为这两点很重要)。这也促使人们把天文学固定在错误的方向上长达 2 000 年之久,因为它为下述观点提供了基础,即宇宙是一个同心球体系统,其中太阳、月亮和行星以固定的圆形轨道围绕地球运转。有人意识到这似乎并不是宇宙运行的真正方式;但是(粗略地概括),通过对基础的构想越来越多地加以改良,其合理性持续了几百年。有些观点在公元 2 世纪经著名的亚历山大里亚学派成员——托勒密(Ptolemy)介绍,到哥伦布时代仍然提供了足

够有效的指导，成为航海的基础。

如果说四元素说和天文学的发展显示了希腊思想的推理倾向，那么希腊医学则更多地运用了实验方法［盖仑(Galen)和希波克拉底(Hippocrates)成为未来几个世纪的权威］。观察和记录，这些对世界进行实验的基本方法，其实也更多地出现在柏拉图的学生——亚里士多德的作品中，而不是他老师的作品中，而且不管是好是坏，与其他人相比，这两人对后来的哲学讨论产生了更深刻的影响。由于柏拉图不满足于他所知的内容，而且出于内心的成见，他几乎预料到了所有重大的哲学问题，不管这些问题是与道德、美学、知识基础有关，还是与数学的本质有关。他在其重要的文学作品中提出了自己的观点，后人都乐于阅读这些作品。亚里士多德是一个更综合、更平和的思想家，他较少怀疑现实的潜在价值，也较少冒险，从不完全驳斥柏拉图的教学观点。但他是一个伟大的数据分类和收集者(对生物学特别有兴趣)。他不反对柏拉图的理性经验，并从事实归纳形成普遍规律。他的历史影响和他的老师一样难以界定。亚里士多德的作品为欧洲 2 000 年间生物学、物理学、数学、逻辑学、文学及评论、美学、心理学、伦理学和政治学等方面的讨论构建了框架。他建立了推理逻辑科学，这一学科直到 19 世纪末才被取代。亚里士多德的方法足够灵活和宽容，最终也很容易地适用于基督教和伊斯兰教哲学。他的思想取得了巨大的成功。

亚里士多德和柏拉图都认为如果城邦能够得到改革和净化，那么它将是能够想到的最好的社会结构，但除此以外，两人的观点都存在分歧。在亚里士多德看来，城邦是天生的，而且基本上值得赞美，因为它可以给予组成它的公民天生适合他们的角色；城邦需要的是从实际问
39 题中得到的反省，这种反省在现存状态下，基本上可以实现幸福。在阐述某个问题的答案时，他利用了一种希腊思想，他在很长一段时间内都在教授这种思想，就是中庸，认为优秀就是在两个极端之间保持平衡。经验事实似乎证明了这一点，亚里士多德似乎在系统的框架中收集了比前人更多的证据；但是在强调社会及其制度的重要性方面，另一希腊发明赶在了他的前面，那就是历史。

关注过去在历史上并不新鲜。很多古代社会都有编年或年鉴用来记录历史事件。但在希腊，这却不是历史产生的途径。希腊的历史书写起源于诗歌和口头传诵。令人惊叹的是，在历史书写的开创者和建立者——希罗多德和修昔底德的著作中，它很快就达到了很高的水平。“历史”(*historie*)一词早已存在，意思是探询。希罗多德对词意加以扩充，意为对过去事件的探询，而且为了记下探询的结果，他写了第一部艺术散文作品，并用欧洲语言保存下来。社会活动和事实第一次不再只是编年记事的对象。修昔底德在记录事实的过程中更求严谨，有人认为，尽管其朴实的语言不如希罗多德的作品那样具有吸引力，但他的文学成就甚至超过了他的前辈。修昔底德选择记录的对象与他自己所处的年代更为接近，体现了很高的个人参与度。他是雅典一个贵族家庭的成员，在伯罗奔尼撒战争期间担任将军，直到因为一次所谓的指挥失利而失去权力。他想要找出是什么原因导致他们的城邦，以及希腊人陷入这样极端的困境。他和希罗多德都有一个非常务实的动机(后来大部分希腊历史学家也都是如此)，认为他们发现的历史规律具有实用价值。结果他们写出了之前历史分析中最突出的篇章，并成为公正评判的典范。该书的历史只叙述到公元前 411 年，但对核心问题的解释非常明确：“雅典实力的增加以及这一刺激对斯巴达的警告，让战争的爆发不可避免。”[①]

由此，历史很早就在希腊人创造的文学作品中处于核心地位。这些文学作品是所有语言中最早、最全面的。犹太教《旧约全书》几乎同样全面，但它既不包含戏剧，也不包含评论性的历史，更不用说更先进的体裁了。就影响力而言，希腊文学对之后所有西方著作的影响和基督教《圣经》所产生的影响一样重要。它既确定了主要的文学形式，也首次确立了评判它们的标准。

文学从一开始对希腊人来说就不只是一种消遣。诗人被希腊人视

① Thucydides, *History of the Peloponnesian War*, trans. R. Crawley (London, Everyman edn, 1945), p. 12.

为老师，他们的作品充满着神秘的含义和启示，即使有很多不同类型的诗歌。这起源于诗人荷马(Homer)，他在希腊文化中处于如此不可动
40 摇的核心地位，以至于我们总是用他的名字简单、隐晦地暗指诗人(尽管有学者认为他的作品并非由一个人写成，而且普遍认为他的作品吸收了过去游吟诗人的素材)。两部伟大的史诗使他当得起这样的盛名。《伊利亚特》(*Iliad*)叙述了著名的亚加亚人(Achaeans)围困特洛伊城的故事，《奥德赛》(*Odyssey*)讲述的是一个亚加亚人首领流浪、冒险的故事，记载了他在城邦陷落后慢慢找到回家的路的英雄行为。这两部伟大的史诗几乎被希腊人视为宗教文本，它们提供了关于神、传说故事以及历史人物方面的信息。它们为希腊人提供了应该遵循或避免的行为典范，这些典范不仅由人树立，还有神的参与。希腊男神和女神虽然拥有巨大的力量，但他们的行为通常和人类非常相似，并表现出人的情绪。希腊人独特地保持着与人相似的众神，而不像其他文明的神灵那样。

荷马到底是谁，“他”的著作最早在什么时候完成，关于这些问题至今仍有争议。这两部史诗比其他希腊文学作品得到了更频繁的模仿，而且它们似乎在形式上对公元前700年的爱奥尼亚产生了些许影响，这种形式也流传给了我们。到公元前6世纪，它们具有权威性，并成为希腊教育的主要内容。它们不仅是体现希腊自我认同感的首要文献，而且成为影响欧洲的古典文化的基础。它们和《圣经》一起组成了西方文学的根源。

荷马最有力地证明了希腊人感受到的关联性存在于文学、宗教信仰和道德教育中。这让文学艺术成为公共角色：最伟大的希腊诗歌慢慢进入城邦和公民领域，并最终进入公共节日，而公共节日是希腊文学艺术最主要的形式——悲剧的传播媒介。从诗人到游吟诗人，再从游吟诗人到演员，这就是欧洲戏剧产生的过程。每个地方的戏剧都起源于宗教，希腊戏剧也起源于一种宗教仪式——对酒神的赞美诗，这是一种在酒神狄奥尼索斯(Dionysus)的节日上伴随着舞蹈和表演集体吟唱的歌曲。我们得知，在公元前535年，一个叫泰斯庇斯(Thespis)的诗

人在酒神祭典的歌舞中加进了一个演员,这个演员的台词当时在某些程度上起到了对合唱歌曲进行消音的效果,这是一项重要的改革。随之而来的是进一步的改革,并有更多的演员加入,在 100 年后的公元前 5 世纪,我们就有了完整、成熟的埃斯库罗斯(Aeschylus)、索福克勒斯(Sophocles)和欧里庇得斯(Euripides)的戏剧。他们的作品中有 33 个剧本保存了下来。但是有 300 多部不同的悲剧在公元前 5 世纪上演。在这些戏剧中,宗教的重要性仍然存在,这一点不仅体现在语言上,也体现在这些戏剧上演的场合。这也产生了一股坚实的推动教学的力量。戏剧要求希腊人做到的,不只是消极的敬畏或不假思索地沉湎其中,作者们期望的是意识上的共鸣。

这些伟大的悲剧有时以三部曲的形式在城邦节日中上演(其中一套完整的三部曲流传至今),观众们已经对表演的故事(通常是神话故
事)非常熟悉。但大多数希腊人都没有看过(比如说)埃斯库罗斯的戏 41
剧,可能只有少数雅典人看过;当然与在舞台前看过莎士比亚的现代英国人的人数相比,当时能看到埃斯库罗斯戏剧的人就更少了,更不用说与通过电视看莎士比亚的现代英国人相比了。虽然如此,那些不太忙于耕作的人,或住得不那么远的人组成了大量观众;例如,雅典剧院的大小表明,实际上每次表演至少能够让 1 万多观众到现场观看。

跟哲学(哲学的观众当然更少)一样,戏剧可以成为一种具有煽动性的教育经历。没有哪个古代社会像希腊这样,世界的道德和社会内容都通过戏剧探究并反映出来。演员们表现的正是用熟悉的仪式揭示的重点,从熟悉的故事中加以新的萃取,即使一些戏剧超出了这一范围,在允许的情况下讽刺社会上虔诚的信仰。它并不是自然主义戏剧,它展现的是在传统的英雄世界中法令如何实施及其实施过程中对个人行为所产生的痛苦影响,或者是神和人在目的上的分歧。故事情节为人熟知,而且本质上承认必然规律和天谴的影响力。归根到底,戏剧可能具有希腊精神不合理的一面,而不是合理的一面。

雅典戏剧的范围在公元前 5 世纪不断扩大。欧里庇得斯对传统的观念提出质疑。雅典喜剧本身发展成为一种戏剧形式,并出现在阿里

斯托芬(Aristophanes)的作品中,他是第一位为了他人的乐趣编排人物和故事的戏剧作家。他的素材通常与政治相关,几乎总是与时事密切相关,而且常常语言粗鄙,这些素材是我们拥有的关于雅典社会宽容和自由方面最突出的证据。100 年后,戏剧通常都是关于奴隶的阴谋或苦恼的爱情故事,我们似乎看到了现代社会戏剧的影子。这些戏剧没有索福克勒斯作品的影子,但仍然能够娱乐大众并保持一种近似奇迹剧的特征,200 年前不会有类似的戏剧。

史诗时代以后,希腊文学的迅速发展和改进进一步证明了希腊文化固有的活力。在古典时代末期,希腊文学的读者仍然不断增加,因为此时希腊语既是一种通用语言,也变成了整个近东地区以及大部分地中海地区的官方语言。当时仍然产生了很多杰作,尽管已经不可能达到雅典悲剧那样的高度。在视觉艺术方面,尤其是在雄伟建筑和裸体雕像方面,希腊也再次为后人树立了榜样。在最初借鉴亚洲风格的基础上,一种完全原始的建筑风格得到改变,古典风格的元素仍然让人自觉地想到 20 世纪建筑师的朴素风格。在几百年间,这种风格传遍了从西西里到印度世界的很多地区;在这种艺术中,希腊人也是文化的输出者。

希腊出产大量优质的石头是其中一个有利因素。我们今天看到的遗迹仍然富丽堂皇,这证明了这些石头的耐磨性。但其中还是存在着
42 一些错误观念。雅典人通过帕特农神庙(Parthenon)向我们讲述的纯洁和朴素掩盖了他们当时看待它的方式。男神和女神的华美雕像,纪念碑、神殿和石柱上的颜料、赭石以及点缀物肯定塞满了雅典卫城,掩盖了神庙的朴素,而这些东西都消失了。在凌乱的小型宗教场所,我们或许也能从它们的混乱中得出这样的暗示,在去往德尔斐(Delphi)阿波罗神庙(Temple of Appollo)的路上,杂乱地充斥着商贩、摊位,以及迷信活动后留下的废弃物。但是,不管真实与否,时间的打磨让希腊遗迹展现出惊人的美感。此处我们无法考虑到我们对事物的判断和最终起源于事物本身的判断标准之间的相互作用究竟是怎样的。在这样的时代要创造一种能如此深刻而有力地讲述人类思想的艺术,仅仅靠它

本身是很难解释的,除非有超群的天赋,并具备非常好的技艺对其进行表达,这一点千真万确。

对雕刻家来说,能在当地找到上好的石头是一种无法估量的有利条件。希腊雕刻起初受到东方,通常是埃及的影响,曾经引进了很多模型,但最后它向着更杰出的自然主义演变。其最重要的雕像就是人类形象,它不再刻画纪念性或迷信偶像的形象,而是刻画人类形体本身。尽管当我们参观博物馆时,我们总是不能确定这些雕像的外观是否就是当时希腊人看到的刚完成时雕像的样子(这些雕像通常镀过金,上过颜料,或用象牙制品和宝石装饰过),但它们很明显地体现出变化。我们看到最早的雕像通常都是一些神祇和身份不明的男青年或妇女的雕像,他们与埃及雕像所表现的姿态相差不多,非常相似。公元前 5 世纪,不规则的体块分布,以及放弃简单的正面姿态都体现了自然主义风格。然后就在公元前 4 世纪出现了成熟的人类风格(而且首次出现了女性裸体),人们用一种新的、理性的自然主义处理这类风格的雕像。

尝试性总结

伟大的文明不只是博物馆那么简单,它们不能被简化成目录。希腊文化的成就和重要性虽然只占据了希腊巅峰成果的冰山一角,但它包含了生活的方方面面;城邦政治、索福克勒斯的悲剧和菲狄亚斯(Phidias)的雕像都是它的有机组成部分。之后几个时期,人们直观地抓住了这一点,后来的历史学家和学者都不遗余力地乐于分析和辨别其时代和所在地。但即使这种直觉值得怀疑,它也是富有成效的。最终对于这个世界而言,人们想象中希腊的形象和希腊真实的形象一样重要。人们对希腊经验以不同的方式加以重新讨论及重新思考,希腊经验在 2 000 多年间得以重生并被重新使用。即使是其中的错误也可能具有创造性。整个欧洲得益于从事商贸的希腊而建立起来,世界其他地区也因为同样的原因通过欧洲进行贸易。一旦撇开自然地理、气
候和资源这些重要的原始决定因素,希腊遗产将对形成一种新型文明 43
的文化产生首要的,也是最基本的影响。

然而由于情况过于纷繁复杂，我们很难对此加以概括。可以想见的是，如果文明意味着开始理性地控制思想和环境，意味着提供一种我们后来认为对未来作出积极贡献的规范，那么希腊人比他们的祖先为未来文明作出了更多的贡献。希腊人创造了哲学探究，这是整个时期伟大直觉意识的一部分，他们认为可以找到对某一事物条理清楚、逻辑清晰的解释，认为世界最终并不依赖于神灵或恶魔毫无意义的、随意的法令。尽管大部分希腊人可能对此并不了解，并且继续生活在充斥着愚昧和迷信的世界里，但哲学探究确实是一件革命性的、有利的事实。它期望着能够产生让这类看法得到普及的社会。希腊人对非理性的权威地位提出了挑战，这种挑战锻炼了其自身的力量，这在以前从未实现过，即使这种力量的磨炼并不明显。不管之后人们如何对其进行夸大或给它蒙上神秘色彩，人们几千年来都不断强调思想解放的作用。

第三章　罗马世界的建立 44

伊特鲁里亚人的起源

意大利使用铁器的民族中，我们发掘的最早的遗址之一离现代的博洛尼亚不远，我们称之为维拉诺瓦(Villanova)。随后，类似的文化也被考古学家称为维拉诺瓦；公元前 8 世纪，这类遗址在意大利中心地区很好地得以建立。一些“维拉诺瓦人”已经与腓尼基人以及南部的希腊殖民地的居民进行贸易。他们中的一些人后来共同拥有了一个更为人熟知的名字——伊特鲁里亚人(Etruscans)。我们对他们的认识，还有很多方面模糊不清。考古学告诉我们的，更多的是他们的文化，而不是历史和纪年。不同的学者认为独特的伊特鲁里亚文明形成于公元前 10 至前 7 世纪的不同时期，对于具体的时间则意见不一。他们甚至无法就伊特鲁里亚人的祖先起源于何处达成一致，尽管伊特鲁里亚人显然不是最早的意大利人。不管他们在什么时候，从什么地方来到意大利，他们都在那儿实现了民族的融合，他们中有土著的后代，也有公元前 1000 多年的印欧入侵者。

约公元前 1000 年，维拉诺瓦正在大力开采厄尔巴岛上的铁矿，厄尔巴岛位于托斯卡纳海岸之外，现称之为伊特鲁里亚。它们提供的铁制武器似乎促成了伊特鲁里亚人的统治。在最鼎盛的时期，其统治可能囊括了从波河直到坎帕尼亚的整个半岛中部地区。伊特鲁里亚的社会组织形式仍不得而知，但很可能是在国王统治下的一个城市间的宽松联盟。伊特鲁里亚人有书写能力，他们使用一种起源于希腊的字母，他们可能是从大希腊的城市中获得这种字母的（尽管他们的文字还没有完全被解读），而且他们相对富有。

公元前 6 世纪，伊特鲁里亚人在台伯河南岸建有一座重要的桥头堡，在众多的拉丁小群落之中，另一个民族长期定居在坎帕尼亚，这就是后来的罗马。它是水陆交通的重要枢纽，台伯河的水位足以让它建桥，但也没有达到足以让海船通过的高度。伊特鲁里亚人的遗产通过罗马保存并流入（且最终消失于）欧洲人的传统中。罗马通过伊特鲁里
45 亚人的历史首次接触到希腊文明，在几个世纪中，罗马在海陆两方面都与之保持着联系。希腊影响的滋养可能是罗马最重要的遗产，但它也沿袭了伊特鲁里亚人的很多制度。其中一方面就是它在“几百年”间都以军事目的组织其民众，最浅显的例子就是罗马的角斗比赛、公民凯旋式以及预兆解读——通过牺牲者的内脏来辨明未来的情况。

约公元前 6 世纪末，拉丁城市对其统治者发动起义。其间，罗马摆脱了伊特鲁里亚人的统治。在此之前，城邦一直由塔克文家族（Tarquinius）的伊特鲁里亚国王统治，后来传说塔克文家族的最后一任国王在公元前 509 年被驱逐。不管确切的是哪一年，伊特鲁里亚人的势力很可能就是在这段时间因为与西部希腊人斗争而受到压制，其他拉丁民族成功发起挑战，并从此走向独立。尽管国王的流放明显是决定性的时刻，但后来的罗马人还是喜欢往回追溯到更远，声称他们的城市是由一个叫罗慕路斯（Romulus）的人于公元前 753 年建立的。我们无须对此过于认真，但母狼哺育罗慕路斯及他的同胞兄弟瑞摩斯（Remus）的传说则告诉我们一些关于早期罗马对伊特鲁里亚人情感的信息，我们从罗马人的迷信中会发现他们对狼特别崇拜。

马其顿和希腊化时代

公元前 5 世纪为罗马第一共和国时期，也是希腊最鼎盛的时期。

正是从地中海西部的希腊世界，罗马人第一次了解到什么是文明，并且成为希腊一些城市的光辉历史和腓尼基商人活动的一部分，不过相对于希腊文化的中心领域——爱琴海地区和小亚细亚而言，罗马还是显得有些边缘化。所以这种状态又维持了两个世纪。尽管罗马很早就开始地区性的政治扩张，但只有当罗马进入东部地区时才开始改变世界历史。出人意料的是，随着希腊城邦的衰落，一个进一步扩大的新的希腊出现于公元前 4 世纪。

伯罗奔尼撒战争末期，一股新生力量开始在希腊世界的北疆活跃起来，那就是马其顿(Macedon)王国。马其顿居民说希腊语，他们的代表经常出席泛希腊的节日。马其顿国王声称他们起源于《伊利亚特》中伟大的希腊英雄——阿喀琉斯(Achilles)，并声称他们绝对而且非常明确地统治过一个希腊城邦，是希腊人的一部分。但很多希腊人并不同意，他们认为马其顿人是蛮族，几乎未曾开化，更不用说等同于爱琴海地区、爱奥尼亚地区以及大希腊的城邦居民了。毋庸置疑，马其顿是一个比雅典或科林斯更为野蛮、粗暴的地区，马其顿国王必须管理由山区部落首领组成的统治阶级，他们可能未曾对雅典辩论留下深刻印象。然而马其顿改变了历史进程，它促使希腊文明经历了一次新的巨大的发展。

46

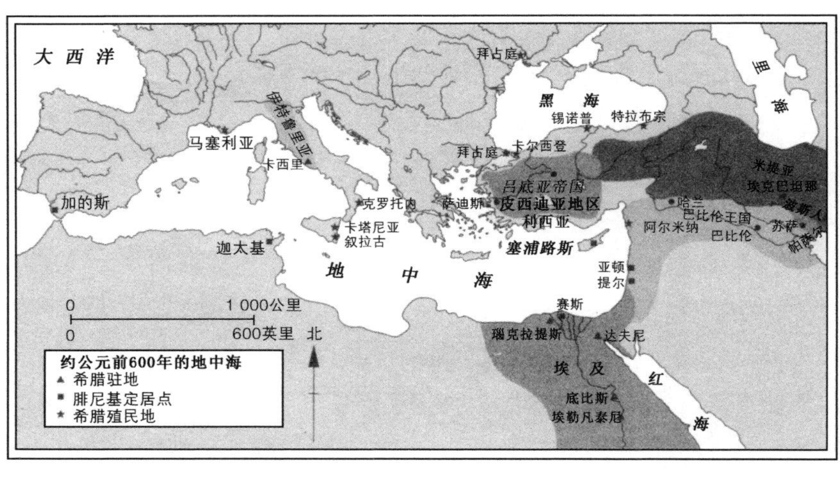

公元前 359 年，一位有能力、有雄心的国王上台，其雄心之一就是让人认可马其顿是希腊的一部分。腓力二世(Philip Ⅱ)最初担任一位幼主的摄政，后来成为国王(通过罢免幼主成为合法的统治者)。周围环境都对他有利：希腊城邦因为长期的斗争已精疲力竭；波斯又受到一连串起义的困扰。马其顿黄金储备丰富，腓力可以储备一支强壮的军队，这支军队以后的效用很大程度上归功于腓力个人的努力。考虑到他年轻时在底比斯看到的希腊作战方法，他决定设置一种新的队形加以应对，这种方阵由配备长矛的十行步兵组成，这些长矛比普通的矛要长两倍。手执长矛的士兵略微站开，这样后排士兵的长矛就能通过前排士兵之间的空隙向前刺。结果就形成了刺猬状的有尖头的队形，这是一种非常可怕的武器。为了支持方阵，马其顿人拥有装甲骑兵和围攻列队，围攻列队配有诸如石弩之类的重型武器。腓力及其儿子正是凭借这支军队结束了希腊本土城邦的独立，结束了一个历史时期，即公元前 335 年前的城邦时代。底比斯被夷为平地，其居民因反抗而受到惩罚，沦为奴隶，这将是一个时代结束的标志，同时也是一个充斥着迅速而壮观的变化的时代开始的标志。

亚历山大大帝

腓力的决心之一就是带领希腊人与波斯展开一场新的战争，但公元前 336 年，在对波斯采取行动之前他就被暗杀了。腓力的儿子亚历山大(Alexander)就是一直以来被称为“大帝”的历史人物之一。有关他名字的传奇让他几千年来都成为别人崇拜的偶像。然而，除了首先是一名士兵和征服者以外，他还意味着更多的东西。虽然如此，很多关于他生活和人格的真实情况至今仍保持着神秘性。他是一个充满激情
47 的希腊人，相信阿喀琉斯是他的祖先，并且在战争中随身携带一本珍贵的《荷马史诗》抄本。他的私人教师是亚里士多德。虽然有时候很鲁莽，但他是一个勇敢的士兵，是一位精明的将领，也是一位伟大的首领。他推翻了统治者，但他对他们的民众表现出同情；他也可能表现得易怒而暴躁，他好像曾经在一次争吵中，在醉酒的状态下杀死了一位朋友。

他可能赞成谋杀他的父亲。从公元前 334 年他带领一支从希腊很多城邦集结来的部队穿越亚洲攻打波斯，到 10 年后死于巴比伦（可能死于伤寒），年仅 33 岁，他对历史的决定性影响显而易见。

亚历山大拥有令人难以置信的成功经历。从公元前 333 年在小亚细亚的伊苏斯战役中打败波斯以后（希腊人为他送来祝贺），他沿着波斯帝国的路线前进，先是往南穿过叙利亚到达埃及，然后北返，往东到达美索不达米亚，一路追击波斯国王大流士三世（Darius Ⅲ），后者在逃亡途中就被谋杀了。长期作为近东地区强国的阿契美尼德（Achaemenid）帝国至此终结。亚历山大继续前进，穿过伊朗、阿富汗，越过奥克苏斯河（Oxus），到达撒马尔罕（Samarhand）。他在查可萨提河畔（Jaxartes，今锡尔河）建立了一座城市，然后再次南下，入侵印度。在离印度河 200 公里左右，刚好进入旁遮普地区时，他那些疲惫不堪的将领让他返程。一场可怕的远征开始踏上归程，他们沿印度河而下，然后沿着波斯湾北部海岸到达巴比伦，亚历山大于公元前 323 年在此处逝世。

亚历山大短暂的人生除了单纯的征服以外，还有更深远的意义。他的"帝国"把希腊影响散播到以前从未触及过的地方。他建立了很多城市（很多以他的名字命名：至今仍有几个亚历山大里亚城，以及其他一些更多的有点冒充他的名字的地方），他还把希腊人和亚洲人混合在他的军队中，这样就组成了一支更加超越民族和地域偏见的军队。他把年轻的波斯贵族编入其中，还曾主持过一场大规模的手下 9 000 名士兵与东方妇女之间的婚礼。他自己娶了大流士的女儿作为他的第二位妻子［他的第一位妻子是巴克特里亚（Bactrian）公主］。波斯国王过去的官员保留原职，继续管理被他征服的地区。亚历山大甚至采用波斯着装（尽管这没有彻底得到他希腊同伴的赞同；当他像波斯国王过去所做的那样，要求到他宫廷中的宾客对他磕头时，他们也不赞同）。

推翻当时最强大的帝国，结束希腊城邦的独立时代是具有世界性影响的行为，尽管它们的全部影响在当时还没有立刻显示出来。很多最积极的成果都在他死后才出现，当时无论在希腊本土或非希腊地区都一样，这种影响就是让人们感受到得到他传播的广泛而深远的希腊思想和希腊标准，尽管没有影响到西部地中海。这就是为什么“希腊化”（Hellenism）和“希腊化的”（Hellenistic）这些词在他死后的一段时期得以创造并运用，而且还用于以前他的帝国所囊括的很多地区（大致而言，西至亚德里亚海和埃及地区，东至阿富汗山区）。这一世界结合在一起的时间并不长；亚历山大并没有留下继承人来接替他，他的将领很快就在这片通过征服得来的土地上发动了战争。

48 希腊化世界

战争持续了约 40 年的时间才平息下来，之前帝国的领土变成许多王国，每个王国都由亚历山大的将领之一或其后代统治。这些人我们有时称之为“继承人”（Successors）或“继承者”（Diadochi）。其中最富有的王国是埃及，马其顿人托勒密获得其统治权。得到亚历山大的遗体以后，他在埃及的亚历山大里亚城将亚历山大的遗体埋葬于一个华丽的墓室中；这赋予他一种特殊的威望。而且，他作为亚历山大遗体的保护者，具有一种卓越的地位。托勒密建立了古王国时期的最后一个王朝，该王朝统治埃及以及巴勒斯坦、塞浦路斯和利比亚的大部分地区，直至公元前 30 年[此时托勒密家族的最后一任法老——富有传奇色彩的克里奥帕特拉七世（Cleopatra）逝世]。

然而埃及并不是最大的继承者国家。尽管亚历山大所征服的印度地区传给了一位印度国王，但他的另一位将领的后代——塞琉古（Seleucus）短时间内统治着从阿富汗到地中海的一片地区。塞琉古王国并没有一直维持那么大的版图。公元前 3 世纪早期，一个新的希腊化王国——帕加马（Pergamon）在小亚细亚出现。在巴克特利亚，希腊士兵还建立了另一个王国。马其顿本土在遭到蛮族入侵后，传给了一个新的王朝。其间，希腊旧城邦不时松散地组成联盟，继续腐朽不堪（尽管其中一些城邦在亚历山大死后希望恢复独立）。这些盛衰沉浮构成了历史的差异性，形成了政治上的重组，亚历山大远征所促成的成果正是从中体现出来的——希腊文明在这一框架中扎根，这是前所未有的。希腊语成为整个近东地区的官方语言,而且在城市中也作为日常用语得以广泛使用。

这一时期存在着很多城市,尤其是在塞琉古王国的版图上。王国鼓励希腊商人在城市中定居。但是这些城市与爱琴海地区的旧城邦不同。首先,它们的规模更大。埃及的亚历山大里亚,叙利亚的安条克以及巴比伦附近的新都塞琉西亚,每个城市都发展到近 20 万居民。他们也不实行自治。塞琉古家族通过从旧波斯帝国接管的行省总督和行省机构统治全国,公元前 5 世纪的希腊人将这种统治方式视为野蛮的专制统治。继承者国家的政府机构凭借的是埃及和美索不达米亚的传统,而不是希腊城邦的传统。亚历山大的继承者,以及他们的后继者都和旧波斯国王一样,被赋予半神的荣誉。埃及的托勒密家族恢复了对法老的古老崇拜,托勒密家族的第一人获得“索特尔”(Soter)的头衔,也就是“救世主”(Saviour)。

但是这些城市仍然显示出希腊特色。它们的建筑都是希腊风格的,城市里有剧院、体育场、竞技和节日的活动中心,这些和过去的城市里的非常相似。希腊传统也体现在艺术风格中。在所有希腊雕像中,最为人所熟知的可能是在米诺斯岛上发现的阿弗洛狄忒(Aphrodite)雕像,现在在巴黎的卢浮宫[称为“米洛的维纳斯”(the Vénus de Milo)],它就是一件希腊化时期的作品。随着希腊风格和款式的传播,
希腊文化也得到发扬,尽管对一些乡村地区仍然无法触及(在所有继承 49
者国家里,希腊语都只是一小部分人的母语,尽管很多城市居民都开始说各种版本的希腊语)。一些新作家又很快引进了希腊文学,他们在长期繁荣的环境中找到了受众和资助人。亚历山大的战争产生了一批丰厚的战利品,这些金银和珍贵物品刺激经济的发展,并使之能够供养艺术,以及维持军队和政府机构。希腊化世界比旧希腊世界要大得多,也为希腊文化提供了一个更宽广的舞台。

埃及的亚历山大里亚和小亚细亚的帕加马拥有古代世界最著名的两个图书馆,雅典的学院也继续发挥着它的作用。希腊化科学是过去已经消逝的东西得以继续的另一个标志。埃及的亚历山大里亚在这方

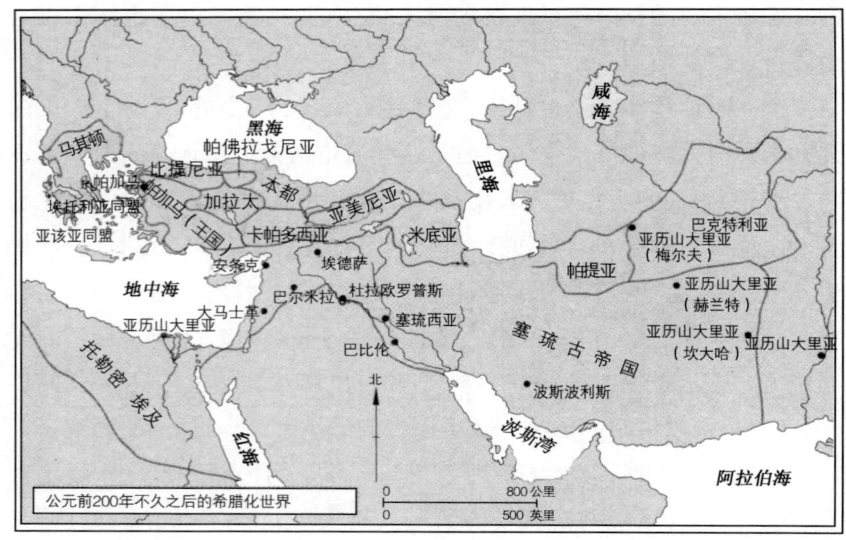

公元前200年不久之后的希腊化世界

面功绩尤为卓越。欧几里得(Euclid)就住在那儿，他让几何学系统化并使之形成规模，这种结构一直持续到19世纪。阿基米德(Archimedes)发明了螺旋式抽水机，因在西西里修建战争机器时英年早逝而成名，他的成名也是因为他发现了物理学原理，以及在浴缸里发现其中一个原理的传说，他很可能是欧几里得的学生。在其他的亚历山大里亚学派中有测量地球大小的第一人，并最早利用蒸汽来传导能量。来自萨摩斯岛的阿里斯塔克斯(Aristarchus)得出以下观点，认为地球围绕太阳运转，而不是反过来太阳围绕地球运转；他的观点遭到同时代人的反对，因为它与亚里士多德的物理学观点不符，但这确实是一
50 项令人瞩目的成就。由于希腊人更注重数学而不是实用科学，希腊化科学既没有对一些原理进行实验性测试的意向，也没有这样的仪器，但它还是使人类工具得到了明显的改进。当时的技术现状可能也让一些设想很难付诸实践(尽管这一观点已受到争论：有人认为只要希腊化时期的科学家产生构想，他们就有办法造出蒸汽发动机，阿基米德是一位著名的工程师)，虽然如此，我们并不能认为希腊化科学的巨大成就能弥补一些传统的丧失，这些传统包括政治上的自治，以及对生命目的

和为人方式的缜密探询。然而希腊化世界还是产生了一种重要的新道德哲学——禁欲主义。它大致提倡不管结果如何，品德高尚是每个人的责任。禁欲主义者宣称要实现禁欲，最重要的在于遵循统治宇宙和所有人类(不只是希腊人)的自然法则。这是为整个人类提供一套道德哲学的首次尝试。禁欲主义还首次谴责奴隶制，这是一次非同寻常的精神飞跃，希腊古典时期的哲学家从未达到这一高度。禁欲主义将对罗马贵族阶层产生数百年的影响。

罗马势力的兴起

后来所谓的希腊化文明是希腊成就的精粹之一。罗马的文明也是如此，它最终也成为一个希腊化继承者国家。尽管在此之前，它已经拥有很长的历史。罗马公民数百年来都坚持他们古老的共和国传统，即使当他们生活在一种更像君主专制的制度下时他们仍然这样认为。这对后来的欧洲不无重要性：公民原则观念以及某些共和主义神话将在未来得到培养，后来的欧洲人认为他们从罗马共和国继承的正是这些内容。

罗马共和国实际上存在了 450 多年，即使在那以后，共和制度名义上也仍然存在。罗马人总是喜欢反复强调他们对良好的古老习俗的延续和忠诚(或强调他人的不忠行为应该受到谴责)。关于这类主张有很多实例，诸如英国主张继续实行议会制政府，或如明智的美国建国者那样，同意建立一部至今仍在成功运作的宪法。然而随着时间的延续，变化也开始出现。罗马人逐步破坏制度和意识形态的连续性，历史学家们至今仍在争论如何对此作出解释。然而，因为所有这些变化(或可能因为这些变化)，这种破坏并没有阻止罗马地中海世界，以及超越地中海范围的罗马帝国的建立。如果曾被阻止，那么罗马共和国的历史对我们而言可能不比科林斯或底比斯的历史重要。

罗马帝国的灭亡还是提供了一些最明显的标志，欧洲人把这些标志归功于罗马；未来的欧洲人在文学和艺术上都活在罗马人的影响中。
不只是地中海周围的非欧洲或欧洲沿岸，还有西欧大片宽广的土地上， 51

以及巴尔干和小亚细亚地区，这类遗迹也仍然可见。在一些地区(尤其是罗马本土)，这些遗迹非常丰富。它们大概经历了将近1 000年的历史才出现在那儿，在那之后，人们又用1 000年时间关注并惊叹于这些遗迹。如果我们不像我们的祖先常做的那样回忆罗马的成就，无法对此加以体会，那么我们至今仍会迷惑甚至惊讶于为何人类可以创造那么多的成果。

当然，历史学家们对那些伟大的遗产研究得越仔细，对阐释罗马理想和罗马实际的证据筛选得越谨慎，我们就越会发现罗马人毕竟不是能力超凡的人。罗马的宏伟壮观有时候更像是华而不实，罗马演说家宣称的美德听起来更像是现今很多政治演说里的伪善言辞。但它毕竟还是留下了惊人而稳固的创造力的精髓。最终，罗马用一种自觉获取的精神重置了希腊文明的环境。当希腊文明开始瓦解罗马人的时候，那些回忆这些文明的罗马人仍然感觉他们自己是像罗马建城者一样的罗马人：所以，他们实际上有些排斥自己信仰希腊文明的意识，尽管只是在当时，但这是罗马人最为重要的意识。尽管它在物质方面令人瞩目，而且偶尔表现粗俗，但能解释罗马成就的核心还是罗马人的思想。罗马自身的思想，是它表现出的并付诸实践的价值观，这种观念将来有一天人们称之为“罗马精神”。

早在共和国时期，罗马实力的扩张就已经让整个地中海世界形成一个统治系统，罗马帝国为很多统治提供了框架和雏形，至今仍然影响着我们的生活。但是，早期共和国一开始注重城邦政治，后来又注重与邻邦的关系。罗马前两百年的历史充斥着剧烈的内部斗争，这些斗争的兴起有时候是因为比较贫困的公民要求拥有和比较富裕的家族(即“统治阶级”)一样的权利。随着时间的延续，财富变得更加重要，而统治阶级的社会地位已不再那么重要了，尽管有两位祖先曾担任过执政官的贵族家庭，其成员才有资格当选执政官或其他高级官员。统治阶级家族长期控制着元老院，从很多保留在纪念碑上的铭文中可以看出元老院是主要的行政机构，在罗马军队的基座上写着：SPRQ——希腊语“罗马元老院和公民”(Roman Senate and People)的首字母缩写。

不知为何，罗马共和国的公民斗争持续了很长时间却没有因此造
成致命的伤害，尽管随着对民众势力的妥协，其政治制度慢慢发生了变
化。然而，尽管罗马的下层公民赢得了多次胜利，在权利分配中享有更
多的份额，但罗马从未实现民主制，罗马贵族始终长期控制着罗马政
体。长期以来，典型的罗马公民就是农民，他们受益于那里的气候和沃
土，当受到良好的统治时，或者有时候也没有受到良好的统治，这些气
候和土壤因素总是让意大利成为一个富裕的国家，并展示出之后的意
大利人在开发这些有利条件时也经常表现出来的勤劳和技术。早期罗 52
马正是依赖于农民的劳作；在此我们不能考虑之后几百年的主要大城
市，这些城市以进口谷物为生，因大量的移民而膨胀，这在罗马前几个
世纪非常典型。长期以来，典型的罗马人都是独立的小农。只有到公
元前 2 世纪，城市居民拥有大庄园并依靠奴隶劳动种植谷物或橄榄（为

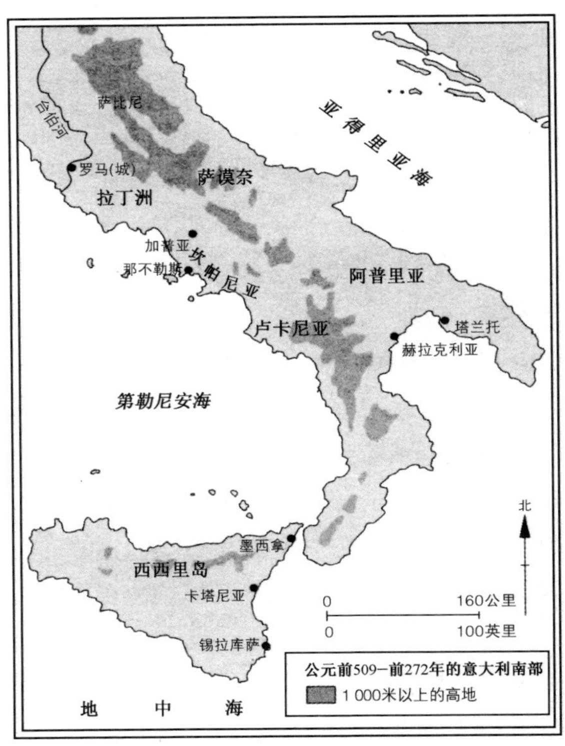

了榨油)等商品作物,这一现象才开始普遍出现。最后,罗马人将伤感地追忆那段朴素的时期,当时罗马的共和政体和品德是靠自由的小农公民支持的。

这种有限的农业基础让我们很难解释罗马扩张的第一阶段。我们不能说罗马人总是充满侵略性并渴望征服。罗马统治(和之后的帝国统治一样)其扩张更多的是因为恐慌,而不是因为贪婪。而且扩张都很缓慢。尽管公元前 5 世纪,罗马的版图是它邻邦的两倍,而且罗马势力随后取代了伊特鲁里亚人在意大利中部的霸权,但这不是罗马连续进
53 行成功扩张的历史的开端。公元前 390 年,来自北方的蛮族,即我们所谓的高卢人,洗劫了罗马城(根据传说记载,罗马人撤退到主神殿,最终是靠鹅发现了高卢人对主神殿发动的突然袭击,鹅发出啼叫声提醒罗马人敌人来袭,才使神殿幸免于难)。然而 150 年后,罗马人控制了阿尔诺河(Arno)以南的意大利地区;所有这些地区不是被罗马共和国统治就是被其同盟者所统治,这些同盟者为罗马军队提供兵力,作为回报他们可以处理自己的内部事务。同盟国公民来到罗马时享有罗马公民权。

早期罗马有很多战略上的优势,城市的地理位置就是其中之一。另一有利条件就是当凯尔特人部落从北部向伊特鲁里亚人施加压力时,后者因为与希腊和其他拉丁城市的斗争而分散了精力。罗马也拥有一套军事系统保证其能充分利用自身的人力:如有需要,每位拥有财产的男性公民都必须在军队服役。在共和国早期,每位步兵都必须服役 16 年(尽管不是整年都服役,因为战役都从春天开始,到秋天结束)。这为罗马提供了一套军事组织,并在接下来的几个世纪中变成当时世界上最好的军事组织,它由 5 000 人的罗马军团组成,其首先操作的就是坚固的密集方阵,这一方阵配有梭鱼状的长矛。由于罗马的同盟者具有向罗马派送分遣队的义务,罗马军队能获得的新兵资源也处于稳定增长的状态。

公元前 3 世纪早期,一些大希腊的城邦请来伊庇鲁斯(Epirus)国王皮拉斯(Pyrrhus)帮助他们反抗罗马。他在意大利南部和西西里发

动战争，以为自己可能会像亚历山大一样在西部建立一个帝国。他赢得了战争，但损失也非常严重，以至于我们今天都用“皮拉斯的胜利”一词来表示某种胜利，即其损失大于胜利本身的价值。

布匿战争

托勒密家族似乎一度想跟罗马结盟，但罗马共和国在意大利以外地区的当务之急就是进入非洲，因为罗马的位置比埃及更靠西。迦太基位于今天的突尼斯沿岸，他们起源于腓尼基人，但是比曾经的提尔(Tyre)和西顿(Sidon)都要富裕。迦太基人在西西里和撒丁岛都有居民点，具备一支强大的海军势力。他们与西西里的希腊人有时结盟有时作战，对意大利西部及其港口贸易而言，迦太基对其构成了长期的威胁。三次布匿(Punic，该词源于“腓尼基”一词的拉丁语词源)战争在罗马和迦太基之间持续了很长一段时间。在经过 20 多年断断续续的战争以后，第一次布匿战争于公元前 241 年结束，这次战争使罗马形成一支海军，而迦太基人不得不放弃西西里，在西西里岛(Sicily)西部还出现了首个罗马“行省”。从此以后，整个意大利本土地区不是作为罗马共和国的一部分进行直接管辖，就是正式与罗马共和国结盟。而且，罗马控制了科西嘉岛和撒丁岛。这些构成了罗马共和国的首次对外征服。

在历史记载中，战争绝对不是最重要的因素，但在这段历史中，我们值得在较长一段时间内用战争作为编年分期的标志。在第二次布匿 54
战争之前(始于公元前 218 年)，迦太基人已经在西班牙定居，他们居住在“新迦太基”[现在的卡塔赫纳(Cartagena)]。当迦太基人的势力进入埃布罗河(Ebro)时，罗马开始产生警惕。在迦太基最伟大的将领——汉尼拔(Hannibal)的带领下，配备有大象部队的迦太基军队向意大利进军，并随后进攻西班牙沿岸仅存的一个独立城邦。罗马人随后面临的是战争和一段困难时期。很多同盟者背弃罗马，但是他们坚持下来了，并恢复了控制权。腓尼基人在意大利作战 12 年以后已疲惫不堪，并被赶出意大利。罗马元老院允许他们成功的将领——西庇阿(Scipio)进军非洲，公元前 202 年，他在札马(Zama)击败了汉尼拔，为罗马解决了最大的麻烦，即罗马在西部唯一的重要敌人。这也决定了地中海西部的命运。迦太基人不得不订立损失极其惨重的和约，但很多罗马人仍然非常担心。第三次布匿战争爆发的时间不长(结束于公元前 149 年)，但它以迦太基人的彻底失败而告终，迦太基人的城市被摧毁，传说所有的耕地都被原地碾为平地，所有的田地都被撒上了盐。这些细节可能不大真实，但这次战争确实标志着腓尼基势力在西部的终结。

帝国

从此以后，罗马虽然名义上还不是帝国，但实质上已经是帝国了。波河地区早在公元前 2 世纪就已经被罗马占领，因此整个意大利已经归于罗马。推翻迦太基也意味着锡拉库萨的垮台，后者是西西里最后一个保持独立的希腊城邦，因为它曾经与迦太基联盟得更为紧密；现在整个西西里都成了罗马的属地。西班牙南部也被征服。从西西里、撒丁岛和西班牙获得的奴隶和黄金很快让一些罗马人意识到征服也许可以赢利。在更趋东部的地区，罗马人已经开始涉猎希腊政治，因为马其顿曾一度与迦太基结盟。公元前 200 年，雅典人和帕加马王国直接请求罗马帮忙反抗马其顿和塞琉古王国。当时罗马人已经做好了在东部参与更多事物的心理准备，因此他们作出了回应。

在东部地区，公元前 2 世纪至关重要。马其顿被推翻，希腊城邦降为从属地区，帕加马最后一位国王于公元前 133 年将其领土遗赠给罗马。同年，一个名为亚洲的罗马行省建立，包括安纳托利亚西部边界。此时西班牙北部已被征服，法国南部[高利亚(Gallia)或高卢(Gaul)]也很快被占领；在接下来的一个世纪里，法国北部陷落，然后罗马就在东部进行更远的征服。罗马共和国已经成为帝国。

这一惊人的成功的历史带来的影响不仅是版图上的变化。其中一种虽然难以评定，但是非常重要的影响就是罗马文化的进一步希腊化
55 以及希腊化文明向西部的传播。当然，罗马很早就已经开始吸收很多

希腊文化了,甚至是通过伊特鲁里亚人的遗产加以吸收。随着帝国的建立,并且开始直接参与东部的统治和政治,希腊化影响也变得多种多样,并且更具说服力。罗马人和其他野蛮的征服者(马其顿人)一样,在文化上被希腊人俘虏,被希腊人视为另一批蛮族:其中典型的例子就是阿基米德在沙地上思考几何问题时,被一个罗马士兵撞倒,他不知道阿基米德是谁。然而,罗马人现在却疯狂地热衷于希腊化风俗。奢华的浴室后来成为罗马文明的典范,而这正是源于东方。首部罗马文学作品就是从希腊剧本翻译过来的:第一部拉丁语喜剧就是效仿了希腊模本。希腊化的艺术作品向西流入罗马人的收藏品中,并在那里找到了仿效者。从此,罗马上层少年的教育通常包括对希腊经典著作的学习,现在他们受到的教育是要把希腊文化的这种文学表达当作罗马人自己的根基一样尊崇。罗马公民也更多地开始迁徙:在这一全新的罗马希腊化时期,他们可以更加轻易地从地中海的一端迁徙至另一端。

有些人并非自愿迁徙:公元前2世纪中期,1 000多名人质从希腊城邦被送往罗马。其中一人就是波利比乌斯(Ploybius),他在公元前220至前146年继承修昔底德的衣钵写了一部罗马史。其主题是罗马成功推翻迦太基并征服希腊化世界;他把这看作对亚历山大事业的补充,即让统一体达到更广阔的区域;他还意识到罗马统治对其臣民是有利的。罗马权势给地中海及近东这样更广阔的地区带来了更长远的和平(罗马帝国统治下的和平),这在以前从未实现过。虽然罗马国内的政治滋生出腐败和暴力,罗马行省的一些统治者也可能腐败不堪,共和国政府还是给很多民众施加了法令。它提出了一套习惯法。很多像波利比乌斯这样的非罗马人从中受益,至少罗马人欣赏那些在他们看来传播公正、无私思想体系的人,也欣赏这些人的文化成果。罗马人也为这种成就感到骄傲;这是他们自我认同的一部分,他们在面对整个希腊化文明的重要性时不得不寻求自我认同。这一实际成果对世界历史而言具有决定性意义。罗马共和国在一定程度上创立了一种政治和军事模式,这种模式如果说在中国确实出现过的话,那么至少在中国以西的所有地区都不曾出现过。很多不同的文化可以在帝国内并存,为这一世界性的整体作出自己的贡献，而他们自身又都在各种程度上受到这个整体的影响。

欧洲凯尔特人

罗马疆界在很长一段时间内都没有超出地中海地区，即使在意大利往北也只到达波河地区。罗马人在波河地区遇到了“高卢人”，高卢人的祖先曾在公元前 4 世纪早期劫掠过罗马。这些蛮族是分布在北欧
56 和西欧的所有同语系种族中的一支，其中较远的种族到达多瑙河地区。其中一个种族的历史值得我们关注，因为在罗马人入侵以前，高卢人所达到的文化水平是地中海世界以外的所有欧洲人中最高的。这个种族就是凯尔特人，他们的语言在西欧一些边缘地区被保存下来，也零星地从其他语言中得以保存。

凯尔特人是熟练的铁器制造者，他们达到了精湛的技术水平，生产的艺术成果为史前古器物留下了一笔巨大的遗产。考古资料显示有两处早期的居民集中点，建于公元前 7 至前 5 世纪之间，一处位于阿尔卑斯山西麓，另一处位于多瑙河上游稍微偏南的地区。凯尔特民族从这些中心区域往北到达莱茵河和威悉(Weser)河河口，他们似乎也向东、南、西三个方向扩张，扩张过程中当然会征服已在当地居住的民族，但凯尔特人并没有消灭这些民族。公元前 600 至前 400 年间，他们在西班牙、不列颠群岛定居，而且实际上已经在整个现在的法国地区定居[也就是“高卢”，该词来源于罗马人的“高利亚”(Gallia)一词，意即高利亚人的土地]，然后又在波河地区以及利吉里亚地区(Liguria)定居。他们往东沿多瑙河而下。希腊人称他们为“凯尔特人”(Keltoi)，公元前 300 年后不久，马其顿人就遭到凯尔特人的劫掠，德尔斐也未能幸免。公元前 3 世纪，一些凯尔特人远达小亚细亚(在一位当地国王的邀请下)，后来我们所知的加拉提亚(Galatia)就是他们在小亚细亚定居的地方。

尽管凯尔特人内部也时常发生战乱(所有人都一致认为凯尔特人很可怕，都是好战的斗士)。在罗马人的记载中，凯尔特人各部落的名

称也很容易区分：比利其人(Belgae)、赫尔维西人(Helvetii)、阿讷西人(Allobroges)以及很多其他部落，但凯尔特人还是有一些共同的身体特征[著名的不列颠博阿迪西亚(Boadicea)，或者称布迪卡(Boudicca)女王就被描写成一头红发的女人]。凯尔特人也有种族同一性，这可能促进了部落层面上的一些集体认同感的形成。他们拥有很多风格上和艺术上的共同特征，他们的带角头盔、长剑和盾牌证明了他们手工艺人的技术，同时也证明了他们战士的凶猛。但是直到公元前5世纪，他们才开始掌握书写方面的知识。可能是作为弥补，他们在口头记忆方面表现出惊人的能力。拉丁作家们记载说，凯尔特人居住在城市中(civitates，拉丁语，表“城市”)，这在君主统治下似乎有些出人意料。当然他们在政治上还无法进化成一个足够统一的民族来抵抗罗马共和国的军团。公元前3世纪凯尔特人在意大利北部经历了几次不太明确的变故后，于公元前2世纪臣服罗马。高卢那不涅斯(Gallia Narbonense)为法国南部的一部分，于公元前121年成为罗马的一个行省，40年后，利吉里亚地区及意大利北部的凯尔特人都并入罗马版图，称为“高卢-阿尔卑斯”行省(阿尔卑斯山靠高卢地区的一侧)。

罗马共和国的衰落

共和国取得伟大成就的同时也付出了代价。大部分收入都不可避免地用于征服，这些收入有时靠奴隶制度，但通常都是靠税收获得。然而罗马共和国自身也为对外征服付出了代价，虽然这不会很快体现出来。罗马人喜欢颂扬他们自己遵循了所谓的“罗马传统” 57
(mosmaiorum)——“我们祖先的习俗”。他们喜欢旧传统，喜欢继续按旧的习俗做事。罗马宗教在很大程度上保证了古老的仪式得以持续，并以正确的方式举行。即使在做一些全新的事情时，罗马人也喜欢用古老的形式来完成。罗马共和国很多习俗的名字或形式(包括他们妄想他们的城邦是共和制而非君主制)其实已经不合时宜了，但还是持续了很长时间。

罗马的公民身份就是最好的例子。罗马公民全都是男人，而且起初几乎都是农民。他们拥有投票和向法庭提出诉讼的权利，也有在军队服役的义务。几百年以后，情况发生了重要的变化。首先，很多罗马原有领地之外的民众也渐渐获得了公民权。其次，布匿战争使意大利农民变得贫穷。征兵使罗马士兵长期脱离庄园和家庭，结果往往陷入贫困（第二次布匿战争给意大利农村造成了巨大的伤害）。等最终恢复和平的时候，很多过去的小农已经无法维持生计。另一方面，从战争中获利的人开始囤积土地，将其经营成大庄园。奴隶（征服的战利品之一）有时用于庄园劳作。具有公民身份的农民逐渐流入城市，尽自己最大努力寻求生计。他们正向着罗马人所谓的“无产者”发展，这些人对城邦的唯一贡献就是生育孩子。这两大变化都影响着罗马的政治。贫困的公民越多，也就意味着政客们可以购买更多的选票，这些政客急于谋求职位，以便有机会获得对外征服所得的丰厚奖赏。政治因此开始成为元老院的任命权，他们为新的行省挑选总督，或从骑士阶层（*equites*）中挑选税务官。随着时间的延续，这种任命权越来越值钱。

战争还促进了第三种变化：军队变得越来越职业化，成为一支专业部队，不再是一支只有在紧急情况下才编成军队的公民武装队伍，服役不再有财产限制。如果无产者可以服役，那就有足够的志愿兵自愿服役（他们愿意有偿服役），所以现在征兵几乎已经不必要了。有时候新兵确实还必须是公民，但最后往往非公民也允许加入。然后作为他们服役的奖赏，他们也获得公民身份。这样，罗马军队逐渐与共和政府脱离。著名的罗马军团成为永久性的组织，军团中的士兵越来越忠诚于他们的战友或将领。从公元前1世纪开始，每个军团都带着“鹰旗”，鹰旗是罗马军团荣誉和团结的象征，鹰旗一部分由鹰作为宗教偶像，另一部分则由颜色代表军团所属家族。在这一背景下，军阀统治的阴影在罗马共和国最后一个世纪里开始蔓延。

生活贫困的公民开始兜售选票；政客们有机会被派往新的地区担
58 任地方长官或将领，从而获取更大规模的财富；军队在战场上所向披靡（或者说基本上是这样），并且越来越忠诚于军队本身及其领袖，而非元老院。这些变化虽然缓慢但都是具有决定意义的政治改变，而且这些现象持续了近200年，尽管很多方面看似并无二致，但在表象之下，上述现象已经开始改变这个国家，这是一种温和的变革。其间，罗马显然变得更加富有。在罗马公民中，不仅那些在合适的时间出现在合适的地方的人从远征的成果中获得战利品和奴隶，连城市贫民也从中获利。当新的行省能够征税后，本国的税收就停止了。为了娱乐大众，很多昂贵的"竞赛"不断上演。一些新贵也开始着手美化罗马和其他一些意大利城市，有时候这也反映了其他方面的一些变化，诸如罗马与东方和希腊城市的交流越来越普遍，后者的历史文化教育了罗马人，也逐渐得到罗马人的尊重。随着希腊化传播范围的扩大，一些新的潮流和标准也开始进入西方。

内战

公元前1世纪，罗马帝国继续扩张。公元前58年，罗马吞并塞浦路斯。此前一年，一位名为尤里乌斯·恺撒(Julius Caesar)的年轻政客被选为执政官。不久后他开始统领阿尔卑斯山以北高卢地区的罗马军队，并在接下来的几年中结束了凯尔特民族的独立状态，他还带领侦察兵两次穿越英吉利海峡，到达罗马人所谓的不列颠岛上，但是没有在那儿逗留。这可以被视为帝国最后的扩张。到公元前50年，整个地中海北岸，法国和各低地国家，整个西班牙和葡萄牙，黑海南岸大部分地区，以及现代突尼斯、利比亚所在的大部分地区，都处于罗马统治之下。然而随着这一状况的继续，罗马政治的混乱也导致了内战的爆发。

共和国最终衰落的原因在上文中已经提到。但是事件的发生很大程度上也归因于个人或巧合，历史变化通常如此。公民身份实际上扩展到整个意大利，这让罗马公民大会(只在罗马召开)仍然具有最后话语权的想法成为空想。而东方更多的战争产生了更多具有本国政治野心的军阀。非洲和法国南部(罗马高卢)的紧急情况致使将军可以拥有更多的特权，他们也是罗马本国的政治家，在用军事特权对付共和国敌人的同时，他们也用特权对付政敌。罗马成为危险之地——政治阴谋和政治腐败之外，现在又加上了谋杀政敌以及暴民的暴力行为。民众开始担心会出现独裁者，尽管独裁者会从哪里出现还不太清楚。

有点出人意料的是，这位独裁者最终居然是高卢的征服者。尤里乌斯·恺撒在高卢的七年经历赋予他三大有利条件：当别人因为不断升级的混乱、暴力和堕落而受到谴责时，他刚好远离罗马；他变得非常富有；并且赢得了罗马军队的忠诚，这些军队受过最好的训练，拥有最
59 丰富的作战经验。他的士兵认为他会照顾他们，会确保他们能拿到军饷，受到提拔，赢得荣誉。

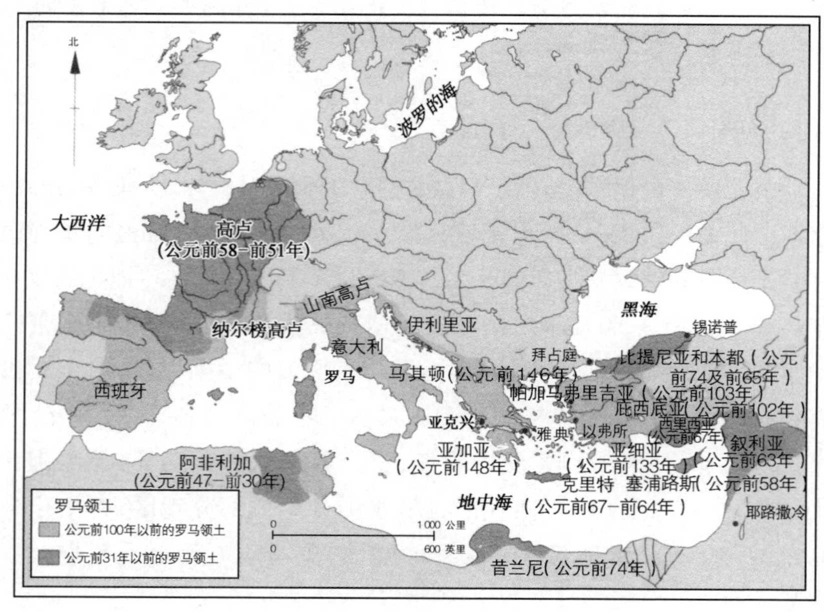

恺撒始终是一位非常有吸引力的人物。人们既把他视为英雄，也把他视为反派，他的名声摇摆不定。他的事业处于巅峰状态的时间并不长，最终毁于其敌人手中，尽管很少有人质疑他的能力。他写了个人回忆录记载他对当时一些最好的拉丁地区的成功征服，这有助于创造并维持人们对其权力的信仰。他的散文是如此有说服力，以至于已经把日耳曼人“虚构”成一个种族群体。他有伟大的领导才能、冷静的头脑以及坚定的毅力。尽管按罗马标准来看他不算很残忍，但至少也算

冷酷。不管他的目的是什么,具有哪些德行,他都不逊于当时其他大部分政治家,而且还表现得比别人更优秀。

公元前 49 年 1 月,恺撒向罗马发动进攻。他以保护共和国免受敌人伤害为名跨过其行省的边界——卢比肯河(Rubicon),这是一种违法行为,然后带领军队进军罗马。他在非洲、西班牙和埃及地区发动了为期四年的内战,驱逐那些拥有军队并有可能利用军队反对他的政敌。他用武力消灭反对者,但也以胜利后的温和政策赢得了过去敌手的支持。获得胜利后,他细心获取元老院的支持,并成为终身独裁者。但现在一些罗马人担心恺撒会重新建立一种东方集权形式的君主制度。共和主义这样的伪善之辞为其敌人所用,他们最终联合起来,于公元前 60
44 年刺杀了恺撒。

罗马共和国形式上仍然存在。但是恺撒向着集权方向改变的状态却完好无缺地被保留了下来。这些问题不是靠拨回政治时钟就可以解决的。恺撒杰出的侄子,也是其指定的继承人——屋大维(Octavian)用两年的时间追捕刺杀恺撒的政客,那些人也死了。恺撒被奉为神灵。然后,屋大维又发动了另一场内战,他甚至远征埃及[在安东尼(Antony)和克里奥帕特拉富有传奇色彩的自杀后,埃及正式被罗马吞并,成为一个行省]。当他回到罗马时,得到了他的旧部(以及他伟大的叔叔的旧部)的支持,他用权力让元老院为他所做的一切披上共和制名义的外衣。从形式上来说,他只是"凯旋将军"(*imperator*),该头衔意味着他在战场上统领过士兵。但他随后又年复一年地被选为执政官,这是共和国最重要的行政官员。他又在适当的时候被冠以"奥古斯都"(Augustus)的荣誉头衔,这是根据已载入史册的奥古斯都·恺撒的称谓而来的。随着元老院赋予他越来越多的职位和荣誉,他的权力也不断增长,尽管他不停地强调这些都在旧有的共和体制的框架内。他是"第一公民"(*princeps*),而不是国王。然而,事实上奥古斯都越来越依赖于靠掌握军队而得到的权力(他组织了首支专门在首都服役的部队——禁卫军),并越来越依赖于雇用文职人员的官僚作风。他打算让一位男性亲属来继承他的位子。最好的办法就是收养继子(他自己的孩子是个女儿)，但是在他之后，五位独裁者相继成为“凯旋将军”及“第一公民”。而且，公元 14 年他去世后，也被奉为神灵。由相对较少的一个阶层的政治家统治罗马的状态因此结束，这种状态维持了几百年的时间，最终由罗马重要家族中的其中一员成功取代。

这些独裁者并不享有无所顾忌的权势，但他们开创了我们今天所知的罗马帝国，整个国家步入新的历史进程。将来，它将受到罗马皇帝的统治，尽管这些皇帝需要依靠军队，而且因此需要满足军队。在同样以失败告终之前，帝国(我们现在可以这样称呼它)还是获得了伟大的成就，甚至将罗马统治扩张到更远的地方。奥古斯都去世后作为伟大的和平使者以及罗马旧传统的修复者而为世人所铭记。但是继屋大维的直接继承人——提比略(Tiberius)之后，三位独裁者没有一位属于自然死亡，而且有人认为提比略也不是自然死亡。

犹太人与罗马帝国

在奥古斯都执政的最后几年发生了一件大事，如果说历史重要性是由受影响的人数来衡量的话，那么我们可以很有把握地说，在古代，甚至在整个人类历史上都没有这么重要的事情了。那就是历史上记载的名为耶稣(Jesus)的一位犹太人的诞生。我们非常确定这一事件发生在拿撒勒(Nazareth)、巴勒斯坦，但不太确定何时发生，尽管公元前 6 年似乎是最有可能的年份。

61 他对基督教的特殊重要性在于，他被信奉为神灵。从(真正)更世俗的层面上来看，我们甚至没有必要说那么多来证实耶稣的重要性。在他之后的整个人类历史都体现了这一点。简而言之，那些后来自称为基督教徒的人(即耶稣的追随者)将改变世界。就欧洲而言，他们比其他单个的人类群体更多地影响着基督教的历史。如果我们要寻找一些影响力可与基督教相比拟的事件，那么我们不能着眼于单个的事件，只有像工业化这样宏观的历史进程，或者是像史前时期的气候这样为历史创造条件的巨大力量才能与之相匹敌。然而人们对于基督教在历史上的重要程度的一致意见并不妨碍他们激烈地争论耶稣究竟是谁以及他致力于做什么这样的问题。显而易见的是，他的传教比他同时代的其他圣人拥有更大的影响力，因为他的追随者看到他被钉在十字架上，并且还相信他后来从死亡中获得了重生。我们之所以是现在这样，欧洲之所以是现在这样，都是因为少数几位巴勒斯坦犹太人见证了耶稣受刑并复活这些事情。

犹太人属于东方民族，但看起来又让人觉得与众不同，他们与其他居住在近东地区的民族有很大的区别。然而简单地说，要了解耶稣，我们必须考虑到犹太人独特的宗教观，这同时也是耶稣共有的宗教观。犹太人长期只信仰一神，这一天地间无处不在的神灵把他的造化都体现在其选定的人身上。人们不能为他塑像，必须遵循他的戒律。让犹太人有别于其他民族的宗教仪式也是戒律的一部分。对犹太人产生更特殊的影响的还是他们的历史经历，他们将这段经历视为神灵介入的一种启示。犹太人传统的历史是 1 000 年流浪、遭难和流放的历史，其中偶尔有一段繁荣而和平的时期，上帝决定让他们得到一片圣地并在那里定居。这些具有英雄气概并受神指引的头领、祖先、先知、士兵和士师成为这段史诗般的历史中最重要的人物。但首先占主导的便是灾难，虔诚的犹太人耐心等待弥赛亚（Messiah）的到来，那时他们的灾难将最终结束。

我们可以根据需要把这段精彩的历史作为历史经验重要性的典范与后来公元前 6 世纪相联系，这时巴比伦的征服者摧毁了犹太人的宗教中心——著名的耶路撒冷（Jerusalem）圣殿，并俘虏了很多犹太人，将其流放到美索不达米亚。一些先知于公元前 538 年（波斯人推翻巴比伦以后）带领一些犹太人从流放地返回，他们确保圣殿得以重建，并开始宣讲对犹太教义更严谨、更狭隘的理解，目的是使犹太人与其他民族——“非犹太人”更加明显地区分开来。然而当巴勒斯坦置于塞琉古统治之下时，一些犹太人开始希腊化的生活方式，他们属于少数上层阶级；民众通常不信任，也不喜欢他们，这些民众毫无疑问忠于自己的传统，而且事实上在这种情况下更加坚持传统。公元前 168 至前 164 年发生了一场著名的犹太教改革，旨在反抗我们今天所谓的希腊化。这场改革以后，塞琉古王朝的国王开始谨慎地对待犹太人。

62 塞琉古王国对巴勒斯坦的统治于公元前 143 年结束。随之而来的是近 80 年的独立时期，然后朱迪亚(Judaea)被罗马占领。此后要经过 2 000 年的历史，犹太人在中东地区才再次获得独立。但是希腊化国家最初给予他们行动和贸易自由，罗马统治期间也是如此，因此犹太人散播到整个地中海沿岸地区。在罗马本土可能就有 5 万犹太人，在埃及的亚历山大里亚也有大量犹太人。这就是犹太人的“大流散”(Dispersion, Diaspora)。到奥古斯都时期，居住在朱迪亚地区的犹太人要少于在罗马帝国境内的其他地区的犹太人。还有一些犹太人背井离乡，到了更远的地方，他们居住在阿拉伯半岛和美索不达米亚，更远的甚至定居在印度半岛西部的港口。

一些非犹太人也被犹太教的道德准则、宗教仪式所吸引(有些甚至皈依犹太教)，犹太教以阅读经典为主，不需要祭坛和祭祀，特别是因为犹太教承诺拯救人类。犹太人的历史观鲜明而鼓舞人心；犹太人种将在末日审判的烈焰中得到历练，但随后将集体得以拯救。我们很难理解为什么这种观念激起了怨恨，然而犹太人与其邻国的关系通常很紧张。犹太人的特殊性，以及他们所取得的成功也很容易滋生普遍的偏见。

公元 26 年，一位新的罗马“行省财务长官”或总督——本丢·彼拉多(Pontius Pilate)被派往叙利亚，这是叙利亚历史上很混乱的一个时期。朱迪亚属于叙利亚行省的一部分，这一地区尤其混乱。最重要的是，犹太人憎恨罗马统治者以及他们的税务官，但叙利亚和巴勒斯坦地区的犹太人也相互仇恨(他们的希腊邻居和非犹太的叙利亚邻居之间也是如此)。他们中间有重要的宗教派系。有些属于奋锐党(Zealots)，该党的活动在某种程度上是一种民族主义运动。很多犹太人期待“弥赛亚”能提前到来，他由上帝指定，是大卫家族的后裔，也是《旧约全书》中最富有魅力的英雄，他将带领犹太人走向胜利。至于他是军队首领还是一个象征性的人物，现在仍然存在很多争论。

拿撒勒的耶稣

耶稣在这样的期望中成长。彼拉多上任时耶稣差不多30岁。耶稣知道自己将成为圣人，他的布道以及坊间流传的和他相关的奇闻逸事在当地引起了骚动。关于他的生活，我们有《福音书》(*Gospels*)的记载，这些记载是由他的追随者在他死后，以认识他的人的回忆为基础而写成的。《福音书》的撰写是为了证明他们把耶稣视为一位特殊的人——弥赛亚这一观点的正确性，尽管这样做究竟意味着什么还存在争论。他们清楚地表明耶稣的宗教教义完全正统，并坚持犹太教的仪式，但他的布道和说教强调犹太教本身的宗教仪式过于刻板，希望能够改变人们的生活，这引起了犹太教首领的敌意。

耶稣在他生命结束的那一刻以及随后的瞬间，很有说服力地向他 63
的追随者证明了他的特殊性。耶稣被犹太教首领判有渎神罪，并被带到罗马总督跟前。在这样一个混乱的城市中，彼拉多急于避免进一步的社会冲突，所以他歪曲了部分法律的字面意思并允许将耶稣治罪。所以，耶稣可能于公元33年被钉死在十字架上。不久以后，他的门徒相信他已获得重生，在那之后他们见过耶稣并与之交谈，他们知道他已升入天堂，虽然离开了他们但很快又会回来，那时他将坐在上帝的右手边，在世界末日那天对所有人进行审判。

不管人们怎么看待《福音书》的记载，我们确实不能认为这些记载是由完全不相信这些事的人写成的，也不能认为他们没有记录那些相信自己亲眼看到了其中一些事实的人们告诉他们的内容。同时也很显然的是，耶稣的人生并没有那么成功，他的教义之所以能留存下来，只是因为其在道德启示方面的影响。确实，他尤其吸引了很多贫民和被排挤的人，也吸引了那些认为他们固守的传统或行为方式已不能完全令人满意的犹太人。但是如果他的门徒不相信他已经战胜死亡，不相信那些受过洗礼而得救的人会像他的追随者一样征服死亡并在上帝审判后获得永生，那么这些成就也就随他一起覆灭了。在不到100年的时间里，这些启示就在整个文明世界宣传开来，它们与罗马帝国联合并受到帝国的庇佑。

圣·保罗

这样，一支新的犹太教派（就是耶稣最早的追随者）得到传播，其最初是在帝国的犹太人群体中传播的，基督教（该词源于不久后给予耶稣的希腊语名字，意为“救世主”或“上帝选定的人”）因此形成了最早的地理分布。然而不久以后，耶稣也得以在非犹太人当中传播。这是公元49年基督徒（此后，Christians一词开始用来指代耶稣的追随者）在耶路撒冷宗教会议上所做的决定。除了那些亲身接触过耶稣的人［其中包括耶稣的兄弟雅各（James）以及他的门徒彼得（Peter）］，当时可能还有一位来自塔尔苏斯（Tarsus）的希腊化的犹太人——扫罗（Saul）。除了耶稣本人，他是基督教历史上最重要的人物，被人铭记为圣·保罗（St Paul）。很多非犹太人已经对这种新教义非常感兴趣，但这是保罗在地中海东部大部分地区经过一系列航行和旅行进行传教后产生的结果，耶路撒冷宗教会议的主张是不应该要求非犹太人遵循犹太教义。遵循犹太教义意味着要接受犹太教的所有苛刻条件，主要表现在要接受割礼，并且经常要做斋戒，这两项教义解释了为什么从犹太教发祥的宗教成为世界上最成功的宗教，因为他们从婴儿时期就开始施加保护。

64 基督教绝对不是简单地由某个伟大的犹太布道者创立的，它是慢慢演变而成的，或者从某种程度上来说，是靠自身演变而来的。它是一份历史的产物。现在，它开始脱离犹太社会，通过保罗逐渐与犹太教思想区分开来。据我们所知，耶稣本身的教义宣讲从来没有越出戒律和先知书的知识范围。保罗说希腊语，并受过教育，他把他对耶稣启示的理解用希腊语表达出来，在这一过程中，他也用希腊人知识领域内的语言和思想来表达这些启示。希腊人对精神和肉体之间相区别的看法，对可见的物质世界与不可见的精神世界之间相联系的看法，都流入他的传教过程中。他把耶稣视为上帝的化身，这激怒了传统的犹太人；这种观念在犹太教教义中是不存在的。但是这将成为基督教会向全世界宣讲的教义。我们可以认为保罗才是真正有意识地创造基督教的第一人。基督教会的大部分神学理论都根植于保罗对耶稣教义的阐释。《圣经·新约·使徒行传》提供了大量证据证明其可能引发的怨愤。

保罗抓住了机会。此时世界正处于和平状态,受到罗马政府和法律的保护,人们可以轻易地在各地安全地旅行,除非遇到自然灾害(比如保罗自己就曾遇到过海难)。与此同时,希腊语的广泛传播也让思想交流变得更加容易。因此,基督教在耶稣遇难后的半个世纪里开始了对外传播的伟大事业。为了让教义得到传播,基督教徒很快开始相信罗马帝国本身就是由上帝创造的,这也不足为奇。一些人开始相信这是上帝对未来基督教的指示。随着时间的流逝,更多其他阴险的观念也开始扎根:就是不管怎样,真正杀害耶稣的不是罗马人,而是犹太人。

我们所知的关于保罗的最后一件事情就是,当他以煽动叛乱和亵渎神殿罪受到耶路撒冷的犹太首领指控时,他运用罗马公民的权利于公元60年就恺撒里亚地方长官的判决对罗马皇帝提出申诉。他来到罗马首都,等待审判。之后发生了什么我们无从知晓,尽管据基督教早期传统所言,他于公元67年在罗马殉教。不管他殉教与否,从那时起,他都在历史上留下了自己独有的位置。

65 # 第四章　罗马帝国与世界历史

帝国的建立

罗马对文明的主要贡献就在于它建立了帝国。其大部分历史，就像它的称谓一样，只是无计划地逐步发展的。比如在共和体制下，制度和思想逐步变化，而且有时在短期内难以察觉。经过很长一段时间之后，"皇帝"才意味着是帝国的最高统治者。尽管如此，其本质和政体仍在屋大维的创造中占据了突出的地位。例如恺撒·奥古斯都，他把他的名字赋予了一个时代，并给子孙留下了一个形容词。值得注意的是，他留传给我们的比任何其他罗马皇帝都要多；他是共和关系的主宰者。理论上，他是罗马公民中唯一的第一人。尽管谁当候选人是由他规定的，但公民和参议院选举在他的统治下继续发展。

在奥古斯都死后的一个世纪里产生了12位国王；其中四个与奥古斯都及其家庭有关联，尼禄(Nero)是最后一个，他死于公元68年。帝国随后在内战中解体；那一年，有四个国王宣布登基。这只是一次序幕，后来这种现象反复出现。当国王不能确保和平地让位给继承者时，就要靠军队来证明真正的力量。其中不只包括一支军队；行省驻防部队有时会支持不同的候选人，或者罗马的护卫队才有决定权。元老院会继续正式指派"共和国"的第一执政官，但只能操纵和密谋；到最后不能与军队相抗衡。至于国王本身，倘若他们握有军队，那么他们的个人特点和能力就会决定他们会如何作为。

最后，一个好的国王从“四帝共治”中脱颖而出；韦斯帕芗(Vespasian)最糟糕的错误似乎就是过于吝啬。他不是贵族(其祖父曾经是百夫长，后来成为征税人)，但却是个卓越的军人。当时古老的罗马家族显然已经丧失了权力，但是韦斯帕芗的家族(弗拉维亚王朝)也不能保持长久的世袭统治。2 世纪的国王也采用奥古斯都收养继承人的方式。在四个“安东尼”统治下，帝国内几乎维持了 100 年良好而安 66
宁的统治(98—190)，看似是一个黄金时代。其中三个是西班牙人，一个是希腊人。这时的帝国已经不属于意大利人，更不必说罗马人了。帝国的政府机关也不再稳定。随着皇帝声望的增长，他与主要地方官员的差别越来越大，越来越像东方帝王，他们与他们的臣民不是同一类人。确实，死去的皇帝很快被奉为神明。尤里乌斯·恺撒和奥古斯都首先得以神化。然而韦斯帕芗的儿子，在活着的时候就开始被神化了。尤其在东方，随着时间的推移，共和国和元老院里重新设置了献祭用的圣坛。

随着帝国的上层越来越趋向世界性，底层的人民也开始出现混合。行省内罗马化的领袖家族稳定地走在前列。年轻的高卢人、叙利亚人、非洲人和伊利里亚人都在学习拉丁语和希腊语，穿罗马式的衣服，并学会用罗马的方式思考问题(罗马继承权)，这是值得骄傲的。同时本国的公职人员和军队共同掌握政权，只要税收能如期征收，就可以尊重当地人民的感情。公元 212 年，法令规定给予帝国所有自由民以公民权，这是长期同化的合理结果。有时甚至元老都是非意大利人的出身。“罗马化”不是指必须出生在某地，而是指属于某个特定的文明。

其中也牵涉到关于帝国统治和管理的资料真实性的问题，以及帝国对于它的臣民来说意味着什么这样的问题。作为一个现在仍然有效的历史事实，很多家族就是一个有机的整体，他们的起源就立足于剥削他人来使某些人变得富裕。起初，那些受益的人主要居住在意大利，而且相对来说没有多少影响力；后来他们的人数不断增长，在整个罗马达到巅峰状态的时候,这些人可以说是帝国的寄生虫。实际的结构起源于获得并开发新领地(有时是偶然的,有时是保卫已经被人夺取的领地)。在这一过程的早期,并没有体现出罗马帝国对非罗马人的统治会给罗马公民带来什么好处。帝国在这些日子里更为露骨。根据我们的观点,帝国最明显的负担或收益便是命令和赋税。在减轻或阻碍征税,以及对公众的要求产生促进或阻碍作用的过程中,罗马统治者趋向于干涉其他事物。军队和统治阶层是保证帝国生存的主要工具。

帝国可见的外在表现及其文明的中心就是它的城市。分布在其周围或其他地区的是土著居民,他们不一定都懂拉丁语,而且生活在从远古时代就居住的乡村或村寨里。他们分布在固定的行省,是庄园和土地的拥有者;他们也可能是商人、被流放的意大利人(这些人在流亡海
67 外后就再也没有回过家)或退伍的士兵。这些人构成了选拔地方官员的人员储备。庄园通常都是自给自足的,只要在庄园里劳作并以之为生的人们能够维持日常生计就行。他们与帝国其他地区最重要的联系,通常在于他们为发展经济作物(油、小麦)作出了贡献,这些作物在地中海经济中得以传播。然而农区的统一性也不能过分夸张。帝国的扩张掩饰了很多社会和经济活动的差异——常见的,例如地形和气候上的差异。

帝国的遗产

即使是那些感伤于旧共和政体的罗马人,也会为帝国骄傲。罗马帝国在更广的区域内为黑色、白色和棕色人种的罗马人提供了正当、合法的统治,并保障他们获得和平与繁荣——所有这些都是史无前例的,是最值得夸赞罗马功德无量的领域。物质上,他们留下了伟大的纪念碑、建筑以及其他工程。几个世纪后,人们形容罗马的遗迹,像是巨人和魔法师的遗作,如此令人吃惊;一位 17 世纪的英国文物研究者认为巨石阵是一个罗马神庙,因为他认为只有罗马人才有可能建造出那么宏伟的建筑。我们可以理解这种错误,而且这对我们也有所启迪。在泥砖、石头和混凝土之下掩藏的是罗马人在西欧无与伦比的成就。尽

管它们大都有非常实际的用途，但很多建筑都非常宏伟壮观。军团只有经过精心规划，建造壁垒防御营地，才可以驻扎，所以军队进行大量的勘测、设计和建筑活动。罗马人首先在地中海以外的区域建立大型的欧洲城市（尽管大部分城市建造者都居住在地中海国家）。为了服务于城市，他们提供角斗场、浴室、排水系统和淡水供应系统。他们喜欢富丽堂皇，也生产一些粗俗的东西，但是他们很务实，他们不会建造任何到后来没有信仰的年代的人们看来毫无用处的工程，比如金字塔，即使罗马人的有些坟墓也很壮观（几个世纪之后，罗马的哈德良皇帝的坟墓成为圣安格鲁教皇城堡）。

罗马工艺有很高的效用，但并不新颖。他们比祖先有更好的装备（绞车、吊车和更多的铁质工具），并且使用大量的材料，但是大部分都是已经存在的；唯有例外的是他们发明了混凝土。也许正是它将建筑发展成新的形式。罗马建筑师是首先发明支撑宽顶技术的人，他们以此替代成排的柱子；他们发明了拱券结构来支撑穹顶。但是他们留给未来欧洲最明显的工程还是道路。这些道路确立了主要的交通渠道，而且支持着一至两个地区之间的交通。一队特殊的勘探者保持着这些技术，他们翻山越岭，来确保工程惊人的准确性，这些勘探队通常由军
团组成。这些道路满足了帝国管理广泛区域所必需的交通需求，法国 68
的主要街道一直用到了 18 世纪。在恺撒时代与火车运输的年代之间，欧洲在陆路交通和运输上，速度一直没有得到进一步的提高，只是在信号灯方面有些许改善，但又太容易受到坏天气的影响。

由于罗马废墟为后来的建造者提供了大量已经切割好的石材，我们现在很难想象罗马帝国曾经是怎样空前宏伟的景象。一些伟大的遗迹现在还保存在欧洲——法国南部的加尔桥；不远处尼姆（Nîmes）的竞技场；特里尔（Trier）的黑门，这里的水道现在仍在向西班牙的塞哥维亚（Segovia）送水；或是英国巴斯（Bath）地区各式各样的浴室。在庞贝（Pompeii）、奥斯蒂亚（Ostia）以及利比亚的大莱普提斯（Leptis Magna），我们还可以看到整个的城镇。但是罗马本身，那些令人震惊的残骸有时在现代罗马都城的街道中随意出现，这些才是最伟大的遗

迹。它曾是城市文明中最伟大的城市(在它最鼎盛的时候,居住人口曾达到 100 万人之多)。那些遗迹屹立在那里,如同在原始乡村中凸显着希腊罗马文明的岛屿。由于气候的原因,它们反映出一种非常一致的生活方式。无论是古老的城市,还是罗马计划重新建立的城市,都有广场、神庙、剧场、浴室。规则的网格图案被用于广场建设。地方权贵日复一日地操作这些事,至少在 1 世纪,元老(或者称城市元老)在掌管市政事务时,享有很大程度上的独立性,尽管后来他们受到了更严格的监督。像亚历山大里亚、安条克以及迦太基(由罗马建立)这样的城市,规模都很大。

普遍存在的圆形剧场是罗马社会残暴和粗鲁的见证。我们不能以这些剧场的数量和规模来衡量罗马社会的残暴和粗鲁,就像我们不能基于那些自诩为罗马道德改革者援引的作品来赋予“堕落”一词过多的含义一样。尽管如此,竞技游戏和野兽表演是主要的娱乐项目,这些在希腊剧场是不存在的。罗马人通过建立巨大的表演中心并把消遣娱乐变成政治手段,使流行娱乐中最没有吸引力的活动为社会所认可;富人通过提供这些惊人的游戏,把他们的财富转化为政治晋升的保障。直到 20 世纪电影和电视出现之前,竞技格斗和野兽表演作为娱乐,是规模空前的宣传残酷的方式。城市化会为这些表演带来大量观众。

长久以来罗马人都为自己的坚韧不拔感到自豪,但他们也喜欢享乐。这种享乐主义随着他们在东方的经历越来越明显,帝国的战利品增大了他们享乐的机会,并满足他们物质上的需要。有时他们太过自我放纵了(例如当聚会流行的时候,富人举办大型宴会时所用的菜单)。
69 他们习惯性地热衷于沐浴和中央供暖,他们对水流管道和环境卫生的关注则更易受到人们的赞美。精心建造的导水系统把饮用水带到城市,公共浴室和厕所达到从里到外的洁净。在个人住所中,蒸汽浴室和卧室中也有地暖。直到 20 世纪,不列颠的居民才再次考虑房屋内也应该适当供暖。

除了建筑、工程和水力,罗马人在其他方面不是什么杰出的技术创新者。他们在纯科学上的贡献微乎其微。在农业上,直到帝国时代末期才引进水磨，之前没有出现过。人力和畜力仍然是主要能源。人们通常认为由于罗马人有大量奴隶，所以他们不需要发明节省劳动力的机器，而其他实际情况也是与之紧密相关的。罗马人通常很难把一个好的想法付诸实践，更不用说提高技术水平了。帝国越来越趋向于让农庄自给自足；他们依赖自身力量，不愿尝试试验。此外，也没有来自外界的刺激；中国的技术宝库太远了，罗马的近邻又没有什么具有吸引力并能提供刺激和挑战的东西。

法律和命令

法律，以及与之相伴的演讲术是罗马人最具智慧的，似乎也是最受人民尊敬的行为，它具有典型的实用性。罗马不像古典时期的希腊人那样，刺激哲学家以问询的方式来思考人类经验的各个细枝末节（但是谁也不会模仿希腊人，值得一提的是，尽管印度人对数学也作出了贡献）。希腊化的哲学家也远不像他的祖先们那样大胆。然而能让罗马文化引以为豪的有斯多葛学派的优秀哲学家、一些主要的历史学家和一群显赫的拉丁诗人，其中包括维吉尔（Virgil），他凭借其史诗，成为世界文学史上的巨人。而且，如果按平常那样轻率地把罗马文化成果与希腊相比较，那应该算上几个世纪以来，由罗马教育出来的大量明显是全能的人。由此可以看出罗马文明对保守思想的信赖，希腊文明在这方面也有很多可说之处。罗马政治家达到巅峰的，也许是行政官、将军、建筑工程监督员、律师和法官。罗马，尤其是在共和后期，产生了大量可以胜任全部这些工作的人。如果他们运作的政府在执行法律的时候严酷而残忍，那些法律在某些方面就会宽容一些。罗马法律有一些关于这方面的极具智慧的诡辩：在之后的基督教帝国时期，这样做就会被判为亵渎神明。

罗马残酷的一个方面是与古代社会相同的，那就是奴隶制。和其
他帝国一样，奴隶制无所不在，它有很多种形式，以至于我们很难概括 70
其含义。许多奴隶挣工资，有些买来了自由，事实上，罗马奴隶在法律上享有一些权利。大庄园的发展也许使奴隶的生活变得艰难，但是很

难说罗马奴隶制比其他古代社会更糟糕。质疑这种制度的一些人并不具有代表性：当时的道德家们和后来基督教时期的人一样，很轻易地就接受了拥有奴隶的现象。

奴隶制是暴力统治的一部分，罗马统治下的和平就是以奴隶制为基础的。即使在公元前 73 年的共和时代，罗马人军事镇压一次大规模的奴隶起义也花费了长达三年的时间(他们也因此受到了惩罚，从罗马到南方的路上躺满了 6 000 个奴隶的尸体)。一些行省的起义是地方性的，但是似乎通常是由于政府的过分严酷或腐败而造成，就像英国著名的博阿迪西亚(Boadicea)起义。特例之一就是犹太人的起义，这次起义与后来的民族主义起义异曲同工。关于犹太起义的惊人举动要追溯到公元前 170 年的罗马统治时期，那时，希腊化国家强烈抵抗“西化”行为。帝国的迷信行为让问题变得更糟。即使是那些不在乎罗马税收的犹太人，也认为应对“恺撒”作出解释，必须划定界限，犹太人认为在恺撒的祭坛献祭是一种渎神的行为。公元 66 年爆发了一场大起义；在图拉真和哈德良时期还有其他的起义。犹太社会成为火药桶。这些起义的爆发让我们更容易理解一点，就是当犹太人首领要求处死耶稣时，朱迪亚行省长官很不愿意遵守被告所享有的法定权利。彼拉多是为了公共秩序而牺牲耶稣的生命，并非出于意识形态方面的考虑。

对于罗马地方行政官而言，能够保持和平不间断的征税要比宗教信仰的真理和忠诚更重要。平时，用于治安监督和官僚机构的税款都很充足。然而征税者通常都会遭到人们的仇恨。如果偶尔有苛捐杂税以及强制性的征兵之类，情况就更糟糕了。这些都需要一定的经济基础作为支撑，而对于罗马经济而言，罗马帝国统治下的和平又是必需的，只有这样才能确保罗马有微小的节余，并且确保罗马的土地免受劫掠。这些都是理想化的想法，实际上农村的生活艰难困苦，征税者也从来不是受欢迎的角色。

最后罗马的和平依赖于军队。罗马的社会和文化经常带有军国主义色彩，然而军国主义的手段改变了。从奥古斯都时代开始，军队就是常备力量，一般的军团士兵服役 20 年，四年一次轮换。随着时间推移，越来越多的士兵来自行省。令人惊讶的是,尽管罗马纪律严苛的名声在外,但还是有大量的志愿者。

基督教与罗马帝国

公元1世纪末,基督教会遍布整个罗马世界。保罗和他同僚的这
些成果,与兢兢业业的福音传道相比,可能更得益于帝国内犹太人的蔓 71
延和渗透。那时候还没有圆顶建筑,无法在“大教堂”内把基督徒集合起来。人们都认为耶路撒冷的基督徒,他们的第一代领袖真正认识或听说过基督,这样的基督徒应该受到特别的尊重。但是基督徒之间唯一的联系就是洗礼(接受新信仰的标志)和“圣餐”(一个模仿并纪念基督在遭到拘捕、拷问、迫害的前夜,与门徒共进最后的晚餐的特殊仪式),他们信仰升入天堂的基督。基督徒也通常认为世界末日就要来临,耶稣会回来召集那些忠心于他的人,保证在最后的审判中拯救他们。如果真是这样,很显然在现世只要守护和祷告就可以了。因此,办教堂就成为一项并不复杂的事务。随着教堂数目和财富的增加,就需要人做一些管理决议,于是就出现了神职人员,包括主教、祭司和助祭。随着时间的推移,他们扮演着僧侣的角色,监督并管理礼拜仪式。他们始终保持着三阶神职人员。

尽管基督教从来没有流露出对犹太教本质的继承(一神论、圣经的旧约以及把人类的命运视为选民的朝圣之行的观点),尽管基督教文化仍然吸收着源自过去的犹太教的教义和意象,但是它与犹太人决裂了。信仰基督的犹太人无法说服犹太教信徒皈依,不能让那些人把心中长久以来期盼着的弥赛亚变成耶稣,他们也不能参加犹太人集会,因为他们曾与未进行过割礼、吃猪肉、不遵守犹太教法令的异教徒一起吃过饭。到2世纪末,绝大多数基督徒不再信仰犹太教。

长久以来,罗马人认为基督教只不过是犹太教的另一个派系,但是非犹太人基督徒的增加使基督教变得与众不同。而且,犹太人是迫害基督徒的第一人。他们不仅让基督徒经受苦难,还杀害了第一位基督教殉教者[圣·史蒂芬(St Stephen)]。他们让圣·保罗(对于他们来

说他是叛徒)经历了人生最艰难的时刻。许多学者谴责罗马的犹太人，因为是他们让基督徒成为公元64年罗马大火的替罪羊，因而第一次遭到罗马迫害。传说圣·彼得(St Peter)和圣·保罗都死于这次迫害，很多罗马的基督徒也肯定遭到可怕的惩罚，或是在竞技场中遭到残杀，或是被活活烧死。公元66年，犹太人发动了反对罗马的起义，然而基督徒们没有参加。起义之后，耶路撒冷从犹太人手中被夺走，这个可怕的过程和残酷的后果，使犹太人更加自我觉醒，并仅仅依靠严格遵守法规来保持宗教信仰，因为神庙不在了：这加大了犹太基督徒的困难。

尽管罗马对基督徒的迫害有时候很恶劣，但通常都具有偶然性和
72 地方性。一直到公元2世纪，基督徒似乎通常都是得到官方默认的。坊间总是流传着一些带有神秘色彩的关于基督徒的传言——据说他们使用黑魔法、食人、乱伦。一些罗马人不喜欢他们鼓舞男人(或女人)相信自己在上帝的眼中和他们的主人一样好，他们会因此反抗传统的雇主、丈夫、父母和奴隶主对他们的控制。当时的罗马人很容易迷信地认为，他们对基督教的宽容导致了自然灾害的发生——古老的神明愤怒了，并带来饥荒、洪水、瘟疫，人们纷纷这样议论着。但这并没有给政府统治带来多大的影响。当局者只是在发现一些基督徒拒绝依照法律向国王和罗马神明献祭后，才公开反对基督教。罗马人采用了类似犹太人的抵抗方式：他们是不同的人，要尊重他们的风俗。但当大部分基督徒不再是犹太人时，为什么他们不能像别人一样尊重这些传统习俗呢？罗马的宗教是共和国的一部分，适当保持宗教仪式有利于罗马国家，而忽视这些仪式则是要遭到报应的。对于劳工来说，这只不过意味着他们不用在假日里工作。除了这样的正式仪式，就只剩下迷信和流行的迷信行为了。罗马宗教要求并不严格，是可以选择的，而且是世界性的。基督徒不是因为信仰基督教才受迫害，而是因为拒绝做某些法律要求做的事。这无疑刺激了非官方的迫害；2世纪，基督徒遭到大屠杀和劫掠，尤其是在高卢。

2世纪也是教堂的重要发展时期之一。第一位制定基督教教义框架的伟大神学家，使之与其他信条作出更明确的区分，并制定了与这个

时代相适应的更为明确的基督徒的责任和义务。里昂主教伊里奈乌斯(Irenaeus)首次描绘了基督教教义的大纲,是致力于基督教与希腊思想相结合的第一人(并因此促进了基督教从其他复杂的东方迷信思想中分离出来)。所有罗马世界的男人和女人都在寻找新的信仰,基督教得益于这些想要成为信徒的人们的强烈渴望。新的思想迅速扩张。到3世纪末,帝国人口的十分之一都已经成为基督徒,其中包括一个罗马皇帝(至少是名义上的),另一个皇帝似乎将耶稣基督纳入在他房中供奉的神明之中。在当时的很多地方,地方统治者与地方基督教领袖进行官方的交流,因为他们在社会中地位突出,而且主教起了很大作用。

帝国的困扰:东方

公元177年图拉真(Trajan)皇帝去世时,帝国的覆盖面积达到当今美国的一半。罗马的版图从西班牙西北部延伸至波斯湾。其最远的边界一度抵达里海(当时亚美尼亚还属于罗马)。在欧洲,位于多瑙河 73
北部的达契亚行省,在几年前被征服。一些地方(尤其是越过幼发拉底河的地区)很快就被放弃了。即使是这样,如此庞大的地区也产生了很大的安全问题。尽管罗马只是在东方才有一个可以威胁到自己的强大政权(一个像罗马这样的国家,有能力投入大量军队,并可以实施长期的外交手段和战略计划),随着时间的推移,其他地方的问题变得越发难以处理。非洲几乎是唯一一个平安无事的地区。

最为持久的就是亚洲问题。几个世纪以来,叙利亚和近东亚洲的其他地区一直遭到几股强大势力的争夺。公元前92年,一支罗马军队到达幼发拉底河。40年后,另一支罗马军队(由4万精兵组成)在穿越该河时被帕提亚人消灭。在接下来的三个世纪里,与帕提亚的关系一直困扰着罗马统治者。帕提亚帝国曾一度从大夏(Bactria)扩张到东至巴比伦、西与叙利亚仅隔幼发拉底河的广阔区域(所有这些都是塞琉古时期留下的)。它有强大的军事力量。尤其是罗马和帕提亚经常因为安纳托利亚东部的亚美尼亚王国而争吵,两者都认为该地区应纳入自己的势力范围。在长期无休止的较量中,双方都有胜利;有一次罗马军队真的占领了帕提亚首都。然而边界并没有什么变化。这个存在争议的地区离罗马太远了，要征服那里就得花费大量的军力和费用，而帕提亚国王每天都在琢磨怎么把罗马从亚洲赶出去，这在很大程度上牵制着罗马。

约公元 225 年，最后一位帕提亚国王被法尔斯(Fars)的统治者杀掉，或者是一个叫作阿达希尔(Ardashir)的"波斯人"[希腊人称其为阿塔薛西斯(Artaxerxes)]。他宣布所有的土地都是由大流士(Darius)统治的，大流士是 700 年前领导波斯入侵希腊的国王。他的后继者企图重建宏伟、壮丽的阿契美尼德王朝，并在近东的大部分地区恢复波斯霸权。在接下来的几年里，他开始了对叙利亚的长期进攻，在将近四个世纪的时间里，波斯与罗马帝国展开了新的争斗。萨珊(Sassanid)帝国统治者(根据阿达希尔的祖先之一而命名)成为罗马最大的对手。他们强调波斯的延续性，同时萨珊帝国的官僚机构传统可追溯到更远，远到叙利亚和巴比伦，皇家也同样强调神圣权利。萨珊帝国的威胁更加强大，因为它是在罗马四面楚歌、后院起火的情况下突然出现的。在公元 226 年至 379 年之间，有 35 位罗马皇帝，而统治波斯的只有九位萨珊国王；他们的优势是长久而稳定的统治。一位萨珊国王甚至俘虏了罗马国王[可怜的瓦勒良(Valerian)，据说被波斯人活生生地剥皮并塞满填充物，尽管这也许不是真的]，萨珊帝国同时也进攻亚美尼亚，并经
74 常入侵叙利亚和卡帕多西亚。在这之后，罗马和波斯间出现了较长的和平期，但这两支力量从来没有稳定下来和平共处，结果就是罗马在东方的力量被耗尽。

帝国的困扰：欧洲

在多瑙河西部的欧洲，战略问题则截然不同。罗马没有面对强大的政权，但是沿着黑海到莱茵河河口的边界全都是日耳曼人。其中一些日耳曼人是被罗马人从出生地赶到那里去的，他们是强大的对手。奥古斯都希望把帝国扩张到易北河，但这显然是不可能的——尤其是公元 9 年罗马遭受了大灾难，三个军团在日耳曼森林中全军覆没。为

了解决日耳曼民族引发的问题，罗马人建立了经过精心设计的疆界，他们称之为“古罗马边境的城墙”(limes)。

当时的边界不像今天两国之间的疆界，它不仅仅意味着一国的统治权力到此结束，另一国的统治从此处开始，而且要保护边界之内的事物，并将两种文化相互分离。它把“拉丁”欧洲与“蛮族”世界(这个词是罗马人从希腊人那儿引用的)分隔开。边界的一边是罗马的制度、法律、繁荣的市场和城镇——简而言之就是文明；另一边是部落社会、落后的技术、文盲、野蛮。当然，完全的隔离是不可能的；两者之间也经常有来往。罗马人仍然把边界看作他们需要谨慎看守的地方，而不是通往其他地区的旅途驿站。如果可能，他们会在自然屏障的基础上设立疆界，大部分都是沿着莱茵河和多瑙河而建。在自然屏障的间隙中，就用泥土、木料，有时是石料，来建造防御工事。沿着疆界布满了由信号塔和小据点连接的军营。军队沿着边界，一个据点一个据点快速地进行巡逻。其中较长的一段距离是从莱茵河上游到多瑙河之间，另一段是从多布罗加(Dobrudja)一直到沿海。至于哈德良长城，公元 122 年始建于不列颠北部，在泰思河(Tyne)和索尔韦海(Solway)之间，因其最为完善而著名。它由石头筑成，长 80 罗马英里(约 120 公里)，两边都有壕沟保护，并由 16 个堡垒连接。小一点的据点每隔一罗马英里安置一个，两个据点之间有两座塔楼。据哈德良的传记作者记载，其目的是“把罗马人和蛮族分隔开”。至于防御，除非有适当的操控，不然起不了什么作用。有两次由于一时间防御薄弱，哈德良长城遭到进犯，苏格兰人和皮克特人得以入侵，不列颠远至南部都遭到了劫掠和破坏，一次发生在 2 世纪末，一次发生在 4 世纪。

莱茵河疆界虽然相对较短，但由八个军团守卫。奥古斯都时代的军队是长期服役的，基于义务征兵，越来越多的士兵来自行省。蛮族只在地方性的特殊团体中服务，如巴利阿里群岛的投石者，或是多瑙河行 75
省的重装骑兵。步兵军团是罗马军事力量的核心，一般有 28 个军团，共 16 万士兵，都在边界服役，或是在西班牙、埃及这样较远的行省服役，由一些骑兵、援军和特殊兵种协助他们。随着时间的推移，长期服役于同一地区使军团的能动力下降。人们开始携家眷和其他不易迁走的侍从在驻防的城镇定居。但是国内的道路网给予了帝国指挥官快速在各地巡逻的优势。军队配置的平衡逐渐改变，以响应战略变化的需要；莱茵河军团在3世纪初撤出了一半，同时多瑙河的军队增加了一倍。

公元200年后不久，日耳曼人在边界的生存压力越来越大，他们要求在帝国境内定居。一些人无疑是被罗马的制度、文明和财富所吸引，但也有其他更重要的因素的影响。由于中亚自然因素（例如气候）和政治因素（例如汉朝皇帝对Hsing-Nu的讨伐，就是日后为欧洲人所熟知的匈奴）的变化，居住在更东部的其他民族被迫西迁，一系列的种族干扰随之开始，后来一定有人无意中冲破了罗马疆界。在北部以莱茵河作为边界的结果之一就是将不同的日耳曼人进行相互区分，他们没过多久就成长起来，不知不觉中对未来的欧洲做了进一步的瓜分。

蛮族的数量肯定没有那么夸张：通常他们每次派到战场上的人数只能是2万至3万人。尽管力量被牵制而分散于各处，但对于3世纪的罗马帝国，这个数量也显得太多了。罗马人不可能永远抵抗住他们，也曾试图缓和。首先允许一些莱茵河的民族定居在罗马领土上（在那里他们还被招募去帮助保卫边疆，抵抗后来的入侵者）。之后是另一支种族——高卢人在251年穿越多瑙河（并在战争中杀掉一个皇帝）；五年之后是法兰克人（另一支）穿过莱茵河。然后是阿勒曼尼人向南入侵，远至米兰，当时高卢人继续进军希腊，之后从海上掠夺意大利和小亚细亚。多瑙河两岸的达契亚于270年被放弃。

3世纪对于罗马来说是一段恐怖的时期，无论是在东部边界和西部边界都差不多，当时在帝国内部又展开了新一轮的内战和皇位争夺。22位皇帝（除了冒牌货）不断更替。最后一位安东尼皇帝，于192年在一场宫廷阴谋中被掐死（这导致了另一年的"四帝共治"），3世纪时，好几位皇帝被他们自己的军队杀害。有一位皇帝与自己的总指挥官开战（后来他被一个官员出卖给高卢人，并被高卢人所杀）。沉重的赋税、经济的衰退和高涨的物价同时打击着人民，迫使他们远离这些尊贵的圈子;当地方富豪和有钱人开始意识到自己如果征收沉重的赋税就会招致不满时,他们就不愿成为城镇议员和官员了,这种赋税甚至经常以实物的方式缴纳,而且随着财政危机而变得越来越糟。城市开始自己重建防御城墙。在安东尼时期是不需要这样的,但现在即使是罗马也这么做。3 世纪后期,从未设防的城镇也建立起了防御工事。

戴克里先

3 世纪末罗马的运气来了,又一个有能力的皇帝登基了,除此之外很难有其他的办法。首先力挽狂澜的是一个伊利里亚人奥勒良(Aurelian),元老院乐观地称他为“罗马帝国的修复者”,尽管他因为要征服波斯而被谋杀。他的继承者像他一样,是一名优秀的士兵。将近十年后的 284 年,另一位伊利里亚人戴克里先(Diocletian)登基。他不只是重建(至少是重现)了帝国的古老权力和荣耀,实际上他还改变了帝国运作的方式。由于出身卑微,他的思想非常传统,并把自己的角色看得非常高尚。他采用了“约维乌斯”(Jovius)这个名字[即朱庇特(Jupiter),是众神之王的罗马名字,即古希腊的宙斯(Zeus)]使他看起来具有神一样的形象,独自一人支撑起文明世界。戴克里先寻找解决帝国问题的实际方法,他企图通过调整物价和工资来解决通货膨胀,尽管这酿成了很大的灾难。他最重要的一步,也许连他自己也没有看出其中暗含的意义:不同于任何其他个人,戴克里先开启了两分帝国的道路。如果没有他,这种结果或是类似结果的出现显然会受到很大的争议。

罗马把位于希腊化东方的亚历山大帝国所辖范围的大部分与地中海希腊世界西部相连接,即使是亚历山大这位伟大的征服者也未曾到过这里。只有在 3 世纪的困难时期,这些遗产所有(显著的)不同点之间的不协调性才显现出来。困难之一就是,当帝国需要富足的东方为对付蛮族和波斯人提供经济资源和人力资源时,同时需要对西部行省的问题给予一定的关注。公元 285 年,戴克里先想出一种即使不是解决也是解脱的办法。他沿着一条线将帝国进行分割,把达契亚和潘诺尼亚(Pannonia)分开，把非洲和埃及分开，并为西罗马指派一个共治皇帝，像他一样命名为“奥古斯都”。每个皇帝都有一个助理，被任命为继承人并被称为“恺撒”。“元首”(*Princeps*)这个名号已被废除，其他的改变随之产生。元老院尚存的一点点权力也没有了，这时的元老只是荣誉的象征。原来的行省被分割成更小的单位(教区)，由皇帝提名的人统治，越来越多地由罗马化的地方精英管理。军队被重新组合并进一步扩大；征兵制得以恢复，很快就有 50 万人参军。

77

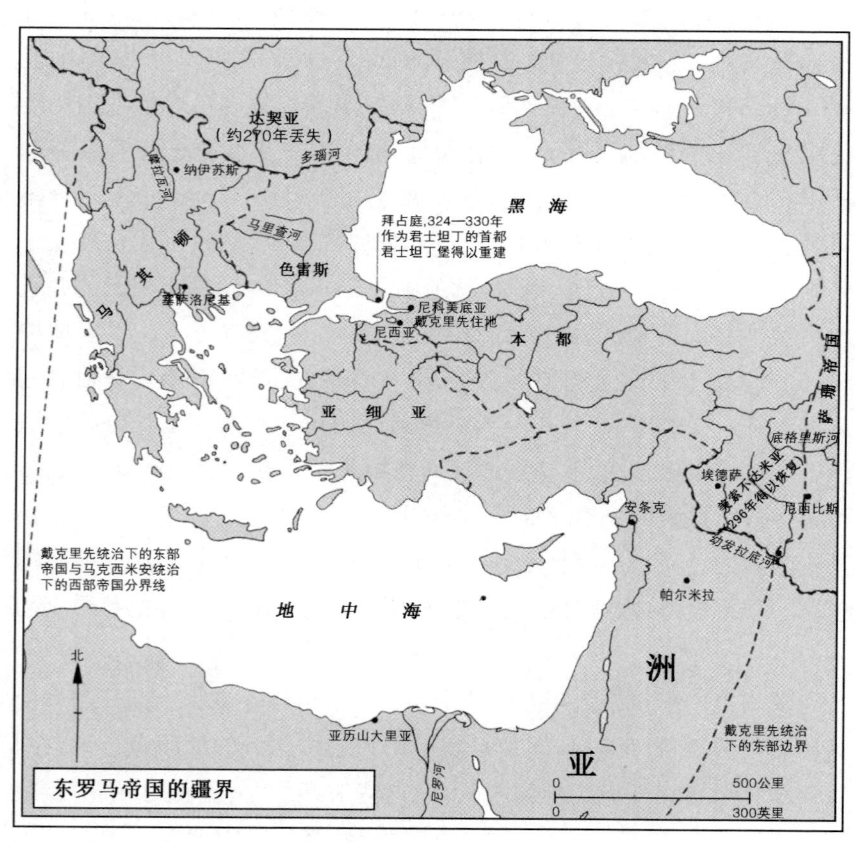

东罗马帝国的疆界

这种调整很有助益，但也有它的不足。保证和平继承奥古斯都之位的机构只生效过一次，就是在戴克里先及其同僚退位时(公元 305 年，戴克里先在克罗地亚海岸退位，在那里的很多现代城镇都围绕着他的巨大皇宫的残骸)。一支更庞大的军队意味着更沉重的赋税,而这些要由比前几个世纪还要少的人口来承担。虽然长期以来,一直都会有相应的对策。尽管人们更多的是希望实现统一,但是每个皇帝事实上都接受了分裂的事实。这不只影响了罗马历史,对今后欧洲格局的形成也很重要。

另一项改革就是更加强调统治者的独一无二,他们几乎是神圣的,
特别强调统治者的权威(这也表明人们不再把帝国视为理所应当的事,
他们不再以过去的方式效忠于帝国)。这预示着古代希腊-罗马传统的
宗教宽容开始衰落。基督徒恢复了为帝国文明作贡献的职责。罗马帝
国最后一次对基督教的迫害发生在 303 年,由戴克里先发动。但这已 78
经不能波及全国各地,也没有使他逃脱退位的命运,虽然在埃及和亚洲
要比在西方持续的时间长一点。此后,出乎意料的是,基督教已经处在
征服世界的前夕。

基督教帝国

君士坦丁(Constantine)是戴克里先继承人的儿子(戴克里先的继承人只统治了一年),于 306 年在约克被军队拥戴为皇帝。据称,他比其他皇帝更多地改变了世界历史。经过 40 年的内战之后,他于 324 年重新统一帝国。在这场斗争中,他很快决定看看基督教的上帝是否会帮助自己。我们毋庸置疑君士坦丁在宗教上的皈依或虔诚。他似乎在任何情况下都追求一神教教义,在很长一段时间里崇拜与罗马皇帝紧密相连的太阳神。在 312 年一次重要战争的前夜,他认为自己看到了一个幻象,于是派兵在盾牌上标上基督教的符号,来表示对基督教上帝的尊敬。他打赢了那场仗。后来帝国很快对基督教表示宽容,并对其给予进一步的支持。君士坦丁给教堂供奉谢礼,后来又开始建造教堂。尽管很多年里,他所发行流通的钱币上仍然是太阳的标记,但他给予改变信仰的人以奖赏和工作。从他的行为可以看出,他只是逐渐地转变了个人的宗教信仰,但最终,在没有正式否认传统宗教的情况下,君士坦丁宣布自己皈依基督教。

和其他早期的基督徒一样，君士坦丁直到临终才接受洗礼，但325年，他在尼西亚主持了教会的第一次世界性会议（这是一次由整个基督教世界的主教出席的会议，尽管没有多少东方人）。这次会议的主要目的是谴责亚历山大里亚城阿里乌（Arius）的神学论，会议把他定为异端。这次会议非常重要，然而更重要的是君士坦丁从此树立了一个传统，就是基督教的皇帝享有特殊的宗教权威。这一传统延续了1 000年。当君士坦丁决定在拜占庭建立新都时，又为未来作出了另一个伟大贡献。拜占庭位于黑海入口，是古希腊的殖民地。他想在那里建一个堪比罗马且没有被异教徒玷污过的城市。这个城市名为君士坦丁堡，它作为帝国首都保存了1 000年，又在长达500年的时间里成为欧洲外交的焦点。但是，君士坦丁在创造了基督教帝国这一点上更深刻地影响着未来。虽然他并不清楚会这样，但他确实建立了基督教欧洲。他的名号（君士坦丁“大帝”）是他应得的，尽管就像他经常受到的评论那样，是因为他做了什么，而不是因为他为什么这么做，也不是因为他是谁。

这种建树对教会来说带来了大量世俗上的收益。此时的基督教与罗马传统中的魅力和声望相联系，这种魅力与声望是通过几个世纪一砖一石累积起来的。然而矛盾的是，在一个世纪左右的时间里，基督徒
79 认为教会并不意味着强大，而是软弱。信徒认为自己是受上帝喜爱的，被选择留下来，在方舟里漂泊，接受暴风雨的席卷。这当然是他们为什么这样艰苦、固执、冷酷、坚定，并且粗鲁对待同伴（如果有人这样认为的话）的原因之一。他们仍然居住在充满魔鬼和魔法的世界里，在那里，异教分子威胁着他们，使他们屈服于异教的诱惑，然后在地狱之火中接受永无休止的拷打。基督教的牧师也通常脾气不好，即使是英勇的牧师也是如此，这长期影响着基督教的历史。

和所有伟大的历史性决定一样，君士坦丁的选择中也有讽刺的成分。最后，通常在不知情的情况下，教会帮助毁灭了异教徒的古典世界。基于这个原因，英国伟大的历史学家——爱德华·吉本（Edward Gibbon）将古代晚期的情形（这是再度兴盛的罗马帝国又一次支离破

碎的时代)视为蛮族和迷信的发展。[1] 这里的迷信指的就是基督教。他这种看似自相矛盾的说法作为他那个年纪深思熟虑的结果是非常杰出的,但要说是真理似乎又太轻率了,当然:基督教保留了罗马过去的很多东西,否则这些就要消失了;基督教没有根除那些它不喜欢的东西。然而吉本的这种嘲讽有效地揭示了一个历史事实,即基督教的胜利;这是曾经受到轻视的犹太教弱小教派的胜利。这时的基督教在帝国文明中成长,而非独立于文明之外,它几乎在不经意间改造了异教徒。罗马的砖块经常象征性地得到再利用,来建造新的基督教教堂,异教徒的神庙也用作建筑材料,有时整座建筑都用于新宗教。[2]

君士坦丁的举动不经意间促进了东西方文化的分裂,他使两者很容易就分离开来。人口更加稠密的东方可以自给自足,并能提高税收和征兵;西方变得更贫穷,城镇开始衰落。罗马以非洲和地中海岛屿的玉米为食物,最后用蛮族的军队来防御。渐渐地,君士坦丁堡开始赶上罗马,甚至超过了它。更重要的是,基督教的区别促进了两个地区间的分离。西方讲拉丁语的人越来越多(过了布匿战争之后的黄金时期,希腊在教育上的影响下降了,某种程度上也是因为重要的拉丁文学作品的出现),其中出现了两支基督教团体,一支是罗马教(由主教,即罗马教皇主持),另一支是东正教。它们都起源于小亚细亚、叙利亚和埃及教会,本来在语言上就有不同,后来分歧越来越大,一支更多地受到东方的影响,另一支则更多地受到希腊传统的影响。尼西亚没有扼杀掉阿里乌教(Arianism),而且会上的谴责使其在 80
东方无法确立合理性,但它在日耳曼民族中得以传播,阿里乌教在这些地区一直保存到 7 世纪。

---

① Edward Gibbon, *The History of the Decline and Fall of the Roman Empire*, ed. J. B. Bury, IV (London, 1898), p. 140.

② 这些庙宇中最早通过这种方式来改变宗教信仰,用于基督教事务的就是罗马万神殿,结果,它成为古典时代唯一一个保存完好的神殿,现在仍在罗马;在这里做礼拜的人悉心照顾着它。

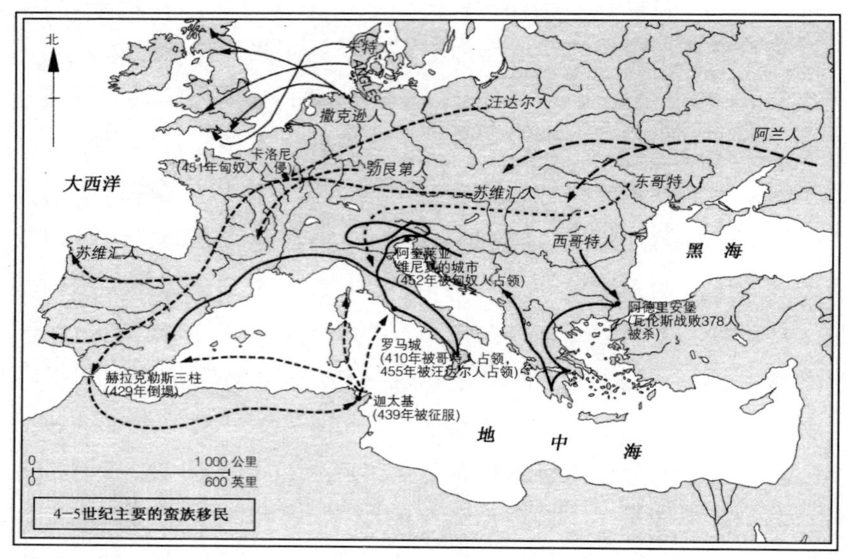

4—5世纪主要的蛮族移民

帝国西部的衰落和崩溃

君士坦丁的儿子们在公元 361 年以前一直统治着这一帝国。不久之后，帝国在共治皇帝之间被再次瓜分。帝国的东西部后来只有一次由同一个人统治，那就是狄奥多西(Theodosius)皇帝。他在 380 年最终禁止崇拜旧有的非基督教神灵，这样就把整个帝国的统治力量都置于基督教背景之下，并与罗马历史决裂。但在他统治期间，帝国西部的事物仍然以更快的速度走下坡路，一个世纪以后，西部帝国实际上已经灭亡。然而，社会不是像地震那样被瞬间吞没的。在罗马帝国西部，消失的是国家机器——或者更准确地说，消失的是那些经过长期的衰败以后留下的残留物。帝国的行政部门在 4 世纪时已趋于停滞状态。越来越多的人要求减少政府资源；帝国也无力维持一支大力扩充的军队。通过发动新的征服来支撑防御也变得不切实际。随着税收的增加，越来越多的人为了逃税而离开城镇，到乡村去寻找自给自足的生活。钱越少意味着军队越虚弱，这也就意味着帝国需更多地求助于蛮族雇佣军——这也需要花费更多的钱财。帝国不得不允许蛮族入境，新一轮的移民浪潮也带来了很大的压力，这引发了 12 世纪以前欧洲基因库最后的巨大变化。

西部帝国最后一个世纪期间的重大事件 81
212 年，卡拉卡拉(Caracalla)授予帝国内部几乎所有的自由居民以公民权。 249 年，开始对基督教徒实行首次大规模的迫害。 285 年，戴克里先实行新的帝国行政制度——“四帝共治制度”。 313 年，《米兰赦令》宣布归还基督教财产，并规定信仰自由。 330 年，宣布君士坦丁堡为首都。 376 年，哥特人越过多瑙河。 406 年，汪达尔人和苏维汇人越过莱茵河。 409 年，汪达尔人、阿兰人和苏维汇人入侵西班牙。 410 年，罗马军团从不列颠撤离：罗马受到西哥特人劫掠。 412—414 年，西哥特人入侵高卢和西班牙。 420 年，朱特人和盎格鲁撒克逊人登陆不列颠。 429—439 年，汪达尔人入侵北非并征服迦太基。 455 年，汪达尔人洗劫罗马。 476 年，罗马最后一位皇帝——罗慕路斯·奥古斯图卢斯(Romulus Augustulus)被废。

我们很难保证这些移民活动没有被夸大，或是被传奇化。一方面，其中一些与史前时期古老的部落或家族群落移民也没有很大的区别。另一方面，汪达尔人有 5 万精壮之士于公元 5 世纪从西班牙进入非洲，这在当时是世界上很重要的迁移活动，但人口要比我们现在稀疏得多。当时可能没有什么“典型”事例。最明显的是 4 世纪的最后 15 年间，从亚洲过来的最危险的游牧民族——匈奴人袭击了黑海沿岸、多瑙河下游地区那些居住在罗马帝国边界之外的哥特人。匈奴人是另一个来自亚洲内陆大草原的民族(并不是最后一个)，这些民族曾多次对罗马帝国构成威胁。很多方面的技能(尤其是军事技能)以及生活的流动性让他们成为可怕的敌人，而且通常也是扭转世界历史的杠杆。气候和政治变化(在那里，即使是很小的变动对牧民来说也可能意味着生死存亡)都会导致大草原上牧民的迁移；每当这种情况发生时，他们就与那些居住在他们西部和南部的民族发生冲突。随之而来的分流迁移活动能够长远地影响历史，但是在 5 世纪，匈奴人远离家乡，向西入侵到他们从未到达过的地方；整个西欧似乎都被他们打败。

然而，4 世纪末，匈奴人与处在东部地区的哥特人发生冲突，这对帝国产生了重要的影响。蛮族被迫进入帝国领土。376 年，西哥特人首开先例；罗马帝国允许他们穿过多瑙河，作为一个特殊民族居住在帝国领土上，他们还带来了自己的法律。当东部帝国无法管理这些避难
82 者时，西哥特人便取而代之。378 年，他们在阿德里安堡（Adrianople）战役中杀害了一位罗马皇帝，而且随着越来越多的西哥特人涌入帝国境内，君士坦丁堡与西部帝国的陆上联系很快被截断。几年以后，西哥特人继续迁移，但这次是向意大利迁移，直至一位替罗马帝国服役的汪达尔人将军制止了他们为止。从 406 年开始，帝国一直把这些蛮族部落作为“同盟者”（foederati 一词意指无法抵制，但可以说服他们帮助帝国的人）。这是西部帝国能为其防御所做的最好的选择，但显然这很快就不足以应付了。人们给罗马皇帝冠以诸如“常胜皇帝”或“世界的修护者”这样的头衔，这也是帝国内部情况越来越恶劣的标志。[①]

5 世纪伊始，西部地区的整个世界秩序似乎都在不断没落。402 年，皇帝和罗马元老院逃到拉韦纳，从此帝国权力中心迁到西部，直至两者一起消亡。蛮族部队首领及他们的追随者很快开始左右拉丁世界的西部版图。410 年，罗马遭到哥特人劫掠，此事如此骇人听闻，以至于非洲地区主教、教会神父——圣·奥古斯丁（St Augustine）写成了基督教文学上的一部杰作。在《上帝之城》一书中，奥古斯丁旨在解释上帝为何允许这样可怕的事情发生。其间，西哥特人正穿越法兰西，远达阿基坦大区（Aquitaine），随后与罗马皇帝达成协议，皇帝说服他们帮助他抵制另一民族——汪达尔人，汪达尔人当时已经占领了西班牙。西哥特人迫使汪达尔人穿过直布罗陀海峡，在北非定居，并以迦太基为首都。455 年，他们继续穿越地中海，再次劫掠罗马。这次劫掠危害极大，但是失去非洲这一情况更加严重。西部帝国失去了谷物和油等方面的主要来源。目前，其经济基础已收缩到意大利的部分地区。

在这种混乱状态下，我们很难准确地说西罗马帝国是何时终结的。

① Peter Brown, *Augustine of Hippo: A Biography* (London, 1967), p. 25.

最后留下的,就如同柴郡猫的微笑一样,只剩名称和象征意义了。自从451 年在特鲁瓦经过一次大战之后,匈奴人最终从西部撤回,但这支获胜的“罗马”军队是由西哥特人、法兰克人、凯尔特人和勃艮第人(全都是蛮族)组成的,并由一位西哥特国王统领。476 年,另一位蛮族首领废黜了西罗马帝国最后一位皇帝,这位首领被东罗马帝国皇帝授予“贵族”头衔。所有这些都表明了一个事实,那就是西罗马帝国作为一个政治机构已被多个日耳曼王国所取代,人们通常认为西罗马帝国最后一位皇帝去世的时间也仅仅是适当地给从奥古斯都开始的这段历史画上了一条分界线。

然而,历史总是回避清晰的结局。很多蛮族(其中一些此时已经受到罗马人的教化)把自己视为罗马权力新的监护人。他们仍然把君士
坦丁堡的罗马皇帝视为他们最高的君主。5 世纪末,很多蛮族在原来 83
高卢、西班牙和意大利行省贵族的位子上安定下来,采取罗马人的生活方式;其中一些还成为基督徒。只有在不列颠群岛,蛮族化几乎完全毁灭了旧有的罗马传统。因此,在公元 500 年左右,不管罗马帝国发生了什么,我们都不能将其视为古代文明史的终点。

几百年前,当罗马的旷野农夫占领希腊时,一位罗马诗人评论道:“被俘虏的希腊人又俘虏了他们野蛮的征服者。”他意识到尽管希腊城邦已经衰落,但获胜的罗马人也被希腊的生活方式所俘虏。这跟西罗马帝国走向灭亡时所发生的情况有些相似。西罗马帝国在形式上虽然已经消失,但他对历史的影响并没有因此而停止。在君士坦丁堡,一个自称“罗马”的帝国仍将存在近 1 000 年的时间。在帝国西部,直到公元 1800 年仍然存在“神圣罗马帝国”这样的概念。一些基督教教士至今仍然穿着以 2 世纪罗马贵族衣着为基础的服饰。欧洲大学至今仍用拉丁文来增加他们仪式特殊的庄重性。巴黎、伦敦、埃克塞特(Exeter)、科隆(Cologne)、米兰和很多其他城镇至今跟它们在罗马时期一样,都是重要的中心地区。欧洲地图上的很多地方至今仍有罗马人赋予的形状,当时罗马人通过驻守卫戍部队或修建道路来划定各地形状。罗马帝国的政策有时被盗用,有时又被转移,蛮族在某些地区定

居,无意间也为将来民族国家的发展奠定了根基。欧洲各种语言中充满了希腊和拉丁词汇,政府管理形式和《圣经》就是通过这两种语言首次传到欧洲的很多地区。尤里乌斯·恺撒采纳一位居住在亚历山大里亚的希腊人的建议,认为一年为365天,每四年多出一天的埃及纪年比复杂的传统罗马年历更合适;在君士坦丁统治时期,犹太人观念中开始认可七天一次的安息日。而且,我们区分公元前和公元后当然要归功于早期基督教,至今整个基督教世界以及大部分非基督教世界都还在这样使用(公元500年后不久,一位修道士首次估算了基督诞生的日期;他的估算有几年的误差,却是如今在世界范围内使用的西历的根源)。

这些事例为我们了解罗马帝国影响力的程度和种类都提供了丰富的线索。不管怎样,它都界定了文明的范围,或者更准确地说,它最终产生了两大文明,因为在罗马帝国的东西两部分之间,实际上确立了两个不同文化圈之间的界限。最重要的是,罗马帝国首先给予基督教一个发展的机会,随后又对其加以确立,这让基督教在几百年以后能够成为少数真正意义上的世界性宗教之一。所有这些事实都以独特的力量影响着未来。

甚至还不仅如此,大部分伟大文明都有古典时期,他们从这一时期划定标准,以后他们所取得的成就都以该标准来衡量。后来的欧洲人有时候夸大了希腊人和罗马人的成就,但他们确实在其中发现了该标
84 准。几百年来,希腊和罗马人的遗产既是一种灵感,也是后人行为的标准。古典遗迹创造了一个神话,也给后人提供了一种观念,即文明应该是怎样的,人类又应该是怎样的。

古代末期的西欧

如果欧洲西半边领土这一概念能够明确的话,那么其历史在此处将更长远一些。(罗马文明和罗马帝国所具有的)古罗马精神(*romanitas*)仍然存在。人们对居住在君士坦丁堡的罗马皇帝知之甚少,可能他的权威也仅剩下一些残余,但他名义上仍然占据着人类可以达到的最高官阶;罗马皇帝宣布放弃对所有西部领土的最高统治权还

需经历一段很长的时间。虽然如此，另外一些新的制度和道德因素也开始对西欧产生新的影响，并最终形成了罗马天主教世界的制度体系。(尽管可能仍然有效，但这些制度确实不完整、浅薄而且脆弱，它同时也具有宗教的通常能控制迷信思想的无形力量，也拥有具备文化修养的教士。通过这两者，这些力量作用于仍未成形的欧洲。)他们在西部管理着一片地区，这片地区并不完全与之前的帝国接壤，但基本上是通过日耳曼人入侵的形式确定下来的。他们确立的民族特性几百年以后就出现了，尽管这也没怎么暗示未来国家的界限划分。

最北边的日耳曼入侵者和移民有撒克逊人、盎格鲁人以及朱特人，他们从 4 世纪末开始进入原来的罗马大不列颠行省。他们甚至在罗马对不列颠人的统治还未正式削弱时就定居在那里。407 年，罗马帝国最后一任皇帝宣布他的士兵穿过海峡进入高卢地区，从此罗马结束了对不列颠的统治，罗马诺-不列颠人(Romano-British)以及相继而来的一批批新移民留下来互相争斗从而形成不列颠岛的命运。7 世纪初，在英格兰出现了七个日耳曼(我们可以称之为盎格鲁-撒克逊)王国，其周边围绕着由爱尔兰、威尔士和苏格兰部落组成的凯尔特人世界，这些部落由他们自己的君主统领，很少受到罗马势力的干涉，罗马甚至无法对其构成威胁。

一些不列颠人继续在保持着旧习俗和旧语言的社群中生活着，有些甚至一直保持到 10 世纪，但罗马诺-不列颠文明很快就消失了，而且消失得比之前在西罗马帝国时期与之相当的其他地方更彻底。日耳曼语几乎完全取代了拉丁语，只有随着基督教的胜利，拉丁语才作为一种学习性语言复兴起来。行政、精神甚至军事方面的连续性(如果我们排除一些相关的模糊记忆，即在亚瑟王及其骑士所组成的军团中，帝国军队所表现出的骑兵战斗技术)实际上已无迹可寻。罗马为未来的英格兰留下了一些物质遗产，诸如道路、城堡、营地以及其他一些建筑物(哈德良长城是最突出的例子)，这些遗迹让新来的日耳曼人很迷惑，他们最终得出结论，认为这些都是由具有超凡力量的巨人创造的，但他们的结论仅限于此。不管罗马诺-不列颠人的基督教是怎样的，它最终都消 85

失了，这些岛屿上拥有信仰的人，他们的信仰空白了一段时间，直到凯尔特基督教的确立。

墨洛温王朝

在英吉利海峡另一端，前帝国行省的命运则截然不同，主要是由于在这些地区的语言中，拉丁语成分持续存在，并通常占据优势地位。在汪达尔人毁灭性地横扫这一地区以后，高卢人继续处在阿基坦西哥特人的阴影之下。他们共同抵抗匈奴人的入侵，这让他们在历史上留下了重要地位。在欧洲东北部原有的疆界之外，其他外邦人也开始出现，他们开始积极重构一个全新的西欧，与其他日耳曼部落相比，他们对西欧产生了更大的影响。这些外邦人就是法兰克人。他们的墓地显示他们最初是一个尚武的民族，社会分成不同的等级，4 世纪时定居在今天比利时所在的地区，位于斯海尔德河(Scheldt)与默兹河(Meuse)之间，正是在这里，他们成为罗马的“同盟者”。他们中的一部分人随后进入高卢地区。其中一支定居在图尔奈(Tournai)，随后出现了一个名为墨洛温的统治家族；该家族的第三任国王(如果这个词合适的话)就是克洛维(Clovis)。后来我们所谓的法兰西国家就是以他的民族命名的，他也是该国历史上首位负有盛名的国王。

481 年，克洛维成为西法兰克人的统治者，形式上仍然是罗马皇帝的臣民。其统治向西一直延伸到高卢境内，往南远至卢瓦尔河(Loire)。被选为东法兰克人的国王以后，他统治着由这些民族组成的一个联合王国，该王国横跨莱茵河下游及法兰西北部地区。克洛维随后迎娶了一位勃艮第公主，勃艮第为另一个民族，定居在罗讷河河谷及另一地区，该地区往东南方向可以通到今天日内瓦和贝桑松所在的地方。尽管勃艮第人大多数是阿里乌教教徒，但这位公主却是天主教教徒。在他们婚后的某一时期(传统上认为是 496 年)，克洛维像君士坦丁一样，斗争领域出现了转化，之后他本人也开始信奉天主教。这一英明决断产生了深远的影响。克洛维从此获得教会的支持，在当时的蛮族地区，教会是从帝国时期遗留下来的最重要力量，现在人们也喜欢将其视为针对阿里乌教教徒和其他异教徒的一场宗教斗争。克洛维的这一决定也打开了与罗马-高卢建立友好关系的一条道路(将来有一天，“法兰西”将把自己视为基督教会的“长女”)。到目前为止，法兰克王国是西欧可见的最早的罗马“继承国家”，而且很可能是阿尔卑斯山北麓罗马最高权力的继承人。君士坦丁堡的罗马皇帝还授予克洛维“执政”头衔。

克洛维是一位著名的军事首领。尽管一直到他死后，勃艮第人依然保持着政治上的独立，但他宣称对他们有领导权，并将西哥特人限制在后来朗格多克(Languedoc)、鲁西永(Roussillon)和后来的普罗旺斯(Provence)所在地区。其王庭移至巴黎，克洛维死后就葬在附近，这是首位不以蛮族方式入葬的法兰克国王。然而，这并不是以巴黎为首都的国家整个历史的起点。我们不能把一个日耳曼王国称为“国家”，可以称为一种继承，部分是领土的继承，部分是族群血缘关系的继承。克洛维王朝被他的几个儿子瓜分，几年后又被再次瓜分，直到558年以前都没有得到统一。克洛维王朝逐渐形成三块地区：其中一块我们称之 86
为奥斯特拉西亚(Austrasia)，它以莱茵河东部为中心，首都位于梅斯(Metz)；与之相当的是西部的纽斯特里亚(Neustria)，以苏瓦松(Soissons)为首都；勃艮第王国属于同一统治者管辖，但相对独立。这些地区的统治者总是为彼此之间接壤地区的领土问题而争吵。所有这些现象都对欧洲产生了一定的影响。

实际上当时已经开始出现法兰克民族，他们已不仅仅是蛮族战团的结合体，而是由各个不同民族组成的群体，这些民族属于公认的政治团体，他们说拉丁方言，并开始出现拥有土地的贵族阶级。值得注意的是，一本从基督教观点阐释外邦人在历史中所扮演的角色的著作很快就写成了，那就是格列高利(Gregory)的《法兰克人史》，格列高利是图尔地区的主教，他本身也是罗马-高卢贵族。其他人也将创作类似的作品[最著名的可能就是圣比德(the Venerable Bede)对英国的记载]，以寻求与某些传统的一致性，其中包括异教信仰对基督教和文明的上帝选民而言依然很强大这样的传统。格列高利描绘了法兰克人在他们的英雄——克洛维死后所面临的悲观图景；他认为法兰克的统治者们的行为拙劣，以至于他们的王国注定要灭亡。

哥特民族（包括东哥特人和西哥特人）曾在历史上留下盛名，人们常以富有来形容他们，这与之后的欧洲人息息相关。他们的祖先为他们开辟了一条从俄罗斯南部通向西方的道路。497 年，罗马皇帝承认东哥特国王——狄奥多里克（Theodoric）为意大利的统治者（他受人邀请，前往意大利驱逐其他入侵者）。他 18 岁以前一直都在君士坦丁堡长大，并成为一位皇帝的教子。他的妹妹是皇后身边的侍女。他在自己的首都拉文纳（Ravenna）给君士坦丁堡的皇帝写信时曾露骨地说："我们的王族是对你们王族的效仿，是对世界上唯一帝国的效仿。"他的铸币上出现了"不可战胜的罗马"（Unvanquished Rome，*Roma invicta*）的图案，而且当狄奥多里克抵达罗马时，他还在罗马竞技场以古老的形式举行了运动会。然而他是唯一一个成为罗马公民的东哥特人。他的权威可能得到了元老院的认可，但他的同胞们仅仅是罗马帝国的雇佣兵。他任命罗马人担任公民官职，其中就有他的顾问——哲学家波伊提乌（Boethius），他可能是古典世界的遗产传入中世纪欧洲最重要的，也是唯一的渠道（尽管狄奥多里克最终以叛国罪将其监禁并处决）。

狄奥多里克也与其他外邦民族保持着良好关系（他娶了克洛维的妹妹），并赢得了他们的尊敬。但他并没有信仰本民族的阿里乌教，从长远来看，宗教分裂显然对东哥特人的政权不利。与法兰克人不同，不管东哥特人的统治者作出怎样的表率，他们都没有成功地继承罗马的传统。狄奥多里克死后，东哥特人于 6 世纪时被东罗马帝国的军队赶出意大利，同时也被逐出了历史的舞台。在这段时期，意大利遭到毁灭。帝国的统治名义上暂时得以恢复，但意大利半岛很快又遭到另一个蛮族——伦巴第族的入侵，并落入他们手中。其间，墨洛温王朝夺去
87 了阿尔卑斯山北麓原属东哥特人的领土，因为他们参与支持天主教，反对阿里乌教的活动。

在西部，克洛维实际上把西哥特人赶出了高卢，把他们留在西班

牙,他们曾在那儿赶走了汪达尔人。其他日耳曼民族也已经在那里定居。西班牙在地形上呈现出一些特殊问题(对其侵略者和当地政府而言都是如此),与其在高卢时的所作所为相比,西哥特人能统治西班牙很大程度上归功于其实现的罗马化。西哥特人(其实没有那么多人,最多不超过 10 万人)通过行省的方式把从旧有的卡斯蒂利亚王国分散开来的首领聚集起来;随后他们内部就一直争论不休,以至于 6 世纪时西班牙南部帝国统治秩序的重新建立经历了半个多世纪的时间。最终,西哥特国王们开始信奉天主教。从此,西班牙主教的权威就被他们所利用,西班牙从 587 年开始了漫长的天主教君主政体。

我们很难总结所有这些现象意味着什么。例如,西哥特人从建立图卢兹王国到结束其对西班牙的统治,中间经历了 300 年的演变。在这段漫长的时期内,即使他们的经济生活和当时的技术基本没有改变,他们的精神和制度结构也会经历彻底的变化,即使变化得很缓慢。在所有的蛮族王国中肯定都是如此。但是对于他们(可能伦巴第人除外)5 世纪时的前身而言,我们这么想就不是很正确了。构成王国的部落通常都是少数群体,他们被孤立于外族氛围中,生活也依赖于经过特殊环境的长期作用而建立起来的日常惯例。他们本来不能理解,但却被迫懂得了征服。在他们的侵略阶段,他们似乎已经接近了最顶峰的状态,可是一旦这种征服结束了,通常就只在当地留下一群弱小、孤立的新移民,他们在各处取代罗马人,但通常都只是挨着罗马人或与罗马人一起生活。6 世纪以前,罗马人和蛮族之间通婚是不合法的,但是在移民社会这几乎无法抑制。在高卢地区,法兰克人接受了拉丁语,并加入一些法兰克语词汇。但是 7 世纪时,西欧社会的氛围与混乱的 5 世纪时相比,已经截然不同了。

这在某种程度上意味着衰退。蛮族的历史留下了深刻的印记。罗马帝国西部领土上原有的社会却长期受到日耳曼习俗的影响,而且这种影响通常都不可逆转。其统治阶级表现出典型的用以维护公共秩序的日耳曼手段——血腥的长期斗争。男人(还有女人、牲口及各种财产)有最肤浅的价格;假若习惯性的补偿措施还没有出台,人们最后总是通过给予整个宗族或家族经济利益来解决罪行。但是国王越来越倾向于记录这些解决罪行的措施，这在某种意义上也就是“公布”了所谓的惯例。当时的书面文字很稀少，书吏为了便于将来查阅而刻在羊皮纸上的记录是唯一可以想见的文字。然而，日耳曼世界却是法学的发源地，将来有一天这种法学将跨越重洋，被带往欧洲人后代的新文化
88 中。开创法学的第一步就是国王或团体接受一种职能，这种职能就是宣告哪些内容应该加以记载。

保留记录是蛮族寻求罗马技艺的行为之一，但这也是那么多蛮族统治者对罗马传统和制度表现出的唯一一种尊敬。他们通常不会这么做。狄奥多里克自视为罗马皇帝的代表，但他不得不避免激怒他的追随者，任何过度的罗马化行为都很容易激怒这些人。可能在克洛维皈依天主教之前也曾权衡过同样的问题，这种皈依既是对罗马帝国的认同，同时也是对教会的认同。然而处在这样的英雄人物之后的位置，不管是法兰克还是西哥特的贵族，他们有时候似乎都喜欢以罗马继承者的身份自居，他们互相写信时都用拉丁文，作品中充满了屈尊俯就的语气。这也和社会利益有关；西哥特的武士靠镇压农民起义而找到生计，这些农民起义不但威胁着罗马-高卢的土地拥有者，也威胁着其自身。然而由于阿里乌教的长期阻挠，蛮族要认同罗马精神还是受到了一定的限制。但天主教会毕竟是欧洲西部最重要的罗马帝国遗产。

这样表述当然与那个时代不符。在古代，没有哪个基督徒会用那样的眼光看问题。也没有哪个基督徒（关于这一问题，也不会有其他任何人）会想到要取代罗马帝国曾庇护过的世界。他们甚至不会想到要取代帝国政府：它是纯粹的帝国，甚至不能用“罗马”对其进行修饰，因为没有谁可以与之匹敌。甚至那些梦想世界末日很快就会到来的人也认为这是一个尘世间的政权将会消失或衰落的世界，而不是一个由别的人类秩序和规范来代替之前的秩序和规范的世界。即使是受过教育的人也很少知道关于波斯或印度世界的情况，也不知道中国。罗马就是他们认识领域的全部所在，他们所谓的文明就是指罗马，这种状态还要持续很长时间。

第二卷

基督教世界

89 如果要对西罗马帝国灭亡后西方1 000年里所发生的事情作一个简单的描述，可以说是半个基督教世界逐渐变成了欧洲。古代历史遗产、新的历史环境和新的势力都在这一过程中起到了一定的作用。有时，这些新的势力来自外界，其中之一便是伊斯兰教，其占据着特别重要的地位。一些西方基督教世界之外的事件，也对西方产生了一种消极但仍然十分重要和复杂的影响，例如东正教世界变得日益不同，又或者君士坦丁堡的东罗马帝国皇帝制造了长长的隔绝地带，直到他们在15世纪被新的亚洲征服者所统治。

这些势力共同塑造了一个谁都没有预见到的欧洲，其结果与预期的大相径庭。我们能够指出的是，西方基督教世界日益扩张，并越发自我认同为基督教世界。虽然他们失去了从地中海对岸的北非到伊斯兰世界的广袤土地，但基督信仰同时也在6世纪传入了那些此前从未听说过它的地区。它同时也发展出了一种精致和复杂的制度结构，并且产生了更强烈的想要去规范人们生活的意愿，以及实现这一目的的更好方法。在基督教世界的新空间里，公元1500年之前的一些人也获得了一种新的集体自我意识；政治上的联合大大不同于曾经存在于野蛮时代的部落和血亲形式。他们的民族所接受的精神财富在规模和复杂性上，与所谓西方黑暗时代(Dark Ages)的任何事物都大不相同。

一种新的未来便由此奠定了基础。它的舞台是一个日益走向整体化的世界，而不是一个各种文明自我封闭而支离破碎的世界。他们中那些我们可以称之为“欧洲人”的人，在其中恰恰起到了不可替代的关键性作用，他们甚至已经开始认识到自己不仅仅是基督徒，并且也是欧洲人，这正是这一时期最值得注意的变化之一。

第五章　再　定　义 91

查士丁尼时代

“欧洲”逐渐被认作一个可识别整体的主要途径是非欧洲人建构的叙事，他们通常是生活在欧洲以外的人。这里要指出的是，罗马帝国的行政体系在西部衰亡之后，整个帝国的东半部分还继续存在了将近1 000 年。那里的统治者和官员们继续自称为“罗马人”，他们东部的邻居也经常这样称呼他们。然而，西部人则称呼东部人为“希腊人”，并且谈论的是“希腊皇帝”。东部帝国在公元 500 年时，实际上只统治了半个基督教世界，亦即包括东地中海、小亚细亚、叙利亚和埃及的基督徒，但是东部的皇帝在其西部同伴于 476 年被废黜之后很久还宣称对西地中海的土地及其人民享有统治权。他们终将统治着一块不再与古老帝国的西半部混合的文明核心区域，并发展出他们独具特色的基督教。当然，这一切在当时还不明显。

然而在那个时期，导致基督教世界可能分裂的更重要的因素已经出现了。其一是从 3 世纪开始，帝国的关注缓慢向东部转移，其后又通过君士坦丁那些对于重塑世界格局极具象征意义的决定得到了加强——君士坦丁认为新的首都应建在博斯普鲁斯海峡，且整个帝国都应信奉基督教。后者必然导致东部地区和讲希腊语的行省更加受到重视,因为那里有帝国最大的基督徒社团以及最古老、最有威望的教会。5 世纪时西部的崩溃是这一差异形成过程中的另一里程碑事件。这使得东部帝国只能努力地寻求与在西部获得胜利的蛮族处理关系的最好办法,直到它能够重振力量以恢复权威。一个仍旧统一的大帝国的想象始终存在着,但是直到新皇帝君士坦丁在 527 年加冕后才看起来有机会再次成真。他的先辈从未公开反对蛮族在意大利的统治,并且将废黜了西部最后一个皇帝的奥多亚塞(Odoacer)①视为一个独立的统治者。由于波斯人进攻的干扰(一个新的王朝,即在 3 世纪建立的萨珊
92 王朝,其在帕提亚人之后成为东部最大的军事威胁),以及与巴尔干地区近邻的蛮族作战,一个皇帝竟然授予杀死奥多亚塞的东哥特人狄奥多里克(Theodoric)贵族头衔。这些行为都暗含着对帝国权威的维护,但同样也显示出了它的虚弱。

查士丁尼(Justinian)自夸他的母语是拉丁语(实际上他来自伊利里亚),虽然他仍旧想要重新统一和恢复古老的帝国,但仍不得不将重心放在君士坦丁堡。当时人们被他的将军们在非洲和意大利的胜绩所鼓舞。他们期盼着一个真正帝国的再现。虽说有点夸张,但是没有人能够设想一个没有了帝国的世界,虽然这个帝国未必是最伟大的。也就是说数个世纪以来,人们一直想要知道罗马到哪里去了,并试图在它原来的位置上放上些什么。这就是为什么西方蛮族的国王们欣然顺从君士坦丁堡;很显然,罗马皇帝仍然在那里。他们从东方接受各种头衔,却没有自己黄袍加身。

虽然查士丁尼的部队几乎一直在作战,但是所取得的只是偶尔和暂时的胜利。代价惨重的波斯征战(以及向波斯国王所交付的赔款)虽没有使帝国丧失大片的领土,但却形成了一个相当严重的战略障碍;然而对西部土地的收复转移了人们的注意力。贝利撒留(Belisarius)作

---

① 奥多亚塞(约 433—493):亦作 Odovacer,意大利第一个蛮族统治者。原为日耳曼武士,470 年前后进入意大利,参加罗马军队。476 年被军队拥立为王,这一事件被视作西罗马帝国灭亡的标志。其向东罗马帝国皇帝芝诺(Zeno)宣誓效忠,但实际统治权仍掌握在他自己手里。493 年被东哥特国王狄奥多里克诱杀。——译者注

为查士丁尼最骁勇善战的将军，剿灭了非洲的汪达尔人（Vandal）后继续进军意大利，并在那里同东哥特人（Ostrogoths）进行了一场直到554年才结束的战争，且最终将其赶出了罗马，重新实现了整个意大利在帝国治下的统一。然而，帝国的军队也蹂躏了意大利。在西班牙南部取得胜利后，帝国军队挑起了同西哥特人（Visigoths）的战争，在科尔多瓦（Córdoba）建立了帝国政府。至于说海上的情况，西西里岛、科西嘉岛和撒丁岛都被拜占庭帝国收复了，其统治直到查士丁尼去世一个多世纪后。拜占庭的船只在地中海西部航行就像在地中海东部一样不受干扰。然而，这些收复的地区并未都能守住。到那个世纪末，大部分意大利的土地再次失去了，先是被伦巴第人（Lombards）夺走，其后是日耳曼民族，他们最终消除了帝国在半岛上的势力。

在东欧，除了流行的贿赂外交手段和传教士的意识形态宣传之外，查士丁尼从未真正控制住蛮族的威胁。也许在这里根本没有这种可能。他们背后所感受到的向西、向南移动的迁徙部落的压力非常大，除此之外，他们还追求着前方的诱惑。有人曾说，蛮族一旦品尝到罗马的富有就永远不会忘记通往那里的道路。尽管帝国的堡垒固若金汤，后来的保加利亚人（Bulgars）的祖先还是在皇帝死前就在色雷斯（Thrace）定居了，这个蛮族就像楔子一样将东、西罗马的土地隔离开来。然而，那时帝国仍有能力操控局势。它用外交手段在蛮族之间建立了一个超越边境的影响网络，使他们彼此相争，用财物或头衔，或为受洗儿童指派一名帝国教父的方式来贿赂国王们。最重要的是，罗马有着难以置信的威望。对此，查士丁尼政权相当果断地予以加强。

查士丁尼对帝国的最终分裂所产生的推动作用可能并非有意为 93
之，却意义重大。出于对罗马过去的敬仰，他对拜占庭独特政治文化的形成比其他任何一位皇帝做的都要多。他的统治给政权体制在历史上留下了难以磨灭的印记，结束了（至少在他统治时期）国内对于独裁统治日益显露出的威胁。他积极方面的贡献在于解决了罗马法中存在的巨大混乱和争执，其中一些条款恢复到了早期共和国时代。法学各分

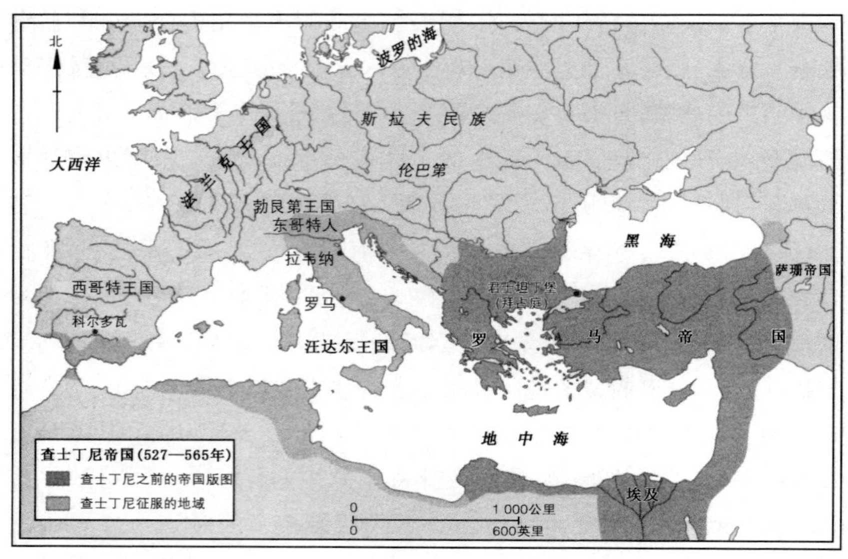

支的合并与巩固用了五年的时间，却遗泽数世纪之久。初看起来这是比较保守的一步，但确实开辟出了一条新路。查士丁尼的罗马法很快便在东方生效，到11世纪的时候也被西欧接纳为法理学良好的基础。它具有强烈的将法律视为统治者所制定的规范的倾向，而不是(像在日耳曼传统中)将之视为从习俗中传承下来的。这一点迎合了后来许多贵族，虽然这未必总是符合他们的动机。

其他的一些决定也削弱了古老的整体。当意大利被夺回后，查士丁尼选择将帝国的首府留在拉韦纳(Ravenna)。他摧毁了从柏拉图时代就建立起来的雅典学园。他决定成为一个基督徒皇帝——或者，至少看起来像是一个基督徒统治着整个帝国。他剥夺了许多犹太人享有的特殊自由，干涉他们的立法和敬拜，并怂恿蛮族国王迫害他们。君士坦丁堡出现犹太人区(ghetto)比西欧一些城市要早很久。古希腊-罗马传统中的宗教宽容对于某些基督徒来说也已经被放弃了。查士丁尼一心一意地支持那些认定并谴责某些教义是异端的正教教士。

94 他的宗教政策实际上促成了基督教世界的分裂。查士丁尼没法使拉丁大公教会(他们越发将罗马主教视为领袖)与希腊正教会联合,尽管他非常想这样做。在不同的文化基质中,蕴含着他们之间产生分歧的可能。这对于帝国的重新整合是一种意识形态上的障碍。西方教会无法接受东方教会宣称帝国官方为最高的宗教权威,并通过加强教义来表明态度——这一点比它初看上去要重要得多。现在看起来,查士丁尼因这样的嗜好而着手干涉的神学论据不是那么有趣,更关键的在于皇帝的兴趣。西方教会总是声称无论人们对其俗世统治者负有何种义务,只有教会才能够告知他们最终的责任是什么,因为教会属于上主。因此,教会和国家就不得不共同存在,有时友善,有时争执,有时其中一方在现实或政治上占据支配地位,有时又是另一方。正是这种紧张关系能够孕育出自由。另一方面,东方教会把精神和尘世的权力都归于皇帝。他对于一切事情都具有最终决定权,因为他是上帝在俗世的代表。这一关于政府的观点最终逐渐演变成了俄国沙皇的独裁统治(autocracy, "autocrat"就是皇帝的希腊称号之一)。

从查士丁尼时代开始,无论在实践中出现了怎样的让步和示弱,向着独裁统治前进的趋势却从未发生逆转。然而,他试图运用自己的权力在行政和组织上促进的改革却几乎从未成功。考虑到帝国的成本和负担,确实难以找到一个长久有效的补救措施。一个应对的方法就是从制度上开始加强对臣民的控制。在查士丁尼所继承的经济管理传统中,农民被束缚在土地上,而手工业者则与他们的世袭集团和行会联系紧密;甚至连官僚机构也逐渐变为世袭的了。而这样所导致的僵化使帝国的问题不可能轻易得到解决。祸不单行,6 世纪初东部还发生了一系列损失惨重的自然灾害。地震、饥荒、瘟疫几乎把首都给毁了。虽然古代世界的人们很容易轻信各种神迹,但是出现像皇帝有神力将自己的脑袋拿下来再安上,或者凭借意志力在人们的视线中消失这样的传说就已经表明,重压之下,东部帝国这一代人精神世界的支柱已经偏离了古典文明。

查士丁尼对于神学辩论的品位也同样反映了文化的变迁。但是,以他的见解为正统观念的宣言并不能重新使那些像聂斯托利派

(Nestorians)[1]和基督一性论派(Monophysites)[2]的人对帝国忠诚，那些异端教徒拒绝接受451年在卡尔西顿(Chalcedon)大会上确立的关于圣父与圣子之间精妙关系的定义。神学上的离经叛道所造成的麻烦远远小于另一个状况，亦即他们越来越通过语言和文化集团来进行身
95 份界定。帝国开始产生了一些叛逆的团体——也可以说是对其自身的束缚。异教徒的骚扰加强了埃及[那里的科普特(Coptic)教会在5世纪后期按照自己的方式反抗正教教会]和叙利亚[那里的基督一性论者建立了雅各比派(Jacobite)教会]部分地区的分离情绪。这两个团体都由大量狂热的神职人员鼓动和维持，其中很多是修道僧。也有一些教派和团体与帝国外部有着重要的联系，因此国外的关系也被牵扯进来。聂斯托利派在波斯找到了避难所。虽然犹太人不算异端，但他们的影响也超越了边境。当犹太人受到帝国的迫害时，红海沿岸的阿拉伯国家阻碍了帝国通往印度的商路。

查士丁尼的重要功绩不在于他一直寻求的宗教统一(并且从来没有实现过)，也并非他重建了帝国的统一(这一点他只是暂时地达成了)，而是在与两者迥然相异的层面上——他为一种新文明的发展铺平了道路。在他之后，拜占庭文明与罗马出现了显著差异，即使当时还没有被完全意识到。它特殊的基督教特色和风格都是在查士丁尼时代逐渐形成的。这个国家成了人类拯救系统中的一个组成部分——它所做的一切都反映了这一点，并且这个国家还拥有庞大的传教团和对外宣传规模。常常很难去判断属世或属神的考量哪一个在帝国政策中占据优先的地位。查士丁尼把基督教和教士们当作外交手段的一个分支，并派遣传教士去劝化蛮族的国王皈依。君士坦丁堡的繁荣和富裕给其邻居们留下了深刻的印象。他最伟大的物质作品是他所建造的长方形

---

① 君士坦丁堡大主教聂斯托利所创的一种基督二性二位的神学观点，否认基督的神性与人性结为一个本体，主张神性本体附在人性本体上。431年被以弗所大公会议谴责为异端并遭绝罚。——译者注

② 主张基督只有神性而无人性的学说，认为耶稣只有一个本质，并非正统教义中所教导的神性与人性合一于一个位格。这一观点在第六次合一会议上被谴责为异端。——译者注

会堂式样的圣智大教堂(the Church of the Holy Wisdom),也就是圣索非亚大教堂(虽然教堂的大圆顶曾在他统治期间倒塌过)。这座教堂在数个世纪里一直是整个基督教世界最伟大的建筑,其丝绸、黄金的帐幔和其他任何地方所无法相比的马赛克、大理石的灿烂装饰无不映衬出皇家风范的光彩壮丽。

帝国的负担

东部帝国从古代继承了庞大的领土责任和未解决的战略问题。其中许多问题都在与萨珊(Sassanid)波斯的长期对峙中显现了出来,这两大力量的竞争是古代历史中长期存在的现象(可以追溯到古希腊时期的波斯战争)。查士丁尼在两场未见胜负的战争之后,于公元565年去世了。剩下的人都追随着他的继承者。直到7世纪又一位军人出身的皇帝出现才使战争最终宣告结束。公元610年,亚美尼亚裔的赫拉克利乌斯(Heraclius)在暴乱中登上帝位。

赫拉克利乌斯继位之时,东部帝国看起来深遭重创。查士丁尼重新征服的意大利土地又失去了;从伏尔加河(Volga)地区来的斯拉夫人和阿瓦尔人大量涌入巴尔干半岛,并在君士坦丁堡的近郊劫掠。但是,更糟糕的事情还在后面。波斯军队几乎立即攻占了亚美尼亚(Armenia)、卡帕多西亚(Cappadocia)和叙利亚。他们在615年洗劫了
耶路撒冷,夺走了那里最珍贵的宝物——两个世纪之前(由唯一来自不 96
列颠的皇后、君士坦丁大帝的母亲海伦娜传奇性地)发现的所谓真十字架(True Cross)圣物。犹太人常常欢迎波斯人,他们的到来给了犹太人屠杀基督徒的机会,毫无疑问这很合犹太人的心意,因为靴子已经穿在其他的脚上很长时间了。[①] 次年,波斯军队继续进占埃及;又过了一年,他们的先遣部队已经距离君士坦丁堡仅一英里之遥。在海上,他们甚至劫掠了塞浦路斯(Cyprus),并切断了罗得岛(Rhodes)与帝国的联系。正当波斯看起来即将恢复大流士治下的辉煌时,拜占庭在地中海

① 指犹太人长期为基督徒所压制。——译者注

的另一头被西哥特人占领了他们在西班牙最后的领地。

626年,赫拉克利乌斯扭转了这种局势。他的舰队阻止了波斯军队在阿瓦尔人同盟的帮助下对君士坦丁堡的袭击。次年,赫拉克利乌斯攻击了在近东战略中古老且更具有争议性的核心地带,即亚述(Assyria)和美索不达米亚(Mesopotamia)地区。波斯军队发生了兵变,库萨和(Chosroes)被杀,他的继承者实现了和平。萨珊波斯王国强权的时代结束了。真十字架圣物又回到了耶路撒冷。看起来长期的战斗已经趋于终结。

尽管如此,西方世界历史的焦点又转移到了另一个冲突上。帝国的战略问题仍旧存在着。它的领土遍及北非沿海、埃及、黎凡特(Levant)[①]、叙利亚、小亚细亚,越过特拉布松(Trebizond)的黑海远海岸、克里米亚海岸以及从拜占庭往北直到多瑙河河口之间的区域。在欧洲,帝国拥有塞萨利(Thessaly)、马其顿(Macedonia)和达尔马提亚(Dalmatia)这一穿过意大利中部的领土带,以及半岛边缘地区的一些飞地。最后,还有西西里岛、科西嘉岛和撒丁岛。考虑到帝国那些潜在的敌人和帝国的驻军位置,这实在是战略家的梦魇。当赫拉克利乌斯在641年逝世时,很明显他所赢得的只是一个暂时的喘息机会,接下来两个世纪的故事主题,就是一波波侵略者大潮的不断侵袭。

宗教命运的改变：隐修制度(Monasticism)

精神生活是一个普世性的现象。尽管如此,它在制度上的诉求使其组织与表达变得特殊,早期基督教世界的隐修制度就是这样的一种制度,它赋予东西方不同的宗教传统以生命力,并予以帮助。隐修制度开始于公元285年,当年一位科普特(Copt)基督徒圣安东尼(St Antony)进入埃及沙漠隐居修行。他的行为引起了许多人的模仿：在几十年时间里,数千人追随着他的榜样,其中一些人组成团体,寻求在崇拜、祈祷、斋戒、默想等方面的相互支持,一小部分人还追求更加难以

① 指地中海东部地区,包括希腊、埃及以东诸国及岛屿。——译者注

实现的目标。圣安东尼本人从独自隐居中走出来后,领导了一个按照一定规则生活在一起的隐士团体。

隐修的理念从近东传播到了地中海高卢和整个西方。在充满着各
种纷争与混乱的 5 世纪,这一专心侍奉上主的理念对于那些拥有较高
智慧和品德的男女具有特别的吸引力,这些都非常清晰地显示出,它在
塑造一种文明中的建构力量。人们对新宗教形式的渴望并不总是被报 97
以同情的理解。持有旧式观点、渴慕原来罗马时代为国家服务的人们
谴责他们,认为那些隐士是逃避责任,拒绝担负他们本应担负的社会责
任。神职人员也不总是欢迎原来他们教会中最热心的人弃世隐居。然
而,很多人都以成为修道士的时间长短为衡量最伟大教士的标准。他
们的团体吸引了更多来自地主的支持和捐助(尽管也存在一些与强大
却固执的捐赠者们周旋的传闻)。

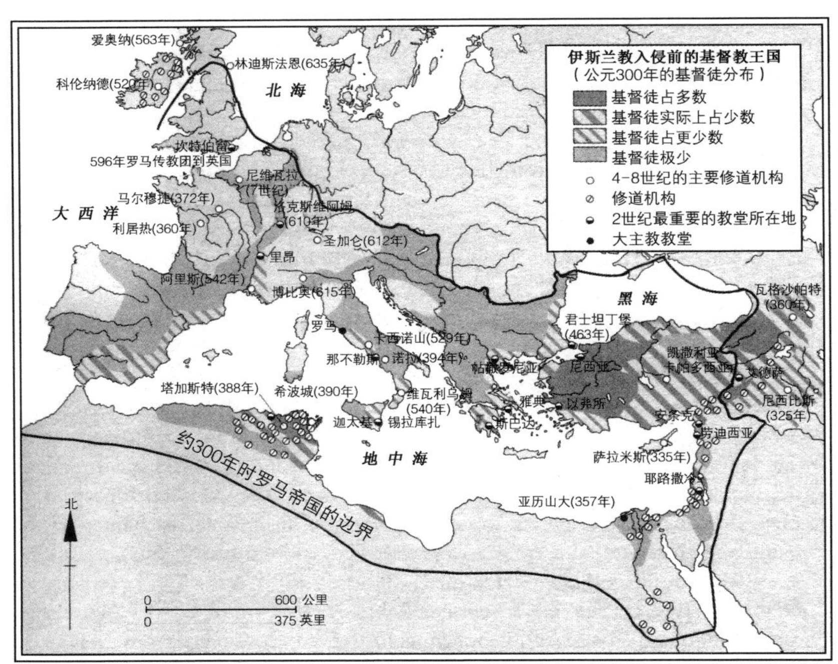

一位年轻的意大利修道士——除了其成就以及其被认为创造了奇

迹之外我们对之了解甚少——对罗马当时的社会风气感到震惊和困扰，大约在公元500年，他选择了弃世隐修，在旧都南部的一个山洞里成为一个隐士。他似乎从未接受过祝圣，但后来被册封为圣徒，这个人就是圣本笃(St Benedict)。529年，他在意大利南部的卡西诺山(Monte Cassino)建立了一座修道院，并为之编撰了一部新的规则。《圣本笃会规》(The Benedictine Rule)是对西方基督教和西方文明产生深远影响的重要文献。它引导修道士们关注团体，并且在这个团体中，修道院院长拥有绝对的权威。这个团体追求的不只是向修道者提供独自隐居的方便或个人灵魂的得救，而是要成为一个共同生活和祈祷的团体，每一个个人都要担负各自在日常礼拜、祈祷和劳动中的责
98 任。根据隐修制度传统的个人主义，圣本笃创立了一种新的人类修行方式和一种新的教会组织。他的修道士不需要寻求切断身体与精神之间的关系。他并未把眼光放得过高，《圣本笃会规》是每一个爱上帝的人都可以遵守的。它成功地满足了一种需求，这一点很快在其迅速传播中得以证明。本笃会的修道院遍布整个西方世界，成为教化异教民众的传教士的主要来源。在2、3世纪时由传教团在不列颠建立的凯尔特教会(the Celtic Church)，身处欧洲边缘，谨守苦修主义的老式隐修模式，却也最终感受到了本笃会革新的推动。本笃会士们不仅仅只是一种塑造拉丁教会的力量，更是一种塑造尚未成型的欧洲的力量。

主教与教皇

为了明确这种新修道制度的可能性并且有效地利用它，就必须由男人们——虽然妇女可以成为修女和隐修者，但只有男人可以成为神父和主教——去认清它所提供的机会。长期以来西方的神职人员不倾向于面向未来，而是以已经衰落的东西来界定自己；对于他们很多人来说，帝国的衰落就意味着世界的衰落和文明的瓦解。几乎在西部帝国的所有地方，教会及其领导者是“古罗马精神”(*romanitas*)唯一幸存的代表。人们以带有迷信的敬畏看待他们。他们常常被认为具有魔法一般的力量。主教也往往是具有丰富行政经验、在文盲世界中颇有学问

的男人，还有些出身于贵族家庭，拥有可观的财产。在许多地方，他们是权威的最终化身。他们不得不担负起摆在他们面前的责任。为了未来，许多人果断地接受了。

长期以来，所有的西方主教们都可以被叫作“*papa*”（“爸爸”的拉丁词汇），而这一称呼在今天只有他们当中的罗马主教一人堪享。[1] 他的主教教区享有特别的声望，那里曾经是圣彼得的教区并护卫着他的骨骸，而且还是圣彼得和圣保罗殉道的地方。在那个时代，与亚洲教会相比，西方教会同使徒时代的联系较少，因而这更显得意义非凡。尽管如此，为了解释后来罗马教皇制权力的上升需要更多的支撑论据。罗马主教曾作为元老院和皇帝的合作伙伴的事实也总是有助于这一事件；帝国法庭衰落后只将它们的显赫留在了城市中，在意大利尤其明显。对于那些来自东部和希腊的不受欢迎且陌生的公务人员，帝国也开始帮助其注意将教皇制视为一个与生俱来的传统的制度。罗马在早期也凭借国家机器和行政上的专业人员，远远超过帝国行政管理之外 99
的任何地方，成为一个富裕的主教教区，没有任何蛮族可以与其竞争。罗马保持着比其他地方更好的纪录，早在5世纪时，教皇制的护教者就在引用罗马的实例。教皇制持有鲜明保守立场的姿态，那些没有产生新的背离与护卫旧式位置的论据都是可信且完全真诚的；教皇们不认为他们是新的意识形态和法律依据的征服者，但还是极力地试图保住教会迄今所赢得的小小的立足点。

早在5世纪蛮族侵略的骚乱时期，就可以从大利奥（Leo the Great）身上看出罗马教皇制新的重要性。他在公元440年登基，坚定地维护了教皇们以圣彼得的名义言说的教义，并从皇帝那里得到了一项声明，宣称他的决定在西部帝国具有帝国法律效力。利奥还获取了曾为皇帝所享有的“大祭司”（*pontifex maximus*）头衔。据信，这是因为他主动面见匈奴人的领袖阿提拉（Attila），才使意大利免遭其军队的

① 在1073年，教皇格列高利七世禁止将这一称呼用于除罗马主教（即教皇）之外的任何主教。

蹂躏。那些曾经反对罗马教皇制的西方主教们也在这个被蛮族搞得混乱颠倒的世界里变得对其欣然接受。虽然如此，利奥所领导的罗马仍旧是帝国国家教会的一部分，并一直持续到公元 476 年。（在拉韦纳的皇权被废黜以致与皇权的直接接触更为艰难之后。）

其后的历任教皇中实现显著复兴的就是大格列高利（Gregory the Great），他的统治时期为 590 年至 604 年。他被称为第一个中世纪的教皇，也是第一个曾是修道士的教皇。尽管作为一个具有深刻洞察力的政治家和罗马贵族，怀有对帝国的忠诚和对皇帝的尊重，他还是全然接受了他统治时期的蛮族环境、与古典世界的分离以及帝国力量衰落的现实。格列高利将派遣传教团作为他的一项使命，并在圣保罗日[①]派出了第一个大传教团。其中一个目的地就是异端的英格兰，他在 596 年派出了奥古斯丁（Augustine），第一位坎特伯雷大主教。他同蛮族中的阿里乌派（Arian）异端进行斗争，并为实现西哥特人与天主教徒之间的对话而倍感欣慰。他如同关注皇帝一样关注蛮族的国王们，并以其名义行动，但他同时也是伦巴第人（Lombards）勇敢的对手。伦巴第人在 568 年毁灭性的哥特战争之后就成为意大利具有统治地位的军事力量。为抵抗伦巴第人而寻求帮助，格列高利向君士坦丁堡发出呼吁，但更为重要的是，他还向另一支日耳曼人——法兰克人——求援。伦巴第人的入侵必然地导致了教皇政治权力的上升。他们不仅切断了罗马与在拉韦纳的帝国“总督”之间的联系，并带来了实际问题。如同其他西方主教继承了城市的权威一样，格列高利不得不牧养他的子民并统治他们。慢慢地，越来越多的意大利人不仅将教皇视为圣彼得的继承人，也将其视为罗马帝国的继承人。

100 **西方教会与蛮族**

除了能力和干劲之外，格列高利在另一个层面上也非同寻常：他

① 每年 1 月 25 日为圣保罗宗徒归化庆日，纪念圣保罗明认耶稣基督为主。——译者注

代表了一些新的东西，即使他自己并未这样意识到。基督教作为古典遗产的一部分，其中许多东西已经发生了变化并且更为清晰。值得注意的是，格列高利不讲希腊语，并且不认为有学习希腊语的必要。这里已经出现了一个西方教会与蛮族之间关系的转型。对格列高利而言，他关注的焦点在欧洲大陆，而非地中海沿岸。这里已经播下了未来的种子，即使不是近期的未来。对于世界上大多数人而言，欧洲在其后一千年的存在是无关紧要的。但是，从将要发生的事情中能够判断，一个可辨认的、难以置信的不同的欧洲已经开始出现了。西方的蛮族从他们的过去脱离出来。罗马行省原来整齐有序、富有教养、从容不迫的生活让位于一个破碎的社会，一个贵族军事首领和他的部落成员驻扎并寄居在那里，有时同当地的原住民整合在一起，有时不整合。但是这些变化却开始明显起来。蛮族的首领自称为国王，这便不再仅仅是一般的首领了。550年，他们中的一个哥特人第一次将自己的头像印在了硬币上，取代了原有的帝国标徽。通过他们对那些高度文明遗迹深刻印象的想象，罗马观念本身的效用以及教会有意无意的工作，使这些人走上了自己的通往文明的道路。

如果说他们的艺术品表明他们已经踏上了通往文明的道路，那么，其实这些东西和古典时代的遗物相比根本算不上什么高度发达的文明。虽然文化的交流并不只体现在一个方面。基督教的外延，至少是教会的外延，仍是可塑的，这一点不应低估。欧洲“洗礼”的真实状况可能被夸大了。耻辱和荣耀与十诫相比，更长久地被当作统治者的基本道德素养。基督教在任何地区都得按照既定的河道流淌，并在异教的包围中进行防卫。日耳曼依赖罗马，依赖凯尔特。在英格兰，异教的名字在格列高利将其与罗马国家再度结合之后还长期使用。异教的节日(仲冬节和仲夏节)以一个新的名字继续存在。至少有一个英国国王慎重地走上祭坛同时向异端的神祇和基督献祭。一个国王的皈依并不意味着他的臣民们也会马上跟着皈依，即使只是在形式上信仰基督教。如同他们的坟墓所显示的那样，其中一些人好几代都是异教徒。但是他们的保守性既显示出了机会，又体现了障碍。教会可以利用民间的巫术信仰，或者将一个神圣地方的显现与对一位圣徒的纪念联系在一起，以利用那种对于乡村和森林中由来已久的神明的尊敬。在圣殿里将圣徒生命中发显奇迹的故事大声朗诵给朝圣者们的宣传方式，具有
101 相当的诱惑力。人们过去常常仰赖古老的凯尔特神明或者沃登(Woden)[①]显灵这样的奇迹介入。异教的仪式和符咒可以掺杂基督教的因素，就如同神判那样。对于那时候的大多数人们而言，宗教在日常生活中的角色并不是道德指南或属灵洞见(Spiritual insight)，而是一种对于未知的安慰。通过基督宝血的救赎，基督教才与过去的异教明白无误地区分开来，而其他的异教实践和回忆则被尽可能地基督教化。

以后见之明非常容易倾向于认为一个比古典世界更具有创造力的外延正在不可避免地形成，但必须抵制这样一种诱惑。许多事情都有可能变得很不一样。比如，假使没有其他的挑战，查士丁尼的继承者本有可能继续坚持收复西部的行省。从经济角度讲，这一事件必须在一个较长时间里考察才能进行判断。黑暗时代经济生活的不稳定使其状况还不如两安东尼执政时期的意大利。但是 7 世纪时，可能是出于格列高利思想的指引，欧洲易北河西部采取了一些不可逆转的措施——尽管在罗马帝国衰亡后的数个世纪里，同拜占庭或其他非基督教帝国相比，这里几乎是无关紧要的死水一潭。较有教养的居民们觉得他们自己像是处于包围之中的残余，在一段时期里他们确实是这样。他们逐渐地同非洲和他们的南北海岸相分离，长期受到侵略者和海盗的骚扰。东部则是异教徒的土地，那里偶尔还会出现新的蛮族游牧部落。西方世界的基督徒将成为欧洲的组成要素，并对其他大部分地区怀有敌意。只有来自君士坦丁堡的帝国统治被寄望有可能慷慨地保卫西方的基督徒。但是，他们也没有这样做。

各奔东西

663 年，君士坦丁二世(Constans Ⅱ)访问了罗马，这是 15 世纪前

---

① 沃登亦即奥丁(Odin)，是北欧神话里的主神。——译者注

最后一个访问罗马的东部帝国皇帝。最后一个访问君士坦丁堡的教皇(巧合的是,那位教皇也是唯一一位名叫君士坦丁的)是在 710 年。矛盾的是,当时在宗教上已经不再是一个整体,在仍以罗马帝国为名的地方存在着明显的分裂势力,而且他们还声称拥有对西部的统治权。帝国在查士丁尼时代之后历经的 900 年间,时代与环境以不同的方式塑造了东部的文明及其西部基督教世界的姊妹,对此,宗教具有非凡的影响。

学者们惯于称这种文明为“拜占庭”(Byzantine),这个词也常常用于一些简称,如将帝国称为“拜占庭”(Byzantium)。拜占庭和古代之间,在其文化内涵及其制度形式上都没有明确的区分。帝国制度本身显示了它是以怎样平稳的形式进行演进,从而能够尊重旧有的传统。直到 800 年,皇帝是整个基督教世界的世俗统治者这一理论还没有为任何其他明确的理论所替代,虽然当时帝国的重心早就东移了。那一 102
年,一位法兰克国王在罗马被欢呼为“皇帝”时,拜占庭独一无二的皇权地位最终受到了挑战,无论想什么或者说什么,这终归是一个新政权出现的明确标志。然而在拜占庭人们却继续抱有普世帝国的幻想,他们相信永远存在着皇帝,直到时间的终结。皇帝从理论上来讲是由元老院、军队和人民选择的,虽然他们毫无疑问是绝对的权威(在某些方面,从理论上讲是平等的)。虽然实际登基时会对所有皇帝的权力进行一些限制——有时王朝更替会被家族变迁所打破——但皇帝事实上是一个独裁者(*autocrat*),而在西方从未有皇帝获得那样集中的权力。对立法以及官僚既得利益集团的尊重可能会阻碍皇帝的行动意志,但在理论上皇权是至高无上的。国家众多部门的首脑只需对他一个人负责。这一权威利用拜占庭政治生活所聚焦的宫廷来解决重大问题,因为皇帝在那里,而不是通过集体或代表的机构。这样的机构在西方正在逐渐演进,那里的权威无疑也受到了影响。

独裁有其严酷的一面。间谍(*Curiosi*)或秘密警察之类的告密者泛滥全国。但是帝国政府的实质是要对皇帝负责。由君士坦丁堡大主教加冕之后,皇帝便要作为上帝在人间的代表担负起众多的责任,同时也拥有无尽的权力。在东部帝国，世俗与教会权力的分界线总是模糊不清的，但是在拜占庭事务格局中有一种持续的压力，使上帝的副摄政(vice-regent)正确地行事，显示慷慨(*Philanthropia*)、人类之爱以及流出生命活水的泉源——那便是来自东正教和教会。

其他的传统也同基督教一起塑造着帝国。如异教皇帝被奉若神明，大多数早期基督教皇帝被册封为圣徒。拜占庭的皇帝们接受了东方传统的跪拜礼仪，他们在马赛克画像中向下凝望，头上画有光圈。最后的前基督教皇帝也被描绘了出来，因为那是太阳神祭典的一部分(一些证据表明萨珊波斯的统治者也有类似的仪式)。这一切都是皇帝作为基督教世界统治权威的证明。

在其他许多层面上，逐渐被称为东正教的东部教会的特殊性使得东方更加远离西方。王权之下精神与地位的合并在很多方面都十分重要。其中的一个标志便是保留已婚的神职人员。对于东正教神父们圣洁的要求从未像他们西方和天主教同修们其后所要求的那样。隐修制度也与东方早期的形式更相近，并且神职人员较之在教阶明晰的罗马教会更加重要。综上所述，在东部帝国没有出现像罗马教廷那样集权
103 的教皇权威。所有的权威都集中于皇帝，他的机构与责任凌驾于平级的主教之上，其中有许多来自不同民族的传统融入东正教中。当然，就一种社会规范而言，地域特色并不意味着东正教比中世纪西方教会更为宽容。困苦的时日总被轻易解释为皇帝未尽到基督徒的责任，并成为折磨那些常被当作替罪羊的犹太人、异教徒和同性恋者的理由。

另一方面，与西方的区分在历史中逐渐浮现。政府的东西分裂之后，帝国官僚机构内部的相互接触逐渐消失了，同时在运用权力的形式方面也出现了分歧。天主教传统与东正教传统在早期即已开始分离，希腊人执行叙利亚和埃及的礼仪，对这方面的让步令拉丁基督徒感到些许疏离。而这些妥协也使基督教内部长期存在着多元主义。除君士坦丁堡之外，耶路撒冷、安条克和亚历山大是东方的三个宗主教区(patriarchate)。7 世纪时，这些地方落入了非基督徒的手中，罗马与君士坦丁堡的两极分化也由之加强，且非洲传统对天主教的影响日益增

加。基督教世界也不再是一个双语世界；拉丁语在东部省份从未成为“共同语言”(*lingua franca*)。最终，一个文化意义上的拉丁西方与一个文化意义上的希腊东方相遇了。在7世纪初期，拉丁语不再是军队和法庭的官方语言——帝国政府的这两个部门曾最为顽强地长期抵制希腊语。讲希腊语的官员变得愈发重要，这实际上也对欧洲的未来产生了相当长期的影响。虽然东部教会未能在黎凡特和埃及扩展他们的影响，却开拓了向北部异教徒传教的新区域；随着传教的开展，东南欧以及俄罗斯最终将其福音化与教养的获得归功于君士坦丁堡。那意味着——在许多其他的事情中——斯拉夫民族从他们的老师那里学习了一种基于希腊文的书面语，还有其他许多东西。

教义分歧

希腊人看起来总比拉丁人更加喜好争论；许多早期的希腊教会也喜欢玄想，且东部教会经常易受传统乃至东方潮流的影响。人们被鼓励通过教义来解决宗教争论，而这也加剧了争论。我们这个世俗的时代不可避免地难以真正理解其中最为重大的争论的意义所在。我们缺乏那种精神世界隐藏于争论之后的认识。现在看来，划分相反派(Aphthartodocetists)、可朽派(Corrupticolists)、受苦派(Theopaschitists)[①]来命名一些争辩的学派简直是毫无意义。而对于那个时代的人来说，在深奥的咬文嚼字背后存在着一种对于宗教争论
的极端重要性的关注，其程度毫不亚于对使人类免于诅咒的关切。另 104
一个理解的障碍则出于相当不同的原因：在东方基督教中，神学的分歧经常以象征和辩论的形式提出，事关政治与社会问题以及民族与文化族群之间的权威关系。尽管如此，这点或许较为容易理解；对马克思列宁主义世俗神学的吹毛求疵在这个世纪为争辩(有时是掩盖)共产主义者之间更实际与现实的差别提供了一种表达方式。

---

① 基督教中的一些异端思想，包括认为神代替人受苦受难，基督的人性与我们同样受苦，其肉身是可朽坏的，以及与后两者相反，认为基督的肉身赋有神性等观念。——译者注

神学和教义的分歧在古代晚期能够像军事行动或民族迁徙那样有力地影响到整个世界历史。在两大基督教传统缓慢的分裂中，它起到了极为重要的作用。分裂可能并不始于神学上的分歧，但是这种争论使得两大传统日益分道扬镳。它们创造了一种越来越难以决断的环境，最终事与愿违。一个著名的例子便是关于一性论派(Monophysitism)的辩论。它在5世纪中叶便造成了基督教的分裂，而其重要意义在今天乍看上去颇令人疑惑。它起源于对基督本性的主张。一性论派认为基督在世时其本性是单一且完全神性的，而不是早期教会所教导的那种双性论(意指同时具有神性和人性)。这一长期辩论的微妙细节可置之不论。然而，喧嚣背后有一个重要的非神学背景。一个要素便是从东正教和罗马天主教中分离出来逐渐形成的三个一性论派教会。埃及和埃塞俄比亚的科普特教会，叙利亚的雅各比派以及亚美尼亚教会在某种程度上逐渐成为国家教会，使独特团体的文化具体化并将之表达了出来。为调和这些团体之间的矛盾并巩固帝国的团结以应对外在的威胁，皇帝们在6、7世纪着手解决这一争执；这相比查士丁尼的个人喜好，抑或君士坦丁于主持尼西亚公会议(Council of Nicaea)时首次表示的帝国机构的特别责任而言，意义更为重大。

赫拉克利乌斯皇帝尽力制定了一份妥协方案，希望弥合关于一性论争议者的分歧。它采用了一种新的神学定义模式，其后即被称为基督一志论(Monothelitism)[①]。在短期内，似乎达成了共识，但最终却使东西方之间越走越远。当赫拉克利乌斯怀着抚平耶路撒冷总主教区的神学顾虑的希望，询问大格列高利的继任者霍诺留斯(Honorius)[②]有关教义的观点时，教皇和皇帝都急于达成一致意见。但是，霍诺留斯草率地支持皇帝激怒了反一性论派，半个世纪之后，他在死后由一次普世

① 基督一志论是公元7世纪时的基督教派，主张基督只有一意志。承认基督有神人二性，但其活动则为“属神的精力”所主宰，其解释化解了正统派和基督一性论派的对立。教皇若望四世于648年对之下谕谴责，其后680年的第三次君士坦丁堡公会议亦对之进行谴责。——译者注

② 霍诺留斯一世支持拜占庭皇帝赫拉克利乌斯的基督一志论，在教会中造成诸多不满。680年的第三次君士坦丁堡公会议宣布其为异端，将之革除教籍。——译者注

会议宣布为异端(这在教皇中殊为罕见),这次会议中西方教会的代表
也参与了决议。在这至关重要的时刻,许多东方教士对他的同情使其 105
进一步与西方教会疏远。然而,正式的神学和解在 681 年又恢复了。

拜占庭和近东

拜占庭从亚洲继承的遗产不仅仅是通过丝绸之路运来的中国货物,并借此与一个陌生文明进行直接接触,它同时也是希腊化的东方文化遗产的综合体。拜占庭人坚持着将不讲希腊语的民族视为“蛮族”的偏见,并且许多的知识界领袖都自认他们站在希腊文化传统上。虽然他们所谈论的希腊是一个隔绝已久的世界,只有希腊化的东方是唯一的接触通道。当我们审视那一地区时,很难确定希腊在那里究竟扎根多深,以及他们究竟从亚洲汲取了多少养分。比如,希腊语在小亚细亚地区主要为城市居民所使用,在乡村则少有人用。其后的几个世纪里,帝国官员以及豪门士族成员的称谓也逐渐从亚洲地区流传过来。在 5、6 世纪的领土损失之后,亚洲的地位必然越发重要,它逐渐成为帝国在欧洲大陆首都的浅腹地。不久,它也逐渐被包围在小亚细亚的范围内,其边界北至高加索(Caucasus)而南至托罗斯(Taurus)[①]。对于那些居于这一不严密边界的人而言,在某种程度上也是住在不同文化的边境上。

这些虽不足以使拜占庭扮演一个强有力的角色,却与之相关,即使在很多方面来说是不合时宜的。这只是一个比方。然而,在 7 世纪初拜占庭的统治者能够(因其历史性声明及其国家与基督教文明不可分割的关系)适当地提出要求,亦即如果没有他们的参与或默许,就不能或不应该制定影响基督教民族命运的重大决策。在独裁传统的复杂遗产中,从罗马神话以及东方基督教的职责来看,这一声明是含蓄的。在起初,帝国拥有极大的优势去强化自己的力量,凭借外交关系和官僚能力的积累,强大的军事传统以及无尽的声望,形成一个意识形态上和实

---

① 今土耳其南部山脉地区。——译者注

际上的团结政府。如果其要求能够削减一些，潜在的税收和人力资源就能比基本任务要多。小亚细亚是征兵之地，可以减轻东部帝国对日耳曼蛮族雇佣兵的依赖，如同西部罗马人对他们的征募那样。帝国武装力量拥有卓越的作战技术，用于强力回击偷袭都城船只的秘密武器“希腊火”[①]，以及大量远至幼发拉底河的巨大堡垒等都是明证。君士
106 坦丁堡的地理形势也具有军事优势。它那建于5世纪的巨大城墙，使其在没有重型武器的情况下很难从陆路攻破，而蛮族则很难有那样的攻击力；在海上，舰队也足以防备敌人登陆。

很遗憾，我们对7、8世纪没有更多的知识（有些人认为，由于资料缺乏以及当今考古学的认识不足，难以写出帝国在这一纷扰时代中的信史），但从帝国社会基础的变化中可以辨明当时长期衰落的趋势。保护小自耕农的财产免遭行省地主的侵犯是很棘手的事情。法庭并不总能保护弱者，那些弱者在由通货膨胀所造成的经济压力下经常遭受地主的侵害，也不能使之免遭教会地产不断扩张的损失。但是这一威胁只存在了几个世纪。短期的前景展望足够让7、8世纪的皇帝们好好思考一下。他们在众多且过于宽泛的战线中陷入周期性的入侵和不断的战争中。在欧洲，战争就发生在君士坦丁堡的城墙外；在亚洲，这意味着扰乱小亚细亚的边境和叙利亚沙漠前线的令人厌倦的战役。波斯人、阿瓦尔人、阿拉伯人、保加利亚人和斯拉夫人都在侵扰帝国，并最终证明他们对于西方也是一个威胁。东部帝国在经受折磨的数个世纪里没有到西方去，否则也无法从基督教的敌人手中逃脱。

即使在这样的高度上，拜占庭力量的表象仍有些令人生疑。在7世纪初，更多是依赖于一个模糊的象征词“威望”来作为代表要素；这关乎外交、基督教和军事声誉等边缘影响。因此可见它同其邻国的关系不止在一个方面；以后见之明观之，从查士丁尼到巴西尔二世（Basil Ⅱ）的每一个皇帝都受到凶恶蛮族的勒索，以罗马传统来看就等于是向盟友和外籍军团（*foederati*）发放赏金使之臣服。皇帝的世界主义并

---

① 一种可以在水上燃烧的燃烧液。——译者注

不一定是实力的表现;虽然经过了官方意识形态的掩饰,这些民族的希腊化往往是十分浅薄的。不仅如此,拜占庭的盟友中没有真正的大国。在阻碍重重的7、8世纪里,它最重要的盟友是哈扎尔汗国(Khanate of Khazaria),这是一个由游牧部落组成的巨大而松散的联合体,在600年控制了其他民族和伏尔加河谷,并横跨高加索这一战略桥头堡地区,阻挡了波斯人和阿拉伯人长达两个世纪之久。拜占庭花了大力气以保持与哈扎尔的友好关系,并且看起来还曾努力使其皈依基督教,但没有成功。究竟发生了什么现在很难弄清楚,但是哈扎尔人的领袖,在容许了基督教和其他异教的存在后,似乎在740年皈依了犹太教。这可能是犹太人在萨珊王朝覆灭之后从波斯大量迁徙而来的结果,也可能是一种有意的外交抉择。

行省在维护帝国强大力量的斗争中扮演了极为重要的角色。在从 107
拜占庭的领土被驱逐之前,波斯人对黎凡特和小亚细亚进行了骇人听闻的破坏。他们被一些学者认为是希腊化世界伟大城市的真正破坏者;考古学方面对此仍旧扑朔迷离,但是有赫拉克利乌斯胜利之后在废墟上重新建设的痕迹,而其他许多地方只建设了比原来核心区域稍大的卫城。人口似乎也急剧减少了。就在这个社会剧烈动荡之际,又出现了一个新的敌人,它是如此的凶猛以至于在赫拉克利乌斯去世之前,他全部的军事胜利都被颠覆了。这不是一个简单的兴衰转替。一个对世界历史相当重要的新因素出现了,它对东西方的基督教世界都形成了崭新的挑战,并最终有助于东西方基督教世界的重新界定的形成。它就是伊斯兰教。

伊斯兰教

当波斯自身被阿拉伯军队征服之后,很快,东部帝国就将伊斯兰世界视为取代波斯的新军事威胁。但伊斯兰不仅仅是大国争霸中的新力量,它还成了作为世界宗教的基督教的唯一对手,以自己的活力在地理环境所及的范围内,用精神力量去赋予人们新生命,并成为文化价值的传播者。

伊斯兰教起源于阿拉伯半岛,在7世纪时那一大片领域多是沙漠地带,今日依然。但那里并不一直都是沙漠地带。在早期基督教时代那里还有灌溉地,那些小王国的基本业务就是同印度、波斯湾和东非地区进行海上贸易,尤以贩运埃及橡胶、香料为盛,借此开辟了通往地中海城市及欧洲的道路。罗马、波斯等大帝国从未深入这个半岛。但当灌溉系统崩溃之后——我们迄今不知道为什么——这片土地便成了沙漠,移民部落从阿拉伯半岛南部城市向北迁徙,内陆的民族回到了更为原始的游牧和畜牧生活。

伊斯兰教的深层根源和基督教是一样的,即近东地区闪米特族的部落文化。就像犹太教和基督教一样,伊斯兰教也宣称只有一位真神。穆斯林们相信他们所崇拜的神与犹太教徒和基督徒的是同一个,虽然他们的崇拜方式不同。伊斯兰教的创传者,先知穆罕默德(Muhammad)在570年出生于阿拉伯半岛的麦加(Mecca),他贫穷的双亲属于贝都因(Bedouin)一个重要部落的小支派。他很快就成了一个孤儿。我们并不清楚他是怎样长大的,但一定是在麦加这一绿洲和朝圣中心。它是一处圣地,阿拉伯人不远千里来此朝觐黑色陨石,克尔白(Ka'aba)是他们偶像崇拜的中心。除去少部分犹太人和基督徒,那时大多数阿拉伯人都是多神论者,信仰万物有灵、魔鬼和精灵。但是像麦加这样的绿洲地区,有许多商旅来往,小港口也与外面的世界保持着
108 接触,同时还吸引了外来者和外国人;他们中的一些人带来了比阿拉伯半岛更为高级的宗教知识。一些阿拉伯人也已经开始崇敬为基督徒和犹太人所崇拜的、他们称之为安拉(Allah)的神。

穆罕默德看到他的人民步入歧途的种种迹象,为此而震惊。看起来商贸、人口增长和外国影响已经开始破坏他们的传统和部落规矩了。古老的阿拉伯游牧社会以血缘为纽带组成;他们尊重出身、血统和年纪而不是钱财。事实上,财富并不总是属于具有高贵血统和长寿的人。这是一个社会和道德问题。穆罕默德开始考虑将上主的道路带给人们。有一天,当他正在麦加城外的一个山洞中冥思默想的时候,有个声音告诉他让他记下上主对他说的话。其后的22年里,他一直以先知的

身份说话。他的信徒们将其所言所行记下来并在他死后汇编到一起，成为世界历史中最重要的书籍之一——《古兰经》(Koran)。

这为今天普世信仰者们的兄弟情谊奠定了原则与典范。“伊斯兰”这个词意指顺从或者服从，穆罕默德自视为上主使人们认识自己意志的代言人。穆斯林是那些已经相信这些确实发生的人；穆罕默德教导人们，那些伊斯兰教的伟大先知(耶稣也是其中之一)都是真正的先知，但是他确认自己是最后一个先知，通过他，上主向人们传递最后的信息。这些信息阐述了一种信仰和行为规范，以适合穆罕默德的阿拉伯信徒，但这对于其他人也是可接受的。它的本质在于对除安拉之外别无神祇的坚信(伊斯兰教是毫不妥协的一神教，穆斯林反对基督教的一点就是他们将基督教视为多神教，因为其给予圣子和圣灵与圣父同等的地位)，以及一系列宗教仪式，其中最为重要的是常规祈祷和预防堕落。这对于拯救而言都是必要的。

这不是简单的，而是具有革命性的教义——一个确立后可能引起强烈反对的教义。它教导说，那些死守过去阿拉伯社会众神祇的人都要下地狱。对信仰者之间兄弟情谊的至高无上重要性的强调也是具有颠覆性的，因为它切断了血缘关系。当他的一些亲戚反对他时，穆罕默德同 200 多名信徒在 622 年离开了麦加，到达北部 250 英里外的另一个绿洲；那里被重新命名为麦地那(Medina)，亦即“先知之城”。在那里他将自己的追随者组织起来，并开始发布具体的规范，包括日常涉及的食品、饮料、婚姻和战争等。通过这一方式，伊斯兰教建立了一种与众不同的文明。这次迁徙——被称为希吉拉(Hegira)——是伊斯兰教早期历史的转折点，并且成了今天仍在全世界使用的穆斯林历法的开端。穆罕默德打破了传统社会，建立了一种新型团体。

穆罕默德在 632 年去世。解释他教导的权威由“哈里发”(caliph)
继承了。最早享有这一头衔的人都与先知有血缘或姻亲关系。在他们 109
的领导下，阿拉伯半岛南部的部落被征服了。很快战争就蔓延到了北部，影响到了叙利亚和美索不达米亚的阿拉伯人。不久，穆罕默德家族的家长哈里发们也被视为剥削者而遭到了反对；基于宗教和教义权威的哈里发制度看起来在几年里就腐化成了一个世俗政权。661 年，最后一任家族式哈里发被废黜并处死，这一权位转移到了另一个倭马亚(Umayyad)家族，总共统治了近一个世纪。然而，当他们将权位让给其他觊觎者的时候，伊斯兰教已经重新调整了近东和地中海地区的版图。虽然这个故事很吸引人，伊斯兰教内部的政治历史在我们的叙述中应告一段落。现在的问题则是它在军事和文化上的扩张和冲击对欧洲历史的影响。

阿拉伯人的征服

起初，很难看出伊斯兰教的巨大影响。就像在它之前的基督教，这一新宗教在世界范围中看起来是那样弱小。任何明智的局外人在耶稣或穆罕默德去世的时候，都可能会想到这些遗产前景黯淡。无论信仰者会怎么想，没有一个宗派能在当时看出繁盛的迹象，更不用说成为世界历史中的重要力量了。两者都是如此，但是方式不同。其中最为明显的，就是伊斯兰教从一开始就走上了一条宗教征服的道路。

从麦地那，穆罕默德以武力制服了麦加曾经反对过他的人和邻近的部落；那些顺从的人们也被迎纳入打破部落界限的信徒之间的兄弟情谊当中。然而，只要不干涉伊斯兰教自己的规矩，他们还是尊重部落制度和族长组织的。只有那些抵制新信仰的人会被逐出麦地那——其中包括阿拉伯犹太人。先知去世之后不久，进一步的军事扩张随之而来。633 年，阿拉伯的军队——拜占庭人称之为“萨拉森人”(Saracens)——袭击了萨珊王朝和拜占庭的领土，令人吃惊地同时与两大帝国作战。他们在五年的时间里攻占了耶路撒冷(那里迄今还是伊斯兰教的圣地之一)，并把所有的“罗马人”赶出了叙利亚。不久之后，波斯人丢掉了美索不达米亚，埃及也被其从拜占庭手中夺走了。他们建立或说是征用了一支阿拉伯地中海舰队，开始突袭塞浦路斯(一个后来从拜占庭被分割出去的岛屿)，700 年时占领了迦太基，柏柏尔人(Berbers)皈依了伊斯兰教并成为阿拉伯人的同盟，整个北非海岸都落入穆斯林手中。萨珊帝国早已灭亡，最后一任统治者 637 年被逐出都城,并在到中国寻求皇帝帮助无果之后的几年里就去世了。穆斯林一直向前推进到喀布尔(Kabul),那里是阿富汗的首都。8 世纪初,他们侵入了印度,并在信德(Sind)建立了自己的政权。与此同时,其他人则
穿过直布罗陀海峡推进到了西班牙,击败了古老的西哥特王国。717 110
年,他们第二次包围了君士坦丁堡,虽然没有成功但却曾经攻入高加索。这几乎是他们军事征服的顶峰。在哈扎尔人打败他们之前,阿拉伯人最后一场大胜是 751 年在帕米尔高原上击败中国人的军队。几年之前,即穆罕默德逝世一百周年的 732 年,另一支穆斯林军队在最深入地攻入东欧之后,在普瓦捷(Poitiers)附近遭到了阻击。这可能只是一次深入而广泛的突袭,其后几年里西方也经受了几次类似的蹂躏。但是,趋势最终却发生了变化。

阿拉伯人取得惊人战绩的一个原因是,拜占庭和萨珊波斯在彼此之间的战斗中耗费了太多的时间和精力,以至于难以顾及其他事情。拜占庭人在欧洲有阿瓦尔人(Avars)和保加利亚人(Bulgars)的阻碍,而萨珊波斯也要面对来自中亚的侵略者(其中最凶猛的是匈奴人)。此外,为拜占庭政府和宗教骚扰所激怒的不满的基督徒也准备欢迎新主人。胜利也奠基于胜利之上:波斯已经出局了,拜占庭在 7 世纪中期成为横亘在中国与伊斯兰世界之间唯一的大国。阿拉伯人也没有多少损失;他们的士兵为其故土的贫穷和信仰所激励,他们相信在与异教徒战斗的战场上牺牲后,将会进入天堂。结果是这一征服记录一时被视为伊斯兰教将要统治整个世界。这并没有发生。伊斯兰教和基督教一样没有能够实现政治上的统一。其最相近的实现是先后相继的倭马亚和阿拔斯(Abbasid)哈里发王朝。第一个王朝在 750 年结束,其最后一个首领被篡位者所推翻,他通过屠杀那些失败家族的所有男子稳妥地实现了自己的胜利。这就使阿拔斯王朝建基于有利的预兆之上。它其后成为类似普通王朝的君主政体,并作为一种政治力量一直持续到 10 世纪中期(正式地讲一直到 13 世纪)。在其统治时期,阿拉伯文化达到了巅峰。在此之前,阿拉伯的优势已经创造了一个超越阿拉伯地区的伊斯兰世界。

另一种文明

文化经常从它们的邻居所提供的建议和约束中获得关于自身的看法。对于欧洲来说确乎如此。到 8 世纪中期，一个分裂的基督教世界面对着伊斯兰文明。它建立在西班牙的中心控制着整个北非、黎凡特，远至安纳托利亚(Anatolia)的边缘地带，还打算将西西里纳入突尼斯帝国。进一步的推进接踵而至。这一文明在数个世纪里都是基督教世界中最鲜明的另类存在，成为锤炼基督教理念和态度的铁砧。

在阿拔斯王朝早期，伊斯兰文明仍然具有强烈的阿拉伯色彩，其中
111 一个最主要的证明便是阿拉伯语的传播。《古兰经》以阿拉伯文书写，通过这一文本阿拉伯文知识在整个伊斯兰世界传播。的确，"阿拉伯语的"(Arabic)比"阿拉伯的"(Arab)更能形容阿拔斯王朝的文化与社会，因为伊斯兰教很快就摆脱了大部分 7 世纪时期原始的沙漠生活方式。在早期，阿拉伯征服者竭力保持与被征服者之间的界限。他们对当地的习俗不予干涉——大马士革(Damascus)直到 8 世纪还以希腊语为官方语言——并住在隔离的军事堡垒中，依靠向近邻征收赋税为生，并且既不交易也不占有土地。当皈依伊斯兰教更为普遍时，这种分离就结束了。驻防城镇逐渐成为真正的城市，并且贸易繁忙。近东再一次成为世界性的帝国；各种传统都能在帝国政权所维持的文化中找到立足之地。政权位于底格里斯河畔的巴格达，其从一个基督教小村庄变成了可与君士坦丁堡媲美的大都市，约有 50 万人口，充满了各种第一代伊斯兰士兵简单生活中从未见过的工艺品和奢侈品，远比西欧的任何东西都富丽堂皇。伊斯兰教的、基督教的、希腊的、犹太教的、琐罗亚斯德教的(Zoroastrian)，甚至是印度教的各种观念都在这里融会，从各地来的转运商也在传奇的哈伦·拉希德(Haroun-al-Raschid)统治时期给巴格达带来了空前繁荣。据信，哈伦·拉希德就是那个听谢赫拉莎德(Scheherazade)讲《一千零一夜》中传奇故事的统治者。这一切潜在地形成了对基督教文明产生极大刺激的资源；学者们将阿拔斯时代的文化视为希腊精神最后的绽放。

但是伊斯兰教也长期被视为威胁；它引起的反感达到了嫉妒的程度。这不仅仅是神学信仰的问题。对于基督徒和犹太人而言，伊斯兰教最令人震惊和格格不入的特点在于其一夫多妻制（事实上还有其他一些对待妇女的方式）。在原则上，虽然不总是在实际上，犹太教和基督教妇女较之于她们的伊斯兰姐妹享有更多的自由。最明显的标志便是在一些伊斯兰地区妇女们仍然要佩戴面纱。事实上，《古兰经》比任何其他社会团体都更要求妇女处于从属的地位。伊斯兰教法允许一个男人拥有四个妻子，以及无限制数目的不享有妻子法律地位的妾妇。所有的妻子确实都被平等地看待，每一个人在结婚时都会得到丈夫所给的一份属于她们自己的财产，许多安排直到当代都比许多基督教国家对基督教妇女的法律更为优待。而另一方面，穆斯林妻子在任何时候都可能因其丈夫的意愿而被休掉，即使她根本不想离婚。

不仅仅因为这些独特的看法，也不仅仅因为当地的服装或面纱，一个中世纪的欧洲旅行者会发现伊斯兰的生活和文化与他在家乡所知的大为不同。在很长一段时期里，伊斯兰的绘画强调书法和错综复杂的图案而非实物表现，因为伊斯兰教教义禁止描绘人类形态的肖像或面容（只在后期波斯和印度伊斯兰帝国制作了一些微缩图，用今天西方人 112
的眼光来看仍是很吸引人的）。在建筑上也是如此，其建筑物好像有意地要将阿拉伯征服者与被征服领土上的人们分开。在吸收了罗马穹顶之后，伊斯兰教很快形成了一种独特而引人入胜的风格。伊斯兰风格的第一次运用是在 691 年于耶路撒冷建立的圆顶清真寺（the Dome of the Rock），那里是犹太人和穆斯林共同的圣殿；犹太人相信就是在这个地方亚伯拉罕准备将他的儿子以撒（Isaac）献祭给上主，而穆斯林们相信先知就是在这里奇迹般地被带到了天堂。其他的建筑也随之出现，今天，清真寺及其用以召唤教徒礼拜的宣礼塔（minaret）不仅仅在伊斯兰的土地上，而且在欧洲的城市（以及世界各地）也十分常见。

伊斯兰教在欧洲

西西里和西班牙同其他西欧国家不同，它们深受穆斯林直接统治和穆斯林文化的影响。652 年，第一波阿拉伯人远征到西西里；半个世纪之后，即 711 年，柏柏尔人首领塔里克（Tariq）越过非洲和西班牙之间的海峡，这个海峡后来被称为“直布罗陀”，意为“塔里克的坐骑”。几乎与此同时，最后一个西哥特国王被推翻，其首都托莱多（Toledo）被攻占。

当阿拉伯人抵达西西里时，它还不是拉丁欧洲的一部分。它仍是拜占庭的一个行省，在宗教、文化、语言和政府方面都是希腊式的。在第一次阿拉伯人入侵后接近两个世纪里，它一直未受到任何打扰，直到阿拉伯人全面进攻将之纳入伊斯兰世界。征服与殖民在 9 世纪时齐头并进。878 年，锡拉库萨（Syracuse）这个一度是西地中海地区规模最大且作为拜占庭在该岛上力量焦点的城市，遭到了进攻和洗劫，那次侵略是如此狂暴以至于据说那里没有任何生物幸存下来。但是，对于西西里的历史而言，穆斯林的暴力征服（在 10 世纪早期仅有少数零星的反抗）不如大量穆斯林定居者的迁徙影响大。他们重新在乡村填满了人口，带来了柠檬和橙子、桑树和蚕、棉花和甘蔗以提高当地的农业水平。西西里和北非繁盛的穆斯林贸易整合，与其在突尼斯的统治者之间形成了政治依附关系。西西里的基督徒似乎也没有觉得统治者有多么严苛，他们中的很多人皈依了伊斯兰教，而其他不改宗的人只要不触犯伊斯兰教法和社会规范也不会被干涉。西西里再一次成为富庶繁荣之地。10 世纪时巴勒莫（Palermo）的人口可能比君士坦丁堡之外的任何基督教城市都稠密。

与此同时，在西班牙，穆斯林军队迅速抵达比利牛斯山脉（Pyrenees），将西班牙基督教统治者赶到了北部和西北部山谷的堡垒要塞中。756 年，一个倭马亚王子拒绝接受他家族的衰落，自封为科尔多瓦（Cordoba）的埃米尔（*emir*）或总督（摩洛哥和突尼斯很快就有人
113 模仿他）。其后，在 10 世纪，安达卢斯（El-Andalus）——阿拉伯人这样称呼他们在西班牙的土地——有了自己的哈里发（直到那时他们的统治者还是埃米尔），虽然在此之前很久其实际上（*de facto*）已经在政治上独立了。倭马亚西班牙并不是一片净土。因为伊斯兰教从未征服整

个半岛,在伊比利亚北部始终存在着一些基督教王国,他们总是想挑起阿拉伯西班牙内部的混乱,那里对于基督教徒相当宽容的政策并未能终止革命的危险。到公元1000年,基督教军队已经收复了加泰罗尼亚(Catalonia)直到埃布罗河(Ebro)地区,纳瓦拉(Navarre)和旧卡斯蒂利亚(Old Castile)也回到了基督徒的统治下。

当时的安达卢斯确实相当繁盛。倭马亚人发展了他们的海军,并且计划帝国不再向北方的基督教王国进一步扩张,而是转向非洲,以其他的穆斯林势力为代价,甚至不惜在这一过程中与拜占庭妥协以建立联盟。具有讽刺意味的是,直到科尔多瓦哈里发在11、12世纪衰落时,西班牙的伊斯兰文明才真正成熟,达到创造力的黄金时代的巅峰,甚至可以与阿拔斯的巴格达相媲美。那一时期涌现出了大量不朽、博学的学者和哲学家。10世纪科尔多瓦的700多座清真寺中许多都能跻身世界上最美丽的建筑。西班牙的阿拉伯学者和哲学家成为基督教世界认识东方科学和学术的指引者。在所有关于土地和劳动力资源的激烈斗争中,基督徒和穆斯林仍在西班牙进行着货物交易;西方基督教王国

114 学到了新型农业与灌溉技术，引进了新的产品，像橙子、柠檬和糖等。阿拉伯人在那里留下了很深的印记，就像其后许多西班牙基督教学生身上所展现的那样。

拜占庭的新挑战

赫拉克利乌斯的后继者们都颇有才干，但是在7世纪他们除了顽强地抵御阿拉伯人猛烈的袭击大潮之外无能为力。在北非、塞浦路斯和亚美尼亚被攻陷后君士坦丁堡遭到的进攻长达五年(673－678)之久；也许是希腊火(Greek fire)拯救了首都。在此之前，除了一个皇帝对意大利进行过私人访问之外，再没有试图收复沦陷到阿拉伯人和伦巴第人手中的西西里和意大利领土的计划。最后四分之一世纪的时候又出现了另一个威胁，那些斯拉夫人在马其顿和色雷斯地区大兵压境，另一支保加利亚人也越过了多瑙河。

这个世纪以皇帝被另一个人所取代的军事政变而结束；这意味着东方的皇权可能走上西方的道路，成为军人的猎物。8世纪初出现的一系列野蛮或无能的皇帝使保加利亚人攻打到了君士坦丁堡的门下，并在717年第二次被阿拉伯人包围了都城。虽然距离上一次伊斯兰教徒出现在博斯普鲁斯海峡已经有很长时间，但这确是一个真正的转折点。其后，拜占庭最富才干的皇帝之一，安纳托利亚人(Anatolian)利奥三世(Leo Ⅲ)即位。他原先是一个行省长官，在成功抵御阿拉伯人对领土的进攻之后被视为值得信赖的人，他来到首都进行防卫，并逼迫当时的皇帝退位。其后他自立为君，这些都受到了教士阶层普遍的热烈欢迎。这就是伊苏里亚王朝(Isaurian Dynasty)的奠基，也就是所谓的起源；它预示了一条新的进路，即原来东罗马帝国的希腊精英逐渐转变为拜占庭的精英，成为一个多民族共处的君主国。其后的皇帝不仅有来自安纳托利亚的，还有来自叙利亚和巴尔干地区的。

除了偶有的倒退之外，利奥的统治开创了一个复兴时代。在他清除了安纳托利亚的萨拉森人(Saracens，拜占庭希腊人这样称呼阿拉伯人)之后，他的儿子又把边界推回到叙利亚、美索不达米亚和亚美尼亚，并且在一定时期内保持了稳定。边境的抢劫和小规模冲突仍旧存在，但阿拉伯人的力量确实出现了显著的衰落。那个时候的确可以期待在西方实现一个小规模的复苏。拉韦纳收复了，在西西里最后的据点也慢慢地稳定了下来。东部帝国再次从其色雷斯和小亚细亚中心地带扩张，沿着巴尔干半岛形成了新的行政区。在 10 世纪，塞浦路斯、克里特和安条克也都从哈里发的手中夺了回来。对北叙利亚和托罗斯的争夺仍在继续，拜占庭的军队甚至一度越过了幼发拉底河。格鲁吉亚和亚美尼亚的地位越发重要。

斯拉夫人和保加利亚人

君士坦丁堡北部的问题比当时已经显示出来的问题更难以应付。 115
一个新的角色进入了这场欧洲历史大剧。远至公元前 2000 年，一个族群定居在喀尔巴阡山脉(Carpathians)东部，他们便是后来称为“斯拉夫人”的先祖。他们中的一些人在两千年的时间里向东、西方向扩散，尤为重要的是进入了今天的俄罗斯地区。在 5 世纪时，斯拉夫人也开始向南迁移进入巴尔干地区。这可能反映了来自阿瓦尔人(Avars)的压力。阿瓦尔人是亚洲民族，在古代晚期匈奴最后一次侵略退去后，形成了横亘在唐河(Don)、第聂伯河(Dnieper)和德涅斯特河(Dniester)之间的一个阻碍。他们控制着俄罗斯南部、乌克兰以及直到多瑙河河岸的地区，并受到拜占庭外交政策的拉拢。

虽然周期性地遭受匈奴人、阿瓦尔人、斯基泰人和哥特人的侵袭，斯拉夫人仍顽强地守卫着他们的土地。他们的早期艺术表现出了一种想要吸收外族文化和技术的意愿；他们向那些衰落的伟大文明学习。他们的运气不错：7 世纪时，俄罗斯南部的哈扎尔人和多瑙河下游的保加利亚人处在他们与伊斯兰人之间。这些强大的民族也可以引导落后的斯拉夫人进入巴尔干直至爱琴海地区。其后抵达亚得里亚海岸，进入克罗地亚、斯洛文尼亚、塞尔维亚、摩拉维亚和中欧地区。到 10 世纪，斯拉夫人在数量上控制了整个巴尔干半岛。

在这个过程中出现了第一个斯拉夫国家：保加利亚。这个有点似是而非，因为保加利亚人在种族上并非斯拉夫人。学者们认为他们是突厥民族。他们起源于匈奴遗留的部落，其中一些人通过通婚和与斯拉夫人交往逐渐斯拉夫化了；这些西部的保加利亚人于 7 世纪在多瑙河流域定居下来。他们曾联合斯拉夫人一起劫掠过拜占庭；559 年，他们还曾驻扎在君士坦丁堡的郊外。与其同盟者一样，他们也是异教徒。拜占庭竭尽全力地利用保加利亚部落间的分歧，他们的一个统治者接受了洗礼，其教父就是皇帝赫拉克利乌斯。拜占庭还帮助他赶走了阿瓦尔人。

慢慢地，保加利亚人的文化被斯拉夫的血统和影响稀释了。他们独特的语言消失了。一个保加利亚汗国最终在 7 世纪末出现了，其统治的区域大致相当于今天的保加利亚，我们在语言和文化上可以将之视为斯拉夫族的。那是保加利亚历史上一段模糊的时期。但一个陌生的国家，在巴尔干半岛这块长期以来被理所当然地认为是帝国一部分的土地上出现了。拜占庭帝国与保加利亚长达两个世纪的斗争阻碍了它在其他方面复兴的企图。在 9 世纪初的时候，一个皇帝在战场上被杀死了（敌人还用其头盖骨为自己的国王做了一个杯子）；皇帝死后，他们又陷入了与蛮族的长期斗争中。

116 转折点（虽然很难讲对拜占庭有多么重要）出现在保加利亚人皈依基督教的时候。意味深长的是，经过一段时间漫不经心地使罗马和拜占庭的力量对抗之后，保加利亚的国王鲍里斯一世（Boris I）在 865 年接受了洗礼。虽然在他们的臣民中存在着反对意见，但从这个时候起保加利亚就正式成为基督教国家。无论拜占庭的政治家们想在外交上获得什么（罗马教会也在试探寻求鲍里斯的效忠），离保加利亚问题的解决都还有相当遥远的距离；冲突仍旧在继续。无论如何，它不仅仅是保加利亚历史上划时代的事件；它还是另一个更大进程中的第一步，亦即斯拉夫民族的基督教化。它也表明基督教化这一过程可以通过统治者的改信由上而下地推进。

没有人知道，对一个巨大的战利品——斯拉夫文明的类型——的争夺现在就开始了。这场比赛由两大家族控制着。圣西里尔（St

Cyril)和圣美多德(St Methodius)兄弟是修道僧,迄今在东正教教会中仍享有盛誉。他们的传教工作始于波希米亚和摩拉维亚,其后转入保加利亚。这必然是在拜占庭意识形态外交的整体背景中出现的,东正教传教士很难完全与外交使者分开,而那些教士们也很难认清为帝国服务和为基督服务之间的区别(西里尔本人就曾作为一名使团人员去过哈扎尔)。他们所做的远比将一个危险的邻居劝化皈依要多得多。在波希米亚,他们创制了第一个斯拉夫字母表,即格拉哥里字母表(Glagolitic)。其后,西里尔所设计的字母表成为以他的名字命名的"西里尔"字母表。这很快通过教会里的斯拉夫人传播到了整个斯拉夫民族当中,成为今天保加利亚语的原型。它不仅使基督教的广泛传播成为可能,也使斯拉夫文化结晶成型。这一文化仍旧对其他文化开放,拜占庭也不是获取斯拉夫忠诚的唯一竞争者,但最终确实是东部正教会对其产生了最深刻的单一影响。

至于保加利亚人,他们作为一个一直存在的危险因素,在 10 世纪初的时候达至了顶峰。皇帝巴西尔二世,以"保加利亚人屠夫"(*Bulgaroctonos*)之名载入史册,最终在 1014 年的一场重大战役中摧毁了他们的力量,其后他弄瞎了 1.5 万名俘虏的眼睛,并将他们遣返回乡以震慑其同胞。每 100 个人中有一个幸运的人可以保留一只眼睛,让他将其他人带回去。据说保加利亚的统治者因此惊恐而亡。几年之后,被击败的保加利亚成为拜占庭的一个行省,持续长达 150 年,虽然始终未被同化。其后不久,拜占庭进行了最后一次远征,亚美尼亚接受了它的统治。拥有了多瑙河和幼发拉底河区域稳定的边界,拜占庭帝国在那时看起来比数个世纪之前还要稳固。

宗教辩论

帝国直到 11 世纪中期的所有经历都可以被视为在探求一条前进
与复兴之路。在国内,这不仅仅是拜占庭文化的伟大时代,更重要的是 117
(一度出现的短期统治和篡位者相继的时代已经过去了)一段王朝政治
较为稳定的时期,首先是弗里吉亚王朝(Phrygian,820—867),其后是马其顿王朝(Macedonian，867—1050)。虽然危险的水域得到了成功控制，宗教仍旧是始终存在的分裂与危险的源泉，并在一个重要时期，深深地损害了帝国的权威。

在许多方面，东正教会与拉丁大公教会出现了极为明显的区别，大公教会在显著的位置悬挂圣人的绘像，圣母和耶稣本身都是信徒们敬拜的对象，以其祈祷求得助佑。圣像(Icons)，如其所称，也成为东正教会灵修和教导的一个重要设置。他们在6世纪的时候已经在东部教会占有显著位置，在大众的信仰中十分重要。在古代晚期，圣像已经在西方得到了广泛应用，但是现在其在东正教教堂中占据了一个特别的位置，他们被置于神龛中，围以幕帐，以供信徒们敬拜和默想。它们不仅仅是装饰性的，其安放也传达了教会的教导。并且(如一个权威将其放在那里)表明了这是"天堂与尘世相接的一点"，基督徒在圣像中能感觉到被整个无形的教会，亦即被逝者、圣徒和天使、耶稣和他的母亲所环抱。一些东西能将宗教感情凝聚得如此之紧密，其会使拜占庭(后来也使斯拉夫)的绘画和马赛克创作达到艺术上的巅峰，这也就不足为奇了。

8世纪时，出现了对圣像的质疑(有趣的是，这一事件发生在哈里发发动了一场反对在伊斯兰教中使用画像的斗争之后，但是不能有理有据地推论出反对圣像崇敬者是从穆斯林那里获得了这些观念)。对圣像的批判者[他们自称"圣像破坏者"(iconoclast)]将之斥为偶像崇拜，认为这种崇拜扭曲了对上主造物主的崇敬。他们要求将那些圣像砸毁或铲除，并且带着白色涂料、刷子和锤子等立即采取了行动。

利奥三世支持这些圣像破坏者。他为何如此抉择迄今还不很清楚，但他是在听取了一些主教的建议后采取行动的，时值阿拉伯人发起猛烈攻击，又碰巧出现了火山爆发，这些毋庸置疑地都被认为是表明了上天对偶像崇拜的厌恶。730年一项法令颁布了，禁止在公共祈祷中使用圣像。对那些不遵守命令者的迫害随即而来，但君士坦丁堡的执行效果远比行省中的要好。这场运动达到了顶峰，迫害在君士坦丁五世统治时期日益暴烈；754年，一次主教会议批准了这一政策。这时出

现了殉教者，尤其是在修道僧中间，他们比世俗神职人员更为坚定地保
卫圣像。但是，圣像破坏运动(iconoclasm)的命运始终取决于帝国的
好恶。它在下一个世纪里逐渐衰退并被淹没了。在利奥四世和他的寡
妻伊琳娜(Irene)的统治下，迫害逐渐松懈，“圣像崇拜者”(iconophiles)
收复了失地，虽然其后历史又重演了一次。直到843年，圣像最终被恢
复了，那一天是大斋节(Lent)期间的第一个主日，直到现在仍作为东正 118
教的重大节日被东方教会所纪念。

现在仍很难阐明这一无疑相当重要的一幕。据说，崇敬圣像使得犹太人和穆斯林的皈依变得更为困难，但这一说法并不够深刻。要讨论这一问题当然不能不考虑宗教之外的因素，但是最终的解释可能只是精神上的警惕，以及东部帝国在神学争论上常常显示出的狂热，这种辩论很容易变为怨恨。很清楚，这无关艺术价值或审美观点，这不是拜占庭的风格。争论为改革者的感觉所推动，他们认为希腊人崇拜圣像是陷入了极端的偶像崇拜。阿拉伯人入侵是上主第一次怒雷的隆隆声；一个虔诚的君王，就像《旧约》里面的以色列人，可以通过打碎偶像将自己的人民从征服中拯救出来。这符合那些感觉自己走投无路的人的心态。圣像破坏者很明显地拥有强大的武装。另一个提示性的事实是，许多圣像表现的是当地的圣人和圣徒；他们被那些统一而简单的圣体和十字架所取代了，这也表明了一些新的事情：8世纪开始，从很多方面出现了对拜占庭宗教和社会的整体性强调。最后，圣像破坏运动在某种程度上也表达了对于一股持续已久的潮流的愤怒对抗，亦即反对支持那些在教导中将圣像置于重要位置的修道僧们。同时作为同愤怒的上主和解的谨慎步骤，圣像破坏运动也是对以皇帝和主教集权来反对地方敬拜、城市和修道院独立以及圣徒狂热崇拜这一做法的回应。

圣像破坏运动不仅仅触怒了西方教会，也显示出东正教与拉丁基督教的距离有多远。西方教会也在行动；拉丁文化在从阿里乌教派(Arianism)皈依的日耳曼民族中建立起来，其在精神上更加远离东方的希腊教会。圣像破坏者公开污蔑谴责利奥支持者的教皇制；罗马则警惕地观察着皇帝在精神事务上的自以为是。因此一个特殊的争论更

加深了基督教世界两部分因为文化分歧业已出现的裂痕。如果我们考虑到从拜占庭到意大利需要两个月的海路,陆地上则有斯拉夫人横亘在两个基督教区域之间,就不会那么惊讶了。而且,很明显,在利奥时代里,西方只有一个教会作为教会权威的根源,只有一个教义仲裁者,并且逐渐地形成了一个教会组织的中心。而东部帝国有很多的教会,没有普世的教会。6 世纪时东正教会已经否定了罗马主教的普世首席权。794 年,西方召开了一次宗教会议,修改了《信经》的表述,这一单方面决定使东方教会非常震怒,同时质问他们究竟想干什么。

119 在另一个层面上,历史很快也造成了新的分裂。当教皇在 800 年加冕法兰克国王为“皇帝”时,实际上是对拜占庭宣称他们是罗马唯一继承者的挑战。那些新皈依基督、仍旧处于半蛮族状态的民族对于君士坦丁堡而言并没有什么;拜占庭官方认为他们的挑战者就是法兰克王国。自此之后,所有的西欧人都被称作“法兰克人”(这一称呼流传甚广,最后竟远至中国)。两大帝国敏感地防备着对方。甚至罗马加冕礼本身某种程度上也是对君士坦丁堡女性称帝的回应。不仅仅因为她是个女人,还因为她是个声名狼藉的、弄瞎自己孩子的母亲。但是,法兰克的皇帝头衔只被拜占庭暂时地承认了;其后的西方皇帝仍只被视为国王。意大利也分离了两个基督教帝国,因为那些东部帝国宣称享有主权的土地受到了法兰克人与伦巴第人同样大的威胁。

当然,这两个基督教世界并没有断绝联系,虽然他们未能联合起来对抗那个时代最大的威胁——伊斯兰教。10 世纪时,一个西部的皇帝娶了一位拜占庭的新娘,日耳曼的艺术随之受到了拜占庭主题和形式的影响。但这只是两个文化世界富有成效的交往,随着时间的推移,数个世纪过去之后,分歧变得越来越明显。拜占庭特别奢华富丽的生活方式在西方看来是无与伦比的,这是他们之间最明显的不同。在皇城,宗教世界和世俗世界是相互渗透的。基督教纪年的日历与宫廷历法是不可分离的;它们为宏大的戏剧场面设置韵律,其中仪式典礼向人们展现帝国的威严。虽然在拜占庭也有世俗艺术,但时常出现在人们眼前的无一例外都是宗教性的,表现上主的伟大与无所不在,上主的副摄政便是皇帝陛下。这些仪式遵守宫廷严格的礼节,而在宫廷中则充满了各种阴谋诡计。基督教皇帝在公共场合露面就如同神一样庄严神秘,拉升数个帐幕,然后皇帝从后面戏剧性地出现。这是一个惊人文明的顶峰,它在 500 余年里向半个世界展示了什么才是真正的帝国。987 年,一个基辅(Kiev)的异教徒使团来到君士坦丁堡,验证其对基督教的认识(如同验证其对其他宗教的看法一样),称其在索非亚大教堂(Hagia Sophia)所看到的一切令他们震惊。“上帝就在人们中间。”他们说。① 在西方,却并没有这样的地方。

① 这些话来自 *Russian Primary Chronicle*,可能基于他们的口述版本。相关文章的译本参见: G. Vernadsky (ed.) et al., *A Source Book for Russian History from Early Times to 1917* (New Heaven, 1972), I, pp. 25–26.

120

第六章　西方的重塑

西方基督教世界

一个重新塑造且独具特色的西方基督教世界逐渐在公元 500 至 1000 年间出现了。对后来的历史学家(但似乎并不对当时的人)而言，一个影响深远的新千年到来了,其地域覆盖了大约半个伊比利亚半岛，以及所有现代法国,远至易北河(the Elbe)的德国、波希米亚、奥地利、意大利大陆和英格兰的领土。在边缘地带仍存在着一些半蛮族的地区,但正式地来说都是基督教区域——爱尔兰和苏格兰,还包括那个千年末期的斯堪的纳维亚诸王国。在 10 世纪的时候,一些人开始使用“欧罗巴”(Europe)来形容这片地域的大部分地区;一部西班牙编年史甚至称呼那些 732 年战争的胜利者为“欧罗巴人”(European)。

尽管这片区域有着长长的海岸线,却是故步自封的;大西洋宽广开放,但是在挪威人定居冰岛之后就再也没有过大规模的持续的探险;而西地中海是一条潜在的通往其他文明和贸易的高速路,南部则面对着日益陌生的拜占庭和长期怀有敌意而又高深莫测的伊斯兰世界。欧罗巴人簇拥在那些勇士们的统治周围,需要他们的保护,并变得缺乏积极性和不适应。然而,到公元 1000 年最糟糕的情况都结束了,那恰恰也是一个新纪元的开端。那时,外部的压力已经开始减轻,其后扩张文明的轮廓逐渐明显，一个难以想象的政治地理在500年起逐渐具化显现出来。大多数未来发展的基础都奠定了，拉丁基督教文化已经有了很多个体特色与独特品格。11世纪开创了一个新时代，一个革命与探险的时代，经常被称为黑暗时代(这是一种误导)的那几个世纪为其准备了丰富的原料。

一种变化在黑暗时代中显现出来，尽管它很难在地图上表现出来：古典文明的中心在文化上和心理上从地中海地区转移出来。在5至8世纪之间，欧洲历史的焦点——假如允许使用这一术语——转移到了莱茵河谷及其支流地区。在那里作出的决定逐渐变得更有影响。伊斯 121
兰教，以及其他一些因素，帮助西方重新回到这一中心地带。另一项稳步推进的发展是，基督徒向东扩展定居的势头逐渐上升，然而前路依旧漫长，距离其公元1000年的扩展尽头还很远，但至少先头部队已经远远地超过了原来罗马帝国的边界了。

第三个变化就是蛮族外部压力的减轻。马扎尔人(Magyars)在1000年时加冕了一位基督教国王；古斯堪的纳维亚人最终占领英格兰、法兰西北部、意大利南部、西西里岛和一些爱琴海岛屿，这几乎是最后一波斯堪的纳维亚人入侵，其时已近末期，北方国家实际上正在接纳他们的第一批基督教国王。甚至在西班牙，西欧也不再只是猎物了。要感觉到这一变化可能仍然是困难的，但无论如何，到1000年的时候，西欧不再是完全任人摆布的了。

那时候出现了新文明的地理和意识形态基础，它承认并保存了许多过去的东西，但又有许多独特和不同的地方。它的中心是基督教。欧洲的发展在很大程度上——甚至在地图上——首先取决于教会的发展及其地理范围和教会组织的界定。它经常通过蛮族的皈依得到扩展(有时不是正式的而只是名义上的)，有时也被伊斯兰教所限制而无法越界，但是强调那种可称之为人口学的或者种族上的扩张在任何情况下都是具有误导性的。对于早期基督教欧洲，相较于在种族模糊的野蛮民族中创建基督教王国来说，还有更多重要的事(因为对基督徒生活来说还有更重要的事)。

然而，有一系列伟大的成功历史在前，西方教会的领袖们有时会为其所取得的成就感到有些信心。从古代世界终结直至 12 世纪早期，大多数时间里他们都容易感到孤立与身陷重围。来自异教徒的挑战，以及与东正教会日益增长的争执直至最终的分裂，西方的基督教逐渐显现出一种好斗的不妥协，几乎形成了防御反射；这是它缺乏安全感的表现。它不仅仅被不存在的敌人所威胁。在西方教会自身领域内的活动，在其领袖眼中也总是困难重重。在仍旧半蛮族的人群中，在基督教化形成他们赖以生存的文化时，教会坚持着完整的教导与实践，认为最好可以向当地实际或传统作出一些让步而非原则性的致命的妥协。所有这些要由教士们完成，他们中的一些人是博学或经过训练的，而另一些则在灵性上令人怀疑。

教士们有时忽略了他们那边的处境并不奇怪。在西欧，一旦伊斯兰教停滞不前，他们就没有了信仰的挑战者；他们只需同那些残存的异
122 教和迷信竞争，而这些是教会都能够妥善处理的。分裂的时代随着信奉阿里乌异端的蛮族被征服而结束。一条通往古代文化的生命线被维持着，那意味着罗马的文字以及许多更遥远的东西，而教士阶层享有学习的垄断权力。这个世界的大人物也能够为宗教所鼓动，因为他们可以从教会的支持中赢得好处，即使他们一直是教会独立潜在的，甚至有时候是真实的威胁。凭着这些优势和有利条件，神职人员最终塑造了一个新型的社会，其中教会的角色在古代后期则是难以想象的。

教皇与法兰克人

罗马教皇制是基督教的中心和保存最好的机制，这也是那么多的关注都投向它的重要原因之一(事实上，它能反映出我们对这几个世纪里的宗教都知道些什么)。虽然教皇的权力有着惊人的起落，但古老帝国的分裂意味着，如果在西方任何地方有一个教会的领袖和宗教利益的保卫者，那必然是罗马主教。他没有其他神职上的竞争者。甚至在帝国统治于拉韦纳徘徊时，也已经很难去维持一个基督教帝国包含所有基督教传统的理论了。722 年，教皇哈德里安一世(Hadrian I)停止

了在教皇文档公函中使用拜占庭皇帝即位纪元，并铸造了刻有他自己名字的硬币。最后一个为其继任寻求帝国总督批准的教皇是格列高利三世(Gregory Ⅲ)，当时是 731 年。当拉韦纳在 751 年再一次落入伦巴第人手中的时候，教皇斯蒂芬(Stephen)动身去寻求援助，但不是向拜占庭求助。没人想要同东部帝国完全决裂，但是邻近的蛮族同盟确实能在危难之时提供更好的保护。

在其后的两个半世纪中有许多相当糟糕的时刻。阿拉伯人已经威胁到意大利，意大利当地的权贵在伦巴第人的控制退去之后变得难以驾驭。教皇们自己作为地主，面临着各种勒索和敲诈。有时罗马手里根本没有几张牌，而看上去教皇职位只能不断地易主。它强调首席权是出于对圣彼得遗骨守护者的尊敬，并且事实上，圣座是西方毋庸置疑唯一由使徒传下来的：历史与实际权力相匹配(虽然朝圣像今天的旅行业一样，是重要的收入来源)。长期以来，教皇们甚至在其自己的领地上都难以实行有效的统治，因为他们既没有足够的军事力量，也没有民政机构。圣彼得的继承者不欢迎对抗，那样他们会失去太多东西。

在意大利半岛之外，逐渐形成的西部基督教世界，能够很方便地被设想为三大部分。莱茵河两岸就是未来的法国和未来的德国。其次是 123
地中海西部的沿海文明，首先包括加泰罗尼亚(Catalonia)、朗格多克(Languedoc)和普罗旺斯(Provence)。随着时间的推移和蛮族世纪后的恢复，又扩大到包括整个意大利，到 11 世纪还包括了西西里岛。那时，这一地区包含了除阿拉伯安达卢斯之外的大多数城市人口。第三部分在某种程度上可以视为西部、西北部和北部的多个外围地区，包括西班牙北部第一批基督教国家，日耳曼的英格兰，其独立的凯尔特和半蛮族的邻居——爱尔兰、威尔士和苏格兰，最后还有斯堪的纳维亚诸王国。有些地区也可以划分到两个不同的分区里，诸如阿基坦(Aquitaine)[①]、加斯科尼(Gascony)和勃艮第(Burgundy)。

历史经验，以及当地的气候和种族构成，使得这些地区互不相同，

---

① 今天法国西南部的盆地地区，西邻大西洋，南接西班牙。

虽然其内部不是同质的，也没有实现任何形式上的统一。那些居民们也没有同一的自我认同。他们中的大多数人都对自己所居住的大陆没有什么概念；他们对自己和另一个村庄的邻居之间区别的兴趣远远大于这一地区和其他地区的区别。他们模模糊糊地意识到自己是基督教世界的一部分，但很少有人对于这一合宜观念之外的可怕阴影有什么近似的概念。

这最初的三个宽广地域，变成了中世纪西方的心脏地带。在罗马时代，这些地区的生活比地中海海岸的生活要简单得多。这里的村镇比遥远的南方要少，简单经济在那些糟糕的世纪里不太容易衰退；像巴黎那样的聚居地要比那些像米兰那样遭受商业大萧条的地区生活好得多。生活更加完全地扎根于阿尔卑斯山脉北侧，贵族们从成功的战士转化为地主。这一心脏地带的大部分地区在公元 500 年的时候就被法兰克人统治着。从那里，他们开始向德意志殖民，保卫教会和他们的土地，强化且传递着扎根于墨洛温王朝的(Merovingian)统治者神力的王权传统。

尽管如此，数个世纪以来，政治结构仍旧是脆弱易碎，依赖于强人的，因为统治是一项个人的活动，法兰克人的道路并没有使其变得简单。尽管墨洛温王朝一直稳定地延续到 7 世纪，一批无能而软弱的继承者就不得不取悦、满足他们相互征战的贵族。土地财产能够购买权力。一个来自奥斯特拉西亚(Austrasia)的家族孕育了查理·马特(Charles Martel)，这个于 732 年在图尔(Tours)大败阿拉伯人的战士，最终夺去了墨洛温家族的光彩。查理发起了对德意志的归化，这是欧洲历史上相当重要的里程碑式的事件[德文郡人圣博尼法斯(St Boniface)成了德意志的福音传布者，称如果没有查理的支持他就不会成功]，而且还加强了这个获胜家族与教会的联盟。马特的第二个儿子矮子丕平(Pepin the Short)在 751 年被法兰克贵族选为国王。三年后
124 教皇斯蒂芬二世来到法兰西寻求帮助，并像撒母耳先知(Samuel)给扫罗(Saul)和大卫(David)敷圣油一样给丕平国王敷圣油。哈德里安一世(Hadrian Ⅰ)是第一个接待法兰克国王的教皇，而其回访则相当于

宣布法兰克-罗马轴心的建立。

教皇斯蒂芬还授予丕平贵族头衔;这实际上是对帝国权威的僭用,但当时伦巴第人正在蹂躏罗马城,并不是讨论法律细节的时候。君士坦丁堡皇帝声称对西方拥有统治权力的宣言很明显是毫无意义的(西方教士阶层相信从任何方面来讲,那个所谓的皇帝都已经沦为异端了)。教皇的投资几乎马上就得到了回报。丕平打败了伦巴第人,并在756年将帝国的拉韦纳"赠送给圣彼得"。这就是后来所知的"教皇国"的起源,其后1 100年间,教皇在自己的领地享受着同其他统治者一样的世俗权力正是以此为开端的,并且这也为其独立奠定了新的基础。其后紧接着的是法兰克教会的改革,对德意志进一步的殖民化并派遣传教团归化(在那里开展了打击异端撒克逊人的战争),将阿拉伯人赶过比利牛斯山以及对塞普提曼尼亚(Septimania)和阿基坦的征服。这些都使天主教会获得了很大的益处。此外,敷圣油这一新魔术的受益者也不仅仅是国王。虽然它可以使国王拥有比常人更多的物质财富和实力,但教皇也掌握了隐藏在涂抹圣油权力背后的权威的微妙含义。

查理曼

丕平像所有的法兰克国王一样,在他去世时将土地分割了。整个遗产在771年由他的长子查理曼再次统一起来,他其后成为一个传奇,是加洛林王朝(the Carolingians)中最伟大的国王。作为一个在磨难中成长的中世纪人物,他的行为一直给人们留下了良好的印象。查理曼(Charlemagne)——就是Charles Magnus,亦即"伟大的查理"——不仅是传统中率领人民去打仗和征服的法兰克战争国王(虽然他也常常这样做),更令人惊讶的是他严肃地对待自己的基督徒身份并推动学术、艺术的发展;他想要通过在宫廷中填满基督教文化的表率人物而增强他的王权。

在领土方面,查理曼是一位伟大的建设者。他击败了伦巴第人,从其手中拯救了教皇制,成为他们的国王,也使他们的土地成为法兰克王国遗产的一部分。在北方，沿着美因茨(Mainz)到科布伦茨(Coblenz)这一基线，他的战士们一直向东推进远至马格德堡(Magdeburg)。三十年中，他在军营里苦心研究撒克逊人的军队以迫使这些异教徒归化。同阿瓦尔人、文德人(Wends)和斯拉夫人的战争，不仅给他带来了财富，还有卡林西亚(Carinthia)、波希米亚以及沿多瑙河直下通往拜占庭的通道。他为了控制丹麦人，建立了横跨易北河的驻军。早在9世纪，他便率领着他的军队进入了西班牙并在比利牛斯山南部建立了西班牙驻军，并一直延伸到埃布罗河和加泰罗尼亚海岸地区。

125 因此，他统治了——虽然没有办法清晰地界定这个词究竟意味着什么——一片自罗马帝国以来西方历史上最庞大的区域。历史学家们激烈地争议着它的真实性。查理曼的同时代人甚至还有更激烈的争论，他们讨论的是一个相当重大的事件：公元800年圣诞节教皇为其施行加冕礼，他被宣布为皇帝。“最虔诚的奥古斯都，为上主所加冕，伟大的皇帝，和平的给予者”，那里的臣民唱着这样的赞美诗——但是每个人都知道还有一个住在君士坦丁堡的皇帝：难道说这个分离的基督教世界要像罗马后期那样有两个皇帝？很明显，皇帝对诸多民族享有权威；通过这个头衔，查理曼就不再仅仅是法兰克人的统治者了。也许意大利是最要紧的部分，因为意大利与帝国的过去有着紧密的联系，这是在其他地方找不到的连接因素。教皇为了表示感谢——或者说权宜之计——也是其中的一个因素；教皇利奥三世刚刚由查理曼的士兵护送回自己的首都。然而据说查理曼曾说假如他知道教皇打算做什么，他就不会进入圣彼得之城了。他也许不喜欢教皇暗示自己拥有任命皇帝的僭越的权威。他一定知道对自己的人民，法兰克人以及北方的一些臣民而言，他更被视为一个传统的日耳曼战争国王，而不是恺撒的继承者，虽然长期以来他的封印上刻着“罗马帝国的复现”(*Renovatio Romani imperii*)，以显示一种与伟大的过去重新连接的意识。

查理曼一定想到了他的加冕将会引起君士坦丁堡的不满。与拜占庭的关系很快陷入困境，虽然在几年之后这个新头衔就被简单地承认为正当的了。这是对西方作出让步，承认拜占庭对威尼斯、伊斯特拉

(Istria)和达尔马提亚(Dalmatia)主权的一个回报。查理曼和另一个大国,即阿拔斯哈里发王朝存在着流于形式但并非不友好的关系;据说哈伦·拉希德(Haroun-al-Raschid)曾送给他一尊库斯鲁一世(Khosrau Ⅰ)①的半身像,在这位波斯国王的统治下,萨珊帝国的力量和文明发展达至了顶峰;并且更为有趣的是,还送给他一头大象(这些都来自法兰克的文献,我们看到的这些来往在阿拉伯的编年史里似乎是不值一提的)。西班牙的倭马亚人则不同;他们近得足以形成威胁,保卫基督教信仰不受异教污染是基督教国王职责的一部分,所以查理曼并未与其交好。

查理曼的王权也有其他的表达方式。虽然他给予主教支持和保护,整个法兰克教会却紧紧地依附于他的权威。查理曼是其后数个皇帝中的第一个,甚至是最傲慢的一个,这些皇帝们想要对罗马阐明他们对教皇地位的尊重以及作为宗教护卫者的态度。他将教会视为政府的一个机构,通过主教进行管理并亲自主持法兰克的宗教会议。看起来他似乎想要改革法兰克教会和罗马教会,使其二者都遵行《圣本笃会规》。基于这一方案,无论是好是坏,埋下了日后欧洲一个重要观念的种子,即基督教国王不仅要对保护教会负责,而且要对其治下宗教生活 126
的健康负责。

查理曼极力以建筑和装饰珍品去美化他在亚琛(Aachen)的宫殿,这座建筑同时具有宗教和世俗的重要性(我们并不清楚查理曼本人是否作出过这样清楚的区分)。法兰克宫廷与拜占庭的相比是非常原始的——甚至与早期其他一些向更高文明开放的蛮族王国相比也是如此。当查理曼帝国的人们从拉韦纳带来材料和思想去美化亚琛的时候,拜占庭的艺术风格已经更深刻地进入了北欧的传统中,古典的典范也开始影响到那些工匠们。但帝国的宫廷同时也是知识中心。从那里生发出一种以新颖、精致和改良的手法用于抄写书籍的方式,被称为加

① 拜占庭称为"科斯洛埃斯一世"(Chosroes Ⅰ)。他于531年继任萨珊波斯王位,一生征战,曾多次击败拜占庭军队。——译者注

洛林小写体(Carolingian Minuscule)。这些手写本成了西方文化传播最重要的工具之一。查理曼希望以这种方式给他治下的每个修道院都提供一份可信的《圣本笃会规》,但是这种新的书写方法主要还是首先应用于《圣经》的抄写上。这不仅仅是出于宗教的目的,《圣经》的故事还能用来为加洛林王朝的统治做辩护,因为《旧约》中充满了各种虔诚而蒙恩的战争国王的例子。

《圣经》是修道院图书馆中的主要文本,遍布法兰克王国各地,同时其他的一些文本也在亚琛发出初始推动力之后的世纪里得以复写和传播。这就是今天学者称为“加洛林文艺复兴”的核心。这个词并没有后来体现出来的集中于古典时代的异端的含义,它强调的是基督教信仰。它的目的是加强对法兰克教士们的训练以提升整个教会的文化水平,并将信仰传播到更远的东方(对于比利牛斯山南部而言,问题不在于教育或使其皈依,而是如何收复失地)。这些传播神圣知识的早期的领导人中,许多都是在亚琛宫廷学校中的爱尔兰人和盎格鲁-撒克逊人。他们中最为杰出的一位是阿尔昆(Alcuin),他是来自约克郡的修士,那里是英国学术的伟大中心。他最有名的学生就是查理曼,但也有其他的几位。除了设计宫廷图书馆和缮写他自己的著作之外,他还在图尔建立了一个学校,自己担任修道院长,在那里向将掌管法兰克教会的下一代人讲授波伊提乌和奥古斯丁(Augustine)。

阿尔昆的卓越成就是欧洲文化重心由古典时代中心地域向北迁移的显著例证。但是其他人同他及其同乡们相比,更多地投身于教育和抄写事业,致力于向东西扩展建立新的修道院;那里有法兰克人、西哥特人、伦巴第人,也有意大利人。这是整个欧洲的责任。他们中的一位叫作艾因哈德(Einhard)的平信徒(layman,他可能曾做过皇帝的书记员),写下了查理曼的一生。从这本书中我们知道了很多个人细节:皇帝可能是一个唠唠叨叨的人,一个敏捷的猎手,还酷爱
127 游泳和泡澡(温泉的存在解释了为什么他选择在亚琛建造宫殿)。他在艾因哈德的书中恰似一位活力充沛的知识分子,既能讲法兰克语又能讲拉丁语,而且还懂希腊语。这些使得查理曼想写书的传闻更

加可信，据说查理曼把自己的笔记本放在枕头底下以能够在床上工作。“但是，”艾因哈德说，“虽然他非常努力，然而这在其生命中开始得太晚了。”

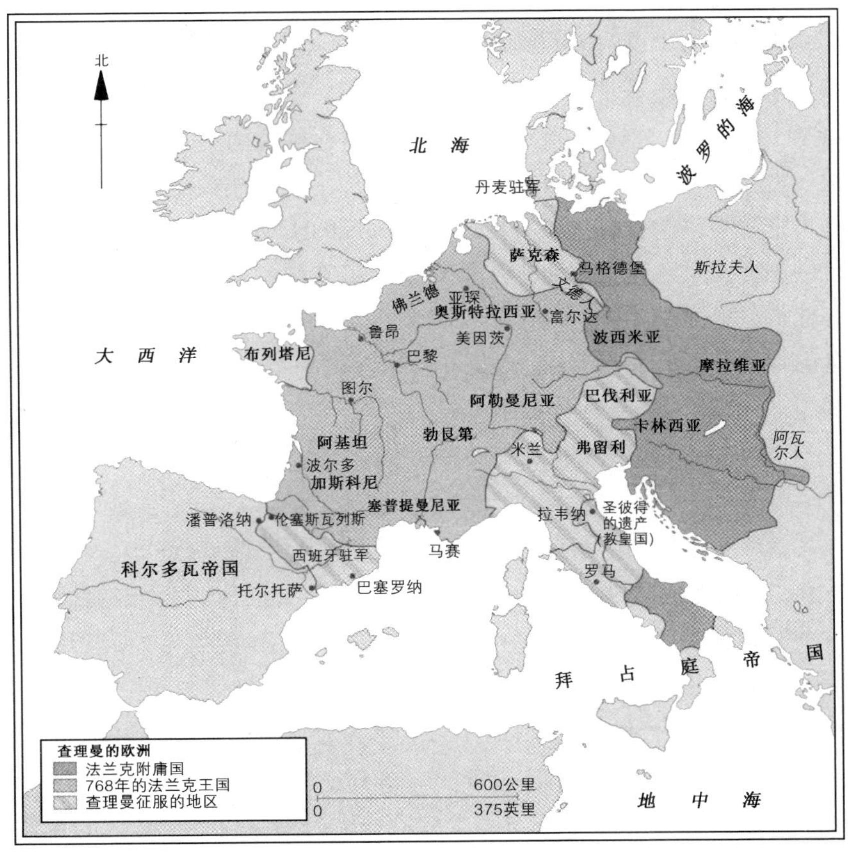

不仅在艾因哈德的书里，而且在许多口传的故事中也流传给后世一个高贵而庄严的查理曼的生动肖像，他努力地从一个好战的军事领袖转变为庞大的基督教世界的统治者，并在这个过程中享受着成功的喜悦。查理曼的外貌给人以敬畏感（他可能比他大多数的随从人员都要高很多），而当人们见到他的时候将会感觉到他高贵的灵魂，他是那样生气勃勃、公正无私和宽宏大量。这位英雄的骑士将被诗人和游吟

艺人传唱数个世纪。在那个时代，他的统治比蛮族的土地上所见到的任何景象都更加雄伟。

128 当其统治盛期开始时，查理曼的宫廷仍旧充满了游学的人，他们整年从一个庄园到另一个庄园游学。当皇帝去世时，他在亚琛留下了一座宫殿和一座宝藏，他也在那里安葬。他曾经改革过度量衡，并在欧洲规定了一镑白银等于 240 便士(*denarii*)，这一规范长期得到良好使用(在大不列颠岛上延续了 1 100 年)。但是他的能力都是个人的，而不能制度化。他一直提防自己的贵族通过传承其世袭位置以取代国王；他再三向自己的官员发布“法令集”(capitularies)或指导意见，这就是他的愿望常常被漠视的明证。最后在无可奈何的情况下，查理曼只能在他自己的领地上进行日常的有效统治。这些贵族曾以特别庄严的宣誓向他效忠，然而就是这些人也在查理曼越来越年迈时开始给他找麻烦了。

加洛林遗产

查理曼计划以法兰克人惯常的方式将他的土地进行分配，但他是不幸的：虽然他结过五次婚并育有十一个子女，但他的五个儿子中有四个先他而逝，所以整个未分割的遗产都在 814 年传给了他最小的儿子——虔诚者路易(Louis the Pious)。他得到了皇帝的头衔(查理曼给他儿子的)和教皇的支持；两年后教皇为查理曼的继承者路易加冕。但是分裂仅仅是被推迟了。查理曼的继承者既没有他的威望又没有他的经验，也不可能像他那样有控制分裂势力的力量。各个地区的效忠都围绕着个人。一系列的分裂最终在 843 年达到了高潮，并造成了严重后果，查理曼的三个孙子共同签署了《凡尔登条约》(Treaty of Verdun)。位于莱茵河西岸中心地带的法兰克土地的中心王国连同旧都亚琛都归了洛泰尔(Lothair)，他还继承了皇帝的头衔。其后这一地区便被称为洛塔林尼亚(Lotharingia)，其忽视了地理上的划分。它包括了普罗旺斯、勃艮第以及其后被称为洛林(Lorraine)的地区，西至斯海尔德河(Scheldt)、默兹河(Meuse)、索恩河(Saône)和罗讷河

(Rhône)之间的土地。洛泰尔同时还得到了意大利王国。在东面，莱茵河与德意志边界之间的条顿语地区归日耳曼路易(Louis the German)。最后，在西部，加斯科尼、塞普提曼尼亚和阿基坦，以及大致当今法国除洛塔林尼亚之外的所有地区都给了前两位的同父异母的兄弟——秃头查理(Charles the Bald)。这一划分并未稳定很长时间，但是它产生了十分重要的影响；它有效地形成了法国与德国的政治差异，两者分别植根于法兰克的东部和西部。洛塔林尼亚在语言、种族、地理划分和经济结构上较之于其他各处更为复杂。它的存在主要是因为领土要划分给三个儿子。未来的法德历史注定要在莱茵河、默兹河和罗讷河之间的领土上来回争执。

没有一个皇室家族能保证雄才大略的统治者层出不穷。国王们也
不能永远依靠赏赐土地来换取效忠。渐渐地，像其墨洛温先辈们一样， 129
加洛林王朝也走向了衰落。这个联合体破裂的信号，是一个独立的保加利亚的出现，人们开始回忆查理曼帝国伟大时代的日子，这是衰落与不满的重要象征。东、西法兰克历史的距离也越来越大。在西部，加洛林王朝在秃头查理之后只维持了一个世纪。在他统治末期，布列塔尼(Brittany)、佛兰德(Flanders)和阿基坦都倾向或计划独立。西法兰克的君主制在弱势中始于10世纪。911年，查理三世(Charles Ⅲ)迫于无奈，将其后成为诺曼底(Normandy)的土地给了古斯堪的纳维亚人的首领罗洛(Rollo)。罗洛次年接受了洗礼，便开始建设得以使他效忠于加洛林王朝的公爵领地；直到10世纪末，他的斯堪的纳维亚同胞继续来到这里定居，然而他们很快便在语言和法律上成为法兰克人。在此之后，西法兰克人的联合迅速土崩瓦解了。在混乱中，出现了一个巴黎伯爵的儿子，他稳步地在未来国家的心脏地带——巴黎大区(Ile de France)周围树立了自己家族的势力。当西法兰克加洛林王朝最后一个统治者在987年去世时，他的儿子休·卡佩(Hugh Capet)被推选为新的国王，自此开创了一个统治近400年之久的新皇室家族的历史。而在其他地区，西法兰克则分散成若干区域性的单元，由一些立场不同且独立的地方豪强统治着。

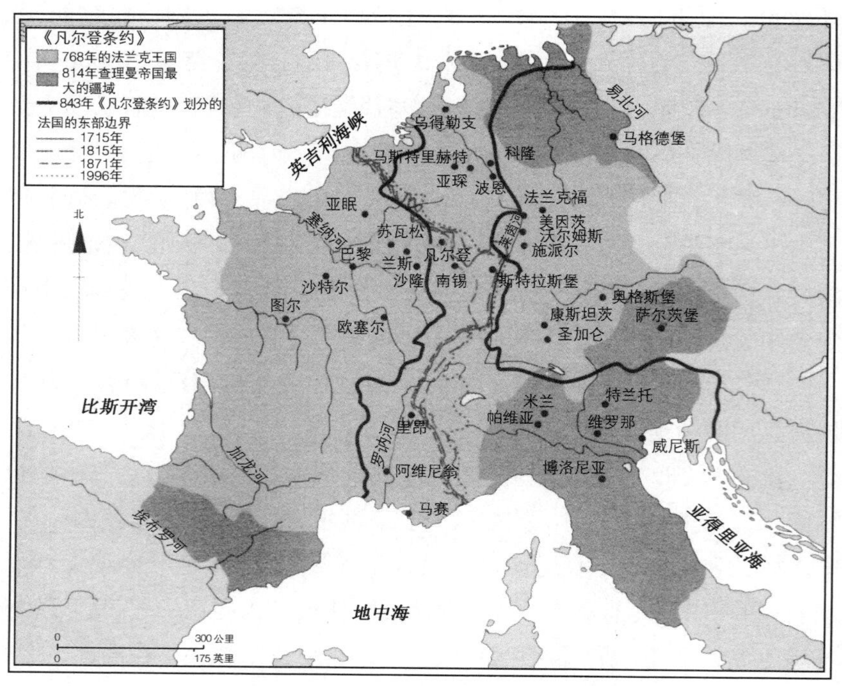

新帝国

130 莱茵河东岸，法兰克人遗产的故事开创了中世纪和近代早期历史主题：长期致力于建立一个真正的大国，其后被称为“德意志民族神圣罗马帝国”(Holy Roman Empire of the German Nation)。其中一个方面是长达数个世纪的努力以期将东法兰克与地中海欧洲整合起来。地理形势是一个障碍；德意志的天然出海口在北部，沿奥德河(Oder)、易北河和威悉河(Weser)向下，并且有崇山峻岭的阻碍而难以向南。在其他的障碍中，还有加洛林在德意志的遗产再三被分配的影响。那一支的最后一个东法兰克国王于911年过世后，政治分裂随之而来，并一直持续到19世纪。当地豪强的自信与比西部更强的部落忠诚相结合，产生了若干强有力的公国。稍微有些令人惊讶的是，他们当中的一个统治者，法兰克尼亚的康拉德(Conrad of Franconia)被选为国王，想要以一个强大的领袖去反对马扎尔人。王朝更替使得对新统治者给予某些特殊的身份变得合理；主教因此在康拉德的加冕礼上为其敷圣油(他是第一个受到这样对待的东法兰克人统治者)，但这并没有起到什么作用。康拉德难以阻挡住马扎尔人；他丢掉了洛塔林尼亚且无力将之夺回，却在教会的帮助下尽力提升自己家族与官员的地位。公爵们将自己的人民聚集到一起以保卫领地的独立。四个最主要的族群分别是撒克逊人、巴伐利亚人、士瓦本人和法兰克尼亚人(作为东法兰克人已经相当知名了)。地缘差异、血统和大贵族们的天生自负为德意志历史上一个持续到 19 世纪的历史性典范打上了深深的烙印；中心权威与地方势力之间的激烈竞争从长远来看并非(像其他的某些地方一样)有利于中心地区，虽然在 10 世纪时暂时看起来有点像这样。面对着公爵们的叛乱，康拉德任命了其中一个反叛者为他的继承人。公爵们达成了协议，在 919 年，萨克森的"捕鸟者"亨利(Henry "the Fowler")成为国王。他和他的后裔们——"萨克森诸皇帝"，即奥托王朝(Ottonians)统治东法兰克直到 1024 年。

"捕鸟者"亨利没有接受教会的加冕礼。在他背后有强大的家族势力以及撒克逊人对他的部落忠诚，他通过军事领导与豪强们联合。他从西法兰克手中夺回了洛塔林尼亚，打败文德人后在易北河上建立了新的堡垒，使丹麦成为一个附庸国并开始对其皈依，最后还击败了马扎尔人。这给他的儿子奥托一世(Otto I)留下了相当可观的可资利用的遗产。经过正式的选举之后(事实上只因为他是他父亲的儿子)，奥托继续着他父亲的工作。955 年，他在莱希费尔德(Lechfeld)彻底击败了马扎尔人，从而终止了他们曾有过的威胁。奥地利——查理曼的奥斯特马克(*Ostmark*，意为东部特区)或东部边疆——再度被殖民。

虽然面临一些反对，奥托同时也将德意志教会变为了忠诚的工具；
萨克森皇帝们的有利条件是德意志教士倾向于支持君主制以寻求抵御 131
掠夺性平信徒的保护。一个新的马格德堡大主教区建立了起来，以指
导在斯拉夫人中建立的主教区。有人说奥托统治结束的时期是中欧的
一段混乱时期；这样的评价也许有些夸张，在他的统治下第一次出现了

我们可以称之为德意志的东西。但奥托的雄心并不止于此，他被称为“大帝”更非毫无作为。936 年，他在查理曼的旧都亚琛加冕。他不仅接受了他父亲曾经避免的教会仪式和敷油礼，并且还在其后举行的加冕礼宴会上，让所有的公爵以老加洛林的方式服侍他，如同他的家臣。15 年后他侵入了意大利，同一个有继承权的寡妇结婚，其后自立为王。然而，教皇拒绝将他加冕为皇帝。十年后的 962 年，奥托为回应教皇的求助重返意大利，这一次教皇为其敷圣油。奥托称自己的帝国为“神圣的”。

如此便复活了罗马和加洛林的帝国理念。德意志和意大利的国王再次合而为一(至少是在名义上)，这样持续了将近一千年。然而这个帝国不像曾经的查理曼帝国那样广大，奥托也未能像查理曼那样能控制教皇。奥托自信其为教会的保护者(他的一个兄弟是大主教)，他知道什么是对教会最好的，但他不是教会的统治者。这样的帝国结构也并非十分稳固；它依赖于当地豪强的政治操作而非行政管理。无论如何，这一时期是令人印象深刻甚至是富有魅力的。奥托的儿子，亦即未来的奥托二世(973—983)同一位拜占庭公主结婚了。虽然他(和他的接班人奥托三世)在登基时不得不面对叛乱，但最终实现了第四代的顺利继承。奥托三世(983—1002)在登基时年仅三岁，但仍继续维持着在阿尔卑斯山以南地区行使皇权的传统。这给罗马投下了一道阴影。奥托大帝设计了对两位教皇的废黜以及另两位教皇的选举(其中一人是平信徒)；奥托二世驱逐了一个(由罗马人所选举的)篡位者，并恢复了原来的教皇；奥托三世使他的一位表兄弟成为第一个坐上圣彼得宝座的德意志人，其后他又指定了第一个法兰克教皇。

罗马似乎把奥托三世迷住了，他定居在那里。像他的父亲和祖父一样，他也自称为奥古斯都(*Augustus*)，他的印章上也刻着那句传奇的“罗马帝国的复现”——但他将之等同为基督教帝国。作为半个希腊人，他自视为新君士坦丁。一幅 10 世纪末期的来自福音书中的双连画展现了他庄严加冕的画面，他手持宝球，接受四个头戴皇冠的妇女的效忠：她们是斯拉沃尼亚(Slavonia)、德意志、高卢和罗马。他认为欧洲是由在皇帝领导下的处于等级制度中的国王们组成的，这一观念是东方式的。在这里，狂妄自大以及真实的宗教虔诚信仰并存着；奥托真正的权力基础是其德意志王位，而非意大利，虽然他对那里十分着迷并居住在那里。尽管如此，在他 1002 年死后，按照他的遗愿，他的尸体被运回了亚琛，安葬在查理曼身边。

132

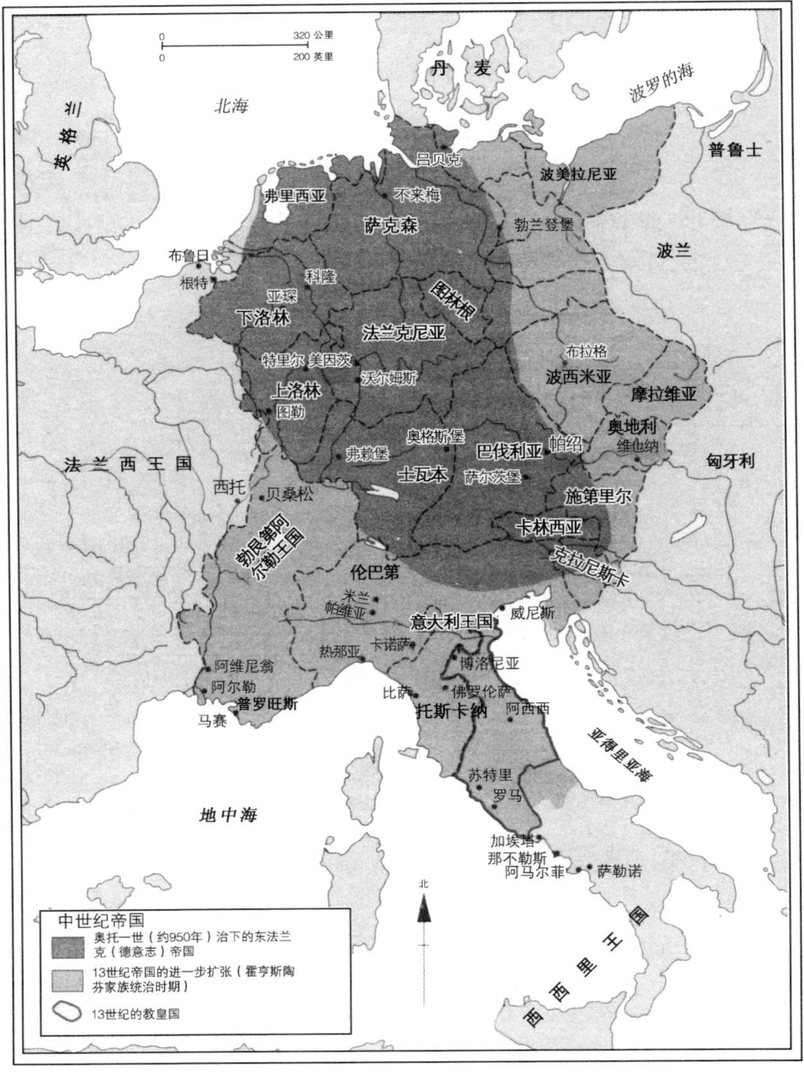

奥托三世没有留下子嗣,但萨克森一支并没有断绝;亨利二世在一
场斗争后被选为国王,他是“捕鸟者”亨利的曾孙。虽然是在罗马举行
的加冕礼,但他在心底里还是一位德意志的统治者,而非西方的皇帝。
他的印章上写着“法兰克王国的复现”。虽然他对意大利进行了三次远
133 征,却更依赖于玩弄派系斗争以控制半岛地区。在他统治时期,拜占庭
风格的奥托王朝开始衰落。他的注意力主要集中在对德意志东部的怀
柔和归化上。

意大利和地中海欧洲

虽然 11 世纪所开创的西方帝国观念仍然保持着生机并能使统治者们着迷,但加洛林王朝的遗产早已崩溃破碎了。当时可能已经达成了一个共识,即皇帝们对于其他的统治者享有一些模糊的盟主权力,并尝试去践行这种权力和保护教皇的义务。就先前的东法兰克而言,德意志的观念仅仅勉强存在着,但这个国家自身却是一个真实的政治共同体,即使仍旧处于萌芽阶段。这个奇怪的联盟协定出现在那里,成为主要的制度体现,并最终成为帝国观念在西方的庇护所。在法兰西也同样如此,未来更多奠定在没有帝国的基础上,虽然当时这些可能还不很明显。西法兰克分裂为十几个主要部分,卡佩王朝(Capetians)的宗主权长期以来都是十分微弱的。但是他们在自己这边集中地建立了皇室领地,包括巴黎和奥尔良等重要教区,还与教会建立了良好的关系。这些在雄才大略的国王手中是十分有利的条件,而雄才大略的国王们将在其后的三个世纪里出现。

另一个加洛林王朝遗产的重要组成部分就是意大利。从 7 世纪开始,这个半岛从与北欧的整合中走出来,重新回转成为地中海欧洲的一部分。伦巴第王国被查理曼摧毁后,直到加洛林王朝势力衰微之前,教皇在意大利都没有任何政治对手。那时,其主要面临的是意大利豪强的兴起和罗马贵族重振的雄心。当奥托王朝表明了对教皇的态度时,西方教会在 10 世纪陷入内聚力和团结的最低谷。然而还有与之相平衡的另一面,虽然很缓慢地才显示出其全部含义来。丕平的赠礼适时

地组成了一个强有力的意大利领土国家的核心，利奥对查理曼的加冕与斯蒂芬对丕平的加冕一样，可能都只是一种权宜之计，但其中包含了强力的种子。在皇帝的加冕礼中有一种隐藏的主张；它表明了一个长期隐匿着的事实，并且在一定的时代里非常易于理解其象征意义：教皇将皇冠和上主的认可授予皇帝。因此，他可能是有条件地去做这件事情。也许他有权认定谁才是真正合法的皇帝。当个人的缺点和继承的纠纷困扰着王国的时候，这样的事情经常发生，罗马便可以充分利用这些不确定性。随着时间的推移，教皇们作为基督的代表逐渐从皇帝的加冕典礼里退出了（就像从英国或法国国王那里退出一样），香脂与油膏的神圣混合物主要用于神父们的晋铎和主教们的晋牧典礼中。

更直接且具有实用价值的是，强力国王们的支持被教皇用来整肃
当地的教会和东部的传教团事业。由于地方神职人员的提防，法兰克 134
教会感受到了变化；在 10 世纪的时候，教皇的言论也已经能够影响到阿尔卑斯山以北了。从 8 世纪的谅解（*entente*）[①]以来，逐渐出现了一种观念，认为教皇有权阐述教会的政策而地方教会的主教则不应违背。标准化的巨大工具正在铸造，虽然它在此地已经成为原则，当丕平利用身为法兰克国王的权力去改革国民的教会时，其在礼仪和教规上与罗马保持一致，从而更加远离了凯尔特的影响。

优势与劣势之间的平衡来回颠倒，有效权力的边界也因不同的教皇而动荡不定。值得注意的是，加洛林遗产进一步潜层分裂后，意大利的王冠与洛塔林尼亚相分离，而教皇尼古拉斯一世（Nicholas Ⅰ）以其主教职权所施加的压力最为成功。一个世纪之前，一个著名的伪造物，“君士坦丁的赠礼”，声称君士坦丁将先前皇帝在意大利的统辖全权给予了罗马主教；尼古拉斯向国王和皇帝们发函，就像这个理论在西方已
经被接受了。据说，他写给他们的信“就仿佛他是世界之主”，提醒他们 135

① 指罗马教会“脱离东方，转向西方”，寻求法兰克王国保护。这种关系在丕平和查理曼时代达到顶峰，实现了罗马教会与蛮族王国的结合，也为教皇地位的上升和教皇国的建立奠定了基础。——译者注

神圣罗马帝国

800 年	查理曼大帝加冕。
840—843 年	加洛林帝国在虔诚者路易死后分裂，洛泰尔一世继承皇帝头衔(以及意大利和洛塔林尼亚的领土)。
955 年	莱希费尔德战役：奥托一世(奥托大帝)以这次胜利最终赶走了马扎尔人的残余势力。
966—972 年	奥托一世第三次远征意大利：废黜了一位教皇，恢复了另一位教皇，任命了第三位教皇。
998 年	奥托三世废黜了一位教皇。
1046 年	亨利三世废黜了三位竞争的教皇，并重申了任命教皇的权力。
1075—1122 年	主教叙任权之争，以《沃尔姆斯宗教协定》(Concordat of Worms)为正式结束的标志。
1125 年	选择皇帝的选举原则经洛泰尔二世认可建立。
1138 年	霍亨斯陶芬(Hohenstaufen)王朝始于康拉德三世即位。延长了与教皇追随者之间的斗争。
1152—1190 年	腓特烈一世[Frederick Ⅰ，即巴巴罗萨(Barbarossa)]开始启用“神圣罗马帝国”(Holy Roman Empire)的称号。
1183 年	(在皇帝、教皇和伦巴第城市之间签订的)《康斯坦茨和约》(Peace of Constance)开创了在皇帝正式宗主权之下分离德意志与意大利的道路。
1245 年	腓特烈二世在里昂宗教会议(Synod of Lyons)上被教皇英诺森四世(Innocent Ⅳ)废黜。
1268 年	最后一位霍亨斯陶芬家族的王子被谋杀。
1356 年	查理四世颁布《金玺诏书》(Golden Bull)，奠定了神圣罗马帝国的国体，一直持续到 1806 年。

注意他可以任命和废黜君王。他也用教皇首席权的教义去反对东部的皇帝，以支持处境尴尬的君士坦丁堡教区。这是其势力的顶点，教皇的权力难以在实际中长期保持，因为一切很快就清楚地表明，在罗马的势力事实上决定了谁能获得教皇所宣称的他才能够授予的皇权(很具有启发性的是，尼古拉斯的继承者是继 3 世纪的殉教者之后第一位被谋杀的教皇)。无论如何，分道扬镳的信号已经出现了。

在 1000 年时，教皇领土之外的意大利地图看起来既凌乱又令人困惑，但是中世纪的边界并不意味着今天的边界。在北方分布着一些封建主的独立小国。威尼斯看上去已经相当有前途；在 200 年的时间里其已经推进到了亚得里亚海，还获得了黎凡特和地中海地区的商业利益。城市共和国在半岛南部的加埃塔(Gaeta)、阿马尔菲(Amalfi)、巴里(Bari)存在着。在它们中间是教皇的领地。然而,整个意大利也被伊斯兰教的阴影所覆盖,其所受的袭击向北远至比萨(Pisa)地区;埃米尔于 9 世纪的时候曾一度出现于塔兰托(Taranto)和巴里,902 年时阿拉伯人完全征服了西西里,并在那里统治了一个半世纪。

阿拉伯人也塑造了更西边的欧洲的命运。他们不仅仅在西班牙建立了政权,甚至在普罗旺斯也拥有了更多的永久基地(其中一个预计未来有所不同的是在圣特罗佩)。沿海的居民必然与阿拉伯人有着复杂的关系,他们看起来既像海盗又像贸易商人。除了西西里和西班牙,阿拉伯人对其他地方的定居兴趣都不大。法国南部和加泰罗尼亚变得各具特色。法兰克人和哥特人的征服已经给它们留下了印记。双方都有十分丰富的过去罗马的实体记忆;一种地中海农业支配着他们。另一个显著的特征是语言。罗曼语族出现在南部,其中一些语言一直延续到今天。一种是加泰罗尼亚语(Catalan),这是查理曼征服时形成的在法国与西班牙边境地区使用的语言,其后又被巴塞罗那(Barcelona)的宫廷所扩大。在伊比利亚半岛,加泰罗尼亚语一度曾在阿斯图里亚斯(Asturias)和纳瓦尔等支持基督教以对抗伊斯兰教地区的数个小国中共同使用。穆斯林周围的地理、气候和边界在 8 世纪的危险时期曾经帮助他们幸存下来。其后,一个莱昂(León)王国的出现取代了阿斯图里亚斯的位置而与纳瓦尔王国毗邻。然而,10 世纪时,基督教世界内部出现了纷争,阿拉伯人再次取得了进展。当伟大的阿拉伯征服者曼苏尔(Al-Mansur)相继占领了巴塞罗那、莱昂之后,最黑暗的时刻到来了。998 年,他又占领了圣地亚哥-德-孔波斯特拉(Santiago de Compostela)的圣殿,据说那里是使徒雅各(St James the Apostle)的安葬之所。胜利并没有维持多么长久。为建立一个基督教欧洲所做的一切被证明是难以湮灭的。在其后的几十年里,基督教西班牙团结了起
来,而伊斯兰教西班牙则走向了分裂,对半岛的再征服开始了。伊比利 136
亚和其他地方一样,扩张年代的揭幕属于另一个历史时期,但是这一切都基于在中世纪与另一个文明的长期对抗。对于整个西班牙而言,基督教成了民族神话与自我意识的冶炼炉。

北方维京人

如果将基督教的实践视为西方基督教王国转型为欧洲的话，那么在公元1000年时还不能包括斯堪的纳维亚。那时所有斯堪的纳维亚的国王不都是基督徒，但是在此之前很久，那些异教民族已经在近海的岛屿和欧洲大陆的北海岸上塑造历史了。可能是因为人口过剩，古斯堪的纳维亚人从8世纪开始向外扩散迁移。他们有两样精良的技术装备，一种是船桨和船帆既能越海又能行驶浅滩的大艇，还有一种可以装载大量物品的装货的大桶，能将他们的货物和动物在海上保存六至七天。凭借着这些他们在海上征战了四个世纪，分布在从格陵兰到基辅的大片区域。并非所有的古斯堪的纳维亚人都在寻求同样的东西。那些移居到冰岛、法罗群岛(the Faroes)、奥克尼群岛(Orkney)和更遥远的西方的人们渴望殖民。那些深入俄国内河的瑞典人则更期望进行贸易。丹麦人则以大量的抢劫和维京(Vikings)海盗的名声被人们所记忆。但是所有这些主题都是相互交织的。没有一个北欧民族只单纯从事其中的一项。

维京人殖民相当引人注目，并留下了许多可利用的资源。古斯堪的纳维亚人几乎全面取代了奥克尼群岛和设得兰群岛(the Shetlands)上的皮科特人(Picts)，从那里他们将自己的统治扩展到了法罗群岛和马恩岛(Isle of Man)。在近海海域，他们的据点比在苏格兰和爱尔兰大陆上的更加结实和稳固，在那里的定居是从9世纪开始的。爱尔兰语记录了他们采用挪威语在商业上的重要性，都柏林(Dublin)由维京人建立，其后迅速成为一个商贸据点，在爱尔兰占有显赫的位置。在所有的殖民中最成功的是冰岛，即欧洲人第一个海外“新大陆”。爱尔兰的隐修者最早到达那里，直到9世纪末才有大量维京人到来。到930年，已经有1万多名挪威冰岛人在这里以农业和打鱼为生，打来的鱼一部分用于他们自己的生活，另一部分则是加工成用于贸易的商品，比如咸鱼。当时冰岛各国由一个阿尔庭(*Alting*)会议联合起来，后来一些浪漫的古史研究者将之视为第一个欧洲“议会”。它更像一个商业大亨的会议而非现代的代表制会议，而且它延续了早期挪威人的实践，但是冰岛在这一方面连续不断的历史记录却值得注意，因为这个制度一直延续到了今天。

10 世纪，在格陵兰建立了殖民地；古斯堪的纳维亚人曾在那里居 137
住了 500 年。其后他们消失了，可能因为定居者被从冰原上向南推进的因纽特人杀光了。关于对更西地区的探索与定居的问题，我们所知甚少。《萨迦》(*Sagas*)和《埃达》(*Eddas*)，中世纪冰岛的英雄传奇，告诉了我们古斯堪的纳维亚人对“文兰”(Vinland)的探索，他们在那里发现了野生的葡萄，还有一个孩子诞生在那里(他的母亲随后回到了冰岛，并且作为一个朝圣者再次出海前往罗马，后来在她的故乡度过了十分圣洁的晚年)。有不少很好的理由让人相信最早在纽芬兰(Newfoundland)定居的是挪威人。但是我们无法作出更进一步的结论。

在西欧传统中，维京人的殖民和商业活动模糊地起源于他们作为掠夺者时令人惊骇的冲突中。当然，他们确实有许多糟糕的习惯(这在他们当中普遍存在)，但是大多数蛮族人都是如此。维京人并不是第一个在爱尔兰焚毁修道院的民族。无论如何，一些夸张的描述必然会存在，因为我们主要的证据都来自受到双重惊吓的教士笔下，在对教堂和修道院的洗劫中，他们既是基督徒又是牺牲者；当然，作为异教徒的维京人看那些贵金属的珍品和这些便于提供食物的地方并没有特别的神圣不可侵犯的感觉，还发现那里是极易侵犯的目标。

然而，根据我们的描述，维京人对北欧和西欧基督教世界的影响仍然是非常巨大且非常骇人的。他们首先于 793 年袭击了英格兰，林迪斯法恩(Lindisfarne)的修道院成为他们的牺牲品；虽然这座修道院又继续存在了 80 年，但这次攻击还是震惊了整个教会世界。他们又在两年后洗劫了爱尔兰。在 9 世纪上半叶，丹麦人开始年复一年地劫掠弗里西亚(Frisia)，同样的城镇被多次洗劫。其后法国海岸也受到了攻击；842 年，南特(Nantes)遭到了大屠杀。数年之间，一位法兰克编年史家哀叹道“无穷的维京人洪流从未停止增长”。像巴黎、利摩日

(Limoges)、奥尔良、图尔和安古拉姆(Angoulême)等远在内陆的城市也未能幸免。不久，西班牙受到了攻击，阿拉伯人也遭受了骚扰；844年，维京人横扫了塞维利亚(Seville)。859 年，他们又袭击了尼姆(Nîmes)并洗劫了比萨，然而他们在回家的路上遭到了一支阿拉伯舰队的重创。

一些学者认为，从最坏的程度来看，维京人的袭击几乎摧毁了整个西法兰克文明；当然维京人也对塑造未来法国和德国之间的差别产生了影响，因为东部法兰克人遭受的损失要少得多。在西部，挪威人劫掠后的残迹给当地豪强留下了新的责任；集权和皇室的控制早就分崩离析了，人们越来越倾向于从当地的封建主那里寻求保护。当休·卡佩(Hugh Capet)即位时，他的地位更像是一个典型封建社会中的“同侪之首”(*Primus inter pares*)[①]，豪强们都是自顾自家。

并非所有抵抗维京人的努力都失败了。查理曼和虔诚者路易所面对的攻击要轻得多，且比他们的后继者反抗得更为顽强，他们经过努力
138 集结生力军设法保住了一些港口漏洞和河口地区。如果进入全面交战的状况，维京人是能够被打败的，虽然有些戏剧性的例外，基督教西方最主要的中心还是成功地守住了。难以制止的是沿海不断地遭到破坏性的劫掠。一旦维京人学会了如何避免激战，处理他们的唯一办法就只剩收买了。秃头查理开始向他们缴纳贡赋以保证他的领地不受骚扰。这就是英国人所称的丹麦金(Danegeld)的第一个例子。

盎格鲁-撒克逊的英格兰

从日耳曼对不列塔尼亚(Britannia)的征服(或者叫移民)开始，出现了一个由七个王国组成的小团体；到 7 世纪，许多有罗马-不列颠血统的不列颠人(Britons)和新移居者的社区毗邻而居，虽然其他一些人被赶回了威尔士和苏格兰的山区。在这个岛屿上重新建立的基督教会

① 英语一般译为“the first among equals”或“first among peers”，相当于盟主之类的意思。——译者注

应归功于罗马来的传教团，他们在坎特伯雷(Canterbury)建立了自己的大本营，与更为古老的凯尔特教会竞争，直到664年那个决定性的日子，在惠特比(Whitby)召开的宗教会议上一位诺森布里亚的(Northumbrian)国王宣布支持采纳由罗马教会确定的复活节日期。这是一个极具象征意义的抉择，意味着未来的英格兰将追随罗马而非凯尔特的传统。

组成海普塔克[①](Heptarchy，早期日耳曼定居者这样称呼英格兰)的七个王国的名称是：埃塞克斯(Essex)、威塞克斯(Wessex)、苏塞克斯(Sussex)、肯特(Kent)、东盎格利亚(East Anglia)、麦西亚(Mercia)和诺森布里亚(Northumbria)，所有这些名字至今还在日常谈话中使用。这些小国中时不时地会出现一个强大的统治者使其凌驾于其他国家之上。但是没有一个国家能成功地抵挡住从851年开始的丹麦人进攻。丹麦人占领了这个国家三分之二的土地，其后出现了领导臣民反抗侵略者的第一个英格兰民族英雄，他同时也是历史上的杰出人物——阿尔弗雷德大帝(Alfred the Great)，威塞克斯之王，其后更成为整个南英格兰之王。在他还是个四岁的孩子时，他的父亲就将他带到了罗马，教皇还授予他领事的荣誉；威塞克斯君主国同基督教和欧洲有着紧密的联系，曾有一位国王臣服于查理曼。威塞克斯的国王们在捍卫信仰与异教徒作战的同时也反对外来侵略者。

871年阿尔弗雷德正式即位(在他的哥哥死于丹麦人手中之后)，第一次在英格兰给予丹麦军队重创，取得了决定性胜利。意味深长的是，在878年被迫议和之后，丹麦国王在其后几年里不仅同意从威塞克斯撤军，还改信成为基督徒。这表明丹麦人已经在英格兰定居(定居在北部)，并且还能从内部将其分化。不久，阿尔弗雷德就成为英格兰幸存国王们的首领；最终，除了他之外没有国王幸存。他收复了伦敦，在他于901年去世时，丹麦人入侵造成的最苦难的时期已经过去了。他的后裔在收复了丹麦法区(Danelaw)之后成为统一国家的统治者，丹

---

① 意译为“七国时代”或“七国联盟”等，文中为音译。——译者注

麦法区是丹麦殖民地区，在那里迄今还存留着一些斯堪的纳维亚的地名和口音。阿尔弗雷德建立了一些叫作博格斯（burghs，意为自治市）
139 的据点，通过向当地征税将其纳入新国家防御系统的一部分，这不仅为他后代的再征服提供了基地，并且成为后来英国城市化的模板；那些在其选址处建立的村镇至今还有居民。最后，阿尔弗雷德还以不大的代价推动了人民文化和知识的更新。他宫廷里的学者像查理曼宫廷里的一样，通过抄写和翻译来推进文化传播：盎格鲁-撒克逊贵族和神职人员准备以他们自己的语言去学习比德（Bede）[1]和波伊提乌。

阿尔弗雷德改革是那个时代政府独一无二的创造性成就，并开创了英格兰的伟大时代。一直持续到 1974 年的郡制正是在他统治时期逐渐成形的。经过了半个世纪的动荡，丹麦人被一个联合王国抑制住了。直到王权传到阿尔弗雷德后代的手上时，盎格鲁-撒克逊的君主制度才又遭到不幸，新的维京人进攻又发生了。数目巨大的丹麦金一直交付到一个丹麦国王（那时是基督徒）推翻英国国王，其去世后留下一个年轻的儿子克努特（Canute，即克努特大帝）统治他征服的地区才停止。克努特统治时期，英国短暂地成为丹麦帝国（1006—1035）的一个组成部分。就在其他古斯堪的纳维亚人后裔从南部登陆征服英格兰之前，1066 年最后一次挪威人大规模侵略英格兰在斯坦福桥（Stamford bridge）战役中被粉碎了。到那个时候，所有的斯堪的纳维亚君主国都成了基督教国家，维京文化也已被基督教化了。

许多证据表明，维京文明极具特色，并且对凯尔特和大陆艺术影响深远。制度方面最明显的遗留存在于冰岛和其他岛屿上，斯堪的纳维亚的传统通过语言和社会典范影响了英国数个世纪之久。穿过海峡，就是诺曼底公国（the Duchy of Normandy），以及一份留给未来的文学遗产。在定居地，古斯堪的纳维亚人逐渐同当地居民通婚。罗洛及其追随者的后代已经定居在法兰西，将他们的名字与诺曼底联系在一起，

---

① 英国盎格鲁-撒克逊时期著名神学家、历史学家，自幼在修道院中长大，毕生从事史学著述，代表作为《英吉利教会史》。——译者注

在 1066 年转而征服英国时,他们是真正的法国人,并且他们在黑斯廷斯(Hastings)所唱的战歌也是歌唱法兰克英雄查理曼的。他们征服了一个丹麦人和英国人相混杂的英国。与此类似,远在东方的其他维京人到那时也失去了他们与基辅罗斯(Kiev Rus)和莫斯科大公国(Muscovy)的斯拉夫人的种族区别。

西方教会的运作

公元 1000 年在匈牙利历史上具有重要的意义:那一年,曾经使天主教欧洲十分苦恼的异教马扎尔人戴上了他们的第一个基督教王冠。像斯堪的纳维亚统治者的皈信一样,这些信仰的地理扩张是教会在这几个世纪里面工作的重大部分。8 世纪时,以圣威利布罗德(St Willibord)和圣博尼法斯(St Boniface)为杰出代表的庞大的盎格鲁-撒克逊传教团实现了德意志地区的福音传布。他们维护罗马的至高训导权;其归化因此看上去直接是以罗马教皇为宗教权威的,这一重点在其 140
后向中欧和东欧传教的阶段中淡化了,或者说当德国皇帝和主教们掌握主动权之后,这一点就变得不太引人注意了。皈信与征服相连接,新的主教区是作为新生的政府机构组织起来的,因此这样的扩张同时具有政治和宗教两方面影响。想要去衡量这些伟大的成功以及判断它们的历史重要性是很困难的。可以想象,即使教会取得更大的成功也可以在相当不同的领域里加以分析。宗教的历史必须有其核心信仰,这就表明了不同的事务应置于不同的种类上,并结合当时人们的状况加以考察。然而教会的历史记录常常容易失真。它们给我们提供了大多数的资料,但有时很难看清那些繁文缛节背后的真精神。

然而官方的记录更清楚地表明,教会的影响独特地弥漫在整个社会结构中。比如说,几乎只有单一的文化。古典遗产遭到了严重破坏并萎缩,这主要是由于蛮族的侵略以及早期基督教对世俗的绝对排斥。"雅典与耶路撒冷有何相干?"很久之前一位非洲教会的教父曾这样质问,但是对古典世界的这种轻蔑长久以来已经平息了。直到 10 世纪,古典遗产是依靠着教士们的努力才得以保存下来的,主要是本笃会和宫廷学校的抄写者。他们不仅传播《圣经》，还有希腊学问的拉丁文汇编。通过他们那些普林尼(Pliny)和波伊提乌的译本，早期中世纪的西方基督教世界与亚里士多德(Aristotle)、欧几里得(Euclid)维持着细小但却直接的联系。

读写能力事实上仅限于神职人员。罗马人曾经能够将法律刻在公共场所的铜板上，或在石头上镌刻他们的记录，就表明有相当数量识字的人；但是到中世纪，甚至国王也普遍是文盲。教士们事实上控制了这种书写认字的能力。在一个没有大学的世界里，只有宫廷或教会学校提供额外的学习文字的机会，唯一的例外就是通过一位私人的教士导师(cleric-tutor)。这种状况对所有艺术和知识活动的影响十分深远：文化并不仅仅只是与宗教相关，而是只存在于压倒一切的宗教预设中。那种“为艺术而艺术”的理念在早期中世纪是最没有意义的。历史、哲学、神学、手稿诠释，这一切都维持在一个基于圣事的文化之中。无论这可能有多大的局限性，他们所传播的遗产不是犹太的，就是古典的。

我们应当注意到，这种普遍性达到顶峰就是危险的。记住我们所知道的或能直接知道的很少是十分有益的，必须从神学上和统计上(如果今天能够计算灵魂的数量)考量所有教会日复一日进行的最重要的活动，包括劝诫、教导、证婚、洗礼、听告解和祈祷。

仅仅从对思想和行为上的影响来看，这比其他事情更直接地影响
141 到了更多的人。在俗教士(secular clergy)和平信徒的宗教生活集中在施行圣事上。在那些世纪里常常很难将信仰从巫术中区分开来，通过他们，教会施展着力量。借助他们，一个野蛮的世界被成功地带到了文明世界——然而，我们没有任何直接的信息说明这些是如何发生的，除了在其最引人瞩目的时刻，比如一场壮观的皈信或洗礼展示，就光从这一点来看，我们所见到的记录都不具备普遍的代表性。

我们对马大(Martha)的生平比对玛利亚的了解得更多[1]，我们在

---

① 此处指耶稣使其死而复活的拉撒路的两个姊妹，具体事迹参阅《圣经·约翰福音》第11、12章。——译者注

中世纪教会经济实体方面有更多的档案资料。教会是一个拥有广袤地产且永生的地主。它控制着社会的大部分财富，因为土地是所有生命的终极资源。大量的教士拥有侍从；教会是经济上最大的雇主。他们的生活及服务的供给（在各种意义上）都依赖于剩余资金，而只有农业才能进行真正的生产。修道院和大主教座堂都可能拥有大量的地产和重大的责任；什一税（tithes）和教区属地直接用来供奉当地神职人员，或者用于其他教会用途。捐赠给教会的遗产或礼物通常采取直接赠予土地或将土地上的直接收入用于特定的目的等方式。它深深地扎根于乡村经济，并随着时间推移产生了不计其数的文档——权力特许状（charters of entitlement）、租契、清偿协议以及后来的地产管理账目等。

这些复杂的情况给整个社会的物质生活带来了诸多问题。许多人对于教会维护的资源感兴趣。它在人们精神上的影响和权威经常被用于维护自身的物质利益；毕竟，从策略和巧妙的角度而言，所有的教堂都有神秘的心理力量。然而，物质利益有时也会将教会推向与教徒的冲突中，在这种状况下，神职人员的卓越与灵性修养就处于丧失的危险中了。出现的问题往往是非常复杂的，其某些方面经常被忽略，并在很多层面上受到宗教和世俗环境相互作用的影响。比如说，教皇的权威在10世纪时有所衰落，教皇的宝座成了意大利各派系和奥托王朝干涉争夺的牺牲品，维护意大利之外基督教利益的日常工作被留给了（因为不得不如此）大部分地方教会的主教们。他们不得不对那些势力加以注意。为了寻求世俗统治者的合作和帮助，他们经常只能扮演皇室的仆人。他们不得不屈从于世俗统治者，就像教区神父常常不得不屈从于庄园主一样。这并不是说主教们做得不够好；但要对他们的独立地位持存疑态度。

对于这些事情的循环关注，最终引发了一场10世纪开始的隐修改革运动，发起者是一批鼓吹复兴隐修理念的僧侣，他们想要在那些修道
精神退化堕落的地方恢复其最初的精神。有趣的是，这些僧侣在平信 142
徒中寻得了慷慨的帮助，他们帮助其建立了新的改革的修道场所。大

部分位于加洛林王朝原来的中心地带，从比利时到瑞士，向西到勃艮第，向东到法兰克尼亚。改革就从这一区域向外辐射。到10世纪末，诸侯和皇帝也对这一运动产生了兴趣。他们的赞助加大了干涉教会事务的危险，但矛盾的是，也极大地增加了恢复教皇独立的可能性。

这场改革运动以其最重要的动力来源而命名——909年由阿基坦公爵新建于勃艮第的著名的克吕尼修道院(abbey of Cluny)。在将近两个半世纪的时间里，克吕尼都是宗教和神职人员的力量源泉。克吕尼派的领导者都是有文化的人，他们往往出身于贵族家庭，来自勃艮第和西法兰克的名门望族(这是一个能够扩大他们影响的因素)，并在教会的道德精神改革之后施展自己的权威。克吕尼派僧侣遵循修订过的《本笃会规》，同时也加入了一些新的内容。一个宗教修会不仅仅在于统一的生活方式，还需要一个集中管理的组织。本笃会修道院先前都是自治的团体，但是新的克吕尼派修道院要完全地听命于克吕尼修道院院长；他就像是成千上万名僧侣组成的军队中的将军。这些僧侣在母院(mother house)[①]接受一段时期的培训后就进入他们自己的修道院。在克吕尼运动的高潮时期，也就是12世纪中期，超过300座修道院——有的甚至远在巴勒斯坦——遵循着克吕尼的指导。它是继圣彼得罗马教会之后西方基督教世界最重要的教会中心。从一开始克吕尼修道精神就在整个教会里传播了新的实践与观念，其后逐渐显示出自己是一股革命力量，尤其是在平信徒和教会权威关系的观念革新上。

教会与国家：改革的争论

最初八个克吕尼派修道院院长中的七个人都是相当杰出的人物：他们中的四个被册封为圣徒，都很快地在高位上赢得了影响力。他们向教皇提出建议，充当教皇的使节，也担任皇帝的大使。教皇利奥九世在改革中正式取得了主动权，并大力推动克吕尼的观念与典范；他的任职标志着两个多世纪的变化与争斗以及教皇权威与地位革命的开始，

---

① 指处于核心地位的修道院，一般都是由该修会会长亲任修道院院长。——译者注

虽然其最终遭到了耻辱性失败，并被诺曼人(Normans)束缚在南意大利。利奥九世五年的统治时期里，只有六个月待在罗马，他不停地在法国和德国参加一场接一场的宗教会议，纠正当地的做法，抑制世俗诸侯对教会事务的干涉，惩罚行为不端的神职人员，推行新型的教会纪律。更大范围的行为标准接踵而至。实际上，所有都可以整合在一起被视为“改革”的争论与渴望，都在他在位时提了出来，并且混合着对经济和 143
政治利益的关注，尽管在利奥时期这些问题并不像其后那么明显。西方教会开始更加寻求同一。讽刺的是，与之相伴而来的是 1054 年与正教会最终彻底的分裂。

改革注定会引起反对，且并不仅仅只在神职人员之中。主教们不总是喜欢教皇干涉他们自己的事务；教区的神职人员也并未看到一种向更加严苛的苦行变化的需要，那些已经建立起来的习惯(比如教士们可以结婚)并没有使信徒不满。对于教会改革最大的阻碍，便是那场载入史册的大争论——“主教叙任权之争”(Investiture Contest)，世俗权力卷入了这场争夺。对这一事件的关注——这个议题不止一次突然出现——虽然是能够理解的，却好像有一点不成比例，甚至有些人认为可能被误导了。这一中心事件大约只持续了半个世纪，而结果却并不清晰。虽然这场争论中的许多方面都有所暗示，但现代意义上的教会与国家之间的绝对区别对于中世纪的人们而言仍旧是难以想象的。

在这些事件的中心，很明显有一个危险的超验理论问题没有解决：世俗人与教会权威之间适宜的关系是什么？那些存有争议的特殊行政与法律的实践，事实上经常是达成协议的主题。许多神职人员都觉得对世俗的统治者比对教皇更加忠诚，并寻求折中。有大量世俗的因素使事情变得更加模糊：权力和财富应怎样在统治阶层中分享，亦即那些在德国、意大利和神圣罗马帝国土地上，对王室及教会双重效忠的人。许多国家都被同样的争论所波及(11 世纪后期的法国，12 世纪早期的英国)，这表明普遍性大一统出现了危机。

最大的公开斗争是在 1073 年格列高利七世当选教皇后爆发的。希尔德布兰德(Hildebrand，格列高利即位之前的名字：因此形容词

"希尔德布兰德的"有时被用于他的政策和时代)在记录里看起来远远不是一个具有吸引力的人,但却是一位有伟大人格和道德勇气的教皇。他本人可能曾是克吕尼修道院的僧侣,并且曾担任过利奥九世和其他几位教皇的顾问。他的一生都在为教皇在西方基督教世界中的独立地位和统治权力而斗争。他作为一个意大利人(但不是罗马人),曾经在保证教皇更替选举由枢机主教团(college of cardinals)决定这一历史事件中起到突出作用,还曾经开除了混进枢机主教团中的罗马世俗贵族,这一切都在他即位为教皇之前就开始了。当改革变得更关乎政治和法律而非道德和习俗(在他统治的 12 年中确乎如此)时,希尔德布兰德是一个宁可激起冲突也不退缩逃避的人。他喜欢果断地作出决定,而不过分考虑可能的结果。

改革的核心就是教会独立的理念。它只能施行适宜的职责,利奥和他的追随者都曾经想过如何从世俗的干涉中脱离出来。他们的观点
144 是,教会应当远离现世的权威,神职人员的灵性生命与俗人是不同的:改革者们认为,他们应当建立一个特别的社会。他们从这一理念出发攻击买卖神职(购买教会里的肥差),发动了一场反对神职人员婚娶的斗争,并且针对之前无争议的世俗干涉神职授予与擢升开展了激烈的斗争。这个关于叙任权的长期争论的焦点在于:谁有权力任命空缺的主教和修道院长,是现世的统治者还是教会?这一权力通过世俗统治者"授予"主教当选人戒指、权杖并接受他的效忠而具体化。希尔德布兰德认为,其中最利害攸关的是教皇与皇帝之间的关系。

可能皇帝们发现,一旦不再需要他们去反对其他敌人时,他们早晚必定会身处与教皇的冲突中。皇帝们继承了大笔遗产,不可能指望他们不经过任何挣扎就放弃对权威的诉求。做这些事情的方式逐渐积淀为可以接受的习俗和传统。在德国,加洛林传统使教会处于皇室的保护之下,因而很容易被控制。在意大利,皇帝有自己的同盟、附庸和利
145 益要保护,皇帝的实际权力凌驾于教皇之上,但他的正式权威从奥托王朝时期就开始衰落了。皇帝遭到了神学上的否决,失去了选择教皇的权力。合作关系恶化了。有些教皇已经开始在皇帝的封臣中寻求帮助

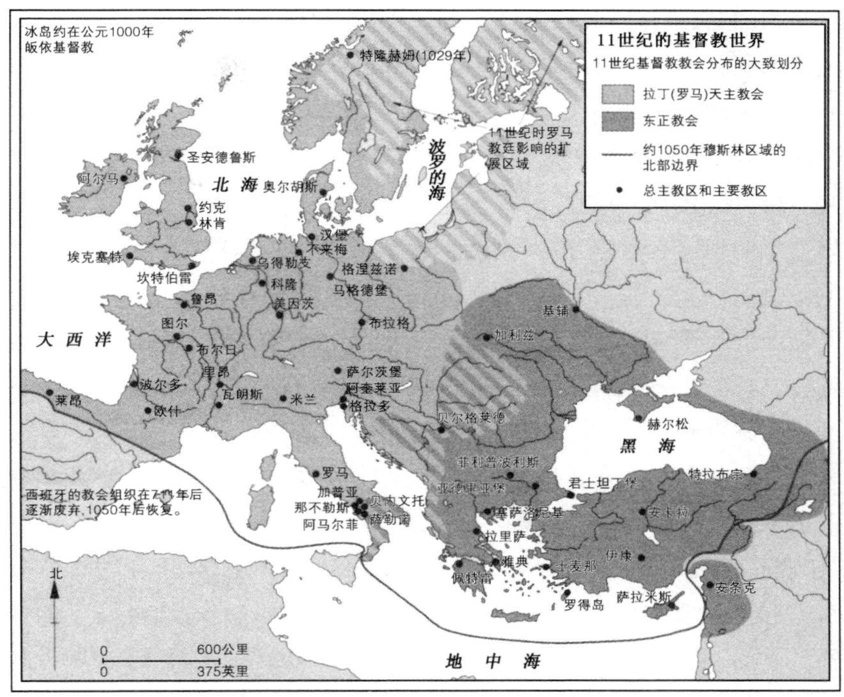

以期渡过难关。

格列高利七世的性情无法缓和这种紧张的局势。他即位时并未获得皇帝的认可，只是简单地通知皇帝他当选了。两年后，也就是1075年，他颁布了一项关于俗人授职的法令。奇怪的是，里面究竟说了些什么并没能保存下来，但是我们知道其中的大意。他否定了所有俗人从教会购买的神职，并重申了教皇具有废黜世俗统治者的权力。其后，他绝罚了一些皇帝的教会顾问，原因是他们在职务擢升时存在买卖神职的罪过。为了处理这件事情，教皇召叫亨利四世皇帝来罗马面见他，并要求他对其不端行为的指控进行自我辩护。

亨利四世特别关注保持德国主教们的忠诚，将他们视为与那些难以驾驭的世俗诸侯相对抗的重要的平衡工具。他的第一反应是通过教会自身来处理，召开了一个德国宗教会议宣布废黜格列高利。这使他遭到了教皇的绝罚和废黜。如果在德国没有由教皇支持的强大的反皇帝势力的话，这倒不算什么。亨利不得不妥协。为了避免在格列高利主持的德国主教会议上受审（格列高利已经在去往德国的路上了），亨利忍辱来到了卡诺莎（Canossa），赤足立于雪中直到格列高利接受他的忏悔。这是所有世俗权威与精神权威对抗中最具戏剧性的一幕。在那时，这件事情所引起的轰动并没有想象的那么多。教皇的地位达至登峰造极的程度；他甚至撇开教会法规宣布了一项革命性的教义，称国王们不过是一些管理者，可以在教皇认为他们不能胜任或品质拙劣时予以撤换。对于那些固守道德底线或是被忠诚宣誓的神圣性所控制的人而言，这简直是难以置信的颠覆。这注定不会被任何国王所接受。格列高利并没有真正取得胜利。

叙任权之争后来又持续了 50 年。格列高利失去了他从亨利的霸道中赢得的同情。亨利占领了罗马并另立了一位教皇。1083 年①，格列高利在流亡中于南意大利的诺曼王国去世。直到 1122 年另一位皇帝才同意达成和解，这被视为教皇的胜利，虽然只是一个外交上的掩饰。然而，格列高利确实是一位真正的先驱者；在他的治下，神职人员与俗人得到了前所未有的区分，并且史无前例地提出教皇权力至上的主张。这样的事情在其后的两个世纪里会更多地出现，那时历史将会把教会推上——世俗的与神圣的——胜利的巅峰，在教父时代到基督教广布为世界宗教之间的历史中，这一时期是无与伦比的。

---

① 此处原作有误，格列高利七世应逝于 1085 年。——译者注

第七章　中世纪社会 146

从古代走来

不假思索地归纳近代之前欧洲人的日常生活与社会关系可能会造成误导。它们在本质上具有一种由少数相当简单的因素以及压缩的物质可能性所塑造出来的框架内的多样性。重要的消费模式与权力关系无一例外都是地方性的。农业的发展潜力是形成它们的终极原因之一，但并非唯一的一个。

西方古代末期的经济生活与过去相比处于低谷时期，这意味着不同方面的不同状况。这经历了很长时间才得以恢复。一些地区——尤其显著的是一度繁盛的地中海诸城市——在恢复之前遭受了进一步的恶化。在帝国衰落的数个世纪里，旧帝国的地主阶层尽其所能地奋力维持。甚至在蛮族世纪里，在个人自给自足的领地中产量也没有急剧地下滑。经济最发达地区承受得更多。在大多数西部地区，以物易物取代了货币交易，同时货币经济又再次缓慢出现。墨洛温王朝时期开始铸造银币，但长期以来没有足够的硬币——尤其是小面额的。香料逐渐从普通膳食中消失，酒则成了昂贵的奢侈品；大多数人吃面包和各种粥，饮用啤酒或水。书写的材料则逐渐转向地方上更容易获得的羊皮纸，而非现在难以得到的莎草纸（这种转变最终证明是一种进步，因为小写体更容易在羊皮纸上而非莎草纸上书写，后者只适宜于大写的、不经济的字体）。

这些都是衰退的征兆，强化了个人领地消费自己产品的倾向，从而摧毁了市镇并使市场衰竭。国际贸易也因为不断的战争更加碎片化。西地中海地区的商业活动日渐消沉，汪达尔人切断了古老的商路（比如说，由非洲向意大利提供谷物和橄榄油的商路），其后在 7 世纪时阿拉伯人又占据了北非海岸。后来，由于阿拉伯人贸易得到了部分恢
147 复——有时是以一种新的形式（其中一个标志便是更活跃的奴隶贸易，奴隶中的许多人来自东欧，斯拉夫民族就成了所有被迫劳动者的代名词）。与拜占庭的贸易仍在继续，亚洲商路上的古老奢侈品贸易从未完全中断，虽然由于西方的普遍穷困，贸易正趋向于衰落。在北方也是如此，少数地方仍有同斯堪的纳维亚人的繁盛贸易，他们多是大贸易商。但是这对于大多数欧洲人而言毫无影响。

对于大多数人而言，生活依赖于农业，在相当长的时期里，人们的生活几乎完全指望农业收成。农业是早期中世纪经济的主要关注点，其后一段时期里产品种类的单一以及更多供应本地市场成了稳定的普遍化现象。使用动物粪肥或者发现更多新的肥沃土地是提升种子效率和劳动回报率的唯一方法，尽管以现在的标准看来所提高的产量是微不足道的。只有长期和辛勤的耕种才能改变这种状况。那些与发育不良和坏血病缠身的佃户们生活在黑暗时代土地上的动物们，也是营养不良且较为矮小瘦弱的。为了长胖，境况较好的农民依赖于猪，或在南部则依赖于橄榄油。在数个世纪之后，才出现了表明复兴正在缓慢实现的明显标志。

新农业

这一复兴改变了欧洲的经济地图，并且是若干农业技术进步后逐渐产生的成果，这些技术增加了他们最主要的生活来源——土地——的产量潜能。从广义上说，埃布罗河、卢瓦尔河和阿尔卑斯山以北在古代从未形成一个我们可以（用一个时代错置的名词）称之为“发达的”地

中海流域经济世界。他们无法供养像南部地区那样大量的人口，主要就是因为他们无法生产出足够的食物。即使在查理曼时期，法国、德国和英格兰的大部分地区都被森林和荒原覆盖着，无法耕种利用。然而，第一次产量大提升就是那时开始的，借助于新开拓的耕作土地而实现。这和其他先期的变化相结合，第一次产生了一种适合北部土地的丰富降雨和黏重土的农业形式。而此前地中海农业的方法和工具并不适用。

一个决定性的创新是在 6 世纪，东欧、中欧的斯拉夫人开始广泛采用一种新重型轮式犁，这种犁远比那些简单的浅层犁好用，并且一直沿用至今。相似的犁也分别在 7 世纪的伦巴第、8 世纪的莱茵河地区出现，并在 9 世纪时穿越英吉利海峡传播到了英格兰。经过当地的改良，这种新犁给他们带来了新的生产力。这种犁能够深挖、清理、耕作黏重土，加快了耕种速度，节省了播种前的土地准备时间，可以抛弃以前所 148
必需的交叉十字犁耕，排水系统也随之得到了加强。随着时间的推移也进行了其他改进。因为需要成队的耕牛来犁地，新式的犁适用于更大块的土地，需要地块在形状上有所改变(从老式的大约是正方形的小块地变为长矩形)，并需要新的社会实践。合作、共识以及耕作模式的推行，都对普通耕地产生了巨大影响，一开始采用的是耕种与休耕交替的双轮制，其后，当豆子和花生作为谷类的代替品开始种植时，在各个村子里建立了三轮制(这可能最早在 8 世纪出现)。开拓新的潜力需要社会行为的变化。

虽然很难进行统计，但可以推断出北欧粮食的产量和生产能力出现了稳步提升。谨慎的经济史家倾向于认为在 6 至 10 世纪之间，平均的生产率增长在 50%左右。其他的技术进步也为此作出了贡献。长柄大镰刀在罗马时代已经非常罕见了，但是在这一时期却作为比一般镰刀更为有用的工具广泛使用；(尤其是)马掌和更好的马具使人们能够利用更多更快的马力；挽绳棍(whipple-tree)的发明也给交通运输带来了一场小革命，因为它使得驾驭更大更好的四轮马车成为可能。所有这些变化在 11 世纪之前给北欧带来了一场不可逆转的农业革命，从而强化和促进了大陆历史的动力中心由地中海诸国转移到北部。因为大部分南方的土地并未见到类似的变化；较少的降雨使其中一些地区变得贫瘠，尽管还存在着一些新起点。因为(伊斯兰的资源带来的)各种新作物和技术出现了——比如说，大米出现在波河流域(Po Valley)和西西里地区，以及引入阿拉伯灌溉技术之后西班牙南部开始集中生产蔬菜。

当然，这些变化并未改变农业在经济中巨大和普遍的优势地位。任何事最终都要依赖于它。经过了很长时间，新的都市生活才在繁荣的市镇生活中重现。这些幸存的市镇主要在意大利，这里与外部世界的商业联系即使在第一次蛮族大动乱和其后的阿拉伯人入侵时期还零星地存在着。其他地区的市镇在公元 1100 年之前并没有什么发展；甚至到那个时候，西欧的城市与伊斯兰文明和亚洲文明的巨大中心城市相比还有相当大的差距。在非地中海地区的西部，自给自足的农业庄园是数个世纪里的经济基础。它起初养育并维持着的人口比古代时期
149 同一地区要少得多，即使是与古代相近的人口数量也几乎无法安置。一系列的大瘟疫在 6 世纪时已经造成了大量的人口损失，并且有证据表明在 11 世纪之前人口的增长一直极为缓慢。但难以置信的是，不断增长的生产力并不意味着人口的增长。古代西罗马帝国版图内的欧洲地区在公元 1000 年时只有大约 4 000 万人口——相当于今天英国人口的三分之二。尽管整个大陆在收入、消费水平以及平均寿命方面的差距并不很大，但我们都必须记住，认为只存在“一个”中世纪早期欧洲经济体是一种误导。事实上有很多欧洲经济体，它们之间极少存在联系；它们之间除了贫穷外，没有什么是相同的。

社会秩序

在这样的状况下，对土地的拥有和使用对社会秩序的影响比过去更加具有决定性。西方社会的大人物们，像他们居住于蛮族部落之中的祖先那样，依旧是战士，同时以某种方式，缓慢地而有逻辑地，也变成了地主。他们是教会或国王的显贵，因此他们就是统治阶级；土地所有

权不仅意味着租金和课税的收入,还有司法管辖权并享受劳役服务。地主就是主人,他们的世袭身份日益突出,而其作为战士的英勇无畏和实际能力则被强调得越来越少(虽然在理论上这种身份是长期存在的),正是这种差别使他们成了贵族。

其中一些人的土地是由国王或者大诸侯赏赐的。作为回报,他们在需要的时候应担负起自己的军役。此外,行政机构也在帝国时代之后趋于分散;蛮族国王们没有足够的官员和受过教育的人去直接统治广大地区。对可开发的经济商品的批准是作为对服务的特殊义务的回报,因此是非常普通的。这样的约定在后世法学家和历史学家回望欧洲中世纪时,被极大地夸大了连贯性、一致性和范围,认为其就是“封建制度”的核心。许多支流汇入这一主脉中。罗马和日耳曼的传统都有利于日后帝国的建立和制度化。在早期墨洛温高卢的困难时期,人们经常将自己“交托”给一个大地主;这就意味着作为对其保护的回报,他们要向那位大地主提供特别的忠诚和服务。这是一种容易与日耳曼习俗相比照的做法。在加洛林王朝时期,“封臣”要向国王们举行效忠仪式;这就是说,他们要通过一个特别的仪式——通常是公开的典礼——来表示承担特别的服务义务。他是他们的主人;他们是他的仆从。蛮族首领时代同生共死的老式血缘忠诚已经与新的忠心、诚实和相互责任的概念相混合了。

随着关系日益复杂,封臣们也开始拥有自己的封臣,而一个封君的 150
封臣可能会是另一个封臣的主人。一条包含责任和个人忠诚的链条(在理论上)能够从国王延伸到他的大诸侯及其家臣,以至于最低的自由民。当然,这也会产生一些复杂和冲突的要求。因为一些土地的缘故,一个国王可能是另一个国王的封臣。在社会的最底层,自由民之下就是奴隶,在南欧可能要比北欧多得多,且到处呈现出一种地位略微向上发展而范畴缩小的趋势,亦即成为农奴——非自由人,生来便被束缚在采邑土地上,然而却并非毫无任何权利。

这样概要的描述有可能会产生危险的误解。后来许多人说起来就像封君和封臣之间的关系就能够解释整个中世纪社会一样。事实却远非如此。虽然欧洲大部分的土地被划入封地(fiefs)——即 *feuda*,“封建制度”(feudalism)由此得名——并且其承受者要向领主担负责任,但是在意大利大部、西班牙和法国南部却从未出现过这种意义上的“封建制”。尤其是在南欧,日耳曼外表和罗马背景的混合物从未以那样的方式运作。那些市镇的生活也在地中海区域的土地上存留了下来。甚至在更“封建”的南部一直存在着自耕农,这是一个重要的封臣阶层,在一些国家里比别的国家多,他们没有随土地而来的义务而完全拥有土地。即使在那些有终身“封建”的地方,荣誉和地位的考虑也常常在塑造行为方面更为重要。

团体也可以成为封君或封臣;一个佃户也可以向拥有不动产封地的修道院院长(或者女修院院长)宣誓效忠,而一个国王可能有一个大教堂或修士团体作为他的封臣。在封建“秩序”中存在着大量复杂与模棱两可的事务。但是其核心要素便是整个社会上下阶层之间的责任交换。在合理化过程中,封君和封臣注定要在日益复杂的社会共识中相互依靠。在现代眼光中,这比任何其他可理解的事情都重要,即便其只是复杂画卷中的一个侧影。

这些共识既奠定了中世纪社会的基调,也为其开辟了一条向外扩散的道路。从属理论的正当性和现实的力量,使得从农民那里剥夺来的捐税足够维持战士的生活和修建城堡的资金。这一系统的军事功能使他们长期维持着最高统治者的地位。即使在封地上不再要求个人服役,封臣们也要担负提供兵士的责任(其后是缴纳钱财供养兵士们)。军事能力中最受人尊敬的技术(因为那是最有效的)是身披甲胄在马背上作战。在 7 世纪或 8 世纪的某个时期,马镫也逐渐得到了应用;从那时起,重甲骑兵在大多数时间里驰骋疆场,直到出现了能够制服他们的
151 新式武器。由于这一技术优势,骑士阶层就成了专业骑兵,由封君直接控制,或者赏赐给他们一块封地以供给他们自身和战马。他们是中世纪时期武士贵族和欧洲其后数个世纪价值观的来源。然而长期以来,这一阶层的边界并不明确,进入(或离开)是十分普通的。

政治现实并不总是与理论相一致。一些封臣比其他人更容易担负

自己的职责。一个普通人可能从未见过他的国王或诸侯(其在理论上可能是地方权贵甚至是主教的封君),即便他们对他而言是最大的人类权威。国王们也可能遭到炙手可热的权臣们的威胁和强迫。义务矛盾的诡辩可能被用于确定拒绝服从的行为——或者更糟。甚至皇帝们也不能随心所欲;日耳曼社会的传统倾向于按照成文法(formal law)确定他们的实际权力。

国王们被置于最有利位置的西方国家就是英格兰。在那里,自1066年盎格鲁-撒克逊人创立的中央集权的君主制已经传到了诺曼人手中。甚至一个软弱的国王受到了逼迫也会有些好处;毕竟,他还有其他的封臣,他并不需要马上和所有封臣对抗(除非他非常鲁莽);他有一个神秘的权威地位,通过教会给予他敷圣油仪式得到确认;他借助盛大的典礼与别人相隔离。此外,如果他自己拥有一大片领地,并用心地保管它们——或者,更好是扩大它们——他便有了施展自己抱负的好机会。

可持续发展的开始

从公元1000年起,对于历史学家而言,欧洲人开始变得越来越富裕(尽管很缓慢)这一事实愈发清楚。到12世纪时,有证据表明已经发生了重大的变化。从长远来看,结果是更多的人获得了在早期几乎无法想象的选择的自由;社会变得更加多样化也更为复杂。虽然这个过程很缓慢,但其推动了多个方面的革命。财富的增长速度最终超过了人口的增长速度,并且在欧洲,这些财富并未被掠夺者们所挥霍(就像在亚洲的大部分地区)。进步不可能在每一处都发生,并且在14世纪遭受重创后还曾陷入停滞乃至倒退。然而,这些变化都是决定性的,它使欧洲走上了一条特别的复兴之路,并一直持续到我们生活的时代①。

去自信地追踪和讲述这一史无前例的趋势的开始,比探讨早期的

① 参见内容广博且极具启发性的著作:E. L. Jones, *Growth Recurring: Economic Change in World History* (Oxford, 1998)。

变化稍微容易一些，因为最重要的新奇事物之一在日益多样化的中世
152 纪中已经出现了：它们对人类生活的广阔领域只产生了稍微多一些的衡量标准。在这些世纪中不仅存留了越来越多的商业记录，并且第一部社会和经济资料编撰也能够在这些资料基础上进行充分地评价。当1087年征服者威廉(William the Conqueror)的部下进入英格兰审查当地的居民，并将其建筑与财产记录在《末日审判书》(*Domesday Book*)里的时候，他们在不经意间指明了通往新时代的道路。其他的资料汇编，尤其是税务方面的，也在其后的几个世纪出现了。由于它们和最早的账目(通常是修道院的地产)记录了农业和商业的相关数据，历史学家们才得以在谈到中世纪后期的社会状况时比谈及中世纪早期稍微多了一点信心。

比如说，在公元1000年后五个世纪中的四个世纪，虽然只能估算出大致的人口数量，也比此前任何的估算都拥有更多的资料证据。它们中的错误不可能歪曲整个的趋势。在1000年的时候，俄罗斯以西的欧洲人口在4 000万上下，在其后的两个世纪里就增长到了6 000万。随着增长速度的加快，大约在1300年达到了人口总数的顶峰，约有7 300万。此后出现了明显的回落迹象。到1360年，欧洲的总人口降至5 000万，并直到15世纪才重新开始增长，此后则再也没有遭遇中断。

无论从长远还是短期来看，增长的地区和速度都是多样的。地中海和巴尔干地区在五个世纪里也未能使人口翻番，甚至到1450年还回落到仅比1000年略高的水平上。波兰和匈牙利的状况也大致如此。然而法国、英国、德国和斯堪的纳维亚可能在1300年之前人口就增长了两倍，并且在经历了大衰退之后于1400年还保持着比四个世纪前多一倍的人口。几个国家相比较可以看出，邻近地区是非常接近的，但是大体的印象是毋庸置疑的：人口整体上以前所未有的速度增长，但并非平均的，西部和北部的增长超过了地中海沿岸、巴尔干半岛和东欧。

基本的解释基于食物的供应，以及在农业方面的进一步发展。人们能获取到更多的食物，其中很多都来自新垦殖的土地。欧洲最重要

的自然优势在于，1 000 多处具有耕种潜力的农业土地仍旧处于荒芜状态或覆盖着大片森林。它们将在其后的几个世纪里随着人口增长带来的劳动力增加而被开荒垦殖。虽然很缓慢，地理环境却发生了改变。乡村将其土地推进到森林地区。地主和统治者们有时也谨慎地开始建立新的殖民地。在偏远地区建造修道院——许多修道院都是建在那些地区——经常使原先荒芜的灌木丛与树丛间创造出新的耕种或畜牧业的中心。一些海滨或沼泽被开拓为新的耕地。在东部，大部分土地为第一次德国东进运动（*Drang nach Osten*）所取得，专用于农业殖民。在此定居受到了有意识地推动，就像伊丽莎白时代推动人们向北美移居一样。

大约到 1300 年，新垦殖耕地和放牧地区的第一次大增长结束了， 153
对新土地的推进速度也开始减缓，甚至出现了人口过剩的征兆。但是生产力的增长业已发生，并从未完全停止。在一些地方，生产力大概是刚开始拓殖时的两倍。这也要归功于越来越好的耕作方式、定期耕种和休耕以及土地逐渐肥沃的作用，还有新粮食品种的引入等（粮食种植仍旧是北欧种植者们的主要工作）。原因和效果以及影响的分类都很难理清。其他的一些革新形式也具有启发性。第一部农业簿记正在进行中（感谢修道士们），自罗马时代起第一部农业实践手册在 13 世纪出现。更多的专业耕种引发了招募雇佣劳动者代替农奴进行必要劳作的趋势。到 1300 年，可能大多数的英格兰家仆都是被雇佣的，并按照自由劳动力来支付薪金，大概占到整个国家农业劳动者的三分之一。劳役的束缚得到了减轻，并且在一些地区，货币经济正在缓慢地扩散到乡村。早在 12 世纪，一些法国地主就将用于换取保护的“关税”或税捐改为由货币支付。

事实上，大部分增长的财富都流入地主们的手中。他（很少是她，因为拥有土地的女人多是男子的被监护人）享有最多的利益。多数农民仍旧过着贫穷与拮据的生活，吃着粗糙的面包和掺杂各种粮食的粥，以蔬菜佐餐，难得见点鱼肉。通过计算我们得知，最穷的劳动者每天要消耗 2 000 卡路里（大约相当于 1988 年苏丹人每日的平均摄入量），而这些要支撑他从事非常繁重的工作。即使他收获了小麦,自己却吃不到面粉,而是要卖掉,只留大麦或黑麦作为自己的口粮。他很少有回旋的余地以使自己的生活得到改善。即使其主人对于劳动力的束缚有所松弛,还经常存在着对磨坊和马车的实际垄断,这些是农民在地里干活不得不用到的。绝大多数私人土地都征收"关税",无论是世袭地产所有者还是佃户;他们几乎不能反抗"关税",也不能不遵守庄园法庭的裁决。我们倾向于通过对领主庄园的透视来考察乡村经济,因为这一途径中有相当多的资料出现。必须再一次提醒各位牢记,将如此丰富的一片大陆归纳为一种完全均质化的状况是极大的误导。

城镇与贸易

逐渐增长的市场所生产的大量经济作物使自给自足的庄园变成了一个生产商品的单位。它发现自己的市场在城镇,其在 1100 至 1300 年之间获得了稳健的发展;在这些世纪里,城镇人口增速远远超过了乡村。这是一个复杂的现象。新的城镇生活的复苏一方面源于贸易的复
154 苏,一方面也是人口增长的反应;人口的增长几乎全部来自乡村的移民。这看起来明显是个鸡生蛋还是蛋生鸡的问题。一些新的城镇围绕着一座新的城堡或修道院建立起来。有时还促成了市场的建立。许多城镇,尤其在德国东部,被刻意地建为殖民地。总体而言,老城镇也变得越来越大——巴黎在 1340 年大约有 8 万居民,威尼斯、佛罗伦萨和热那亚也差不多与之相当。14 世纪,德国只有 15 个城镇人口超过 1 万人,伦敦(大约有 3.5 万人)当时是英格兰最大的城市。在中世纪的大城市中,除去那些在南方的(其中许多都在海岸附近),很少有罗马时代的中心城市(当然,北方的一些城市,如伦敦和巴黎,也曾是罗马时代的中心)。新的基础倾向于与特别的经济潜能相联系。它们提供市场,或者像默兹河或莱茵河那样提供一条巨大的商路,或者像佛兰德那样形成一个特殊产品的集散地。在 12 世纪末,伊普尔(Ypres)、阿拉斯(Arras)和根特(Ghent)——或者托斯卡尼(Tuscany),另一个生产布匹的地区——已经成为著名的纺织品中心。酒(最早的国家间大量进

行贸易的农业商品)支撑了波尔多(Bordeaux)的早期经济增长。像热那亚和布鲁日这样的港口,经常成为沿海地区的国际大都市,向相当大的内陆腹地提供货物和服务。

商业的复兴在意大利最为显著,尤其是在威尼斯。在那个巨大的商业中心,银行业首次将自己的业务领域拓宽到货币兑换之外。到12世纪中期,无论当时的政治状况如何,欧洲人(主要是意大利人和加泰罗尼亚人)都急于与拜占庭和伊斯兰地中海地区保持贸易,并且相当一部分商人居住在国外的据点。跨越了那些界限,一个更为广大的世界也卷了进来。在14世纪早期,跨越撒哈拉沙漠的贸易带来了马里(Mali)的黄金,减轻了欧洲重金属短缺的状况。到那时,意大利的商人已经直接地——虽然很稀少——与中亚和中国发生了联系。其他地区的商人则将来自德国和中欧的奴隶卖给非洲和黎凡特的阿拉伯人,或将佛兰德和英国的布匹售卖到君士坦丁堡和黑海地区。13世纪,第一支远洋船队成功地从意大利到达了布鲁日;在此之前,莱茵河、罗讷河和陆地商路是南北贸易的唯一通道。贸易商以商贸贩运为生,北欧的集市驱赶来自东北地区的商人。德国城镇联合为汉萨同盟,这个同盟控制着波罗的海,为西欧的纺织品和亚洲的香料提供了新的出海口。除意大利人和加泰罗尼亚人之外,其他的商人也对地中海地区的贸易产生了兴趣。1461年,英国人、法国人和德国人在那不勒斯建立了一个联合领事馆。

通过这些方式,经济地理发生了变化,一个真正的欧洲经济体出现了。在佛兰德和低地国家,人口增长到足以刺激农业革新,使其变得有利可图。在每一个地方,那些可以逃离垄断和早期制造业中心的寡头 155
组织的城镇都在享受着新的繁荣。一个显著的标志便是掀起了巨大的建筑热潮。这些新兴的繁华城市除了住宅和市政厅之外,还建造了欧洲教堂并成为光辉遗产,现在不仅有诸多大教堂可见,还有很多雄伟的教区教堂散布在英国的城镇和乡村。

城镇既是经济的也是文化的发动机;它们推动并表达了灵感,使思考的道路不再局限于物质追求,并且还创造了新的行为方式。它们通过建筑来装饰，铺筑的街道、有拱廊和喷泉的房子、它们的规范发展(比如，后来所称的“分区制”已经为后来隔离陌生人的管理方式作了准备)及其尺寸规格与房屋的位置都孕育了新的精神。城墙和厚实的大门之后就是安全的世界，城镇在一个暴力的世界中提供了一定程度的安全；它们都有遭受抢劫或掠夺的经历，于是有意识且合法地在一个战乱的世界里建立了非武装地区，那里的居民被禁止携带武器。“都市的”(*Urbanitas*)是一个在 13 世纪开始使用的指代城市生活的词语，其含义远比单纯住在城镇里丰富得多——其后的英语也继承了这一词汇，称为“都市生活”(urbanity)。

特别的庆典和节日为城市生活提供了新的黏合剂。因为随着城镇人口的增长，它们所提供的服务也日益重要。世俗行业在它们之中形成。教师们也被吸引到这里来。学校开始出现，其后随着学生的增加便产生了大学。这催生了一些新兴的生意，不仅有客栈老板或者像奎克莉夫人(Mistress Quickly)或道尔·提尔史特(Doll Tearsheet)[①]所提供的那种行业服务，还包括抄写员、书记员和手稿卖家等职业。间或有若干证据表明人们在识文断字方面出现了增长。第一次有相当数量的男孩开始学习阅读、书写以及算术，并且没有证据表明他们最终都将成为教会的神职人员。在 14 世纪早期，据称有 8 000 到 1 万人在佛罗伦萨的学校里学习了阅读和书写，有超过 1 000 人在专门培养商人的学校里学习数学[②]。

新时期城镇最早的居民基本上都是小店主、市场上的小摊贩以及售卖自己产品或技术的手工匠人。然而不久之后，他们中的一些人就开始从事大规模的商业。一些人很快地控制了大量资金用于购买原材料，将之售卖给手工匠人以变成用于买卖的货物。有些人则利用自己
156 财富的累积去借贷以获利；13 世纪时，这些行为实际上产生了欧洲第

① 指妓女。——译者注

② 这些数字出现在勒戈夫(J. Le Goff)关于这一问题的杰出论著中：“The Town as an Agent of Civilisation c. 1200 - c. 1500”, in: C. M. Cipolla (ed.), *The Fontana Economic History of Europe. I. The Middle Ages* (London, 1972), p. 85。

一批银行。还有些城里人通过其他形式实现经济独立;公共书记员和公证人于13世纪开始从众多行业中脱颖而出——他们对于财富的利用体现在将协议约定写在羊皮纸或纸张上,这就使他们获得了理发匠和修鞋匠们难以得到的繁荣机遇。中世纪西欧社会从12世纪开始出现了大量增加的人口,他们大部分都居住在城市中,虽然他们最终还是要依赖于乡村经济,且没有与乡村经济直接隔离,但是其生活方式却大不相同,其中的一些在其他社会或者古代时期也可设想或能见到,而另一些则完全是崭新的。在对贸易和财富的追求中,某些地区的一些人早在11世纪或12世纪就拥有了一定规模的财产,这是罗马帝国以来的西方前所未见的。其中一些人也能够熟练地保有自己的财产,并转入了生产投资。

技术

建筑与其他可见技术门类一样,是中世纪时期技术的主要表现之一。大教堂的建造常受困于像罗马竞技场和导水管道一样复杂的工程问题;为了解决这些问题,工程师逐渐从中世纪的手工匠人中出现了。中世纪的技术并非今天意义上的以科学为基础,而是建立在积累起来的经验之上,再通过试验和试错发展而来的。其最重要的成就是能够驾驭其他形式的能量来代替体力劳动,并使体力劳动在使用时得以分配得更富于效率和创造力。绞盘、滑轮和斜面减轻了繁重的体力劳动。升降架到1500年也实现了普及。技术进步对于农业的影响最大,使其生产率得到了相当大的提高。其边界与其他技术进步巨大的领域变得模糊。风力和水力得到了更为广泛和良好的应用,尤其是在谷类加工方面;风力磨坊或水力磨坊最早出现在亚洲,到1000年时就在欧洲得以广泛分布了。据《末日审判书》记载,在3 000个定居地中,约有二分之一的地方都使用磨坊。在其后的世纪里,它们的应用范围变得更为广阔。风力经常在食品加工领域取代体力劳动,就像它们在北方已经成了船只的推动力;水力在其能应用的地区为锻造提供了动力(曲柄的发明最为重要),这是15世纪欧洲冶金工业大潮中的一个必要因素,并与上一个世纪发明的火炮的需求紧密相连。水动机械锤在 11 世纪被用于缝纫和纸张制造，其后造纸术又从其发源地中国传到了欧洲。15 世纪印刷术的发明对造纸业而言意义深远，甚至可能超过金属工艺新
157 技术在德国和佛兰德的影响。印刷和纸张也有其自身潜在的革命，技术在日益增长的那些掌握这些知识的匠人和技师中得以更加迅速和便利地扩散。一些发明是从其他文化中直接借用过来的；纺车就是在 13 世纪时由亚洲传入中世纪欧洲的（虽然以脚动踏板为其提供动力这一发明像是 16 世纪欧洲的产物）。

一个自给自足和不可逆转的技术变化时期在 1500 年开始了。随着时间的推移，它的分支将变得越来越广，且显示的意蕴也变得越来越难以预见。它的根扎得非常深。凸轮的发明使连续的旋转运动转化为重复且间断的运动，这可以追溯到远至加洛林时代的酿酒师们用锤子捣碎麦芽浆以酿造啤酒。飞轮出现在 12 世纪。重量驱动机械取得了重大的进展，到 14 世纪的时候，机械表已经得到了广泛的使用，这对于生活和工作管理的规范化产生了巨大而微妙的影响。眼镜——因为它们在那个时代的广泛应用，人们可以依靠它更为有效地使用自己的眼睛，被称为中世纪时期最重要的发明——也有着相似的深远意义：开创了光学仪器制造的手艺和工艺门类。武器制造者不仅在金属锻造方面提高了自己的技术，从而能制造更好的护甲，并且制造了在 14 世纪时投入战场的新式枪械，还实现了标准化射击。到 1500 年，欧洲的工匠和技术人员在数量和技术水平方面不可思议地比上几个世纪翻了几番。他们的工作不仅仅限于制造、保养和维修已经在欧洲存在的相当数量的机械，而且增进它们的性能，发明新的设备，这些新设备则成为一个自生的创新来源。

改变制造业技术的伟大时代仍在遥远的前方。但是通过商人，资金已经在各个地方对其进行支持了。其他现代化的技术装置，无论如何，已经在其应用之处发挥着作用。到 1500 年，意大利人已经发明了现代会计学的大部分内容以及新的信用工具以用于国际贸易金融业务。汇票在 13 世纪随着第一批银行家的出现而产生。有限责任的概

念于 1408 年在佛罗伦萨形成。在此之前,还出现了海上保险。在这些新奇事物中,我们处在现代资本主义的边缘。然而,从过去而来的变化含义巨大,如果我们记得中世纪商业经济的规模,很容易将之视为不成比例的。因为其所有宫殿都已经甚为富丽堂皇,而中世纪威尼斯一年中所运送的货物可以轻松地放入一艘现代的一般型号的货船中。

黑死病及其后

在数个世纪里,经济都十分脆弱。西部的中世纪经济生活从未远
离过崩溃的边缘。自古代以来的所有进展中,中世纪农业产量(按照后 158
来的标准)经常是令人震惊地不足。其滥用土地并使土地肥力耗竭,除了施肥以外极少进行维护。随着开发新土地越发困难,家庭所占有的财产也越来越少。到 1300 年,一个乡村家庭,如果幸运的话可以拥有 8 英亩左右土地。只有在少数地区(波河流域就是其中之一)才有对于集体水利设施的投资和改进。生存状况最容易受到天气的影响;14 世纪两场连续农业歉收使伊普尔地区的人口减少了十分之一。当地的饥荒很难由进口的粮食抵消。从罗马时代起,道路遭到了破坏,大车十分粗糙,货物运输主要依赖驮马或骡子。水运更加便宜和便利,但很难满足需要。商贸业务也存在着一些政治上的困难;15 世纪,伊斯兰军队对拜占庭发动的猛攻使与东部的贸易处于持续衰退之中。对一个决定城市命运的变化的需求已经足够小了;佛兰德和伊普尔地区的布匹产量已经在 14 世纪下降到原来的三分之一。

农业生产大概在 1300 年达到稳定时期。技术的进步以及新开垦的耕地使其农业潜力已经基本耗尽了。人口压力的信号紧紧地压迫着已经掌握的资源。此后在 14 世纪出现了一次人口的大衰退,而在下个世纪则出现了缓慢的恢复。很难对这一段时期进行概括,而死亡率确实迅速增长着,虽然并非在同一时期发生在每个地方,但许多地区的死亡率都在 1320 年左右的农业连续歉收之后出现了显著的增长。这表明了人口缓慢衰落的开始,并在流行病的一次次肆虐之后变成了一场灾难。这些流行病经常被归纳起来以其中一项命名,称为 1348 至

1350 年的"黑死病"——其后果最惨重的一次攻击。它是一种淋巴腺鼠疫，但是毫无疑问还有许多其他的疾病在其掩护下席卷了欧洲。欧洲人除鼠疫之外，还死于斑疹伤寒、流行性感冒以及天花。可以确定的是人口数量锐减。在某些地区，有接近一半或三分之一的人死去；图卢兹(Toulouse)是一个在 1335 年拥有约 3 万人口的城市，而在一个世纪之后，只有 8 000 人还居住在那里。阿维尼翁(Avignon)曾在三天内死了 1 400 人。欧洲作为一个整体，据估算失去了四分之一的人口。据教皇的一次询问显示，死亡人口数字达到 4 000 万。

这里没有普遍的模式，但整个欧洲在这场腥风血雨中战栗着。在极端的时候，甚至出现了集体疯狂的信号。屠杀犹太人是寻找替罪羊或认为他们是散播瘟疫的罪恶源泉的普遍表现；将巫婆或异教徒用火烧死则是另一种表达方式。在中世纪剩余的岁月中，欧洲人的心智被灾难吓坏了，他们的绘画、雕刻和文学充满着死亡、审判和诅咒的意象。秩序稳定性的脆弱不堪表明食物与人口不均衡。当疾病杀死了足够多的人口之后，农业产量也下降了；此后，那些没有死于瘟疫的城市居民便开始死于饥荒。

159 在这样大规模的混乱与灾难之际，相伴而生更多新的社会暴力冲突就不足为怪了。14、15 世纪整个欧洲充斥着农民起义。法国 1358 年的扎克雷起义(*Jacquerie*)导致了 3 万人死亡，英国 1381 年农民起义因一度占领了伦敦而使人印象深刻。这些反抗的根源，基本上都是由于地主要求增加租金以及皇粮征收者的新要求。伴随着饥荒、瘟疫和战争，这样悲惨境遇实在令人无法忍受。"我们是肖似基督的人，但你们却待我们如野蛮的兽类"，这正是 1381 年英国农民暴动所发出的控诉。很明显，他们向文明的基督教标准吁求；中世纪农民的吁求常常是明确而有效的，但将之视为社会主义的雏形则是一种时代的错误。

如此大规模的人口灾难也可能辩证地对事情有积极的影响。其中一个明显且迅速的结果就是在一些地区出现了严重的劳动力短缺；长期未被雇佣的人被野蛮地抽干了，随之而来的是实际工资的上涨，比如在英格兰。一旦 14 世纪灾难的直接影响被消化掉，穷人们的生活水准也有了些许提高,因为谷类食品的价格随着人口减少造成的市场收缩而有所下降。甚至在乡村地区,经济发展倾向于以货币为基础的趋势也随着劳动力短缺而加速。到 16 世纪,农奴劳动和奴隶身份的现象在西欧已经大大减少了,尤其是在法国和英国,雇佣劳动则比三个世纪前更加普遍。这就削弱了庄园结构和聚集于这种结构上的各种关系。14 世纪时,地主们也突然面临着地租收入的急剧减少。此前两个世纪,生活较优越者形成了更奢侈的品位和习惯。现在,财产所有者突然再也不能增加财产了。一些地主适应了这些转变。比如说,一些人可能将需要较多劳动力的耕种改为需要较少劳动力的放牧。在其他一些地方,许多地主只是选择将他们贫瘠的土地抛荒了。

社会变化

这些造成的最终结果很难界定,但其确实刺激了更深远和更快速的社会变化。中世纪的生活发生了戏剧性的改变,并且在 11 至 16 世纪之间,是以一种奇怪的组合方式进行的。即使在那个时代的末尾,其看来也与我们现在不可思议的遥远。其中之一就是大量的神职人员与女性宗教工作者,他们放下了一些日常工作任务(像神职人员、修女和社会工作者的工作),而承担起最为重要的事情:为人类的救赎而祈祷,并提供能让人们得救的圣事。他们的地位由法律进行了特别的定义,现在几乎很难领会其在中世纪社会意识中起到了多么显著的作用。 160
世俗社会对其自身地位与等级的困惑是其远离我们当代的另一个标志。比如说,我们并非将中世纪的欧洲人视为一个独立的社会原子,而可能把他们看作一系列坐标交汇的一点。他们有些人是生来就在那个位置上的;最为明显的例子就是贵族。贵族社会由血缘来界定,它晚至 20 世纪还在一些地区历久犹存,而其核心内容则早在 12 世纪就出现了。一旦武士转化为地主,血统就变得更加重要,因为出现了遗产的争夺。一个风向标便是纹章学和系谱学的兴起(虽然其仍旧很神秘地在我们这个社会繁盛着)。另一个是新阶层和头衔的出现以作为与传统贵族的区分。第一个英国公爵出现在 1337 年,是欧洲人倾向于从其同类中挑选出更大的诸侯这一方式的表现。优先的象征性问题成为焦点；等级制度正处于危险关头。由此产生了对于遭受轻蔑以及丧失身份的恐惧，就像一个妇女陷入了不平等的婚姻或一个男子受到了卑贱职业的侮辱那样。数个世纪以来，对于一个北欧的贵族来说，只有骑士、教会或者管理自己的产业才是正当的职事。而贸易除了经由代理商之外则不为人们所普遍接受。即使数个世纪之后，这个障碍已经去除，对于零售业的敌意也是最后一个被那些关心这些事情的人所放弃的。当一个16世纪的法国国王称他的葡萄牙表兄为“杂货商国王”时，他是既粗鲁又诙谐的，他的朝臣们也很欣赏这样的讽刺。

从根本上说，贵族的价值观念植根于军事，但也逐渐地得以精炼。结果便是出现了荣誉、忠诚、无私的自我牺牲这些观念，而这些观念也在数个世纪里成了出身良好的男孩女孩们的典范（无论有效与否）。骑士精神所清晰表达的这些观念弱化了军事规则中的粗野，从而成为核心价值：骑士制度的首要功能在于提供一种武装的训练和纪律。它受到了教会的祝福，教会还为其提供宗教典礼以授予骑士身份，作为对其承担基督教责任的确认。使这些观念具体化的一位高尚的英雄人物是神话般的英格兰亚瑟王（King Arthur），对他的崇拜遍及很多地区。他体现出了许多绅士和绅士化教导的理念，然而在实践中是有所保留的。当然，其永远不会像应该做的那样好；只有少数伟大的创造出来的神话人物才能如此行事。大部分骑士的所作所为都只是欲望的面具。封建理论的基础从未向其应该的那样运作，同时也不具备民主的视野。个人利益能够但非经常地让位于骑士、战争的压力以及更根本的经济状况，并且常常变得碎片化，困扰着社会的中坚群体。封君与封臣概念越发不真实，这有利于王权的加强。货币经济的到来造成了更深远的消
161 耗，劳役逐渐都要以现金结算，而租金变得比那些渐渐消逝的劳役更为重要。一些封建收入来源仍旧在实际价格变动之后按照固定价格收取。律师们也改进了装备，以使新目的能够在越来越疲弱、越来越破烂不堪的“封建”结构中得以实现。

中世纪贵族长期以来对于新加入者都十分开放，但随着时间的推

移却倾向于限制阶层流动。在一些地方(比如说威尼斯),通往统治阶层的路途几乎都是关闭的。然而,至少从12世纪以来,欧洲各地,不仅仅是意大利的共和国,都在形成新的财富甚至势力集团,但是在古老的等级制度中却找不到他们的地位,这也使他们陷入困惑。最明显的证据就是富裕商人阶层的出现。他们可不是简单的杂货店老板,他们经常购买土地;这不仅是在世界上少数的几种极具安全保障的最重要的经济投资,还能以这种方式来改变他们的身份——土地所有权是改变身份的合法性和社会性的必需品。在意大利,商人们变成了贵族,成为贸易和制造业城市的统治者;所以美第奇家族(Medici)成了佛罗伦萨的世袭统治者。在每个地方,这样的事情都形成了一个对旧世界的象征性挑战,在那个旧世界里,没有他们的理论空间。很快,他们推进了自己的社会形式——同业公会、"行会"、社团,这些使他们的社会角色有了新的定义,产生了对于身份的生机勃勃的渴望。

商人阶层的兴起是城镇发展的作用;商人与中世纪欧洲文明最重要的动态因素有着不可分割的联系,城镇与城市逐渐建立起未来欧洲历史的城墙。虽然他们的独立地位在法律上和实际中有很大的差距,在11、12世纪,其他国家中也有与意大利"公社"运动齐头并进的运动,它们都曾在一段时期内摆脱了教皇和皇帝权力的控制。其在德国东部的城镇尤为独立,这就有助于解释拥有150多个自由城镇的强大的汉萨同盟(Hanseatic League)长期存在的原因,但是也有一些其他的帝国自由城市。佛兰德的城镇也享受着相当程度的自由;法国和英国的城镇则通常自由度少些。然而,国王和封君像在任何地方那样,寻求着城镇人及其财富的支持。他们给予城镇各种特许状和特权,这些就像城墙一样包围着中世纪的城市,成为如同豁免象征一样的保证。地主的命令在那里不起作用,有时他们反封建的倾向甚至更加明显:比如说,农奴如果在一个城镇里居住了一年零一天就可以获得自由。"城市的空气使人自由",一句德国谚语这样说。市镇和其中的同业行会是一群自由人的联合,长期与外面不自由的世界隔离。市民(Burgher)——即自由民(*bourgeois*),指那些在城镇或自治市中的居民——是一些支持自己在信赖的环境中生活的人，作为一个臣民的同时，公民正在形成。

162 在这之后的历史大多是模糊不清的，因为这是一群模糊不清的人的历史。那些非典型的最富裕的商人成为新城市的显贵，并鲜明地为了他们的共同特权而斗争，但他们谦卑的前任却常不如此。在公元1000年前，除了少数意大利港口之外，一个商人与贩卖舶来品以及中世纪欧洲无法自己生产的奢侈品的小商贩没有什么区别。而在几个世纪之后，他们的后继者就能够利用流动资金决定整个市场生产，并同制造和销售部门有着密切的联系。

城市生活的繁荣，埋下了欧洲历史不同于其他大陆的种子。没有任何的古代世界(可能除了古典时代的希腊)，包括亚洲和哥伦布之前的美洲，能像欧洲所展现的那样在城市生活中发展出独立的政治影响和经济活力。原因之一是此时没有破坏性的寄生帝国的征服腐蚀改良的愿望；欧洲长期的政治分裂经常使得统治者更关注那些能下金蛋的鹅，以使他们能与挑战者相抗争。在欧洲中世纪，一个城市被洗劫是非常值得注意的事件；在亚洲的大部分地区，伴随着战争而来的劫掠是不可避免且周期性发生的，因为贸易商业中心的命运都掌握在蒙古人的手中。

还有一个影响因素是，尽管对地位痴迷，欧洲却没有形成像印度那样无法缓和的种姓制度。即使更富有之后，其他文化圈里的城市居民看起来也更容易接受自己处于卑微的境地。与此相对，商人、手工匠人、律师和医生在欧洲的角色，则远不是一个地主社会中的跟班。他们的社会对于变化和自我发展并不封闭；并且还提供与武士或廷臣的喜好不同的发展路径。城镇的空气能让人更加自由，也能使人更加平等，即使有些人比其他人更平等。

我们不必惊讶于男人在实际的、法律的和个人的自由上远远超过妇女(尽管在1500年时，两性中都有处于社会底层，且没有合法自由权的人，还有些人会发现他们尽管出生时是自由的，但仍处于被奴役的状态)。无论出身于贵族还是平民，妇女们(同她们的男性同胞相比)承受着巨大的法律和社会歧视,就像在任何其他存在过的文明中一样。她们的继承权经常受到限制;比如说,她们可以继承一块封地,但是却不能自己统治,必须指定一个男子代行其职。在最高层之下的各个阶级都有许多苦差事要由妇女来完成;甚至一直到20世纪,欧洲还有一些国家的妇女在地里劳作,像今天亚洲和非洲的一些妇女一样。

教会为这种妇女实际上的隶属关系提供了一些理论支持。这部分是由于其传统上就对性欲持有敌视的态度。除为人类种族的繁衍之外,在教会的训导中找不到任何关于性的正确内容。女人被视为人类 163
堕落的根源,并且是强烈淫欲的长期诱惑,教会在男性统治的社会中施加着重大的影响。然而有比这更多的基督教教义宣传女性的灵魂需要拯救。此外,其他社会比基督教世界做了更多隔绝和压迫妇女的事情。教会长期提供给妇女唯一受尊重的选择便是专心于家务,这一直延续到当代;而在妇女宗教生活的历史中,点缀着那些富于博学、灵性以及行政才能的杰出妇女。少数出身高贵的妇女也成为骑士行为的核心,在13、14世纪被理想化,并吸收了浪漫之爱(风靡于后来的欧洲文化)的理念,以及因体力上较弱而需要保护的观念。

然而这些观念的影响都相当有限。在她们当中,中世纪的妇女比现代的亚洲妇女,无论贫富,都更为平等(当然,男性也是如此)。女性的寿命比男性短,看起来经常的分娩与高死亡率无疑可以对之作出解释。中世纪的助产术与其他医学分支一样,都植根于超自然、习俗、亚里士多德和盖伦(Galen);妇女们无法获得更好的救助。但是,男性也常常英年早逝。伟大的教师、思想家圣托马斯·阿奎那(St Thomas Aquinas)只活了47岁,而当今人们也不认为哲学会对人的身体造成高负荷的压力。在中世纪的城市里,一个男人能活过20岁就可能被认为是存活下来了;他已经很幸运地活到了20岁,逃开了令人惊愕的婴儿死亡率。这个死亡率是现代工业化国家的两倍,使得当时人们的平均寿命只有33岁左右。按照古代的标准来判断,只要这一死亡率能够被控制住,形势就不会更糟糕了。

第八章　边疆与邻居

世界的辩论

164　当最伟大的英国历史学家吉本写到那场意欲从伊斯兰教手中夺取圣地的长期战斗——十字军东征(the Grusades)时,使用了一个引人瞩目的隐喻:“世界的辩论”(the World's Debate)①。他谨慎地在大冲突的背景中设置了那些戏剧性,又常常时而肮脏、时而英勇的插曲,这一冲突不仅仅关乎人类的野心,也是整个文明、生活方式与看待世界的方式上的对抗,无论现在与未来。不仅如此,吉本的隐喻能提供更为广泛的应用范围。在很大程度上,西欧是通过其他地区另一种文明的存在——与其实实在在有所接触的东部基督教世界或拜占庭,还有伊斯兰教——而在地理上和心理上进行界定的。其同时也通过其他力量塑造,尤其是东方,不仅仅在地理上与地形上,更是在伦理上与政治上,这种影响迄今仍可感触到。中世纪并未结束这种界定过程(伊斯兰教势力在地中海和东南欧地区的显著存在一直持续到 16、17 世纪),而是将之大大向前推进了。

要了解欧洲的阐释过程,就要至少同时重视(如果不是更重视的

① 吉本(Gibbon)在其书的第 59 章末尾使用了大写的这一短语。

话)外部历史发展的结果与内部地理上的欧洲。然而,在公元1000年及其后相当长的一段时间内,西部基督教世界的居民对于那些变化(或者可能发生的变化)来自何处所知甚少。他们中最博学的人仅对拜占庭略知一二,对那些非基督教世界甚至几乎是一无所知。他们的船员和商人并不像那些在中国和非洲之间从事贸易的阿拉伯商人那样知道地球的物理形状,甚至还不如古代的地理学家所知的多。中世纪的地图反映了这些;他们的核心和主要内容是基督教世界,而耶路撒冷常被置于中心,因为基督曾在那里传授教导、承受苦难并受死。跨过西班牙和南意大利的边境,与伊斯兰教地区直接联系,也能对其稍有了解;在伊斯兰教内部,可以区分为阿拉伯人、柏柏尔人、摩尔人(Moors)、埃及 165
人和其他与基督徒贸易并作战的民族,但他们不常这么做。最终,关于非欧洲世界信息的最好来源还是基督徒,不过是陌生的拜占庭人,与他们的贸易大量增长,西方基督徒来到他们的港口,他们的宗教事务有时也与西方神职人员发生关联。然而,西部欧洲其他地区的外围并非海洋性的,因此相当神秘;在其眼中与陌生世界的接触仍像是一种与原始人或如海盗一般令人畏惧的蛮族异教徒之间的对抗一样,但有时也因与之贸易而容忍。

然而当时西欧人并不知道,长期威胁他们的蛮族在公元1000年的时候突然不再成为威胁了。生活在现今成为波兰、匈牙利、丹麦和挪威地区的民族正在通往基督教化的道路上。在与阿拉伯人相邻的西班牙边境上,一场连续击败伊斯兰教的战争正在开始,这被称为收复失地运动(Reconquest),整个运动历时数个世纪,而在其他地方同伊斯兰教有意识的斗争持续得更长。即便伊斯兰教早已不构成任何实质上的威胁(事实上,基督教世界本身也不再是真实的了),也仍会引起情感上的共鸣。基督教军团以各种理由从诸多国家征募战士,但至少到17世纪,与伊斯兰教的斗争才从联合与宗教狂热中摆脱出来。这是欧洲自我意识中最深的根源。天主教会将人们束缚在巨大的道德事业中,而当其这样做时,又附带着允许了军人阶层掠夺的野心,而他们统治着整个世俗社会。在基督的名义下,他们得以怀着清晰的良知去掠夺异教徒。

法兰克人和希腊人

诺曼人是先锋。在 11 世纪时，他们从萨拉森人手中夺回了南意大利和西西里，几乎同时吞下整个东部帝国在西方最后的遗产。就像其跟随着征服者威廉到英国的亲族一样，他们渴望土地。在穆斯林占领的西西里有很多机会，它失去了北非大领主的保护，成了互相争斗的岛屿中惹人垂涎的牺牲品。君士坦丁堡的帝国政府想要占领它，还在比萨和热那亚采取了实际行动。然而，诺曼人在南意大利稳住了阵脚，并且享有教皇的支持；罗马不希望看到希腊教会在从前拜占庭帝国的西部领地上重新建立起来。

1060 年，第一队诺曼人横渡墨西拿海峡(Straits of Messina)，但是只待了几个小时。他们很快就返回了。1072 年，他们中的一位领袖，欧特维尔家族的罗杰(Roger d'Hauteville)被封为“西西里伯爵”。他的追随者很少。为了统治需要，罗杰的行政机构中雇用了穆斯林的书记、兵士、账房和收税者。用了好几十年才最终征服了这个穆斯林抵抗
166 的最后中心，诺曼人除了他们绝对的战斗力之外很难有其他依靠，而武力优势则基于重甲骑兵。他们不得不在统治的同时给予安抚，并在当地人中寻求合作者，穆斯林或东正教基督徒都行。巴勒莫的第一个诺曼统治者使用了“埃米尔”的头衔，这个基督教王国(教皇在 1130 年确认罗杰二世为国王)在长达一个世纪左右的时间里混合着拉丁、希腊和阿拉伯传统而别具特色。它未能存续下去，但是在一段时间内，那个岛上受到庇护的群体不仅毗邻而居，并且体验着习俗、法律、语言和文化的共享，从那时起便给西西里打下了牢固且持久的标记，其通过附属于诺曼人而进入了西方基督教世界的历史(其后，也因此进入了欧洲的历史)。

对抗伊斯兰教、保卫基督教世界的责任在数个世纪里一直由拜占庭承担，并且主要由其独自面对。但是这忽视了拉丁西方对新领土的扩张，诺曼人是其典范。君士坦丁堡将“法兰克人”对抗伊斯兰教的进攻视为另一种蛮族入侵也并不奇怪，除了他们在宗教上的关联性外，彼

此大不相同：由于教皇支持诺曼人在南意大利的统治，东正教与天主教在 1054 年最后分裂，这种支持被视为对拜占庭管辖权的篡夺。

在 11 世纪，东部帝国无疑仍拥有强大的力量。其资源仍是非常巨大的。虽然在阿拉伯人入侵之前，只有首都享有经济上的重要性，在许多大帝国衰落之后，其仍旧是从亚洲向西方转运奢侈品的重要商业中转站。君士坦丁对首都位置的选择保证了拜占庭扮演着重要的经济角色，并鼓励向其他港口提供货物的手工业的发展。然而，这些贸易在帝国内逐渐落入了法兰克人的手中，尤其是威尼斯人和热那亚人。

9 世纪时，经济力量已经能够支持复兴的军事行动获得成功。两个世纪之后，在关键时刻不利因素再次压制了帝国的力量，并使其开始陷入长期的衰落。它始于内部的新分裂与个人的阻碍。两位皇后和若干体质羸弱的短命皇帝削弱了中央的控制力。在拜占庭内部，统治阶级之间的竞争处于失控状态；植根于行省的贵族党派与身居高位的常务官员进行着斗争。这也部分反映了军事精英与知识精英之间的冲突。不幸的是，结果他们所需的军队与海军支持都断绝了。他们发现根本无法处理面前新出现的威胁。诺曼人就是其中之一。西方基督教世界的代表（或者按照拜占庭的看法，是北方来的蛮族侵略者）第一次以掠夺者的身份出现在东部帝国面前——在西部教会的支持之下。在东面，皇帝们已经学会与之相处的哈里发让位于更凶残的敌人。在小亚细亚，突厥人在中亚构成了新的威胁，并且在 1071 年那场令人震惊 167
的战役之后，小亚细亚实际上已陷入突厥人手中，这对于帝国的国库和人力资源是个巨大的打击。除此之外，11、12 世纪在巴尔干地区连续的反叛已经扩展为中世纪东正教世界声势最为浩大的一次异端运动，亦即鲍格米勒派异端（Bogomil heresy）[①]；其利用了当时广泛存在的非希腊人对希腊高级神职人员以及他们拜占庭化的怨恨。

① 保加利亚地区兴起的基督教异端思想，受保罗派二元论影响，认为上帝有两个儿子，即代表善的耶稣和代表恶的撒旦，最终善将战胜恶。主张废弃教会教阶制以及洗礼等圣事，并号召反抗所有压迫，均分财产等。其主要在巴尔干地区流行。15 世纪后逐渐消隐。——译者注

一个新的王朝，科穆宁王朝(Comneni)再次重整帝国，并坚持了一个多世纪，直到1185年。诺曼征服者从希腊被赶回去了。从俄罗斯南部新出现的一个游牧民族威胁——佩切涅格人(Pechenegs)，也被击退了。然而，最终击败保加利亚人或收复小亚细亚却未能实现。科穆宁家族的最后一位皇帝绞死了他的前任，也是他的侄子，他的活力与雄心也体现在他的改革努力上，然而无论如何，这导致了叛乱和他的被废黜，并在严刑拷问后被杀害了。此时，拜占庭的历史已经通过十字军东征运动以一种新的方式与拉丁基督教世界纠缠在了一起。

十字军东征

"十字军"一词现在非常任意地应用于指代几乎任何原因引起的狂热情绪支持的公共事件，而在很长的一段时间里，其专指12、13世纪西方基督教世界对叙利亚和巴勒斯坦地区的一系列军事扩张行动，行动的目标是要将叙利亚和巴勒斯坦的圣地从伊斯兰教统治者手中夺回。这并非详尽或全部的描述。还有其他一些著名的十字军，但是这些远征都长期对欧洲人的想象以及欧洲人对其先祖同伊斯兰教斗争的观点产生了决定性的影响。那些参加者都凭着教皇的权威，被确认享有灵魂上的重大益处；死后，他们的灵魂也会免受炼狱之苦，并且如果他们在十字军的战斗中牺牲，他们将享有圣徒的地位。这些确信无疑地——一段时期里甚至包括儿童——使黎凡特在两个多世纪内一直处于西方统治者和罗马教会意识的中心。他们的努力最后无果而终，但却对东部帝国、近东伊斯兰教地区留下了深远的影响，同时也影响了欧洲社会与心理。

最早和最成功的一次十字军东征在1096年，是由克莱芒宗教会议(Council of Clermont)上教皇的布道所推动的，消息从那里迅速地扩散了出去。受到神迹与被发现的曾刺穿十字架上的基督肋旁的长矛鼓舞，十字军战士们重新攻占了耶路撒冷，他们令人惊讶地通过对俘虏的大屠杀来庆祝和平福音的胜利，被屠杀者中还包括妇女和儿童。其后便是十字军称之为"十字军诸国"(Outremer)的建立，包括在叙利亚和巴勒斯坦建立的四个独立小国(同时也称为"拉丁王国")。他们通过封建纽带吸引西方的移民并将其置于自己的统治之下，不过移民从未达到十字军诸国对人力的要求。

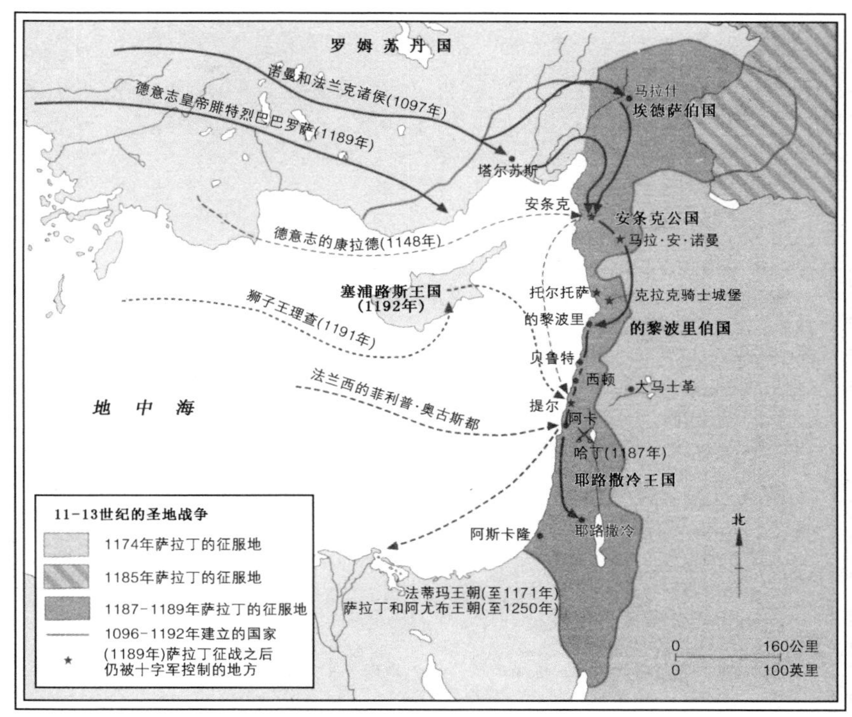

第二次十字军东征(1147—1149)与第一次不同，它起源于一次狂 168
热的屠杀(在莱茵兰屠杀犹太人)，而其后虽然一位皇帝和法国国王的出现使其获得了更轰动的效果，但这却是一场灾难。埃德萨(Edessa)未能收复，这座城市丢给了突厥人而激起了怒火(尽管这产生了一个具有一定影响的副作用：一个英国舰队从阿拉伯人手里夺取了里斯本，这座城市又落入葡萄牙国王手中)。其后在1187年，萨拉丁(Saladin)为伊斯兰教夺回了耶路撒冷，这是一次重大的反击。随之而来的第三次十字军东征(1189—1192)最为壮观。一位德国皇帝(在这次事件中淹死了)和英法国王都参加了。他们之间并不和睦，耶路撒冷也未能攻取。再没有大国国王回应英诺森三世(Innocent Ⅲ)号召再次东征的呼

吁，只有一些缺乏土地的小封建主响应，这次东征对于东部帝国的意义最为重大。威尼斯人资助了这次开始于 1202 年的远征。这次远征受到了被废黜的觊觎王位者的影响，转而干涉处于王朝困境中的拜占庭。这正符合威尼斯人的心意，他们帮助此人夺取了君士坦丁堡。其后，为了模糊和特别的利益就开始了密谋，紧接着是一场对城市的洗劫，并在
169 君士坦丁堡建立了“拉丁帝国”。直到半个世纪之后拜占庭皇帝才得以回到君士坦丁堡。

十字军东征时代

最初四次十字军东征是最重要的，与其所造成的十字军诸国的消亡一起，通常将这一时期视为十字军东征时代。

1095 年	乌尔班二世(Urban Ⅱ)在克莱芒宗教会议上宣告第一次十字军东征，其后逐渐达至顶峰。
1099 年	占领耶路撒冷，建立拉丁王国。
1144 年	突厥塞尔柱人(Seljuk)占领了基督教城市埃德萨，这座城市的沦陷激起圣伯纳德(St Bernard)呼吁一次新的十字军东征(1146 年)。
1147—1149 年	第二次十字军东征，以失败告终(其最重要的结果便是由一支英国舰队夺回了里斯本，其后转交给葡萄牙国王)。
1187 年	萨拉丁为伊斯兰教夺回耶路撒冷。
1189 年	发动第三次十字军东征，但未能重新攻占耶路撒冷。
1192 年	萨拉丁允许朝圣者进入圣墓教堂(Holy Sepulchre)。
1202 年	第四次十字军东征，也是最后一次大规模东征，在十字军占领并洗劫君士坦丁堡时(1204 年)达到顶峰，并在那里建立了“拉丁帝国”。
1212 年	所谓的“儿童十字军”。
1216 年	第五次十字军东征占领了埃及的达米埃塔(Damietta)，其后很快又丢失。
1228—1229 年	(被绝罚的)皇帝腓特烈二世率领了一支“十字军”重新占领了耶路撒冷，并自立为王。
1239—1240 年	香槟的提奥巴尔德(Theobald of Champagne)和康沃尔的理查德(Richard of Cornwall)率领的十字军。
1244 年	伊斯兰教再次攻取耶路撒冷。
1248—1254 年	法国的路易九世率领一支十字军进军埃及，他在那里被俘赎回之后，又前往耶路撒冷朝圣。
1270 年	路易九世第二次率领十字军对阵突尼斯人，在战争中死去。
1281 年	阿卡(Acre)，在黎凡特的最后一个法兰克人据点被伊斯兰军队攻占。

还有其他的一些远征也被称作“十字军东征”，有时也是正式的。其中有些直接针对非基督徒(西班牙摩尔人和斯拉夫民族)，有些是针对异端(比如阿尔比派教徒)，有些则是针对那些冒犯教皇的君主国。还有一些对近东地区徒劳的远征。1464 年，庇护二世(Pius Ⅱ)发起对那一区域进一步远征最后的尝试，但未能得到支持。

13 世纪对近东又进行了几次正式和合法的远征，一位德意志皇帝（他自己被绝罚了）曾在 1229 年短暂地重新攻克了耶路撒冷，但是这一运动作为独立力量却逐渐衰微。宗教冲动仍旧能够感动人们，但是前
四次东征暴露了这些远征令人厌恶的一面。其中最主要的是欧洲在海 170
外的帝国主义，其具有高贵与可耻的混合目的，以及占领者的殖民做法，最终都遭到了失败。在西班牙、西西里（诺曼人之后是意大利定居者）以及德意志的异端边界地区，西欧人推进着他们殖民的战线；他们还尝试在叙利亚和巴勒斯坦将西方的机构制度移植到这片遥远和陌生的环境里。他们也从当地人手中夺取土地和在西方不易获得的货物，他们这样做时自觉无愧于良心，因为他们的对手是曾占据着基督教最神圣的圣地的异教徒。"基督徒是对的，异教徒是错的"，中世纪著名的诗歌《罗兰之歌》（*The Song of Roland*）中这样说，这可能也是一般十字军战士对于其所作所为引起良心不安之后的反应。

第一次十字军东征的短暂胜利很大程度上应归因于伊斯兰世界内部的脆弱和混乱。法兰克国家的移植国家和君士坦丁堡的拉丁帝国很快就灭亡了。但是也有些结果是持久的。十字军东征使东西方基督教世界之间的分歧更加恶化：十字军是第一支洗劫君士坦丁堡的军队。其次，他们加深了伊斯兰教与基督教之间难以弥合的意识形态分歧。从主观上来讲，他们不仅展现了并且帮助锻造了西方基督教的独特秉性，使其具有一种好战和侵略性的风格，这使其传教工作在技术优势的巩固下，进行得更为无情也更有效。

十字军的心态和正式机构都不仅限于黎凡特地区。十字军宣称要对抗其他的非基督徒（比如斯拉夫和普鲁士异教徒）和异端（就像对待朗格多克一带的阿尔比派教徒一样）。十字军被授权同与教皇不睦的君主国开战，甚至反对皇帝。对于未来，一种心态的根源，亦即出现世俗化时激起世界范围反对的文化便植根于十字军。当收复失地运动接近尾声时，西班牙人已经将目光移向非洲，将其视为新的十字军战场。在那之后，他们将看向美洲。

十字军通过对军事修士会（military order of knighthood）这一新

的宗教组织的发展和传播的贡献，也同时影响了欧洲的历史。这是军事化基督教最为明确的表征，将战士们聚集起来以僧侣的誓言宣誓为信仰而战，从而使其成为宗教修会的成员。在耶路撒冷的圣约翰骑士团(Knights of St John)一直在前线与伊斯兰教战斗了数个世纪，直到他们将自己的任务局限于近代慈善工作。圣殿骑士团(Knights Templar)的势力曾经强大繁盛到法兰克国王都畏惧他们并垂涎他们的财富，以至于最终摧毁了他们；西班牙的卡拉特拉瓦(Calatrava)修会和圣地亚哥(Santiago)修会在收复失地运动中立下了赫赫战功。条顿骑士团(Teutonic Knights)，1190 年建立于巴勒斯坦，曾在匈牙利抗击
171 马扎尔人，后转战东北欧，在波罗的海沿岸抗击普鲁士异教徒。他们的骑士团团长在 1291 年离开了巴勒斯坦，1309 年迁至马林堡(Marienburg)；他们进行基督教传教的任务，那时已经比为他们自己夺取土地的激励作用小得多了。

东欧和斯拉夫人

德意志的边界也是基督教世界的边界，由传教的热忱、贪婪、对土地的渴望以及贫穷的刺激向前推进着。其结果便是改变了这一地区的种族和文化地图。条顿骑士团是德意志人侵入波罗的海和北斯拉夫地区唯一的急先锋，给已经持续了几个世纪的人口迁徙大潮以新的动力。德意志人向东扩展，砍伐森林，开垦田园与村庄，建立城镇并修建要塞保卫为他们服务的修道院和教堂，这是一个相当浩大而缓慢的民间运动。当十字军运动结束时，他们稳定地向普鲁士和波兰推进，那些作为牺牲代价的当地居民都是异教徒。他们的掠夺造成了一个小小的伦理问题。当德意志人继续向东及进入中欧时，他们遭遇了斯拉夫基督徒。两者之间从中世纪时期就开始的文化冲突一直延续到 20 世纪。1941 年，许多德国人将“巴巴罗萨计划”(那一年希特勒进攻苏联的计划，是以一位在第三次十字军东征中阵亡的著名皇帝来命名的)视为已有数个世纪之久的教化使命在东部再次开始的舞台。

虽然今天斯拉夫民族的草图与西欧人的差不多同时建立，地理上

却造成了一些混乱。斯拉夫欧洲涵盖了广阔而定义模糊的东欧的大片区域,在那里由于游牧民族的入侵和接近亚洲,使其在西方经历蛮族社会已经安定下来之后很长一段时间还不甚稳定。在多山的中欧和东南欧地区,借助纵横的河谷实现了人种向东南欧和中欧的山区散播。北方虽然依旧被丛林覆盖,但是平原地带既无明显的自然定居点也无抵御侵略的屏障。在这片广袤的土地上,权力争夺达数个世纪。但是在13世纪初期,东部出现了一些斯拉夫民族,他们已经有了独立的、具有历史意义的前路。在大部分地区,他们一直生活到我们这个时代。

那时,同时也出现了一个典型的斯拉夫和东正教文明,虽然并非所有斯拉夫人都从属于它;最终,较之东方而言,波兰以及当代捷克共和国和斯洛伐克共和国在文化上变得与西方关系更密切。斯拉夫世界的国家结构变化不定,但是其中有两支,就是波兰人和俄罗斯人,被证明

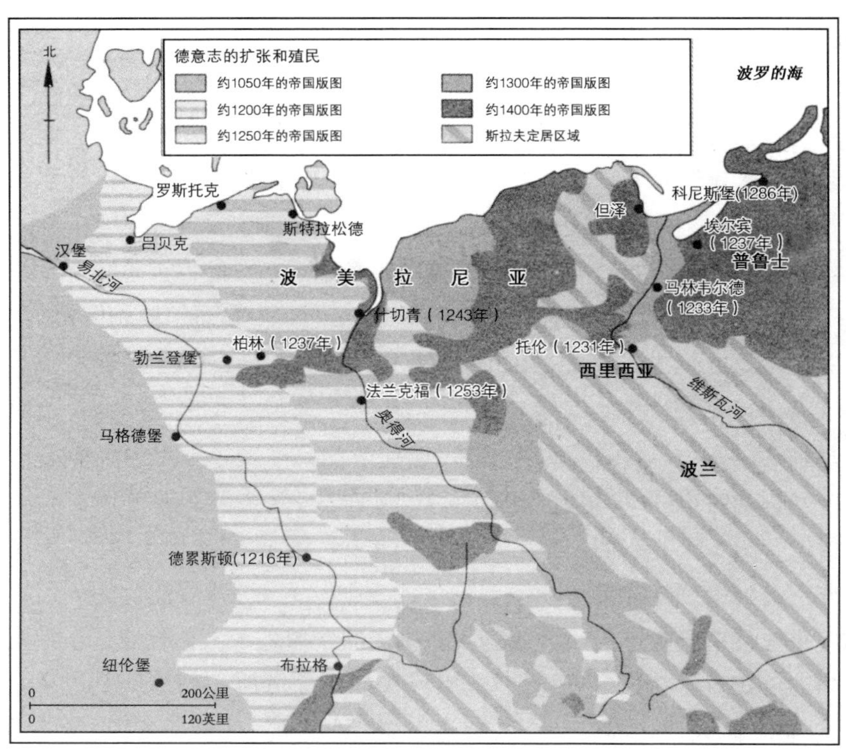

172

在组织形式上创造了特别顽强和有效的幸存成果。他们有很多制度幸存了下来，因为斯拉夫世界有时——尤其是在12、13世纪——承担着来自西方和东方同等的压力。西方的敌视态度是斯拉夫民族保持自己强烈认同感的原因之一，并且由于宗教的差异形成了特殊的边界。他们中的一些人认为，忠于东正教就是忠于民族认同的基础。

拜占庭的遗产——或至少是对其产生影响最大的一部分——由于扎根于斯拉夫人中的东正教信仰而一直维持了下来。正是由于这种巨大的影响，我们才仍旧像现在这样生活着。假如不皈依基督教，斯拉夫国家就不能视为欧洲的一部分；假如没有皈依东正教而是皈依天主教，他们的历史也就能与西欧有更多的交集。历史学家正确地强调了所有造成欧洲东部与西部分歧与差异的原因。虽然两者都信奉基督教，但这绝不能忽略。如果俄国后来以一般伊斯兰教力量的身份出现，世界历史将会有翻天覆地的变化。

基辅罗斯

公元860年，就在一位保加利亚统治者接受洗礼宣布第一个基督教斯拉夫国家正式出现的前几年，一支由200艘船只组成的远征军洗劫了君士坦丁堡。市民们受到了极大的惊吓。他们聚集在圣索非亚大教堂颤抖着聆听牧首的祈祷：他的声音就像西方的僧侣祈求免于遭受
173 邪恶的维京战船屠害的神圣保护一样，这是可以理解的，因为维京人事实上就是这些强盗的始祖。但他们对于拜占庭人来说是罗斯人(Rus或者Rhos)，这次劫掠标志着一支未来强大势力的首次出现，这就是俄国。

到那时，这股力量还在胚胎之中。在这些强盗背后几乎没有什么可以称为国家的东西。他们的起源很复杂。经过数个世纪，斯拉夫民族已经扩散到通往黑海的河谷地区的上游。到8世纪，他们的人口已经足够使基辅附近的山区成为人口稠密的聚居地了。他们居住于部落中，经济与社会组织仍旧十分落后。我们不知道他们的当地统治者是谁，但看起来他们的第一个城镇是用栅栏保卫的，他们的索取，准确地

说是贡品则是从周围的乡村收来的。

当这些斯拉夫部落被古斯堪的纳维亚人征服后,后者成了他们的领主。他们结合贸易、海上掠夺和殖民,受到渴望土地的刺激,有时还将他们的臣民当奴隶卖到南方。古斯堪的纳维亚人给他们带来了强大的战斗力、重要的商业技术、航海技能以及熟练的水手,看起来其中并没有女人。俄罗斯的河流比亨伯河(Humber)、塞纳河更长、更深,从而使他们的大船能够进入他们想掠夺的国家。一些人继续向南航行;846 年,巴格达出现了他们后来的名字:"瓦兰吉人"(Varangians)。这些漫游舰队中的一支在 860 年攻击了君士坦丁堡。他们不得不同东边的哈扎尔人竞争,并可能首先在基辅安顿下来(当时基辅属于哈扎尔人的附属地区),但是俄国传统历史始于其在诺夫哥罗德(Novgorod),亦即斯堪的纳维亚英雄传说中的霍姆加德(Holmgardr)建立政权。传说记载,大约在公元 860 年,一位叫作留里克(Rurik)的公侯和他的兄弟来到这里定居。在这个世纪末,另一位瓦兰吉公侯占领了基辅,并将这座城市定为他的首都。

黑海地区新势力的出现给拜占庭敲响了警钟。非常具有典型意义的是,它对于一个新的外交问题的反应常常是从意识形态的角度来考虑;看起来曾有使一些罗斯人皈依基督教的尝试。一个统治者可能已经屈服了。但是瓦兰吉人保持着他们的北方异教信仰——他们的神祇传到我们所知的有托尔(Thor)[①]和沃登(Woden)——而他们的斯拉夫臣民逐渐将之融合在一起,也有他们自己的神明,这可能有着非常古老的印欧地区的起源;这些不同的神明随着时间的推移逐渐融合在一起。很快又出现了新的敌意。奥列格(Oleg)是 10 世纪早期的一位基辅王公,他再一次攻击了君士坦丁堡。拜占庭的舰队避开了,据说,他带着自己的战船上了岸,用轮子运载着它们以使其能够包抄金角湾(Golden Horn)封锁的入口。他这样做了(无论他是不是真这样做的),成功地从与帝国在 911 年签订的条约中赢得了极大的利益。这个

① 北欧神话中的雷神,也是农业和战争之神。——译者注

条约给了罗斯人非同寻常的贸易特权。这也很清楚地表明了在这个新
建立的公国中经济生活的重要性。在传说中的留里克王朝过后半个世
174 纪左右，一个以基辅为中心的异教河上联盟出现了，从而使波罗的海到
黑海之间的贯通成了现实。当文明与基督教来到时，因为邻近拜占庭
从而活水能够进入这个年轻的公国，它在 945 年第一次被承认为“罗斯
国”。那时他们的联合仍然十分松散，其毫无条理的结构甚至还不如流
传下来的划分习惯严密。罗斯的王公作为统治者在其中心附近巡视，
其中最重要的就是基辅和诺夫哥罗德。无论如何，基辅的国王成了其
中的魁首。

在 10 世纪上半叶，拜占庭与基辅罗斯之间的关系慢慢走向成熟。基层政治与贸易作为更基本的因素被重新定位。基辅正在逐步放松他们与斯堪的纳维亚的联系而越来越关注南方。瓦兰吉人的压力看起来也日渐式微(这或许和古斯堪的纳维亚人成功地找到了向西扩张的其他土地有关，尤其是建立了诺曼底公国)。然而在此前很长一段时间，基辅罗斯和拜占庭之间就有着密切的联系。拜占庭帝国的外交政策是小心翼翼和机会主义的，早在 10 世纪对于在争议海域的渔业有兴趣时，就通过谈判以安抚罗斯人。佩切涅格人将马扎尔人赶到了西边，而马扎尔人地区曾是罗斯人与哈扎尔人之间的缓冲区域，这里必然将会有更多的麻烦。虽然罗斯舰队在 941 年被成功击退在某种意义上成为一个转折点，但是瓦兰吉人在首都的劫掠并未结束。其后便在皇帝与基辅罗斯之间签订了一个新的条约，其明确地减少了 30 年前所给予的贸易特权。但是利益的互惠互利更加清晰地显现出来。哈扎尔处于衰落中，拜占庭意识到基辅罗斯有可能成为对抗保加利亚人的重要同盟。接触变得多样化；瓦兰吉人出现在君士坦丁堡的皇家卫队中，罗斯的商人也日益频繁地来到这里。据信，其中一些人已经接受了洗礼。

基督教虽然有时轻视商人，但也常常接受他们和他们的货物。882 年在基辅已经出现了教堂，它可能是为外国商人服务的。但似乎并没有从那里生长出什么来。直到下个世纪中叶才零星出现关于俄国基督教的证据。945 年，一位基辅王公的遗孀奥尔加(Olga)代表那位王公

的继承者，也就是他们的儿子摄政，他是第一位用斯拉夫名字而非斯堪的纳维亚名字的基辅国王。其后在957年，奥尔加对君士坦丁堡进行了一次国事访问。她在此前就可能接受了秘密洗礼而成为基督徒，但那时她却公开和正式地皈依基督教，皇帝亲自出席了在圣索非亚大教堂的庆典。因为外交上的弦外之音，很难准确地理解这一事件。毕竟，奥尔加也请求罗马送来一位主教，看看罗马能提供什么。除此之外，没有直接的后续行动。斯维亚托斯拉夫(Sviatoslav)的统治时期从962年持续到972年，他被证明是一个好战的异教徒，就像他那个时代其他的维京军事贵族一样。他坚守北方的神明，并且在成功地洗劫了哈扎 175
尔人的土地之后毫无疑问地坚定了自己的信仰(他在与保加利亚人的

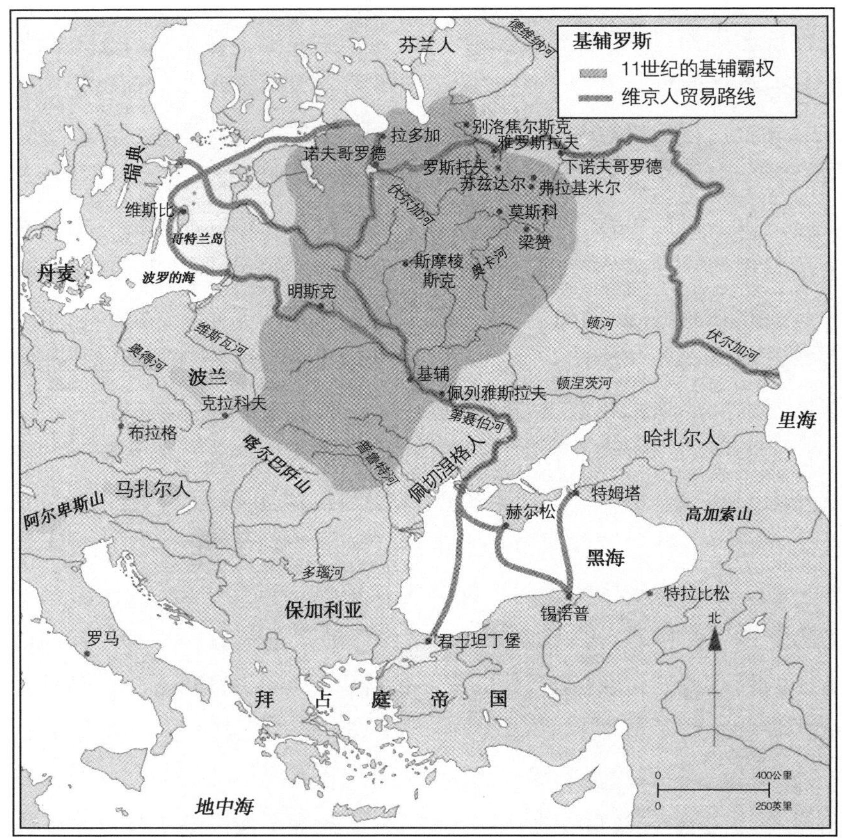

冲突中表现得并不出色，并且，最后被佩切涅格人杀死了）。

这是一个重要的时刻。俄国人仍旧作为维京人，在东西基督教世界之间维持着平衡。伊斯兰教在重要关头受到了哈扎尔人的抑制，但俄国则有可能转向拉丁西方。波兰的斯拉夫人已经皈信了罗马，德国的主教区也同时在波罗的海沿岸和波希米亚不断向东扩展。两大基督教传统之间的分离乃至敌视已经既成事实，而俄国就像等待着两者之一的重大奖品。

基督教俄国

980 年，一系列王朝争夺最终结束于一位胜利的王侯之手，正是弗拉基米尔（Vladimir）使俄国实现了基督教化。他可能是作为一个基督
176 徒被抚养大的，但却毫不掩饰其异教信仰，他成了一名维京战士。然后他开始探询其他宗教。传说他曾经让不同宗教的人在他面前辩论各自宗教的优点；他排斥伊斯兰教因为其禁止饮酒。他派遣了一个代表团去拜访基督教会。他们报道保加利亚人令人不快，德意志人则什么也没有提供。但最终君士坦丁堡赢得了他们的心。他们所说的这段话经常被引用："我们不知道自己究竟是在天堂还是在人间。因为这里的一切是如此壮丽、如此美丽，我们不知道如何形容它。我们只知道，上主在这里居住在人们中间。"于是便作出了选择。986 年至 988 年，弗拉基米尔接受了东正教作为他自己及其臣民的宗教。

无论他的动机如何，这是一个转折点，并且东正教士们从那个时候就开始纪念这一事件。"从那时起，偶像崇拜的迷雾便离开了我们，正教的晨辉冉冉升起。"在弗拉基米尔身后半个世纪左右的一篇颂歌中这样写道。弗拉基米尔的全部热忱体现在他强迫其臣民接受洗礼上（必要的话还会使用暴力），那只是一种热情影响了他。弗拉基米尔要向皇帝提供军事援助，并且得到允诺有一位拜占庭公主将嫁给他做新娘，并按其要求送给了他数百个嫔妃。这是对基辅国王地位史无前例的认可，即使皇帝的姐妹也能够得到；因为拜占庭需要俄国联盟共同对抗保加利亚，当事情进展得不那么顺利时，弗拉基米尔便占领了拜占庭在克

里米亚的领地以向其施加压力。联姻随即到来。基辅值得拜占庭进行一场盛大的婚礼弥撒,虽然弗拉基米尔的决断远远超过外交政策层面。两百年后,他的国人仍旧对这件事心存感激,弗拉基米尔本人也被奉为圣徒。他作出了形成未来俄国的第一个决定。

10 世纪时,基辅罗斯可能在丰富的文化等方面都要比大部分西欧地区要好。它的城镇是贸易中心,将俄国的皮毛和蜂蜡销往近东地区被看作是最有价值的。这些商贸重心的不同反映了另一个差异:在西欧,自给自足的庄园经济是古代经济世界崩溃之后作为承受压力的制度出现的。没有西部的庄园经济,土地贵族在俄国要比在天主教欧洲用更长的时间才能出现;俄国的贵族仍旧保留着战争领域的大量骑士和随从。他们中的一些人反对基督教。就像在保加利亚,对基督教的接受几乎完全是个政治行为。内部和外部势力都有卷入。虽然基辅是一个基督教公国的首都,但是其却能不被视为这个基督教国家的中心。君主和教士们不得不宣称反对贵族与异教的保守联盟(其在北部持续
了相当一段时期)。通过保加利亚神父们的努力,新的信仰逐渐降低社 177
会等级慢慢扎根,那些神父们带来了南斯拉夫(South Slav)教会的礼仪和西里尔字母。这奠定了俄国读写能力的基础。在教会方面,拜占庭的影响仍旧十分强大,基辅的大主教通常都是由君士坦丁堡牧首任命的。

基辅因其教堂的宏伟壮丽而闻名于世;那是建筑艺术的伟大年代,其风格也体现出了希腊的影响。其一般为木结构,只有很少一些迄今犹存。但如此卓绝的艺术能够反映出基辅的富裕。其在"智者"雅罗斯拉夫(Jaroslav)时代达到顶峰,当时一个西方的旅行者认为基辅能同君士坦丁堡相媲美。从文化角度上来看,那时俄国与外部世界的接触之多是此后数个世纪都未再有过的。雅罗斯拉夫与罗马互派了外交使团,诺夫哥罗德接待了来自德国汉萨同盟的商人。雅罗斯拉夫为他家族的妇女找到了波兰、法国和挪威的国王做丈夫,他自己则与一位瑞典公主结了婚。一个饱受摧残的盎格鲁-撒克逊皇族也在他的宫廷避难。与西方基督教世界的联系从未像那时这样紧密。在文化上也是如此,

拜占庭对斯拉夫的文化移植的第一批成果开始聚集。基础教育的建立和法律的创制反映了这一点。在他统治时期还出现了俄国第一部文学作品《往年纪事》(*The Primary Chronicle*)，这是一部带有一定政治目的对俄国历史进行解释的书籍，就像其他早期基督教的历史一样。它为基督教君王的行动找到了基督教理由，尤其是俄国在基辅统治下的联合。尤为重要的是，它强调了这个国家的斯拉夫传统。

基辅罗斯的一个弱点在于王位继承权的纠纷上。虽然在 11 世纪一位国王设法声明他的权威并使迫使敌人远遁，但基辅的至高权力在雅罗斯拉夫之后便衰落了。北方的王国显示出了更强的延续性；莫斯科和诺夫哥罗德事实上成了各公国中最重要的两个，而另一个能与基辅相提并论的王国要在 13 世纪下半叶才在弗拉基米尔建立。从某种程度上说，由于俄国历史重心的转移，南部佩切涅格人的威胁达至顶峰。这是一个重大的变化。在北方诸国中，俄国政府和社会的未来走向已经初见端倪。慢慢地，从国王得来的封赏使旧式追随者和军事领袖从国王的随从变为了土地贵族。甚至连定居农民也开始获得了所有权和继承权。许多在土地上劳作的人是奴隶，但在这里却没有形成中世纪西方领主社会的义务金字塔。这些变化在文化中展开，而其主要的趋势是在基辅罗斯成为基督教国家后确立的。

波兰

另一个几乎在同时开始逐渐出现的国家是波兰。它起源于一群斯
178 拉夫部落，最早记录于 10 世纪，与西部来自日耳曼人的压力相抗争。可能在 966 年，波兰历史上第一位有记载的统治者梅什科一世(Mieszko Ⅰ)将基督教定为波兰国教。但是这个选择和俄国的不一样，他没有选择东正教；梅什科更倾向于罗马。这一关于宗教权威的选择，在历史上将波兰人与天主教西方连在了一起，就像俄国与东正教连在一起一样。这给予了波兰人民一段特别苦难的历史命运(经常充满了英雄色彩和悲剧色彩)，波兰在血缘和语言上属于斯拉夫国家，但在文化和宗教上又属于西欧，其领土两侧则是好战且令人畏惧的力量。

很快，它便开始了半个世纪之久的新国家巩固与合并。一位精力充沛的统治者开始创立行政体系，并将领土扩展到波罗的海南岸，穿越西部的西里西亚、摩拉维亚和克拉科夫(Cracow)。一位日耳曼皇帝在公元1000年承认了其主权，而他在1025年被加冕为波兰国王博莱斯瓦夫一世(Boleslaw Ⅰ)。

其他斯拉夫王国也在波希米亚和摩拉维亚出现，尽管东正教传教团努力传教，它们还是再度皈依了拉丁基督教。到12世纪初期，一个基督教斯拉夫欧洲出现了，尽管它不是单一的整体，而分别皈依了罗马教会和东正教会，在地理上也有所分别。在他们中间还有一支非斯拉夫人——马扎尔人居住于多瑙河流域。他们最伟大的国王圣斯蒂芬(St Stephen)反对东正教而引进了天主教传教团；教皇为其在1001年的加冕礼送去了一顶王冠。北部和西部的斯拉夫人仍旧处在日耳曼定居者的压力之下。而在东部和南部，拜占庭作为一个维持着东正教基督教世界的终极力量在13世纪逐渐衰落。1240年，基辅遭受了蒙古人的占领和洗劫，他们又在次年续写了自己的战果，摧毁了匈牙利。这是他们对欧洲的最后一次进犯，但当时并不知道。现代东欧深深植根于过去，但是我们决不能过分高估该地区在1300年之前确定的任何特别的未来走向。在那个时期之后，很多事情都会有所不同。

欧洲的雏形

到1300年，黑暗时代的西方基督教世界已经变得认不出来了。在很长一段时期里，西方文化一定看起来几乎不能——如果他们曾经想那么做的话——与东部帝国相抗衡，无论是在已经达到的成就上还是从潜力上来看都是如此。在经济上，直到罗马帝国灭亡后很久，拜占庭仍有能力维持着在西方任何地区都难以获得的巨大的军事力量和外交成就。在一个公元1000年的旅行者眼中，西欧与拜占庭或者哈里发王国相比，简直是不值一提的一潭文化死水。西方与非洲的联系被切断了，并且始终面临着伊斯兰教的挑战和骚扰。拜占庭却始终保存着罗马的帝国传统，即使已经越来越形式化。在数个世纪里，西方的国王和

179 公侯们只比军阀略强一些，人们向他们寻求保护并担心形势变得更糟。西方基督教世界不能像东部帝国或哈里发王国那样制造世俗权力的理论依据，而其政治联合在数个世纪里都是难以想象的。

但是到 12 世纪，这一切都发生了变化。从古代以来，基督教世界第一次有了一个与政治实体相对应的概念。历史在查士丁尼时代选择了出乎意料的一课。整个欧洲——包括东部和西部——除了伊比利亚半岛之外，都正式地基督教化了；虽然在乡村还存在着一些异教信仰，但也逐渐改信或消失了。至少出于强烈的渴望，第二个以罗马为名的基督教帝国出现在西方。但是东西部的基督教遗产是不同的，并且那些移植的因素使我们今天对于欧洲东部边界在何处的困惑变得更加复杂。我们能够看到的是，在这块称为"欧洲"的次大陆上，两大文明体前所未有地正面遭遇了。先是由地理和气候因素形成，其后又经过种族和语言的迁徙，在模式和文化上不同(虽然当地居民的物质生活和技术设备大多相同)的西方基督教世界在东部边界上不再仅仅面对简单的蛮族，而是另一种类型的基督教文明，分布稀疏但独具特色。分界线的观念如此淡薄，以至于毫无用处。事实上仍在进行的是一种持续的对抗，这正是两种不同版本的基督教传播的结果，即基督教拜占庭的长期存在以及第一批斯拉夫国家的出现。

到 13 世纪，东、西基督教世界的对比更为明显，并且变化的每一步都更加剧了这种分歧。当西欧在文化上和政治上以更快的速度发展时，东部的土地(除保加利亚之外)正在组成基督教王国和诸公国，基于其与罗马或君士坦丁堡的宗教效忠而互相有所区别，但仍是以一种复杂的方式联系着，且主要是种族和语言的关系。它们中的一些地区或其他地区再次被吸引，以期构画一条欧洲的边界。但是这样做是不明智的。这样做并不能达成共识，既不够清晰也不够完整。物质生活也许会略有不同，比如说在波希米亚和保加利亚，但没有一个地方是如此接近而又如此不同；又比如天主教的立陶宛和东正教的莫斯科大公国在日常生活上的对比远远小于它们之间的宗教差异。

心理的边界

如果希腊人和拉丁人有意识地区别彼此，他们当中的思考者（这在很大程度上是指神职人员）会特别注意到他们无论如何都是基督徒。他们之间分享着从未同穆斯林分享过的东西。穆斯林将其两者都视为异己的实体。这似乎有点古怪。因为尽管爆发周期性的敌意，地中海 180
欧洲数个世纪以来一直同穆斯林和伊斯兰教保持着接触——并且不仅仅是在商业意义上。在十字军东征的土地上，西欧人发现了一些比他们的黎凡特情人更值得赞美和垂涎的东西。他们中的一些人接受了在其故乡从未闻见的奢侈品，比如丝绸的衣服、香水以及新的烹调术。一些人养成了经常洗澡的习惯，但是这无益于使其在西部的故乡变得清洁，因为这在行为上增加了宗教上不忠的污点——浴室意味着性欲的放纵。

两大文明大量人群之间的持续交往发生了，互相交流、影响和理解的巨大机会出现在西班牙和西西里。这种情况被一位 19 世纪的历史学家用西班牙语称为“*convivencia*”，指的是毗邻而居的不同种族与宗教的人类团体相互的实践与社会宽容，而其在两个国度的最终消失引发了许多推测，甚至可能还有对失去这个机会的深深惋惜。

这些都可能无关紧要。要解释中世纪时期陌生的社群之间实际上的容忍存在着很多困难；如果要像解释现代概念上的宽容的话，难免会犯时代误置的错误。在穆斯林的统治下，倒真是比在基督教土地上更能使穆斯林、基督徒和犹太人和平相处。那充其量不过是财政困难出现在古老和（在伊斯兰教眼中）错误的信仰中；他们的信徒毕竟都崇奉一个上主并分享着若干先知的教诲。逆向来看，则难以成立。基督徒统治下的穆斯林常被视为最终挑起冲突者，尤其是遭遇新的基督徒定居者。态度也随着时间推移逐渐变化并硬化：西班牙收复失地运动或十字军时代的基督教军事行动便是走上了坚决不妥协的新路。穆斯林的态度也因十字军战士在黎凡特的所作所为而日益坚决。

无论如何，卡斯蒂利亚（Castile）的阿方索六世（Alfonso Ⅵ）从伊斯兰教手中重新夺回了托莱多，使其继西哥特时代之后再次成为基督教国家的首都。他同时也很自豪地成为“三教之王”，在他的宫廷中，基督教、穆斯林和犹太学者在一起辩论和工作。具有启发意义的是，他的妻子和许多朝臣看起来都强烈地反对。在13世纪时，德意志皇帝腓特烈二世的宫廷中有西西里的犹太和阿拉伯占星家和医生，并且还有一个穆斯林风格的后宫。但是正如他被称为“独眼龙”(*stupor mundi*)那样，作为一个宗教怀疑论者(也可能是一个智者)，他经常对基督徒感到不信任；此外，这种宽容的印象冲淡了正是在他统治下穆斯林西西里最终消失的事实。在他统治时期，西西里早就停止采取明显的社会宽容
181 了，而那是在诺曼人统治时从未被打乱过的。腓特烈自己于13世纪20年代将这个岛上的最后一批穆斯林作为造反者驱逐了，将他们重新安置在阿普利亚(Apulia)；那时大约仅有2万人(占总人口的5%)——比诺曼人到达时的十分之一(占总人口的50%)还少。这里还长期流行屠杀。无论有意无意，西西里成了“种族清洗”的早期样板——通过改信、通婚、基督教移民者的取代以及最终的放逐，这里成了一个新的拉丁社会。

意味深长的是，阿拉伯人给西西里语和南意大利语留下的语言积淀并未像给卡斯蒂利亚语留下的那样丰厚(许多阿拉伯词源的单词通过卡斯蒂利亚语流入了其他欧洲语言)。安达卢斯长期以来都是大伊斯兰世界最为富庶的地区之一，有保持着无与伦比的文明地理范围中最为杰出的几座城市之一，而西西里却从未达到那样的程度。在10世纪，科尔多瓦哈里发国可能是西欧最强大的国家，其首都[以及塞维利亚、格拉纳达(Granada)和托莱多]聚集着来自基督教和伊斯兰世界的众多学者和知识分子。犹太人的社区分布在这两个世界中，经常作为这两种文化的传递者和翻译扮演着特别的角色。

各种理念在西班牙逐渐形成和发展，在丰富基督教世界文化方面具有巨大的重要性。文本翻译活动的重要性是排在第一位的：古希腊、波斯和印度的科学从阿拉伯传到拉丁世界，西方基督教世界的古典传统通过此前很难得到的古希腊作家作品的阿拉伯语译本重新与古代

世界建立了联系。在 12 世纪,古希腊文献翻译的活动开始了。欧几里得的数学,盖伦、希波克拉底(Hippocrates)和亚里士多德的医学,对古希腊思想的新诠释[首要的是亚里士多德,这要归功于科尔多瓦智者阿威罗伊(Averroes)]都通过这种途径到达了西方基督教世界知识分子的手中。更多实践和技术方面的知识也从西班牙传来。阿拉伯医生掌握了比基督教世界任何地方都更好的身体治疗、解剖和药理学知识。阿拉伯农业的特殊实践给西班牙的风景留下了永久的印记,除此之外,阿拉伯的制图和航海技能、对托勒密天文学的知识(直到 16 世纪,欧洲人才找到令人满意的宇宙论基础)、星盘、小数点的应用以及许许多多东西都是通过伊斯兰教传到欧洲的。改变欧洲绘画的透视法技术也是在 13 世纪时从阿拉伯西班牙传来的。

对于中世纪的欧洲来说,没有任何文明像阿拉伯文明那样值得感激。因为所有戏剧性的和异国情调的兴趣,以及马可波罗的游记和修道士使团在中亚的探访都对西方没有什么大的影响。甚至到 1500 年,其与世界其他地区的货物交换仍旧十分有限。欧洲,事实上是从远东(通过东部帝国)学会了制造丝绸的技术;纸张虽然在 2 世纪的时候就 182
在中国出现了,但直到 13 世纪才从阿拉伯西班牙传到欧洲。创新观念从亚洲到达欧洲的极少,事实上除了印度的数学之外,大部分都经过了阿拉伯坩埚的提纯。考虑到伊斯兰文化的渗透性,看起来这并非因为伊斯兰教是隔绝欧洲和东方的绝缘和具有选择性的屏障,而是因为中国和印度没法将其影响达至那么遥远的地方。古代世界的交流并不更困难,但是那时却没有这么做。

甚至当这种交流在最富成效时,伊斯兰世界仍是支离破碎的。近东灾祸不断。10 世纪时,穆斯林西班牙在军事政治力量达到巅峰后日渐式微。其力量的最后一次振作是在 10 世纪末期。此后不久,安达卢斯便陷入了分裂;另一个表明伊斯兰力量衰退的里程碑式的事件是托莱多的沦陷。

到那时,伊斯兰现象已经给西方留下了难以磨灭的印象,然而这只是一个方面。虽然学者之间的交流带给了基督教世界各种好处,异教徒仍旧是错误的、不受欢迎的且令人畏惧的。普通人包括普通的教士，仍旧对伊斯兰教相当无知，因此必然还怀有水火不容的偏见。西欧人也没有我们所期待的那样通过教育提升一般社会大众的素质。有学者指出，没有证据表明在1100年之前有人在北欧听说过穆罕默德，或者直到1143年出现过任何的《古兰经》拉丁译本。[①] 这些消极的事实，以及雇佣兵和渴望土地的乡绅们的利己主义，构成了欧洲对于一个已经直接接触数百年的主要异质文明的长期观点。因此，也间接地塑造了欧洲人对其自身的观点。

① R. Southern, *Western Views of Islam in the Middle Ages* (Combridge, Mass., 1962), pp. 15, 28.

第九章　中世纪文明

183

一个观念的建立

“中世纪的”(Medieval)、“中古史学者”(Medievalist)、“中世纪精神”(Medievalism)都是19世纪发明的词，经常用于表述“中世纪”(Middle Ages)的含义，在英语中，早在18世纪就有了这个常见的词组。在此之前，出现过单数形式的“中间时代”(Middle Age，法国人至今还偏好这一用法)，作为早期一系列拉丁表述的译文，用于表达在两个时代之间的概念：一个是古代的、古典的、前基督教世界的时代，另一个则是该词组使用者所处的时代。这一观念在15、16世纪时期便已得到了经常使用；使用这个词汇的最早记录甚至可以追溯到1464年。[①]

很明显，这些词组是不会自动出现的；除非我们知道其他一些事实，它们的出现实在令人费解。第一，它们非常模糊地指定了一些东西，而这些需要在我们知道它所指代的意思之前及时地(说到这一点，也就是适当地)加以确定。它们所提及的未加详细说明的数个世纪仅

① 在这个题目上，我们仍可以参考：G. S. Gordon, *Medium Aevum and the Middle Age*, S. P. E. Tract No. XXI(Oxford, 1925)。他认为最早应用“Middle Age”一词的记录应在1611年。

仅是在两个时代之间，我们有资格去问："在什么之间？在什么之后？在什么之中？"大多数阅读这本书的人都能回答这些问题，大约在他们翻开本书之前就可以，但是这只因为"中世纪"一词被视为理所当然的了；在他们当中这个词语已经有了一定的假定和设想——因此其适用于欧洲史。但是当人们谈论 *medium aevum* 或者 *media aetas*，或者杜撰出其他他们所要想表达的词汇时，那是一个中世纪的时代，事实上也是一个新观念和创新的时代。

有些核心观念甚至能够追溯到圣奥古斯丁，他在罗马帝国灭亡后开始写作《上帝之城》(*City of God*)。这给了他一个新的、后古典时代
184 的起点，但却没有终止的时间(他设想那天将会随着末日审判到来，永生之门将会开启，所有的历史届时都将终结)。在 15 世纪末期出版的一部历史书中认为，到那时有可能是一个新的时代，开始于古典世界的终结，而在他们的时代趋于终结，并且认为值得将其作为一个整体加以考量。[①] 在此之前，一些人已经看到意大利诗人和学者彼特拉克(Petrarch)第一个写到认为自己处于两个时代的历史交点上，感觉自己处在两大时代的连接处，我们已经学会称之为(虽然他从未这样做过)中世纪和现代。

对这种差别的认识，实际上指示出了一个质变的时代很快就要来到了。一些学者开始致力于寻回长期被切断的、与古代的联系，他们认为那时的人们一定做了很多伟大的事，并创造了许多伟大的东西。他们感觉到自己及其时代正在经历一种重生和文明的胎动，并开始相信那些丰功伟业将会再现。但是在两个创造性时代之间，他们经常见到的只是无效的界定，由他们在其他时代之间的位置所清晰显示出来，其自身却是迟钝、无趣和野蛮的。一个消极的观点是，那些世纪几乎没有什么重要性，其唯一的作用就是在对比中凸显前一个时代及后一个时代的光辉，许多深思熟虑的人开始分享这个观点。在 1620 年出现了一

① 以 410 年至 1440 年作为一个阶段是比翁多(Biondo)选定的，他也是这本书的作者(这本书经常简称为他的《数十年》)，最早于 1483 年在威尼斯出版，并在其后的几年里又重印了数次。

个有力而引人注目的表达。在17世纪的学者写作中,曾担任英国大法官(Lord Chancellor)的弗朗西斯·培根(Francis Bacon)被理所当然地视为现代知识活动的奠基人之一。他写道,人们用25个世纪去寻求知识,而真正的进步只在6个世纪里取得——其中不包括中世纪。培根认为,无论是阿拉伯人还是学者们都没有对知识的增进作出任何贡献,事实上甚至是削弱了。[1]

当然,这些观点有些扭曲(人们可能会说这些概括本身就是一种漫画式的讽刺)。直到最近的数个世纪之前,中世纪作为一个整体往往被轻视,被视为一个"哥特式"的黑暗时代。然后出现了一个巨大的变化。人们开始理想化那些失去的世纪,认为那时像他们的先祖时代那样生机勃勃,却被前人忽略了。欧洲人开始用骑士历史小说填充过去的画卷,他们想象着乡下宏伟的男爵城堡中居住着棉花织工和股票经纪人,城市中有着"新哥特式"的教堂。这就是所谓的浪漫主义运动的一部分。更为重要的是,学者们在中世纪记录档案上作出了巨大努力,使其
成为近代欧洲最重要的知识事业之一,促成了近代历史学的兴起。这 185
是一个巨大的进步,但是仍旧遗留下了若干理解的障碍,其中一些在我们的时代里还存在着。人们开始理想化西方中世纪基督教文明的联合,并认为其表面上具有稳定性,但是这样做却模糊了其中的多样性。

至今仍很难理解欧洲的中世纪。一个粗糙的判断看似有理实则却很危险。古代世界结束到公元1000年左右的数个世纪可以视为奠基时代。一些重要的标志奠定了未来的模式,即使变化来得很缓慢,其持久力也并不确定。在11世纪,能够感觉到向前迈进的步伐。新的发展变得更加清晰。随着时间推移,很清楚地表明了他们开创了一条相当不同的新路。一个探险和革命的时代正在到来。欧洲的历史正在逐渐显现出第一个全球历史的时代。

这也造成了一些问题:我们不得不再次思考"中世纪"是什么时候

---

① *Bacon's Novum Organum*, ed. T. Fowler (Oxford,1878), pp. 266 - 267.

结束的。在欧洲的许多地区，其制度甚至直到18世纪仍十分强大，而在俄国甚至延续到19世纪。1800年，欧洲第一个移植的分支刚刚在大西洋对岸成为独立的政治存在，但是许多甚至是大部分美国人就像大量欧洲人一样，都认为那种超自然的、以上帝为中心的人生观是理所当然的。许多人持有传统的宗教观点，和500年前的中世纪男人和女人的观点没有什么区别。许多欧洲人的物质生活也同其中世纪祖先非常相似。从另一个方面来说，在其他一些国家里中世纪成了遥远的过去，事实上不仅在表面上，其他许多中世纪的制度也已经消失或被摧毁了，随之而去的毫无疑问还有那些权威的传统。在一些国家里，有些能够被视为属于现代的事物在1500年时已经展露雏形了。

教会

为了了解中世纪欧洲，我们应当首先从教会着手。如果欧洲是什么的话，那它一定是基督教的。“教会”这个词对基督徒传统上讲意味着整个的信仰团体，无论是平信徒还是神职人员，无论是生者还是死者。从我们所关注的生活来看，教会就等同于整个欧洲社会。其整体地代表了一系列伟大的故事。明确地讲，从西班牙的大西洋海岸到波兰的东部边境，正式的异教在这块地图上已经消失了。在这片领域中不信者是不可明言的，其人数很少（犹太人、旅行者和奴隶），他们与巨大的基督教徒群体隔离开来，他们也在理解的各个层面上分享或声称他们分享着基督教的信仰。此外，从黑暗时代开始由巨大的量变之后发生了质变。基督教信仰者数百年来为整个文明提供了泉源，并且没有遭受分裂或另类信仰的严重威胁。基督教规范了欧洲的前路，并赋
186 予其生命卓越的目标。正是通过这种方式，欧洲人第一次意识到他们自己是一个更大而特别的社会中的一员。

今天的非基督徒可能会以为“教会”就是一系列教会组织的称谓，以正式的结构和组织（甚至建筑）维持着信仰者的人生信仰和训导。在这个意义上，无论是在资格还是相关的模糊性上，罗马教会能够夸口他

们取得了相当重大的实践成就。从古代后期教士生活的死水中走来，它到 1500 年已经成为巨大权力和影响力的拥有者和焦点。在将近一千年里，它沿着一条曲折的路迈向公共生活独立与重要的中心地位。它为基督徒生活塑造了一个新的风格。从 1000 年开始，基督教的宗教生活变得更加纪律化、更具有进取心，也更加严格了：一些被视为理所当然的教义和礼仪形式最终被正式采纳时，基督教时代已经过去一半了。首要的便是教会被以教皇为中心的机构所控制，使其具有了延续性和长期被封印的力量。

希尔德布兰德的直接继承者没有他表现得那么戏剧化，但他们也都坚持教皇的优势权利。乌尔班二世（Urban Ⅱ）利用第一次十字军东征成了世俗王国的外交领袖；国王们都唯教皇而非皇帝马首是瞻。他同时还建立了教会的行政机器；在他在位时出现了教廷（*curia*），一个与英法国王皇室行政机构相似的罗马行政系统。通过它，教皇对教会的控制得到了稳定的加强。1123 年是一个具有重要历史意义的日子，第一次西方大公会议在罗马的拉特朗大殿（Lateran Palace）召开，其教令是以教皇自己的名义发布的。教皇的法理学地位和司法权一直在受到磨损；越来越多的法学辩论从地方的教会法庭一直渗透到教皇法庭，无论那些人是居住在罗马还是地方上。在叙任权之争减弱后，除了皇帝之外的世俗王侯都向罗马表示了他们的好感，虽然在英国关于教士特权和土地法豁免权的公开争论导致了坎特伯雷（Canterbury）大主教的被刺，但就整体而言，教士所享有的大量法律豁免权并未在他们的日常工作中遭到多大的挑战。威望、教义、政治能力、行政压力、司法实践以及对神职俸禄越来越多的控制，这些都为雄心勃勃的教皇们仿效希尔德布兰德的理念以建立教皇国奠定了基础。

1195 年，一名教会法学者成了教皇。英诺森三世是第一位自称"基督代理人"（Vicar of Christ）的教皇。在他任职期间，教皇的抱负达到了一个新的理论高度，虽然他并没有像希尔德布兰德那样宣称教皇在整个西部基督教世界的任何地方享有绝对的现世权力（但是他声称教皇已经通过其权威将帝国从希腊人转移给法兰克人了）。无论如何，

他宣称有权干涉世俗事务，就像早期世俗统治者的道德监管人一样，同
187 时还要通过他的祝福和敷圣油赐予选举出来的皇帝世俗权威。在教会内，英诺森基本上不受什么限制，还通过行政系统来运作。他经常利用他的权力支持教会改革，这大多数需要他的关注。神职人员的独身制变得越发普遍，逐渐扩散并最终定为规范。教会在1215年——这一年第四次拉特朗大会召开，标志着英诺森统治时期的顶峰——强加了一系列新的实践方式，其中包括经常的个人告解，在一个宗教思想浓厚和忧心忡忡的社会中这是一种强有力的控制工具。也是在那一年，弥撒中平信徒不能再领圣血，变体说(transubstantiation)的教义——通过一个神秘过程，基督的身体和血就真实地存在于圣体圣事中的面饼和葡萄酒中——也是在那次会议中确立的。

修道院改革、教皇专制与知识分子将西欧基督教化的最后努力在中世纪中期结合了起来。其成就生动地反映在用石头建造的大量新建筑上。数个世纪以来，欧洲的布局多是星星点点的，因此教堂的塔楼和尖顶就成了小市镇的最高点。直到12世纪，大部分最大的教会建筑都是修道院；其后便开始建立了一系列惊人的大教堂，特别是在法国北部和英国，其保留了欧洲艺术最光辉的一节并构成了中世纪建筑艺术的重要部分。看起来当时存在着巨大而普遍的狂热，这些工程都耗资巨大，很难洞察其背后的精神状态。可以用类比法将12世纪的热情视为一种空间探索，但这却忽略了这些伟大建筑的超自然维度。它们既是献祭于上主的，也是在世上传播福音与教育手段的基本部分。在其大殿和走廊中移动着朝圣者的队伍，他们来瞻仰圣骨，有些甚至来自数百英里之外。窗户上装饰着圣经故事的绘画，这些故事构成了欧洲文化的核心；其外面则覆盖着展现正直与不正直的人命运的教诲性作品。基督教在这些伟大的建筑上实现了一种新的自我表现形式，一种新的宣传和集聚。它全面地影响了中世纪欧洲人的想象，除非我们记住这种宏伟壮丽的建筑与日常生活的对照比今天所能想象的任何对照都更加鲜明，我们很难理解这一点。而且，它没有他者的竞争。

创新与异端

制度化的基督教的权力与渗透力，以及教皇权威与资源的增长，都随着13世纪早期两个新宗教修会的建立而得到了加强，即托钵修士的方济各会（Franciscans）和多明我会（Dominicans 或 Order of Preachers）；在英国，他们的会士因着装颜色的偏好常被称为灰衣修士和黑衣修士。方济各会是真正的革命者：其建立者阿西西的圣方济各
(St Francis of Assisi)离开了自己的家庭，去过一种在病人、穷人和麻 188
风病人之中的安贫生活。他很快就吸引了一大批追随者，跟随他在生活中效法基督的安贫与谦卑。他们最初并不是一个正规组织，方济各也未曾祝圣为神父，但英诺森三世精明地抓住了这个施以庇护的机会，从而阻止了潜在的分裂冲动。他要求方济各会选举一位监督者，通过此人使这个新的兄弟会遵从圣座的训导从而避免其脱离控制。它对地方的主教权威产生了一种潜在的制衡力量，因为这些托钵修士能够在没有教区主教许可的情况下进行讲道。旧式的修道院修会视其为一种危险并加以反对，但是方济各会仍旧日益繁盛，不管内部的争论，且一直保持着在穷人及传教区域特别的福音传道活动。

多明我会则秉持一个更为狭窄且有意识的既定目标。其建立者圣多明我（St Dominic）是卡斯蒂利亚的一名神父，在朗格多克(Languedoc)主管消除异端阿尔比派教徒。在他的活动中逐渐生出一个新的组织；当他于1221年去世时，他原来只有17个追随者的小组织已经成为拥有超过500名修士的修会了。他们像方济各会一样也是托钵修会，宣誓神贫，也像他们一样献身于传教工作。但是他们最大的影响是在知识领域；他们在大学这一新生机构中占据了极为重要的地位。

教士们从4世纪起就开始同异端作斗争。然而第一次教皇的判罪则到1184年才出现。只在英诺森三世时期，剿灭异端才成为天主教国王的责任。阿尔比派当然不是正统天主教徒，甚至在他们是否算是真正的基督教异端上也还有些疑问，因为他们所信仰的教义与奥古斯丁笔下反驳过的摩尼教(Manicheans)十分相似。他们是二元论者，将整

个世界视为全善与恶的战场(他们中的一些人拒绝所有的物质创造,认为那都是恶的)。就像后来的许多异端一样,异端宗教观点被认为与社会和道德实践相悖或至少是不一致的。经过几次传教试图使他们改信的努力失败后,一位教皇使节在朗格多克被杀害,看起来英诺森三世要决定镇压了。1209 年的十字军东征就是为了攻打他们。其在十年间吸引了许多平信徒(尤其是在法国北部),因为这提供了一个迅速占领阿尔比派土地和家园的机会,但是这也标志了一个巨大的革新：在西方基督教世界中,国家与教会对有可能出现危险的不顺从地区进行了联合剿灭。镇压在很长的一段时间里都较为有效,但并不总是如此。一个特别用于与异端战斗的新机构建立了起来,这就是宗教法庭(the Inquisition),在其中多明我会起到了重要作用。他们在 1233 年接到了彻底扫除阿尔比派异端最后挣扎的任务,他们最终取得了完全的胜利。

用宽容或不宽容这两个词去描绘中世纪世界是非常困难的;这样会有产生误解的危险,当时还并存着另外一些事实,比如外国人和享
189 有限豁免权的迁徙者的扩展,以及对于异端的惊人追求。要判断中世纪不宽容的理论与实践,必须要记住社会建基于其上的理论遭到异端侵害时所能产生的可怕的危险：如果错误不被纠正,社会成员就将面临接连不断的灾祸。然而,镇压并未阻止异端在其后的三个世纪里一次又一次的出现。异端思想表达了一种真正的需要与真诚的宗教冲动。在某种意义上,它是对教会各种重大成功背后核心中空的暴露。异端一系列长期不满的英勇战斗便是鲜活证明。但是,其他非异端的批评者们也有其自己的失望之处。有大量证据表明教皇的权力引起了反弹：不仅仅是平信徒,许多神职人员也认为教会有其明确的活动范围,不应扩展到干涉世俗事务。这样的思想随着时间推移变得越发具有感染力,人们越发意识到他们的民族共同体身份及其诉求。在 14、15 世纪,这种声音越增越多。其他的批评则有着其他的根源。甚至阿尔比派也因其苦行克己的生活及其热忱的信徒与世俗化的教区神职人员之间的对比而赢得了一些支持。

然而,也有许多人坚定地支持以教会权力(以及责任)去正确地处

理各种失败和弱点。他们面临着一个越发清晰的问题，一个巨大的悖论却无法避开。随着权力和财产上的增长，中世纪的教会掌控着土地、什一税和其他税收以为庞大的教职集团服务，他们在世俗中的崇高反映上主的光荣，他们奢侈的主教座堂、巨大的修道院教堂、豪华的仪式、学术机构和图书馆都将献身于信仰的祭献具体化。而所有权力与壮美的核心则是传道，信仰的核心则是对贫穷与谦卑的赞颂，那些最美好的东西并不在这个世界上。《圣母玛利亚颂》(*Magnificat*)是最重要的基督教赞颂诗歌之一，赞颂大能者从其权威之座上降下并令人喜悦地谦卑与温顺；而教会经常在这两方面看起来都做得不怎么好。

随着时间的推移，教士们的世俗化招致了大量的批评。这不仅仅因为教会的上层人士懒洋洋地躺在他们的特权座椅上，用信徒们的捐献满足他们的欲望，并且忽视信众的需要。其中还有一种贪腐是在权力中与生俱来的。对信仰的保卫被等同于一种制度的胜利；教会越发显现出官僚主义与律法主义的面目。这一点并不新奇。据说早在12世纪就有许多教职律师，教皇制度本身便是其批评的中心。在英诺森三世在位末期，安慰与神圣的教会的集权面孔看起来就像花岗岩一般冷峻。正常的宗教诉求被教会独裁的武断所困扰。很难保证教会的权力掌握在灵性卓越的人手中；马大把玛利亚推到了一边，如同对行政和法律日益增长的需要只是为了去维持一个会产生其自身企图的机器。 190
一些人认为，普世宗教会议应当比教皇享有更高的权威，并能洗净人的罪恶。

当一个虔诚的隐修士在1294年被选举为教皇时，改革派开始振作起来。但是他们的教皇不久就消失了，塞莱斯廷五世(Celestine Ⅴ)被强迫在数周内退位，看起来其改革教廷的计划无望了。他的继任者是博尼法斯八世(Boniface Ⅷ)，其被称为最后一位中世纪教皇。博尼法斯使教皇的政治化和傲慢性达到了巅峰。他自己也是个律师，但在性情上却远非一个灵性卓越之人。他与英格兰国王进行了粗暴的争吵，同法兰西国王吵得更凶。在1300大赦年时，他在身前放了两把剑，表示他同时拥有精神灵性和世俗的权力。两年后，在众所周知的《一圣教谕》(*Unam Sanctam*)中宣称，对教皇权威的信任是每个人获得救赎所必需的。

博尼法斯与国王之间长期的紧张局势最终到了剑拔弩张的军事冲突的地步。大约100年前，英诺森三世曾经停止英格兰的圣事活动以使约翰王(King John)陷入绝境；这一惊人的裁决使英格兰不能举行圣事，而国王也坚持不认错不和解。人们没法让他们的孩子领受洗礼或为自己的罪过告解，这在信仰的时代是耸人听闻的。约翰最终被迫妥协了。一个世纪之后，事情则起了变化。主教及神职人员常常与罗马失和，罗马的要求也削弱了他们的权威。他们能够同情那种反对教皇的狂热国家意识。当法王和英王拒绝博尼法斯的权威时，他们发现教士们支持他们，充满怨恨的意大利贵族也在为他们而战斗。1303年，他们(由法国出资)追逐老教皇至其故乡并抓住了他，据说还对其进行了令人发指的肉体凌辱。博尼法斯的乡亲释放了他，使他并没有(像被他关押在牢里的塞莱斯廷那样)死于监禁，但他在几周后就部分地由于惊吓而逝世了。

这仅仅是一个开始。对于教皇来说，糟糕的时日还在后头，也有些人认为这也是教会自身的噩梦。经过了四个多世纪，现在面对着周期性和逐渐增加的敌视，虽然常常是悲壮的遭遇，受过教育的欧洲人第一次开始质疑基督教本身。甚至在博尼法斯统治末期，其合法要求也常常是不切题的；没有人被鼓动起来为他报仇。精神上的失败很快就点起熊熊之火；不久之后，教皇被指责阻碍了宗教的改革，而非其向国王们要求太多。这是他们传统宗教职责的失败，教士们也更遭非议。然而这一事件也有明显的局限。自治的观念与自证自明的批判在中世纪仍是不可想象的，没有人认为任何人可以没有教会而生活：他们所追求的是一个改革的教会。

191 1309年，一位法国籍教皇将教廷迁往阿维尼翁，这是一个属于那不勒斯王的小镇[克莱芒六世(Clement Ⅵ)在1348年将之买下]，却因为身处法王领土围绕之中而受法王庇护。当教皇驻跸在阿维尼翁时，法国的枢机主教占据优势地位，这一形势一直持续到1377年。英格兰人和德意志人马上宣称教皇已经成了法兰西国王的工具。他们采取措施,拒绝承认新教皇在自己土地上的权威。选帝侯们宣称他们的投票不再需要教皇的批准和确认,这就使得皇权从神权中分离了出来。

在阿维尼翁驻跸的教皇们在历史上被视为"巴比伦之囚"一般,因为他们实际上附属于法兰西君主。新的宏伟宫殿象征着教皇决定远离罗马,而其奢侈程度则是其日益世俗化的标志。教廷变得空前巨大,随之而来的大量仆从和行政人员则由教会税收和各种侵吞的财产供养。不幸的是,14 世纪进入了艰难时代,人口的大量减少使人们要为教皇负担更多(一些人则说是由于奢靡)。集权继续滋生着腐败(随意指定空闲的神职便是教皇权力滥用的一个明证),对于买卖神职罪的指控以及多元主义也越发显得有理。高层教士的个人行为也与宗徒时代的理念存在着巨大的分歧。甚至在所谓方济各会"属灵派"中,当他们那些轻松悠闲的同伴中越来越多的人拒绝放弃收受的财富时,也爆发了抗议,要求认真对待创始人制订的神贫原则。神学问题也与其纠结在一起。当一个教皇宣称基督尊重财产权,谴责宗徒式贫穷的观念,并利用宗教法庭对抗"属灵派"时,很快,一些托钵修士开始宣讲阿维尼翁是巴比伦,是《启示录》(*Apocalypse*)中罪孽深重的娼妇,对教皇的推翻即将到来。一些平信徒虔诚地接受了他们的布道,但这些托钵修士却因此被烧死了。

大分裂

阿维尼翁的流亡酝酿了广泛的反教权主义与反教皇主义,这与那些愤怒的国王反对不接受他们管辖权的神父们具有不同的性质。许多神职人员也认为富裕的修道院院长与世俗化的主教是个危险的信号,教会正在变得腐化。这是对希尔德布兰德遗留的传统的讽刺。批评越发增多,当教会于 1377 年回到罗马之后,出现了教会史上最大的一幕闹剧。世俗的君王着手建立准国家教会,使其能够掌控在自己手中,而二十几个枢机主教急于保存自己的收益与地位,于是便选举出了两个教皇。这便是"大分裂"(Great Schism)的开始。两个教皇一个在罗马

192 一个在阿维尼翁(由法兰西的枢机主教单独选举),并存了 30 年,同时宣称掌握着教会的领导权。一度甚至还出现了第三个竞争者。随着大分裂局面的出现,各种批评也变得越发尖锐。“敌基督者”(Antichrist)是一个指责滥用圣彼得遗产的常用词汇。大分裂也因为世俗争夺的卷入而变得更加复杂。概括地说,阿维尼翁教皇受到法国、苏格兰、阿拉贡和米兰的支持;而罗马教皇的支持者包括英格兰、德意志皇帝、那不勒斯和佛兰德。

一段时期里,改革者将教会的普世宗教会议或全体宗教会议视为解决问题的办法,要回到宗徒和教父时代的办法就是使教皇机构秩序井然,这对许多天主教徒来说是颇有好感的。不幸的是,宗教会议运动最终未能结出善果。一共进行了四次会议。第一次(比萨,1409)遭受了猛烈的打击;其废黜了两个在位的教皇而另选举了第三个圣彼得的宝座觊觎者。然而,新当选的教皇不久就去世了,其后又选举了一个被认为是通过买卖神职而当选的教皇[第一位若望二十三世(the first John XXIII)现在已经不被视为教皇,也是吉本那些最尖刻的判定中的一个牺牲品]。若望二十三世召开了康斯坦茨会议(1414—1418),但这次会议却罢免了他,还使其一个竞争对手退位,并废黜了第三个觊觎者。最终可以有一个新的开始了;大分裂结束了。1417 年选举了一位新教皇马丁五世(Martin V)。这一次是成功的,但是一些人希望得到更多;他们寻求改革,在这点上宗教会议偏离了路径。其将精力主要集中于反对异端上,而且教会一恢复统一,对改革的支持就减少了。其后的另一次宗教会议[锡耶纳(Siena),1423—1424]因鼓动改革被马丁五世终止了(他宣称,“追究罗马教皇的责任是危险的”)。最后一次会议则是在巴塞尔(Basle, 1431—1449),但很明显在其解散之前很久就起不到什么作用了。宗教会议运动并没有达成许多人所期待的成果。

自此以后,出现另一个宗教会议权威的根源总是与罗马的疑虑有关。几年里它便被判为异端邪说而向教皇和全体宗教会议申诉。虽然教皇保住了其优势,但其胜利只是局部的;世俗统治者已经感受到了在反教皇运动中国家教会的新自由与好处。教会还没有进入危急关头。

其中一个结果是其激起了四分之三个世纪之后一场更具有决定性的运动。至于罗马的道德权威,很明显还没有恢复。罗马教皇的位置现在看起来越来越像是意大利人的;在四个半世纪中,最后一个非意大利教皇哈德里安六世(Hadrian Ⅵ,其后三位继任者都是意大利人)在短暂的统治之后便在 1523 年去世了。其后便出现了几位软弱无能的教皇,但是假如他们不将其主教辖区改革得像另一个意大利国家的话,对教会的破坏要小得多。

一直隐隐燃烧的异端在宗教会议期间突然变成了燎原之火。两位
杰出的人物,威克里夫(Wycliffe)和胡斯(Hus),聚焦于大分裂所造成
的日益上升的不满。他们是最早和第一流的改革者,尽管英格兰人威
克里夫更是一名教师和思想家而非行动家。波希米亚人胡斯则成为运 193
动的领导者,唤起民众讨论国家与教会的问题;他作为一个布道者在布
拉格具有巨大的影响力。他被康斯坦茨会议因其在宿命论和财产上的
异端观点而定罪,并于 1415 年遭受火刑。威克里夫则幸运得多。他和
胡斯造成了强大推动力,他们的批评是比较克制的,但是却开启了国家
反教皇主义,对西方教会的团结造成了破坏性的打击。胡斯死后 20
年,天主教徒与胡斯派(Hussites)仍旧在波希米亚地区争论着。与此
同时,15 世纪的教皇们也不得不对世俗的统治者们作出更大的让步。

宗教热忱看起来仍旧绕过教会的中心组织,并在各处以持续着的神秘主义写作与新型奉献的潮流中显示其存在。像在低地国家的共同生活兄弟会(Brethren of the Common Life)便追随神秘主义者托马斯·肯皮斯(Thomas à Kempis)的教导,这位平信徒创立了一套能够摆脱神职人员管理的实践形式。新的宗教刺激所产生的宗教感情在 15 世纪尤为显著。艺术反映出了当时对基督受难时所遭受痛苦的极大痴迷;对圣徒的新奉献,对自笞的狂热,以及狂热舞蹈的兴起都表明了一种更加强烈的宗教兴奋。关于民间传道士的号召力和权力,一个显著而意义双关的例子便是萨伏那洛拉(Savonarola),他作为一个多明我会修士在 15 世纪 90 年代成了佛罗伦萨的道德指导者,而其被亚历山大六世绝罚之后,还要求一个全体宗教会议来罢黜教皇。他的追

随者背叛了他，其后他被绞死。

然而回望15世纪，有时看起来像似一个持续了两个多世纪的巨大努力的退潮，虽然冒着重大误解的危险。一个重要的事实表明了数个世纪争斗的结果；对于西欧的大多数人而言，基督教就是他们的世界。他们在1453年东罗马帝国灭亡后越发体会到了这一点。几乎整个生命都被限定在宗教之中。对于大多数男女来说，教会是他们一生中重大事件——他们的婚姻、他们孩子的出生与受洗——唯一的记录者和见证人，教会的保证还在其临死时给予他们安慰。他们中的许多人全身心地献给了宗教；与今天相比，甚至在大多数天主教国家中，那时成为修士或修女的人口比例要大得多。他们也许是想从充满敌意的日常生活中退隐到修道院中，但他们留在身后的并非像我们今天这样世俗化的世界——一个与宗教格格不入且漠不关心的世界。宗教影响着并充满着整个世界；他们转过身去是因为罪而非不信。

学问、慈善、行政、司法和经济生活的大量分支都非常明晰地在教会权威的范围与管理之内。甚至人们批评或讽刺教士时，他们也是以教会标准的名义来自证，并上溯至教会教给他们的关于上主的知识。
194 宗教神话不仅是文明中最深的泉源，也弥漫到了所有人的生活中。它以超验的善与永恒的救恩确认了人类的目的。在教会这个信仰者团体之外，只有异教徒和犹太人。魔鬼——以一种物质性形式构想的——等待着那些在恩典之路上迷失的人们。如果有主教甚至教皇身陷错误之中，他们就更加不堪了。人类的软弱不能危及宗教对人生的看法。上主的审判终将到来，他将在神谴之日将山羊从绵羊中分出来，[①]而那时一切都要终结。超过其他任何的单个现象，宗教信仰使中世纪的欧洲与我们今天的欧洲完全不同。

权力的新模式

大多数现代人认为，世界的表面被划分为若干非人格化的组织（它

---

① 在基督教传统中，往往以牧人和羊群的关系来比喻上主与人的关系，山羊一般指恶人，绵羊则指代善良之人。——译者注

们大部分被称为“国家”),其可以在任何指定的地区提供一种最终的公共权威。国家经常被认为在一定程度上代表了民族与种族。但无论是与否,它都是大多数人建构的一种有关我们世界的政治描述的基础材料。这在公元1000年时却并非明白易懂的,而在500年之后,由于情况发生了些许变化,一些人便更容易从这一角度来理解政治版图。而这取决于你属于哪一类欧洲人。

刚刚进入公元1500年,现代主权国家的出现成为开创现代历史开端的里程碑。实体在法学家和政治学家们的原则和理论之前就最先到来了。这些政治实体扎根于黑暗时代的原始王权、超凡魅力(charismatic)和世袭制度,紧密地同个人和作为战争领袖的国王联系起来。他们因为对地位、“面子”和荣誉的过度关注而心神不宁。国王的行动因其本身的领土、个人服务、效忠和战利品而得到资源保障。从这样的根茎中生长出了接受官僚制度服务的皇室权力,通过从臣民那里征收的更多的税收增益来维持,其追求世俗司法的垄断(或至少是最大份额),对皇室权威扩张的领土进行比以往都更加严格的划界。

这样的描述有些粗糙,过于概略。但是到13世纪,一些君主国也在方法和引导上作出了若干改变以使其具体落实。这在英国和法国表现得最为明显。在其后的几个世纪里,当(由于各种各样的原因)更多的统治者有可能对其臣民施以更多的权力时,这一进程前进得更远也更易看清。铁加农炮在14世纪早期就发明了;其后是铜的,再其后的一个世纪里出现了铸铁枪械。随着这些东西的出现,那些战士们就不再那样勇敢地从自己的城堡中冲出来以面对挑战了。钢弩(它们也是非常昂贵的)的出现也给那些能够用得起的人提供了一种优势。1500年时,许多统治者都在自己的统治范围内试图垄断军队的合法使用权。195
他们在边境问题上也出现了更多的争吵,这不仅仅显示了土地测量学的进步;这时出现了政府关注点的转化,从统治与统治者有特殊关系的人,转变为统治生活在特定地区的人。由依赖个人转变为依赖领土。

在那些人口密集的地区,皇室权力逐渐通过派遣官员实现了直接的控制，他们就像武器一样需要付钱。国王通过显贵来行使王权，封臣们从事工作大多是为了得到回报，当其领地不能满足需要的时候就支持它，这些逐渐为皇家政府由税款来偿付的雇员所代替。涌动的特许状在 1500 年逐渐被现代官僚文件所取代，其后发展为滚滚洪流。

这样简单的描述使得在政治实体方面极为重要和复杂的变化显得有些模糊。它也影响到了生活的每个方面：宗教及其具体化的法规和权威；经济及其所提供的资源和其所开放或封闭的社会的种种可能；观念及其对仍旧可塑的制度所施加的压力。但结果是毋庸置疑的。从某种角度上来说，欧洲在 1500 年开始真正地形成一个实体——尽管从外表来看并非总是如此，这是一个不同于加洛林王朝和奥托王朝的世界。虽然对于大多数欧洲人而言，个人的和地方上的职责仍在很长一段时间里占据压倒性的重要性，而整个社会已经开始在一条新路上逐渐制度化了。在背景方面，封君与封臣的关系，以及皇帝与教皇之间、教士与平信徒之间的争论，这些长久以来在政治思想上得到彻底探讨的问题，已经让位于王权统治领土内所有居民的新理念。在各种极端的主张中(比如英格兰的亨利八世在 16 世纪早期提出的上主之外无位高者)，它确实相当新颖。

国王与国家

变化并不是在所有地方都以同样的方式和步伐行进的。到 1800 年，英法基本上已经同步了一个多世纪，而德意志和意大利却并非如此。但无论变化在哪里发生，进程的中心经常都是皇室权力的强化。国王们享受着极大的特权。如果他们审慎地处理自己的事务，将在他们通常广大(有时是非常广袤)的领土上比只拥有较小国土的贵族们奠定更为坚实的统治基础。皇室事务罩有神秘的光环，这尤其表现在加冕礼和涂油礼的庄严气氛中。诉讼在皇室法庭比在地方显贵那里更为独立、公正。因此，国王并不仅仅要依赖封建体系所提供的资源——他们在理论上是其首脑，而且还依赖其他的外部力量。

196 其中，一个缓慢地显示出其重要性的是一种作为一个国家整体

(nationhood)的感觉,这是另一个我们认为理所应当的观念,我们必须注意不要将其起源推前。没有一个中世纪的国家是我们今天意义上的民族国家。无论如何,在1300年,英法国王的臣民们能感觉到他们是与外国人不同的。相关的区分可以根据人们是出生在这一领域之内还是之外来确定,即使有些英国人事实上仍将其邻村的人们视为外国人,或者并非所有法国人都是法国国王的臣民。一个现象便是国家主保圣人(national patron saints)的出现;盎格鲁-撒克逊的国王将教堂都献给了圣乔治,但是他只在12世纪作为一个屠龙者而获得声誉[也许是和希腊神话中的英雄珀尔修斯(Perseus)搞混了]。在14世纪,他的白底红十字成了英国士兵制服图案的一种,他本人被认定为官方的英国保护者。另一个现象就是民族历史的写作(黑暗时代的德意志民族历史学家是他们的先驱)和民族英雄的发现。在12世纪,一个威尔士人或多或少地创造了亚瑟王(Arthur)这个神话形象,一个同时代的爱尔兰编年史家构建了非历史性传奇的国王布莱恩·博茹(High King Brian Boru)以及他保卫基督教爱尔兰抗击维京人的故事。最重要的是,出现了更多的白话文学。首先是西班牙人和意大利人,其次是英格兰人和法兰西人,开始打破了用拉丁文进行文学创作的障碍。这些作品的源头就是12世纪像《罗兰之歌》这样的浪漫诗,其将查理曼在比利牛斯山的失利转化为与阿拉伯人的光荣战争,或者像《熙德之歌》(*Poema de mio Cid*)这样一部西班牙民族英雄的史诗。随着14世纪但丁(Dante)、朗格兰(Langland)和乔叟(Chaucer)的出现,他们所写的语言我们今天读起来已没有多少困难。

不能过分夸大这些在当时的影响。民族国家建构中最有力的发动机——现代国家还在几个世纪之后,当时尚未被创造和感知,并且在技术层面上也是不可能的。数个世纪中,家庭、地方社团、宗教与职业仍是大多数人关注的焦点。这样的国家制度只能在他们的保守主义之中打开一个小孔;在大多数地区,这常常仅仅是关乎国王的法官和国王的收税人的事务而已——甚至在中世纪后期的英格兰国家,许多人也可能从未明白民族意识究竟是怎么一回事。甚至德意志皇帝也长期从未对首要的管辖权作任何声明。另一方面，中世纪的乡村教区和小城镇才是真正的团体；他们平时有足够的时间去思考社会责任。我们确实需要另一个词代替“民族主义”(nationalism)来指代他们对那一地区团体偶然和转瞬即逝的感觉，那可能突然触动了一个中世纪男人的心，甚或突然引起一场反对外国工人或商人的骚乱(中世纪的排犹主义自然有其特别的根源)。

英国和法国

197 英国和法国是最早占有与现代继承者基本一致领土的欧洲王国。1066 年从法国来的数千诺曼人并未摧毁盎格鲁-撒克逊的君主体制，而是接受了这个制度，并给予其新的皇族血脉，成为英国新的统治阶级。他们的领袖征服者威廉封赏给他们土地，而自己留得的更多(皇室的地产比以前的盎格鲁-撒克逊要多得多)，并宣称在其他土地上都享有终极领主权：他是所有土地的主人。人们所占有的土地都是直接或间接从他而来的。至少在理论上是如此。但更为重要的是，他通过这种理论，宣称古老的英国王权、威望和政府机构都属于他，这些就使得他从其随从的战士们中脱颖而出。他们中最勇猛的成了威廉的伯爵和男爵，差一点的成了骑士，他们在木头或土制的城堡中统治着英国，并逐渐扩展他们的领地。

诺曼人征服了当时最文明化的基督教社会之一，并且在盎格鲁-诺曼国王的统治下继续散发着不同寻常的活力。征服之后的几年，政府推行了一项为了皇室目的的大型普查，即“末日审判书”。这些记录在每个郡的官员文书中都能看到，其事无巨细的调查给盎格鲁-撒克逊的编年史家留下了极为深刻的印象，他们苦涩地记载(“这是羞于记录的，但是他们似乎并未为这样做而感到羞耻”)，没有一头牛、一头羊或一头猪能逃脱威廉手下人的注意。在下一个世纪，与欧洲大陆相比照，英国王权的司法权得到了重要、迅速且不同寻常的发展。皇室司法至上的原则同上诉的首要程序被确定了下来。虽然在其后的三个世纪中，未成年的和软弱的国王时不时地要向朝中重臣作出较大的皇室让步，但在君主政体的基本完整性上从未作出过任何妥协。500 年的英国宪政史就是围绕着王权行使权而争吵的历史，无论作为其实际上或是名义上的持有者。当然，英国很幸运地由于大海的阻隔而远离了可能的敌人(除了北部以外)，对于外国人而言很难干涉英国内政。诺曼人始终是最后一个成功的征服者。

长期以来，盎格鲁-诺曼的国王及其后裔们一直被复杂的领地继承以及延伸至法国西南部的领地而困扰。像他们的追随者们一样，他们一直讲诺曼法语。12 世纪初，"安茹省的"(这个名字源于安茹伯爵)遗产的损失对于法兰西和英格兰来说都是至关重要的。在他们相互之间的争吵中，一种国家观念逐渐被培养出来。卡佩王朝顽固地紧抓不放并成功地获取了法兰西王权。10 至 14 世纪，他们的国王继承一直没有出现过中断。他们扩展了新的皇室领地，但是巴黎仍旧是他们的首都。在现代法国的心脏地带，这片粮食产区被称为"法兰西之岛"(Ile 198
de France，或又称巴黎大区)。长期以来，这里是这个国家唯一一处以名字来纪念其作为古老的法兰克王国的碎片的地方。最早的卡佩王朝的领地已经与其他加洛林王朝的领土划分开了，比如勃艮第地区。到 1300 年，生气勃勃的继承者已将其领地扩展到布尔日、图尔、吉索尔(Gisors)和亚眠，并且从英格兰的金雀花王朝(Plantagenet)手中夺得了诺曼底和其他封建领地。这大大减少了外国人在法国的统治区域。

然而在 14 世纪(及其后)，仍旧有大量的采邑和封建公国使得卡佩王朝并不能称为一个整体。这样的联合体仍主要依靠个人关系的纽带。在 14 世纪时，这种情况因为与英国之间断断续续的战争而有所变 199
化，人们常以一个具有误导性的名字"百年战争"来称呼它。事实上，英法只是在 1337 年至 1453 年之间进行了零星的战斗。长时间的战争很难维持；那样的耗费太巨大了。表面上，战争的原因在于英国想要维持对海峡对岸法国境内领地的统治权；1339 年，爱德华三世(Edward Ⅲ)通过他的母亲发表声明宣称自己有权继承法国王位。这通常是重开战端的似是而非的理由(一直到 18 世纪英国国王还宣称自己为"法国的国王")，战争的机会给英国贵族提供了大量的战利品和赎金，使他们当

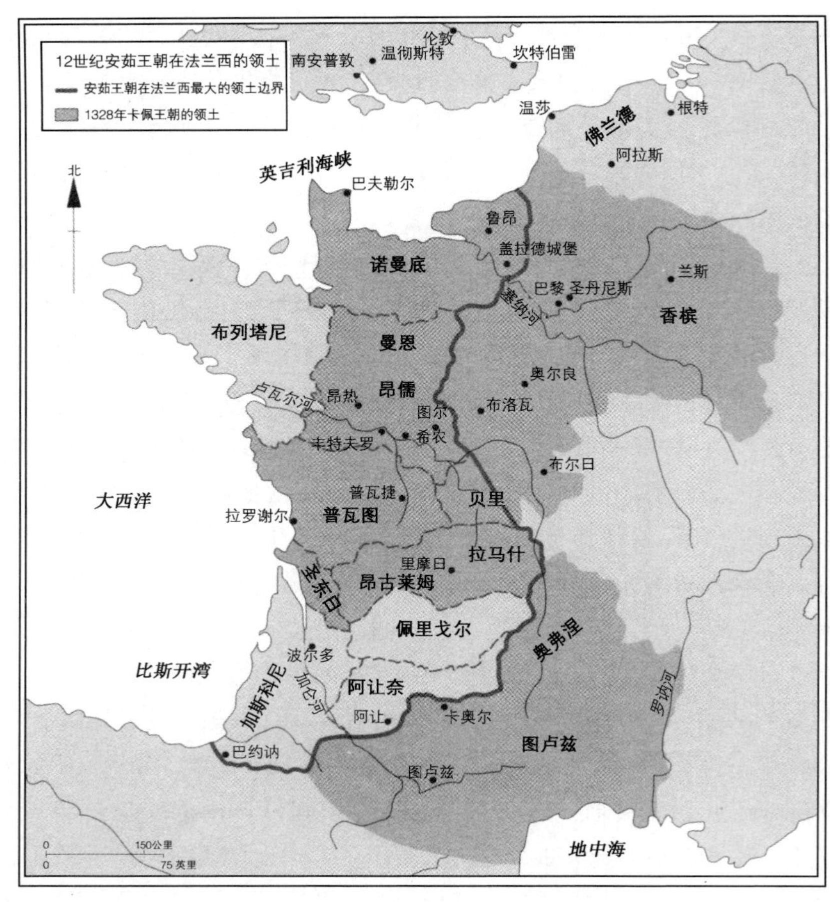

中的许多人认为这是一项貌似合理的投资。

对于英国来说，这些战争给处于婴儿期的国家神话提供了新的素材[主要通过 1346 年的克雷西大捷(Crécy)和 1453 年的阿金库尔战役(Agincourt)]，并形成了对法国人的长期不信任。百年战争对于法国的君主政体也十分重要，因为其整合了封建分裂并在一定程度上打破了皮卡德人(Picard)和加斯科涅人(Gascon)、诺曼人和法国绅士之间的障碍。从长期来看，这对法国的国家神话是有益的；最大的收获便是圣女贞德(Joan of Arc)的故事及其典范意义(她最终在 1920 年被封为圣徒，同时法兰西共和国也认可了她的爱国立场并为其设立世俗的国

百年战争 200

这一名称习惯上用于指代英法之间关于英国声明有权继承法国王位而引发的间断性战争时期。当履行完在阿基坦向法王的效忠仪式之后，英国国王爱德华三世与他的封君发生了争吵，并导致了相互的敌对状况以及以下的事情：

1339 年　爱德华三世通过他母亲的权利，宣称自己为法国国王。

1340 年　英军在斯勒伊斯（Sluys, 1340）和克雷西（1346）取得胜利，并占领加来港（1347）。

1355—1356 年　黑王子（Black Prince）①从西南部横扫法国，法军在普瓦捷战败。

1360 年　《布雷蒂尼条约》（Treaty of Brétigny）结束了战争的第一阶段。爱德华得到了一个扩张的阿基坦主权公国。

1369 年　法国重启冲突，英国军队在拉罗谢尔（La Rochelle, 1372）战败并丢掉了阿基坦。其后便是英国地位的持续下降。

1399 年　理查二世（1396 年与法王查理五世的女儿结婚）被废黜，再次引起了法国的敌意。

1405—1406 年　法军在威尔士登陆，并在吉耶讷（Guienne）袭击英国。

1407 年　法国内战爆发，英军趁机得势。

1415 年　亨利五世再次声明对法国王位享有权利。与勃艮第联合在阿金库尔击败法军，其后收复了诺曼底（1417—1419）。

1420 年　《特鲁瓦条约》（Treaty of Troyes）确认了对诺曼底的收复。亨利五世与法国国王的女儿结婚，并被认定为法国的摄政王。

1422 年　亨利五世与法国的查理六世同年逝世。襁褓中的亨利六世继承了英国王位；持续的战争一直以英国获胜而告终，直到

1429 年　圣女贞德的介入拯救了奥尔良；查理七世在兰斯加冕为法国国王。

1430 年　亨利六世加冕为法国国王。

1436 年　盎格鲁-勃艮第联盟瓦解后，巴黎失守。

1444 年　《图尔条约》（Treaty of Tours）签订：英国承认曼恩公国（ducky of Maine）。

1449 年　英国撕毁《图尔条约》，在法国的压力下英国的抵抗力瓦解。

1453 年　英国在卡斯蒂永（Castillon）战败，结束了英国试图收复加斯科涅的努力；英国仅剩下加来港和海峡群岛，1474 至 1492 年的远征流产后其反抗日渐式微。

1558 年　加来港重归法国（但是，英国国王保留“法国国王”的称号一直延续到乔治三世，而法国的盾徽图案直到 1932 年都出现在《泰晤士报》的商标图案中）。

定假日），她的传奇一生伴随着对英长期作战平衡的倾斜，虽然那个时代很少有法国人知道她的存在。从长远来看英国是失败者，但一个重要的长期成果在克雷西大捷之后出现了；英国人占领了加来港（Calais）。这一地区被他们控制了将近 200 年。加来港打通了佛兰德，

① 爱德华三世的长子。——译者注

那里有一系列制造业城镇准备着将英国的羊毛制成布匹出口，同英国进行贸易。然而，除了加来以外，英国在法国的领土至 1500 年就全都消失了。1453 年之后，法国国王有能力进一步推进法国的联合使其免受英国模糊声明的干扰，那些声明有可能会引发新的战争。他们能够定居在那里，并在那些反抗的豪强的土地上从容地建立自己的权威——或者尽其所能地去做。英国则再次成为一个岛国。在这两个国家，长远来看，战争都加强了他们的君主制度。

西班牙

西班牙也在 15 世纪末实现了国家统一（虽然是非正式的）。西班牙的民族国家意识是在收复失地运动中构建起来的；与伊斯兰教的战争从一开始就赋予其特殊的意义。它与基督教信仰及热情紧密地联系在了一起；收复失地运动是由讲多种方言来自不同地区的人们组成十字军，并被各种类似运动混杂的动力所推进的。在托莱多收复 100 多年后，塞维利亚被卡斯蒂利亚王国占领了，伟大的阿拉伯城市巴伦西亚
201 也被阿拉贡王国占领。1340 年，最后一次大规模阿拉伯进犯被击败。胜利也造成了混乱状况的威胁，卡斯蒂利亚策动骚乱的贵族力图显示自己的权威。君主政体使城镇中的市民们联合了起来。1479 年，阿拉贡的费迪南德（Ferdinand）和卡斯蒂利亚的伊莎贝拉（Isabella）的联姻实现了阿拉贡与卡斯蒂利亚王权的合一，从而建立了更为强大的个人统治。这使得最终清除摩尔人和实际地建立一个统一国家变得更为容易，尽管这两个王国甚至在 1492 年收复失地运动完满成功之后还保持着法律和形式上的分离——当时最后一个穆斯林都城格拉纳达落入“天主教君主”（Catholic Monarchs）的军队手中，从 1496 年之后“天主教君主”（*Los Reyes Católicos*）就成了费迪南德和伊莎贝拉的共用称号。葡萄牙始终在新西班牙的统一架构之外；它坚守的独立常常受到其强大邻居的威胁。此外，天主教君主控制着除北部小国纳瓦拉之外的整个半岛。

德意志和意大利

1500年，在德意志和意大利出现了一些未来民族国家的标志。潜在意义上，神圣罗马帝国皇帝的宣言可以视为政治权力的重要和广泛的基础。然而在1300年之后，他们失去了很多对其所拥有的称号的尊重。13世纪相互竞争的皇帝们之间的长期争执是造成这一现象的原因之一。另一个原因则是皇帝无法在其多样的统治区域里巩固君主的权威。1328年，最后一次一个德意志皇帝前往罗马并强迫教皇为其加冕，后来证明这些都是徒劳的。关于皇帝行事方式的态度和信念已经深深地扎根了，这能够解释相当多的状况。

德意志是帝国的中心，也是问题的关键。帝国体制是一片混乱。它要为400多个不同的国家、独立小国和阿尔卑斯山北部的贵族领地提供公共事务的架构。有些诸侯虽然是皇帝的封建封臣，但此外再没有任何的从属关系；许多帝国城市在其领土内行使帝国的权力；皇室家族自己的领地也经常是分散和不统一的；50个教会封建主在其领地内的统治如同享有最高权力；数百个小贵族——帝国骑士——作为封建侍从而臣服于皇帝；波希米亚和西里西亚的土地事实上属于匈牙利国王(其自身却不属于帝国)以及种种此类事情。这是非常严重的混乱局面，虽然人们已经习以为常了。

在这后面隐藏着很多的历史，有些被忽略了。这个故事的一部分就是德意志传统或王权观念的缺失，即王权应对司法审判予以授权并像英国那样颁布法律。德意志皇帝以其在等级制度顶点的位置而获取了权威，即一个统治者是来主持工作而非命令，他没有规范政体的能力，但是能够通过服从、仲裁和外交手段来管理。皇帝更多地依赖于品
格、作风和威望来行使权力。在德意志内部，其他的权威与民族国家焦 202
点也是很难想象的。这里没有首都，也没有哪个城市大到能够自然地发展成为主导城市。政治形势和个人素养使得德意志皇帝一个接一个地转交出了他们更多的权威——他们无论如何都是选任的统治者。1356年，一份在传统上被视为德意志宪政史上里程碑的文件——《金

玺诏书》——指定了七个选帝侯在其自己的领地内几乎享有了皇帝的全部权力。例如，他们从此便具有了绝对审判权；从他们的法庭中下达的判决就无法再向皇帝上诉了。

削弱皇权的过程中一直在起作用的是皇帝的神话而非其真实的存在。这一显要地位本身就足以引诱那些活力十足的贵族去觊觎皇位。1273年，奥地利的哈布斯堡家族(Habsburgs)成功地使其一位王侯当选为皇帝。在之后的一个半世纪里，他们仅赢得了几次选举，但是成功即将到来；1438年之后，哈布斯堡家族的皇帝几乎直到1806年帝国走向终结都没有间断(即使如此，他们还奋力地在另一个帝国执掌了一个世纪的权力)。他们的起步有一定的优势：那些前往哈布斯堡的德意志王侯都十分富裕。但是他们最重要的资源是在1477年的一次婚姻后获得的，这使他们顺理成章地获得了勃艮第公国的遗产，那是15世纪最富庶的欧洲国家之一，并且包括尼德兰大部分地区。其他的遗产继承和婚姻使匈牙利和波希米亚也成了他们的财产。"*Tu*, *felix*, *Austria*, *nube*"成了流行的短语："其他国家正在打仗，而你，哦，幸福的奥地利，你在结婚。"从13世纪起到16世纪，不仅仅是在帝国上，更是在中欧大部建立一个有效的政治联合体第一次成了可能；统一的家族利益使分散的哈布斯堡家族的领土有可能掌控在帝国官方手中。

那时对意大利来说帝国已经不再重要了。所剩下的只不过是一个称号罢了。保存一些东西的斗争早就与意大利政治纠结在了一起：自称归尔甫派(Guelph)和吉伯林派(Ghibelline)的封地竞争对手搅乱了意大利的城市，其名称起源于德国的韦尔夫(Welf)和瓦布灵根(Waiblinger)家族(后者曾经是霍亨斯陶芬王朝的贵族之一，1056至1254年把持了帝位)。其后这些名称与其原先的意义就有了不同，现在是分别用来表明支持教皇或皇帝。14世纪之后，在意大利就不再有皇帝的领地了；皇帝除了去加冕伦巴第王位之外几乎不去那里。帝国的权威被授予"代理人"(vicars)，在其管辖区内几乎享有和德意志选帝侯同样的独立。这些统治者和他们所管辖的区域被赐予封号，其中一些甚至持续到 19 世纪;米兰大公国是其中最早的一个。

其他的意大利国家则有不同的起源。除南方之外,在那里,那不勒斯和西西里最终都归阿拉贡国王统治,其他的地区则建立了共和国,其 203
中威尼斯、热那亚和佛罗伦萨逐渐成为最大且最具有生命力的地方。在这些城市共和国中,一些显示了意大利早期历史上两股潮流相互交织的结果,亦即“公社”(communal)运动和商业财富的兴起。在 10 世纪和 11 世纪意大利北部的大部分地区,虚有民主外表的全体大会以有效政府的形象在许多城镇中建立起来。有时其自称为“议会”(*parliamenta*),或者我们可以称之为城镇会议,代表了那些从 1100 年开始的贸易中获利的市镇寡头们。12 世纪,伦巴第城市开始反抗皇帝并击败了他。此后,罗马北部的意大利人就在两到三个世纪里享有了不受外部干涉、自行处理内部事务的充分自由,而政府正在逐渐趋向世袭制和君主管理。

新的政治结构

到 1500 年,现代西欧的政治草图看起来已经初步形成了。在地图上,葡萄牙、西班牙、法国和英国已经具备了现今的形式和版图。而在意大利和德国,虽然开始以方言界定民族国家,但国家和民族之间还没有什么相关性。君主制度虽然已经明显成为莱茵河以西占有统治地位的政权形式,但尚未变得像后来那样坚固。而卡佩王朝的成就使得法国国王不是诺曼底的国王而是公爵。不同的称号在不同的省区意味着不同的法定的和实际的权力。还有许多复杂的残余;宪法的残存使得君主至上的观念在各个地方受到阻碍,也提供了叛乱的理由。亨利七世作为都铎王朝(Tudor Dynasty)的开山人,其成功的一个解释就在于他明智的婚姻选择,这使他能够从 15 世纪困扰英国贵族家族的残酷斗争(如玫瑰战争)中获益。但是在其后继者统治时期,仍旧有封建贵族的叛乱。

另一个具有模糊现代色彩的制度也出现在 14、15 世纪:第一个例子(除冰岛以外)便是后来国家中的代议制度与议会制度。它们中有一个在后来变得非常著名，这就是在1500年确立下来的英国国会。这些制度往往起源于当地传统而且非常复杂，其权力往往受到限制以保证清廉以及能汲取各方面的意见。在日耳曼传统中，统治者要向其大臣们征求意见并按照其意见行事。教会也是代议制观念的先驱，并在许多其他事务中加以运用，如为教会征税。还有意大利的经验：12世纪
204 时，意大利城市的代表被召集赴帝国会议。到13世纪末，只有很少的一些国家没有经历过代表们经常被王侯们召集到会议上讨论增加税收的新方法等类似的事情。这就是要点。新的资源不得不被新的（也是更贵的）国家所控制。一旦被召集起来，王侯们发现代表团体还有其他的好处。他们的声音比那些权贵的更能够被倾听。他们能提供当地的信息。他们有宣传的价值。市民们有时与国王联手对抗过于强势的封臣。在他们一边，最早的欧洲议会（我们可以很宽泛地这样称呼）创立了，这样的机构对于他们也是有好处的。在一些人中，征税需要批准，而除了贵族之外也有人有利益需求，因此要在王国管理中发出声音的想法逐渐萌生。更多专属于中世纪的观念将会被听到。

第十章　东部的新展望

威尼斯共和国

威尼斯的主教座堂及其总督的礼拜堂——圣马可大教堂在10世 205
纪时被烧毁。它按照君士坦丁堡的罗马长廊教堂的风格进行了重建，并设计了一个希腊式十字架，其后来成为西方最为卓越的拜占庭风格建筑。这座建筑具有一定的适用性，因为这个共和国是宪政的和合法的，虽然并不高效，长期相对于东部帝国独立——矛盾的是，威尼斯及时地在破坏中扮演了一个重要角色。它的故事不仅仅是一个意大利的国家那么简单。

威尼斯是意大利早期城市国家中最成功的一个，因长期远离大陆的争端而受益。它在亚得里亚海顶端的浅滩位置解释了其起源：人们早在匈奴和伦巴第时期就逃到了这里。到584年，他们正式地被帝国政府接纳，这里有12个小的社区，大约100年后其居民就可以被方便地称作威尼斯人。697年，从12个部族会议中选举了他们的第一个总督(doge)或公爵作为他们的统治者。当加洛林的势力开始形成威胁时，岛民们便将首都迁到了里亚尔托(Rialto)，并在810年正式地将自己寄托在拜占庭的保护之下。几年后出现了一个重要的事件，一些商人从埃及的亚历山大港(Alexandria)带回了福音作者圣马可的骸骨

(或者被说成是他的骸骨)，从此圣马可便成了威尼斯的主保圣人。

像其商人在埃及出现所表明的，地理位置不仅给早期威尼斯人提供了安全，也加给了他们一种命运；像威尼斯的市民后来乐于提及的一样，威尼斯是与海洋结缘的；长期以来，一个盛大节日的高潮便是将一枚戒指扔进亚得里亚海的碧波中。长期以来，威尼斯人被禁止在大陆取得不动产，因此他们不得不将自己的精力用于海外贸易上。威尼斯人很快便以海外贸易为生，是西欧城市中第一个这样做的。甚至在 11 世纪，圣马可大教堂重建的宏大场面显示出了这意味着什么，后面还有
206 更大的繁荣。威尼斯人努力地开拓埃及和黎凡特的市场(他们从未因不成功的竞争者指责他们与异教徒贸易而感到良心不安)，最重要的是东部帝国各地区。他们赢得了各种优惠和好感。作为 11 世纪帮助反抗诺曼人的报答，威尼斯人得到了在帝国境内自由贸易的特权，并被作为帝国的属臣而非外国人来对待。威尼斯的海军力量增长迅猛，而拜

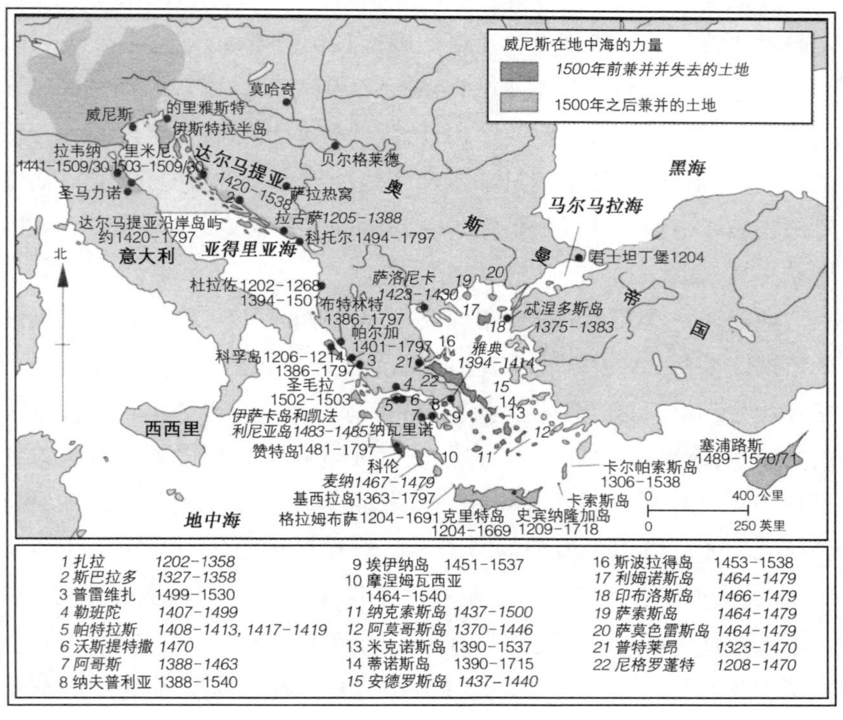

占庭的舰队则日趋衰落，这一点愈发重要。正是威尼斯在1123年击败了埃及的舰队；此后，他们便不再受其宗主的控制了。

那时候，共和国名义上作为拜占庭的封臣早就没有什么意义了。即便是在10世纪，这都没有多大意义，当时威尼斯已经开始着手建立一个海上商贸帝国。首先它攫取了亚得里亚海的达尔马提亚(Dalmatian)和伊斯特拉(Istrian)海岸。其次，它又开始控制通往东方的商路(随着十字军东征时代的开启这一事件变得尤为重要)，并且占据了东地中海的立足点和要塞。帝国本身也具有极大的经济潜力，是亚得里亚海的商人们的聚散之地——12世纪中期，有1万多威尼斯商人居住在君士坦丁堡，这就足以显示其重要性。到1204
年，基克拉迪群岛(Cyclades)、爱琴海中其他多个岛屿以及黑海沿岸 207
大部都属于威尼斯了：若干的其他社区加入其中并在其后的三个世纪里变得威尼斯化。从古代的雅典之后，第一个海上商贸帝国出现了。

帝国政府在局部地区的不安最终导致了这种关系在12世纪被打破了。首先，威尼斯的特权被暂停了，其后的一场战争以威尼斯的失败而告终。这部分地解释了为什么威尼斯会在第四次十字军东征时及时地向其提供运输和财政方面的支持，这样的利用符合共和国的利益。最重大的历史结果便是狠狠地打击了拜占庭，并为威尼斯赢得了八分之三其称为“罗马尼亚”(Romania)的土地——威尼斯正成为一个帝国。此后还有同热那亚人长期而艰苦的斗争(时不时地在意大利内斗)。除了一些挫折和损失之外，威尼斯是最终的最大赢家。到1500年，除原有的土地(*Terra firma*)之外，还在意大利大陆的拉韦纳有亚得里亚海的地产，统治了达尔马提亚海岸的大部分地区和岛屿，以及科孚岛(Corfu)和凯法利尼亚岛(Cephalonia)，同时还在伯罗奔尼撒半岛(Peloponnese)占有相当一部分地产，还有克里特和其他爱琴海岛屿的海港。最后，它夺取了塞浦路斯，安纳托利亚海岸的一些据点仍归其所有。这个帝国的大部分一直维持到17世纪，而且其中的一些地区还坚持到1797年共和国自身废止。

1204 年和拜占庭的衰落

到 11 世纪末期，科穆宁王朝将诺曼人赶出了希腊，并击退了另一支从俄罗斯南部而来的游牧民族（佩切涅格人）的侵犯。他们给帝国带来了一个世纪（1081—1185）的相对安定时期。但是他们没法收复小亚细亚地区的失地，并不得不作出更进一步的重要让步，有些针对他们的豪强公侯，有些针对威尼斯和热那亚这样的同盟。对威尼斯的让步尤其巨大；它当时在东地中海和爱琴海的整个存在意义被强化了。

不仅如此，拜占庭像以往一样还要面对内部的各种麻烦。到 12 世纪，叛乱变得更加普遍。这种威胁被拉丁基督教世界进入东方的十字军进一步加重了；对于拜占庭一方而言，十字军越来越像新的蛮族入侵。到 12 世纪，法兰克人已经在原先属于拜占庭的黎凡特地区建立了四个十字军国家，成为近东地区权力竞争的新对手。穆斯林的力量在传奇人物萨拉丁手下重新集结，12 世纪末保加利亚再次发动叛乱，拜占庭面临着巨大的危机。

这个已经日渐衰弱的社会在 1204 年遭受了致命的打击，帝国的首都最终被基督徒所占领并遭洗劫。第四次十字军东征本来是奔赴东方
208 攻打异教徒的基督教军队，在威尼斯人的怂恿下竟转而攻打东部帝国。他们洗劫了城市并进行恐怖的统治（竞技场的青铜战马此时已被劫至威尼斯，安放在圣马可大教堂前面——虽然现在的是一个重塑的复制品）。东西方从未如此野蛮地被区分开来；这次洗劫在东正教的记忆中最为声名狼藉。十字军轻蔑地让一个无耻之徒登上了圣索非亚大教堂牧首的宝座。法兰克人并不将拜占庭视为他们共同文明的一部分，甚至一些神职人员并不将其视为基督教世界的一部分，因为两个教会已经分裂了一个半世纪。虽然他们最终放弃了君士坦丁堡，皇帝也在 1261 年重新回来了，但直到新的穆斯林征服者到来之前，古老拜占庭帝国的领土上的法兰克人就再也没有清理干净。尽管还有两个世纪才最终灭亡，但无论如何，拜占庭的精魂已经离去了。1204 年之后，它的地位就只不过是一个具有亚洲前哨站功能的巴尔干小国罢了。

当君士坦丁堡最终被一位皇帝——迈克尔八世(Michael Palaeologus Ⅷ)复兴时,也是在从安纳托利亚来的突厥民族的一支——奥斯曼人(Osmanlis)的帮助下实现的。表面上看,这提供了新希望的土壤。那时阿拉伯势力的威胁最终式微;拉丁王国则不过有名无实。拜占庭再一次经受住了危险敌人的考验。按照近东帝国的标准,它已经存在了很长时间。老对手阿拔斯哈里发王国早就趋于衰落,在一系列混乱时期之后于10世纪最终被推翻。但是哈里发王国的政治衰落及统治者和强盗的来来回回并未扰乱伊斯兰社会和其文化基础,其影响遍及黎凡特和兴都库什山脉(Hindu Kush)之间。因此,作为主要文化力量的罗马基督教遗产到11世纪只是勉力维持,且被压制在小亚细亚地区。此后,因为不被占统治地位的伊斯兰教所宽容,基督教在近东地区衰落了。阿卡(Acre)这个基督教在巴勒斯坦最后的堡垒也在1291年被穆斯林夺取了。

对于东部帝国来说,一个有利条件是蒙古人侵略的关键时期已经过去了(虽然蒙古人对其周边民族的袭击仍在继续,他们却成了拜占庭的保护伞)。但是也出现了新的威胁。1204年批准了重建独立的保加利亚(其有时被称为“保加利亚第二帝国”)。次年,保加利亚统治者坚

209

拜占庭帝国(约1265年)

拜占庭帝国(约1354年)

定地赶走了法兰克军队，并俘获了一名法兰克新皇帝。13 世纪后期，拜占庭在欧洲的复兴同时也受到了塞尔维亚国王觊觎帝国的挑战。他在夺取君士坦丁堡之前就去世了，但是他只留给帝国首都很小的一块内陆地区和一个支离破碎的色雷斯。为了对抗塞尔维亚人，皇帝不得不再次寻求奥斯曼人的帮助。对于帕里奥洛加斯王朝而言，除了无望的反抗以外已经看不到什么希望了，只是尽可能地延续其存在罢了。

奥斯曼人

最终，西亚的混乱因两个新伊斯兰帝国的出现而得到了解决。萨法维波斯(Safavid Persia)的故事离此尚远故不需关注。另一个则是建基于安纳托利亚的奥斯曼，给欧洲带来了巨大的伊斯兰影响，也是其后数个世纪中最为明显的威胁。其史前时代起源于中亚地区。一个突厥“帝国”——如果这个词适用于一个部落联盟的话——一度向东横扫亚洲，在中国与波斯之间建立了广阔的影响。中国、波斯、印度和拜占庭的统治者都不得不慎重对待突厥可汗。萨珊波斯允许突厥人在其边境之内定居以作为对其帮助的回报，然而像其他游牧民族一样，突厥的优势只是暂时的。阿拉伯人的猛攻使其只剩下西亚的残部，突厥人的故事自此到 10 世纪都是模糊的，那时突厥人再次出现在阿拔斯哈里发王国灭亡的过程中。一支突厥部族塞尔柱人已经皈信了伊斯兰教，继续向西推移并在安纳托利亚停驻。1071 年他们在曼齐克特(Manzikert)对拜占庭造成了历史上最沉痛的打击之一。就像其他居住在巨大文明中心边缘的蛮族一样，塞尔柱人也不想去破坏他们学会赞美的文化，而是想要分享其益处。阿拉伯和波斯的文学和学术的重要著作开始被翻译为土耳其语，第一个真正的土耳其国家也开始奠基于伊朗和安纳托利亚之间，塞尔柱人将他们的新省份称为鲁姆苏丹国(Sultanate of Rum)，因为他们将其视为罗马遗产的一部分。塞尔柱人开始将基督教的安纳托利亚慢慢归化为伊斯兰教的。这使其容易触怒十字军。突
210 厥人对基督徒和犹太人不及对阿拉伯人宽容，基督教朝圣者前往圣地也更为困难。

这是一种内部的划分，削弱了伊斯兰世界的蒙古人在13世纪衰落下去了，其将伊斯兰教带到了沙漠地带并曾经破坏了塞尔柱人的势力。虽然蒙古人摧毁了他们的统治者，却未驱逐安纳托利亚的土耳其定居者。这其中就有奥斯曼人，他们在欧洲以奥斯曼（Ottomans）而闻名。他们是最后一个攻打拜占庭的，也是最后的胜利者。他们来自解体的阿拔斯哈里发王国和拜占庭之间的广阔地带。小诸侯被称为格哈兹（*ghazi*），他们在种族上说通常是土耳其人，独立而不受管辖，因此必然作为这一地区强权衰退之后的受益者而在此兴盛起来。小诸侯中的一个就是奥斯曼（Osman），一个具有领导能力和进取心的土耳其人，将人们召集在他的周围。他的能力显现在他对"格哈兹"一词的翻译上：它开始指"信仰的战士"。狂热的边疆居民——他的追随者看起来充满了精神上的热忱，这个军事组织看起来有些像西欧的商业行会或宗教修会，其居于广阔文化的中间地带，一半是基督教一半是伊斯兰教，必定充满着各种刺激与诱惑。无论其最终源头是什么，他们的胜绩已经超过了阿拉伯人和蒙古人。最终他们不仅使原来古老的东罗马帝国的领土重新归于一个统治者的手中，并且还加以大大的扩充。

奥尔汗（Orkhan）是奥斯曼的儿子，也是第一个获取苏丹头衔的奥斯曼君主。在他去世时，他统治着小亚细亚地区最强大的后塞尔柱国家和欧洲的一些土地[1354年，奥斯曼在加里波利（Gallipoli）建立了第一个据点]。他变得相当重要以至于君士坦丁堡三次向其求援，皇帝的一个女儿也嫁给了他。拜占庭当时已经失去了小亚细亚。奥尔汗的两个继承者则继续向欧洲推进，稳健地吞并了巴尔干半岛。他们最具决定性的胜利就是于1389年与塞尔维亚人、波斯尼亚人以及阿尔巴尼亚人在科索沃结成联盟。这是保加利亚和塞尔维亚独立的终结，但它们并不是附庸国。奥斯曼人又击败了另一次反抗他们的"十字军"，其后便占领了希腊大陆。1391年，他们开始了对君士坦丁堡的第一次围攻，并一直坚持了六年。

与此同时，君士坦丁堡正独力苦苦支撑。那不勒斯、威尼斯和热那亚（此时直接控制了首都的贸易）的国王没有给其喘息的机会。教义和教会权威仍旧将基督教分为东部的和西部的。随着14世纪时间的消逝,希腊人越发深深地感到了孤立。他们感觉被丢弃给了异教徒。从加泰罗尼亚招募来的雇佣军也转而攻打君士坦丁堡,并建立了一个分离的国家——在1311年建立的雅典加泰罗尼亚公国。间或的胜利难以扭转这种趋势。在帝国内部还不断出现内战。希腊人忠于他们的传统,在如此极端的环境中赋予了这些抗争以神学维度的考量。在这些灾难的顶点,一场瘟疫在1347年消灭了帝国的大部分人口。

拜占庭的绝响

211 当1400年东部帝国皇帝到西欧的宫廷竭力争取援助(他只得到了一点点钱)的时候,他的统治区域仅剩君士坦丁堡、萨洛尼卡(Salonika)和摩里亚半岛(Morea)了。值得注意的是,西方宫廷里现在通常称其为"希腊人的皇帝",而忘记了他仍旧是有名无实的罗马人皇帝。几年里,奥斯曼人的进攻稍微消停了些,因为他们在最后一位伟大的蒙古人征服者帖木儿(Timur Lang)的手中遭受了重创,但是他们仍旧围困着东部帝国的都城。1422年还有另一支土耳其人袭击了君士坦丁堡。约翰八世皇帝竭尽全力克服种种最大的障碍,最后一次尝试与西方合作,他于1439年来到了设在佛罗伦萨的主教特别会议,并接受了教皇的首席权且同意与罗马合一。西方基督教世界非常欣喜;英格兰所有教区教堂的大钟响彻云霄。但是东正教会却愁眉不展。会议的信条与他们的传统正相反;障碍太多了——教皇的权威、主教的平等、礼仪和教义。最具影响力的希腊教士都拒绝出席会议;那些出席者除了一位之外(值得注意的是这位未签署者其后被列封为圣人)都签署了会议信条,但在回去之后多数人都宣布放弃这个信条。一位拜占庭显贵曾经说:"宁可使城市统治于土耳其人的头巾下,也好过拉丁人的教皇三重冠。"对于多数希腊人而言,向教皇妥协是一种变节的行为,是对真正教会的背弃,他们传统的东正教因此而得以保全。在他们敢于在君士坦丁堡公开宣布合并之前的13年里,皇帝一直忠实于约定。他们从对教皇的妥协中所获得的唯一好处就是教皇所支持的最后一次十字军(这次东征在1441年以悲剧收场)。

东西方最终也未能达成共识。他们看待世界的视角不同,并且在宗教上存在分歧。在西方人眼中,异教徒的攻击只不过是在最外层防线上,这种观点至今仍在。西班牙基本上已经从伊斯兰教手中收复了。法国和德国忙于它们自己的事务;威尼斯和热那亚则在土耳其与东部帝国对峙的斡旋中才能取得尽可能大的利益。俄国正在遭受着蒙古人的一支鞑靼人(Tatars)的掠夺,对拜占庭帮不上什么忙,甚至被切断了与其直接的联系。帝国的各个城市被孤立分割,使其独自面对着奥斯曼帝国最后的进攻。

最后时刻的到来不是古老帝国的耻辱。最后一次进攻早在 1453 年 4 月就开始了。大约两个月之后,5 月 28 日的晚上,罗马天主教徒和东正教徒聚集在圣索非亚大教堂,基督教世界联合的幻象给了帝国最后的荣光。君士坦丁十一世,第 18 位与伟大的第一个君士坦丁同名的皇帝,领受圣体之后继续作战最终以身殉国(没有人确切地知道他是怎样和什么时候死的)。不久之后,奥斯曼苏丹就进入了这座城市,径直前往圣索非亚大教堂并在其上竖立了一个庆祝凯旋的圆顶。这座曾经作为东正教心脏的教堂变成了一座清真寺。整个基督教世界因这一消息而战栗。

这是一项伟大的战功,耗尽了拜占庭几乎全部的资源。被称为“征 212
服者”的穆罕默德二世坚持继续清除所有的障碍。他甚至将 70 艘战船从陆地运到了镇守海角的帝国舰队背后。除此之外,还有一位匈牙利工程师为他铸造了一门巨大的火炮,这尊大炮极其笨重,需要一百头公牛才拉得动,且每天只能发射七次(匈牙利人的帮助曾遭到基督徒们的拒绝)。然而,穆罕默德更善于用常规方法来激励士兵,毫不留情地迫使他们勇往直前,谁要在进攻中退缩就会被斩首。就这样,将近 1 500 年历史的帝国最终在他们手中灭亡了。

奥斯曼欧洲

这次重大的胜利,使奥斯曼帝国对欧洲的影响再也不能被忽视了。奥斯曼帝国成为东部大陆一个非常重要而又与众不同的历史缔造者,奥斯曼的胜利旗帜高高飘扬。在征服特拉比松(Trebizond)之后不久,

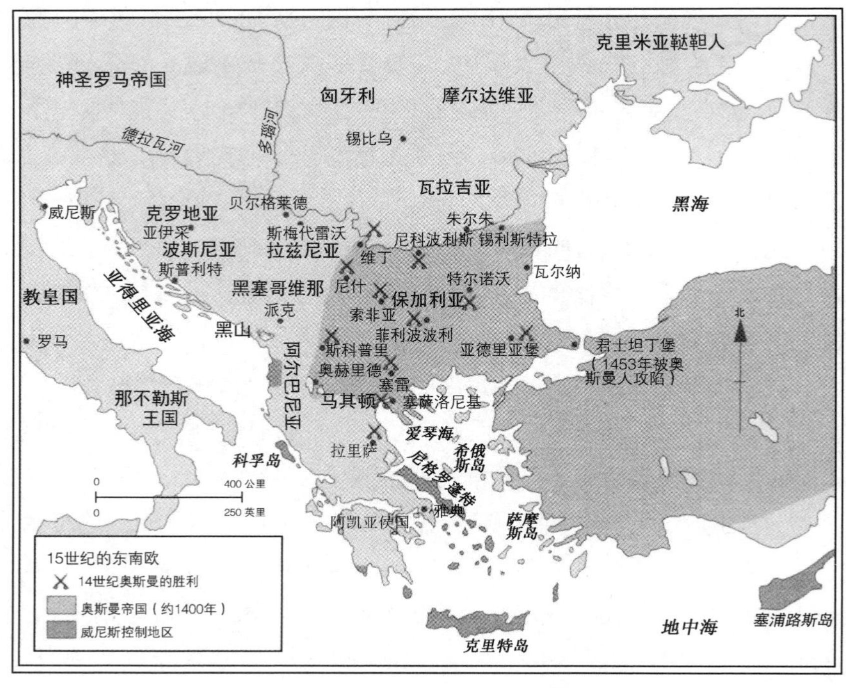

其又在 1459 年最终吞并了塞尔维亚(其后不久又吞并了波斯尼亚、黑塞哥维那和黑山);1461 年,在这个黑海东南海岸的远角,奠基于亚历
213 山大大帝东征的希腊文化与希腊文明世界正在垂死挣扎。这标志着君士坦丁堡陷落后的新纪元,一位教皇叹其为"这是荷马和柏拉图的第二次死亡"。但是奥斯曼人的铁骑继续横扫了整个伯罗奔尼撒半岛并在其后 20 年进入了阿尔巴尼亚和爱奥尼亚群岛。1480 年,土耳其人攻占了意大利海港奥特兰托(Otranto),并控制了一年之久。他们为占据威尼斯帝国耗费了更多的时间,但是在 16 世纪初,土耳其的铁骑便接近了维琴察(Vicenza)。在 1517 年征服叙利亚和埃及之后,他们在 1526 年的莫哈奇战役中力挫匈牙利军队,这次败绩一直被匈牙利视为历史上的灾难性时刻。三年后他们第一次包围了维也纳。1571 年,威尼斯属塞浦路斯落到了他们手中,几乎一个世纪之后,他们又占领了克里特岛。那时,他们便在欧洲内陆扎下了根。

欧洲的统治者们确实应当自责；他们从来没有（也从来不会去）有效地团结起来抵抗土耳其人。拜占庭被置于听天由命的境地。“谁能使英国人爱法国人？谁能让热那亚人和阿拉贡人联合起来？”一位15世纪的教皇绝望地问道；不久之后，他的一位后继者则探询获得土耳其人的帮助以对抗法国的可能性。然而挑战已经刺激了另外一种反应，甚至早在君士坦丁堡陷落之前，葡萄牙船队就沿海南下非洲海岸以寻求一条通往东方的新路，如果可能的话，甚至想找到非洲的同盟从南面侧击土耳其。

东正教幸存下来了，希腊教会也被奥斯曼统治者所宽容。拜占庭的遗产部分被其斯拉夫附庸所保存，事实上，在巴尔干地区任何对君士坦丁堡牧首首席权的挑战，无论来自天主教还是国家东正教会的，都消失了。在早先的帝国之外，只有一个重要的东正教中心，便是在俄国。奥斯曼帝国的建立同时也暂时地切断了欧洲与近东及黑海地区的联系，这在很大程度上断绝了通往亚洲的陆路来往线路，但是商贸联系在16世纪早期又再次繁盛起来。穆罕默德是个宽容和富有同情心的人，虽然有点反复无常，土耳其人后来很难理解他对于异教的宽容。他看起来想建设一个多元宗教的社会。他从特拉比松将希腊人带回君士坦丁堡并任命了一位新的牧首，在其领导下希腊人事实上实现了一种自治。土耳其人对待犹太人和基督徒的记录要远远好于基督教西班牙对待犹太人和穆斯林的记录。

俄国

1453年的巨变对俄罗斯命运影响深远。从12世纪开始，它就被
赋予越发独特的文化和制度，并由其源出的传统和各种历史力量所塑 214
造。其曾一度处于蒙古人控制之下，蒙古人1240年占领基辅给东正教造成的打击几乎同36年前君士坦丁堡的被洗劫一样沉重。他们又击败了继基辅之后占据优势的莫斯科大公国以及诺夫哥罗德。随着拜占庭的衰落和德意志、瑞典的奄奄一息，莫斯科大公国向蒙古人及其后继者交纳了数个世纪的贡金——鞑靼人的金帐汗国（Golden Horde）是另一个切断俄罗斯与西方联系的历史因素，并塑造了其未来的政治文

化。与此同时，德意志的东进运动(持续了整个 14 世纪)形成了一幅新的经济、文化和种族地图，并为西方提供了新的界定与宗教边境。教皇首席权使天主教教义越发难以为东正教所接受。不仅如此，东正教还面临着一个新的政治上的挑战，一个信奉罗马天主教却半斯拉夫化的国家出现在俄罗斯的西边，这就是中世纪的立陶宛大公国。其在 1386 年通过联姻与波兰王国联合，包括今天波兰大部和普鲁士、乌克兰以及摩尔达维亚。它占据基辅长达三个世纪。对俄罗斯来说幸运的是，立陶宛也同德意志进行战争；正是他们于 1410 年在坦能堡(Tannenberg)粉碎了条顿骑士团。

鞑靼人的统治对俄罗斯南部诸公国产生的影响最大。俄罗斯内部的新平衡逐渐出现了；诺夫哥罗德和莫斯科在基辅衰落后占据了重要地位，虽然他们仍不得不向鞑靼人提供现金、奴隶、雇佣兵和劳动力以作为常规的贡金。他们的使节也得像其他俄罗斯各公国的一样到伏尔加河沿岸的萨莱(Sarai)与征服者商讨以作出安排。那是一段争斗与混乱的时期，为了生存要取悦独裁君主。莫斯科大公国的王侯尤其赢得鞑靼人的欢心，因为他们在搜敛赋税方面很有成效。他们开始出现一种新的集权化倾向。教会并未抵抗，弗拉基米尔的总主教驻地在 14 世纪迁往了莫斯科。虽然莫斯科大公国仍疲于应付德意志和立陶宛，却一直在内部不断开拓，在可能的情况下分割金帐汗国。

在这样一个困难重重的背景下，1453 年的事件造成了巨大的反响。教士们很快感到，只有复杂和神圣的目的才能解释君士坦丁堡落入异教徒之手这个令人懊丧的现实。他们说，拜占庭因为寻求与佛罗伦萨会议(这个宗教会议已经使俄罗斯教会决定自行选举牧首，以示对君士坦丁堡牧首的蔑视)达成宗教妥协而背弃了自己的传统。“君士坦丁堡沦陷了，”莫斯科大主教这样写道，“因为他们放弃了真正的正教信仰……在这个世界上只存在着一个真正的教会，那就是俄罗斯教会。”数十年后，在 16 世纪初，一个修士可以用一种相当新颖的笔调写给莫斯科大公国的统治者：“您是世界上唯一的基督教君王，是所有虔诚基
215 督徒的主人……两个罗马都已经沦陷了，但是第三个将永久站立，而第

四个将永不会有。”[①]这是一个深思熟虑的断言，并且是对莫斯科大公国在俄罗斯诸公国内发挥特殊作用的鼓动。

拜占庭灭亡时，正好其他的历史变化实际上正在使俄罗斯从混乱和鞑靼人的统治中脱离出来。金帐汗国正因为内讧而撤退，与此同时，立陶宛国家也开始出现崩溃。这些都是大好的机遇。1462 年，一个能充分利用这些机遇的统治者登上了莫斯科大公国的王位。伊凡大帝(Ivan the Great，伊凡三世)使俄国沿着英国和法国早在 12 世纪就开始的道路上前进。一些人将其视为第一位俄罗斯本土的统治者。他是第一个采用“沙皇”(Tsar)称号的统治者，刻意地表明对恺撒遗产的继承，因为这个词就是从恺撒(Caesar)源出的。1472 年，伊凡与最后一代希腊皇帝的外甥女成婚。他被称为“上主恩典的独裁者”，他所采用的双头鹰标记直到 1917 年仍是俄罗斯的象征。这使俄罗斯君主制度更具拜占庭的色彩，而与其他的东欧国家不同。到 1500 年，西欧人已经意识到了它的与众不同；伊凡的继承者巴西尔三世(Basil Ⅲ)对其臣民享有比其他任何基督教统治者都大的专制权力。“他们称他为上主的看门人与管家。”一位到莫斯科大公国的西欧旅行者这样记录。[②]

巩固领土是伊凡最主要的目标。当莫斯科大公国吞并了普斯科夫(Pskov)和诺夫哥罗德共和国之后，他的权威在理论上说已经远及乌拉尔山地区了。原先统治那一地区的寡头们都被放逐了，而由一些从伊凡那里领受土地并为之服务的人所取代。原先掌控该地区贸易的德意志汉萨同盟的商人也被驱逐了。在驳回鞑靼人的宗主权并击退其 1481 年对莫斯科的猛攻之后，两次侵袭立陶宛使伊凡在 1503 年获得了白俄罗斯和小俄罗斯大部。他的继承者在 1514 年占据了斯摩棱斯克(Smolensk)。

那时，大部分欧洲未来的组织都已经具备雏形。到 1500 年，历经了数个世纪的界定与实现过程趋于尾声。欧洲的边界也被限定住了；向东

---

① 这些赞词出现在菲罗费(Filofei)修士致巴西尔三世的信中，引自：G. Vernadsky, *ed al.*, eds., *A Source Book for Russian History* (New Heaven, 1972), I. p. 156。

② 同上书，p. 157。

方的进一步探险被坚固的基督教俄国所阻碍，而巴尔干地区则有拜占庭的继承者——伊斯兰教奥斯曼帝国。第一波海外扩张的十字军被稀释了，奥斯曼的威胁迫使欧洲要再次在东地中海地区筑起防线。那些不幸的国家在那里有暴露在外的领地，像威尼斯就不得不尽其所能地照看那一地区。与此同时，其他欧洲人也采取了新的眼光，一种面向海洋的新视角。西欧与世界其他地区关系的新阶段即将开启。这不仅仅是通过
216 政治和经济潜力的结合，而且作为一个以宗教为核心的独特文明中心，教会是文化的监护者也是所有人的教导者，其本身也是一种文明的承载和传播。可以说，东西方分享着同一个观念，但对于彼此的意义却大不相同。

西方的心灵

13 世纪以来，原本长期由修道院僧侣负担的记录、教育和研究任务逐渐转由托钵修士为其分担，更为重要的是，托钵修士们在一个新的

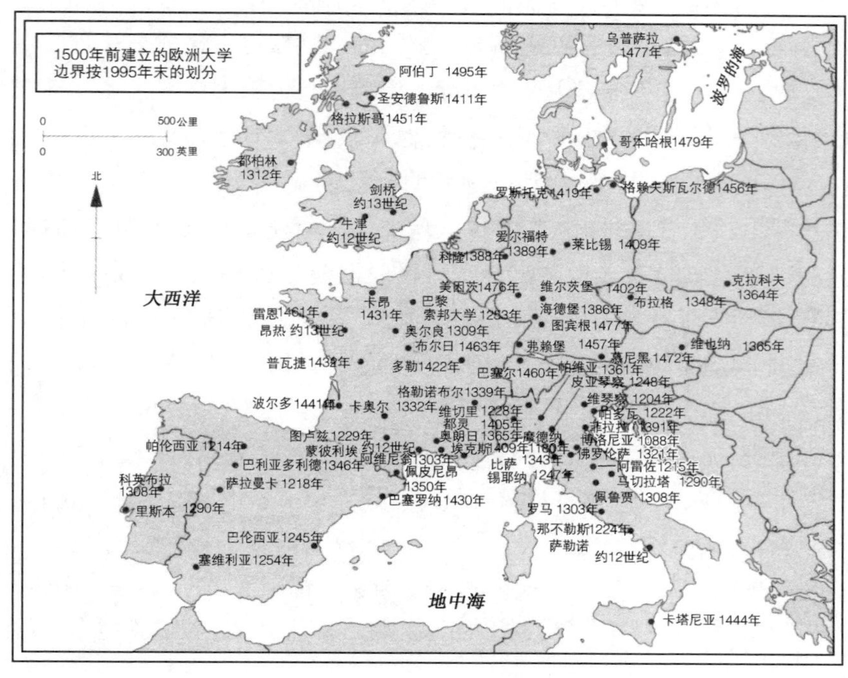

组织里有时扮演着重要的角色,那就是大学。这是欧洲最伟大的创造之一;几乎世界上所有的大学都能在博洛尼亚、巴黎和牛津找到其制度的源头,它们是最早的典范;到 1400 年,欧洲便有了 53 所大学。它们集中于知识活动并进行指导,以一种新的方式提供教育。早期的结果是对教士阶层训练的重现。到 14 世纪中期,半数的英国主教都曾在大学拿过学位。但这并非大学建立的唯一原因。皇帝腓特烈二世建立那不勒斯大学以为其南意大利王国提供行政官员;沃尔特·德·默顿(Walter de Merton)于 1264 年在牛津建立了第一个学院,其目的之一便是为像他这样的贵族培养未来的教会服务者。

然而大学不仅仅作为一个发展机构,因为社会对于行政骨干培训 217
的需要日益增加。它们成了最主要的信息和文化交流中心,其最初就希望使大量的世俗人接受教育,虽然这个机构由教会控制,并充满了宗教气息。其影响远远超过当地的范围;它们是秉持世界主义的,将具有共同利益的来自不同国家使用不同语言的人结合在一起,并分享着智力活动。它们的讲座和辩论都使用拉丁语,这是教会的语言,直到这个世纪还是受过教育者的通用语言(*lingua franca*,这一卓越语言现在仍残留在大学的庆典以及学位名称中)。

法律、医学、神学和哲学都在大学中繁荣发展。最后一门学科囊括一切,但在中世纪早期消失在神学中。其后,随着 12 世纪开始希腊语被直接翻译为拉丁语,欧洲学者才开始能够阅读他们自己的古典哲学著作。其对从伊斯兰世界获取的文本资源初始都有所怀疑。这一直持续到 13 世纪,但是对古典哲学和基督教对世界的解释进行调和的研究已经开始了。于是古典遗产再度回到西欧并被予以重新解释。其并没有与基督教世界的以神为中心的文化形成鲜明对比或对它采取批评态度,这二者是可以结为一体的。古典世界被阐释为基督教的先驱。它们的重新整合对于那个改变方向的问题,即雅典和耶路撒冷有何相关而言是一个迟来的答案——晚了十个世纪。中世纪的艺术珍品之一——有人将其视为唯一的珍品——但丁的《神曲》(*Divine Comedy*)中,就体现出将基督教世界与其再现的先祖重新连接的重要性。但丁描述了他游历了基督教信仰宇宙中的地狱、炼狱和天堂，却是由一位异教徒罗马诗人维吉尔(Virgil)陪同，他的角色远不是装饰性的；这位诗人是真理的权威指导，因为但丁相信维吉尔曾经预言了基督。古典时代的诗人成了与《旧约》时代先知并肩而立的先知。虽然与古代世界相联系的观念从未完全消失(比如狂热的编年史作家尝试将法兰克人和不列颠人与特洛伊人的后裔联系在一起)，但是但丁的态度具有里程碑式的意义，亦即展现了基督教文化对古典世界崭新而清晰的认可。

维吉尔并非唯一一个被认为其指导是前所未有的古典人物。部分由于其著作和评注从伊斯兰世界传到西方而为人所熟悉，亚里士多德逐渐受到了特别的尊崇。即使不能将他作为圣徒，教会至少将其视为一种先知式的人物。他的著作中所提供的更为广泛的知识所产生的影响，主要体现在两位多明我会修士大阿尔伯特(Albertus Mangus)及其学生托马斯·阿奎那的作品中，形成了一种新的知识调整和整合。最
218 显著的成果便是中世纪系统而理性的经院哲学，这个名称指代那些阐释基督教教导含义的学术努力。其中包含着扫视一切的力量，而展现得最卓越的当属阿奎那未完成的《神学大全》(*Summa Theologica*)，其被评论为无与伦比的成就与脆弱的体系形成鲜明的对比。这是中世纪许多著作中最伟大的一部，借此基督教学术对中世纪的思想的逻辑思考进行了一次有力的训练，甚至只有少数孤立和特别的人才能朦胧地看出冲破逻辑与权威束缚，探询另一条理解自然世界道路的可能性。正是借着经院哲学的学术争论，中世纪西方思想对未来欧洲思想的塑造产生了决定性影响。它使得一种经常被视为非常理性的变化成为可能，人文主义作品从14世纪开始就出现了伟大的复兴。

文艺复兴

文艺复兴是或曾经是最有效的神话之一，它可以帮助人们掌握自己的举止风度并因此而更有效率地行动。当一些意大利人开始从事古典作家的研究时这个词才开始应用，明确地援引异教的古典观念，开始认为他们自己是失去的传统“重生”的一部分，是古典时代的“复兴”。

他们是在文化上形成的,而12世纪以来基督教文明的重大变化使其成为可能。如果我们记住语境的局限来使用这个词并谈论文艺复兴是很有帮助的;如果我们认为其代表着中世纪基督教文明的文化断裂则是对历史的一种篡改。在最具体的意义上而言,这个词是欧洲艺术与学术繁荣的一个标签,大约从14世纪初直到16世纪末。

我们无法用一条清晰的脉络将“文艺复兴”从“中世纪”当中剥离出来,而能够指出的是在高层文化上的渐进变化。一些城市大街上的男男女女可能会在那些奢华的新风格建筑中、在市政厅模仿古代的雕塑和喷泉装饰中、在各种市民演出和化装舞会中以及种种新事物中,真切地感受到这种变化。但文艺复兴的实质是人们在思想上的变化,首先是那些学者、知识分子、富人和上流社会。

虽然俄国以西的所有欧洲国家都在不同程度上经历了这种变化(甚至在俄国那些由西方建筑师设计的建筑中也有所体现),意大利则是其中联系最为紧密的。大约在一个世纪中,即1350至1450年,在意大利生活着比其他地方都多的学者、艺术家、科学家和诗人(他们当中很多人来自海外)。整个欧洲都在向意大利学习。所学的东西首要的便是古典时代的优越性。文艺复兴有着人文主义的根源,它重新发现了古老的过去。这些长期以来都是通过拉丁语来实现的;彼特拉克不懂希腊文。至1500年,第一部威尼斯阿尔定版(Aldine)希腊语与拉丁 219
语对照的古典文本出现了。人文主义作者长期努力模仿罗马人西塞罗的风格。画家拉斐尔最伟大的作品之一《雅典学派》(*School of Athens*),便是对希腊哲学家的歌颂。

渐渐地,变化就在越发受到重视的过去这条路上出现了。16世纪的人们像13世纪的人们一样,仍然经常给那些古代的伟人们穿上他们自己时代的服装(虽然拉斐尔并不这么做)。亚历山大大帝在中世纪的人们眼中看来与他们所知的国王非常相像;莎士比亚笔下的恺撒并未穿着罗马的宽外袍而是男式紧身衣与长筒袜。在这样的演出中没有真正的历史感,并且没有意识到古代与现在之间人、事的巨大差异。取而代之的是,历史被视为一座最好的学习典范的学校。但是在解读这些典范方面却有些变化。人们仔细寻找着古代神圣计划的蛛丝马迹，寻找那些再一次成功维护了教会训导正确性的证明。这是奥古斯丁的遗产，但丁将之继承了下来。但是到 1500 年，一些过去的东西被识别出来，虽然同样是非历史的，但是人们感觉其对于他们的时代和境况更有用。一些人领会了古代的灵感，甚至那些可能是异教的，完全与基督教没有任何关联。这不仅是一种先驱，对古代作品的新重视也是结果之一。

文艺复兴的概念非常流行，尤其与艺术上的创新联系在一起。从 12 世纪开始，中世纪欧洲看起来已经在一条新路上充满了活力与创造力。那时出现在音乐、戏剧和诗歌上的崭新类型与风格至今仍能感动我们。到 15 世纪，已经很清楚地看出他们不再仅仅局限于为上帝服务了。艺术变得越发自主。其风格越发多样，越发世俗化。文艺复兴时期的艺术在 15 世纪末至 16 世纪初达到顶峰，那是拉斐尔（建筑师、画家）、米开朗琪罗（雕塑家、画家、建筑师和诗人）以及莱奥纳多·达·芬奇（画家、工程师、建筑师、科学家和雕塑家）以及其他许多人的时代。文艺复兴时期盛产这样的多面手。他们扩大了人们对人类卓越品质的观点。文艺复兴最终传承到我们这个时代的就是体裁风格上的创新，而且它们是革命性的，标志着文化上基督教体系和教会垄断局面的最后破裂。古典与中世纪神话之间慢慢出现的分歧便是表现之一；其他的还包括罗曼诗与普罗旺斯爱情诗（其大多是受到阿拉伯人的影响）的出现，在世俗建筑中精心雕琢的哥特式风格的发展（比如北欧诸多新城市中的市政厅），专供受过教育的世俗人阅读的本地方言文学的兴起，以及精英教育的世俗化和革命性发展。人们敏锐地发觉尘世成就的巨大潜力要远远超过教会的教导。在米开朗琪罗名作《创造亚当》（*Greation of Adam*）中，人类的始祖被描绘为一个高大且具有英雄气概的形象，甚至比通过手指赋予他生命的创造者更为有力，画面极具戏剧性效果。

印刷术

220 这些变化的日期很难加以确定，因为创新并非很快就会被接受。

在文学方面，对于能够做什么有相当严格的硬性限制：长期以来，文本的复制品从未充足过。直到16世纪，乔叟的第一版全集才得以印刷出版[虽然《坎特伯雷故事》已经由卡克斯顿(Caxton)印刷了两次，他是上一个世纪出现的英国第一位印刷商]。甚至像《坎特伯雷故事》这样用方言写成的作品也很难进入宽广的公共视野，直到印刷术出现后才使大量的复制成为可能。

当这些发生时，书籍的影响得到了极大的扩展，一场革命也发生在即。其结果便是产生了一种知识和观念传播的新方式，这使自书写本身发明以来的一切发明都相形见绌。这是一场文化的革命，所有的趋势都接触到了其部分内容，但其本身远远不仅仅是单纯的总结，一切都可以归功于书籍的印刷出版。学者和科学家们的创新，以及他们研究所基于的要素都能比以往更为容易地传播，这些具有相当重要的意义。

从14世纪开始，欧洲就能够利用碎布制造良好的纸张。印刷革命的另一个必要因素就是印刷材料本身(12世纪的意大利就能很熟练地在文本上添加生动的插图)，铸造金属活字取代了原来的木质活字(已经出现了使用雕刻木板制造的扑克牌、日历和宗教画像)，并使用油基墨(oil—based ink)。其中最为关键的发明是可移动的金属活字。这个过程的细节非常模糊。在哈莱姆(Harlem)，15世纪初仍在进行用木质活字的实验。然而，如果不把这一创新归功于约翰内斯·谷登堡(Johannes Gutenberg)的话，看起来是没有什么理由的——他是一位美因茨的钻石抛光匠，传统上其名字已经和印刷术的发明联系在了一起。大约在1450年，他和他的同事第一次将现代印刷的要素凑在了一起，1455年在那里出现了欧洲公认的第一部真正的印刷书籍，即《谷登堡圣经》。20年后，威廉姆·卡克斯顿在英国印刷了第一本书，是他自己翻译的作品。

谷登堡个人的职业生涯最终归于失败；他可能是因为资金不足而失败的，但是一个新商业时代的先声已经在这里出现了。设备与活字的积累是一项非常耗资的生意，而他的一位债主还因为债务纠纷把他告上了法庭。判决对谷登堡很不利，他丢掉了他的出版社，因此当《圣经》印刷出来时就已经不是他的财产了(幸运的是故事并未到此结束；
221 谷登堡后来被美因茨大主教授予爵位,以表彰他所做的一切)。但是他确实开启了革命。据统计,到1500年大约共出版了3.5万种分别印刷的图书——它们被称为“古版书”(*incunabula*)。这意味着有1 500万至2 000万份副本；当时世界上手抄本书籍的数量已经越来越少了。在其后的一个世纪里,有15万到20万种可辨明的版本,且有十倍之多的副本。这样的量变汇合为质变；那时的印刷文化与以前的截然不同,也与今天对收音机和电视为理所当然的文化一样不同。进入现代的一个重要标志便是印刷时代的到来。

对于欧洲的第一本印刷书籍是《圣经》这一点几乎没有什么值得奇怪的,这一神圣的文本是中世纪文明的核心。通过出版社,《圣经》得以前所未有地传播,并伴随着不可预料的结果。在1450年,对于一位教区神父而言很难接触到《圣经》,更别说拥有它了。一个世纪之后,他就可能拥有一本了,而到了1650年,假如他连一本《圣经》都没有的话就很令人吃惊了。谷登堡的版本是公元6世纪时圣哲罗姆(St Jerome)翻译的拉丁语武加大本。[①] 第一本德语《圣经》出版于1466年；意大利语和法语本在这个世纪末之前也随即出现,但是英国人直到1526年才等到了以他们的语言出版的《新约全书》。进入神圣文本的传播中——《圣经》是其中最为重要的——虔诚的平信徒和教士们都向其提供了50至60年的资源；甚至在修道院里都建立起了印刷间。与此同时,语法学家、历史学家以及种种由人文主义者编辑的古典作品大量出现。另一项发明是来自意大利的更简单、更清晰的字模,其字母基于佛罗伦萨学者模仿加洛林小写体的字迹。

印刷术的影响难以估量。通过印刷媒介传播的欧洲意识的统治是结果之一。出于一种预见,教皇在1501年建议主教们对印刷加以控制,以保持信仰的纯洁。但其并非仅对教义产生威胁,还有些与其同样

---

① 此为学界一般采用的“Latin Vulgate”音译,“vulgate”一词为“通俗、普遍”之意。——译者注

重要的事情被牵扯进来。书籍自身的性质发生了变化。曾经是罕见的艺术品，其神秘的知识只能被少数人掌握，现在却变成了很多人的工具和加工品。印刷术为政府间的交流提供了新的渠道，也为艺术家提供了新的载体（在16世纪，绘画与建筑风格的传播比以往都要迅速和广泛，就因为镌版印刷的逐渐普及）。这也为技术传播提供了新的动力。对于识文断字和教育的大量需求也由此受到了激励。再也没有一个单独的变化如此清晰地标志了一个时代的结束和另一个时代的开端。

重新定位

过去知识的广泛传播——或者那些被相信是知识的东西——并非 222
仅仅是简单的、单方面的结果。有一种观念认为，到15世纪已经在基督教社会中出现了日常礼拜的衰退（即使是隐蔽的）。这是真实的，即使在那个深信虔诚的年代中，为精神疑问寻找新的答案，有时也显示出在教会权威所设定的传统界限之外去探究的意愿。异端从未被完全清除（当其与社会或政治上的不满结合在一起的时候，就相当难以控制）。

尽管如此，15世纪宗教生活中的另一个趋势可能对知识现状具有更深刻的危险，那是一群博学之人发起的运动，为了找到一个更好更全面的词语，被称为人文主义（humanism）。它所展现出来的力量最终威胁到宗教观念本身的根基，虽然长期以来不那么容易认清。在现代人眼中，最鲜明地表达了自己观念的人就是鹿特丹的伊拉斯谟（Erasmus of Rotterdam），第一个在欧洲历史上扮演领袖角色的荷兰人。作为一个忠诚的天主教徒（他曾经是一位修士），他希望在教会中进行改革，实现一种更单纯的奉献以及一个更纯洁的教士团体。他未将自己的古典学习视为一种终结，而是作为向《圣经》文本更高研究的进阶。他最重要的成就是整理编定了希腊文《新约全书》。由于印刷术的作用，这成了一部极好的文本，事实上也是革命性的，他同所有充满活力和智慧的人一样，戏弄嘲笑那些骄傲自大的教士们，但是在他所有的著作和书信中所表明的独立思考中可以看出，伊拉斯谟并未打算推翻整个宗教秩序。他的观念渊源于15世纪低地国家虔诚的神秘主义运动，而非古代异教，这个神秘主义运动被称为“现代虔诚派”（*devotio moderna*）。①他的学术著作微妙而隐晦地挑战着教会的权威。在他与其遍布欧洲的同道者的通信中，他们从他那边学会了将逻辑与信仰教导从亚里士多德哲学的僵化中解脱出来。当对希腊语的研究复兴之后，他的《新约》译本为教义的讨论提供了新的基础。他还揭露了伪造的文本，正是从那些文本中产生了奇异而武断的教义体系。他所做的一切都是在那个印刷术大盛的年代里。

过去的重负

很难去界定或说明这些变化在多大程度上实在地影响了欧洲人的行为方式和思考方式，更不必说他们在世界历史中所扮演的角色了。在1500年之前，思考这些事情的职责由小部分人来承担。他们的宗教
223 教导他们成为一个在时光中航行的民族；他们所面对的前景更容易理解，因为对过去旅程风险的沉思和共同目标意识使恐惧感有所降低。结果就是，欧洲成了第一个意识到时间并非无尽（虽然可能是循环的）压力的文明，其把时间视为朝着特定的目标持续变化，也就是说，视为一种进步。《圣经》中的上帝的子民毕竟已经遍布在世界各地了；他们并非对面前费解的事情一无所知而被动承受。从很久之前的简单地接受变化到愿意生活在变化中，这是现代人的一个特质。世俗化和远离源头，这些观念非常重要；现代科学的出现很快便提供了一个范例。在另一种意义上说，拜占庭衰亡之后，欧洲人相信他们独占了基督教遗产［或者是实质上的独占，因为斯拉夫、聂斯托利派（Nestorian）或科普特（Coptic）基督教可能意义上要小很多］。这是一个鼓舞人心的观念。即使面对着奥斯曼帝国，欧洲在1500年也已经不再为黑暗时代的丛林所围困，人们从要塞中冲出去还击。耶路撒冷已经被放弃给了异教徒，拜占庭也已经灭亡了。新的世界中心将会在哪里呢？

---

① 中世纪后期兴起的宗教运动，与基督教人文主义、文艺复兴以及德国神秘主义相结合，强调人与上主之间的关系。强调重视个人的灵修与内在灵性生命，该派别代表著作为托马斯·坎贝斯（Thomas Kempis）的《效法基督》（*De imitatione Christi*）。

深层的意蕴等待着时间使其浮出水面。1500年，未来将属于欧洲人——至少在一段时期内——这一点还未显现出来。他们仍然不是现代的男人和女人。我们不能毫不费力地理解我们的祖先，甚至包括他们讲的拉丁语，因为他们拉丁语中的泛音和连读在我们的语言中几乎都已经废弃了；它不仅是受过教育者的语言，也是宗教的语言，当现代欧洲晨曦的微光出现时，宗教的力量仍是欧洲第一次文明实体的最佳线索。宗教是文化的背景和稳定的持续支撑，我们几乎完全以一种时代错误的后见之明来看待那些变化。除了很少的一些人之外，对于15世纪大部分的欧洲人来说都未曾深切地体会到这种变化。对于大多数人而言，决定他们生活的最深因素仍旧是缓慢并周而复始的季节变化，这一律动安排了工作与休闲，贫瘠与富饶，以及家庭、工作场所和学习的日常事务。这样的状况在今天仍旧存在，只不过有所退化。在英国，除了农民之外，只有国会议员、法官和大学教师仍旧按照传统的收获季节划分进行一年中的工作。这一规律从宗教事务上得到了加强。教会会为丰收而祈福，在基督教瞻礼单上为人们的生活提供更多的细节时间表。其中很多非常古老，甚至源于前基督教时期；它已经实行了数个世纪，人们很难想象还有其他的。它为很多人规划了时间；每隔三个小时，数千座修道院和女修院的钟声就会召集人们来祈祷，而当墙外的俗人听到这些钟声的时候，就也按照这一模式生活。直到拥有钟表之前，只有教区教堂、大主教座堂或者修道院的大钟会按照太阳的指示敲响，
或者点燃一根蜡烛作为时间流逝的记录，并以此来宣告下一次礼拜活 224
动的时间。

只有在一种长期的、特殊的观察中我们才能正确地讲述那几个世纪，在这些世纪里，“革命性”的变化正在上演，虽然其确乎应当如此。即使最鲜明的间断，如城镇的增长，瘟疫的爆发，一个贵族家庭被另一个所取代，一座主教座堂的建立或一座城堡的衰败，这些都显著地发生在未曾变化的背景上。1500年时英国农民耕种的土地仍是那些在400多年前被记录在《末日审判书》上的土地。国王的官员在16世纪30年代拜访拉考克(Lacock)女修院以寻找他们的祖屋，令他们惊讶的是，这

些贵族妇女仍用三个世纪之前在贵族家庭中普遍使用的诺曼法语进行交流。

这些巨大的惯性永远不应该忘记。只有深入这个社会奠基于其上的深层土壤中,这些看似矛盾的东西才能认清其正确性,才能预见其未来。关于生活和世界的基本基督教二元论是尘世与天国的划分,其中一代代人逐渐习惯于其中,被证明是一项产生了巨大价值的文化刺激。理想与现实是什么以及可能是什么,对于这一问题的看法可能是一个新的关键。事实上,基督教分泌出了一种反对它自身的东西,因为最终其使世俗思想的独立性批判立场成为可能,与阿奎那和伊拉斯谟所知道及所分享的世界完全决裂了。

进取

事实上,未来在某种程度上已经在1500年出现了。欧洲关于种植的知识以及如何利用和开发,在15世纪以前所未有的速度迅猛发展。甚至在1400年,仍能感觉到人们将耶路撒冷视为世界的中心。虽然维京人已经穿越过大西洋,人们仍然认为这个球形的(就像希腊人所说的那样)世界由三个大陆组成,欧洲、亚洲和非洲,三个大陆环绕的内海便是地中海。他们很快就不再可能持有这种观点了。

通往未来之路横跨大洋,因为通往其他方向的冒险都被封锁了。欧洲与东方的初次直接联系是通过陆路而非水路。中亚的商路是最主要的通道;带往西方的货物从那里运往黑海或黎凡特的港口,在那里上船进行最后一段旅程。或者将货物由阿拉伯商船带往红海,从那里穿过埃及的陆地,再由欧洲货船将其带回。除此之外,在15世纪之前,那些船很少敢于向西远航或到摩洛哥以南。此后,海运事业的蓬勃发展变得日益清晰,真正的世界历史也随之开启。远洋航行所需的船只和远程技术也从14世纪开始被逐渐掌握。它们使大发现的巨大努力成
225 为可能,这使得15世纪被称为“文艺复兴的世纪”。

在船只的设计方面有两个重大的突破。一个是采用特别的船尾舵;一些船在1300年之前就有了这样的配置。另一个更为缓慢和复杂

的进程则是缆索和风帆的演进。日益增长的海外贸易无疑推动了这种发展。到 1500 年,北欧桶状的中世纪“嵌齿”(cog),单帆的横帆和桅杆被混合帆的三桅船所取代。主桅杆仍旧采用横帆,但已不再是单帆,同时后上桅杆借用了地中海传统安置了大三角帆;前桅杆可能多用横帆,但也新设计出了横跨整船的船首三角帆以连接船首斜桅。这些与船尾大三角帆联合在一起,使得船只操纵更加灵活,在航行中对风的利用更好。船只合并了这些变化,虽然其一开始较小也比较狭窄,但是却更快且更安全了;事实上,等海潮涌起的时候,它们就是统治大海的舰队了。

航海从维京人时代就得到了发展。他们是最早懂得如何在大海中远航的欧洲人,利用北极星和太阳确定方位,太阳在北方地平线上的正午纬度已经由 10 世纪的伊斯兰天文学家计算出来了。他们利用这种技术沿着一条纬度线横跨大西洋,他们的斯堪的纳维亚先祖已经同格陵兰以及(可能的)北美定居者进行了数个世纪的海上交往。其后又出现了两项伟大的发明。13 世纪时,指南针在地中海地区得到了广泛的应用(指南针早已在中国存在了,但是没有确切的证据表明它是从亚洲传到西方的,即使是,也不清楚究竟在何时以什么样的方式传来的)。1270 年,在一次十字军冒险时首次提到了航海图。其后的两个世纪里就产生了地理学和探险学。由于受到商贸利益、传教热忱和外交可能的刺激,一些国王开始资助这些研究。在 14 世纪,国王们便开始雇用他们自己的海图绘制师和水文测量师。他们中的佼佼者是葡萄牙国王的兄弟——亨利亲王(Prince Henry),说英语的学者后来称其为“航海家亨利”(这个称呼有些误导作用,因为他从未驾驶过任何东西)。

由于在陆地上被西班牙封锁,葡萄牙事实上被经验老到而凶猛的加泰罗尼亚人和意大利人隔绝于地中海东部的贸易,他们猜忌地看守着自己的贸易范围。葡萄牙人几乎必然地被推向了大西洋,并拥有长期将其作为捕鱼地区的经验。他们最早的探险和定居冒险瞄准了大西洋上的岛屿,西班牙人也占领了一些。到 1339 年,第一支远洋探险队已经驶往了加纳利群岛(Canaries)。当亨利亲王着手谋划向另一个方向探险时，葡萄牙人对于大洋的海水已经非常熟悉了。从混合的动力中，他将其臣民引向南边。据说，在撒哈拉的另一边有人找到了黄金和
226 胡椒；也许葡萄牙人能够找到在哪里。也可能有机会在那里找到一个夹击土耳其的同盟——传说中的基督教国王约翰长老(Prester John)。当然皈依者、荣耀与土地都归于十字架的胜利。亨利为欧洲开启大扩展时代做了很多事情，并改变了全球，创造了一个新世界，他是一个脚踏实地的中世纪人。他为他的远征寻求教皇的权威和批准。当他在北非加入十字军时，他随身带着一片真正的耶稣受难十字架的木片。在这个发现时代的起始处，政府便为研究提供资金支持(就像我们现在也可能会这样做)，但这还是一个骑士和十字军的世界。亨利是一个卓越的典型，他所做的一切比他知道的及预料的都多。

紧贴海岸航行使葡萄牙人稳健地向西推进，他们中的一些勇敢者甚至到达了马德拉群岛(Madeiras)，并从15世纪20年代起在那里定居。1434年，他们的一位船长穿越了博哈多尔角(Cape Bojador)这一重大的心理障碍，这是亨利的第一次重大胜利；十年后，他们又抵达了佛得角(Cape Verde)，并定居在亚速尔群岛(Azores)。那时他们还发明了轻快帆船(*caravel*)，这种船利用了最新的风帆，能够处理打头风与逆水行船问题，使其在返航时能直接沿大西洋回去，或以半圆形的行程回家。1445年他们抵达了塞内加尔(Senegal)，其后不久就在那里建立了第一个葡萄牙人在非洲的据点。亨利在1460年去世了，但那时他的臣民已经准备继续南行了。1473年他们穿过了赤道，1487年到达了好望角。前面便是印度洋了；阿拉伯人长期在其上贸易，导航员也能够找到。在那边甚至拥有更为充裕的香料。1498年瓦斯科·达·伽马(Vasco da Gama)在东非海岸选用了一名阿曼导航员，驶向了亚洲。他于五月份在印度西海岸的卡利卡特(Calicut)靠岸了。这是欧亚之间第一次直接的海上交流。

新世界

在此数年之前，一个热那亚人穿过了大西洋，英语世界称其为克里

斯托弗·哥伦布(Christopher Columbus)。葡萄牙国王曾经拒绝了他,但他最终在卡斯蒂利亚王国伊莎贝拉女王的支持下成功地实现了远洋航行,他相信(奠基于他对托勒密体系的信任)向西航行能够到达亚洲。正因为如此,一个未来的帝国就落到了卡斯蒂利亚国王头上。哥伦布在 1492 年起航,经过了 69 天颠簸,他的三只小船在巴哈马群岛(Bahamas)靠岸了。两个星期后他到达了古巴,并将其命名为伊斯帕尼奥拉岛(Hispaniola),其后便回到了西班牙。次年,他又回来探查那些他已知的西印度群岛(这个名字表明哥伦布坚定地相信他所到达的地方就是亚洲)。他在黑暗中的自信一跃,改变了整个世界历史。他却并不知道自己发现了一片新的世界。他们不像葡萄牙的那些航海家勇敢、机智而有系统地沿着已知的大陆(如果还不确定其形状或大小)航行,去往一个已知的目的地,哥伦布前往的是未知的岛屿,并处在两块 227
未知大陆的连接点上;这完全出乎意料,因此是真正的"新大陆"。1495 年,第一张展现他的发现的地图出现了,古巴被正确地标明为一个岛(哥伦布的船员们曾在那里立下誓愿)而非亚洲大陆的一部分。他拒绝承认在欧洲与亚洲之间存在着一个新大陆的可能性,直到他去世时都坚信自己所发现的是亚洲岛屿的海岸。其后更重要的一步在 1502 年迈出,一个意大利人在一支葡萄牙小舰队中造访了今天的巴西海岸,并向南一直驶到亚马逊河口。亚美利哥·韦斯普奇(Amerigo Vespucci)的第二次远航决定性地证实了第一次远洋航行的重大发现确实是整块的新大陆。五年之后,一位德国的地理学家为了纪念他将这块新大陆命名为——亚美利加洲——这个名字其后也应用于北部的大陆。直到 1726 年,才最终确认这片大陆在白令海峡地区并未与亚洲大陆相连。

新的地理知识很快就改变了外交政策和国家之间的关系。欧洲人在新发现大陆上的利益需要达成共识。第一份欧洲之外海域的贸易协定在 1479 年由葡萄牙和卡斯蒂利亚的统治者签署了;其后很快便划定了势力范围。教皇作为暂时的仲裁者,以亚速尔群岛以西 100 里格(league)为界限将世界划分给两个伊比利亚半岛上的君主国,但是被 1494 年的《托尔德西里亚斯条约》(Treaty of Tordesillas)推翻了,这个条约规定佛得角以西 370 里格经线往东的土地都属于葡萄牙，而往西的都归卡斯蒂利亚。1500 年，一支葡萄牙小舰队出发驶往印度，为避逆风驶入大西洋后，他们惊奇地发现所到的在条约线以东的陆地不是非洲。那里是巴西。葡萄牙命中注定在拥有亚洲的同时也拥有美洲。

1522 年，在哥伦布登陆巴哈马群岛后的 30 年，另一支向西航行的西班牙舰队完成了首次环球航行。他们由一位葡萄牙船长麦哲伦(Magellan)指挥，但是他只到达了菲律宾，在那里被杀害了。他发现并穿过了以他名字命名的海峡，并且证明所有的大洋之间都是相通的，这可以被视为欧洲时代开启的序幕。一个世界的探险和发现改变了人们对于世界和历史进程的看法。从那时起，那些能够与大西洋联通的国家可以拒绝中亚和地中海的封锁力量。最先迈出这一步的是西班牙和葡萄牙，但它们将要联合，后来会被法国、荷兰还有英国所超过，一系列无与伦比的港口设置在新拓展半球的中心，它们都能很容易地与其腹地连接，这段不远的行程，就成了其后 200 年间最重要的欧洲海路。

228 **大发现时代**

1445 年	葡萄牙人在佛得角群岛登陆。
1455 年	教皇颁布《罗马教皇上谕》(*Pontifex Romanus*)，确认葡萄牙享有垄断非洲探索的特权。
1460 年	“航海家”亨利亲王逝世。
1469 年	葡萄牙国王阿方索五世(Afonso V)为继续探索，租赁了西非贸易的垄断权。
1479 年	西班牙同意葡萄牙享有同几内亚(Guinea)商贸的垄断权。
1481 年	在埃尔米纳(Elmina，在今天的加纳)建立了葡萄牙的非洲贸易据点。
1482 年	葡萄牙人到达刚果。
1488 年	巴托罗缪·迪亚士(Bartolomeu Diaz)绕过了好望角。
1492 年	克里斯托弗·哥伦布抵达西印度群岛。
1494 年	《托尔德西里亚斯条约》给予了西班牙横跨大西洋上一条南北向的界限以西的绝对开拓权力。葡萄牙在该线以东也享有同等权力。
1496 年	受英国国王亨利七世的委派，意大利人约翰·卡伯特(John Cabot)进行了第一次发现之旅。
1497 年	卡伯特在第二次远航时抵达新大陆。
1498 年	瓦斯科·达·伽马抵达卡利卡特，发现了通往印度的海路路线。
1499 年	在西班牙旗帜下，佛罗伦萨人亚美利哥·韦斯普奇发现了南美洲。
1500 年	葡萄牙人佩德罗·阿尔瓦雷斯·卡布拉尔(Pedro Alvares Cabral)发现了巴西。

（续　表）

1507 年	“亚美利加”(America)一词被用来表示这一新世界。
1508 年	卡伯特出发寻找西北航道。
1513 年	巴尔博亚(Balboa)穿过达连(Darien)地峡抵达太平洋。
1519 年	葡萄牙人费迪南·麦哲伦和胡安·塞巴斯蒂安·德尔·卡诺(Juan Sebastian del Cano)向西寻找香料群岛(Spice Islands)。
1522 年	德尔·卡诺返回西班牙,完成环球航行。

世界的新观点

新的地理知识除了地理学之外,也改变了人们对很多事物的看法;这使得欧洲人以一种新的方式来看待他们的世界。但是新的地理发现只是一个起点。地图绘制者们开始打破各种界限,展现真正的地球构造。托勒密的观点事实上被遗忘了 1 000 年,它早就包括了加纳利群岛、冰岛和锡兰①。1400 年,一个佛罗伦萨人从君士坦丁堡带回了一部其《地理学》的副本。这部书经过翻译,包括其中的错误(托勒密相信印 229
度洋完全被大陆封闭),其副本先是用手抄写其后便进行印刷了(在其从 1477 年第一次印刷到 1500 年之间出过六个版本),这对更完善的地图绘制是个重大的刺激。地图集——一系列雕刻或印刷在图书中的地图——在 16 世纪出现了;比以往更多的人能够查看他们所在的世界的样子。有了更好的规划,航海也变得更加简单。其中一个伟大人物就是荷兰人格哈德·克莱默(Gerhard Kremer),后人称之为墨卡托(Mercator)。他并非第一个在地图上使用“美洲”这个词的人,但是他发明了一种直到今天也最为流行的划分布置——他将地图设计得像一个未全部展开的圆筒,欧洲在中心位置。这就解决了以平面的方式绘制地图的问题,从而便利于直接查看图像且不失真,尽管这使得向更北或更南方向的距离计算更为复杂了。地球仪和天球仪的形成制造则是地理革命之后的另一个重大结果(墨卡托在 1541 年制作了他的第一个地球仪)。

① 今斯里兰卡。——译者注

作为前进的一种累积的和系统的结果，另一种精神上的变化是，在世界历史的下一个阶段中，欧洲扩张是自觉且受到指导的，在此之前只有十字军东征时代是如此。欧洲人长期渴求土地与黄金；这种贪婪作为进取的核心并不是什么新鲜的事情。宗教的热忱有时激励着他们，而有时又成为行动源泉的掩护，这些甚至体现在那些行动者本身。由知识和成功带来的激励使他们更加充满信心。从 1500 年开始，欧洲人处在其精力与信心无限增长时代的起点上。世界不向他们走来，他们就要走向世界并将其收入囊中。

形势并非马上就很清楚。在地中海和巴尔干地区，欧洲人仍将长期感受到一种威胁和防卫。在探索的危险被大大减少之前，远洋科学和航海技术仍旧有很大的提升空间——比如说，直到 18 世纪才出现了精确航行所使用的标准码表。但是欧洲与世界其他国家的关系，以及欧洲国家内部关系的新路已经开启了。基本完备的地球和大陆(除南极洲之外)自然大纲知识直到 1600 年才具备。然而即便在此之前，发现之后便紧跟着征服。一次世界性的变革正在开始。维持了一千年的平衡被打破了。

促成这种瓦解的推手在公元 1000 年的时候还没有存在，更何况公元 500 年。然而，最终一些我们可以称之为欧洲的东西——一些人，仍旧以我们今天社会所不熟悉的方式组织在一起，相信着与现代欧洲人所相信的十分不同的东西——存在到 1500 年。当时，有些人已经想到“欧洲”和“欧洲人”是具有意义的观念，虽然这些词汇仍旧在与其他词
230 语竞争。这种自我意识及其背后的历史现实曾在一千年前以某种形式出现过；公元 500 年至 1500 年不仅可以视为欧洲的创造时代，也可以视为欧洲观念的创造时代。当时这块大陆上的人们的塑造途径——和方法——会造成一些更具可能性的结果，其中一些是不可避免的，而另一些则是绝无可能的。无论如何，这仍是一场革命，即使是史上最缓慢且最零散的革命之一。

第三卷

现代历史的开端：1500—1800

231 我们完全可以推测，在19世纪之初，世界上的大多数人感受不到历史与历史变动的存在，虽然欧洲人可能比其他地区人的历史感稍强，因为基督教本身便是一种比较独特的心怀历史的宗教。然而虽然欧洲人在历史上的物质发展与制度沿革脉络清晰可见，变革只是偶尔出现而又步伐缓慢，对于他们来说，历史之重也直到大约18世纪晚期才得以显现。

欧洲在这不同寻常的300年间发生了巨大变革。中世纪基督教国家的宗教统一不复存在，而随之一同逝去的绝不仅限于宗教方面：几百年来宗教上的统一是欧洲人生活与思想得以仰仗的基础，而到了1800年，他们中的很多人对天堂与人间的看法、对自然法则与人类利用自然方式的认识、对其自身的生存方式、社会关系及其与政府关系的理解都与其生活在16世纪的祖先不同；他们对地理的认识由于知识的进步而大踏步前进；主权国家逐渐取代了中世纪结构混乱的宗教政权，欧洲地图也变得难以辨认；甚至有人开始意识到所有人类社会都会不断地前进和发展，这种看法在1500年前后是不可想象的；此外，这时的欧洲人开始将前代的政权看作旧秩序，虽然尚未风雨飘摇，但其中的大部分内容已经被认为有违道德伦理，不久即将消散而去。

以上内容可以用简单的一句话概括，那就是现代历史揭开帷幕，欧洲人走上了改变世界的道路。由欧洲人开创的这个新的时代意味着革命与变革即将席卷全球，所有的即使是对新时代的到来毫无所知的文明，也开始走出自我发展的独立历史轨迹，第一次成为世界历史的一部分。而这一切，都离不开这300年间的欧洲历史。

第十一章　新 的 时 代 233

现代化与现代历史

1494 年，一名名为贝亚德(Bayard)的年轻萨瓦(Savoyard)贵族奉刚刚征服意大利、继承那不勒斯王位的法兰西国王之命，穿越阿尔卑斯山，面向南方而行，对这个很可能还未满 20 岁的年轻人来说，这只是他神奇之旅的开始。作为一名士兵，他很少赢得战斗胜利，并不是接连的胜利为其树立起在欧洲的威望进而将其塑造成为举世闻名、富有传奇色彩的人物的。成就贝亚德神话的，其实是他身上所具备的骑士特质。甚至有的法国国王都是他的崇拜者，希望能得到他的册封成为骑士。曾有一次，贝亚德单枪匹马面对 200 名敌人成功守住了一座桥。在沦为囚徒、被关押在皮卡第(Picardy)时，英国国王因听闻他在同伴们全部落荒而逃的情况下坚持战斗，甚为钦佩其勇气，在不索要赎金的情况下将其释放回国，事实上，这位国王就曾试图说服贝亚德归降，但徒劳无功。贝亚德死于 1524 年，此时他的历史声誉达到极致，被尊称为“the chevalier sans peur et sans reproche(无所畏惧的完美勇士)”。在中世纪骑士的历史中，他是最后一位毫无争议的伟大骑士，当然，或许菲利普·西德尼爵士(Sir Philip Sidney)也可入选。

贝亚德的事情完全能够证明，中世纪的影响一直持续到了 16 世纪早期，虽然在随后300年左右的时间里，受到其影响的领域是越来越少了。人们思想与态度的变化总是极其缓慢的：远征意大利的法兰西国王都受到了他们从小耳濡目染的骑士和游侠精神感染；1520年在佛兰德召开的盛大峰会“Field of the Cloth of Gold”，形制同中世纪社交活动如出一辙，在枯燥艰难的外交谈判之余，还设有比武与马战比赛等活动以供消遣，就连外交活动的目的都是中世纪的——无论是战争还是和平谈判，国王的目的都只是维护其自身利益、提升自身身份，至多是维护其家族与附庸的利益，而同其治下的各族百姓无关。中世纪的宗教影响也体现在这一时期：早期在新大陆开辟欧洲帝国的那些人都在内心深处将自己视为十字军的继任者与新的骑士阶层。为卡斯蒂利亚王国征服了墨西哥的科尔蒂斯（Cortes）无论走到哪里，都随身携带着
234 圣母玛利亚的画像；无论其大军掠夺与征服的铁蹄到达何处，都有十字架旗帜随风飘扬，上书 in hoc signum vinces（圣母佑护，战无不胜）。

虽然如此，1500年前后依然是崭新历史时代的开始。新的历史进程拉开帷幕，在人们毫不知情的情况下改变着他们的生活，而最先受此冲击的便是欧洲人。新的时代改变了欧洲人的制度体系、信仰体系与行为方式，也改变了他们与世界其他地区人民的关系。

新的时代最引人注目的早期事件之一便是欧洲人开始跨出他们的海岸、进行探险活动。“新大陆”一词最早见于档案文献是1494年的事，而1505年才首次见于印刷品中。[①] 新大陆的发现意味着欧洲人开启了欧洲作为现代大西洋世界中心的新时代，这时候的欧洲和其他文明大不相同，同传统束缚、农业为重、地理范围狭小的老欧洲也不尽相同——这是创新的欧洲、世俗的欧洲、以工业和城镇为重的欧洲、影响波及全球的欧洲。影响现于百年之后，而欧洲发展与成长的无限潜力之源头，已早早埋藏于16世纪之前。

西方基督教国家首先打破了文明的界线，开始对外扩张，首先是大西洋［但因受到《托尔德西里亚斯条约》（the Treaty of Tordesillas）束

---

① 名为*Mundus novus*（新大陆）的图书在这一年于佛罗伦萨出版。

缚，效率不高]，而后向印度洋进军。随之而来的是欧洲加速发展，成为塑造全世界的力量。与此同时，推动欧洲对外扩张的基督教文化也在发生变革。1800 年的欧洲对任何生活在 1500 年前后的欧洲人来说，几乎都是无法辨认的，事实上，现代历史的序幕，至此已经拉开。现代与中世纪之间存在巨大差异，但这种鸿沟无论在时间上还是空间上都是不对等的。在欧洲的一些地区，比如英格兰、荷兰或者法国，变革是飞速产生的；而对很多生活在西班牙、西西里的人们来讲，即使到了 1800 年，变革的重要意义也只是在局部地区可见。但到那时，欧洲作为世界霸权力量的根基早已确立。

历史发展进入现代的一大特征便是人们思想的变化。显而易见，这种思想变化一方面指 1500 年左右对大多数接受过教育的来说，新哲学思想在古典文化的大框架内继续生长，而后者正是因为中世纪基督教文化才得以继承和延续下来的。另一方面，这种思想变化也体现在现实层面：人类利用自然的方式，以及人们如何看待、组织其社会、政治秩序，甚至是不同团体间的经济关系。文化上的一致性随着人们思想的缓慢变化而消逝，体现之一便是西欧在 16 世纪不再拥有统一的宗教。当然，能够被纳入“现代化”范畴的变革还有很多，现代历史也因现代化的存在而独具特色。

目前，人们头脑中的“现代历史”含义不尽一致。有人认为现代历 235
史是犹太人史、希腊史和罗马史等古代历史的延续，如此一来中世纪历史自然也是其中一部分，牛津大学的现代历史课程便是取此含义；但如今现代历史与中世纪历史意义完全不一样，历史学家甚至在现代历史内部作出了更细致的分期，比如人们所说的“早期现代”欧洲历史。说到这里，我们又回到之前那个问题了，现代化进程在欧洲各国、世界各国的发展不是同步的，并不可能在 1800 年的欧洲就彻底终止了，也不可能在 300 年前准时开始，只是这些时间点方便人们对这一时期进行分析。此外，现代化的各个阶段在各国的发生顺序也不尽相同。现代化带来的变革，不仅在上述意识和文化方面，还在制度、技术等方面有所体现，社会与政治变革的速度也越来越快，它还给人们带来对未来的美好希望，并帮助人们忘掉过去。

一些有关现代化的数字

想要理解现代化意味着什么，有个简便易行的方法：想想历史上的人类，一直在为自己与家人的温饱问题操劳一生，而且其谋生方式几乎都是生来既定，选择余地很少甚至没有，直到近些年，另一种可能才对世界人口的一小部分（虽然绝对数量很大）敞开大门，生活在早期现代欧洲，特别是易北河以西地区的很多人，由于受到变革的洗礼，最早地从这扇大门走了出去。

1500 年的欧洲进口很少，仅限于一些奢侈品，出口更是几乎没有。很难说欧洲人的需求量有多大，因为我们对那时欧洲的人口都说不清楚，我们只知道哪些地区的统计误差比较小。各国政府从未进行过系统的人口数据统计，而人口统计学也不是严谨的科学学科；在过去，由于人口调查往往意味着政府即将提高税额，加之《圣经》中也有反对此类调查的内容，公众对人口普查普遍存有抵制情绪，这一直到 18 世纪都很明显。因此我们需要谨慎对待历史人口统计数据。相关学者对 1500 年前后意大利人口数量的说法不一，从 500 万至 1 000 万——整整相差一倍。

充分利用手中最可靠的信息资料，我们能够推断，1500 年前后的世界总人口是 4.25 亿左右，以亚洲人口为最多。如果算上俄国，那时的欧洲大概有 8 000 万人，14 世纪的浩劫曾使欧洲人口锐减，但整个欧
236 洲在 1500 年时人口已经恢复到从前的水平，虽然有些国家还没能完全恢复到 1350 年的人口水平。法国人口达到 1 600 万，应当是西欧之冠。包括法国在内的少数几个国家在那时已经走上了新的人口增长道路，也就是说，虽然有短暂的人口增长停滞甚至人口减少，但大体来看人口数量是呈缓慢上升趋势的。由于多种多样的原因，这种人口增长方式一直持续到了今天。此外，虽然不同国家在人口增长方式上区别很大，但基本上人口增殖速度都呈上升趋势，这也导致各大洲人口比例发生了变化。到了 19 世纪，世界人口大概达到 9 亿，比 300 年前翻了

一番,而且几乎可以确定,欧洲人口的比例比其他各大洲都要高。若以类似标准进行比较,1500 年左右欧洲的 8 000 万人口到了 1700 年变成大约 1.4 亿人,到 1800 年则变成将近 2 亿人,占当时世界总人口的近四分之一。

我们对 1800 年时的人口数据已经不用像对之前那样以猜测为主了,原因之一是从 17 世纪开始,欧洲人对人口统计学的兴趣与研究不断升温,同时还出现了新兴学科——统计学,也就是被英国人称为政治数据(Political Arithmetic)的学科,这些新发展促使人们有意识地去收集一些相关的数据资料,从而使欧洲学术向前迈进了一大步。它也让人们认识到,通过考察相关数据中的规律性内容,我们至少可以将人类生命中的一部分内容以科学的方式表达出来;这些都是科学发展所带来的必然结果,而一直到那时,人类的死亡年龄却一直都被看作是完全无法确定的事。但随着所谓"理性时代"(Age of Reason)的到来,人寿保险问世,人们在自身寿命方面的认识也在逐渐转变。人寿保险的出现说明欧洲人的宇宙观已经愈发世俗化,英国出现了以精算为基础的保险行业,这说明 18 世纪人们眼中捉摸不定的东西,到 1800 年此行业出现时已经成为人们理性规划与考虑的对象了。另外,虽然社会学科研究要实现完全的客观非常困难,在当时更是步伐缓慢,但政府的高效工作无疑在后面起到重要的推动作用。1801 年,也就是末日审判书颁布七个多世纪之后,英国政府率先进行了第一次全国人口普查;法国则比英国又晚了 75 年。在官方数据出现以前,人口统计学中所谓相对准确的论证往往建立在小规模样本研究与广泛的猜测、推断之上。总之,我们可以利用比从前更加准确可靠的数据进行 18 世纪以后的历史研究了。

我们掌握的数据证明,1800 年前后对于欧洲大部分地区的人口发展来讲是一道分水岭,它从此走上了不同于世界其他地区人口增长方式的道路,直到 16 世纪末,欧洲和世界其他地区的人口出生率才出现明显差别。但即使在 1800 年之后,欧洲人也大多在青年时代便早早去世,18 世纪 80 年代法国农夫的孩子能存活到成年的概率,同 20 世纪

的印度农民后代或者生活在罗马封建政权下的意大利人后代差别不
237 大。18 世纪前的欧洲成年妇女总是先于她们的配偶死亡，因为总是成为鳏夫，男人们一生中结两到三次婚的并不少见。当然在欧洲各个地区，差别也是显而易见的。波罗的海到亚得里亚海一线以西的人们的婚姻生活往往很短，因为他们的首次婚姻要晚于生活在这条线以东的欧洲人，同时因为养育下一代的时间大大减少，这也进一步造成了两个地区不同的人口模式[1]。然而总的来看，不管在什么地方，富裕家庭生养的孩子多于贫穷的家庭，抛开其他影响幼儿成活率的因素不谈，富人起码有能力抚养更多的后代。谈到人口控制的问题，很多欧洲社会都用堕胎和杀婴的方式来减少无力供养的人口；同时我们也可以从一些材料推断，1800 年的欧洲人也已经开始采取其他方法防止家庭成员的不断增加了，但这个问题目前无法得到证明，面对欧洲的早期生育控制和欧洲人的家庭观念影响等问题，我们所知道的依然匮乏。

1800 年同 1500 年一样，大多数欧洲人生活在农村，而那时的农村——若以我们现代人的眼光来看——显得空空荡荡。那时候的城市也比现在小很多，1700 年左右欧洲人口超过 10 万的城市大概只有十来个，18 世纪的阿姆斯特丹人口大约 20 万，巴黎 50 万，伦敦人口从 1500 年的 12 万在短短 200 年间激增到 70 万，而规模很小、人口不过 1 万的城市，在那时的欧洲遍地可见。

欧洲的人口分布向来都是极端不均的，这也对以后欧洲政治的发展产生了重大影响。法国大概一直都是西欧人口最多的国家，1700 年时已达 2 100 万，而同时期英格兰和威尔士人口加在一起不过 600 万左右。但各个地区的数据准确程度不一，加之国家的边界是不断变动的，使得我们很难确定不同时期的同一个国家是否可以作为单一的比较单位。17 世纪中前期欧洲的一系列天灾人祸使得大多数国家和地区的人口增长出现停滞，甚至发生人口数量锐减的情况。我们都熟悉

① 参见 J. Hajnal, *European Marriage Patterns in Perspective*, in *Population in History*, ed. D. V. Glass and D. E. C. Eversley (London, 1965)。

1665 年伦敦曾经爆发的大瘟疫,事实上无论是西班牙、意大利,还是德国,都在 17 世纪 30 年代遭受了流行疫病的重击。同时饥荒也时不时地现身于欧洲各地,对欧洲人口发展起到一定的阻碍作用。据说在 17 世纪中期的德国,甚至出现人吃人的现象。对当时营养不良、抵抗力下降的欧洲人民来说,如果再赶上年景不好、连年征战(至少 1700 年以前的欧洲战争不断),灭顶之灾便已不远——战争会带来进一步的饥荒与瘟疫,所有这些过去之后,很多地方都变得荒无人烟[①]。在这种情况下,经济生活的本地化为欧洲人提供了庇护所。即使数里之外的其他城池遍遭劫掠与毁坏,只要抵挡住敌人的围攻,整座城池即可深陷战火 238
而不受波及。但即使有人如此存活下来,也不过侥幸,17 世纪的欧洲生活似乎一直被饥饿所笼罩。这种情况直到依靠人口增长的经济发展方式被较高的生产率所取代之后才有所改观。

从 16 世纪后期开始,随着欧洲的人口压力越来越大,人们开始走出去,在随后的两个世纪中,欧洲人大批迁往海外。最近的统计数据显示,17 世纪有 25 万英国移民到达了新大陆,18 世纪移民数量更高达 150 万;1800 年之前也有大批德国人(大约 20 万)移民美洲,法国人定居到加拿大,至此,迁往里奥格兰德(Rio Grande)以北美洲地区的欧洲人总计数量已达 200 万,另外大约 10 万西班牙人和葡萄牙人已经在此河以南定居。同第一批殖民者不同,这些欧洲移民来到美洲并不是为了寻找黄金,而是出于对那里广袤的土地和用之不竭的资源的向往,当然,也并非人人如此。

1500 至 1800 年这 300 年间欧洲人口增长的本质到底是什么?英国牧师托马斯·马尔萨斯(Thomas Malthus)于 1798 年出版的《人口论》(*The Essay on Population*)为我们解答了这一问题,这部影响深远的著作首次触及这一问题,同时它也标志着人口统计学理论出现重大转折。虽然马尔萨斯只对人口增长规律作出研究,但其著作却在人口统计学领域之外——例如经济发展理论与生物科学方面——也产生了

---

① 相关图表参见 G. Parker: *Europe in Crisis 1598 -1648* (London, 1979), p. 27。

很大影响。其人口统计学思想在之后大约 200 年的时间里被奉为正统，他的很多研究成果也被人们广泛认同，比如人口增长是国家兴盛的标志；国王希望其治下臣民数量不断增加，不仅是因为这意味着更多的税收与兵源，更是由于只有人口多了，社会的经济生活才能活跃起来；人口多寡也是国家强弱的重要标志，因为这关系到国家经济能够养活多少百姓。马尔萨斯理论的核心部分甚至得到经济学权威亚当·斯密(Adam Smith)的认同，斯密在其著作《国富论》(*Wealth of Nations*)(其影响与马尔萨斯专著相比有过之而无不及)中也认为，直到 1776 年，一国的经济繁荣与否，从其人口增长率中便可见一斑。

然而，马尔萨斯的理论至此急转直下。他总结认为，无论人口持续增长对社会来说意味着什么，长远来讲，它能给占社会绝大多数的穷人们带来的，却只有痛苦与灾难。对于这个问题，他也提出过一个著名的论证——他认为，由于地球耕地有限，粮食等农产品生产也是有限的，亦即人口增长有其上限。因此，虽然短时间内人口数量能够一直上扬，但与此同时人类赖以为生的有限资源也将承受越来越大的压力，一旦农业盈余不堪人口增长的重负，饥荒便会接踵而至，人口数量又会跌至粮食能够负担的范围之内。在这种人口发展模式下，人类若想繁衍，只
239 有两种可行方式：要么高瞻远瞩，节制生育、晚婚晚育，要么被动接受疾病或战争带来的人口损失。而这两种情况，都没有在欧洲出现。

面临人口压力的选择

历史没有沿着马尔萨斯预测的方向发展，欧洲凭借财富的不断积累和粮食的大幅增产，成功实现了人口的高速、持续发展。事实上在其撰写《人口论》之时，这种情况已经持续了相当一段时间。欧洲能够维持长达三个世纪的人口持续增长是有其先决条件的，那就是虽然在个别时期、个别地区存在着较为严重的食物短缺，但总体来讲，欧洲的粮食供应一直跟得上。而生产率的飞速提升，标志着欧洲历史出现重大转折。

14 世纪欧洲遭遇人口减少的灾难之后，在其后 100 年的时间里便

显示出复苏迹象，农业生产重回正轨，曾被荒弃的土地再次得到利用。但这次复苏同农业创新关系不大，在这一时期，虽然农业技术进步缓慢且仅限于少数领域，但人口锐减后留下大量的荒弃的可耕地依然推动农业生产率继续提高。中世纪的生产方式与习俗难以更改；货币则在几百年后才慢慢瓦解了近乎自给自足的农业社会，并促其发生变革。如果我们看看1800年时的欧洲而非少数几个先进国家，我们会发现农业同商业一样，是那时欧洲发展最快的经济领域。这一时期欧洲的人均粮食产量远远高过前300年，因而使其人口总量得以缓慢但持续不断地增加。

农业创新首先是为了适应市场而出现的，而非技术创新的次级产物。起初，在人口密集地区出现的市场充当了农业创新的首要推动力。15世纪的低地国家在密集型农业生产方面处于领先地位，其城镇也充当了农产品的销售市场，而后出现的改良灌溉技术又让人们能够在优质的草场上养育出更多的动物；波河河谷（Po Valley）一带城镇密集，充当了意大利地区的农产品销售市场，并在新作物品种引进方面发挥了重要作用。比如水稻，15世纪从意大利北部传入欧洲之后，丰富了欧洲人的餐桌。不是所有作物都能在引进之初便受到欧洲人的欢迎，土豆，作为从美洲传入的具有很高营养价值（当时人们还宣传其具备壮阳功效，甚至有助于治疗疣疮）的粮食作物，过了整整两个世纪才被英国人、德国人和法国人接受。

最早出现于低地国家的农业创新被后人称为“近代农业革命”。“农业革命”缓慢外传，首先到达英格兰，并在那里引发一系列新的变革，包括16世纪的圈地牧羊、中世纪的小农土地所有制被土地契约租赁制所取代、更先进的排水技术、围湖造陆与围海造陆（比如在荷兰），等等。英国农业最终以这些变革为基础，实现了真正的飞跃，实现了以 240
盈余为目的的农业持续增长。除了拥有上述诸多优势，英国之所以能够率先进行农业革命，还因为英国农民比其他各国农民都更乐于进行新技术的学习与创新；1650年以后，英国土地上再没有出现过大规模的长期战争，这对其农业发展来讲也是不可估量的财富；农产品的销售市场也在逐渐发展壮大，农民从此可以轻松置换资金以进一步改进技术；新的土地所有制也为那些采用先进农业生产技术的农民获取长期租赁协议，甚至购回土地所有权打开了一扇大门。同世界其他经济体相比，英国最早实现了土地的商品化。在18世纪末谷物价格高涨的情况下英国出台了圈地法(Enclosure Acts)，它保证了农民在放牧、燃料供应等方面有着获取自身利益的权利，并成为消除土地利用方面诸多束缚的最后一步。19世纪初的英国农业同欧洲大陆国家农业相比，存在着很大的不同，其中之一便是传统农民几乎从不列颠土地上绝迹，欧洲大陆上的农民到此时还或多或少地保有土地权利、土地制度与土地公用等多方面的传统色彩，农民因此被禁锢在土地之上，而1800年的英国则完全不是这样，这里的主要劳动力是雇佣工人。

此时技术进步对英国农业的推动作用并不明显，在很长一段时间里都只是偶尔可见。饲养牲畜的农户从来都不是依靠着遗传学知识获得成功的，他们所依仗的，是长期以来积累的经验，这些经验虽无科学论证，其成果却是显著的。牲畜的模样从这时候开始大为改观，中世纪饲养在修道院中的羊都是瘦骨嶙峋、背骨突起的，就像那些哥特式的拱形建筑；后来逐渐被我们今天所熟悉的肥美羔羊取代，"体型匀称、皮毛厚实"是18世纪诺福克(Norfolk)一个养殖户口中的祝酒词。随着排水技术与圈地技术的不断进步，中世纪式的开阔土地在英国逐渐消失，取而代之的是一垅一垅的田地。到1750年，虽然机器有时候被用于农业生产，但由于大片土地变得容易开发，生产成本也在降低，在18世纪以前，农业机械化似乎都对提高粮食产量没有太大帮助。不过1800年之后，蒸汽机被广泛用于机器打谷与犁地，情况才真正有所改变。

新的农业生产方式也在向德国和欧洲东部传播，由于这些地区土地往往比较贫瘠，充分利用任何可能的方法提高产量也就显得尤为重要。那时的东欧人要想提高农业生产率，最离不开的就是劳动力，因此地主不能允许任何违反庄园规矩的行为出现。在1500年的英格兰，农奴基本上已经完全被雇佣工人所取代，但在德国和波兰，农奴制却在此后的200年间继续发展壮大。在由莫斯科公国发展而来的俄国也是一样，农奴在全部人口中的比例不断增加，国家颁布的相关法律也对农奴越来越严厉，帮助领主更加有力地控制住了生活在其土地上的农民。在历史中的大多数时候，经济的发展往往伴随着社会不平等的加剧，而农奴制也同各个历史时期、各个地区的非自愿劳动力组织形式一样，是 241
在劳动力有限的情况下实现农业增产的一种方式。慢慢地，东欧与西欧在发展的过程中出现差别，1500 年时社会发展已经处于落后地位的东部地区，随着时间的流逝越来越落后，其社会与经济制度直到 19 世纪仍然没有出现本质变化。1800 年，德国东部地区的农民依然很少有人能够离开土地到别处谋生，也不能未经领主批准缔结婚约，或者在完成佃农义务之前回到自己的小片土地。奥斯曼帝国解体后，很多原属其治下的地区人口稀少，匈牙利就是一例，因此 1699 年重归哈布斯堡、重归欧洲之后，新的王朝便采取了一些将农民束缚在土地之上的政策。这些农奴不光要在田地里劳作，他们，还有他们的妻子儿女，可能还要为领主做各种室内的活计。人们对农业增产的需求当然不是决定农奴制兴盛于东欧而消亡于西欧的唯一原因，但无疑是不可忽视的一方面：想要提高土地产值，当然最简便的方式就是对农奴施以高压，其结果便是，一些地区的农民与奴隶几无二致，波兰可能是其中最具有代表性的国家。

虽然经济的发展会导致一部分人的生活越来越悲惨，但我们还是不能否定其长远价值。毕竟，如果没有各式各样的农业技术进步，如果没有交通运输业的发展，我们是不可能消除长久以来羁绊人口增长又不断循环往复的粮食危机的。虽然 18 世纪的法国、19 世纪的大陆也都有过严重的饥荒，但最后一次与 14 世纪类似（资源不堪人口重负、灾难迫在眉睫）的大危机还是出现在 16 世纪末，这时候的意大利统治者不得不从但泽地区（Danzig）进口谷物，说明长途海运的发展已经为人类打通又一新的资源通道；到 1600 年，地中海一些地方的面粉生产已经离不开来自波罗的海沿岸地区的小麦供应。当然，这时候的进口还不能称为获取的资源稳定的渠道，尤其对一些只能依靠陆上运输的国家和地区来说，远水往往解不了近渴。17 世纪中期的欧洲又一次经历了长达几十年的困难时期，但因为英格兰和荷兰躲过一劫，此次欧洲饥荒只能算作地区性、至多是发生在一些国家的灾害，这要归功于越来越多的谷物进口；虽然人们都说是惨淡的收成让 1708 至 1709 年的整个法国变成病患收容所，但若无战乱与严冬，情况也不会如此。当然我们也有很多资料可以证明，食物供应并不是决定人口发展的唯一因素。18 世纪的法国人口增长速度依然高于经济发展速度，也就是说，在这个英国工人眼中的黄金时代（虽然事实可能并非如此），大多数法国人的生活质量都在下降。

通过反复进行实验、观察、记录，刚刚诞生的自然科学在农业这片试验田里结出第一批硕果，帮助人们更好地控制和利用自然环境。农
242 业的发展还推动了土地重组，大型农场越来越多，拥有小块农田者的土地的数量则呈逐渐下降之势；随之而来的是雇佣工人成为劳动力主体，针对建筑、排水工程和机器制造等行业的资金投入也越来越多，但是，我们不应夸大这种变革发生的速度，即便是在圈地运动开始之后的英格兰，中世纪传统村庄的无主和公有土地开始出现私人经营，也只是到了 18 世纪末和 19 世纪初才成为常态并得到确认；而农业的完全市场经济化与土地的商品化也是直到 19 世纪才完成的。当然在 18 世纪时，其发展方向已可见端倪，一些国家的乡村已经出现了较为明显的变革。

英格兰只是欧洲生产日益地区化、专门化的例子之一，先进技术随着时间的推移不断传播，各个地区的人们也意识到要充分利用其独特的土壤与气候条件，应对不同的市场需求。随着从波罗的海南部地区运出的粮食越来越多，西欧和地中海沿岸地区进口的粮食越来越多，欧洲海运事业大为发展，古老的日耳曼沿海城邦再次发展壮大，组成强大的汉萨同盟，斯堪的纳维亚半岛的林木资源也得以输送出来。不同地区的牲畜也有着不一样的外形和特质，后来传播到世界各地的美利诺羊是原产于西班牙干燥的高地草原的一种绵羊，虽然外形酷似英国的山羊，但这种羊的羊毛质量是最好的；而在英格兰较为温暖湿润的地区长大的绵羊则皮毛粗糙但产肉较多。这种自然条件与物种方面的差异

意味着各地人民的生活水平与舒适程度是不尽相同的,人们发现17世纪的英格兰农夫和手艺人都身穿羊毛衣服,而同时期的大陆人却还依靠粗糙的麻布衣物度日。

进入我们所说的“新农业革命”时代之后,欧洲农业——或者说第一产业、基础产业——为这片大地带来了更多的发展差异与不平衡,与此相伴的,是人们思想上的和社会文化上的变迁。“农业革命”铸就了新的社会分工,人们也开始进行能动的选择与思考,农民不再将他们要吃的东西都一股脑栽进地里,而是选择收益最好的作物耕种,并购进其他必需品。同样与差异化发展相伴的,还有技术革新。所谓技术革新,可能包括:轮作制(每年以不同的土地区域种植不同类型的作物,以令土地休养生息、保持肥力)、新作物的引进(如从美洲引进的马铃薯和玉米)、新化肥的使用(如生石灰)、老作物的新品种开发(如新型牧草)、新工程技术(排水技术和筑篱圈地技术)、新机器的应用(发展较为缓慢),以及圈地运动和其后的共有土地私有化。总而言之,正是这些新发展因素使得土地上的产品越来越丰富,农业产量越来越大,人们能够享用到更充足的粮食与更廉价的衣服。而这,又进一步导致人们期望的变化,这一现象造成的影响范围之广,难以一言以蔽之。这样一来,摆 243
在我们面前的是我们一直都无法解答的问题:为什么这一系列的变革首先发迹于欧洲,而不是世界上其他地区?我们或许可以从中世纪晚期欧洲城镇的发展中找到答案,毕竟财富与资源的缓慢积累从12世纪就已经开始了——但为什么不是在其他地区,为什么不是在中国呢?

商业新世界

虽然英法两大西欧巨头在商业和制造业方面取得的成就令世人瞩目,但直到1800年,欧洲经济的主体部分依然是农业。当时,绝大部分人所从事的工作都是农业或与农业有关,采矿业是极少数例外之一,而无论是酿酒、纺织,还是印染,都是以农业产品为原料的。庄稼人也常常从事纺织活动,或是到市场上做买卖;炼铁工人铸铁打铁,不光为铁匠、桶匠提供材料，也同样为士兵服务。然而同农业不一样，处在这个伟大变革时代的欧洲商业，可以称得上是日新月异。

欧洲商业发展从15世纪后半叶开始提速，如同13世纪那次商业大发展，只是这时它无论从商业规模、技术水平，还是发展方向上来说，都在迈向更高层次。虽然中世纪的集市、市场继续存在，在早期现代甚至现代时期仍在不断发展，虽然中世纪法典中涉及高利贷的条文在这一时期依然有效，虽然行会依然面临重重限制，但1800年时出现在我们面前的，是一个崭新的商业世界。欧洲商业新世界形成的第一步，是世界交流体系的诞生，除20世纪出现的两次小插曲外，这一世界体系一直延续未断，直至今日。而追根溯源，我们会发现在1500年前后，地中海源源不断地通过拜占庭帝国进口奢侈商品，这一源自中世纪的涓涓细流虽不起眼，却预示着商业洪流终将席卷这片大陆。

商业新时代已经降临的首要标志，便是欧洲经济重心从南部向西北部转移、从地中海沿岸地区向大西洋沿岸地区转移。证据之一，1600年后威尼斯开始衰落；证据之二，同时期的塞维利亚兴起。导致这一变化出现的原因是多种多样的，包括奥斯曼帝国扩张，葡萄牙人开辟了通往亚洲的新航路，美洲白银进入欧洲，意大利饱受政治纷争与战火摧残等；还有一些原因涉及短暂但意义深远的政治事件，比如葡萄牙对犹太人的迫害令后者逃离家园，并将其先进的商业技能带到低地国家。

安特卫普(Antwerp)在16世纪取得了巨大的商业成功，但这些成果又随着之后几十年的政治与经济动荡烟消云散。17世纪，阿姆斯特丹和伦敦成为取代安特卫普的后起之秀，它们重要的海运贸易依托于其人口密集的内陆地区，为产业高度分化，出现制造工业、服务业与银
244 行业提供了利益支持。中世纪的意大利城邦曾经享有银行业的最高地位，也正是那时候的意大利人发明了汇票，但到了16世纪，银行业优势经由佛兰德与德国逐渐转移到了伦敦和荷兰。17世纪初的阿姆斯特丹银行已经是跨国金融机构，英格兰银行也于1694年建立起

来。银行和各种各样经营信贷等金融产品的商业公司蓬勃发展;从长远来看,利息率也在逐年下降,汇票渐渐成为国际贸易中最常使用的金融工具。

接着,纸币在国内外贸易中逐渐取代了传统金属硬币,18 世纪诞生了欧洲首批纸质货币和支票。股份合资公司也发明出一种新的可转让证券——股票,人们长期以来在伦敦的咖啡馆内进行股票交易,这就是 1773 年成立的伦敦证券交易市场的前身。到 1800 年,类似的股票交易场所在欧洲各国遍地开花。在伦敦、巴黎和阿姆斯特丹,人们总是能想出资金流通与配置的新点子。彩票和汤鼎氏养老金制(tontines)风行一时;还有些热门投资产品带来的后果是灾难性的,比如恶名昭著的英国"公司南海泡沫事件"(English South Sea "Bubble"),还有法国信托基金诈骗案。总的来讲,在这一时期,世界的商业化程度越来越高,人们渐渐接受了以钱生钱的经营思想,并开始运用现代资本主义的金融工具。

各国统治者也越来越热心于商业事务。虽然从前的统治阶级也不遗余力地增加国家财富,比如威尼斯有通过外交手段维护其商业利益的传统,英国人则通过缔结条约,保护其对佛兰德的纺织品出口,因为那时候的人们相信,在商业利益有限的情况下,一国的商业成功必然建立在牺牲他国利益的基础上。而到如今,国家外交首次为欧洲的海外商业利益服务。可以说,欧洲各国的外交都在整体上发生了变化,这一变化首先表现在各国同西班牙的利益之争,随后,各国之间的商业利益斗争如同星星之火,蔓延开来,17 世纪后半叶的欧洲统治者更是对商业问题给予极大关注,并随时准备诉诸武力——1652 年爆发英荷战争,从而揭开了欧洲长期战争的序幕,英、法、西、荷四国连年征战,而起因往往离不开贸易争端,有时甚至是纯粹由贸易引发了战争。为了保证税收,政府极尽所能地维护商人利益,有时还赋予皇家特许公司以垄断经营等特权。除此之外,这些垄断公司也拥有其他优势——因为投资收益有保证(至少理论上是这样),集资对它们来说并不困难。虽然 19 世纪末有过短暂的复兴,这些曾经凭借着政府权力在商业世界兴风

作浪的特许公司最终还是被市场淘汰。可以说，这一时期欧洲的国家
245 政策与法规越来越体现出商人阶层的诉求。

跨洋贸易

日益兴盛的保险业是现代商业发展的又一大标志，第一批进入这一行业的是中世纪的欧洲商人和海运船主。这一时期欧洲的海外贸易发展迅猛，经济史学家们也倾向于将其看作欧洲商业中最具革命性的变化。地中海地区的商业仍在继续发展，但相对于北部沿海地区的发展来说已经滞后。17 世纪，跨洋贸易起初被荷兰人控制，而后逐渐被后起的竞争对手——英国人取代。荷兰作为商业大国崛起之前，主要经营针对欧洲市场的鲑鱼干出口业务，并借此慢慢地掌控了波罗的海的货运贸易，直至成长为全欧洲的海上马车夫。17 世纪末的荷兰在世界各地拥有殖民地和贸易站点，其优势在远东地区尤为明显。但此后，他们虽然从葡萄牙人手里接过了亚洲海上贸易的主导权，却在其他地方将利益拱手让给英国人。英国的海上霸权源于其兴盛的大西洋捕鱼业，他们将在纽芬兰沿岸捕获的营养价值与经济价值均十分出色的一种鳕鱼晒干，用盐腌成咸鱼干，并出口到地中海沿岸的国家和地区。在那里，由于人们要在周五进行斋戒活动，因此对咸鱼的需求量很大[①]。这样，无论是荷兰人还是英国人，都通过最初的专门化市场定位，逐渐扩大其涉足的商业范围，并实现了商业利益的多样化。与此同时，西葡
246 两国同美洲殖民地之间的跨洋贸易虽已江河日下(至少理论上如此)，其重要性仍不容低估；法国也是不可忽视的跨洋贸易参与者，其海外贸易总量在 17 世纪上半叶翻了一番。

海运的成本向来低于陆上运输，而正是由于货运船只的技术不断得到改良，我们才能看到缓慢兴起的初级产品国际贸易。造船业本身推动了沥青、亚麻、木材等货物的销售，而起初在波罗的海占据重要地

---

① 每周五是天主教的小戒之日。因耶稣在礼拜五受难流血，天主教徒此日不食热血动物之肉。但鱼虾不在此列。——译者注

位的生活必需品贸易,也逐渐在北美经济圈发展壮大。殖民帝国一步一步走向强大,其影响也日益彰显。1800 年,世界上出现第一个全球性的跨洋经济体,在国际贸易这张庞大的网络中,为了寻找任何可能的商业机遇,商人们的足迹遍布全球。

奴隶贸易

全球贸易中最让人无法忘怀的一幕,是新兴的非洲奴隶贸易。1441 年,葡萄牙水手第一次将被误认为是穆斯林的非洲黑人带回欧洲;1444 年,首批非洲黑奴在里斯本被交易出去。虽然几个世纪以来,不时有欧洲人被阿拉伯人和土耳其人捕获并贩卖为奴,但总体来说,这一时期欧洲内部的奴隶生意早已衰落。而此后仅仅两三年之内,葡萄牙人贩卖的非洲奴隶已逾千人,这充分说明这种新兴的非法生意有利可图,但此时人们还无法预料之后的奴隶贸易会发展成何种规模。很快,奴隶贸易便展现出其极端残忍的一面,当时从事这种贸易活动的葡萄牙人很快发现,只要抓住了小孩,大人就会自投罗网。随着对奴隶的需求日盛,奴隶贩子的脚步也开始深入西非内陆地区;更有许许多多的非洲本地人参与了这一罪恶活动,因为从当地统治者手中成批购买战俘要比自行猎奴容易得多。

在起初很长一段时间里,欧洲和西葡两国的大西洋殖民地消化了大多数从西非运来的奴隶,但很快情况便发生了变化,从 16 世纪中期开始,非洲奴隶被一船一船地运往大西洋对面的巴西、加勒比群岛和北美大陆。从这时候起,美洲大陆的非洲裔黑人数量开始猛增,随之而来的人口、经济与政治方面的深远影响,持续至今。非洲人不是现代历史上唯一被贩卖为奴的种群,也并非只有欧洲人才当过人口贩子;但是来自葡萄牙、英格兰、荷兰和法国的奴隶贩子们从非洲人手中收购非洲人,并将其作为奴隶转卖给定居在美洲大陆的欧洲“顾客”,其影响远非奥斯曼土耳其人对欧洲人的奴役、阿拉伯人对非洲人的奴役或者非洲人对非洲人的奴役可比。欧洲人的海外经济发展能够成功,离不开充足的黑人劳动力。他们中的绝大多数人都是农业劳动者,或是在室内为主人服务，而从事手工业或者到工厂做工的黑人则比较少见。美洲农业与工业每前进一步，都深深地留有奴隶制度的印记。

奴隶贸易在经济上也有其重要影响。贩奴有时可以带来巨额利润，因此运送奴隶的船只总是拥挤不堪，疫病横行，奴隶的死亡率往往
247 高达 10%以上。“通过奴隶贸易，欧洲完成了工业化所需的资本积累”
这一说法已经不再被人们接受，但无论如何，我们无法否认的是，200年来欧洲各国都希望参与甚至独占奴隶贸易，由此引发了国与国之间的外交角力和战争。因而不管是不是出于经济上的需要，欧洲的政客总是十分关注大西洋奴隶贸易。虽然一直以来，人们都夸大了贩奴所能带来的资本收益，但这项罪恶的贸易事业仍然让当时的欧洲人趋之若鹜。

工业化的基础

1800 年以前，虽然在一些欧洲国家已经出现了工业产业集聚的现象，但总的来说，制造业的发展大体上还只是小手工业在数量上的堆积和技术上的进步，而不涉及全新的生产方式和生产单位组织形式；此种类型的工业化发展被称为“原始工业化”。1500 年的欧洲已经积累了丰富的手工业技术，千千万万的手工业者都在工作的过程中不断探索新的生产方式与新技术。经过两个世纪的积淀，成熟的枪炮技术将采矿业与冶金行业推向巅峰；科学仪器与机械钟表则代表着欧洲人在各种各样的精密仪器制造方面拥有很高的技术水平。

在工业化时代刚刚降临、工业化格局初具雏形的情况下，欧洲人的技术优势最终改变了他们与亚洲邻居之间一直以来的经济关系。几百年来，东方人掌握的先进手工业技能都让他们的欧洲同行艳羡不已；亚洲的纺织品和瓷器行销世界各地，直到今天我们的语言里还有它们留下的影子：china（瓷器）、muslin（薄纱棉布）、calico（白棉布）、shantung（山东绸）等都是我们耳熟能详的词汇。而在 14 和 15 世纪，这种手工业方面的技术优势开始向欧洲转移，在机械与冶金领域尤为突出。亚洲的君主开始雇佣欧洲人帮助他们生产更先进的火器；甚至在欧洲集

市上随处可见的机械小玩意，也成了这些东方皇帝手中的至爱玩物。当然，欧洲人依然需要大宗的亚洲商品，而这些都无法改变欧洲对亚洲的贸易逆差。但显而易见，欧亚之间的这种角色对换不仅与欧洲人在传统领域的技术积累密不可分，也同样离不开他们对新技术领域的开拓；而我们看不到的是隐藏在背后的欧洲人的思想，到底是什么让手工业者不断开拓进取，又是什么让他们的顾客突然被这些商品所吸引？须知在文艺复兴时代，人们对机械工程的热情，丝毫不逊于其在建筑艺术或者金质工艺品上所展现出来的疯狂。而这，加之其带来的深远影响，是这个时代的欧洲所特有的。

早期的制造工业只是依靠简单集聚实现增长的，而早期欧洲的工业中心，如纺织业中心或酿酒中心，都是与农业息息相关的；但这些旧工业中心一旦建立起来，就会得到各种各样的支持，也会吸引各行各业的专门人才到此谋一差事，从而推动工业中心的进一步发展。例如，英国服装长期出口到安特卫普，于是在港口附近便逐渐发展出服装抛光
与染色等后期加工工场；而在英国乡村，羊毛商人把羊毛卖给纺织户， 248
在不知不觉中推动了新兴工业的发展。欧洲的早期工业发展，也同矿产的地理位置密不可分，采矿业与冶金业就是少有的同农业联系不多的产业。然而这个时期的欧洲工业也会有停滞不前甚至倒退的现象发生，意大利便是一例。到 16 世纪，意大利在中世纪时一直占有的工业领先地位失去了，讲佛兰德语的低地国家和西南德国（也就是从前加洛林王朝的核心腹地）后来居上，保持了百年之久的工业先进地位，而后又被英格兰、荷兰和瑞典超越；18 世纪，俄国也因其先进的采掘业跻身工业国家的行列。至此，工业技术开始逐渐系统化，成为有组织的科学学科，一些欧洲国家的国家政策也开始有意无意地为工业化发展服务。

许许多多先进的科学技术都诞生于 18 世纪，这在欧洲甚至全世界进行工业化的过程中起到了当时人们难以想象的巨大作用，是那个时代的欧洲给我们留下的最为宝贵的财富之一。在这些科学技术中，首要的便是蒸汽动力（虽然面世之初给人的印象是低效粗糙），其他的还

包括首次用于战争的潜水艇,更重要的还包括电力的应用与发电技术,虽然这些先进技术都得以在后世大展拳脚,但在 1800 年的欧洲大陆,工业化还远未真正实现。

最后,任何经济体的长期经济增长都会伴随着其不可避免的脆弱一面,剧烈的经济动荡时有发生。即使到了 19 世纪,农业歉收都往往会导致工业成品需求紧缩,人们纷纷到银行取出自己的存款,经济萧条随之而来。而这,也恰恰反映了相互依存程度越来越高的欧洲经济,正在走向成熟、走向一个整体。

世界范围内的欧洲

历史的脚步刚刚跨过 1500 这一年,人们便惊奇地发现,很多地方的物价开始飞涨,这次物价上涨持续的时间也是前所未有的。百年之内,欧洲的物价基本上翻了四番,现在看来也许没有什么,但在当时,这种物价上涨幅度是极其罕见的,并且引发了一系列深刻的连锁反应。部分封建主开始尽可能地提高租税,还有一部分索性将土地转手,从这方面来讲,通货膨胀对那时候欧洲社会的影响同今天我们看到的大同小异,也就是提高了社会人口的流动性;通货膨胀下的穷人们生活更加困苦,因为货币工资上涨的幅度跟不上农产品价格的涨幅,因此他们的收入实际上是降低了。16 世纪中期的几十年中,民变和社会动荡几乎遍及欧洲大陆各个角落,但人们依然对通货膨胀的个中缘由及其严重程度毫无察觉。历史学家们一直都在努力研究这一问题并试图给出一个合理的解释,现在我们清楚的是,这次通胀不是由美洲金银流入欧洲
249 引起的,因为早在前者大量涌入之前,通胀便已经开始了,金银流入不过是一支催化剂。也许最根本的原因在于,在生产率开始大幅提高之前人口持续高速增长,给社会和物价造成过大压力。物价上涨的势头持续到了 17 世纪初,开始显露下降的趋势,紧接着在 1700 年左右再度抬头。

美洲金银在欧洲价格革命中到底起到了什么样的作用至今仍有争论,而毋庸置疑的是,它证明了这 300 年来欧洲人不断扩充的地理知识

对于他们来讲,是何等的重要,我们要想充分理解欧洲的发展,就必须将其纳入新的世界地理体系中去。亚洲人最乐于接受白银货币,因此美洲白银也在欧洲的对亚贸易中发挥了重要作用,这一点是至关重要的,因为其中很大一部分从没登上欧洲大陆,而是从墨西哥乘坐"马尼拉帆船"直接到达了亚洲;西班牙、荷兰,以至整个欧洲的经济发展都是世界性的,他们都离不开来自新大陆的金银——不充分意识到这点,我们就无法正确看待早期的现代欧洲经济史。美洲金银自然在各行各业的资本化方面起到了巨大的间接作用,并推动了这些行业的快速发展,但发现新大陆对欧洲商业发展的推动作用,绝不仅仅体现在硬通货一项上面,而长久以来一直存在的经济活动,也因新旧大陆的联结发生了深刻的变革。奢侈品贸易量大幅上扬,而后贸易商品很快突破了奢侈品这一范畴,越来越多的新商品亮相欧洲:咖啡大约是从奥斯曼帝国传进来的;从中国和印度进口的茶叶也越来越多。不单单是普通欧洲消费者的消费模式发生了变化,从事印染、酿酒、纺织等工业活动的工场也开始采购不同的商品。在走向世界的 300 年间,欧洲经济发展究竟有多少要归功于世界其他地区?这似乎是个永不可考的问题。但显然欧洲每向前跨出一步、每实现一次成功的变革,几乎都离不开世界的影响,这也正是此小节要着重说明的问题。包括经济在内,欧洲人生活的方方面面可能从 1650 年开始已经同这个世界密不可分。

250 # 第十二章　社会与信仰

社会秩序

社会制度、政治制度和法律制度不仅是实实在在的社会实体，也是传说和人们思想中的一部分。其表现之一，便是它们似乎可以长期维系下去，甚至是亘古不变。当然，我们今天由于了解了历史，不再像前人一样，相信社会体制和社会制度能够长久不变；而生活在过去的人们，即使到了1800年，仍然坚信其各自的社会地位是上帝赋予的，这是因为在那时候，社会变革虽然时刻存在，但总体上依旧被世代延续的旧体制所笼罩。然而，虽说古代欧洲的技术得以沿袭、思想得以传承，但1500年之后，欧洲社会还是发生了本质上的变革。

从中世纪中期开始，农业的目的不再只是养家糊口，很多地方的农产品开始商品化，正是因为如此（当然这并非唯一原因），欧洲传统农业社会从此踏上变革之路。而旧体制得以留存，被人们称为“封建制度”的东西——庄园地产与庄园法庭、领主制度、向领主缴纳的各种苛捐杂税——在18世纪的欧洲大陆仍随处可见。但体制虽然未变，却已脱离社会现实。这时候的封建制度更多地存在于经济层面，封建主不一定出身贵族，可能从没见过为其工作的佃农，也可能仅收取部分租税，以象征其在土地人工成本和农产品之上的封建权利；况且，随着经济和社会情况的不断变迁，人们开始从道德层面、现实层面与经济层面等各个角度对封建制度提出质疑。

而无论从何种意义上来讲，封建主义在很早之前便已在英国绝迹。在那里，部分贵族虽享有很高的社会权威和经济地位，但其仅有的法律特权便是旁听议会，因无权选举议员，他们与国王乔治三世时期的大多数百姓无异。此时的英国贵族是人数极少的群体，18 世纪末的上议院只有不足 200 名世袭贵族，他们的贵族身份与地位只能由一名后裔继 251
承。虽然在英国，少数人掌握有社会的大多数财富，但没有能够享受拥有广泛的法律特权、脱离人民群众的生为贵族的阶层存在，这一点和欧洲绝大多数地方不同。大革命前夕的法国，贵族人数大约有 25 万，他们都拥有关键的法律特权和其他正式权利；而同时期的英国贵族人数之少，用我们今天的一间电影放映厅就足以容纳。

从另一方面来讲，英国的土地领主阶层作为一个整体，握有庞大的社会资产，其造成的社会影响也不容小觑。贵族阶层之下是难以界定的所谓“绅士”阶层，1800 年之后这一阶层慢慢消亡，上层绅士逐渐贵族化，而下层绅士则转化成为富裕的农场主和商人，他们也深得社会敬重，但并非出身名门的贵族。这种社会地位的转换有利于各个阶层力量的凝聚，也推动了人口流动。从本质上来讲，绅士地位是人们获得社会认可的标志，是公认的行为准则的象征，是贵族阶层荣誉观的体现，人们可以凭借财富、突出的专业技术和人格魅力获得这种地位，它不再是封闭式的，其中的法律依据与许多哥特色彩也在慢慢消逝。

而在欧洲的其他地方，虽然统治阶级内部的差异不像英格兰那样明显，却也是随处可见的；统治阶级的行为方式、任命方法也各有不同。1707 年，英格兰与苏格兰合并成为一个国家，称大不列颠王国，但两国在包括社会结构在内的很多方面依然存在巨大差异。而在 1700 年之后的欧洲其他地区，在经济发展为社会不断注入新的发展机遇与市场需求的同时，旧时代的思想依然占据社会主流，各个国家之间的差异随着经济形势的变化越来越明显。在那些相对更发达的国家，人与人之间的关系弱化，取而代之的是市场关系，经济市场代表了人们的利益，也代表了人们的希望。在逐渐兴起的市场社会之中，决定人们身份地位的不再完全是其在统治阶级内的地位，他们越来越脱离开其原本所属的集团，成为独立的个体。但是在次发达地区，也就是在英格兰与联合行省之外的欧洲，社会思想与等级制度依然在大体上沿袭旧制。费加罗(Figaro)——莫扎特歌剧中的主人公——源于一部风行 18 世纪的喜剧，他在剧中曾讽刺其封建领主不配享有任何特权，他的出生纯粹就是给自己找麻烦[①]。这在当时看来相当大胆，但毕竟人们只将它看作喜剧台词，也不会非常在意。封建官僚制度在未来很长一段时间里，都会是欧洲的现实。虽然在各个国家程度不一，但总体来讲，贵族与非贵族之间的差异依然巨大。虽然贵族经常会指责国王勾结百姓威胁他们的封建利益，但事实上国王也是封建贵族的一部分，因此两个阶层之间的联合很少出现；就如同一位国王所说：造反只是老百姓的行当。1789 年法国大革命之后，封建阶级制度被彻底推翻，但欧洲其他地区所受影响有限。

虽然 19 世纪初的人们已经不像生活在公元 1500 年前后的欧洲人一样相信贵族们应该拥有法律特权，但贵族身份还是能够得到人们的
252 尊重的。一些人开始逐渐认识到，社会秩序并非依赖封建法制下的权利与义务而存在；宗教也不总是足以支撑某种社会阶级结构。然而，对于人类是造物主创造的这一点，此时的欧洲人依然深信不疑，他们同样相信人们的财产多寡也是拜上帝所赐；既然一切都是上帝的旨意，那么社会阶层划分的恒久不变自然也是可以理解的。直到 1800 年，还有宗教信仰比较强烈的欧洲人认为，富人之所以富有，是因为他们更能够获得上帝的青睐；不过他们同时认为，较之继承祖产、吃老本的富人来说，上帝更加偏向凭借自己能力获取财富的那些人。在先进的西欧国家，经济的流动程度比较高，城市化程度不断提高，市场经济的地位日趋重要，社会上不断涌现出新的商业机遇，而随着识字率的提升，人民的心智水准与道德水平也得到提高，因而在这些国家，传统的封建等级制度

---

① 参见 Act Ⅴ. sc. iii. Beaumarchais' play, *Le Mariage de Figaro*, 1784。

已经招致人们广泛的批评。

在当时的欧洲，主要存在三种截然不同的情况。在东欧农业社会，封建世袭制不仅没有绝迹，反而有得到加强的趋势。随着欧洲西部与南部的人口迅速增加，他们对东欧出产的谷物与木材的需求量也越来越大，为了更好地填补这一商机，东部的统治阶层与地主阶层通过立法，进一步强化了农民对土地的人身依附关系，被强加于农民肩上的劳役负担也越来越重。普鲁士、波兰和匈牙利都是很好的例证。而在俄国，农奴制度已经成为社会生活的基础，人们长久以来都将其视为理所应当的事物。到了后来，批评农奴制的声音越来越大，不过，第一部产生较大影响、含有抨击农奴制度内容的正式出版物，直到 1790 年才问世，它就是被视为俄国首位激进派作家亚历山大·拉季舍夫(Alexander Radishchev)的著作《圣彼得堡到莫斯科的旅程》(*The Journey from St Petersburg to Moscow*)，他也因此获判极刑，后改为流放西伯利亚。俄国总是能够远离欧洲的政治变迁，而俄国的统治阶级也总是能够自保，其封建特权还在这几百年间有所扩展，代价就是接二连三的农民起义，同时被牺牲的还有社会治安，在当时的俄国境内，纵火案与谋杀案时有发生。

在第二类国家里，经济与社会的变迁向现有社会秩序发起挑战，社会上已经出现紧张的气氛与要求变革的声音，新旧两种体制有时还会发生碰撞，但在很长时间里，两种力量大体上是均衡的、相互牵制的。属于这一类的国家包括法国，还有比利时以及德国和意大利的一部分。而第三类，也就是最后一类，是相对开放和发达的社会，主要包括英国和尼德兰联合行省，也许还包括英属北美殖民地。在这些国家，财富与能力迅速取代了等级和头衔曾经占据的重要地位，很多人都可以享受到广泛的法律权利，并得到获取财富的机遇，越来越多的人开始在工厂做工，并以资本家支付的工资作为主要生活来源。

当然，这种划分的界限，往往并不十分明确。即使在当时最先进的西欧国家，封建残余依然随处可见。在英格兰、法国和德国，很多市镇
都孕育了代表未来的先进元素，但从大体上来看，各省各郡在很大程度 253

上处于独立状态，占据统治地位的都是很少一部分人，要么是商业寡头或者同行业公会领袖，要么就是座堂圣职团(Cathedral Chapters 是主教座堂的参议神父，协助主教处理教务，现已废除)。此时，南特和波尔多已经发展成为法国最繁荣地区的中心城市，终年繁忙的港口令其呈现出一片欣欣向荣之势；而与此同时，同样属于法国的沙特尔(Chartres)依然被中世纪的发展方式统治，还是个典型的中世纪乡村城镇，直到18世纪，其人口规模同500年前相比几无二致；其城市发展的方方面面甚至到了19世纪都没有明显的进步。虽然在当时，我们眼中的“发达国家”已经在社会发展方面领先于世界上其他地区，它们还是不能完全甩掉过去的影子。

然而，在欧洲的先进地区，社会发展已经出现质的变化，而且当时的人们也已经注意到了这一点。法国批评家伏尔泰(Voltaire)便是最早对社会现状提出质疑的人之一，他的诘问虽然谨慎，却振聋发聩。他于18世纪初来到英格兰游历，惊奇地发现英国人对商人待若上宾，几乎将其视为贵族[①]，其实两者之间还是有一定差别的，但伏尔泰没有留意到，充斥在其字里行间的，都是对重商的英格兰人大加赞颂的溢美之词。他的评论基本是属实的，大不列颠王国在其崛起之路上，十分重视商人的作用。虽然18世纪的英格兰统治者大体上还是代表并维护着地主阶层的利益，但一旦国家的商业利益受到威胁，政府也丝毫不含糊。是时，政府内部分为“地权阶层”与“商权阶层”两派，虽然政治圈一直都是“地权阶层”纷争的舞台，他们也自视高人一等，但当时的商业利益并未被隔绝在主流社会之外，因此商业也有很大的发展。

随着历史的车轮不断转动，几个世纪之后，各个国家和地区的社会发展程度与步伐越来越呈现出不平衡的趋势，人们对这种不同发展模式的研究也越来越多。起初大家认为，社会经济与商业的发展、社会现代化程度的提升，都要归功于宗教上的改革，因为16世纪最先进的英国和尼德兰恰恰也是最早摆脱罗马天主教廷控制的国家；20世纪的社

① 参见其 *Lettres philosophiques sur les Anglais*, published in 1734。

会学家一直试图理清社会进步与宗教改革这两者之间的关系,而宗教上的变革也是18世纪欧洲反教权主义者一直以来的奋斗目标,他们认为新教改革是资本主义的推动力量。这种说法并非没有道理,但却不足以囊括欧洲社会发展的全部原因。在当时的欧洲,也有不少信仰天主教的资本主义者,而且大都十分成功;18世纪的法国与西班牙依然是欧洲商业贸易中的重头国家,而且在18世纪前几十年之中,法国的经济发展速度并不亚于英国;西班牙与法国一样,自16世纪起经济持续增长,似乎同它们拥有的大西洋出海口有关。但单纯的地理原因也不具有足够的说服力。比如欧洲北部的苏格兰,也拥有大西洋出海口,而且是新教国家,却一直无法摆脱蛮荒落后的状态;而直到19世纪,德意志内部许多非天主教邦国的经济发展也长期停滞。

唯一可以肯定的是,随着历史的发展,欧洲内部的发展差异越来越明显。即使到了1800年以后,一些国家依旧发展缓慢,旧有的社会形态迟迟未被更为开放的社会形态所取代。在欧洲东部,专制统治之下的社会还是农业社会,土地集中于极小一部分地主手中,占人口多数的 254
农奴受其奴役,他们无法离开自己耕作的土地,他们的地位也受到法律限制,毫无人身自由可言。在过去的几百年中,西欧的城市不断发展、繁荣,而这里的城镇还处于很低的发展水平。因为政府的苛捐杂税,这里渐渐成为欧洲的偏僻一隅。而农奴制度无疑成了发展的瓶颈,因为农民被束缚在土地之上,城镇无法获得足够的劳动力。在波兰与俄国的大部分地区,货币经济几乎不存在;而奥斯曼帝国统治下的欧洲地区更甚,其落后状态与欧洲西部形成鲜明的对比。在随后的发展过程中,欧洲各地的差异逐渐缩小。

欧洲的妇女

在欧洲东部与西部,女人的境遇也大有不同,当然还不止于此,比如,同样在西欧,地中海地区和西北欧的女性生活也是截然不同的。大体来讲,这几百年间,欧洲人对待女人的态度没有发生太多变化,她们在法律上的地位也一直没有得到提升,情况直到早期现代历史的最后一段时间才有所变化，这时出现了呼吁提升妇女地位的声音。无论如何，就女性问题来讲，欧洲内部还是存在差异的，其中有一些还是相当明显的差异。例如，结婚之后，俄罗斯妇女依然保有婚前财产，而英国妇女的一切财产在婚后都要归丈夫所有。在比较先进的国家里，女性特别是社会上层妇女的实际地位有所提升，她们和从前的女性相比也更加独立，只不过，这种进步并不很明显。而即使到了 15 世纪，外国人看到享有相对独立社会地位的英国女性时，依然会感觉很惊讶；在其后的几百年中，英国一直保持着这种领先地位。到 18 世纪，出身较好的法国女性也开始逐渐争取到独立地位了。

女性地位之所以能够得到提升，其中很重要的一部分原因是 18 世纪出现于欧洲部分国家上层社会的新的生活方式，那时候，欧洲人的社会生活日趋丰富，而不再仅仅围绕宫廷生活、宗教生活和家庭仪式打转。17 世纪末，伦敦人喜欢聚在咖啡馆里面聊天，这就是酒吧的由来；很快，法国人又创造出另一种社交方式，主人邀请一些朋友和熟人在女士的会客厅聚会，这便是沙龙；法国的沙龙往往也是重要的学术交流中心，沙龙的兴起说明女性已经开始摆脱宗教思想的控制，有了自己的思想追求。在法兰西国王路易十五的情妇蓬皮杜(Mme de Pompadour)的一幅画像中，她手中还捧着孟德斯鸠的社会学著作《论法的精神》。对于文化水平一般的女性来讲，沙龙也成为她们逃避家庭束缚的庇护所，而在此之前，人们的社交就仅限于家庭活动、宗教活动以及各个行业内部的活动，甚至对于男人们来说也是如此。

至 18 世纪末，西欧已经为世人贡献出多名优秀的女性艺术家和小说家，女性也终于可以不必隐归修道院，而一样过着独身自主的生活。
255 我们还很难说清这种变化的个中缘由，但早在 20 世纪初，英国期刊《旁观者》(*Spectator*)便已经将女性纳入其读者群体中，因此，也许我们不应当止步于沙龙。18 世纪的欧洲出现了几位女性统治者，包括一位英国女王、一位奥地利皇后和三位俄国皇后，她们全部掌有实权，而且都能称得上是成功的统治者，当然，这与女性地位的提升是否确实有关，我们还不可轻易下定论。况且，上述进步还没有触及绝大多数女性的生活，更不用说在那些相对落后的欧洲国家了。毫无疑问，传统的生活方式在波兰或者西班牙南部的穷乡僻壤依然占据绝对重要的位置，后者由于受到摩尔人的影响，妇女被排除在社会生活之外，事实上，即使对于1800年左右的欧洲各个地区来讲，这种表述也基本属实，这是因为在当时，大规模工业化进程还未开始，而正是在工业革命和工厂劳动的生活方式的冲击之下，女性身上的枷锁才开始一点点分崩离析。

基督教世界的分裂

在1500年前后的欧洲，各地人们的生活方式五花八门，差异较大，但是它们却有着一项占据核心地位的共同点，那就是在奥斯曼占据的地区之外，欧洲是基督教的欧洲。虽然在之后的200年中，奥斯曼军队依然十分强大，他们还在向欧洲内陆不断扩张领地，伊斯兰教也随之传播，但在这段时间里，1500年左右还生活在西班牙的穆斯林已经销声匿迹，而大批的基督徒却能够正常生活在奥斯曼帝国内，即使受到各种皈依伊斯兰教的诱惑，还依然坚持其原本的信仰、坚持其原本的生活方式；有些欧洲国家内部还有规模不大的犹太人居住区，大多是一些没有法律和独立经济地位的“隔都”；波兰和俄罗斯的交界地带才是犹太人真正的大规模聚居区，早在中世纪的时候，他们的祖先就为躲避西欧国家的迫害，迁移到这里。

基督教世界最大的分歧，出现在东正教教会和罗马天主教会之间。1453年之后，其矛盾逐渐激化。在东部，天主教被东正教所取代，匈牙利、乌克兰以及今天的南斯拉夫一带，则是天主教和东正教世界的交界地区，两教势力在这里共存。罗马天主教的势力最远可达东欧的维尔纳(Vilna)，以及多瑙河流域。但这种差异基本上只体现在教职人员身上，无论是东正教徒还是天主教徒，都是基督教徒，他们不仅共享同样的圣礼、教义，其在生活中经历的所有大事——从出生，到结婚，再到死亡——都深深地刻上了宗教的烙印，而这种宗教影响，也是类似的。无论在东正教国家还是在天主教国家，宗教影响都深入乡村与城镇，担任宗教职务的男男女女占据了人口的很大一部分，他们口中讲述的，都是耶稣基督与圣母的事迹、以色列经历的种种磨难以及各个圣徒与基督教英雄的故事，从这个角度来讲，他们在宗教文化上有着共同的经历，只不过，那时欧洲人的宗教信仰之间夹杂的还有迷信与无知的成分，有时还会因为各地的风俗与环境不同而有所差异罢了。

256 在西欧天主教世界，天主教廷是唯一可以将权力投射到大陆上每一个角落的机构。各个国家都有相互独立而各有特色的宗教法律和世俗法律两套系统，大学都是由教会控制的。1500 年左右，教会内部已是乱象丛生，但其权威依然为社会各个层面所承认，每一个人从出生到死亡，其人生的每一步都离不开教会的控制与影响，都要经过类似的宗教仪式的见证。在当时，要将宗教从社会生活中分离出来，简直是无法想象的事情。在欧洲的乡村地区或者在较小的城镇，除了教区教堂，几乎不会再有任何其他的公共建筑，人们会聚在教堂里谈生意或是进行娱乐活动，在麦芽酒节或是其他的节庆活动中，人们甚至会在教堂里面跳舞庆祝。但这一切很快都将发生改变。

16 世纪初，西方天主教世界出现大危机，不仅自中世纪以来的基督教信仰发生分裂，天主教会的权威也大不如前。这场危机被后人称为“新教改革”，这一名词实则是相当不准确的，它将事件的内涵与影响过分地简化了。事实上，新教改革在各个地区的表现不一，其成因也是由许多复杂的、多层次的不同因素构成，但它们都为后世带来了深远的影响。之后，在世界各地，在不断的布道与对《圣经》进行研究的基础上，新教教堂与新的基督教文化得到广泛传播，其中，很多新教教派的宗教理论都是出类拔萃的。新教带给世人的，是对个人道德品行的新的思索，其思想影响涉及数以百万计的欧洲人，特别讽刺的是，很多天主教教士试图做到却无法做到的事情，让新教轻而易举地实现了。与此同时，西欧再次出现不需要隐身修道院的修士制度。改革者对几乎所有的旧教机构提出质疑；改革中出现的新的政治势力，不为封建王公所掌控，他们在同王公贵族作斗争的同时，也藐视教皇的权威，因为在其看来，教皇不过也是个封建贵族。

实际上，如果发动改革的人能够活到后来，看到这场运动所带来的影响，他们一定会大吃一惊。他们毕竟还是生活在中世纪的人——其中多数都是男人，因为女性在改革中的作用还不明显，他们头脑中的思想，也还是中世纪的思想，也还有他们一直以来所受教育施加给他们的条条框框。虽说如此，新教改革者们自诩只关心与尘世脱离的宗教本身，还是给当时的欧洲政治注入了不少的新鲜血液。他们热衷于推崇纯粹的宗教信仰（有时也会强迫他人接受这种信仰），反对任何宗教同一性与教条主义；他们使得个人行为获得更大程度的自由，对不同的宗教观点持较为宽容的态度；在他们开辟的道路上，欧洲人也将宗教与世俗生活一点一点地分离开来，这在起初的改革者看来，一定非常不可思议。宗教改革沉重打击了1000年前便已在欧洲建立起来的教廷权威，西欧天主教世界从此不再是一个统一的整体，而这一切，都不是当初的改革者有意而为之。简单来说，他们就如同之前地理大发现中的探险者，在无意中推动了历史的进展，将欧洲拉进“现代历史”这一新的篇章。

没有任何人能够预料到这种结局。一开始，人们都认为这只是又一场教权之争，只是对经历过无数考验的教皇体制和教皇统治理论基 257
础的又一次挑战，这在过去时有发生，欧洲人已经对天主教内部的斗争见怪不怪了。在此前的欧洲，就已经有了要求对天主教教会进行改革的声音，人们也一直对部分教职人员腐败横行的作风大为不满。在1500年左右，欧洲就有很多人认为，教皇和宗教法庭不能代表广大基督教徒的利益，希尔德布兰德（Hildebrand）便表示过，将宗教事务过多地牵扯到人们的日常生活中，对于教会来讲并不一定总是好事。涉政太过频繁的主教们总是没有时间与精力去做好教民的向导工作，这是很危险的。约克大主教沃尔西（Wolsey）曾是英王亨利八世的宠臣，他在位时期从未到过辖区，直到失去国王的宠信、丢掉所有官职与地位之后，才落魄地到曾经管辖的教区走一遭；很多教皇脑子里装着的，也都是世俗的权力。兼任多教职（pluralism）的现象很常见——教士担任很多职位，却不认真履行职责，只是在不断地收敛钱财，这也是天主教教会一直以来所面临的又一个问题，在这个改革来临之前局势动荡的时期，教会一如往常，他们无力解决这些矛盾，但问题就在于一切都"一如往常"，因为这些矛盾都是在前几个世纪中一直存在的老矛盾。

天主教会所面临的另一个老问题，是教职人员生活腐败的问题，很多主教和修道院院长都过着极其富裕的生活，更不用说罗马教皇宫廷之奢侈了。其中一位教皇貌似还说过类似的话：既然教皇制度是上帝的旨意，那就让我们好好享受吧！在这种铺张浪费的情况下，他们的钱总是不够花，似乎也是不难理解的了。解决办法之一是将教职直接授予能为教会提供服务的人，缺钱为教会所带来的困难不言自明，但也很少有教皇像西斯笃四世（Sixtus Ⅳ）那样，穷得连皇冠都抵押掉了。然而，教皇们为了广开财源，滥用司法职权与宗教职权却是十分常见的现象，这也是很久之前就存在的，由此也招致广大教徒的不满。地方上各个教区的经济情况也不乐观，教士们只关心怎么能动用手中的权力尽量多地征收什一税，这是一种教民将其农产品的一部分——通常是十二分之一至十分之一——上缴教区的实物税，该税经常导致当地人民的怨恨与反抗，教士们则反戈一击，威胁要将拒交什一税的农民开除教籍。这在当时的人看来非同小可，因为没有基督教教籍的人会在地狱之火中遭受永恒的磨难与痛苦。最后，教会的经济困境还导致教士阶层的无知。自 12 世纪开始，教士阶层的受教育程度一直都在提高，这多半要归功于大学的出现。但直到 1500 年前后，很多地方教区的教士依然相当迷信与无知，与其治下教民毫无二致。

因此，早在历史迈入 16 世纪之前，一切矛盾都是有着深厚的历史基础的，但与此同时，天主教会也一直都有自我革新的传统。现在，让我们继续回到 15 世纪。很多人（也包括天主教教士）开始对教会的现状提出批评，他们提倡人们回归《圣经》，以经典作为指导天主教徒生活之方方面面的准则，因为显而易见，很多教士并没有以身作则。罗马教会则将这些反对派冠以"异端"的帽子，并对他们动用强大的教廷政治力量。"异端派"中的很多人，特别是威克里夫（Wycliffe）和胡斯（Hus），都拥有很多忠实的支持者，他们以爱国主义思想为宣传武器，在同胞之中的声势渐大，因为当地人普遍都将罗马天主教会视作外来

的压迫者。有不少人都起来反抗当地教会，造成社会动荡，毕竟作为基 258
督教徒，这些“异端”都清楚，关于社会的不公正，《圣经》中是怎么说的。不过人们不会想到，遭到教会围追堵截、实力弱小的罗拉德教派和胡斯教派，最后竟然真的将西欧天主教世界拖倒。

马丁·路德

反教权运动、“异端派”思潮、宗教贵族的贪婪无度、呼吁教会改革的浪潮以及人文主义的影响，在16世纪初的欧洲，万事均已准备停当，只等一个恰当的历史时机和一个恰当的历史人物。而这个人适时地出现了，他就是马丁·路德(Martin Luther)——1517年西欧宗教改革的“领导者”。这位德意志圣奥古斯丁修会会士无意间的举动，引爆了天主教世界内部积蓄多年的怨恨。自取代阿里乌教在欧洲的统治地位开始，基督教在欧洲西部长期以来未曾间断的统一局面，从此一去不复返；德意志民族意识开始觉醒；运动也为欧洲外交加入了新的思想元素。

路德出身富裕的农民家庭，后入大学就读法律专业，成为一名律师。他同时也是虔诚的天主教徒，充满激情而又易冲动。在21岁那一年，路德入修道院成为一名僧侣，其起因还颇具传奇色彩：一日路德在路边行走，突然遭到天上闪电一击，他事后十分惊恐，深感自己罪孽深重，应遭雷击而死，到地狱赎其一生之罪，但上帝仁慈，仍希望拯救、感化自己。路德的经历同圣保罗在通往大马士革的路上受感召而入教颇为类似。后来，路德有了第一次弥撒的经验，他从此更加坚信，自己不配做一名教士。后来他还曾认为撒旦一直在试图接近自己，据说有一次他一怒之下，将墨水泼在了“谎言之父”(撒旦)的身上。路德就是这样一个人，一旦自己认定的事情，任何人都说服不了他。没有路德，也许德意志国家也会成型，但如果没有路德，宗教改革的结果就不会是今天我们看到的这个样子。

路德一生中的大部分时间都在易北河畔的萨克森小镇维腾贝格(Wittenberg)度过，后来在本地一所建立不久的大学中教书。他慢慢觉得，他要以新的方式解读《圣经》，以新的方式传教，他眼中的上帝是宽容的上帝，不是严苛的上帝。作为受人敬重的大学教师，显然他的思想含有一定的正统成分。路德曾经到过罗马，很明显，他对自己亲眼所见的事物十分反感——教皇的城市与世俗城市无异，教皇下面的教职人员也比世俗统治者好不到哪里去；最让他深感不快的是，一名道明会教徒正在巡游萨克森各地，兜售赎罪券，他声称只要购买了这些赎罪券，大家的部分罪行便能够得到上帝宽恕，而不致在后世受苦，实际上，这些钱都被拿去修建宏伟壮丽的圣彼得大教堂了。一位购买了赎罪券的农民后来将此人的所作所为告知了路德，经过对此事进行深入的调查，路德发现这位来自罗马的教士一直都在无耻地哄骗德国农民，路德
259 对教廷兜售赎罪券的行为深感愤怒，他认为如果这些宗教罪人不彻底洗心革面，将永远得不到上帝的救赎。

1517 年，路德用拉丁文撰写了《九十五条论纲》，并在万圣节当天把它贴到了维腾贝格教堂(Castle Church in Wittenberg)的大门上，借此与另外几个人一道就赎罪券为首的几个问题向罗马教廷表示抗议，而这也是中世纪学者表达不满的惯用方式。此外，他还将论纲发往美因茨主教兼德意志大主教处，而后者马上将路德的作品转寄给罗马，并要求教廷从此禁止路德发表任何有关赎罪券的演说。至此时，《九十五条论纲》已经被翻译成了德语，新兴的信息传播技术也推波助澜——德意志各地都有很多人印刷、阅读这部小册子，马丁·路德如愿以偿地给了教廷反戈一击，但这也招致传统势力的怨恨。幸好当地大公萨克森的腓特烈(Friedrick)一直保护着他，路德才幸免于难；虽然腓特烈既是狂热的天主徒，也相信赎罪券的功效，但却不忍心将这位萨克森最有才识的大学教授拱手交给罗马。罗马教廷没有将路德的思想扼杀在襁褓中，想必后来一定追悔莫及。虽然曾经和路德共事的那些修士没有追随他，但他还是吸引了一批大学学者和德意志其他地区的教士；很快，罗马教皇便意识到，摆在自己面前的是空前的挑战，越来越多的人加入这场反对教廷的声势浩大的运动中，德意志民族意识也已经觉醒。而才华横溢的路德为运动撰写了大量的宣传册子，不断推动运动向前发

展。不出两年，人们将路德称为胡斯教徒，宗教改革也成为德国政治中的一股洪流。

那些喜欢自称为教会改革派的人经常要向世俗统治者寻求帮助；封建王公本不该对异端有所倾向，维护正统派天主教信仰是他们的职责，然而在改革派从双方的合作中获利的同时，很多德意志的大公也开始关心教派之争了。而路德所孜孜追求的，已经不再是针对现有罗马教廷的某项改革，他如今质疑的不仅包括教皇的权威，还有天主教教义的合法性。虽然路德当初抗议的核心问题与神学并无关系，但事到如今，无论是罗马天主教的圣餐观念（他提出的新观点更加晦涩难懂），还是天主教重视礼仪的传统，都成为他的攻击目标。他认为是真正的信仰让基督徒最终得到上帝的救赎，而不是圣礼，因此甚至连教会都是可有可无的。这种充满个人主义色彩的论调无疑是在与传统的天主教信仰唱反调，甚至可以说直接动摇其信仰的根基。当伊拉斯谟被问及如何评价马丁·路德的理论时，他不仅没有横加指责，还充分肯定了其中很多东西。

1520年，路德当众将教皇谴责他的圣谕烧毁，他因此被开除教籍。此后他一如既往地进行传教与写作活动。到帝国会议接受问询时，路德拒绝收回他的宗教观点，他的支持者也与其天主教敌人势不两立，德意志内战一触即发。在帝国许诺其人身安全的情况下，他离开了帝国议会，之后便不知去向；他是被同情改革派的地方大公保护了起来，或者也可以说是囚禁了起来。1521年，帝国皇帝查理五世将其列入帝国通缉令（Imperial Ban），马丁·路德在流亡中度过余生，直到1546年去世。

后期的路德开始抨击忏悔礼、宗教赎罪与教职人员的独身主义，在 260
他的支持者中，既有那些深受什一税与宗教法庭之害的人，也有觊觎教会财产的王公大臣，还有企图借助天时地利打击世仇的人。他的追随者们通过传教，进一步传播了马丁·路德的新宗教思想，而在这一过程中，由他本人翻译完成的德文版《新约》功不可没，当时甚至有传言说，路德为了确定《圣经》的权威地位，亲自将教皇赶下了台。德意志诸王公与他们那高高在上却颇为虚弱的皇帝之间的关系，本已经很复杂，现在又加入了路德宗的力量；在随之而来的连年混战中，“新教”一词出现在我们的视野中。

1555年，也就是马丁·路德在维腾贝格贴榜后不到40年，位于奥格斯堡的帝国议会终于正式承认德国永久性分裂，从此德意志诸国分为天主教国家与新教国家两部分。经协商，帝国内各个诸侯国的主导宗教，由各国统治者自决。路德死后大约10年，宗教多元化作为一种制度在欧洲被确定下来；在自视为罗马天主教护教者的神圣罗马帝国皇帝不断依靠宗教向诸大公施压的情况下，这一措施对于新教来讲是十分必要的。而无论是在天主教的德意志国家，还是在新教的德意志国家，宗教之所以能够继续发展，是与世俗统治者的支持密不可分的。

欧洲宗教改革

即使仅仅就德意志来讲，宗教改革也不是统一的改革运动，新教思想孕育出多种多样的流派。路德的教义将人们的不满引爆，农民们以路德为名，纷纷掀起反对领主的斗争，路德本人则希望同这些人划清界限。有些教派的信徒相当激进，比如再洗礼派推行多妻制度与财产共有政策，他们是天主教统治者与新教统治者眼中共同的敌人。在瑞士，另一位名叫慈运理(Ulrich Zwingli)的天主教传教士，几乎在第一时间就追随路德的声音，一同谴责教廷出售赎罪券敛财的行为，不过很快，他就在教义方面和路德宗产生了分歧。加尔文教是德意志之外又一个十分重要的新教教派，其创始人是法国人约翰·加尔文(John Calvin)，他在青年时代便组织出自己的整套宗教理论，主要内容是亚当偷食禁果之后，人类背负着极其沉重的原罪，除少数上帝早已选定的选民之外，多数人都无法得到救赎。很难想象为什么这样一种消极的宗教能够传播得如此广泛，加尔文教的影响绝不仅仅限于日内瓦，法国、英格兰、苏格兰、尼德兰以及英属北美殖民地无一不受到它的影响。也许对当时的欧洲人来讲，皈依加尔文教并非那样困难，他们只要相信自己也会是选民的一分子就够了，因此加尔文教徒普遍敬畏上帝的权威，并积极参与各种圣礼活动。

适逢1541年加尔文来此定居之时，日内瓦是一个自治的神权国家，任何不虔诚的行为都是不被接受，甚至会受到严厉的处罚的，而这些对于当时的日内瓦人来说，并不是什么新奇的事情：不仅渎神者和
男女巫都会被处死，通奸也是死罪(在多数欧洲国家则罪不至死)，女人 261
会被溺死，男人则会遭斩首(这也与其他欧洲国家形成强烈反差，因为在男权占主导地位的欧洲社会，人们认为无论从道德水平还是从智力水平来讲，女人都低男人一等，因此她们接受的处罚也较男人为轻)；不过最为严酷的刑罚，还是为异教徒和基督教异端准备的，他们会被活活烧死。

在日内瓦受到教育的一批加尔文教的牧师之后来到法国，并在此创立了加尔文教新的分支，其信徒多为贵族；至1561年，人们把这些人叫作胡格诺教徒(Huguenots)，其宗教团体已经超过2 000家，遍及法国各地了。不久之后，在尼德兰、英格兰、苏格兰以至德意志，加尔文教对路德宗均形成挑战态势，后来它又传到波兰、波希米亚和匈牙利，其迅猛发展之势，甚至与发源自德意志、而后横扫欧洲各地(斯堪的纳维亚半岛不在此列)的路德宗相比有过之而无不及。

宗教改革中的英格兰

路德宗基督教在唤醒德意志民族爱国热情的同时，也让这个四分五裂的国家积重难返。而在英格兰，具有深远影响的世俗政治变革与宗教变革同时发生，但这种组合所产生的政治影响，却与德意志恰恰相反，英国的民族国家历史与宗教历史从此合二为一。而这一切似乎都是因缘巧合。1527年，都铎王朝的第二任国王亨利八世因为其第一任妻子(他一生共有六任妻子)未能给他生儿育女，便动了休妻再娶的念头，这原本是很正常的。但他的妻子是西班牙皇室之女、查理五世的姑母，这样一来问题就复杂了。教皇拒绝了亨利八世的离婚请求，从而令英格兰政教冲突激化，这也是16世纪欧洲君主试图收复王国教权的经

典一幕。1534 年，在强迫议会通过了相关法律之后，亨利八世宣布英国国王同时也是英国教会的最高领袖。其实从宗教信仰上来看，亨利八世无意同天主教廷决裂，毕竟他还曾因撰写抨击马丁·路德的文章而得到教皇嘉奖，得到了“护教者”(Defender of the Faith)的头衔(后世的英国君主也一直保留着这一称谓)，但他争取王权、反对教权的斗争直接导致了独立于罗马教廷的英国国教教会的诞生，很快，英国人便开始打击政教分离之后的宗教权力，大批的修道院和宗教场所被迫解散，地产被分割，卖给贵族与绅士。这一事件意义重大，英格兰宗教改革从此开始，英国的社会形态与社会制度，由此都将被改写。这次宗教改革的影响之一，是它挽救了英国的议会制度，因为在当时欧洲的其他国家，国王的权力日盛，中世纪留下来的古老议会机构则普遍面临危机。毕竟，英格兰自上古时代的盎格鲁-撒克逊王国开始，就一直没有强力的地方组织或政治集团来掣肘中央权力，议会便可以更大程度上地参与到国家政治事务中来；另外，亨利八世的决策失误，也是议会权力能够得以保留的重要原因，他本可以将被罚没的教产全部划归国王名下，其中仅地产一项就占到了王国全部土地的五分之一，但中央政府只对这些财产进行了短暂的管理，便很快出让给了地方贵族。但不管怎么样，以上这些当时人们无法预知的机缘巧合都对历史的走向产生
262 了一定影响，包括亨利决定建立新的英国教会，这一决议获得英国议会的批准，而英格兰的君主制度、议会体制，乃至英格兰国家的发展，都因此转向。

亨利八世去世后，一些支持新教教义的教士希望刚刚建立的英国教会能够成为彻底的新教教会，普通的信众则对此反应不一。有的人将同罗马教廷决裂看作英国传统的回归，有的人则反对任何形式的改革。人们在这个问题上争论不休，政治斗争也愈发激烈，《公祷书》(*the Book of Common Prayers*)便是在这种背景之下诞生的。天主教徒与新教徒为了维护各自的信仰，不惜以身殉教。最开始遭到镇压的是新教徒。英国在都铎王朝第四任国王“血腥玛丽”(这一称谓实际上名不副实)治下恢复了罗马天主教的统治，统治者将新教徒视为异端，很多

人被烧死。女王玛丽为亨利八世与其第一任妻子所生,她也是英国历史上最具悲剧色彩的女王。直到这时候,国家利益与外交政策等问题仍然与宗教纠缠不清,宗教归属往往决定了欧洲国家所要投靠的阵营。但在英格兰人宗教改革的道路上,他们的民族意识也在不断得到强化。

宗教改革战争

宗教争端往往会导致政治斗争,玛丽同父异母的妹妹伊丽莎白即位之后,开始对天主教徒进行报复,不过这次他们的罪名不是异端信仰,而是叛国。此时的英格兰与德意志或者法国相比,宗教对政治的影响确实还不算大。在 1522 年奥格斯堡和约签订之前,德意志内战时断时续;16 世纪的法国也深受宗教斗争之苦,天主教与加尔文教各自掌控着一批地方贵族,他们为了争夺政治权力相互攻伐,这便是从 1562 至 1598 年的九次宗教战争。法国的君主制度一度陷入低谷,国家权力被贵族掌握,但最终国王还是通过让各个派别相互消磨力量,保住了王位。连年战争让法国社会动荡不安,国家遭受沉重打击,人民苦不堪言。

1589 年,法兰西国王遇刺身亡,王室旁系成员、西班牙小国纳瓦尔的国王亨利承袭波旁家族王位,入主法兰西,史称亨利四世。亨利原本是新教徒,但作为登上王位的交换条件,他同意接受大多数法兰西人的信仰——天主教;新教徒则被获许成立国中之国,在他们的自治城堡内,法兰西国王的诏谕不能通行。向自治邦国授予法律自决权力正是解决国王与地方权力之争的惯常办法。在这种情况下,无论是亨利四世还是其后的法兰西国王,面临的首要任务都是恢复受到篡位阴谋和弑君影响的国王权威,他们还无暇顾及是否有臣属不服朝廷之命;亨利四世的确因进行官僚体制改革、建立集权君主制而为我们所熟知,但在
当时,甚至在其后一任国王统治时期,法国的中央集权并不明显。直到 263
17 世纪中叶,中央才真正开始打击地方代表机构的权力,从而令后者慢慢地完全听命于国王。

反宗教改革运动

宗教争端很快便出现新的流毒，罗马天主教会开始了内部再评估的维新运动，史称反宗教改革运动。运动可以说是天主教宗教政策与
264 思想文化变迁的结果，但它同时也是古老的特利腾大公会议的延续，会议于 1543 年由教皇组织召开，其后延续了 18 年的时间。新教改革在欧洲很多地区取得了成功，这是促使罗马进行反宗教改革的外部原因，

但会议一直被来自意大利和西班牙的主教控制。运动的最终结果充分证明,宗教改革并未从本质上影响到天主教在意大利的统治地位,其对西班牙的影响更是几乎不存在;会议所作出的决议直到 19 世纪,都一直是衡量正统天主教教义与信徒行为准则的准绳。大会不仅极大地推动了天主教教徒世界观和行为方式的变迁,还帮助天主教会实现了机构体制上的中央集权,助长了宗教独裁。对于新的罗马教廷,你可以说它比从前更加死板、不会变通,你也可以说它更有秩序、更规矩了。还有一点鲜为人知的是,特利腾大公会议就天主教欧洲的宗教领导权这个老生常谈的问题作出了解答,他们认为教皇应该是绝对的主宰,而查理五世则是最后一位接受教皇加冕的神圣罗马帝国皇帝。

与宗教改革一样,反宗教改革的影响远不止于教会体制与宗教法律制度的变迁,教皇也不是推动教廷内部改革的唯一力量,天主教的改革,在一定程度上是自主改革,而不仅仅是为了应付新教改革带来的危机。反宗教改革还将自 15 世纪起便十分虔诚的天主徒的宗教热情进一步调动起来,无论是教士还是普通百姓,那时的人们急需一个宗教情绪的发泄口,而反宗教改革正是为他们指引了方向。大公会议规定,教徒每周必须参加弥撒,对圣洗礼和婚礼的管理也比以往更加严格,并叫停了直接导致宗教改革的兜售赎罪券的行为。但值得注意的是,教皇宗教裁判所终于在反宗教改革运动中成为审判异端案件的终审法庭;而在 1557 年,罗马教廷首次发行其钦定的“禁书大纲”①。

从另外一个对后世产生了深远影响的教派中,我们也可以窥视到反宗教改革给天主教徒注入的宗教狂热。它由西班牙军人依纳爵·罗耀拉(Ignatius Loyola)创立,讽刺的是,伊格内休斯 16 世纪 30 年代在巴黎求学时与加尔文同校,不过没有文献资料显示他们之间有过任何接触。神学专业出身的伊格内休斯于 1534 年投身传教工作,在这期间他构建起一种新宗教的信仰体系,后人将这种天主教流派称为耶稣会。耶稣会于 1540 年得到教皇的承认,它与 13 世纪的早期本笃会以及托

① 一份记载所有天主教禁书的清单。——译者注

钵修道院一脉相承，同时不失自己的特色，因而在天主教的历史中占据着较重要的位置。耶稣会元老们将自己视为罗马教廷的守卫者，他们的自律性极强，对教皇完全效忠，并通过驻罗马的总会长实现同教廷的联系。耶稣会会士从此成为天主教传教的领头羊，活跃在世界上的各个角落；在欧洲，天主教世界的教育面貌大为改观，而耶稣会士也因其显赫的学术贡献与高超的政治手腕闻名，在政界高层，甚至是在国王的宫廷里都享有盛名。

耶稣会自其诞生之日起，不到几十年的时间，已经成长为传播反宗教改革精神的最重要的机构，耶稣会士也成为改革之后的罗马天主教会最有力的卫道士。那时候的威尼斯是欧洲天主教世界唯一一个长期抵制反宗教改革运动、抵制特利腾大公会议的国家，他们甚至拒绝向国
265 内信众介绍“禁书大纲”的内容。1605 年，威尼斯人将耶稣会士全部驱逐出境，以此作为对教皇下达针对威尼斯的国土禁令的还击。不久，在意大利占据主宰地位的西班牙哈布斯堡王朝及其宿敌法兰西王国也各怀鬼胎地加入这场争斗之中。最终，大家通过外交手段达成一致，威尼斯人如愿以偿地保住了自己的利益，而正是威尼斯共和国的神学家、圣母玛利亚会修士保罗·萨比（Paolo Sarpi）对欧洲人动之以情、晓之以理，才让大家了解了共和国的利益之所在。其神学著作《特利腾大公会议史》(*the History of the Council of Trent*)的意大利语版本于 1619 年在英格兰问世，是少有的抨击反宗教改革的天主教神学作品，我们由此可以确定，新教改革者所倡导的很多道德理念还是得到了至少一小部分天主教教士的支持与同情。

科学新动力

几个世纪以来影响欧洲历史进程（包括智力、文化、宗教等方方面面）的，当然不只是宗教改革与反宗教改革。虽然改革给欧洲历史发展造成了影响，但这并不意味着改革本身便代表了翻天覆地的新思想，那些欧洲人民一直以来所守护的信仰体系、那些从古希腊罗马经典文化中传承下来的精髓、那些野蛮民族在“黑暗时代”留给欧洲人的社会制

度，当然还有最为重要的基督教文化，构成了改革时代欧洲历史的大背景。而与此同时，现代科学的种子已经在欧洲这片古老的大地上生根发芽。早在 16 世纪(最晚也是 17 世纪初)，科学作为新兴的事物，或者说是复兴的事物，其影响已经开始在欧洲崭露头角。科学彻底改变了欧洲文明的发展方向，这种决定性作用甚至超越宗教，只不过在 1800 年之前还不是非常明显。

科学之于社会的影响最为深远，总的来说可以概括为两个主要方面。其一是人类开发、利用大自然的能力不断增强，而有了恰当的方法与资源，很多过去无法想象的事情，现在借助科学的帮助，已经完全可以实现；其二是不断变迁的社会现状让人们的思想也随之发生改变，这在无形中具有一种颠覆性，大家开始对传统思想产生疑问，维系这种传统的社会权威也越来越多地受到质疑，很明显，后者的颠覆性更强。

人们将这场变革称为“科学革命”，并且认为它是应文艺复兴的影响而生，事实上无论是科学的兴起还是文艺复兴，都是一个渐进的过程，而绝不是所谓的“革命”。虽然学者们的研究还是不能改变多数人的看法，通史中除了细节的改变，基本上也还是坚持以往的论点，但人们对科学之于历史发展的作用还是有了新的认识。从整体上来看，在现代科学真正出现之前的这 300 年中，我们已经可以、也应当运用新的视角、从更高的层面上来进行历史解读。但与此同时，我们也应当看到，很多现代科学的根源，依然是人们普遍接受的中世纪基督教文化。
举个例子来讲，在现代天文学出现之前，中世纪的欧洲人已经认为，宇 266
宙并不是杂乱无序的，其中各个星体沿各自的轨道运转，而我们人类不过是其中的沧海一粟，命运早已由上帝定下，上帝是宇宙秩序的最高主宰。那时欧洲的文化阶层中不乏很多思想深邃、才能卓著的人，都是在传统的欧洲教育体制下接受的知识，各派学说百家争鸣，学者们的眼界也十分开阔。而工匠们也开始制造出更为精密的仪器，欧洲人对自然界的研究水平因此向前迈进了一步。正是由于 15 世纪的欧洲海上舰船上普遍安装了指北针，人们才得以发现几颗新的星体。推动欧洲知识进步的，有些是中世纪欧洲甚至更早时候留下来的遗产，有些则是从其他文化借鉴而来，它们能够远渡重洋传到欧洲实属不易。虽然欧洲的知识与技术已经在现代历史到来之前取得了长足的进步，但现代科学还是中世纪和文艺复兴之后的事情，也是欧洲人可以引以为豪的发明。在科学中占据核心位置的，不仅是人类对自然界的系统研究（这离不开光学仪器等新设备的问世），还包括实验科学方法。实验方法能够最终成为科学研究的标准方法，并非一日之功，不过至 17 世纪中叶，很多人已经将其视为“自然哲学”（那时候还没有“科学”一词）唯一合理的研究方法了，而在“自然哲学家”眼中，实验也是人类理解“大自然机械运转法则”（the management of this great machine of the world）[①]的必经之路——单是这个说法，便足以让我们深思。

现代科学所取得的第一批重大成果，要归功于哥白尼、开普勒和伽利略这些天文学家和宇宙哲学家，几位大师也因此获得了极高的声誉，但其中伽利略最重要的著述也不过是重复了哥白尼的论点。对于我们普通人来讲，他们的重要性并非在于其超凡的才华与科学素养，而是在于他们给后世带来的巨大影响。亚里士多德思想与《圣经》理论相结合的世界观直到 1600 年依然让欧洲人甚至是受教育程度最高的文化人深信不疑，却在今天被这几位学者的学说彻底否定了。后来，越来越多的学者发布了自己的天文学成果，他们的理论往往比较笼统，阐述不够详尽，还经常建立在假设的基础上，但优点是观测和实验运用得更多了，这得益于刚刚问世的望远镜。这些学说打开了欧洲人的思路，人们通过一次又一次的反复观测、反复实验，已经可以比较科学地对大量的研究目标进行假定推测，因此普遍科学法则的确可以准确地适用于各种来源不同的数据。

纵使早期天文学有着多么深远的革命性影响，但事实上它在很长一段时间内都没有得到欧洲大众应有的关注，反而是介绍 16 世纪大航海的出版物如潮水般涌来，使得欧洲人趋之若鹜。不过到了 1700 年前

① 原引自 C. M. Cipolla, *European Culture and Overseas Expansion* (Harmondsworth, 1970), p. 26。

后，天文学中涌现出来的新思想与实验方法被很多其他学科借鉴过去，267
从此彻底改变了欧洲文化阶层的视野；而对于那些顽固不化地抵制科学思维的人（很多西班牙大学一直到18世纪都还抱着亚里士多德的理论不放）来说，他们也绝对没有办法对此视而不见。

至18世纪初，大批欧洲自然哲学家投身科研，不遗余力地为人类谋求利用大自然的更好方法。提起大自然，这个概念在当时绝大多数欧洲人的心目中，依然代表着造物主的全知全能，持这种观点的甚至包括很多人心目中独一无二的伟大科学家——英国人艾萨克·牛顿（Isaac Newton）。牛顿痴情于宗教研究，尤其对神秘宗教学与数理宗教学最感兴趣，他生命中的大部分时间都没有放在科学研究上面。在他看来，自己的那些科学作品不仅与其对上帝的信仰相比不值一提，甚至无法同他的那些神学著作相提并论。但在牛顿所有的研究成果中，真正具有跨时代意义的正是他的那些科学作品，其中又以数学和物理学方面的著述最为重要。他对宇宙原理的解读，例如重力概念的提出，是独具开创性的。重力学理论奠定了现代物理学的基础，在其后的两个世纪中为人类带来了无法估量的知识，牛顿首次让人们见识到普遍法则的力量、科学的力量；由他所创立的科研方式，直到今天我们还在沿用。但这些都不是牛顿最为重要的贡献。从长远来看，随着他的思想和学说逐渐被普通大众接受，他事实上也在向人们证明：我们这个多彩而又复杂的世界其实并不是不可被认知的，借助科学的力量，我们完全可以揭开她那神秘的面纱。这一结果，恐怕钟情于神学研究的牛顿本人是无论如何也预料不到的。

早在牛顿那个年代，欧洲已经开始有国家机构将科学研究列为重要事务，并拨款予以赞助，这充分说明科研地位得到了较大提升。1657年，西芒托学院（Accademia del Cimento）在意大利地方大公的赞助下成立于佛罗伦萨，这是欧洲的第一家科研机构；1662年，英国皇家学会（English Royal Society）也在获颁英王特许状之后建立了起来；几年之后路易十四批准建立法国科学院。1675年查理二世设立格林尼治皇家天文台，说明科研机构的建立也经常会夹杂现实的因素。这些创立较早的欧洲科研机构充分说明，公众对科学的关注度越来越高，贵族也开始为科学研究注入资金，在此后的一个半世纪中横扫欧洲的现代化潮流，到此时已经初现端倪。1665年，欧洲第一份自然科学学术期刊《皇家学会哲学汇刊》(*Philosophical Transactions of the Royal Society*)首次面世。到1800年，欧洲已经有了自己的科研圈子，各个国家也均有所建树。欧洲人在这个时代取得了相当可观的科学研究成果，除牛顿创立天体力学之外，欧洲人还奠定了现代化学的基础，并且已经开始着手研究光电现象。

启蒙运动

随着17世纪的帷幕慢慢落下，针对宗教的怀疑主义已经引起一些
268 保守人士的不安，他们还牵强地给宣扬知识不可认知的希腊哲人皮浪冠以“皮浪怀疑主义”(Pyrrhonism)之名。后来的历史学家也一直孜孜不倦地寻找神学世界观被世俗世界观取代的征兆，以及传统文化被新兴科学文化取代的征兆，他们自认为获得了成功，但实际上无论是新的世界观还是新兴文化，在1700年之前都还不是社会主流。虽然这一时期已经出现了怀疑主义者和唯物主义者的声音，但在很长一个时期里，人们还没有意识到科学的力量以及科学在未来会对欧洲社会现有秩序产生怎样的颠覆性影响，牛顿的例子已经很好地证明了这一点。多数人开始还不会因为某些自然规律的发现就抛弃宗教信仰，即便说当时的欧洲正在经历一个文化变迁的时代，但这种变迁也很难以三言两语说清楚。一位法国学者将这一时期的欧洲称为“认知转型期”[①]，的确，要将未来的欧洲历史完全从这个时代剥离不是一件容易的事情，但在18世纪初的欧洲，历史的分量和传统的分量依然沉重。显然数以百万计的欧洲人仍然没有读写能力，对于这些没有在历史上留下声音的大多数人来讲，宗教迷信完全压倒了科学怀疑主义。在之后几十年的时间里，残酷的宗教刑罚依然通行欧洲各地，女巫还是会被烧死；虽

① P. Hazard, *La crise de la conscience europenne 1680 –1715* (Paris, 1935).

然两个世纪以来解剖学的发展让欧洲人积攒了较多的医学知识，但这些知识还没有被广泛应用到日常医学中；而即使是在最发达开化的法国与英格兰，很多人还是会相信，经由教皇敷油礼的一国之君拥有神一般的权力。

而在百年之后，很多阻碍新时代发展潮流的中世纪传统已经褪去，尤其对于文化阶层来说，他们所经历的思想震荡是最为明显的。很多在 17 世纪刚刚崭露头角而又依然模糊的新的思想潮流，到了这时候已经逐渐成熟，并汇聚成一股洪流，当然，这种情况在各个国家、各个地区，甚至各个市镇的形势也各不相同。虽然有过度简化历史的嫌疑，但似乎可以将这一时期的历史变迁概括为理性分析与理性解读两大科学原则的确立，因为到 1800 年，理性的元素已经深入欧洲人生活的方方面面了。

人们经常错误地将上述欧洲人的思想变革简单地用“启蒙运动”一词加以概括，这个在 18 世纪便已经为人所知的词汇，直到今天仍然让我们深思。在欧洲的主要语言中，人们几乎无一例外地借用“光”来描述这场思想解放运动，比如德语中的 Aufklärung、法语中的 Lumières、意大利语中的 Illuminismo，西班牙人则将启蒙思想家称为 illustrados，也即是说，是启蒙主义的光辉驱散了笼罩欧洲的传统制度与行为方式，驱散了中世纪的黑暗与愚昧。越来越多的欧洲人开始追随启蒙主义者，并将这种思想与宗教结合起来，那时候流行的说法是“自己做自己的哲人”，这里所说的哲人并不是指专业的哲学研究者，而是鼓励人们自我思索；正如一位德国哲人所说，人要“勇于求知”，要用
理性的力量，摆脱自我的思想束缚。 269

法国人伏尔泰[①]是欧洲启蒙主义运动的代表人物之一。他曾是成功的剧作家，也正是剧本创作为其奠定了一定的知名度、财富与地位，但实际上使其在追求新潮的人们中间家喻户晓的，并非文学创作，而是他对牛顿科学思想的大力推崇。无论当时的欧洲人对伏尔泰是褒是

---

① 原名 Francois Marie Arouet，他在 20 岁出头的时候取笔名伏尔泰。

贬，今天我们普遍将他视为启蒙思想的开创者与绝无仅有的大师，除了他之外，似乎的确没有任何人能够配得上这一评价了。伏尔泰虽然倾其多半生的精力抨击"邪恶"的教廷与愚昧主义，并因此得到怀疑主义与藐视教廷的评价，但他一直信仰上帝，且至死都没有与教会撕破脸皮。他算不上是社会或者政治改革者，但也会用其锋利的笔触抨击社会问题。他一直希望成为那个时代的文化领军人物，并自视为理性主义与人文主义的杰出倡导者。他甚至还说过，"理性哲学"早在 1715 年之前便已经显露出来，这种说法多少有些出乎现代人的意料[①]。

正如同伏尔泰之兴趣广泛、写作体裁多样，启蒙运动的成就与抱负也绝不单一。在伏尔泰的诸多作品之中（包括一本站在法国国王的立场上，拥护王室大臣的改革，批评议会反对改革态度的小册子），让他声名远播的或许正是其对于舆论宽容与言论自由的大声疾呼。此外，还有很多著名的启蒙主义者支持或者直接参与编纂了大百科全书，为人类留下了这个时代最为杰出的文化成果；大百科全书除收纳了海量的实用信息之外，还充满批评与讽刺的精神，最终将读者引向反对非理性主义、反对愚昧主义、反对野蛮主义的道路，而所有这些中世纪的传统，在当时的欧洲人看来，都是那么习以为常。大百科全书犹如学术界的炸药桶，用编辑们自己的话来讲，就是"文化战争的机器"，它引燃了欧洲改革的导火索；百科全书派的科学家与学者们着重关注政府体制的改革、刑罚制度的更替、经济体制的革新，并敦促各国统治者运用理性的力量提高人民的物质生活水平。

启蒙运动涉及人类思想的方方面面，几乎可以说是无所不包，但其完美主义的诉求却从未真正实现，有些人认为这是由当时的历史条件所限，也有人认为启蒙主义思想先天具有脱离现实的缺点；还有人认为启蒙思想能够得到广泛传播已属意外，因为很多所谓的启蒙主义者提出来的道德教条、社会准则根本就是牵强的、自相矛盾的，例如他们既
270 强调个人的自由与独立，又认为国家应该强力干预社会构建。无论如

① *The Age of Louis XIV* (Everyman edn., London, n.d.), p. 2.

何，启蒙运动都是欧洲历史上极富创造性的一章，它的影响之深远，在当时的欧洲还无法完全体现；虽然二者对于欧洲发展的影响方式与影响层级各不相同，不具有完全的可比性，但总体来讲，其历史影响完全不亚于，甚至可以说超越宗教改革的影响。宗教改革时期的欧洲人还是中世纪的欧洲人，但启蒙运动却实实在在地给中世纪文化宣判了死刑；它为世界历史注入了理性主义与人文主义的血液，从此之后，虽然屡屡接受挑战，这两大现代思想潮流从未淡出我们的视野。启蒙运动不仅让欧洲人从此自信乐观起来，找到了自己在世界民族、文化之林中的位置，也将独立于政治之外的自由学术奉献给了欧洲；在此后的两个世纪中，改革派与自由主义者（我们这个时代的用语）所遵循的原则无一不是来自启蒙主义者，他们承前启后，慢慢将启蒙主义思想传播到世界的每一个角落。甚至很多 20 世纪的思想流派（无论是好是坏）都可以追溯至启蒙主义。此外，启蒙主义者让欧洲人从此相信，人类社会是在不断进步的。

正是因为启蒙运动成果斐然、影响深远，后人总是自觉不自觉地夸大其影响，或者将不属于这个时代的影响强加于启蒙主义之上。即使是在启蒙运动正盛行的 18 世纪，无论其有何等的创造力与影响力，启蒙主义思潮终究不会是欧洲历史的全部。在欧洲大陆上的大部分地区，无论是在东欧各国的世袭地产上，还是在意大利南部的大公领地、安达卢西亚的郊野乡村、奥斯曼帝国统治下的巴尔干半岛上，启蒙主义思想只给那里的社会制度与政策留下了浅浅的印记，那里的人们大都没有听到过牛顿或者伏尔泰的名字，更不用说孟德斯鸠、狄德罗、达朗贝尔、贝卡利亚、贾法尼、康德、费霍（Feyjoo），或者百科全书派 101 个学者中任何一个人的名字了。启蒙思想传播的几个世纪，也是蒙昧主义尚且强大的几个世纪，这种反对势力不仅来自宗教力量，更是源于西欧的历史与传统制度，诸如特权团体、古典律法与贵族权利等。与此同时，启蒙运动激发了人们对个人思想自由的追求，贵族却将这种个人主义滥用于非理性主义与神秘主义之上，再加之贵族公子们向来偏执自大，于是他们脑中的启蒙思想完全不是原来的样子。理性与非理性之间的碰撞，在整个 18 世纪中从未停歇；就拿早期互济会成员来说，他们一直以来所信仰的理性主义与一神论在短短几十年的时间里一点一点地被神秘主义色彩所蚕食。甚至之后欧洲浪漫主义时代中出现的反启蒙主义，都可以追溯到这一时代，或者说归咎于这个时代知识分子的普遍非理性。很多现代人都从错误的角度出发，看待这些启蒙主义者与启蒙主义思想，也许是启蒙主义大师个个才华横溢，其文章极具辩驳力的缘故吧，我们总是容易过高估计启蒙运动对当时那个世界所造成的影响，虽然它确曾引起轩然大波。

启蒙运动对后世造成的深远影响无可争议，容易被人误解的正是其对于当时欧洲的影响；在这件事上，人们很容易对那个年代的真实历史出现认知偏差。思想进步论于 18 世纪出现之后，迅速对欧洲造成了
271 广泛而深远的积极影响：文盲率大大降低，多项重大科学成果问世，欧洲人开始质疑奴隶制度，女权运动兴起，刑罚制度与法律制度改革，这些只是欧洲启蒙时代众多成果中的寥寥数例，然而，它们并不像今天的人们所想的那样，让世界变成了一个更加美好的地方。而与此同时，我们似乎总是对历史的另一面视而不见，这些黑暗面甚至在“光明”的改革中都是可以找到的。我们记住了大刀阔斧地改革国家机构、将俄罗斯拉入现代国家行列的伟大沙皇，我们也记住了那位向伏尔泰慷慨解囊的普鲁士国王，却忘了帝王改革究竟是为何目的，以及这些所谓的“开明君主”是如何对待波美拉尼亚(Pomeranian)与波兰农奴的。大家不要忘记，那些围坐在刺杀法国国王的达米安(存疑)旁边看其受刑的，正是欧洲宫廷中的摩登贵妇，她们来自受启蒙思想影响最深的法国社会金字塔的顶端，她们口中最美丽的法语让法国哲人的思想传遍世界；正是她们，不惜花大价钱，买好位置，就是为了能够看到那可怕的一幕。若 19 世纪初的欧洲人回望他们的历史，他们会看到自己父辈、祖辈有多么保守、落后与野蛮，留恋过去时光的人，恐怕只是少数。不过所有这一切对于今天的我们来说，都是不得而知的。他们将这个时代的社会制度看作是落后的，而不是先进的，并将其称为“旧制度”(ancien regime)。他们眼中的旧制度是无处不在、强大而坚韧的历史传统，非史无前例的大变革不能撼动。

第十三章　西欧的政治 272

西欧的政治组成

“国际关系”的概念是英国哲人杰里米·边沁(Jeremy Bentham)于18世纪首先提出来的,因为从那时开始,人们需要对所谓的“国家”(states)之间的交流体制作出界定,此时的“国家”与“民族国家”已相当类似。从1500至1800年的这300年内,各个国家的稳定程度与治国效率都有着长足的进步。仅就欧洲国家来说(也许还包括年轻的美国,因为1800年前后受过一定程度教育的欧洲人仍将其视为欧洲国家),它们一同构成了一个大的国际社会,有着共同的外交事务处理方式,在追求自身国家利益的同时也要恪守一定的行为准则,它们还拥有共同追求的价值观和目标。但话又说回来,其实在1500年左右,无论是国际关系还是其体系内部的各个国家都还没有成型;而到1800年时,我们所看到的也只是一个还不完善、范围上也有其局限性的国与国之间关系的处理体系。大概在那时,人们相对更可以接受“基督教世界”这个概念,虽然在18世纪欧洲国家外交和战争事务的处理过程中,宗教的影响已经微乎其微,说明宗教作为从前战争的驱使因素,其作用已经呈江河日下之势。而早在1800年之前,已经有人将欧洲视作一种完全不一样的文明统一体。吉本曾说:“哲学家将欧洲看作一个庞大的共和国，各族人民混居其中，他们有着类似的教化、礼仪水准。”[①]统一的文明已经取代宗教成为欧洲新的黏合剂。

1500 年之后西欧政治世界出现的另一大变化是人们开始广泛认识到，这个世界已经成为主权国家的世界，正因为如此，300 年间的变化奠定了今日欧洲版图的基础。也许生活在 16 世纪的欧洲人还不能理解，世界各个地区将相互独立、有着各自的统治者，这位统治者便是
273 决定战争与和平的该国最高政策执行者；他们更不会想到，这一时期寥寥数个被称作“民族国家”的最高主权单位，将会成为全世界的范例。因此，要从政治和法制的层面上将这 300 年间的西欧政治发展讲清楚，并不是一件容易的事。

1500 年前后，只有西班牙、葡萄牙、英格兰和法兰西这四个国家的疆域同今天大体一致，这在一定程度上也是因为它们有着大自然的屏障作为天然国界。伊比利亚处在比利牛斯山脉、大西洋、地中海的包围之中，打败摩尔人之后，外敌很难跨过这些天然屏障，影响西葡两国的历史。葡萄牙在当时是有着自己国王的独立王国，而西班牙虽然“统一”于国王与女王的共主统治之下，却从法理上依然分为卡斯蒂利亚王国和阿拉贡王国，两国拥有不同的法律与传统；还有纳瓦尔王国，偏安于伊比利亚半岛北方一隅。而在英格兰，虽然因为历任国王的征战，威尔士早已划入王国版图，但此时他们还没有统一全岛，因为苏格兰仍是其陆上的强大邻国。1603 年之后，英格兰和苏格兰也实现了共主统治，但还是不能被称为一个统一的国家，真正的“大不列颠王国”，直到 1707 年才诞生(法制上的统一则要等到更晚)。18 世纪之前的爱尔兰岛也已经被征服，由英格兰委任的总督管理；在 1500 年之前，虽然法国国王的统治已经遍及今天法国境内的大多数地区，但英国人依然控制着大陆上的加莱，直到 1558 年。今天法国东部的一些地区，比如勃艮第、萨沃伊、阿尔萨斯和洛林，则还未被并入法国国王的统治范围之内；而在当时的法国境内，也有少量土地由外族统治者控制，如阿维尼翁是

① E. Gibbon, *Decline and Fall*, ed. J. C. Bury, Ⅳ(London, 1898), p. 163.

由教皇直接统治的。

不过，在 1500 年时能将政治与民族国家的感情合二为一的，仅限于上述这些国家。在当时尚不十分强大的英格兰最能够说明问题，岛国心态明显的英国人除了北部受敌，基本上同大陆隔绝，是安全的，其政府也高度集权。亨利七世——威尔士都铎家族的第一任国王——于 1485 年上台，在名为“玫瑰战争”的长期动荡之后，他急于统一全国，王朝家族的利益由此同国家利益结合起来；16 世纪末莎士比亚的作品中也时常出现爱国言论，而不是宗教话语。法国也在沿着民族国家的道路不断前行，瓦劳家族（Valois）和波旁家族所面临的挑战更甚于英国的都铎，因为在法国的领土之上，很多地区仍享有司法豁免权或者其他特权，并不能为法兰西国王所实际控制；很多治下臣民也并不会讲法语（当然，都铎王朝统治下的威尔士人也不讲英语，那时候的葡萄牙是唯一拥有统一语言的欧洲国家），但总的趋势依然是，从 1500 年开始，法国在其国王的统治下已在向民族国家转型了。对于西班牙人来讲，他们从收复失地运动的时候起，就已经培育出一种有着强烈宗教印记的民族认同感了。紧接着是双王共治和 1516 年天主教帝王嫡孙——哈布斯堡的查理继承西班牙王位，称查理一世，同其神经错乱的母亲一同 274
执掌这个伊比利亚国家至高无上的权力，但他还是需要对西班牙内部的两个王国谨慎地区别对待，当然，在哈布斯堡帝国的其他属地，皇帝更是不得不尊重地方权力。

在上述四个国家之外的欧洲，民族国家认同还不能对政治起到很明显的作用。各不相同的皇室家族、王朝，甚至是国王的性格，才是将各个帝国区分开来的主要标杆；而在帝国之外，有时甚至包括帝国内部，是成百上千的独立封地、共和国或者自由城镇。最后，那时候外交活动的主要参与者还是中世纪欧洲的两大巨头——教皇国与神圣罗马帝国。其中，教皇国在一定程度上同其他帝制国家没有什么两样，它也不断地在各地（主要是意大利，也包括其他一些地区）展开战争、吞并土地、扩张势力。教皇在很多国家还拥有领主权、司法裁断权，有些国家甚至就是教皇的属地。然而，虽然教皇们也开展外交活动，也有自身的国家利益，教皇国却绝非是简简单单的又一个独立国家；1500 年，人们虽然对此颇有微词，但作为天主教会的首脑，教皇还是拥有着至高无上的宗教权力。

神圣罗马帝国也是中世纪欧洲历史的产物，虽然在新时代的发展中，有些部分已经名不副实。因帝国所在位置基本上与今天的德国重合，人们有时还会称其为“德意志神圣罗马帝国”，帝国名义上归附于皇帝及其皇家附庸——帝国议会，实际上则完全是一盘散沙。金玺诏书(Golden Bull)颁布之后，不仅七大选帝侯在事实上处于独立地位，帝国内部有超过 100 个公国(或者侯国)以及 50 多个城市不归皇帝统领，再加上 300 个左右的小型独立国家和一些直属帝王的封国，神圣罗马帝国就是这样拼凑出来的。不是没有人试图改变这种混乱状态、试图将德意志结成一个统一的民族国家，不过所有这些努力都失败了，这倒是符合了一些王侯和小城镇封国的心意。这一时期德意志取得的进步，只在于出现了一些全新的国家管理体制。

综上所述，16 世纪初的欧洲人对外交的理解依然在大体上为其传统所控制，还是以封建王朝政治为主，有时还会受到宗教及经济的影响，有些国家受商业贸易的影响也很深。在如此国与国的交往过程中，人们的习惯开始固化，国际机构应运而生，这便是现代外交的基础。作为欧洲人的创造，国际关系将在缓慢的发展演化之后，影响到世界上的每一个角落。即使在中世纪，统治阶层也需要同彼此保持联系，以便就特定问题进行磋商。早在那时候，国王们便互遣特使，特使传信有着一系列特定的规矩，他们也是受到保护的；有时候，国王还会派出有些现代大使意味的特使，以便执行特殊任务。1500 年之后，它才逐渐演变为我们今天所熟知的和平时期的常驻大使，大使负责祖国与所在国之间初步的商业交涉，并负有将所在国最新信息传递给本国统治阶层的职责。威尼斯共和国是第一个向外国派驻大使的欧洲国家，一个仰仗商业为生的国家，自然十分重视商业信息的传递及国与国之间长期的合作，因此，威尼斯能够走在现代外交发展道路的最前端，也是情理之
275 中的事情。在外交家逐渐占据特殊地位，受到国际公认的特权与司法

豁免权保护之时，传统的信使由于生命安全得不到完全的保障，逐渐淡出历史的舞台。与此同时，和平条约与其他外交手段变得更加细致、科学，也为更多的人所接受。拉丁语成为缔结条约的通用语言，虽然当时用拉丁语撰写的国际关系公文还不是很多。而缔结条约要走的程序，也已经渐趋标准化。

这时候的人们开始逐渐认识到外交的必要性，但上述变革进程的发展，是相当缓慢的。严格来讲，专业化的现代外交，直到 1800 年都还没有出现；使者多为贵族，而非国家公务人员担任，因为只有贵族才能够负担得起常驻别国的费用。但即便如此，外交的专业化进程也已经开始，而这也意味着这个世界正在发展成为主权国家的世界；而国与国的关系，也正在为全新的国际关系所主导。

欧洲的国际形势与问题

外交事务与国际关系纵然引人入胜，却总是很难看得清楚。这里有错综复杂的细节，我们经常由于一叶障目而错失整片森林，从而无法把握事情的来龙去脉。1500 年之后这 300 年间的历史尤为如此。由于欧洲政治舞台上的角色多得数不胜数，国际间的家族宗亲关系纠缠不清，各国势力此起彼伏，人的命运祸福难料，欧洲的统治者也常为战争与和平之利弊而头痛不已。我们不妨从一些最为关键的历史事件和过程出发，用长远的眼光，对这一段历史做一个初步的总结。

300 年间的欧洲政治版图变动中，有四点尤为值得注意。第一点是法国在 17 世纪的时候成长为欧洲霸主，或者说是潜在的霸主；与此相伴的，自然是老霸主西班牙的逐渐衰落。到此时，也就是 1715 年之前，西欧政治版图已经基本确定下来，直到 19 世纪都未有大的变动。在法国势力抬头的同时，德国依然处于分裂状态，最后，“新兴的国家”普鲁士将同奥地利的哈布斯堡王朝争夺德国霸权；而神圣罗马帝国虽然在 17 世纪初经历了短暂的回光返照，最终还是踏上了不归路。

第二点是新兴势力在西方冉冉升起，这就是大不列颠帝国（1707 年之后称大不列颠联合王国）。英国的崛起，离不开其商业的发展和不断壮大的海上力量,也同接下来要介绍的第三点——欧洲海外帝国的建立——密不可分,从此,欧洲国家之间的恩怨矛盾,主要集中在其海外利益方面。到了 1800 年,欧洲人的内战席卷全球,触及这个世界上每一个大洲。葡萄牙人和西班牙人是海外利益的开拓者,荷兰人、英国人和法国人后来居上,毫不相让,甚至连丹麦人和普鲁士人也要来分一杯羹。此次欧洲人的海外殖民给这个世界留下了很多长期而深远的影
276 响,其中最为重大的影响之一,便是建立了首个欧洲移民国家——美利坚合众国,美国在随后的历史中,接过了欧洲人一直传递着的火种,欧洲影响因此遍及全球。欧洲人所掌握的坚船利炮、先进的旗语手势和国家管理方法以及丰富的地理知识,令世界历史上早期的所有大帝国都望尘莫及;但我们也应该明白,这时候欧洲还没有蒸汽机车,也没有铁路,交通方式基本还是停留在古罗马的水平上。

第四点,也就是最后一点,发生于 1660 年之后大约一个世纪之内——这就是东欧政治版图翻天覆地的大变革。奥斯曼帝国的力量在扩张至东南欧、达于极盛之后,开始逐渐收缩;古老的匈牙利和波兰王国从地图上相继消失;而新兴的俄罗斯帝国出现在了人们的视野中;后来的历史会告诉我们,俄罗斯之于普奥争霸,有着极为深刻的影响。1800 年时,“东部问题”被摆在我们所有人的面前:奥斯曼帝国撤离之后,东欧的权力空白会由谁来填补?

哈布斯堡家族与瓦劳家族

上面所说的四点欧洲政治变迁在生活于 1500 年左右的欧洲人看来,都是不可想象的,只有一点是例外,因为欧洲人很早便已经开始关注其海外利益了。虽然多数欧洲领主们的野心与扩张依然局限在大陆之上,但英格兰的亨利八世是个例外,他竞逐神圣罗马帝国皇帝宝座的努力没有得到认真的对待,因为 16 世纪初的英王在欧洲还没有多少发言权,只有当欧洲大陆上的君主们势均力敌、需要第三方加入以改变均势状况(也可能是需要其中立以维持均势)时,才会想起这个偏僻的岛国。相比之下,还是法兰西的瓦劳家族实力更加强大,他们自 14 世纪

起便统治着这个国家，在与宿敌英国的较量中长期处于优势地位，他们也自视比后起的都铎家族更加高贵；瓦劳家族还占有意大利南部的一片土地并在那里称王。不过在1500年前后，不管是都铎还是瓦劳，其势力都无法同奥地利的哈布斯堡家族相比拟，而后者存在时间也要长得多，哈布斯堡王朝的兴衰在很长的时间里都左右了欧洲历史的走向，直到1918年。

在14世纪时，哈布斯堡王朝的候选人就总是能够得到德意志选帝侯的青睐；1438年以后，除了一次短暂的例外，德意志皇帝一直都被牢牢握在哈布斯堡家族的手中。1500年的马克西米连(Maximillian)皇帝便是哈布斯堡家族一员，他甚至一度希望自己可以被推举为教皇，事实上这样的可能的确存在。他的第一任妻子是中世纪欧洲最有权势的勃艮第公爵之女。不幸的是公爵死后无嗣，引发政局动荡，财产由多位继承人瓜分，这直接影响到欧洲政治地图的走向。而在此之前，欧洲各国为此冲突不断，瓦劳与哈布斯堡两大家族便就勃艮第公爵遗产分割一事长期敌对，这也构成了16世纪欧洲政治史上最为混乱不堪的一幕。话说公爵留在身后的遗产中，就包括富庶的尼德兰诸省，大体上就是今天的比利时和荷兰。1519年，西班牙哈布斯堡王朝的国王查理一
世在德意志银行家的赞助下，通过利用巨额贿赂，打败法兰西国王登上 277
神圣罗马帝国皇帝的宝座，称查理五世，从而将西班牙帝国与哈布斯堡王朝故地合二为一。人们说，在查理五世的大帝国上，太阳永不会落下。此话并不夸张。

哈布斯堡人来势汹汹，有着吞并全球之势。查理的祖先们通过颇费心机的联姻，留给他的是一个世人闻所未闻的超级大帝国，完全无愧于其皇帝之名号。查理从母亲那里继承了西班牙王国、西西里，还有刚发现不久的南北美洲；又从父亲那里得到了勃艮第的遗产“西属尼德兰”；从祖父那里获得哈布斯堡家族故土奥地利和提洛尔，还有弗朗什孔泰、阿尔萨斯和意大利的很多地区。此时的哈布斯堡王朝，控制着这个时代无可匹敌的超级帝国。更加可怕的是，波希米亚和匈牙利的国王也正是查理的弟弟和继任者斐迪南。在16世纪的大部分时间里，强

大的哈布斯堡王朝都占据了欧洲政治的核心地位，这是不争的事实。查理治下的哈布斯堡家族神圣罗马帝国领土之广袤，从其登基之时所获头衔之多便可见一斑（当然其中也有虚张声势的成分）："罗马帝国国王，上帝选定的皇帝，永远的奥古斯都，西班牙、西西里、耶路撒冷、巴利阿里和加那利群岛、东西印度之王，大西洋对岸大陆之王，奥地利大公，勃艮第、布拉班特、施蒂利亚、卡林西亚、卡尼奥拉、卢森堡、林堡、雅典与佩特雷之大公，哈布斯堡、佛兰德和提洛尔的伯爵，勃艮第、艾诺特、飞黑特（Pfirt）和鲁西永的方伯（Count Palatine），阿尔萨斯的领主，斯瓦比亚的伯爵，亚洲与非洲之王。"

抛开其中夸夸其谈的成分，查理五世所有这些领地基本上可以分为两大类。其一是西班牙一系，由于控制了尼德兰和意大利大部，加之美洲金银源源不断地流入，西班牙帝国异常富有；其二是哈布斯堡家族固有的土地，因为西班牙帝国的存在，哈布斯堡王朝在中欧和德意志地区也非常活跃，家族势力日臻强盛。然而，查理本人并不像我们这样看待自己的帝国与皇帝宝座，他的视角依然具有很强烈的中世纪色彩。例如，他将自己称为"上帝的旗手"，他如同基督教的帕拉丁，率领千军万马同在非洲的土耳其人战斗，并希望以此为开端，将先祖先父们曾经的事业进行下去，将收复失地运动继续下去。在他的眼中，自己不是众多欧洲国家的国王之一，而是中世纪欧洲大帝国的皇帝、基督教世界的领袖，他只对上帝负责。正因为如此，在查理看来，无论是德意志、西班牙，还是哈布斯堡王朝（哈布斯堡家族的土地很多都不是神圣罗马帝国的一部分，因此不可将二者混淆）的利益，在一定程度上都是可以被牺牲的。他也曾幻想建立世界帝国，但16世纪的交通运力和政府管理能力还相当有限，世界帝国只是不切实际的想法罢了；后来又爆发了新教改革，帝国肩上的压力越来越令其不堪重负。而查理还是事必躬亲，不
278 知疲倦地奔走于帝国各地，追逐着他那遥不可及的梦想。但最终的结果却适得其反，查理的统治没能让异族人民产生对帝国的归属感（也许尼德兰是个例外）。他的所作所为，也许正好说明中世纪还没有完全逝去；抑或，他只是生在了一个错误的年代。

意大利战争

1494年,也就是查理出生前六年,法国国王查理八世自称为那不勒斯之王,并率军跨过阿尔卑斯,入侵意大利,无异于给原本就十分激烈的哈布斯堡和瓦劳两大家族之间的斗争火上浇油。意大利哈布斯堡-瓦劳战争从此揭开序幕,时断时续地一直打到1559年,其间涉及的利益之争错综复杂。从地理上来讲,意大利自成一个整体,这在整个欧洲都不多见,但此时的意大利却在政治上处于四分五裂的状态。除了隶属于神圣罗马帝国的一部分,其大部分还是处于独立王公的控制之下,或者是被外国势力所控制;教皇也独自占有一片领地;半岛南部的那不勒斯国王来自阿拉贡王室;西西里也是被西班牙王国控制着;拥有不少海外殖民地的威尼斯,以及热那亚和卢卡则是由寡头统治的独立共和国;地处波河河谷的米兰大公国,由当地颇有权势的斯福尔扎(Sforza)家族统治;佛罗伦萨虽名为共和国,但实际上从1509年开始已经是银行世家美第奇家族手中的君主国了。而在意大利北部,来自阿尔卑斯另一面的萨沃伊公爵占据皮德蒙特。如此一来,亚平宁半岛分崩离析的政治状况令其很容易成为外敌入侵的目标,而统治阶级内部错综复杂的家族关系又很容易为入侵者的武装干涉提供借口。不过,16世纪上半叶,欧洲国际关系发展的主线,依然是哈布斯堡家族和瓦劳家族之间的对抗。

所谓"意大利战争"实际上是由六场战争组成的,它们是欧洲现代国家形成过程中重要的一章,产生了深远的历史影响。正是因为这场战争,查理五世无暇顾及发生在德国的宗教改革,令帝国陷入致命的危机之中;也正是因为这场战争,西班牙耗尽了它的国力与财富。而对法国人来讲,国土沦陷,民不聊生,法国国王也因连年战争,备感受挫。战争的最终结果是意大利完全被西班牙势力所控制。对意大利人来说,这一系列的战争就是一连串的灾难:1527年,反叛的王党军队在罗马城内大肆烧杀抢掠,这是自罗马自蛮族入侵的时代起,遭受的第一次洗劫;战后西班牙霸权崛起,意大利城市共和国的兴盛也随着历史一去不复返。威尼斯眼睁睁地看着自己辛辛苦苦在地中海东岸经营的帝国功亏一篑，他们从此之后只能单独面对土耳其人了；而热那亚人在黑海建立起来的商业帝国则早已土崩瓦解。也许在这场战争之后，得利的只有奥斯曼土耳其人。查理五世及其继任者也接连在北非失利。1571年，基督教军队在勒班陀海上打了一场漂亮仗，而这不过是奥斯曼人罕有的一次马失前蹄，而且在短短三年之后，他们就把突尼斯从西班牙人手里夺回来了。介入意大利战争，已经耗尽哈布斯堡王朝从美洲掠夺到西班牙的金银和财富，在查理五世当国王的最后几年中，西班牙政府已经债务缠身。查理于 1556 年退位，之后随着德意志方面就宗教分歧
279 的问题在奥格斯堡达成初步一致，其弟继承奥地利王位，其子菲利普二世（土生土长的西班牙人）则获得了西班牙王位。查理在其出生地尼德兰举行退位仪式，这位富有传奇色彩的帝王就这样结束了他的政治生涯。临行时，他眼含热泪，将头倚靠在一位年轻贵族的肩上，这位贵族就是奥兰治的威廉，后人所熟知的“沉默的威廉”。就这样，在 16 世纪 50 年代，哈布斯堡王朝一分为二，这一事件也成为欧洲政治史上的分水岭。

落日余晖西班牙

意大利战争期间，意大利海岸地区不断遭受法国和土耳其舰队的袭扰，法国国王也正式与奥斯曼苏丹缔结同盟条约，统一的基督教世界已经不复存在。虽然宗教对外交事务的影响一直延续了下来，但在宗教改革之后，其影响方式发生了变化。在几个世纪以来欧洲历史上最黑暗的一段时期中，这一点尤为明显。17 世纪初，欧洲经历了短暂的平静期，而除此之外，欧洲各国的统治者和各个民族的人们都陷入了让人无法理解的仇恨与偏执之中，屠杀与酷刑随处可见，其残忍程度非古今任何时代所能比拟。这一时期的主要历史事件还包括：由于反对宗教改革而出现各个派系的宗教冲突；宗教分歧令德国瘫痪，法国也在很长时间内力量受到制约；西班牙的军事力量逐渐强大，走上世界霸主之路；英格兰、尼德兰和瑞典成为欧洲新的力量中心；欧洲国家开始为海

外利益相争，开启了随后两个世纪的欧洲历史的主旋律。

在这一时期的西班牙国内，涌现出很多宗教问题、政治问题、经济问题与国家战略问题，与之后的历史一样，外部势力为了各自的利益，纷纷介入这原本已经混乱不堪的局势之中，只不过，这一次历时更久，混乱程度也是前无古人、后无来者。混乱的根源在于，西班牙帝国国力大增，在菲利普二世时期，西班牙的崛起引起了欧洲国际局势的紧张。菲利普二世在位期间，依靠帝国力量推行收复失地运动留下的西班牙宗教遗产，反宗教改革运动无疑是手段之一；而同宗教改革的影响类似，西班牙的反宗教改革运动反过来又帮助国王实现对臣民的绝对统治权威。新教大公努力在日益崛起的天主教势力面前保护自己；而天主教王公们则获得了西班牙国家与教会的支持，他们自然也不愿放弃这来之不易的地位。而在宗教的背后，是新的政治力量格局，政治的介入令天主教的地位愈发不可动摇。

两大势力相互冲撞的结果，是绝对的天主教权威在西班牙得以确立，其统治地位是特利腾大公会议前所未见的。刚刚完成的收复失地运动，是十字军东征的一部分；天主教诸王头衔名称的演化也在一定程度上说明，收复失地运动不仅是政治扩张，也是宗教上的统一。其次，西班牙的国王突然发现，国内的老百姓不再都是基督徒了，也有不少穆斯林和犹太人。在如今的多民族西班牙社会，政府担心他们会威胁到国家和王室的安全。为此，恶名昭彰的宗教裁判所得以建立，它直接由国王管理。1478 年，教皇亲自下旨要求建立宗教裁判所；1480 年，位于卡斯蒂利亚的西班牙宗教裁判所开始运转。至 1516 年，在查理统治的 280 每一片土地上——无论是南北美洲、西西里、撒丁岛，还是卡斯蒂利亚和阿拉贡——都有宗教裁判所的淫威，它也是在各地都有权威的唯一帝国机构。当然其“成就”也是显著的：犹太人被驱逐殆尽，摩里斯科人则生活在严厉管束之下；西班牙大地已经经历了去伊斯兰化，依然留下来的摩尔人要被迫接受天主教信仰；甚至路德宗的基督徒都逃不过裁判所的迫害。至此，西班牙彻底实现了宗教上的统一。

宗教上的统一来之不易。而无论从宗教还是从世俗的角度来看，早在查理统治的时代，西班牙就已经完全成为中央集权的专制主义帝国。在伊比利亚半岛，我们已经找不到任何残存的法制社会的特点了。从此，西班牙成为反宗教改革运动的标杆国家；1558年，在俄斯特雷马杜拉(Estremadura)山区一家修道院中度过了自己余生的大部分时间之后，老查理终于与世长辞，而在此后的一个世纪里，西班牙强行在欧洲大陆推行自身的宗教价值观，在各地树立新的标杆与榜样。之后，欧洲大陆又出现了很多类似的国王，他们都标榜自己以反对宗教改革为终生奋斗的目标，将自己视为铲除宗教异端的先锋人物，但在他们之中，最有决心、也最为偏执的，还是老查理之子。西班牙国王菲利普二世在1558年玛丽·都铎去世前，都是英国的"女婿"；他还从老查理那里继承了"半个帝国"，包括西班牙、西印度、西西里以及西属尼德兰。对于其在西班牙推行的宗教大清洗政策所带来的影响，现在的人们依然众说纷纭；而对于大清洗对西属尼德兰的影响，大家的看法则基本一致。

尼德兰新生

"尼德兰革命"，即荷兰人所说的"八十年战争"，是现代欧洲国家诞生历史的一部分，是荷兰人建国传奇的开始，虽然其中有些成分难免为后世的有意构建。有些人大概会想当然地认为，因为尼德兰革命开创的是相当"现代"的新尼德兰国家，所以革命本身也应当是"现代"的，是尼德兰人民为取得宗教宽容与民族独立所作出的不懈奋斗。事实上这是一种非常错误的看法。尼德兰革命爆发的背景，依然是中世纪的欧洲。西属尼德兰本是勃艮第公爵留在身后的遗产，它是由17个各具特色的省份组成的。其中南方诸省的人民多讲法语，那里有着整个欧洲城镇化水平最高的市镇，其中就包括佛兰德人的贸易中心——安特卫普(Antwerp)，这些商业地区的人民历来难以被任何政府管束，15世纪末，很多佛兰德的城镇大有朝着独立的城市国家发展之势；北方各省则以农业和航海业为重，那里的人们对土地有着极其深厚的感情，大概是因为他们自12世纪起，便开始填海造陆，因而每一寸土地都来之不易。尼德兰北部与南部在后来独立,分别成为今天的荷兰与比利时,当然,生活在 1554 年的人们是无法预测到这一结果的。尼德兰各省都有自己的议会机构(estates),它们所组成的“联合议会”(States General)则在名义上代表联邦各省的利益,而尼德兰各省的统治者在遇到困难时,也经常会向联合议会求助。

西班牙国王菲利普决意将特利腾大公会议的决议强加到生活在西属尼德兰的新教徒身上,是导致尼德兰愤而反抗的直接因素。但在其背后,还有着更为深刻的原因。早在老国王统治时期,尼德兰人民就因 281
西班牙统治者征收的赋税而怨声载道。西班牙中央政府和地方政府的关系逐渐从中世纪式转向现代,但统治者却在体制升级的过程中忽视了勃艮第人民的感受。首先揭竿而起的是南部省份的贵族。这个时代的欧洲贵族往往难以招惹,他们更是如此,尤其是当他们所标榜的“自由”——也就是贵族特权和司法免责权——受到侵犯时,他们便对来自西班牙的国王产生了敌对情绪。他们认为,老查理还是能够理解自己的,因为毕竟他们讲的是同一种语言;而出生在西班牙的菲利普则完全属于外族统治者。贵族们进而又声称,西班牙驻尼德兰的地方长官阿尔瓦(Alva)公爵,在处理基督教异端的问题上强行介入当地司法,粗暴地践踏了他们的权利。尼德兰的贵族虽然多数都是天主教徒,但他们的衣食要仰仗佛兰德兴盛的城镇商业,而佛兰德人是新教徒。因此,贵族们也并不希望西班牙宗教裁判所介入尼德兰地方宗教事务,他们因此通过布拉班德(Brabant)议会向西班牙政府表达了他们的不满,而这依然是一种典型的中世纪抗议方式。

事态很快恶化。西班牙军队凶残无道,而奥兰治亲王、纳索的威廉(他又被称为“沉默的威廉”,因其得知主子惩治尼德兰国内的异端的想法后,敢怒不敢言而得名)挺身而出,领导了尼德兰的起义军,很多贵族都联合起来支援叛军,他们相信,西班牙人正在集结大军,准备彻底摧毁联合行省的传统与法律制度。但尼德兰贵族与信奉加尔文教的市民之间也一直存在裂痕,而后者在这种危急关头更加为自身的安全与财富担忧。在这种情况下,西班牙总督巧妙地利用政治手段从中离间,加之帝国军队不断取得胜利，最终贵族们放弃抵抗，西班牙军队进占今天的比利时国土。而在 1584 年“沉默的威廉”遇刺身亡之前，他一直领导着北部诸省，坚持进行抵抗西班牙殖民者的战斗。

而在荷兰人（让我们姑且这样称呼他们）中间，北方的新教徒虽不像南方人一样还得同贵族作斗争，但依然称不上是团结的集体，不过他们有着统一的口号——宗教信仰自由，内部的分裂则被很好地隐藏起来。佛兰德人在向北迁移的过程中，将新首都建设到这一带，也给尼德兰人带去了高超的商业技艺。北方人也一样让西班牙人吃尽了苦头，面对强大的西班牙帝国军队，尼德兰人坚守不出，还决堤放水淹了西班牙军的驻地。在陆战本可取胜的情况下，荷兰人出其不意地转战大西洋，不断在北海之上袭扰西班牙船只，沉重打击了西班牙本土与尼德兰之间的海上联络。对于西班牙人来讲，从西属意大利运送物资，维持驻扎比利时的庞大常备军十分耗费人力和物力，更不用说不久之后，这条陆上交通线上又会多出个新的敌人。

282 西班牙的反宗教改革运动将一种全新的宗教思想注入国际政治事务之中，而对参与到这场政治漩涡中的各方势力来说，它们却有着各自不同的目的及动机。法国国王自然不会允许西班牙随意进占尼德兰，否则西班牙军队会从伊比利亚本土、意大利和佛兰德多个方向同时入侵法国领土。新教国家英国则对此反应比较冷淡，他们一直都对涉及西班牙的事务态度谨慎，而菲利普二世也竭尽全力避免同伊丽莎白女王决裂，在其与玛丽·都铎的婚姻结束之后，他甚至希望再次迎娶新的英国女王，再结两国之好。但他一直被同奥斯曼的战争牵扯了过多的精力，与老父王一样，菲利普也将基督教圣战看作头等大事。但西班牙还是对英格兰劫掠帝国商船的海盗行为给予无情的打击，这让英格兰国内反西的热情高涨，同时也伴随着宗教的狂热。16 世纪 70 至 80 年代，英西关系已经不可挽回地恶化了，伊丽莎白女王也时而秘密、时而公开地支持荷兰革命，因为虽然英国人也不喜欢革命者，但还是不希望看到这片地区沦陷而受到西班牙国王的控制。终于，拿着教皇签署的关于废黜“叛教女王”伊丽莎白的一纸文书，西班牙帝国于 1588 年调集重兵,将战争矛头指向了英格兰。对于英西海战,至今矗立在英格兰的一块石碑上如此记载道:“上帝舞动狂风,顿时令侵略者片甲不留。”摧毁无敌舰队的是可怕的暴风雨,事实上,战争中没有任何一方的船只被击沉。残兵败将逃回西班牙后,两国之间的战争又持续了很多年,不过没有再次爆发大规模的战役。海军传统从此根植于英格兰大地,在漫漫的历史长河中,这产生了极为深远的影响,也一直是英国人的骄傲。英格兰在英西海战之后赢得了长久的和平,直到下个世纪,一直没有陷入欧洲大陆纷纷扰扰的战争泥潭之中。

尼德兰战争之后,人类见证了新的社会形态的诞生,这实在是令人意想不到的结果。尼德兰七个独立省份组成了联合行省共和国,它是在联邦议会领导下的松散联盟,也是继威尼斯之后,欧洲历史上最为强大的共和国。一致的对西战争,令它们走到了一起,当时在各省甚至有传言称,菲利普二世一旦夺取尼德兰,就会将这里的所有人尽皆屠戮,而实际上,战争时期死去的新教徒还不及 4 000 人。很快,荷兰人便同 20 世纪刚刚独立的非洲国家一样,开始从历史中寻找共和国的痕迹,他们高声歌颂曾与罗马帝国作对的日耳曼部落,虽然这些在历史中着实是小得不能再小的琐事。荷兰人当年的这种热情,我们今天还能从阿姆斯特丹一些上层人士要求制作的画作中见到,比如伦勃朗画中巴达维亚勇士进攻罗马帝国军队大营的场景。就这样,一个新生的国家有意识地构建了自己的历史,其鼓吹能力不逊于当今任何国家的宣传机器。荷兰人站稳脚跟之后,开始在刚刚诞生的联合行省共和国内部推行宗教宽容政策,这也是为了弥合其内部的宗教矛盾;各个城市与省份相当自由,拥有很高的自治权力;加尔文教没有在政府中占据上风,这个国家逐渐被商人控制,而一些来自阿姆斯特丹的商人权力尤其大,那是共和国之内最为富庶的荷兰省的首府;在荷兰省,贵族身份已经不再神秘,商人和城市寡头手中的权力相对要大得多了。

283

英格兰

很多人可能认为,伊丽莎白一世时期的英格兰也如同尼德兰,国内自由，宗教宽容，这着实是搞混了年代。伊丽莎白女王自导自演的“皇家历史剧”让后世人不能自拔。至1603年去世，她已经当了45年的英国女王，但她连同她逝去的青春与美丽，却永远为后人所铭记。她敏锐地将都铎王朝的利益与民族利益相结合，还经常出访，接触百姓，给人留下高贵印象的同时也节省了政府的开支，她也是心狠手辣的卑鄙政客，所有这些，再加上天才诗人的文学夸张与渲染，造就了一个民族对女王的集体膜拜。她不进行宗教迫害，用女王自己的话来讲，她不愿“控制人的灵魂”。所以不难理解，为什么在她的继任者执政的时候，民众会把这位“英明女王”登基的日子当作盛大的节日来庆祝，并借此来表达对政府的不满。女王最大的幸与不幸，就是膝下无子；她还留下一个千疮百孔的国家，同这一时代的所有统治者一样，女王在任时期，国家财政总是入不敷出，她的继任者从她那里得到的只有一屁股的债务。因为终身未嫁，在她死后，王位传给了旁系继承人。

作为第一位在英格兰当上国王的苏格兰人，来自斯图亚特家族的詹姆斯一世既不像他的儿子那样缺乏判断力，也不像他的孙子一样没有原则，但作为国王，依然是谋略不足，而且举手投足之间带着外国人的痕迹，在英格兰人看来有些奇怪。所有这些因素加上一些更加致命的问题，使得其在任的几年中，英国政治举步维艰。实际上，从詹姆斯一世开始，17世纪欧洲各国的君主制普遍面临危机，而不仅仅是英格兰。而在多国几乎同时爆发政治危机之时，经济大萧条也横扫整个欧洲，政治与经济问题往往不分家，可要理清这其中的具体联系，似乎并不容易。但有一点是显而易见的，那就是在这个动荡不安的年代，起义与宗教战争频发，欧洲大陆上（英格兰相对还是比较平静的）各个国家的政府均为连年战争挥金如土，国内经济的凋敝似乎也是必然的。

但是，在当时的欧洲，最让人不可思议的事情却发生在斯图亚特家族统治下的英吉利王国，那就是国王被杀，英国历史上出现唯一的一段共和国时期。对于国王与议会之争，历史学家至今仍弄不清楚他们争论的中心在哪，或者说究竟是什么问题，将他们最终引向了战争之路；另外，既有人认为这是帝制统治面临危机的表现，也有人说这只是英国特殊的环境与查理国王怪异的脾气秉性造成的个别案例。事件的拐点出现在 1640 年。是时，查理一世正在调集军队镇压苏格兰人民起义，他希望马上能够向英格兰人征税，否则英格兰也将不保。但当时有很多英国人都认为国王正在密谋通过立法，推翻英国国教教会，重新将英国变成罗马天主教的国家。议会便开始向国王身边的人下手，两人束手就擒，其中坎特伯雷大主教被送上断头台。1642 年，国王查理决定不再向议会妥协，英国内战爆发。最终王党战败。其结果是可想而知 284
的：因为赢家总是脆弱而谨小慎微，试想，如果是在古代，议员（无论是上议院也好，下议院也好）违背了国王的法令，会有怎样的结局？各个方面都会以最为严厉的措施处置那些敢于以身试法的人，虽然可能大家对法的理解各有不同。查理国王最后引苏格兰军队为援，让大军浩浩荡荡开进英格兰的土地，无疑是自断生路。议会对国王进行了审判，并于 1649 年将他斩首示众，王子从此流亡海外。

在接下来的一段日子里，一位名叫奥利弗·克伦威尔（Oliver Cromwell）的乡绅直到 1658 年去世一直执掌英国的国家大权。他曾经凭借过人的军事才能，在议会中一路高升；在战争期间，由于手中握有千军万马，政治家也对其言听计从，不过他在执掌政权期间也不能不顾及同僚们的意见。最终妥协的结果是英国成立了“英吉利共和国”。因为克伦威尔一直都在寻求议会治国的方法，以避免国家陷入狂热的宗教分子之手，因此新共和国的宪法体制还相当完善。

在英国议会中，有一些新教徒又被称作清教徒，他们的基本特征之一便是排斥其他宗教派别。我们很难对清教徒作出一个准确的定义，但从伊丽莎白女王时期开始，他们的势力就在英国不断扩大。最初的清教徒认为，要严格依照经典对教义和宗教仪式作出解读，因此，不管是在英国国教内部，还是在那些抨击国教、认为国教中天主教色彩太过浓重的人中间，都会有清教徒的身影。单从其名字“清教徒”我们就可以判断，这些生活在 17 世纪或者更早时期的人们，希望严格依照经典理解教义，反对模式化的宗教仪式，倡导朴素的生活方式，并通过自身的努力去影响别人，最后一点很有些加尔文教的意思。清教徒在议会中有着越来越大的影响，意味着他们会通过法律形式，将自己的宗教理解与道德理念强加给他人，包括保守的国教徒，也包括各种宗教上的少数派——公理会教徒、浸信会教徒以及神位一体派教徒，他们也因为共和国的建立，活动更加频繁了。无论从政治上还是从宗教上来说，清教徒都没有民主的传统，虽然选民可以自由选择社区内的长者来担任各种职务，以实现自治；而一旦出了自己的小圈子，他们的领导阶层却对外宣称，只有他们能够理解上帝的旨意，这显然让外人无法接受。真正提出富有创见性的民主思想的，实际上是新教徒之外的一些少数派。

后来，有人称英国内战为“英国革命”，不管如何称呼，关于这场战争的本质，直到今天仍有争议。显然，宗教在其中有着重要的作用，过去的史学家将其称为“清教革命”也不是没有道理。比较极端的新教教派也得到了出头露面的机会，在英格兰人民生活中的方方面面留下印记；但却招致国教教会的反感，之后的几个世纪，英国政界一直都有很强烈的反宗教倾向。不过，不能简单地将内战本质归结于宗教。克拉伦登(Clarendon)是当今最为出色的英国内战史专家，他认为用“叛乱”
285 一词描述这段历史更为准确，这也正是王政复辟时期，英国议会对内战的称呼。也有学者用阶级斗争的视角来解读这段历史，当然内战参与者有着这样那样的经济利益与阶级利益，但其中并无模式可循。还有人将其视为权势不断提升的“朝廷”与“地方”之间的斗争。所谓“朝廷”，就是以政府为纽带联系到一起的官僚、朝臣以及政治家，他们的利益都同王朝的兴衰密切相关；而“地方”则指那些为朝廷开支买单的地方权贵。而事实上，地方并不是同仇敌忾的统一体，通常一个家庭既有支持议会军的，也有支持王党军的，这也是内战中让人不禁唏嘘的一点。战争的根源不像其结局那样，可以被一眼看穿。英国内战中各个因素起到的作用，尤其是苏格兰所扮演的角色，令这段历史变得异常复杂，我们不能武断地给出任何结论。

不幸的是，克伦威尔刚死，他苦心经营起来的共和国便摇摇欲坠。议会中派别林立，由于得不到足够的票数，任何新的法令都很难通过。很多人还是希望能够回归帝制。1660 年，斯图亚特家族复辟，查理二世在英国人的邀请下再次登上王位，不过这是有条件的，议会提出，国王必须支持英国国教，保护宗教改革所取得的一切成果。不过，国教如今面对的威胁，不仅来自反对宗教改革的天主教势力，更加可怕的是那些富有革命精神的清教徒。国王与议会的斗争也将一直继续下去，不过取得了内战胜利的议会方面，已经转守为攻。

帝制的危机

英国将国王查理一世正法的消息震动了整个欧洲，不单是统治阶级，普通百姓也都十分吃惊，而与此同时，他们也都面临着国内的政治危机与制度危机。虽然在欧洲大陆上还没有掉脑袋的国王，但危机还是导致了不少流血冲突，其中以夺取粮食的暴动为主，农村社会动荡不安。史学家们认为，17 世纪初影响欧洲的各种危机中，政治危机也十分明显。在西班牙帝国的政治体系之下，既有封建的官僚因素，又有地方各自为政的联邦意味，加强中央集权的举措引发了一系列的政治危机。臣服西班牙帝国将近 60 年的葡萄牙于 1640 年独立；巴斯克与加泰罗尼亚地方也相继爆发动乱，其中后者过了足足 12 年才平息；1647 年，西属那不勒斯王国人民起义。至 17 世纪中期，遭受一连串打击的西班牙帝国，已经不再是 100 年前那个风光无限的欧洲霸主了。

而对于欧洲的新科霸主法国来讲，日子过得也不舒服。直到 1598 年，有关胡格诺教徒的老问题依然没有得到最终的解决；1610 年，改宗成为新教徒的亨利四世遭到暗杀。其子即位时年仅 9 岁，在随后的五年中由摄政王辅政；而在此期间，他也一直都是王公大臣们争论的焦点。1630 年黎塞留(Richelieu)出任枢机大主教之后，宗教教派争端才有所缓和，而在此之前，胡格诺教徒再次掀起起义浪潮，中央也挫败了几次政变阴谋。为了保证税收征收的顺利进行，主教大人甚至可以同叛军谈判、向叛军行贿，以赢得他们的合作，并用收上来的这笔钱来应
付对外战争。王国官员一致要求国王掌握至高无上的权力，实际上反 286
而帮了倒忙，帝国形势愈发严峻。那个时候的法国依然是传统的农业国家，要增加税收必定相当于从最贫苦的农民身上揭一层皮，几年之

内，农民要缴纳的税款是从前的两倍，甚至三倍。人民愤怒的呐喊最终汇聚成起义的洪流，然而结局往往是被残酷地镇压下去。经历过三十年战争(德意志与中欧地区的混战)后期的法国东部地区也是满目疮痍，洛林和勃艮第地区更是损失惨重，一些地方的人口减少了四分之一到三分之一。

“三十年战争”

比一场战争更可怕的，是接连不断的战争。“三十年战争”，标志着西班牙霸权时代退出西欧历史舞台，而法国则成了新兴的欧洲霸权国家。在这一系列的战争中，西班牙与荷兰战端再起；瑞典帝国在北欧崛起，成为新的欧洲大国；最后是波旁王朝与哈布斯堡王朝两大家族的对抗。战争的直接起因是，哈布斯堡帝国皇帝斐迪南二世(Ferdinand Ⅱ)企图通过反对宗教改革的运动，重建其在德意志的绝对统治地位。这种行为无异于否定奥格斯堡合约，也威胁到德意志人民的宗教多元与宗教自由。事实证明，激怒新教大公的做法是很愚蠢的。1618 年，帝国选举即将进行，信仰新教的波希米亚人起义，公开反对斐迪南的统治。一时间，在多种因素的合力作用下，宗教冲突变得越来越复杂。正如 16 世纪的哈布斯堡家族和瓦劳家族为争夺意大利而开战一样，到了 17 世纪，哈布斯堡又因为德意志问题，与波旁王朝打得不可开交。中欧人民早就已经习惯了军阀们的反复无常与凶狠狡诈，而一直以来都是天主教国家、人称“罗马教廷大女儿”的法国，竟然也在枢机大主教的领导下，与荷兰的加尔文教以及瑞典的路德宗结成同盟，支持德意志大公，公然反对天主教姊妹帝国哈布斯堡。枢机主教黎塞留将战乱引向莱茵河畔，为法国争取到超过 100 年的安宁，他开实力外交(Realpolitik)与国家政治(raison d'état)之先河，也就是不择手段为主权国家谋取最大利益。不过，直到 1648 年《威斯特伐利亚和约》(the Peace of Westphalia)签署，令欧洲损失惨重的“三十年战争”最终结束，宗教在战争与外交中发挥的作用仍是不容小觑。

和约再次确认了帝国内部的宗教信仰多元化，并且提到了加尔文教;战后瑞典成为波罗的海南岸的重要国家,并享有在神圣罗马帝国议会中的投票权;西班牙重建查理五世大帝国的美梦破灭,其军事领先地位也不再明显;哈布斯堡王朝从此也走上新的道路。从此之后,德意志成为多种势力交战、对峙的战场,丹麦人、瑞典人和法国人都曾在此驻足;法国的势力在易北河以西不断膨胀。虽然还带有旧时代的印记,但 287
《威斯特伐利亚和约》还是从方方面面,预示着新时代的到来。宗教战争的时代已经离欧洲远去(正因为如此,教皇对和约的签订大为光火);在欧洲人后来签订的和平条约中,宗教问题都不再是主要的问题。

从另一方面来说,《威斯特伐利亚和约》签订于哥伦布发现新大陆的一个半世纪以后,此时的西班牙、葡萄牙、英格兰、法国和荷兰都已经拥有自己的海外帝国,但和约中依然没有只言片语提到欧洲以外的任何地区。英格兰本同谈判双方都没有多大关系;战争的第一阶段结束时,虽然英格兰政局不稳,且正在与苏格兰摩擦,但对欧洲大陆上的事务表现得比大陆国家还要积极。英吉利共和国在 1652 至 1654 年间,对新教国家荷兰开战,虽然克伦威尔很快恢复了和平,建议英荷两国共享贸易、共同繁荣,但两国之间的外交角逐还是让我们看到,商业利益与殖民活动在欧洲外交中发挥着越来越重要的作用。在克伦威尔统治时期,英国还战败西班牙军队,夺取了它的第一个海外殖民地——牙买加。

政治思想与国家政权

之所以说在《威斯特伐利亚和约》中,旧时代色彩依然浓重,又一重要原因是各个王国依然是以王朝利益为着眼点。这一时期的外交主要还是在封建王朝之间进行的,甚至在今后很长一段时间内都是如此。欧洲的统治者更多地还是将国家视为自己的地产和皇室家族的私产,国家领土可以通过谈判割让、武力占领、联姻或者世袭来获得,这和平民百姓获得地产的方式没有多大区别。国与国之间没有清晰的界限,领土还随着遗产继承的关系,不断地在各国统治者手上倒来倒去。生活在这片土地上的人民,就如同即将被易手的田地上的农夫,没有一丁点的发言权。所有的谈判、条约，毫无例外地都是关于谁跟谁联姻、他们的婚姻会产生什么影响、对于政治来讲是福是祸；或者就是将今后的王位继承顺序仔细地研究一遍；有时还会提及封建等级制度，包括向领主效忠之类的内容。当然，偶尔也会出现新的情况，突破封建束缚，在欧洲政治版图上留下永久的印记，比如人们向新大陆不断移民，或者欧洲各地成燎原之势的人民起义。不过从总体上来看，16 至 17 世纪的欧洲统治者依然紧紧看护着祖宗留下来的遗产与特权，并竭尽全力将它们传与子孙后世。在欧洲封建社会发展至顶峰阶段，这是人们对财产世袭的普遍看法，而统治阶级则将其传袭下去，更加谨慎地看护着他们特殊的财产——国家。中世纪的欧洲统治者格外看重家族血统，他们甚至发明出不同的纹章，以象征贵族所属的不同家族，这在今天看来
288 仍是宝贵的艺术形式；在 16 至 17 世纪，宗谱学也大有用武之地。

随着时间一点点地流逝，古时候留下来的政治与社会传统以及陈旧的政治思想都不再具有从前那般的影响力。17 世纪欧洲的律师阶层首次提出“封建”这个概念，并对一切同“封建制度”有关的事物提出质疑。而到了 1648 年，虽然欧洲人还不自觉地会对“基督教世界”感到亲切，但事实上，这一概念已经不具备任何真正的政治意义了。欧洲人民对各自国家的认同感不断强化，教皇的权威则大打折扣，这还是自基督教大分裂以来的第一次；14 世纪之后，神圣罗马帝国不再有固定的领土，帝国皇帝如能在对外征战中频繁取得胜利，其实际控制的领土面积自然就更大；随后爆发的宗教改革也沉重打击了基督教在欧洲的统治能力，欧洲从此进入宗教多元的时代。在以后的日子里，再也没能出现新的力量将基督教国家整合成一个整体了。即使是在整个欧洲都面临奥斯曼帝国威胁的情况下，遭受穆斯林入侵的基督教大公可能还是会向基督教同胞们求援，教皇可能还是会以十字军的精神激励世人，但更为常见的情况是，各个国家有着自己的打算，他们甚至可以为了国家利益，同穆斯林结盟。在这个“国家政治”与“实力外交”开始占据主流的时代，宗教意识形态分歧一定会为国家利益让步。也许今天的人们会感到不解，在那个时代，欧洲人已经越来越认识到他们有着共同的文

化，正是这种文化将欧洲与世界其他地区区分开来，而与此同时，他们又对欧洲国家所共同拥有的、高度一致的制度体系视而不见。或许我们可以这样解释，那时候的欧洲人在对外扩张的过程中，逐渐产生了一种文化上的优越感，因此其相互之间的认同，还只停留在文化的层面上。不过从长远来看，正是欧洲所特有的某种制度体系，令这片大陆变得与众不同，而我所说的这种制度体系便是指“主权国家”。

可想而知，直到 17 世纪抑或更晚，人们还不能够完全接受“主权国家”这一概念。但当时已经有很多人开始就“谁该行使政治权力”这一问题展开广泛的辩论，并撰写文章了，很多人认为权力应当是有限的，也有不少人支持“立法主权”(legislative sovereignty)的理论，简单来说就是在一国之内唯一的法律与立法机构是最高权威。但在现实中，1500 至 1800 年这 300 年之间，虽然多数国家还有着议会制度的躯壳，但从法理上来讲本应由立法机构产生、对立法机构负责的政府权力却无限制地膨胀。这几百年间的欧洲历史，就是统治阶级与被统治阶级之间不断斗争的历史，未来欧洲的走向谁都不得而知。有些人开始指责君主们滥用权力，认为君权并非神授，这些人被称作保守的自由派，他们的声音贯穿整个中世纪；还有些人认为君主享有至高无上的权力本没有错，错在他们没有赶上英明的帝王；也有人只是希望能够保留已有的特权与既得利益。欧洲人对类似问题的争论，已经颇有些现代自由主义的味道了。思想的激荡恰恰说明了政治自由的思想也在酝酿。

不过思想终究还只是思想。在很长一段时间里，欧洲大陆上的国 289
王与大公手中的权力越来越大。16 至 17 世纪，中世纪留下来的古老议会体制纷纷衰亡、解体。法国的三级会议是那时候最接近现代全国议会的机构，却在运转了 175 年之后，于 1614 年解散。16 世纪的一些欧洲国王，其权力之大，如果让那些生活在中世纪的王公贵族们得以看见，他们也会大惊失色。对于这种现象，后人称其为“君主集权制”，这也有言过其实之嫌。中世纪贵族们的免责权是有限的，同理，此时的王权也会受到这样那样的限制，“君主集权”不过是国王们美好的愿望罢了。

欧洲君主与国内反对派的力量对比大多朝着更加悬殊的方向发展,但国与国之间的差异还是十分明显。16 世纪的西班牙就比法国更加“君主专制”,1660 年之前的法国都算不上十足的专制国家。君主们的财富来源更加多元化,如今可以供给一支常备军,还掌握了火炮技术,拥有了炮兵部队。他们时而用强大的武力镇压地方割据势力,时而同地方豪强结成同盟。在实力并不弱的贵族面前,他们也越来越有一国之君的风范了。15 世纪末的英法两国已经向我们证明,只要能够保证国内的稳定与和平,专制独裁政府也可以长期控制国家政权。而在王权之外,几乎任何一个国家都有其独特的政治力量。在过去,国王也必须同地方豪强合作,赐给后者或实或虚的头衔;如今在某些国家,形势似乎有所变化。在此仅举一例说明。在都铎家族统治时期,英格兰枢密院官员依然都是从皇家智囊和地方权贵中选出的,但是在英格兰这个比较特殊的中央集权国家,都铎家族还是控制住了这个本应掣肘王权的机构,将其变成皇家御用的“太平绅士”(Justices of the Peace),他们拉拢地主阶层,让后者也参与到皇家政府中来。

在早期现代的欧洲,政府统治往往恩威并用。这些王国不是一转眼就变成现代国家的,这往往需要上百年的演变,而旧有制度也不会马上被消灭。无论是英国的都铎王朝,还是法国的瓦劳王朝,政府都要小心谨慎地对付贵族,以免激怒他们与政府为敌。而在 16 世纪,贵族反叛是最习以为常的事情,一旦有不满情绪在他们之中传播,或者政府行为威胁到地方利益,他们便会揭竿而起,并沉重打击中央政府。虽然最后的结局往往是皇家军队平息叛乱,但国王们毕竟也不想落下个暴君的恶名,就如同民谚所说:大炮是国王最后的武器。不管是 17 世纪中期以前的法国,还是同一时期的英格兰,抑或是希望通过打击地方割据来实现统一的哈布斯堡帝国,都可以证明上述事实。直到 1745 年,大不列颠联合王国内部还有贵族叛乱,不过这已经是最后一次了。

与此同时,政府还要想办法供养官员和士兵。方法之一是让官员向需要他们服务的人收取一定的报酬或者佣金,但显然这还不够,他们

290 还需要开动脑筋,来更好地利用皇家手中的优势。但事实上,多数君主

最后还是得靠征收新税来解燃眉之急，除此之外也没有什么好的办法。300 年来，各国君主为巧立名目征收新税，可谓绞尽了脑汁，直到 1800 年，人们都没有想出任何办法来阻止这种恶性循环。大体来讲，征税的目标就只能是商品消费与地产，商品消费税包括不直接针对消费者征收的关税与国内消费税、营业税，也可能是取得销售特许权所要缴纳的税费。由于穷人本来就不多的收入中有很大一部分要被用来购买生活必需品，因此他们肩上的消费税压力比富人要大得多；再加上地主总是能想方设法把地产税转嫁到最底层的农民身上，因此征税过重往往令农民难以维持生计，这也常常成为危及社会安定的一个重要因素。贵族享有的特权，也常常会成为国王征税的阻力。1500 年前后，很多地方的权贵还享受着特定的特权与豁免权，他们不必向领主尽财务上的任何义务。贵族们认为自己的特权是不容置疑与挑战的，这些封建权利有着多种多样的来源，包括家族或城市历史上受到的皇家恩赐、协议契约[如英格兰《大宪章》(Greater Charter)]、古代传统，或者罗马天主教教法，等等。

罗马教廷是贵族特权凌驾于国家法律之上最好的例证。从中世纪开始，欧洲的国王无权向教会地产征税，宗教法庭凌驾于王国法律之上，而一些社会、经济生活中非常重要的问题，比如婚姻，都完全由罗马天主教会进行管理，甚至在新教国家也是如此。除教会之外，某些地方省份、特定行业或家族也都可以是封建特权的受益者，他们不必缴税，皇家司法对他们也完全无效。王室成员的地位也往往会同其封建法律权利不对等，比如，法国国王在布列塔尼只是公爵，因而他在那里的权力自然也相当有限。沟通不便、信息匮乏、宫廷生活挥霍无度，这些都是早期现代欧洲的现实情况，作为统治者，他们也只能接受这一切。而历史的文字，依然在帝国官员的笔下流淌，准备为我们讲述下一个故事。

291 # 第十四章　欧洲旧制度

迥异的君主制：法国和英格兰

黎塞留没有等到法国在威斯特伐利亚摘取得益于其政策的和平的胜利果实就死了。在此之前，在他的继任者的任期内首都进一步的政治危机表明其在争夺皇家权力的内部斗争中并未获胜。传统宪法保护者的角色被特殊利益集团掌控，特别是在巴黎的最高法院，坐在那里的法官集团可以在王国第一法庭前辩护。1648 年这在巴黎的一场暴动中结束了(称为投石党运动)。一个妥协的协议带来了短暂的不稳定的间歇期，紧接着就是一场由各省叛乱支持的更加危险的第二次投石党运动。最高法院的法官们没能长期地保持由显贵人物和各省的贵族在背后支持的联合阵线，胡格诺派把王国政府视为其保护者。君主制挺过了这次危机，因此，1660 年其地位在根本上并未遭到触动，尽管在一段时间经历了黯然失色。

那一年，年轻的国王路易十四从摄政王手中接过了法国的全部权力，这将被证明是一个转折点。直到 18 世纪 80 年代法国才结束了无法控制的状态。不仅如此，在接下来的半个世纪里，法国展现出了令人惊讶的军事和外交力量，成了欧洲大陆上首屈一指的大国。其国王也成为君主的样板，承载着绝对君主制的新愿景，并且主宰了一个法国文化传承的黄金时代。

在同一年,1660 年,查理二世结束了流亡生涯,成为英格兰和苏格兰的国王。首先,君主制从一场甚至比投石党运动更重大的政治危机中存活下来,但是其结果却和法国迥然不同。一方面,尽管面临更严重的宪法危机,而且 1688 年另一个斯图亚特国王也被废黜了,这个国家却再也没有经历内战。在复辟时期出现了皇家常备军,最后一次英格兰人的叛乱(1685 年一些心怀不满的王位觊觎者带领几千名被蒙蔽了的“乡巴佬”走向了灾难)也没有严重地威胁到政权。这些有产阶级们害怕重启内战和军事统治。法国和英格兰,这两个将在下一个世纪成为主要大国的国家,通过极为不同的方式解决了国内的危机,其居民付 292
出的代价也有天壤之别。法国的税收带来了比在英格兰沉重得多的负担。由于胡格诺派在投石党运动期间支持君主制,路易十四虽然被宗教异议者严重地困扰着但还是对他们保持了容忍,而随着时间流逝,这些人在英格兰越来越受宠了。当个人君主制的力量在法国显著增强时它在英吉利海峡的彼岸却萎缩了。查理二世在心照不宣的条件下回到了他的王国;40 年后他的王位被同样依照法律却成为契约君主的人取代了。

在一个激烈的宗教冲突仍然存在的时代,如此的差异给两个君主制国家的关系带来了严重的裂痕,由此导致的争端使双方进一步意识到了它们之间的差异。然而,这些差异以及由此引发的讨论,都掩盖了一个共同的趋势。在重要的问题上,两国都提高了政府的有效力量,尽管完全建立在不同的宪法基础上。

英格兰

从某些方面来说英格兰曾经是最有可能建立君主集权制的欧洲国家。自从盎格鲁-撒克逊时代以来,皇家的法统就遍布了整个王国(至少在理论上如此)。从法国分离而遗失了金雀花王朝的遗产,这在漫长的历史中给英格兰王室带来了好处:降低了在欧洲大陆耗资不菲的军事介入的可能。从 15 世纪贵族之间的争夺中出现了一个王朝,它在聚集和引导英格兰的自我认知方面比同时期的任何一个王朝都明显成功。接下来的英格兰宗教改革将修道院和教会的财产交到了国王手中，国王从此成了英格兰国教会的首领，这能为皇家权力的集中提供巨大的财政支持。

然而，这种情况指向了另一个方向。英格兰的宗教改革是通过议会的法令进行的。亨利八世，一个潜在的专制君主，允许议会有权为重要的事情立法，这就使以后的国王在主要事务上如果得不到议会支持独自行动会很困难。更重要的还在于，这给一些思想以新的力量，即除非有文化和传统确立的、在心理上已经内化的主观限制，或者由环境造成的实际原因，否则不能限制立法机构。这种影响在一段时间内被教义问题阻碍了，但是在玛丽尝试恢复旧秩序之后，她同父异母的妹妹伊丽莎白一世使议会立法规定她保留其父亲王位的本质；英吉利海峡，或者说英格兰的海峡，就像它从此被称呼的那样，在教义上是天主教的但却处在一个被议会认可的皇权统治下。英格兰很快就卷入了与天主教王国西班牙的战争，因为后者决定在其土地上根除异端。这更加强化了新教徒的民族认同感。

293 这些外在环境（也有其他因素，包括个性）与那些更古老的历史遗产一起，成为塑造 17 世纪宪政争端样式的力量，因此对于这些暴力和混乱而言，它们最后的绝迹对合法主权国家的影响程度小于对那些传承下去的应该执掌主权和分享权力的人。在 18 世纪只有很少的英国人准备好宣称，国王在议会里制定的法律的潜在范围除了可行性以外还有限制。这个结论当 1688 年英格兰的政治集团拒绝斯图亚特王朝的男性直系继承王位并废黜了詹姆斯二世时就已经不言自明了。人们相信他试图倒退 150 年的历史，使英格兰重新成为一个罗马天主教国家；而他的女儿玛丽和她的丈夫——毫无疑问是一个新教徒的荷兰奥兰治亲王威廉，就不会带来这种危险；他们被加以条件限制登上了王位。英格兰现在终于明白无误地以一个宪政国家的身份开始运作了。这个国家的方向从此被共同确定；它主要的组成部分是议会下院，该院基本掌握在土地所有者手中，这个阶级大部分成员是坐在议会上院的。

君主仍然保有自己的一些重要权力，但是他的顾问们控制了议会下院，这一点随后越来越清晰了。立法主权是议会头顶的桂冠，能够通过法令做任何事。尽管一个所谓的《权利法案》在1689年通过了，但它也只是个法令，像其他法令一样有可能被废止。在欧洲大陆那些仍然保护特权的国家没有这种议会豁免权存在，也没有人权和自然权利如此对议会敞开着的。英格兰人对于权力过于集中的危险的回答是确保议会只能按照社会上力量最强者的愿望来行事，并保留了在必要时进行革命的威胁。

对于玛丽女王的丈夫威廉三世来说，光荣革命最重要的意义是在外交和军事上：英格兰可以动员军队对抗法国以保卫联省共和国的独立了。英法战争带有很多复杂的利益动机，但被说成仅仅是出于宪政和意识形态的原因。在接下来的四分之一个世纪中，神圣罗马帝国、西班牙和众多德意志王公的存在以及他们不断变换的反法同盟组合就使人感觉不到这是纯粹的两方之间的对抗。然而，一些当代人也准确地意识到在这些争斗中有一个意识形态的因素被忽视了。

英格兰和荷兰社会确实比路易十四时期的法国社会更加开放。它们允许并保护多种宗教的存在。它们不对媒体的报道进行审查和删节，而是将其交由保护个人和国家免受污蔑的法律去管理。它们都是由代表社会和经济权力的实际占有者的寡头集团统治。但是，正像荷兰共和国富人统治者的利益经常也被视为大多数人的利益一样，英格兰统治者也是这样做的。毕竟，农业还是英格兰的主要产业；对于地主 294
和租地农场主有利的事往往也对国家有利。这也不会忽视其他的利益——比如银行家和商人。他们也许会对政策发牢骚，但是政府通常会考虑他们的观点。渐渐地，受过教育的和没有受过教育的英格兰人开始共同感受到，在他们享有的好处中有很多是共同的——个人自由、法律面前人人平等、宗教宽容、对绝对君主制的抗拒，以及日益增长的国家财富。在18世纪很多欧洲大陆人都开始感觉到英格兰人的私人生活比他们自由一些。例如，与他们相比，英格兰人通常不太可能未经审讯就被关进监狱，其住宅也不会在没有地方法官授权令的情况下遭到侵入和搜查。等级和服从在英格兰社会非常重要,但是如果一个大贵族犯了罪,他将和其他人一样被带到法庭上。所有这些对于大陆上的欧洲人来说都是很奇怪的,也是让他们很羡慕的。然而,这很大程度上也是英格兰处在那些想保护他们自己及其财产和思想的人的统治之下的结果,想要如此的最好办法就是把特权置于只有议会能够改变的法律的力量之下。所以,“宪政主义”作为一种意识形态就和一个主要的欧洲大国联系起来了。

路易十四时期的法国

法国则非常不同,它明显站到了与宪政完全对立的另一个极端上。路易十四治下的政府对于权力的标榜在实际运作和意识形态方面都达到了极点,尽管仍然对这两者都保留了一些重要的限制。要想以熟悉的分类方式来确切说明这位国王的雄心壮志是很困难的;因为他的个人的、王朝的和民族的身份是无法区分开的。也许这就是为什么他能成为那么多欧洲王公贵族的楷模的原因。法国的政治被有效地降低到了廷臣、管理者和执行者的水平上;皇家委员会和各省的皇家代理人、总督、军队司令一起,虽然也会考虑到各省贵族和地方豁免权的存在,但是王权在破坏地方政治力量的真正独立性方面起到了极大的作用。有些人将此视为某种意义上的革命;由黎塞留打造的体系在这个世纪的后半期最终稳固了。路易十四驯服了他的贵族们。他给他们欧洲最具魅力的宫殿,并且用荣誉和奖金来安抚他们,但是他忘不了投石党运动。他的家庭成员从委员会中被排除出去,进入这个委员会的都是没有贵族头衔的人,他们真正是国王的人。最重要的是,地方的实体被限制了;各省的“庄园”由皇家官员管理着,最高法院也被仅仅限制在司法角色上。法国教会确立了对于罗马的独立地位,但只是使其更加稳固地居于伟大的基督教国王(路易十四的一个头衔)的羽翼之下。不过路易十四仍然决定不做异端的统治者;没有被流放的胡格诺派(路易十四
295 的家族曾经承诺过给予其支持)全都被野蛮粗暴地改变了信仰。

同时出现的以下现象使得法国人不愿承认路易十四统治的阴暗

面：一个无序时代的结束；法国力量在国外进一步的延伸以及伴随而来的法国文化取得巨大成就的一个时代。很快这个时代就被称为“伟大世纪”。即使以最新的方法来审视过去的目标和法令，他也仍然统治着一个等级制的、一体的、神学的社会。有一段时间路易十四曾经希望成为神圣罗马皇帝；他拒绝允许哲学家笛卡尔回国进行宗教礼仪的安葬，尽管笛卡尔是一个宗教保卫者，因为他认为那是危险的。他的政府对此持非常恶意的态度，即使是在有士兵驻扎的胡格诺派信徒的家中，或者那些因为不愿纳税而招致骑兵来驻防一个月的农民们，对此都十分清楚。法国人仍然很少抵抗。除了一些艰难的年份以外，实际上生活比几十年以前要好一些。法国处在没有外敌入侵的最长的一个时期中。坦率地讲，直到 18 世纪，投入土地中的每一滴汗水都能得到较好的回报。在光鲜的外表下面有坚实的基础。

这种光鲜很大程度上应归功于路易十四本人。法国赢得了在欧洲的新地位，不只是靠战争和外交的成功（在其统治结束时还遭遇了严重的挫折），也靠其皇家推销技巧。路易十四将法国的声望带到了顶峰，人们期望保持这种状态，部分原因正是路易十四代表的这种君主制模式；他是个十足的“绝对”君主。几乎没有任何建筑物（或者居住其中的生命）能够将凡尔赛宫模仿得惟妙惟肖，欧洲到处点缀着他建造的新的巨型宫殿的小型复制品。在那个伴随着路易十四的大战的稳定性和延续性的几十年中，它们成为其他所有有着帝王梦的人们所追随的楷模。

法国的优势与均势

一个刻画路易十四统治时期欧洲国际生活变化的方法是奥法龃龉（从旧的波旁-哈布斯堡争端发展而来）的逐渐消退，代之以新的英法争端，而且持续时间更长，产生了世界范围的影响。这样的描述是不够的，而且忽视了东欧重要的新变化，但它指出了正确的方向。这些年，法国在欧洲大陆享有巨大而卓越的影响力。它的坚实基础是在西欧拥有最大规模的人口（事实上，法国的军事力量直到 19 世纪末都有赖于这一点）。

路易十四个人的外交和内政目标都和皇家气质密切相关。仅仅为了方便，外交政策也应该和他统治时期的其他方面区分开来。凡尔赛
296 宫不仅能够满足个人品位，而且对于他在外交中展现威望也是重要的。为了装饰他的花园，路易十四每年从荷兰人手里购买数以百万计的郁金香，同时还鄙视他们是商人，反感他们是共和主义者，厌恶他们是新教徒。他是个墨守法律条文的人——国王不得不如此——当存在有利于提高他声望的合法呼声时他就感到比较安逸；这对于他寻求给予法国更有利的边界是有帮助的。因此多方面的考虑塑造出后来呈现为爱国主义扩张的外交政策。尽管这最终让他的国家付出了巨大代价，但这还是给法国带来了贯穿半个 18 世纪的荣耀，并创造出一幅法国人至今仍然带着怀念之情蓦然回首的图景。

从战略上讲，可防守的法国边界意味着与西班牙的战争，后者 1648 年后仍占据着西属尼德兰和弗朗什孔泰(Franche-Comté)。对西班牙的胜利开启了与本来打算自保的荷兰的战争，1678 年战争结束，这通常被认为是路易十四外交成就的顶峰。现在他转向了德意志。除了领土的斩获，他还想获得帝国的皇冠。为了得到这些，他很乐意与土耳其人结盟。到了 1688 年，荷兰执政威廉由于其妻子继承父亲的英格兰王位而获得了英格兰的帮助。从这时起路易十四在海峡对岸有了一个不屈不挠的新敌人。自从克伦威尔时代以来，英格兰第一次派遣一支陆军去欧洲大陆作战，并且支持对抗路易十四的欧洲国家的同盟(甚至教皇也参加了，即使是私下参见的)。“威廉国王的战争”(也称为“奥格斯堡同盟战争”)把西班牙、奥地利和欧洲的新教国家集合在一起去抑制法国国王自负的野心。在 1697 年缔结的《里斯维克和约》中路易十四第一次作出实质性的让步。

英格兰新的国际地位源自其历史力量的聚合。其中一些是偶然的，比如最初对新教事务的介入，这已经成了困扰这个国家政治的核心；再比如 17 世纪宪政冲突中出现的国内政治力量的布局。另一些则是有意识、有目的地开创的，比如王朝问题的解决，或者与一个独立的苏格兰的土地边界，或者一些细小的变化，这些变化在复辟时期之后引

起了商业力量和财政力量的巩固,这样到1700年这个国家的统治者就能提前40年向伦敦金融城里的金器商和进出口批发商们借钱来支撑世界范围的战争并担当欧洲反法联盟的领袖。

这些变化伴随着新的英格兰海运传统的成熟。地理位置是这个故事的一部分(尽管法国也是一个大西洋沿岸国家,有很好的港口以及富有活力和干劲的水手)。另一部分是荷兰由于防卫本土免遭法国入侵,不堪重负而退出了竞赛。克伦威尔的“海上的上将们”展示了在联合体 297
中海军能发挥多大作用;这鼓励了查理二世(以及他的弟弟)也要建设一支海军。他们意想不到地幸运;那时正好有塞缪尔·佩皮斯(Samuel Pepys)——英国历史上最伟大的文官之一,想要并且急切地希望帮助他们。那时,军舰与商船功能上的专门化已经固化了,一支常备的皇家海军的观念也已经诞生。武装民船则作为其补充,这是一种廉价增强海上力量的方法,鼓励私人船长和他们的水手去捕获敌船,战利品归其所有。第一场大规模的武装民船之间的战役就是在法国和威廉国王统治下的英荷之间展开的。皇家海军同时开始提高其技术和专业化水平。到18世纪结束时,信号术已经成形,作战守则也已编制成册。出现了抓丁团,以确保水手的补充(法国则在其沿海省份实行征兵制)。

到1700年一个决定性的观念形成了。路易十四已经对在陆上还是海上谋求优势地位作出了选择。他不打算寻求法国的海上霸权,尽管他的海军上将们和水手们一次次地追求。英格兰人从来没有如此被海上力量分心。尽管他们派出一支军队参加1701至1714年之间欧洲大陆的战争,但是他们此后200年再也没有派出过如此大规模的陆军;他们比较喜欢让大陆上的盟友冲锋陷阵,自己则保持在海面上的控制力,以保证盟友的船只能够安全通行,而敌人的则不可以。这样做的基础是一支不可挑战的舰队的存在,以逼迫敌人的海军保持中立。一个世纪中,英国海军上将们在任何战争中的首要目标就是尽快击败敌人的舰队并获得制海权。

西欧的稳定

1700年,身体羸弱、头脑愚笨的西班牙国王查理二世死了。漫长而复杂的外交准备在为此进行着。他的撒手人寰造成了一个蕴藏着巨大的危机和机遇的局面：一笔庞大的王朝遗产归属未定。由过去婚姻联盟而发起的声明意味着哈布斯堡皇帝和路易十四(已经将继承权让给了他的孙子)将不得不为此展开争夺。但是其他国家对此也有兴趣。其中比较重要的是,英格兰想知道这将对西属美洲的贸易产生什么影响;荷兰人十分关心西属尼德兰的命运。对于波旁王朝和哈布斯堡王朝来说世界和欧洲帝国的前景正在变得不可分割,这警醒了每一个人。结果,缔结了一个两个王朝都满意的瓜分条约。但是当路易十四依照查理二世的遗愿,接受由他的孙子完整地继承西班牙的遗产这一结果
298 时,他曾经签署过的瓜分条约就被扔进了纸篓。一个新的由皇帝、联省共和国和英格兰(路易十四认可了斯图亚特王朝的王位觊觎者——詹姆斯三世,这激怒了英国)组成的大联盟迅速组成,开始了西班牙王位继承战争。12 年的战争把路易十四逼到了谈判桌前,双方在 1713 年和 1714 年缔结了《乌得勒支和约》(the Peace of Utrecht)。其中规定法国与西班牙的王位永远不能由同一人继承。波旁家族的第一位西班牙国王保留了他的王位,尽管他把西属尼德兰给了皇帝作为补偿,并允许荷兰架设铁丝网以阻止法国进一步入侵。哈布斯堡家族还在意大利获得了利益。法国在海外对英国作出了妥协。一度被认可的斯图亚特王朝的王位觊觎者被驱逐出法国,而且路易十四同意当英国最后一位斯图亚特王朝君主安妮女王死后,新教徒汉诺威王室可以继承英国王位。

这种西欧的稳定状态在进行了很小的调整后持续了 75 年。并不是每个人都喜欢它(皇帝拒绝宣布不再谋求西班牙王位),但是很大程度上西欧阿尔卑斯以北的主要划分基本保持了 1713 至 1714 年的样子。新的奥属尼德兰地区差不多就是现代比利时的疆域(尽管它并非是值得欧洲人自豪的创举,新的国家从战略与行政体制上讲都无进步性可言),而联省共和国就成了现代荷兰。路易十四赢得的领土中,法国从此一直占有弗朗什孔泰,并且直到 1871 年一直占有阿尔萨斯和洛林。西班牙和葡萄牙自 1714 年之后一直保持着它们现在的边界,它们

仍然有庞大的殖民帝国,但是从此就没能跳出二流国家的圈子。自从1707年英格兰与苏格兰在王位和议会上合并成为一个国家后,大不列颠就不必再像英格兰一样忍受困扰,成了欧洲大陆西边的一个新兴强国。1714年(安妮女王去世)后它再一次与欧洲大陆产生了私人关联,这是通过同时担任汉诺威选帝侯的新国王实现的。

阿尔卑斯以南用了较长时间才尘埃落定。一个仍然未统一的意大利经历了另一个不确定的30年。较小的欧洲王室的代表们在这里从一个国家到另一个轮番登场,试图把这些松散的碎片联合起来,并争夺王朝竞争时代留下的残羹冷炙。1748年后只有一个主要的欧洲古老统治家族还在半岛上,那就是萨沃伊,其公爵统治着阿尔卑斯山南麓的皮德蒙特和撒丁岛。教皇国和正在衰落的威尼斯、热那亚、卢卡、圣马力诺等共和国一起,维持着意大利四分五裂的局面。意大利的其他领土则都是由外国统治着。

西欧政治地理就这样维持了很长时间。这很大程度上应该归功于那些清醒、敏锐的政治家们,他们感觉到应该尽量长时间地避免再次引发一场像刚刚结束的大战一样的战争。和约之一宣布了缔约国通过均势来维持和平的目标。这个第一次公开宣称的实践目标标志着外交思
想上的一个重要变化。当时存在着现实主义的迫切压力;甚至英国和 299
法国,仅有的两个无需外部援助就可以维持对其他大国战争的国家,财政状况也十分紧张。但是西班牙王位继承战争的结束还带来了对真正问题的有效解决。一个新的时代开启了。在一些国家,王朝利益开始被置于外交政策考虑的第二等级了。至少部分统治者开始将家族利益同民族利益结合到一起;而且从现在看来,其中有些利益已经不再局限于欧洲内部。

东欧的变革

对于莱茵河以东,尤其是易北河以东来讲,虽然至1715年前它们也经历了重大的历史变革,但总的来说上述结论已经不再适用了。从16世纪开始,奥地利的哈布斯堡王朝和波兰-立陶宛王国一直担负着

从陆上抵御土耳其人进攻的重任，而威尼斯则是欧洲海上的守护者；总之，这一时期东欧与地中海地区的核心政治问题，就是来自奥斯曼帝国的威胁，当时还没有“东部问题”一说，如若有，它一定是指在伊斯兰世界威胁下的欧洲国家生存问题，毕竟，这是200多年来东欧外交与东欧战略所要考虑的首要问题。1700年是奥斯曼最后一次大规模入侵欧洲土地，虽然在这之后，苏丹们也偶有攻城略地的豪举。

1453年之后的两个世纪中，威尼斯最为奥斯曼入侵所害。虽然同意大利其他共和国相比，威尼斯依然富饶，但它的军事实力与商贸力量确实是在走下坡路了。1479年，土耳其人攻占爱奥尼亚诸岛，并对黑海贸易的参与者强行征收年费；而威尼斯人在此后两年中苦心经营的塞浦路斯基地也于1571年陷于敌手。到了1600年，富裕的威尼斯(拜其发达的手工业所赐)已经不再是欧洲商业的领头羊，后起的安特卫普和阿姆斯特丹取而代之，成为欧洲新的商业中心；威尼斯的商业能量，已然不能够同联合行省甚至是英格兰相提并论了。奥斯曼帝国在17世纪下半叶再次压倒威尼斯，1669年，土耳其人攻陷克里特。

1664年奥斯曼人入侵匈牙利，这是伊斯兰世界最后一次成功征服欧洲王国；但在此后，土耳其人还是取得了在乌克兰的宗主权，并从波兰人手中夺取了波多利亚(Podolia)地区。1683年，土耳其人再度围困维也纳，这似乎是200多年来欧洲人面临的最严重危机；但实际上这是奥斯曼帝国最后一次围攻维也纳了，他们的实力已经不比当年，帝国不再具备像从前征服匈牙利王国时那样的力量了。

这也许和奥斯曼人没能充分利用最先进的军事与航海技术有关，但更重要的是，辽阔的疆域令其实力受到限制，在波斯牵制住其在亚洲兵力的同时，帝国还要在欧洲和非洲有所作为就相当困难了，而且奥斯曼松散的政府体制显然无力应对这一切。17世纪一位帝国元老的改
300 革使这个庞然大物再度中兴，一时又有四处出击的能量，但却无法彻底改变帝国体制的弊端；而在缺乏政治统一的情况下，帝国很难将希望完全寄托在武力占领之上，毕竟它是很难获得被占领国人民的支持的。然而大体来说，尽管不断有人归顺伊斯兰教，但土耳其人并未推行宗教

专制政策,非穆斯林的生活习俗与社会体制,甚至是地方自治机构,全部得到了帝国的认同与尊重,他们对希腊的东正教徒、亚美尼亚的基督徒,以及犹太人都有着各不相同的统治方式,比如,希腊人只需多缴纳一份人头税,便可实现自治,他们的最高统治者是坐镇君士坦丁堡的希腊大元老;而在基层,往往是地方统治者要争取奥斯曼帝国最有权势的军事机构的支持,这经常会导致地方势力尾大不掉,巴夏的统治机构也变得紊乱而无效率,帝国臣民对苏丹不仅没有认同感,还因为每况愈下的经济状况(与欧洲其他地区相比)而对其越来越不满。

因此我们说,1683 年的维也纳之围并不像看上去的那样可怕。事实上它被视为欧洲人对伊斯兰世界作战转守为攻的标志,虽然奥斯曼人此后在地中海继续攻城略地,还从老对手波斯人(两国争霸自 1501 年开始,几乎从未中断)那里夺取了库尔德斯坦(Kurdistan),军事存在远达亚丁,但在逐渐转为攻势的欧洲国家面前,这个古老帝国的颓势已无可挽回。到 1918 年,原本辽阔的帝国疆域只剩下其在欧洲的心脏——君士坦丁堡以及奥斯曼故地安纳托利亚。波兰国王约翰·索比斯基(John Sobieski)解维也纳之围后,欧洲人很快便收复了已经满目疮痍的匈牙利;1699 年,匈牙利成为哈布斯堡王朝领地的一部分;18 世纪中,欧洲人又相继从奥斯曼帝国手中夺回了特兰西瓦尼亚(Transylvania)、布科维纳(Bukovina)及大多数黑海沿岸地区。

波兰危机

然而,无论是一度十分强大的波兰-立陶宛王国还是哈布斯堡王朝,都没有能够从奥斯曼帝国的衰落中捞到多大的好处,而波兰-立陶宛联合体还没有来得及成为真正的联合王国,波兰便马上要走到尽头了。1572 年,亚盖沃王朝(Jagiellon)末代国王死后无嗣,新国王改由贵族推选;而因为波兰国王向来没有常备军,一旦地方贵族和大公武装起事,组成联盟公开对抗中央,他们则完全没有与之抗衡的力量。波兰王国的议会还规定,决议要获得全体通过才能付诸实施,这实际上令改革难上加难;一个多世纪以来,波兰的大贵族与外国势力左右了国王的推选，而与此同时，波兰不仅要面对来自土耳其人的压力，还要时时刻刻提防着俄国和瑞典，只有当这三个大国被其他地区的国际事务掣肘的
301 时候，波兰才能有喘息的机会。1660 年，波兰被迫将其最后一片沿海地区拱手让与瑞典人，后者在“三十年战争”中蚕食了波兰北部的大片土地。更糟糕的是，波兰内部的分裂也愈演愈烈，大批新教徒在反宗教改革中遭受迫害，国内矛盾激化；乌克兰的哥萨克人多次起来反抗波兰王国的统治，农奴们也不堪压迫，纷纷揭竿而起。

伟大的约翰·索比斯基于 1674 年即位成为波兰国王，他是波兰最后一位真正的国王，在他之后的历任国王都是在外国势力的干预下上台的。在约翰的统治下，波兰多次取得对外战争的胜利，他也小心翼翼地控制着这个割据势力十分强大的中古国家；然而波兰不仅地理位置不佳，宗教教派冲突严重，其占统治地位的乡绅阶层也十分自私、贪婪，这样的国家就算仅仅想存活下去，都不是一件容易的事情，约翰·索比斯基也无法仅凭一人之力，改变波兰落后的社会现状与现行体制。如果我们将 100 万乡绅手中的地产看作波兰的“国有财产”，那么这份国家财产真是少得可怜，它在 1700 年时不过是波兰全国土地的不到十分之一；土地的持有者代表着少数几个家族的利益，这几大家族手中握有惊人的财富，他们组织联盟对抗中央，操纵王国议会。拉齐维尔家族(the Radziwills)控制的土地相当于半个爱尔兰岛那么大，其家族法庭的权势令位于华沙的王国法院相形见绌；波托茨基家族(the Potocki)的土地广达 6 500 平方英里，几乎有荷兰共和国的一半大。农民则处在社会金字塔的最底层，波兰农民生活之苦楚，堪称欧洲之最；直到 1700 年，波兰地主依然握有决定农民生死的大权。此外，波兰的城市发展缓慢，全部的城镇人口加在一起，仅仅是乡绅阶层人数的一半。然而，同为落后的封建农业国的普鲁士与俄罗斯都找到了自己的发展道路，波兰却从此一蹶不振。政治上贵族推选国王的现实，让波兰人无法拥有自己的都铎家族或者波旁家族，在那些权倾朝野的大家族中，没有人愿意将自身利益同国家利益联系到一起。刚刚进入 18 世纪，波兰人迎来一位外族国王萨克森选帝侯，他于 1697 年接替约翰·索比斯基，

成为波兰新的国王;他很快便因瑞典的压力而退位,后又在俄国人的支持下复辟——俄罗斯,随后谱写了北欧与东欧历史发展的主旋律。

东方巨人的崛起

让我们现在来回顾一下,俄罗斯在欧洲时代崛起成为一股重要的力量,是多么出人意料。1547 年,沙皇伊凡大帝的孙子伊凡四世登基,他是有史以来第一位被冠以“全俄罗斯之帝王”的沙皇,莫斯科大公国的大公从此成为统治诸多民族的帝王。抛开“伊凡雷帝”的凶残暴虐不论,其实他并没有在西欧国际事务中发挥过多大的作用;即使是在 17 世纪,俄国的国际影响依然有限,曾有一位法国国王致信俄国沙皇,却不知后者 10 年前早已死去。东欧的政治现实,向来与西欧大不相同。伊凡四世初当沙皇之时,俄国还没有明确的边界。是时,奥斯曼土耳其人已然将其势力延展到了东南欧,被奥斯曼与俄国夹在中间的乌克兰哥萨克人则一直在为自强自立而斗争。在东部,乌拉尔河只是俄国的 302
理论边界,事实上则不一定如此。

一直以来,俄国统治者都习惯于在强邻环视之中偏安欧洲一隅,因此,他们几乎是出自本能地以自然界限为国界,并在其周边地区广泛树立缓冲地带以自保。伊凡雷帝成为俄国沙皇之后,首先做的便是将伊凡大帝建立起来的俄国心脏地带整合到一起,紧接着向北方蛮荒地区进军,开拓国土。他刚刚登基的时候,俄国只在波罗的海有一小块沿海区域,但通过广袤的陆地相连接,军队可以直达白海;这片土地虽然荒芜,仅有原始部落居住,却为俄国提供了一条通往西欧的曲折之路。1584 年,俄国建成阿尔汉格尔斯克港(Archangel),但他们在波罗的海地区的势力依然十分有限;然而不久,伊凡四世在 1571 年莫斯科最后一次遭受洗劫之后,成功地击退了鞑靼人,收复喀山(Kazan)和阿斯特拉罕(Astrakhan)两地,并恢复了对整个伏尔加河流域的控制,莫斯科的势力从此直达里海;而俄国跨过乌拉尔河进入西伯利亚,也是始于伊凡时代,实际上,俄国之于西伯利亚与其说是征服,倒不如说是移民占领。第一批跨过乌拉尔河、移民西伯利亚的俄国人大多是为了躲避政治迫害，从诺夫哥罗德(Novgorod)而来，随后，大批饱受压迫的农奴和哥萨克人也接踵而至。到1600年，不可胜数的移民点已经深入西伯利亚内陆600英里，沙皇也派帝国官员来到此地，以保证皮毛贡赋能够源源不断地送抵莫斯科。纵横交织的河流网络在这一地区的开发过程中起到了关键的作用，不出50年，人们便可以从乌拉尔河以东300英里的托博尔斯克(Tobolsk)，仅仅经过三次水陆转运，便把货物轻松送到3 000英里之外的鄂霍次克(Okhotsk)海港口，而此地距离库页岛只有不到400英里(走海路的情况下)，这段航路的长度大体上相当于从地角[1]到安特卫普。1700年，已经有大约20万俄国人在乌拉尔河以东定居，他们还与中国人就疆域问题达成一致，签订和约；但据说，当时已经有俄国人提出要征服中国了。俄国沙皇从那个时候开始便统治着地跨欧亚两大洲的庞大帝国(无论是20世纪的俄罗斯帝国，还是其后的俄罗斯国家，其领土的大部分都位于亚洲)。

东进运动一直持续不断地进行了下去，不过伊凡四世死后，俄国进入了“动荡时期”。在西方，俄国在17世纪的大部分时间里都没有被视为欧洲强国，其在波罗的海的出海口一度被瑞典王国占领，甚至都城莫斯科都曾被波兰人侵占。在1654至1667年的战争中，俄国才重新从波兰手中夺回斯摩棱斯克、小俄罗斯和乌克兰，三地直到1812年再未沦于敌手。经过不断的征战与签订和约，此时此刻，地图上的俄国才逐渐有了明晰的线条。至1700年，俄国的西南边界基本沿第聂伯河西岸而走，将历史名城基辅纳入俄国境内；而生活在东岸的哥萨克人则获得了部分自治权，这种管理方式一直到苏联时代仍被沿用。俄国的领土扩张是以牺牲波兰的利益为条件的，不过他们的心头大患依然是奥斯曼帝国与瑞典王国；1687年，俄国与波兰一度联手对抗奥斯曼军队，这也是相当具有历史性的时刻。我们可以说这是人们耳熟能详的“东方问题”的又一版本，或者也可以说，它不过是东方问题的另一个侧面，那
303 就是在奥斯曼帝国式微的情况下，俄国会在西南欧强盛起来，而这反过

① Land's End，英格兰西南端一海岬，近康沃尔的彭赞斯(Penzance)。——译者注

来又会加速奥斯曼的衰亡乃至最终解体。

与其他很多欧洲国家类似,民族国家之所以能够在俄国最终形成,帝制起到了不可估量的作用,而在俄国,这种作用似乎更加明显。俄国不仅没有统一的民族,其广袤的土地也没有明显的界线,因而国家的界定并不容易;虽然他们都是斯拉夫人,他们都是东正教徒,但这也不是绝对的划分界限,因为其他的斯拉夫国家也一样信仰东正教。俄国之所以能够建立,关键的一点是沙皇个人权威的确立。伊凡雷帝统治时期,沙皇开始向贵族授予土地,而贵族则要为帝王履行其军事义务,这一体制是从莫斯科大公国时期发展而来的,那时候的大公要借助贵族的力量,抵抗入侵的鞑靼人;俄国的军事力量由此迎来了大发展的时期,波兰国王曾就此问题警告过英国女王伊丽莎白一世,他说一旦让俄国人掌握了西方的技术,就没有人能够阻挡他们了;俄国的威胁在当时还并不明显,但现在看来,波兰国王确有先见之明。

1598 年,留里克(Rurik)家族的最后一位沙皇驾崩,各种势力纷纷介入王位之争,其中主要包括俄国地方大公与波兰人;直到 1613 年,随着新贵家族罗曼诺夫崛起于尘嚣之上,俄国的混乱状态才告一段落。米哈伊尔·罗曼诺夫(Michael Romanov)成为俄国新的沙皇,但实际上掌权的是他的父亲;虽然以一个孱弱的沙皇作为开端,罗曼诺夫王朝却在未来的 300 年中一直统治着俄国。米哈伊尔·罗曼诺夫的继任者们披荆斩棘,令诸多强敌臣服于俄国,其中也包括国内的波雅尔贵族(the boyars),他们在遭受伊凡雷帝的打击之后,一直希冀于东山再起。而在俄国内部,唯一能够对沙皇的权威统治构成威胁的便是东正教会,但俄国从未出现过西方式的“授职权之争”(Investiture Contest)和政教之争。17 世纪,俄国东正教会分裂,令其实力严重受损;1667 年,教会牧首被沙皇免职,从此之后,无论是从结构体制上讲,还是从法律上讲,俄国教会都由世俗的政府官员进行管理。俄国从没有出现西欧式的世俗与宗教权力之争,也没有体验过这种政教之争带来的变革性力量,俄国人对于西方宗教改革中出现的宗教多元化更是一无所知。

由此一来,历史已经为俄国君主专制制度登上巅峰铺就了道路。

沙皇继承了拜占庭帝国的神权君主制度，并通过进一步扫除一切制约君权的法律制度，让这一体制的专制色彩达到极致。除教会外，俄国所有的国家机器均来自君主制度，因此完全没有独立自主的地位可言；政府内部也没有可以相互制衡的力量。随着时间的推移，俄国的官僚制度成为为沙皇服务的工具，争取对外战争的胜利永远是俄国人最重要的目标，而帝国内所有臣民均要为沙皇服劳役。俄国体制中的这些特征，是随着历史的发展慢慢显现的，而它们在历史的长河中也是时隐时现；但正是这些特征，将俄国的沙皇制度同西方基督教世界的王国制度彻底地区分开来。例如，在俄罗斯古国，最高统治者头衔的字面意思是“奴隶”或者“仆人”；而在同一时期的波兰-立陶宛联合王国，人们将其首领称为“市民”。即使是相信君权神授、相信君权至高无上的路易十四，也会承认君主权力要受到其权利和义务的制约，受到宗教的制约，受到天地间神之法则的制约；他的臣民也知道他是专制君主，却不会将
304 他看作权力不受限制的集权帝王。纵使英格兰与法国的君主制度有着千差万别，但同沙皇制度相比，二者有着本质上的共同点，那就是他们的君主权力要面对各种各样的限制因素，既包括理论上的，也包括现实中的；以英法为代表的西欧历史，是与俄国截然不同的。西方君主想也不敢想的集权君主制度在俄国成了政治现实，甚至在 1917 年沙俄解体之后，集权制度依然控制着俄国。一些 18 世纪的社会学家在谈到这一问题时曾表示，像俄国这种土地辽阔而平坦的国家，比较容易孕育出集权政治；这种说法显得过于简单，但不可否认的是，俄国领土跨越诸多自然地域，各族人民生活在这片辽阔的大地上，在时而出现的离心倾向面前，强有力的政府便显得十分有必要了。

彼得大帝

1682 年，彼得成为俄国的沙皇，他将俄国专制制度发挥到了极致，因此成为最著名的俄国沙皇。彼得一世为将传统的俄国拉入现代化国家的行列不择手段，从这方面来讲颇有些 20 世纪政治铁腕的味道；但从另一方面来说，他也脱离不了他所处的时代背景，他把多半精力都放

在对外征战上,在整个彼得大帝时代,俄国人只享受了一年的和平。但他的与众不同之处就在于他能够敏锐地看到俄国的胜利与崛起离不开现代化的发展(当然那时候还没有这个词),也就是说,离不开从比较先进的西欧借鉴而来的经验。也许在彼得的头脑中,实现国家的现代化和让其族人能够昂首挺胸地矗立在民族之林中,是无法分割的两大人生诉求。他一直想为俄国取得波罗的海的出海口,通过改革强军,他也许可以实现这一宏大目标。彼得一世10岁即沙皇位,而在此之前,他一直都生活在莫斯科的"德意志区",那里充斥着外国商人和他们的随从,这给小彼得留下了深刻的印象;1697至1698年,彼得因宗教原因访问联合行省与英格兰,在那里,他对先进的技术产生了很大的兴趣。不管他的改革是出于怎样的动机,他给俄国留下了永久的思想意识准绳这是毫无疑问的。一代又一代的俄国人都会满怀崇敬地回顾彼得时代,不断思考着彼得有着怎样的功绩以及这些功绩给俄国带来了什么。19世纪有人评价彼得大帝(那时人们已经如此称呼这位沙皇)说:他挥毫泼墨,在一张白纸上写下了欧洲与西方两个大字。这种说法显然有些夸张,但无论人们如何评论这个人物、如何评论其改革的成果,在1800年前后的人们看来,有一点是无法否认的,那就是彼得对俄国的贡献,永远都不会被抹杀。

彼得大帝的战果之辉煌,更是世间罕有。他派出远征军占领了堪察加半岛(Kamchatka)和布哈拉(Bokhara)绿洲地带,还停止向鞑靼人纳贡。至沙皇彼得晚年,他已经从波斯手中夺得里海的大多数沿岸地带(虽然俄国人很快又丢掉了这些地区),但实际上他的雄心壮志是掌握西欧方向的出海口,牢牢控制住波罗的海海边的据点,并彻底铲除瑞典王国对俄国的威胁。彼得大帝还一度拥有一支黑海舰队,强占了亚速海一带,只不过后来因为要集中全力对付北欧的瑞典而主动放弃了。俄国与瑞典王国之间最惊心动魄的几场大战,被后人统称为"北方大战"(The Great Northern War),从1700年开始,断断续续地打到1721年。战争中俄国与波兰、丹麦站到了一起,他们都希望限制瑞典王国在波罗的海南岸的势力。世人认为,1709年是战争的关键一年,瑞典军 305

队于这一年中在远离国土、位于今日乌克兰中部的波尔塔瓦(Poltava)被俄军击溃，瑞典国王与哥萨克人结盟的努力也没能挽救他的庞大军队。在彼得大帝执政的余下几年中，俄国对被占领土的统治更加牢固，俄国人重新给波罗的海沿岸、利沃尼亚(Livonia)、爱沙尼亚和卡累利阿地峡(Karelian isthmus)带来了和平。瑞典王国刚刚崛起不久，便又归于平庸，它是第一个倒在新俄罗斯脚下的国家。

随着俄国的国土不断向西扩展，这个古老国家与西方的交流也随之增多。1703 年，彼得大帝在瑞典故土上建立起一座异常华美的新城市，它在 200 多年里一直都是俄国的都城，这就是圣彼得堡。虽然老俄国也并不是同欧洲完全隔绝的东方帝国，但这座位于西方的新都的落成，说明俄国统治者有意与其东方传统决裂。教皇想拉拢这个新国家入天主教会，承办了伊凡大帝的大婚庆典；16 世纪，英国商人也来到俄国从事商业活动。随着俄国与西欧贸易的不断发展，偶尔也会有西方的能工巧匠来到这片东方的土地。17 世纪，欧洲各个王国纷纷在俄国设立起第一批大使馆性质的常设外交机构，但来自俄国的反应还是谨小慎微，他们还是放不下戒备心理。俄国人还是从前的俄国人，即使到了后来，外国人也总是被政府隔离起来。

彼得大帝首先打破了这一传统。彼得时代的俄国，张开手臂，迎接国外友人，包括造船工人、枪炮工人、教师、教士、战士等，并在他们的帮助下建立起技术培训学校。他同时将科学引入俄国，成立了国家科学院；而在此之前，俄国所有的学问都是教会里面的学问。在政府体制方面，彼得的改革也是大刀阔斧。在新的官僚机构选官体制下，功绩成为主要的参考条件。同后来的改革者一样，彼得也没有忘记将一些形式上的东西一并革除：法官要着欧式服装，俄国人传统的长胡须要剪短，而女人在公众场合露面要遵从日耳曼习俗。毋庸置疑，这会给俄国人带来极大的心理震撼。在改革过程中，这位沙皇几乎处于孤立无援的位置；推动改革的动力，也几乎只有来自沙皇一人的政治权力。旧有的杜马体制与波维尔贵族特权被革除，取而代之的是新的议会体制，议员由沙皇任命。反对改革的人被无情地清洗，但俄国的保守派思想不会那样轻易就被取代，同时，沙皇还不得不接受一整套与现代化政府格格不入的旧有行政机器和落后的交流方式。

彼得大帝的改革最终获得了成功，最有力的证据便是俄国的国际地位，它一跃成为新的世界大国。但从其他方面来讲，改革的成效是否那么明显，还很难说。虽然说至 1800 年，小部分社会高层与宫廷贵族已经相当的西方化，他们主要集中在圣彼得堡，讲法语；但从总体来看，受到教育改革影响的，还只是少数高级技术人员、少数上层贵族，绝大多数俄国人依然目不识丁。文化阶层成为这个落后国家内的少数派而被隔绝起来，他们和乡绅阶层也相当地合不来。普通俄国人即使能识字，也是停留在很低的水平；而教人识字的那些乡村牧师，往往也是脱盲不久的老学生。

同时，俄国的社会结构越来越与欧洲脱节，它也是欧洲最后一个废 306
除农奴制的国家。17 世纪，全国的农奴数量开始上升，在沙皇赐予贵族土地的时候，农民往往作为附属品随着土地一同被转手。造成农民和地主之间产生人身依附关系的往往是无力偿还的债务，因此很多人只能甘愿牺牲自由，在地主的土地上耕作以还债。国家不断通过新的法律限制农奴的自由，对农奴的压制和追捕逃亡农奴的力度也越来越大。尤其是彼得下令由贵族负担国家的人头税和兵员之后，地主阶层手中的权力之网便越收越紧。可以这样说，至 18 世纪末，除了不可随意处死之外，地主几乎有权任意处置他的农奴。很多农奴逃亡到西伯利亚，或者自愿做船员出海。俄国的社会与政府联系之紧密，非任何西欧国家能够相比。土地持有者，往往也是世袭的国家公务人员；地主，即是为君主服务的封建官僚。

1800 年前后，俄国几乎一半人口都存在对其地主的人身依附关系，另外还有很多人要为沙皇服劳役，这些人一不小心，也会被赏给地主为奴；而随着俄国领土的扩张，新占地区的人民也被贩卖为奴。对农奴劳动力的依赖，已经成为俄国的惯性，其社会也因此变得越来越僵化。到了 1800 年，摆在俄国面前的问题已经十分明显：政治改革与经济改革已经让农奴制度显得越来越不合时宜，但因其规模巨大，针对制度本身的改革并不容易。在目前运转还算正常的农奴制度面前，俄国人已经骑虎难下。

俄国人口在18世纪中，几乎翻了一番。人口增长一部分是由于18世纪末之前的领土扩张，这部分人口有700万至3 600万；另外一部分则是由于俄国本土的人口自然增长。这样的人口增长规模非同小可。但在这么多人中，至多只有二十五分之一是城镇居民。俄国的土地比较贫瘠，那时候俄国人的耕作技术又落后，直到20世纪，农业生产似乎都无法赶上人口增长的步伐；实际上是定期爆发的饥荒与流行疾病使得俄国的人口维持在一定的水平上。当然，这一时期的俄国还是取得了一定的农业发展，他们已经能够出口一些谷物了，也开垦了很多荒地。但对大多数生活在沙皇时代的农民来讲，他们的口粮不增反降，还要负担更沉重的赋税，可能早在彼得大帝统治时期，农民就要将六成的收成上缴国家。是时，俄国还无力利用科学技术提高粮食产量，而日渐僵化的农奴制度也阻碍了农业生产的发展。那时候，一般的俄国农民都没有犁，也就无法深耕细作。

就是这样薄弱的农业基础，却已经足够支撑俄国进行军事扩张与初步工业化了。1800年左右，俄国的生铁产量与铁矿石出口量已经可以傲视全球。彼得敏锐地看到了矿产资源对于俄国的重要性，他开始在全国范围内勘测矿产资源，从国外引进技术过硬的矿工来
307 进行开采，当然也动用了大量的农奴劳动力。作为威慑，政府对任何隐瞒(私有地上的)矿藏信息或者阻挠开矿的地主动用死刑。交通也有了一定发展，这样人们就能够将矿石运出产地，俄国工业重心慢慢向乌拉尔一带转移。彼得死后短短几年，波罗的海与里海之间便有了水路连通。

矿产采掘业与伐木业无疑是俄国工业的核心，它们让俄国在整个18世纪的世界贸易中都占有不错的位置，进出口比例较为合理，而在此基础上，制造业也有所发展。在彼得统治时期，这个国家所谓的“工厂”还不足百家，到了1800年已经猛增至3 000多家，虽然其中一些工厂只不过就是几个工匠凑在一起的作坊。1754年之后，一些阻碍生产

与商业发展的旧习俗被废除,俄国已经是全世界最大的自由贸易区。但这也同农奴制度或者专卖特权一样,离不开政府的影响,国家继续塑造着俄国经济的形态。俄国的工业受到国家严格的管制,它不是从自由企业发展而来的。这点并不奇怪,因为工业化本身就不是俄国社会发展的主流。也许旧习俗、旧风气给国内贸易带来的影响确实有限,但这是因为除了地方市场,这个国家实在谈不上有什么正经的国内贸易。多数俄国人在 1800 年的生活方式,同 1700 年相比没有太大区别,各个地区依然过着自给自足的生活,手工业者负责向人们提供他们需要的"工业产品";有很多地区甚至还没有进入货币经济时代。在俄国的大部分地区,决定土地保有时间的不是租期长短,而是以附庸在其上的农奴劳动力为基础的;对外贸易大多依然被掌握在外国人手中。俄国的工业一定程度上是由农奴制推动的,说明俄国并不具备,或者起码是比较缺少西方国家那种能够刺激经济持续增长的原动力。

18 世纪的欧洲国家与君主制度

1715 至 1740 年之间,欧洲各国的政府和社会似乎都安静了下来。国际上不再有能引发国内变革的大动荡;而在乌德勒支和耐斯达特和约结束了北方大战之后,欧洲也一直没有出现大的战事;各个国家不再像 17 世纪那样,为国内不同的思想意识纷争耗尽心力;贵族倾权与地方独立不再那样明显,因此而产生的社会动乱也少了很多;同样很重要的是,那段时间欧洲的经济与社会发展刚刚起步,还不足以造成时局的过分紧张。除了大不列颠王国、尼德兰联合行省、瑞士以及很多古老的意大利共和国之外,整个欧洲还是被集权君主制度所统治,不仅这一时期,在整个 18 世纪几乎都是如此。

慢慢地,欧洲出现了所谓的"开明君主制"——这个词用得着实不当,不管是现在还是过去任何时候,人们都没有办法给它一个准确的内涵。这大体就是讲,一些君主似乎有推行改革,以启蒙思想和创新思维推动国家发展和国力提升的打算。由于其背后有着行政力量的支持,这些革新运动有时相当奏效,有时还带着人文主义色彩,但从政治方面来看，却从来都不是自由的。无论如何，如果只看其改革的那一面，我们还是可以看到很多现代意味的，比如改革往往会打破旧有的社会与宗教权威，割裂社会等级制度和部分人的司法特权；立法权被集中到国
308 家手中，从而在其臣民面前，国家拥有了至高无上的司法权威地位，每个人都成了生活在国家法律制度下的公民，而不再是专属于某个等级的附属。

以上只是泛泛而谈，要找出一个能将所有内容都囊括进来的例子，几乎是不可能的。但很多地中海沿岸和南欧的国家，比如西班牙、葡萄牙、那不勒斯、托斯卡纳、帕尔马(Parma)，甚至是教皇国，都有大臣乃至统治者提出要进行经济体制与政治体制方面的改革；而诸如西葡这样的国家，则将改革视为重振大国雄风的一种方式。随着新教改革向北推移，很多国家都开始将打击目标放在了罗马天主教会身上，这对天主教来讲是有史以来最严重的危机。帕尔马是当时欧洲最小的国家之一，但他们与教皇的矛盾却引发了海啸般的轩然大波，到最后，所有同波旁王朝有关联的欧洲皇室家族全部站了出来，对教皇的左膀右臂、反宗教改革最有力的帮手耶稣会群起而攻之。1773 年，教皇被迫收回成命。这次伟大的胜利不仅说明先进的反教权思想已经根植于欧洲统治阶级脑中，在南欧天主教世界，它更具有不同寻常的象征意义，从此各路势力可以齐聚在反教会的大旗下。

虽然反教权主义已经成为一些欧洲君主们的共识，但总的来说，称他们为“开明君主”依然有言过其实之嫌。波兰虽然领土广阔，却只是一个摇摇欲坠的中世纪王国，皇族势力十分弱小，自然也无力进行任何意义上的现代化运动。而对另外三大东欧国家——普鲁士、哈布斯堡王朝和俄国来讲，他们虽有“紧跟时代潮流”之表，也确实通过移植现代思想取得了一定成就，但权力的不稳定性令其改革时刻都处于风雨飘摇的境地。这些国家改革的根本动力，便是为战争筹集资金。1740 年之后，欧洲又变回那片血雨腥风的大陆——战争，永远都是政治家们最为昂贵的游戏，即使是奢华如凡尔赛，其成本也完全无法同战争相提并论。

普鲁士与哈布斯堡

1701年,勃兰登堡选帝侯无视教皇的反对,在哈布斯堡皇帝的支持下称王,新王国名为普鲁士,领土比较分散,从涅曼河(Niemen)一直到莱茵河西岸。霍亨索伦(Hohenzollern)家族自1415年起便担任神圣罗马帝国的选帝侯,祖先留下来的土地也因此越扩越大。普鲁士则是在16世纪条顿骑士团被驱逐出去之后才并入家族领地的。1613年,家族中的选帝侯改宗加尔文教,而其属下臣民依然是路德宗的教徒,因而宗教宽容已成社会风气。“大选侯”腓特烈·威廉(Frederick William),也就是创立普鲁士常备军的国王,是第一位抵挡住瑞典势力入侵的日耳曼族统治者,他也为普鲁士带来了欧洲现代历史上最为持久的军事传统,王朝领土从此不断向外延伸;威廉还为其继任者留下了一支超过3万人的常备军,王国人口也达50万之众。仰仗强大的军队和灵活的外交,他的后人不仅一直都是国王,还率领普鲁士加入了反对路易十四的大联盟。不断的征战加重了新生王国的负担,好在历任统治者都小心翼翼地驾驶着普鲁士这架马车,再加上普鲁士一直都有着
高效廉洁的政府体制,因此,当1740年腓特烈二世成为普鲁士国王的 309
时候,国家财政状况已经有所好转。

腓特烈二世是18世纪欧洲历史上又一位能称得上是“大帝”的国王。腓特烈二世同其父一样残暴(他也恨透了自己的父亲),但这位年轻的国王起码披着一层道德的外衣;可以肯定的是,腓特烈二世既是一个凶残、狠毒、睚眦必报而且办事毫不迟疑的人,也是一位十分聪明和开化的君主,他能演奏长笛,还会自己写曲子,也很享受和充满智慧的大师高谈阔论。腓特烈二世将自己的一切都献给了普鲁士王国,他倾毕生的精力开拓国土,提升普鲁士的国际声誉;不过,腓特烈二世在尽可能地利用全部资源服务王国利益的同时,却牺牲了邻国哈布斯堡王朝和波兰王国的利益,而其本国人民也要缴纳高额的赋税,还要时时刻刻提心吊胆,生活在随时会有外敌入侵的环境中。

1740年,神圣罗马帝国皇帝查理六世驾崩,哈布斯堡家族再无直

系男性继承人，这对普鲁士人来讲是个难得的机会，他们可以就此夺下西里西亚。查理在世之时，一直希望他的女儿玛莉亚·特雷西亚(Maria Theresa)能够坐稳女王宝座，但现在看来前景十分不乐观。直到1780年特雷西亚去世，她与腓特烈二世从来都是不共戴天的敌人。普鲁士出兵进占西里西亚，引发了欧洲大陆各国普遍参战的“奥地利王位战争”，从此西里西亚被并入普鲁士，成为它的一个州，在此后的历次战争中都不曾脱离。不过，1745年，特雷西亚的丈夫被选为神圣罗马帝国的皇帝，普鲁士人扶持新皇帝的幻想破灭了。直到60多年之后，也就是神圣罗马帝国解体的时候，哈布斯堡家族一直都占据着皇帝宝座。

特雷西亚之子约瑟夫二世即位后，希望能够攻占巴伐利亚王国以作为丢失西里西亚的补偿，虽然已经走到了其人生的最后一年，腓特烈二世自然还是不会允许他们这样做，他组织起德意志大公联盟与其针锋相对。作为德意志最强大富庶的邦国，以及众多大公眼中的领袖国家，这场争斗对于普鲁士的意义，却还不及其对欧洲历史的影响重大。但我们可以清楚地看到，哈布斯堡家族和霍亨索伦家族已经开始了德意志霸权之争，王朝问题直到1866年得到最终解决之前，一直都是德意志最为核心的问题。其中，霍亨索伦家族能够得到德意志民族主义的支持，而哈布斯堡皇帝对于他们来讲，则在很多重要问题上代表着外族的利益。在长期的家族斗争中，奥地利人一向的劣势就是他们从来都不是一个纯粹的德意志国家，不同“国族”的人们共同生活在奥地利的土地上，他们讲着不同的语言，也有着不同的社会制度；哈布斯堡皇帝同时还拥有诸多头衔，比如匈牙利国王、米兰公爵，以及奥地利大公等。况且，哈布斯堡王朝的大部分领地依然是罗马天主教的，教会势力非常强大，事实上除西班牙和意大利之外，旧教反宗教改革获得成功的大多数地区都是由哈布斯堡人控制的，这点同俄国、奥地利不一样，却比较类似于法国的波旁家族。在哈布斯堡王朝，教会手中握有巨额财富，他们的权威受到地方传统、教法和教皇的庇护，甚至连教育都被教士阶层垄断。

即便如此，面对普鲁士带来的外部威胁，哈布斯堡王朝也还是走上了改革之路，改革让这个古老帝国的官僚机构实现了更新换代。特雷西亚不仅在上台之初对启蒙思想影响下的体制改革不抱好感，她在随 310
后的日子里也不是一个能够接受新观点的人，但其幕僚反复地为她摆事实、讲道理，让她明白哈布斯堡要想战胜普鲁士、取得控制德意志的霸权地位，改革是必经之路；而要想让帝国能够在欧洲事务中发挥应有的作用，就必须用统一的行政力量和中央集权化解帝国内部多元化的民族与领土所带来的离心力量。从此哈布斯堡也开始进行财政改革和行政体制改革，这将无可避免地导致国家行政力量与教会势力之间的裂痕加深，据说特雷西亚之子约瑟夫二世深受启蒙主义思想的影响，而不是同其母亲一样虔诚的天主教徒，因而在他执政期间，国家的世俗化成为重要标志，修道院寺产被罚没，宗教事务决策也时刻受到政府的干预，宗教场所不再享有特权，教育也从教士阶层的手中被剥夺，哈布斯堡王朝的教权之争达到顶峰；这还不算完，约瑟夫二世的政策还激怒了地方贵族，颇为不满的贵族团体在布拉班特、匈牙利和波希米亚公开反叛。地方豪强与帝国会议站出来反对皇帝的革新政策，因此在其统治的最终几年，帝国很多地方政府都陷于瘫痪。不过到此时，让奥地利统治者们最为头疼的，已经不是地方叛乱的问题了。

俄国与“东方问题”

在很长一段时间里，俄国与哈布斯堡王朝一直都被波兰王国和奥斯曼帝国的领土隔开，而俄国也在彼得大帝去世后逐渐式微，因此直到1793年，两国才成为陆上邻国。因为彼得本人便是推动改革的动力，他死后政府无力将改革继续下去，社会各方面的创新也停滞下来。帝国都城在保守派的压力之下迁回莫斯科，就足以说明当时的力量对比。彼得在世时将亲生儿子也折磨致死，因此没有在身后留下指定继承人，其皇室后代面临着来自其他家族的巨大威胁，这最终引发了混乱的皇位之争。1730年彼得之孙被废黜，他的侄女安娜成为俄国新的沙皇，此后沙皇的专制权力有所恢复，中央政府再次迁往圣彼得堡。安娜死后由其尚且年幼的曾侄继任，这位小沙皇不出一年便遭废黜，20 多年之后被害死在狱中，皇冠落到了彼得之女伊丽莎白的手中。沙皇伊丽莎白得到了国内希望驱逐外国势力的人们的支持，一直统治着帝国，直到 1762 年，她的外甥被推上皇位，不过还没到六个月的时间又被迫退位。后来，一位日耳曼族的公主利用她权倾朝野的情人刺杀了当时在任的沙皇，也就是她的丈夫，这位公主便是后来大名鼎鼎的叶卡捷琳娜二世，又被称为“叶卡捷琳娜大帝”。

沙皇叶卡捷琳娜统治时期的俄国非常强大，不过在那个镀金的时代，很多东西都被遮盖住了，甚至对于当时的人们来讲也是如此。人们不再追究她是依靠多么血腥和为人所不齿的手段获取了王位，当然也会有人认为，如果不是她出手更快，也许这位当朝的女沙皇也会成为她丈夫手中的政治牺牲品。无论如何，与在她之前的历代沙皇类似，叶卡捷琳娜即位的道路异常坎坷，充分说明了彼得大帝之后俄国皇权衰落
311 的状况。女沙皇执政的最初几年也一样面临着巨大的挑战：各种各样强大的势力都虎视眈眈地注视着她，等待着她出现致命的失误；更何况她在俄国人眼中是个十足的外族人，在来到俄国、改宗信仰东正教之前，她原本还是路德宗的信徒，借用她自己的一句话来说就是：“要么站稳脚跟，要么彻底倒下。”所幸她站得十分牢靠，她的统治也取得了极大的成功。但虽然她也广泛建立学校、大力支持艺术和科学的发展，却不及彼得大帝那样勇于革新，而且她的政策更多是为了给自己赢得好声誉，很少考虑它们带来的实际作用是否明显。追求先进往往只是表面功夫，这些自然蒙蔽不了知情者的双眼，年轻的拉吉希柴夫(Radischev)遭到放逐，就足以向我们展示当时俄国可悲的现实。由于改革根本就是叶卡捷琳娜的个人作秀，因此随着时间的推移，改革的动力在慢慢消逝，沙皇也将个人精力越来越多地放在对外事务的处理上。与此同时，叶卡捷琳娜完全可以被称作为地主阶层服务的沙皇，她在处理同贵族有关的事情时一向谨慎，拒绝触动他们的任何既得权力与特权，不仅如此，她还让贵族愈发凌驾于国家司法制度之上，甚至连农奴向其领主请愿的权利也被一并革除了。在女沙皇整整 34 年的统治生

涯中,政府仅有 20 次就农奴主滥用权力、欺压农奴作出过表示。1762 年,叶卡捷琳娜废除了贵族要向国家效忠、履行义务的规定,后来还将一部权利宪章颁发给了他们。贵族们不仅免交赋税、免服兵役、免受皮肉之苦,犯罪之后还不能由非贵族来进行审判(即使罪犯已经丧失了贵族头衔),开设工厂和矿场的特许经营权也被掌握在他们的手中。在这个西方国家已经日趋开化的时代,叶卡捷琳娜却将俄国越缚越紧,古老的社会体制就像一副无形的枷锁,让这个东方巨人无法自由地伸展双臂。

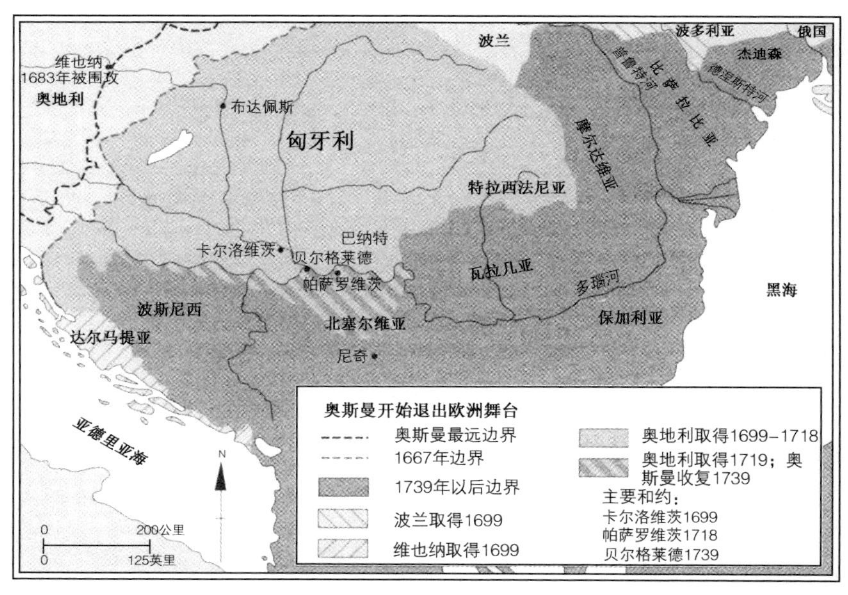

不过,到 1796 年叶卡捷琳娜去世的时候,俄国已经获得了超乎寻常的国际地位,这也正是这位女沙皇威望的真正来源。她曾经说过,初到俄国的时候,自己还是一个只拥有三四套衣服的小姑娘,俄国待她不 312
薄;而如今,她给俄国带来了亚速海、克里米亚、乌克兰,以及 700 万的臣属,应该足够还这份人情了。俄国的对外扩张带来了极为深远的国际影响,其中最为重要的,便是俄奥争霸的开始,尤以对奄奄一息的奥斯曼帝国之领土的争夺最为激烈。30 几年来,两国关系偶尔会出现小波动,但总的来说俄国和土耳其之间的联系并不密切。1774 年,俄国

1800 年以前奥斯曼帝国欧洲势力的式微

1683	第二次围攻维也纳失败。
1691	特兰西瓦尼亚被奥地利占领。
1697	匈牙利被攻陷。
1699	卡尔洛维茨和约确定对奥地利沦丧土地。
1716—1717	奥土再战，奥占贝尔格莱德。
1718	帕萨罗维茨和约。
1739	贝尔格莱德和约(奥地利放弃贝尔格莱德，俄放弃黑海舰队计划)。
1768—1774	俄占摩尔达维亚、瓦拉几亚；俄败奥斯曼海军，占领克里米亚。
1774	库赫克条约为俄插手帝国事务埋下伏笔。
1787—1792	俄奥结盟，共抗奥斯曼。
1791	西斯托瓦条约，帝国收复贝尔格莱德；奥占波斯尼亚一部。
1792	雅西条约，俄取得德涅斯特河入河口。

舰队突然出现在地中海，叶卡捷琳娜同时派出特务挑起奥斯曼国内动乱，这场战争最终以俄国的胜利告终，两国在保加利亚一个名为库赫克(Kutchuk Kainarja)的偏僻小村庄签订了和平条约。这是在整个 18 世纪欧洲历史中影响最为深远的条约之一，它终结了土耳其人对克里米亚鞑靼人的宗主权，土耳其人不仅失去了这些尚武的金帐汗国后裔的支援，也在心理上遭受了沉重的打击，因为克里米亚鞑靼地区是奥斯曼帝国征服的第一个伊斯兰教地区。俄国则占领了从布格(Bug)到第聂伯河一带的土地，获得了战争赔款，其军舰更是可以随时穿越黑海海峡，并在黑海自由航行。但让俄国在后来收益最大的是他们从土耳其人的手中取得的在君士坦丁堡修建教堂、选择教职人员的特权，俄国政府通过此举，向世人昭示了其保护奥斯曼苏丹治下希腊民族基督教徒的决心，从此，他们可以以此为借口，随时干涉奥斯曼帝国的内政，俄国对土耳其领土的蚕食，这才刚刚开始。1783 年，沙皇叶卡捷琳娜出兵
313 占领了整个克里米亚半岛，不久之后再次发动对土耳其的战争，将国界推到了德涅斯特河沿岸，进而到达普鲁特河，其中后者与多瑙河的交汇处距离黑海只有区区 100 余英里，俄军势力直逼黑海的多瑙河入海口，此种形势自然让奥地利人寝食难安。

瓜分波兰

与此同时，本来处于哈布斯堡王朝与罗曼诺夫王朝之间缓冲地带的波兰，不久之后便遭到列强的瓜分，从欧洲地图上消失了。而在此之前，随着瑞典王国式微，俄国实际上已经成为主宰波兰的唯一外部势力，他们通常通过扶持波兰傀儡国王，来实现对这个国家的控制。波兰国内有实力的地方权贵各自为政，因而无法进行全国范围的改革，但不进行改革，就没有足够的军事实力来抵抗俄国的入侵，波兰人便不可能维护国家的独立。其实波兰已经站在了改革的十字路口，但俄国人利用其国内的宗教分歧，将波兰划分成多个相互敌对的地方联盟，这直接导致了波兰内战的爆发。随后，土耳其人竟然以保卫波兰为借口，于 1768 年向俄国宣战。波兰从此便走上了不归路。四年之后，也就是 1772 年，波兰国土惨遭瓜分，这也是波兰历史上第一次遭到列强瓜分（之后还有另外两次）——俄普奥三国将波兰领土的三分之一收入囊中，同时被分的还有土地之上的半数波兰人口；第二次与第三次瓜分分别发生在 1793 年和 1796 年。最终俄国鲸吞了大约 18 万平方英里的波兰领土，帝国人口也增加了 600 多万（不过 19 世纪的历史告诉我们，多出来的这 600 万波兰人对于俄罗斯帝国来讲，并不一定就是财富）。普鲁士也从瓜分波兰中收获颇丰，从吞并波兰领土之后的国家人口比例来看，斯拉夫人的数量已经超过了日耳曼人。奥地利则分得了加利西亚。瓜分波兰之后，奥斯曼帝国之外的东欧政治版图经历了翻天覆地的变化，在此后的 120 多年里，独立的波兰王国从地图上消失了。没有了波兰作为猎物，俄国和奥地利将目光投向了庞大但虚弱的奥斯曼帝国，19 世纪的历史序幕旋即拉开。

沙皇叶卡捷琳娜仍然在世的时候，俄国的军事实力已经非常可怕。俄军早在 18 世纪 30 年代便已经西进到内卡河（Neckar）一线；1760 年，俄军首次开进柏林，不出几十年便踏上了瑞士的土地，再过 20 年即进占巴黎。很难想象俄国落后的经济与社会结构竟然可以孕育出如此强大的军事力量。也许你可以说这些还是要归功于彼得大帝，但无论如何，历史的时钟是无法倒拨的。

欧洲国际新形势

至18世纪末，奥斯曼帝国日薄西山，已经很难称得上是竞争力强大的欧洲大国了；普鲁士与俄国的崛起宣告了欧洲新时代的到来。1500年的欧洲人不会想到荷兰和瑞典后来会变得那么强大，不过到如今，它们的时代已经过去了，1800年前后的荷兰和瑞典沦为欧洲二流国家；而法国无论是在16世纪的王朝争霸中，还是在如今民族国家的残酷竞争中，都是欧洲大陆上一支不可忽视的力量，事实上，它的实力
314 比过去更加强大了，它是未来的西欧霸主；但崛起中的法兰西也一样面临着新生的挑战，事实上法国已经成了它的手下败将——那个地处欧洲大陆西北一隅的岛国，不再是1500年时小小的英格兰王国，从那里喷薄而出的，是并吞世界的力量。与俄国成长为世界大国一样，欧洲国际与外交形势的变迁足以令世界瞩目。在早期现代这300年的时间里，集中了欧洲各国主要矛盾的热点地区起初是意大利、莱茵河畔与尼德兰，后来转移到了德意志中部与东部、多瑙河河谷、波兰和卡帕西亚以及波罗的海沿岸地区，更为关键的是，海外利益在欧洲外交中发挥了越来越重要的作用。东欧政治版图重组、欧洲各大帝国之间频繁爆发的战争已经不再局限在欧洲的范围之内——到处流露出的现代色彩正在向我们昭示：欧洲历史，的确已经进入了一个全新的时代。

但即使到了1800年，已经300多岁高龄的神圣罗马帝国依然健在，罗马教皇的世俗权力一如既往地广泛分布在欧洲各地，法国国王也还继续由卡佩家族的后人来担任（虽然1800年的法国国王已经不再和其300年前的祖先是一家，而且他在这一年流亡国外），多数欧洲国家还是政教合一的宗教国家。总之，在1800年的欧洲，旧时代的色彩仍然异常浓重（要倒退10年的话会更加明显）。与社会生活的其他方面不同，欧洲的政治与外交中的中世纪色彩是缓慢褪去的。很多欧洲人此时依然持适用于300年前的社会与政治态度；社会现实在这段时间已经发生了很多变迁，但承载这些现实的框架还是过去的框架。在俄

国以外的欧洲大陆上的大部分地区,很多中世纪的社会团体依然大量存在,这些团体享有一定的法律特权,社会成员受到其所属团体的庇护,人们的社会地位也是由他们从属于哪一个社会团体来决定的,这种情况几乎一直到18世纪末都是欧洲社会的现实。

历史让我们清醒地认识到,现代化的进程是不以人们的意志为转移的。法国的例子便足以证明这一点。在这个当时欧洲大陆上的领军国家,政府官员与社会精英阶层普遍对改革思想和革新政策抱有好感,但路易十四死后,改革却遇到了越来越大的阻力。其曾孙路易十五于1714年开始执政,他还是代表了法国少数派的利益。在他的统治下,特权阶层的权力继续膨胀,议会也对损害到贵族传统权利的法律制度越来越不满,并不时动用法律程序对这些律法作出修改,贵族们显然不希望国王拥有至高无上的司法权力。1789年的法国,是先进的政治批判思想传播得最为广泛而深刻的欧洲国家,但要将这些思想付诸实践,摆在法国人面前的困难也非其他国家可比。而随着法国在国际事务中发挥着越来越重要的作用,它肩上的财政压力也越来越大,法国政府因此希望改革税制、开征新税以扩大收入来源,此举自然引发了社会动荡。人们要求对法国帝制进行改革的呼声越来越大,到最后干脆彻底废除了君主制。

现代化的发展必然会挑战传统的社会体制、威胁到特定社会阶层 315
的既得利益,进而引起后者的阻挠与压制。而无论在任何地方,君主集权制似乎都无力解决这个问题,因为君主制度本身同贵族制度一样,也是欧洲传统的延续,君主们自然不会轻易将传统全盘推翻。欧洲人也对不加限制的君主权力有所忌惮,如果祖上留下来的贵族权利不能得到保障,那下一个被开刀的会不会就是个人财产权?只有英国统治者比较开明,他们接受了很可能危及其统治地位的革新思想,认为没有人是天生就被隔绝在法制权力之外的。在早期现代这300年的时间里,中央政府的力量之所以能够得到提升,这一点是非常重要也是不可或缺的条件。但很快,中央集权的发展便遭遇瓶颈,因为落后的政治体制极大地限制了具有现代思维的政治家们的活动空间。与其祖先相比,他们确实能够更加灵活地调配国家资源了，但这一时期欧洲人还没有取得任何技术上的重大进展，1800 年前后，欧洲的交通手段仍然与三个世纪以前类似，人们出行主要还是依靠风力和畜力；而 18 世纪 90 年代开始使用的所谓“电报”，不过是靠拉绳子发信号的旗语系统，而且只能在晴朗的日子里用。军队虽然在后勤和组织方面都有相当程度地提升，但其机动能力在这三个世纪之内取得的进步并不明显；而在其武器装备方面，即使有成就，也不会是什么惊天动地的大成就。此外，那时候的欧洲各国还没有现代意义上的警察部队，第一份个人所得税也直到 1798 年才在英格兰出现。如果说 1800 年以前的欧洲国家中央集权程度有所提高，那也是因为社会机构效率的提升与人们思想的进步，而不是因为技术水平的提高。在当时主要的几个欧洲国家，老百姓对政府的认同感完全不存在；而在 1789 年以前，除了大不列颠王国与联合行省，欧洲的统治者们更为关心的，不是如何保护本国人民免遭外敌蹂躏，而是如何压制本国人民、确保政权稳固。

第十五章　世界的新形态 316

全新的世界图景

人类在文化上的多样性，大概在 1500 年前后是最为明显的。但评判这类事情的标准总是比较主观，我们谈及“文明”“文化”或者“传统”的时候，总是难以就其所代表的含义达成一致。但可以确定的是，在这个世界刚刚步入现代之时，我们所见的是几个各具特色的区域，每一个都十分强大，具有自觉意识与大体上独立的文化传统，这种文化传统对人们生活中的方方面面都有着深刻的影响。中华文明便是其中之一，以其发源地为中心，它不断向外扩展，囊括了大部分东南亚、朝鲜甚至是日本；另一个例子是伊斯兰世界，虽然其中的文化和种族多样性依然存在；基督教世界东西方的差异前文已有论述。从很大程度上来讲，这些文明之间很少互动。

300 年之后，由这些文明区域构成的世界格局依然清晰，但一些新的发展趋势令其间的隔阂逐渐消融。部分文明内部的帝国已现颓势，如伊斯兰奥斯曼帝国；美洲土著文明土崩瓦解，残留在世上的只有片片遗迹。这个时期的另一重大历史发展趋势刚刚露头，那就是欧洲人已经取得领先于世界的技术优势。中国人早在欧洲人之前便掌握了活字印刷术与火药的使用，而如今领先的接力棒被传到了欧洲人手中，并被他们牢牢抓住(当然,以后接力棒还会不会继续往下传还未可知),直到今天,技术已经成为全球共享的信息与全世界范围内的标准化动力。

上述发展趋势也意味着或者说是需要人类思想上的变革。其中一些发展走向很可能在公元 1500 年之前的欧洲已经持续了很长一段时间,可能长达四个世纪左右。但值得反复强调的是,欧洲的很多特点在 1500 年之后也没有发生变化,至少人们的宗教信仰和欧洲统一认同是这样的。举个颇具象征性的例子,《圣经》因为印刷术得到了前所未有的广泛传播,恰恰说明欧洲依然是基督教的欧洲,原本欧洲人的基督教
317 思想不仅无法帮助他们了解世界,还会阻碍其用全新眼光看待这个世界。但是环境变了,即使是同样的事情,其影响也会随之改变。总之,在 1453 年之后,人们大概会认为欧洲可能是这个世界上唯一一个基督教文明(那时候人们对俄国了解甚少,自然也就不将其纳入考虑的范围内),也就理所应当地将其视为世界的中心了。

以上是关于“地理大发现时代”的部分背景,似乎如今将其称为“欧洲人的地理大发现时代”也未尝不可,因为在 15 世纪以及其后的一段时间里,少有任何欧洲人之外的民族发现任何未知地区。这是很难理解的一件事。中国人很早以前就拥有罗盘,并会建造大型的远洋平底船;阿拉伯人驾着他们的单桅三角帆船往复驰骋在印度洋;而远在太平洋上,岛民乘坐独木小舟,凭借精湛的航海技艺,令人匪夷所思地到达过很遥远的地方。但还是欧洲人首次通过一次次海上和陆上的冒险活动,将全球连成一个整体,除了南极和北极是在 20 世纪才被人类征服的,欧洲人那时已经到达了地球上的每一个角落。我在这里不会讨论为什么不是中国人或者阿拉伯人首先发现了美洲,而是着重关注为什么新大陆是由欧洲人发现的。要解释这个问题,需要方方面面的考虑,对其中任意一点都不可妄下结论。

通过航海,人们所获得的关于欧洲以外世界的地理知识与日俱增,其影响可谓喜忧参半。通报哥伦布大发现的信件单在 1493 年一年就印刷了九次,正因为这一发现意义重大,人们将位于西半球、大西洋另一边的那片土地称作“新大陆”。地理大发现鼓舞更多的探险者踏上了

自己的征途,他们纷纷发表令人振奋的新成果。1513 年,欧洲人首次通过墨西哥西海岸抵达太平洋;六年以后,麦哲伦绕道合恩角(Cape Horn)也到达了太平洋。到了 20 世纪中期,欧洲人同时探索西北和东北两条亚洲航线,探险家和定居者也开始在美洲大陆上进行活动。同他们生活在十字军时代的前辈一样,欧洲人开始向世界展示其新生的自信。要理解欧洲人的这种心理变化是如何产生的、为什么而产生,我们不仅需要关心欧洲,也要看一看欧洲人发现的那些地区是什么样的。它们同欧洲一样拥有悠久的历史,但其历史轨迹却与欧洲迥然不同。

非洲

欧洲人首次走出家园,并给异域文化留下印记的第一站,大概就是非洲。在古典时代,来自希腊的商人、士兵与旅行者,来自罗马的征服者与总督以及后来汪达尔的移民与侵略者都到达过这片土地,当然也包括其他许多民族。但他们中间却很少有人能够跨过北非海岸和马格里布,那里是一望无垠的沙漠、山川以及种种未知,在 7 世纪伊斯兰教 318
和书写文字传入之前,那里的多数地区依然未开化。阿拉伯人征服的地区不光是“野蛮”的非洲,也有基督教的非洲,4 世纪时,一批来自埃及的教士令埃塞俄比亚人改宗基督教,这一独特的文明由于种种原因留存至今,成为非洲大陆上唯一的非伊斯兰教信仰的本土文明。

而从 15 世纪开始,非伊斯兰教的非洲历史越来越受到欧洲的影响,抛开受到阿拉伯人控制最早、影响也最深远的东非海岸不说,欧洲人的野心、欧洲人的对抗以及欧洲人的地理大发现,无不牵动着这片古老大陆的每根神经。非洲的现代历史大多为外界影响下的产物——从近东、亚洲、印度尼西亚和美洲引入冶铁技术和新作物品种;19 世纪又从欧洲引入蒸汽机和各种各样的药物。所有这些舶来品都同古老的非洲特色结合起来,相互交织。人们一直错误地认为,在欧洲文明的影响到达非洲之前,这里的大部分地区都因为严酷的地理气候条件和可怕的疾病无法发展。欧洲人最初对这片在当时尚未完全知晓的大陆的兴趣,可以追溯至中世纪,因为驼队贸易通过撒哈拉沙漠将黄金源源不断地运往地中海经济圈。虽然心向往之，欧洲人却总也无法抵达贸易的源头——传说中的商贸帝国加纳和马里，他们只能从阿拉伯人的口中得知这一切。19 世纪之前的东非地区也是如此，阿拉伯人早在 1 000 年前便在此定居，称其为桑兹(Zanz)之地(后逐渐演变为桑吉巴)，根据阿拉伯人的记载，那里的人们将铁看作比黄金还贵重的宝物。当然，很有可能非洲各民族早在阿拉伯人占领之前便同亚洲有着这样或那样的贸易往来，关于其贸易对象，我们今天已不得而知，也许他们曾像那些征服马达加斯加的人一样，同印度尼西亚人有过生意上的往来吧。非洲人能拥有丁香、香蕉这样的新品种作物，应当感谢那个同他们进行贸易的亚洲民族。

虽然在 1500 年时，不管是阿拉伯人还是基督徒都还没有深入占非洲大部的内陆地区，但其海岸已经为奴隶贸易大开方便之门。几个世纪以来，阿拉伯人都令顺从的地方统治者们为他们捕获一批又一批的黑人男女老少，被贩卖为奴隶之后，他们有的向北被押送到尼罗河谷和近东一带的奴隶市场，有的则从海岸被送上帆船，运到了阿拉比亚、海湾、印度，甚至中国。欧洲人的奴隶贸易则开始的晚得多，但有研究分析认为，1500 年之前，单单经过葡萄牙人之手被运出非洲的黑人奴隶就多达 15 万之众；在这项迅速崛起、获利丰厚的贸易活动中，很快多出了其他欧洲国家的身影。同阿拉伯人所从事的奴隶贸易相比，我们掌握的这方面资料要丰富得多，因而也能更清楚地看到其所带来的影响。贩奴能够带来巨额利润，加之非洲内陆地区对于欧洲人来说几乎是无法进入的，因此后者在到达西非的起初一段时间里，一直都是在从事这一勾当。葡萄牙人在第一次远航途中，于佛得角以南建立据点，掀起欧洲人在非洲的占领狂潮。到 1800 年，英国人、法国人、西班牙人、荷兰
319 人和丹麦人均在这片土地上建设起自己的堡垒、工厂。荷兰人更是在气候宜人的好望角建立起第一个真正意义上的非洲殖民地，移民在这片土地上种植庄稼、驯养牲畜，实现了自给自足。过了好望角，人数并不多的葡萄牙人通过其占领下零星分布的堡垒和码头(最北可达亚丁和红海出海口)，不仅控制住了欧洲通向东非海岸的要道，还扼守着通

往波斯湾与印度的商贸航线。

美洲

很早以前，美洲大陆还没有被占领，世界上其他大陆上也还没有欧洲人的身影，北美的原住民就已经跨过了白令海峡，维京人也曾经到达过这片“新大陆”，接着便是追随哥伦布脚印的欧洲人了。美洲不仅同欧洲、同世界隔绝的时间长于非洲，其程度也不是非洲所能比拟的。直到今天，依然有原住民生活在这片大陆，过着前农业化时代的日子。而在当年，在欧洲人到达之前，虽然北美洲东部的“印第安人”（欧洲人对他们的称呼）依赖农业为生，但在西部，人们依然停留在渔猎、采集的原始社会，他们直到 1800 年还大体上墨守祖宗留下的传统生活方式，只不过这时又从欧洲人那里学到了养马、冶金和制造枪炮的技术。大陆的最西端，可称得上是北美洲天然的人类博物馆，人们沿海岸而居，同生活在远古时期的人类一样，从水中捕鱼、在岸上采果充饥；而居住在最北方的因纽特人则在极为严酷的自然条件下，过着自给自足的生活。

在北美洲的原住民还同石器时代的人类一样，在为了生计同大自然进行斗争之际，里奥格兰德河（Rio Grande）[①]以南地区的原住民已经创造出辉煌的文明，它们散落于中美洲与南美洲，虽然各自拥有鲜明的特色，却也有着共同的特性，比如都广泛种植玉米，都崇拜特征类似的原始自然诸神。欧洲人最初来到这片大陆之时，这里主要存在三大文明体系，它们都有着以庙宇为中心建设的高度发展的城市、复杂庞大的信仰体系以及具有初步发展水平的书写文字。

玛雅文明分布在今天的尤卡坦、危地马拉和洪都拉斯一带，因其极度丰厚的历史，被认为是三大土著文明中最为显赫的。玛雅人的城址都在热带雨林深处，人们要不断抵御各种野生动物和昆虫的袭扰，还必须提防可怕的疾病和炎热的气候，生活非常不易。即便如此，玛雅人不仅靠着相当原始的农业生产技术（他们没有耕犁等铁质工具，只能依靠

① 即今天美国与墨西哥的界河。——译者注

烧山垦荒，几年之后土地肥力下降，便转向下一个地区）令其文明得以延续多个世纪，还创造出可以比肩古埃及的岩石建筑群。几乎所有这些建筑都是为进行祭神仪式而建，此外还包括庙宇、金字塔、坟墓等，初
320 看之下，似乎只有宗教祭祀人员会长期居住在这种城市里。依据那令人印象十分深刻的精准天文历法，他们在这座城中会定期举行宗教仲裁和祭神仪式。通过研究玛雅历法，我们如今可知，这一古老民族的宗教祭司群体拥有丰富复杂的时间概念和计时知识。

欧洲人到达美洲时，玛雅文明的鼎盛时期已经是几百年前的事了。在 1460 年左右，他们的首都被毁，作为一个政治上的整体的玛雅文明在此时也已经走上了下坡路，西班牙殖民者成为他们的掘墓人，而绝非是行刑者。然而，更令殖民者觉得不可思议的，是处于北方墨西哥山谷中的阿兹特克（Aztecs）文明（有时也被称为墨西加文明，本文还是沿用旧称）。阿兹特克人自 1350 年左右进入这片峡谷地带以来，在特斯科科湖（Lake Texcoco）边定居下来，从此一个名为特诺奇蒂特兰（Tenochtitlan）的小村庄成为其文化的中心，不出两年，他们便确立了对整个墨西哥中部的统治。特诺奇蒂特兰不断扩展，成为名副其实的大都市，地域涵盖湖中的一片小岛，各岛都有堤路连接陆上（据被当时的景象惊呆的西班牙人描述，其中一条长达五英里，能容纳八架马车并行通过）。时人记载，城市的壮丽景象甚至超越罗马与君士坦丁堡。16 世纪初的特诺奇蒂特兰有 10 万以上的人口，城市发展依靠属民缴纳的贡赋维系。同欧洲的城市相比，特诺奇蒂特兰无疑是神奇的所在，它有着多得让人不可思议的财富，还有处于市镇中央的庞大庙宇、金字塔。阿兹特克人掌握象形文字，农业和黄金加工技术精湛，但从没听说过耕犁、铁器或者轮式车辆。西班牙人还惊讶地发现，活人祭祀是阿兹特克人宗教仪式中最为重要的一部分，死在城中大金字塔上的人不少于两万。这种在外人看来不可思议的大屠杀，实则为阿兹特克神话文明的核心部分，也就是众神要牺牲自身，向太阳神供上新鲜的血液。

西班牙人入侵之时，阿兹特克帝国依然在向外扩张。虽然还有未完全臣服的部落，但帝国此时基本已经征服了从西岸至东岸的广大地

区。其国王是具有一定神性，从王室家族中推选而出的。政府要求的劳役和军事义务很重，但为每位臣民提供一年到头基本的生活需要。然而，阿兹特克社会宗教生活中极其重要的祭祀，需要源源不断的活人祭品供应，通常都是战争中的俘虏。这样一来，帝国不会赢得民心，百姓自然乐于见到帝国垮台。如此的宗教信仰还制约了阿兹特克人在对付入侵的欧洲人面前的反应能力，尤其是他们在战争中更希望活捉俘虏以供祭祀之用，却不愿直接杀死他们；他们还相信即使战败，总有一天伟大的神灵、白面白须的羽蛇神（Quetzalcoatl）会最终从东方归来（东方是其教导人类之后的归宿）。

欧洲人在美洲遇到的最为遥远的土著文明深藏于大陆南部、秘鲁的安第斯山脉之中。不只是西班牙人，其他欧洲民族也对这一文明印象深刻，一方面是因为他们具有丰富的贵金属储备，另一方面也因有人 321
将其社会描述为与众不同，却又高效、公正、复杂的社会体系，这在一定程度上吸引了欧洲人的目光。在那里，个人完全隶属于集体、隶属于统治者。这就是印加文明，15 世纪末的它，控制着从厄瓜多尔到智利中部的广阔土地，后期又攻占了沿海地区。在山路险阻的安第斯山脉，能取得这样的成就实属不易。帝国各地由超过 1 万英里的公路（往往通马不通车）相连，无论风霜雨雪，骑马的信使总是能将信息传达到千里之外，除了口传信息，他们有时还借助一种由多种颜色构成的结绳（quipu），来传达复杂的信息。正是这样，帝国统治者控制住各地的劳动力，进而实现专制，人民被束缚在他们劳作的土地上，不允许离开故土，婚姻也仅限在地区内部。所有的农业成果都是国家财产，农民将种出的粮食交给牧民和手工业者，以换取纺织品（美洲驼是安第斯地区的全能家畜，既可以产肉、产毛、产奶，还是重要的畜力运输工具），商业则完全被禁止。首都库斯科（Cuzco）拥有高度发达的贵金属和红铜开采、加工业，他们精美的金属饰品令初到此地的西班牙人叹为观止。同阿兹特克人一样，印加人也利用身边的资源取得了令人惊诧的文化成就，他们也允许被征服的民族保留自身的祭祀方式，从而将各种文化纳入其中。我们今天只知道他们的主神是太阳神，但因为缺少文字记载，印加人的思想对于我们来讲，仍然是个谜。他们同墨西哥人一样，能生产出精美异常的宝物，但在欧洲人面前，无论是从心理还是从技术层面来讲，他们都显得无能为力。

帝国主义的欧洲

“帝国主义”一词有多重含义，其最为广义且争论颇多的含义之一，便是一个人类群体对另一个人类群体有意或者无意的长期占领，简单地说，就是占领地盘，不管是通过强行侵占还是移民，还是两者兼备，总之是对异域地区的非法占据。“帝国主义”还经常伴随着强国特权与司法豁免权——1536 年，奥斯曼帝国政府与法国政府之间签订了历史上第一份“不平等条约”，不仅规定帝国政府向法国商人提供在特定港口的贸易特权和地方司法免责权，还允许法国人自由控制帝国财产。

随着地理大发现时代的到来，海外扩张成为摆在欧洲国家（特别是掌握着大西洋出海口的欧洲国家）面前新的选择，帝国主义也以全新的方式和前所未有的规模占据了现代世界历史的重要一章。而在此之前，德国在内战中东扩的步伐已经停止，不过它依然在不断发动战争，征讨别的国家；伊比利亚的收复失地运动也已接近尾声；而随着奥斯曼在地中海地区加紧扩张，欧洲国家在近东重建十字军国家的美梦也迅
322 速破灭。紧接着，西班牙和葡萄牙，也许还可以加上英法，掀起了欧洲对外扩张和海外移民的第一波狂潮。不久之后，荷兰人也加入这一队伍之中。直到 1600 年，伊比利亚人是在这场瓜分浪潮中收获最为丰厚的；而葡萄牙帝国不靠移民占领土地，而是在东方布下一系列港口和堡垒，从而垄断了从中国到日本再到巴西的全部贸易线路。与此同时，西班牙人在美洲构建起超级庞大的殖民帝国，至少从理论上来讲，这是至今为止历史上最大的单核心（卡斯蒂利亚）帝国。而直到 1600 年，英法只是在北美建立起寥寥数个定居点（法国人在 16 世纪 40 年代设置的加拿大、纽芬兰和拉布拉多总督职位实际上只是装装样子），不过他们马上回归传统，放任海盗在西半球横行，沉重打击了西班牙的势力。同荷兰人一样，英国和法国在美洲的帝国主义扩张行动，在此时还未走

上正轨。

西班牙的海外殖民开始于14世纪，而加纳利群岛是他们的第一个目标。后来奔向美洲的那些人自称为“征服者”，仿佛他们还生活在中世纪。15世纪90年代，他们第一次以移民的身份登陆加勒比群岛，并很快朝着今天的委内瑞拉一带试探前进。1513年，一批人跨过巴拿马峡谷地带，在那里安营扎寨，种植庄稼，似乎有在此扎根之势，这就是西班牙在美洲大陆建立的首个殖民地。至此，加勒比地区的西班牙移民数量已十分可观，第一批黑人奴隶也已经运送到了西半球。随着对大陆了解的逐渐加深，这些原本十分穷苦、对土地和财富如饥似渴的欧洲士绅和战士毫不犹豫地向内陆地区迁移。

西班牙“征服者”都是些能吃苦耐劳的人，其中最著名的一位是一半英雄、一半强盗的赫尔南·科尔特斯(Hernan Cortés)长官。1518年，他随军从古巴来到墨西哥，烧毁战船，摆脱上级的控制，在此建立移民小镇韦拉克鲁斯(Vera Cruz)，并以此为据点，带领手下向墨西哥中心的高原地区进发，不出几个月的时间便征服了阿兹特克帝国全境。不久之后，也就是1531年，比科尔特斯更加残忍的西班牙人皮萨罗(Pizarro)率军穿越安第斯山，直捣印加帝国的首都，摧毁了这个庞大的帝国。从此，继委内瑞拉和中美洲之后，墨西哥与秘鲁也被划入西班牙帝国的版图之中，成为其新的行省，欧洲历史上首个海外殖民帝国宣告诞生。

新大陆遍地财富的传说，像磁石一样吸引着西班牙人。当然，真正将西印度之行付诸实践的人是怀有各不相同的复杂动机的，不过不可否认的是，去美洲夺取当地人的财富可能还是最为重要的原因。很长时间以来，欧洲人都在孜孜不倦地搜寻着南美大陆，试图发现传说中的“黄金之地(El Dorado)”。“征服者”在美洲的所作所为还不止于此，他们不仅自己在新大陆定居，还将他们自身的文明也带来了，建造城市、
教堂、公路，创办大学，他们中的很多人从一开始就希望能长期占有土 323
地，以保证财产的安全；或者买来奴隶在岛屿上开垦的农田或牧场上劳作。这些行为没有受到印第安人的欢迎。虽然一小部分欧洲人确实希

望在当地人中间传播福音，但总的来讲，在那个时代，欧洲移民带去的基督教同收复失地运动时期的基督教一样，充斥着暴力，且不会容忍任何文化差异。与此同时，很多西班牙人都因阿兹特克的活人祭祀而深感恐惧。（我们今天可能会觉得不可理解，能将基督教异端活活烧死的欧洲人怎会因活人祭祀而恐惧？）

事实上，西班牙殖民者的入侵，给所有土著居民带来了灭顶之灾，当然这不全都是入侵者的责任（虽然有些人会说他们根本就不该到美洲去）。他们带去新大陆的各种疾病——以天花为最——令当地人口数量锐减，首先是加勒比群岛，之后便是美洲大陆。西班牙人初到之时，实力强大到似乎不可战胜，令当地人受到一定震慑，在这些因素的综合作用下，土著人口大量减少。据估算，墨西哥人口在16世纪中减少了四分之三，一些加勒比岛屿上的人口更是彻底灭绝。人口锐减导致大陆上可供殖民者调遣的劳动力严重不足，这反过来使得殖民者对存活着的土著人更加暴虐。虽然宗教人士一直在同残暴的统治者作斗争，却无法挽救印第安人的命运。当地的土著统治者也经常向西班牙定居者提供奴隶劳动力，以换取移民政府的保护。在疾病与苦役的双重重压之下，奴隶们纷纷从被迫劳作的庄园逃走，西班牙帝国官员和移民大多无能为力，便只能进一步缩紧他们套在奴隶身上的枷锁。由于奴隶制度长期存在于南美洲，直到今日，很多地区仍然称呼农民为peòn，这一西班牙语词汇原本指的是象棋中的卒，也就是最不值钱的一枚棋子。

依靠着人口自然增长和来自欧洲的移民，在随后的两个世纪中，遭受重创的西属自治领的人口缓慢回升。美洲逐渐成为伊比利亚和美洲人混血的美洲，具有欧洲血统的人占据社会中上层，统治着下层那些印第安人。其实不管是西班牙人还是葡萄牙人，是不在乎跨种族通婚的，只是在殖民地社会，欧洲血统总是高贵的象征，一个人的欧洲血统越多，就越有可能在社会中成为有权有钱的人；而出生在美洲的纯正欧洲裔人口（也就是西班牙人口中的creoles）则多身处美洲古老文明的幸存者之上，成为统治者或者庄园主。已经将自身文明成就遗失殆尽的印第安人开始讲起了西班牙方言，改宗基督教(起码是换上了基督教的名字)。葡萄牙人在巴西的活动，同上述欧洲人征服美洲土著文明的故事大同小异，只不过，那里的文明没有像秘鲁或者墨西哥一样被彻底消灭。但在那里，独特的历史依然塑造了独特的国家特征——由于人数众多的非洲奴隶被送往巴西的甘蔗种植园劳动，如今在这个国家，非洲黑人已经同印第安人一样重要，其文化遗产也已经成为巴西文化的一部分。与西属美洲殖民地类似，在巴西，基督教也成为殖民者移植欧洲 324
文化的工具。如今，巴西最古老的建筑，多半都是教堂，巴西其他的欧洲文化遗产还包括政府体制、法律、社会传统与行为方式等，当地很多类似的传统与美洲文化完全不相关，却可以在遥远的欧洲历史中找到根源。很显然，这些都是由西班牙和葡萄牙殖民者当年强行在殖民地推行的，这也说明，即使帝国不复存在，欧洲人的行为方式、欧洲人的法律体制以及欧洲人全部的国家文化遗产，依然留在古老的南美大陆。

伊比利亚人的美洲大帝国都是地广人稀的。1600 年两国人口只有 1 000 万上下；至少从理论上讲，1700 年左右的西班牙帝国幅员辽阔，其宣称的领土南起拉普拉塔河，北至科罗拉多，几乎包括了从智利南部到加利福尼亚北部的所有太平洋沿岸地区(诸多加州地名如旧金山——圣弗朗西斯科便是西班牙统治的印证)，很多萨斯喀彻温河以北的地区也是西班牙帝国的属地，当然还有佛罗里达。即使到了 1800 年，帝国的北部地区依然人烟稀少，西班牙人也只是在那里建造一些据点和堡垒，其中很多在后来都发展成为大城市。墨西哥也是帝国的北部行省“新西班牙”中的一部分，除了峡谷地带，墨西哥的人口相对较多；1800 年前后，秘鲁与加勒比海中一些主要岛屿也是人口比较集中的地区，其中城镇与大学林立。“西印度”由总督管辖，名义上是卡斯蒂利亚和阿拉贡王国的兄弟王国，而实际上则由后者统领，只享有一定程度的自治权。再加上西班牙人可经由阿卡普尔科和巴拿马直通西属菲律宾群岛和西班牙本土，因此，此时的西班牙的确是名副其实的世界大帝国，也是世界历史上的第一个世界大帝国。

北美殖民地

与拉丁美洲不同，欧洲殖民者从来没有在北美建立起强大的殖民统治。1700 年左右，英国人登上东海岸并在此定居，而早在 16 世纪 80 年代，英国人就曾尝试在北美扎根，并建立了弗吉尼亚(即处女地，以纪念终身未嫁的女王伊丽莎白)殖民地，不过最终未能成功。从此欧洲人从未放弃对北美的征服，只不过在很长一段时期内，大陆并没有加勒比地区那么吸引人，即使在 17 世纪 20 年代，西印度的欧洲定居点也远比北美大陆上的发展得好。不过到了 17 世纪，随着移民北美的欧洲人逐渐增多，这块处女地最终还是留下了欧洲人的印记。至 1700 年，12 个英属北美殖民地得以建立，40 万欧洲人(主要是英国人)在此定居。首个英国殖民地定居点是 1607 年建立起来的、位于今天弗吉尼亚州境内的詹姆斯敦；而在此后一年，法国人尚普兰(Champlain)在魁北克建立起一个小据点；再过几年，荷兰人也来到北美大陆，而他们占领的地区便是今天的纽约。

325 北美的大部分地区都被完全地欧洲化。英国人不同于西班牙人和葡萄牙人的一点是，他们是举家迁移——男男女女，扶老携幼，来到新大陆寻找肥沃的耕地。同古希腊的殖民城邦一样，英国的北美殖民地在很大程度上是独立于母国的。他们很快发现烟草是很好的出口作物，从而开始广泛种植，在弗吉尼亚殖民地建立的早期，烟草是借债记账的硬通货。除烟草之外，英属北美出产的主要农产品还包括棉花、水稻和靛青，殖民者依靠这些东西换取资金，并从母国购买他们所需的各种必需品；还有人从事渔业及其副业，渔业在过去一直都是加拿大的支柱产业；此外还有人做皮毛生意，不过这只能养活一小部分人。直到 1661 年，加拿大的法国人口还停留在 3 000 人左右。

因为殖民者的移民动机、当地气候、地理条件及种植的主要作物各有不同，各个英属殖民地从一开始就沿着不同的轨迹发展。北方的“新英格兰”从最初便吸引了那些有着强烈而独特的宗教思想的人来到此地，其中很多人都是加尔文新教徒；他们的思想积极向上，反对宗教礼拜中的仪式化程序(虽然他们惯于将自己相当仪式化的行为方式和思想方式灌输给别人);他们中的很多人刚到美洲大陆之时,虽然仍自认为是英国国教信众,却时刻希望将 3 000 英里之外的那些条条框框甩在大西洋的另一边,其实是十足的清教徒;他们吃苦耐劳,富有创新精神,因而很快便取得了可观的成就。但早期殖民者在很多时候并不是那种随和、乐于接受他人的人,马萨诸塞的移民就曾因为某位新来乍到者立起五朔节花柱而十分恼火。总体来讲,新英格兰的定居者都十分痛快地同过去决裂了,而抱着母国传统不愿意放弃的人,大多去了南方的弗吉尼亚和卡罗来纳。

1620 年,一艘名为“五月花”号的船将一批英国人带到北美大陆,他们在马萨诸塞的普利茅斯港建立起定居点,这段历史从此成为美国建国传奇的第一部分,而他们也被美国人称为“清教徒的前辈”。移民者缔结契约,决议成立自治政府,但这并不意味着他们就是民主主义者,因为马萨诸塞政府只是由一小批富人和加尔文教的教职人员控制的;而在其他一些北美殖民地,比如康涅狄格或者罗得岛,才真正出现了比较民主的一些政府组织。各个殖民地均相互独立,在整个英属北美殖民地,无论在其建立之初依照何种宪法、宪法如何表述,这些殖民地在事实上都享有自治权力,而不是完全向英国负责。这在一定程度上是因为在新大陆的各个角落,由于出行条件不佳,只能够依靠帆船和马匹,令英国政府行使主权的能力大打折扣。不过同西葡法等国的专制政体不同,殖民地基本上还是承袭了英国议会的传统体制,也就是议会代表制度。在当时,任何一个欧洲国家都不会想到殖民地有一天会 326
独立出去,因此他们在脑中,只有母国利益,而绝不会有殖民地利益。

来到北美大陆的欧洲殖民者没有在这里遇到复杂、强大的本土文明,因为直到 17 世纪,北美洲印第安人刚刚进入农业社会阶段,而他们的技术至多也只是停留在新石器时代。虽然他们没有高度发展的文明体系,但还是可以为欧洲人指点迷津、提供帮助的(初到马萨诸塞的殖民者便是因为印第安人出手相助,才免于被活活饿死)。但不幸的是,欧洲人反过来依然以暴力相向,旨在驱逐印第安人的长期战争很快开始。最后，很多印第安民族彻底灭绝，幸存下来的民族则被迫向西部迁移。就这样，英属北美向数以万计的穷苦欧洲人敞开了大门，不过这是以牺牲印第安土著人为代价的。从此之后，至 17 世纪末，德国人、瑞士人、胡格诺教徒们也开始踏上这片热土；荷兰人当然是早早便已经在此驻足了。1800 年之前的英属北美殖民地，已经开始成为种族的大熔炉。

欧洲与东亚

如同他们在美洲和非洲(主要是从事奴隶贸易的海岸)的所作所为，欧洲人在好望角以东、阿卡普尔科(Acapulco)以西的这片地区依然推行扩张政策，其原因大概包括对财富的渴望、对自身宗教文化的优越感和正确性的自信，可能还有希望战胜强敌的好胜心态。不过，东亚是那样的与众不同。首先，几百年以来，这里就因其商品具有质量小而价值高(比如香料)的特性而闻名欧洲，成为欧洲人心目中理想的贸易终点；第二，欧洲人偶有接触的东亚帝国，都有着比较强大的军事力量，并拥有火器、大炮等，政府统治也持续而有效，诸如中国这样的世界大帝国，曾经在东方最终止住了阿拉伯人扩张的脚步；第三，他们具有很高的文化与艺术成就，从心理上来讲，欧洲人处在相对劣势的地位上，直到 18 世纪，欧洲人还在拍中国帝王的马屁；最后，欧洲同东亚相比，人数上占尽劣势。毫无准备的欧洲人往往在亚洲的疾病面前吃尽苦头，大规模的移民显然是不现实的。因此，欧洲人基本上还是效仿葡萄牙，不寻求建立大型殖民帝国，而是运营一条商业路线，并用兵站、堡垒保卫自己的商业利益和领地安全，还依靠不平等条约、海关特权等手段帮助西方商人打开东亚市场。正因为如此，很多生活在东亚的人们长期以来都没有意识到西方势力的存在，事实上在整个亚洲，西方控制的地区很少，即使有，也未真正触及那些古老帝国的核心。

327

欧洲与中国

欧洲与中国的关系尤其如此。作为具有悠久历史的亚洲大国，中国与欧洲的交流长期以来都是很有限的，而且时断时续。早在罗马帝国时期，欧洲人便经由中间人同中国有过贸易上的往来，但彼此间产生的文化影响微乎其微；以马可·波罗为代表的一批中世纪旅行者，也经由陆路纷纷抵达中国，却仍然无法从根本上拉近双方之间的距离；直到16世纪，欧洲人在远东开始站稳脚跟，欧洲与中国之间相互交往、相互影响的序幕才真正拉开。

是时，统治中国大地的是明王朝。自宋代开始，中央王朝便发起一系列的经济革新，今天的学者不禁发问：为什么是欧洲引领世界走入现代，而不是中国？而到了明代，重振宋帝国雄风已经显得愈发不可能了，明朝的国力甚至开始显示衰退迹象，并接连丧失对帝国周边重要地区的控制权——1511年位于马来西亚的马六甲被葡萄牙人夺取。但是，中国各朝各代依然沿着衰落、消亡、被新王朝取代这一惯常模式发展着，其在世界上的地位岿然不动。

1516年，一艘葡萄牙籍船只，也是第一艘欧洲直航中国的船只，在广东珠江口靠岸抛锚。在此后的一个世纪中，葡萄牙人垄断了欧洲的在华贸易。次年，葡萄牙大使抵华，虽然没有得到中国官方的接见，但因为中国人已经习惯了与外国商人（通常是波斯人和阿拉伯人）打交道，大使一行人还是获得了友好的待遇。而葡萄牙人没有珍惜这个良好的局面，他们在海上横行，富于侵略性，这些基督徒还对“信奉异教的中国野蛮人”格外鄙视。没过几年，中国海军介入，一些葡萄牙人被捕，以入侵者的身份被处死。1522年，他们从广东被驱逐后，于1542年转战宁波，无奈恶习不改，再次被驱逐。1557年，他们终于获准在广东河流下游，也就是澳门一带建立定居点，由明朝政府进行严密监视。很快，葡萄牙人便在定居点周边筑起高墙。

澳门是历史上第一个中国国土上的欧洲人据点，也是持续时间最长的。在欧中交往的历史上，还有另外一个不可忽视的方面，那就是1575年第一位基督教传教士抵达广东。16世纪末，一名传教士获准北上到京城传教。中国朝廷与儒家传统思想鼓励对各种思想的兼容并包，这为西方人士的传教活动提供了机遇。耶稣会很快风靡明朝朝廷。

17 世纪初,中国朝廷的官员对此提高了警惕性,葡萄牙人被迫返回澳门。而到此时,不仅会士们带去的钟表和机械小玩意深受喜爱,列于中国皇家收藏之中,他们先进的科学技术和星象知识也开始受到中国知识分子的关注。一名耶稣会士还修正了中国的传统历法,这对他们来
328 讲至关重要,因为皇帝祭祀离不开精准的历法。中国人还从耶稣会士那里学到了生产大炮的方法,现在有些人可能会觉得不可思议,但那时一些会士担任了指导中国人造大炮的要职。另外,一些会士恰逢其时地为他们绘制了第一幅现代中国地图。

明朝最后一位皇帝也是中国唯一一位信仰基督教的皇帝,他于 1648 年受洗,教名君士坦丁,他后来死在了满族人的手上,这一来自北部的民族于 1644 年夺取政权,建立清朝。约有 2 500 万人在战争中丧生,不过中国国力的恢复速度很快。在康熙大帝的统治下(公元 1662 至 1722 年,也就是说同法王路易十四大体同一时期),中国再次变得十分兴盛。康熙和路易类似,勤劳肯干,事必躬亲,也同样热衷于打猎等娱乐活动(对于这位东方帝王来说,房事属于政务,而非娱乐);他们在位期间,都大大向外拓展了国土,也使两国的帝制日臻完善。

康熙年间,耶稣会士再次受到皇帝的青睐。但敏锐的人也许会发现他们在中国的所作所为越来越不光彩。一个多世纪以来,这些人明智而谨慎地设法讨好中国人。他们在开始的时候甚至对宗教只字不提,却高高兴兴地学习起中国的语言;他们身穿华服,据说这给中国人留下了很好的印象。就在他们即将成功之际,不仅来自祖国的压力令其难以继续执行使命;教皇也于 1715 年和 1742 年两度出面,谴责耶稣会士接受中国礼仪、信仰以及将基督教义本土化的做法是“不可接受的变通”。这也给中国人以警醒：很明显,欧洲人同过去征服中国的“蛮族”不同,他们不会轻易接受中国的文化,欧洲文化也不是可以随意锻造的文化,欧洲人不会像从前的征服者那样轻易归顺于中国的文化。清政府遭遇到了有史以来最棘手的对手——这是欧洲人传递给亚洲,甚至是整个世界的信号。

马戛尔尼(Macartney)勋爵 1793 年来到中国,希望为英格兰争取

到对华的平等外交往来和自由贸易的权利，但那时中国人依然信心满满。第一次面对来势汹汹、船坚炮利的西方人，中国人毫不低头。在他们的世界观中，所有的国家都要向他们的帝王也就是真命天子纳贡。因此乔治三世派出的使臣只带回了皇帝对其“纳贡之功”的一句肯定，以及对中华帝国永远效忠的鼓励。英国在中国朝廷眼中只是个遥远的小海岛，他们对这个“被海洋包围、与世隔绝”的地方提不起丝毫的兴趣。19世纪，大批的欧美人到世界各地服务人民，从事传教和慈善事 329
业，却在不自觉中自视为上等人。这时候的中国人也是这样，在受教育阶层眼中，中国人在文化与道德上的优势地位是无法超越的。欧洲与中国通商近300年，却没有发现中国人到底需要什么样的欧洲工业制成品，欧洲出口中国的货物主要还是来自美洲的白银和来自其他亚洲国家的产品。中国的统治者认为，中华大地物产富饶、文明程度最高，因此没有中国的能工巧匠生产不了的东西，完全无需仰仗外国。广东开放贸易口岸只是皇帝开恩，那里直到1800年还只有1 000名左右的欧洲人。

日本

日本虽属中国文化圈的一部分，其社会却是独具特色的。第一批出现在日本的欧洲人是葡萄牙人，大概是在1543年乘中国船只抵达的。没出几年，其他人便纷至沓来。当时的日本正饱受内乱困扰，完全没有中央政府可以负担起外交职责，地方权贵纷纷起来，争相与外国人做生意。长崎在当时还是个小乡村，一名颇有权势的虔诚基督徒于1570年令其门户大开。他在那里建造了教堂之后，1549年首位来自西方的基督教耶稣会传教士——方济各·沙勿略(Francis Xavier)来到长崎，他于1622年被追认为圣徒。

葡萄牙人到达日本后垄断了欧日之间的贸易往来，并将很多新东西引入日本，包括红薯、玉米、甘蔗等粮食作物，还有火枪和制造火枪的技术。跟中世纪的欧洲一样，日本的连年内战得以最终结束，这些新式武器功不可没，它们催生了一个所向披靡的新阶层，几大宗派拉帮结党，其中最有权势的称为“幕府”，以天皇的名义号令天下，依靠军事政府的力量将日本带入大和平年代。幕府统治下的日本很快将欧洲人视为危险分子，切断日本同外界的一切联系，以防止因外部影响而发生动荡。日本人起初还能够包容，甚至是欢迎西方人到日本来传播基督教，因为他们觉得这有助于吸引外面的人来做生意。17 世纪初，基督徒在日本人口中所占比例之高是任何时代都无法比拟的，大约有 50 万之众。统治阶级惧怕基督教的传播会颠覆其统治，遂对其展开血腥的迫害，成千上万的无辜者殉道。日本同欧洲的贸易也几乎中断，英国人走了，西班牙人也在 17 世纪 20 年代被驱逐，葡萄牙人接到逐客令之后，还不顾死活地于 1640 年派出外交使团进行交涉，结果几乎无一人存活。另外，他们也不准日本人出海，已经出海的则不准归国，大型海船的建造也被叫停。只有荷兰人被准许留下，他们要作出保证，在日本没有任何宗教和政治上的目的，还要象征性地将十字架踏在脚下。这些荷兰人居留在长崎湾一个小岛上，从此负担起日本和欧洲之间少得可怜的一点交流。

330

欧洲与印度

同在中国一样，葡萄牙人在印度长期以来都代表了欧洲人。达·伽马到达卡利卡特之后没几年，他的同胞们便纷纷涌向印度做生意，也时常做做海上劫掠的勾当。他们很快便在孟买和古吉拉特海岸建立起据点，并在 16 世纪后半叶转战孟加拉湾。基督徒随身携带基督、圣母和各大圣徒的造像，含有一定偶像崇拜的意味，因而有时会招致虔诚穆斯林的敌视。后来到达印度的新教徒就没有这样让当地人反感。

英国东印度公司恰恰在 16 世纪的最后一天建立起来了。三年之后，向英商颁发企业特许状的英王伊丽莎白一世已去世，东印度公司的特使首次造访莫卧儿帝国皇帝阿克巴（Akbar）位于阿格拉的宫殿。英格兰和印度的命运从此纠缠在一起，这对双方，甚至对整个世界都产生了不可估量的影响，只是在当时还难以察觉。对英国人来说，对印贸易还不如与其他亚洲国家的贸易来得实惠；而从印度民族的角度来看，阿克巴的帝国是当时世界上最大的帝国之一，他的宫廷也是当时世界上最豪华的宫廷之一，他和他的继任者统治的是尤为光辉而伟大的文明，反观伊丽莎白女王统治的英格兰王国，即使在欧洲都算不上大国，还债务缠身，人口比今天的加尔各答还少。在阿克巴看来，英格兰不足为道，更不会想到要将帝国主义扼杀在摇篮中。

其时，奥斯曼帝国的海军让地中海沿岸的欧洲国家闻风丧胆，莫卧儿人却没有打造自己的海军力量。17 世纪后半叶，印度的近海航运业，甚至是到麦加的朝觐之路都要被欧洲人夺去了；他们还得以在陆地上建立起越来越多的落脚点和桥头堡。17 世纪初，英国军队在战败一支葡萄牙军队之后占领了其第一个西岸贸易据点，紧接着，在 1639 年，他们又获得当地统治者的许可，在孟加拉湾沿岸的马德拉斯建立起第一块英属印度殖民地，孟买和加尔各答也是在 17 世纪占领的。战败葡萄牙人之后，英国人的舰船一直控制着这片海域及承载其上的商业贸易。

当时在印度还有荷兰人和丹麦人占领的地区，成立于 1664 年的法属东印度公司很快也为法国开辟了殖民地。英国人和法国人在印度长达百年的争斗自此开始，印度各地的统治者也是冲突不断，加之莫卧儿帝国的影响力每况愈下，欧洲人很快学会了在政局不稳的情况下见风使舵，这种军阀之间的冲突往往又夹杂着随时可能介入的欧洲势力。1700 年的英国人意识到，他们在印度的很多东西都可能被他人夺取。印度历史也从此转向，充斥着越来越多的异域因素，哪怕是生活中最细微的东西都可以说明这一点：早在 1600 年之前，葡萄牙人便从美洲将辣椒、土豆和烟草引入印度；后来印度人的餐桌上又多了玉米、番木瓜和菠萝。闭关或半闭关的印度历史一去不复返，次大陆开始向世界敞 331
开，另一批征服者正蓄势待发，他们不会甘当历史的配角。与从前征服印度的民族不同的是，这次，欧洲人会在印度站稳脚跟，并给这个古老的国度留下更深刻的印记。

贸易、帝国、外交与战争

到了 1800 年，发生在地球另一面的商贸争端与领土争端也成了欧洲政治家们所操心的事务。他们不仅精于外交谋略，还动用武力侵占东方帝国的领土，300 年前则完全不是这样，当然威尼斯共和国和热那亚共和国一直都是例外。新势力恰逢其时地登上历史舞台，地理大发现和随之到来的征服也给外交谈判留下了其影响。作为第一批投身于跨洋贸易的两个民族，葡萄牙和卡斯蒂利亚相互约定将今后在世界各地发现的一切新领地瓜分，教皇也批准两国可以占领任何目前还未被基督教王公占据的海外土地。他们于 1494 年签订了《托尔德西里亚斯条约》(the Treaty of Tordesillas)之后，又于 1529 年签订协议，在摩鹿加群岛(Moluccas)以东划一道线，太平洋一边归属西班牙，他们后来建立起菲律宾殖民地；位于另一边的非洲、印度洋与香料群岛(摩鹿加)则归属葡萄牙。

在此后的三个世纪中，欧洲各国为争夺世界贸易与东方帝国，彼此间的竞争日益升温。地理大发现使得全世界都成了欧洲商人和军人的战场，早在中世纪时期，加泰罗尼亚人、威尼斯人、热那亚人等就因为东地中海商贸问题争执不下、钩心斗角，而如今西班牙人、葡萄牙人、荷兰人、英国人与法国人都加入这场纷争之中，一有机会就在世界各地筑起军事据点，为其领主宣扬主权，而对当地统治者，或和平谈判，或金钱贿赂，或军事打击，目的就是保住据点，保住商运路线，将一切竞争者排除在商业利益之外。正如路易十四的一位大臣所说，17 世纪末欧洲国家之间的争端均由贸易而起。

因为少有欧洲人在亚洲久居，欧洲国家间的远东问题纷争(也包括途经非洲的东方航线)也少一些，对港口和据点(英国人称其为“工厂”)的争夺也相对没有那么激烈，当地商人会同欧洲人做生意，因而后者也不必为是否能够进入当地市场劳心。因为不得不尊重当地的统治者，这些欧洲企业起初不完全靠武力扩张，也需要依赖外交手段与谈判。16 世纪的葡萄牙国王自称“统领埃塞俄比亚、阿拉伯、波斯、印度的战争之王、航海之王、商业之王”，他将葡萄牙在印度的贸易扩展至香料群岛，还做起亚洲各国之间的生意——将波斯地毯卖到印度，把摩鹿加群
332 岛的丁香卖给中国人，让印度出产的服装出口暹罗。他们在红海入口

和波斯湾都建立起武装据点，从而在印度洋贸易上压倒了阿拉伯人。葡萄牙人在此的所作所为无疑只是强盗勾当和海盗行为，所有非基督教国家的船只都是他们的猎物。而到了16世纪末，葡萄牙人的优势地位开始动摇。荷兰人于1602年在阿姆斯特丹成立东印度公司，目标就是取代葡萄牙人，控制利润丰厚的欧洲香料贸易。荷兰人由此便开始了对竞争对手葡萄牙的无情杀戮，将他们挤走后，英国人又赶来争夺香料群岛的香料出口贸易，经过艰苦的斗争，荷兰人还是取得了胜利，并于1700年控制了今天的印度尼西亚，而英国势力基本上还是留在印度。

荷兰人不仅在东印度竭尽全力争夺贸易控制权，还同时向加勒比地区和巴西渗透，那里是世界主要的糖产地，荷兰出动庞大的舰队与原本在那里的西葡两国作战；他们为了能留在日本进行贸易，还不惜践踏十字架。商业利益也令荷兰人同老搭档撕破脸皮，与同样是新教国家的英格兰开战。因规定进口英国的货物只可以由英籍船只或者原产国船只运输，这一鼓励贸易的举动严重打击了荷兰的利益，特别是其在波罗的海的贸易利益，1652年英国同荷兰开战，这只是三场较量之中的第一场。英国拥有强大的海军，因而获得了胜利。1665年战端再开，英军占领了新阿姆斯特丹(后改称纽约)后，荷兰人同法国与丹麦结盟，海上势力达到极盛，从而能够以和平的方式让英国人在海上运输禁令方面让步，并以新阿姆斯特丹为代价换取了英属巴巴多斯苏里南的一部分。这些不仅是重要的历史事件，更是说明欧洲国家的贸易之战进入了一个新的时代。1667年签订的布雷达条约，是欧洲国家首次就海外殖民地问题进行的多边和谈的成果；而1648年的一次会谈成果中，所有问题均与欧洲国家有关。法国在布雷达谈判中获得了国际社会对其在荒无人烟而战略地位重要的阿卡迪亚的承认，英国则收获了牙买加的更多岛屿。

后几十年的欧洲外交轨迹则大不相同。英荷之间爆发了短暂的第三次战争，但产生的影响微乎其微，这不再是英荷争霸的时代，现在争夺世界霸主地位的是英国和法国。西班牙王位战争是现代史上的第一场世界性战争,它既决定了西班牙帝国的命运,也对法国在欧洲的势力发展有着深远的影响。在这场战争之后,英国的外交决策者越来越多地考虑海外利益,对于欧洲大陆的关注则相对减少,当然,1714 年德意志国王继位,还是很大程度上吸引了英国人的目光。英国的外交政策一直以来都相当稳定,主要目标就是维护、推动并拓展英国的贸易,为
333 此,它时而外交施压,时而动用武力,以在维持世界秩序大体和平的基础上获取更多的特权和战略利益。不过到了 1739 年,两大欧洲霸主之间的导火索终于被引燃,而其中缘由依然是欧洲之外的事务。大体来讲,是英方指责西班牙在加勒比海地区横行霸道,从而采取对西敌对政策;西班牙则认为是英方滥用 1713 年获得的贸易特许权(那时英国人需要同西属美洲殖民地进行奴隶贸易),而自身不过是采取了保卫西班牙帝国的必要措施。冲突很快升级,超出了双方起初的预计,这便是发生在 1739 年、被称为“詹金斯的耳朵”的战争,主人自割一耳,谎称是西班牙海上巡逻队所为,爱国热情高涨的英国下议院听闻此讯立即炸开了锅。在战争即将结束之际,奥地利王位继承战争又爆发了,而这次是英法两国为争夺欧洲霸权而展开的战斗。

1748 年,欧洲重新迎来和平岁月,此时的本土政治版图没有很大的变动,欧洲列强在美洲的争夺也还在继续。法军在密西西比河谷建立起一系列军事据点,试图将北美西部的英国据点彻底铲除,他们还对 17 世纪末建立起来的新奥尔良一带的定居点发动攻势。而“七年战争”,为英法这对老冤家提供了最终了结的机会。法国被其对于盟友奥地利的军事义务所缚,海外行动力量有所降低;而英国则在此时适当地在全球分配其战略力量,不仅在北美、印度和加勒比地区接连获取胜利,还从西班牙手中夺取了菲律宾群岛。1763 年在巴黎签订的和约没有像英国人期望的那样重创法国和西班牙,但法军在北美的力量几乎被一扫而光,而其在印度的势力也遭到沉重打击。英国人码下了建设大英帝国的第一块砖,此时,从北美东部、墨西哥湾沿岸到密西西比三角洲一带的广大沿海地区都为英国所有;在海上,英国控制着从最北端的巴哈马群岛到小安迪列斯(Lesser Antilles)再到多巴哥(Tobago)的

一系列岛屿，将加勒比海锁在其中，牙买加、洪都拉斯和伯利兹就在此列，而这些地区的海岸线，依然被英国人牢牢掌握。英国人在非洲只占有黄金海岸的寥寥几处据点，却控制了能为他们带来巨额利润的非洲黑奴贸易。他们还逼迫莫卧儿帝国割让了孟加拉，开始了其在印度长达 80 年的领土扩张。

在路易十四统治的时代，很少有非欧洲事务在外交活动中压倒欧洲事务的情况存在，但事实上，这个世界正在经历重大的变迁。当年一批法国胡格诺教徒能够在佛罗里达建立定居点而不为欧洲人所知，西班牙人也曾在漫游罗阿诺克河的同时宣示他们在那里的主权，欧洲外交家们也毫不关心，如今，类似的事情不会再出现了。《巴黎和约》标志着新的世界秩序已经诞生，至 1763 年，16 世纪的世界霸主西班牙和葡萄牙早已风光不再；这是一个大不列颠崛起的时代，伴随其左右、随时准备挑战其海外利益的还有法国，两国在 70 多年的时间里纠缠不休。334
法国人尚不甘休，他们还对未来抱有期望，期望能够收复过去的失地。但这已经无法阻挡大不列颠成为下一个帝国主义世界霸主。

与此同时，西班牙、葡萄牙和联合行省也占有很多战略位置显著的殖民地，它们也在世界历史的地图上留下了无法抹去的痕迹。这些国家与英法类似，它们的历史离不开海洋，这也是这些国家与中欧内陆国家或者是曾经起到重要历史作用的地中海国家之间最大的不同。其实此时多数国家还没有意识到欧洲之外的事务对于它们来讲有多么的重要，即使是在这五国之内，西班牙也在一连串的战争中（首先在意大利，然后针对奥斯曼，最后在三十年战争中争夺欧洲霸主的地位）将其从西印度获取的财富挥霍一空；而他们在同英法两国长期的角逐过程中，也相对较多地将其战略资源置于陆地而非海洋之上。

全球经济变迁

全球经济变迁的一大表象便是市场的变迁。1500 年左右，世界存在着成百上千不同程度上自给自足的经济体，几乎一个紧挨着另一个。这些经济体之间也会有贸易，但长距离的商贸往来却很少见，且多时断时续。此时的欧洲人对美洲与非洲还了解不多,大洋洲更是完全不为外界所知。随后300多年的变迁带来的影响是深远的。全球交流网络逐渐成形,甚至将日本和非洲中部也囊括了进来。其中包括日本,是因为长崎人数不多的荷兰人架起了沟通的桥梁;而长久以来外人无法涉足、充满神秘气息的中非也在其影响的范围之列,则是缘于阿拉伯商人和奴隶贩子在此地积极从事贸易活动。

上述经济变迁在很早之前便已经初现端倪,首先就是欧亚之间如涓涓细流般的陆上贸易被葡萄牙人建立起来的(也在很长时间内被葡萄牙人控制)海上贸易大潮所吞没;接着西属美洲殖民地的贵金属源源不断地流入欧洲,欧洲人就用这笔白银换购亚洲的大宗产品,这大概是美洲金银的最重要去向,由此欧亚之间的贸易在17世纪已经非常兴盛。而这两大发展潮流,在后来又逐渐被更大规模的贸易潮流所掩盖。至17世纪中叶,满载着西非黑人奴隶的船只跨越大西洋,到达加勒比和巴西之后,换成殖民地出产的农产品运回欧洲,以满足那里日益增长的需求。首先是安特卫普,后来是阿姆斯特丹,再后来是伦敦,都逐渐超越地中海旧商贸中心,成为跨洲贸易的枢纽城市,而其中缘由,很大一部分都同转手贸易有关,有时候是英国和荷兰商船运送产自殖民地的初级产品,有时候是人们将产自大西洋和北海的咸鱼运到地中海,那里的人们需要能够在地中海气候下长久保存的腌制咸鱼。当然,这些只是长距离贸易的粗线条和主要路径,其下还会有分支贸易线路,在下
335 面还有次分支贸易线路,由此便组成了高度细化的贸易网络。随着商贸一同兴盛起来的还有造船业、纺织业以及后来兴起的金融服务产业,比如保险业,各个产业百花齐放,造就了全球商业成交量的陡然增长。到18世纪后半叶,荷兰在东方的贸易已经占据其海外贸易总量的四分之一;而在此世纪之中,从伦敦驶出的东印度公司的商船数量增长了两倍,当然,同过去相比,这一时期的商船拥有更为出色的设计且载货更多,需要的水手却没有那么多了。

经济变迁在短时间内,还不能给欧洲人带来看得见、摸得着的东西,但其长远影响却极为深远。在今天,欧洲人享用的食谱是世界上最

为丰富的食谱之一，在现代时期的早期，只有一小部分人感受到这种变迁，而到了 1800 年，不可阻挡的潮流已经影响到了欧洲的芸芸众生。仅仅就烟草、咖啡、茶叶和糖这寥寥几种农业产品被引入欧洲来讲，已经引发了欧洲人在味觉喜好、生活习惯和起居方式等方方面面的革命；马铃薯让我们可以养活更多的人口，着实改变了欧洲各国的历史。除此之外，新的药物也被引入欧洲；在服饰方面，大家越来越多地穿着棉布制品，穿丝绸衣物的欧洲人也比从前多了一些。经济变迁给欧洲之外的人们带来的物质生活影响不在本书的讨论范围之内，除非这些影响又对欧洲和欧洲人有着反作用。不过值得提出的一点是，在欧洲人开始进行对外扩张之初，几乎不可能有非欧民族能从中获利。恰恰相反，这些民族都付出了惨痛的代价。历史事实便是这么残酷，那个时代人们所掌握的传染病知识还不够丰富，因而欧洲人并没有估计到他们带到其他地区的病毒能够产生如此大的破坏作用，而且他们的确也把一些新的疾病带回了家，比如梅毒。

征服与被征服

然而，欧洲人对其他地区土著居民的残酷剥削，就完全是另一回事了。欧洲人与世界其他地区人民的交往，在早期，可以用一个主题来概括，这便是“征服与被征服”，其留下的遗迹，在今日依然可见。各个殖民地大不相同，也没有全都经历了极度残暴与恐怖，地方环境不同、欧洲宗主国文化传统不同，造成各个殖民地所遭受的压迫和剥削程度是不一致的。但压迫终究是压迫，17 世纪的联合行省有着其独特的市民财富与文化根源，这种“传统”最终将香料群岛和印度尼西亚——也许还有更多的地区——变成一片血海。在北美的欧洲定居者尚未向西跨越阿勒格尼山脉之时，他们和原住民的关系早就变了味，早期的弗吉尼亚英国定居者和土著居民的确曾享有一段短暂友好的时光，不过那已经是历史；接踵而至的是大规模驱逐与种族灭绝。虽然有教会人员和官员试图保护当地人，但绝大多数西属美洲印第安人还是沦为劳工；有些时候甚至教职人员都会竭尽所能地消灭当地文化，因为他们才有着

最高层次的动机。南非霍屯督人(Hottentot)和澳大利亚土著人在后
336 来也遭受了类似的命运,欧洲文化所到之处,本土文化被摧毁殆尽,当然像印度和中国这样具有悠久历史和先进文明的国度得以幸免,即使这样,两国依然承受了沉重的打击。总体来讲,征服与被征服,还是在完全沦为殖民地的国家表现得更为充分。

很多美洲殖民地之所以能够繁荣发展,是离不开奴隶贸易的,这也是欧洲扩张历史和美洲文明史上永远无法抹去的污点。新大陆上的殖民者和奴隶贩子最终发现他们最可靠的顾客还是在加勒比地区和北美大陆之上,产品内销决定了美洲殖民地经济发展的走向。葡萄牙人很快被善于航海的荷兰人和伊丽莎白一世的海上力量挤出这些市场,并转向巴西开拓新的天地;17 世纪,荷兰人的海上优势地位被英国和法国的商人取代,而后两者将总计众达 900 万至 1 000 万的黑人奴隶运送至西半球,其中五分之四都是在 1700 年之后完成的;在 18 世纪,又有多达 600 万的黑奴跨越大西洋来到新大陆。布里斯托尔(Bristol)、南特(Nantes)等港口城市的建立都同贩卖黑奴的贸易所得分不开。黑人奴隶填补了发现新大陆带来的劳动力短缺,殖民地出产的初级农产品——尤其是糖和棉花——越来越多,进一步刺激了欧洲市场,欧洲的制造业与跨洲贸易格局也因此而改变,当然,今天我们看到世界上的种族分布,也是那一段历史留下的遗产。

而贩奴贸易中广泛存在的人道惨剧已经随着那段历史逝去,今日难以估量。黑人不仅要承受身体上的苦楚(经过条件极其恶劣的长途跋涉,到达西印度种植园的奴隶一般只能存活几年),背井离乡也给他们留下了精神上和感情上永久的伤痛。历史学家如今仍在就此问题争论不休,有人认为西方人将黑人抓到美洲做工,令其同“高水平文化”接触,实际上令黑人“更加开化”;也有人相信白人将黑人作为附属品,摧残了后者自身文化与思想能力。正如同奴隶贸易之中的人性残忍无法度量,我们似乎也很难找到这一问题的最终答案。虽然貌似欧洲人强加于非洲人的枷锁与鞭笞已是无可辩驳的证据,但事实上这种情况在当时的欧洲内部也随处可见,加之,我们可以推想,自身利益应该也会

促使庄园主们去照料他们的投资，当然不是所有庄园主都能如此，奴隶起义就说明了这一点。而实际上，奴隶的反抗只是偶尔发生，这似乎又说明了一定问题。不管怎样，争论还将继续。

同西班牙教职人员试图保护美洲印第安人不同，在很长一段时间内，大家都没有因为贩卖非洲黑人为奴而感到任何不安，甚至基督徒都声称任何人都没有理由阻止奴隶贸易，这令人想来便觉可怕。的确在欧洲内部，15 世纪的地中海世界依然蓄奴，威尼斯人每年都从巴尔干和黑海一代的奴隶市场上购买数量相当可观的侍女。直到 18 世纪，人们提到奴隶制，才感到一丝愧疚与羞耻，但这也基本上只限于法国和英格兰。1787 年英国人强占塞拉利昂，接着大批人道主义者来到这里，并开始收容在英格兰获得释放的非洲奴隶。在人道主义者的不断教育之下，有时再加上政治、经济大环境的推波助澜，欧洲民众越来越发现自己无法接受残酷的奴隶制度，半个世纪之后，奴隶贸易被终止，奴隶 337
制度也在欧洲销声匿迹。当然这些都是后话，在欧洲势力上升、成为世界霸主的那个时代，奴隶制度在社会发展和经济发展之中都占有重要的一席之地，我们只能相信，强者凭借武力征服弱者是那个历史阶段的法则。

欧洲改变世界

初看之下，世界性的交流沟通全球，其造成的大多数影响都比奴隶贸易要有益得多。但实际上即使是 16 世纪由葡萄牙人从美洲引进到非洲的粮食作物，虽然丰富了非洲人的饮食选择，却也导致了人口增长和随之而来的社会不安与动荡。被引进到美洲的新作物在那里站稳脚跟，成为欧洲新的产业，欧洲人也得以在美洲定居，但这也反过来刺激了殖民地经济对奴隶的需求，毕竟在出产咖啡和糖的种植园中，奴隶是最重要的劳动力。而在英国殖民者占据的更北部的地区，虽然农业生产不依靠奴隶，但人们对于土地的需求越来越旺盛，殖民者不断深入内陆，抢占北美印第安人世代居住的那片土地，后者则被无情地驱逐出家园。更加显而易见的事实是，农作物的交流为人类的后代造福不浅。

自从开始种植小麦，西半球慢慢变成了欧洲人的大粮仓；早在16世纪，西班牙人便开始在马德拉群岛（Madeiras）和南美洲一带从事酿酒活动，直到今日，这些地区都因美酒闻名遐迩；同样，牙买加开始种植香蕉，爪哇出产咖啡，锡兰盛产茶叶，它们的历史都因作物交流发生转折。另外，这种影响会因欧洲人的需求不一而程度有所区别，比如，由于工业革命，欧洲人对于古老作物棉花的需求受到极大的刺激（1760年英格兰进口生棉花250万磅，而到了1837年这一数字猛增至3.6亿），不仅如此，工业化发展还令欧洲人对于一些新作物产生了需求；19世纪，橡胶被成功地从南非移植到马来西亚，对后者未来的战略政治发展产生了非常深远的影响，虽然当时无人可知。

很明显，这段时间的全球经济发展就是欧洲人对世界其他地区经济的重建，而且在很大程度上是随意的、未经规划的，这种欧洲对世界影响是一小部分人作出的决定所产生的影响之和，他们对于自己的行为将要产生的影响，大体上是没有认识的。在生物交流上便是如此，到1800年之前，几乎任何品种的欧洲牲畜都已经被引入美洲，因为开始饲养牛和马，南美很快成为世界最大的肉类出口基地之一，并为经济发展提供了充足的畜力。欧洲人还丰富了人类的基因，虽然在美洲的英国人和荷兰人在很长一段时间里都不鼓励种族间的通婚，但在拉丁美洲、果阿（Goa）以及葡属非洲的很多地区，混血在当地社会生活的方方面面都留下了印记。

338

欧洲人的认知与感受

在早期现代历史中，也许恰好是这300年来中间的某个时候，欧洲人对于非欧洲世界与非欧洲世界物产不断增长的认识（也许当时的人们都未留意），导致欧洲人的认知和感受都发生了变化。类似这种思想上的交流和变化是非常难以衡量的，证据也只能是粗线条的。例如，越来越多关于欧洲人在东西方探险和大发现的书籍得到出版；而正源于此，可称之为科学门类之一的东方学在17世纪得以创建；欧洲人发现越来越多的已有的人类学知识（主要是关于非欧民族的）都是错误的。

而到了18世纪初,海外信息已经深刻影响到了欧洲人的知识储备。一些欧洲人笔下的"野蛮民族"不信仰基督教,却过着仁义礼智、田园一般的生活,这在欧洲引起强烈反应;英国哲学家约翰·洛克(John Locke)利用欧洲之外的事例证明,人类具有不同的思想,它不是与生俱来的,更不是上帝赐予的;人们以中国为例,试图说明社会体制并没有一定之规;另外,由于耶稣会学者著书介绍,一些欧洲人得以接触来自中国的文字,其编年史记载历史之长,让欧洲人原本推算的《圣经》中大洪水和人类新开始的日子再也站不住脚;随着中国产品在欧洲越来越容易买到,18世纪的欧洲,无论在家居、瓷器还是服饰方面,都盛行中国风格、东方风格。欧洲人也学会了用更深层次的视角了解自身的生活方式,他们从此知晓不同的文明是有其各自不同的标准的,当然,比起非欧元素对欧洲艺术和知识界的影响,这一点变化并不那样明显。这几个世纪以来,欧洲人积攒了越来越多的关于旧大陆和新大陆的知识,他们从此也开始了对于自身的审视。

然而,有了比较,就会有烦恼。比如在民族林立的世界上,欧洲人逐渐发现自己没有中国人那般自信,但征服者与殖民者的角色让他们找到了强者的感觉。如今饱受抨击的欧洲中心思想,在1800年的时候虽然还没有人提出来,但可能已经存在了(至少在理论上如此),1800年之前的三个世纪,是欧洲人重新认识其在世界上地位的一段时间。此时欧洲人原本若隐若现的优越感已经得到强化,这种优越感起初来自对上帝启示的宗教的自信,以及对欧洲文化的信心与仰慕。吉本(Gibbon)在回顾了欧洲的古代历史之后,是这样评论的:"在权力制衡的道路上,因个别事件出现的起伏,并不能影响欧洲人整体的幸福,我们的核心优势在于我们的行为体系、我们的法律制度以及我们的生活方式,正是这些优势,将先进的欧洲与欧洲殖民地及其他地区的人类区别开来。"[①]当时的人们认为,19世纪之后的历史更加清晰地证明了西

---

① *Decline and Fall* (ed. Bury), Ⅳ, p. 163. 他继续评论道:"所有世界上的野蛮民族都是我们文明世界的共同敌人……"

339 方文明具有无可匹敌的优越性。他们的地理知识到此时已臻完善，墨卡托当初的学说，即欧洲是世界的中心，已经不再被人们相信，各个大洲、各个国家相距欧洲远近各不相同，人们便依据这种地理关系为其命名，当时已有表示“西半球”和充满神秘气息的“东方世界”之说。仅在18世纪，不仅世界地图上又多出了大洋洲、白令海峡，库克(Cook)和布干维尔(Bougainville)又为我们发现了新大陆之外的新大陆——这次是太平洋中的大溪地(Tahiti)、萨摩亚(Samoa)、东澳大利亚、新西兰以及夏威夷，库克甚至到达了南极地区。1788年，几百名罪犯被送到新南威尔士(New South Wales)，开始了这一地区的欧洲人海外定居的历史，几年之后，第一头绵羊也出现在这片土地，以后的历史会证明，羊，将与这个新兴的欧洲移民国家血脉相连。

基督教的传播

1797年，第一名基督教传教士抵达大溪地。而至此时，基督教从其欧洲腹地向外传播已经长达250多年，并在各地取得了前所未有的成功。且不论欧洲文明在向外扩展的过程中给世界其他地区的人们带去了多少幸福、多少恐惧，可以肯定的是有相当多的欧洲人真切地相信他们会将最宝贵的礼物送给全世界——那就是全人类灵魂的救赎，这300年中是这样，这300年之后更是如此。从殖民征服的最开始，欧洲人就盼望着，插在异教土地之上的，不仅是国王的旗帜，还有十字架；收获棉花与糖的同时，也要拯救当地人的灵魂。发起召开特利腾大公会议(Council of Trent)的教皇保罗三世就曾为美洲印第安人辩护，称其“不仅能够完全理解天主教信仰，据我们所知，还十分乐于接受”。他的信息渠道并不单一，但其中最为重要的便是很多修道士与教士当年十分热情地跟随西班牙探险者及定居者来到那片新大陆，向土著居民传教，为土著居民洗礼，破除偶像崇拜，还在那里建立起第一批位于海外的欧洲大学，主要目的便是培养教士，以更好地传播福音(第一所大学于1517年建设于圣多明戈)。在随后的100年中，罗马天主教的传播达到巅峰，赢得了比历史上其他时期都要多的皈依者。耶稣会士从

1542 年开始便在果阿驻留，以此为据点将福音传至东南亚、传至日本、传至北京。还有一点相当重要，即使是批评欧洲殖民的世俗主义者也不得不承认，那就是在美洲殖民地的西班牙教会人员设立起托管地(这一想法从此一直被沿用)，在早期帝国主义时代为土著居民提供了最大可能的援助，令他们中很多人得以逃离疯狂的殖民地政府官员和定居者的迫害。

在针对殖民地土著居民的传教问题上，同反对改革的罗马相比，新教教会则被落在了后面，他们在新大陆的传教活动也少之又少。荷兰人几乎从来没有进行过传教，而英国在北美殖民地上的定居者不仅不寻求让当地民族改宗，还奴役他们的印第安邻居。只有宾夕法尼亚的贵格会教徒们是例外。直到 17 世纪末，才有大型英国海外宗教团体加 340
入这一行列，而其他的新教徒则还是行动迟缓。此外，即使是欧洲教士送给新大陆的福音——福音书，也是充满了模棱两可的内容，因为毕竟还是欧洲人的输出，所以可能从很大程度上会挑战、破坏当地传统的社会结构和思想，威胁到社会权威、法律制度与道德标准、家庭与婚姻模式等很多东西的原有地位。教士也经常会不由自主地充当征服与被征服过程中帝国主义的工具——毕竟，这才是在欧洲与世界其他地区交往的历史中，无法剔除的主线。

欧洲时代的开始

我们经常谈到欧洲人作出了多少惊天动地的大事，但究竟如何从“质”和“量”上来界定这些“丰功伟绩”？讲这些不是为了找出欧洲人该为历史负多少责任，或者承担多大的罪责(因为这不仅本身毫无意义，而且多少年已经过去，很多事情难以定性)，而是因为历史最为重要的功用之一，便是教育每一代人，让他们知道人类的谋划与思量在历史面前有多么渺小。您读完拙作这短短的一章、了解了这 300 年来欧洲人所取得的成就之后，却还需要将另一点牢记于心：虽然欧洲人在很大程度上改变了世界，并且从方方面面决定性地将世界各地永久联为整合的一体，但发生在 1800 年之前的所有这些，同下个世纪即将发生的事情相比，不过是冰山一角。只要放眼看一看更广阔的世界，我们就会发现这300年间的变革其实具有很大的局限性。欧洲商人的脚步的确遍及全球，大西洋沿岸的欧洲港口的确终年忙碌，但跨洲的贸易航线上却还是少有商船通行；即使在1789年，东印度公司全年发往中国的货轮也只有21艘；日本则只允许荷兰每年派出两艘货轮进行贸易；通往中亚仅有陆上交通，且开通于成吉思汗时代，甚至人们所能借用的交通方式也与古代无异。天高气爽的日子里，旗手站在英格兰南部随处可见的“信号山”上，将信号从普利茅斯或朴次茅斯发到位于伦敦的海军部，其速度已经是从前所不能比拟的；如果不幸阴天，或者是在英格兰之外的欧洲大陆，飞马送信的速度则丝毫不会比朱利亚斯·恺撒时代快多少。在这一时期的俄罗斯帝国大部地区，政府效率都还比不上凯瑟琳大帝统治的时候。欧洲人确实已经发现了大洋洲并开始了移民，但非洲腹地因为有着可怕的疾病和恶劣的气候，对于欧洲人来说依然是禁区。总而言之，真正的全球化历史时代还没有到来，1800年的欧洲人，已经揭开了新的世界图景，只不过它还不完整。

丛书策划　陈义望　朱宝元

看世界｜区域国别史经典丛书

The Penguin History of EUROPE

欧洲史

从古希腊到冷战后　下

J. M. Roberts

[英] J. M. 罗伯茨 ——著

李腾　史悦　等 ——译

中国出版集团　东方出版中心

第四卷

欧洲的时代

341 随着欧洲的近代化，世界历史这个主题开始变得清晰起来。首先，人们可以从经济的相互联系中看到世界历史的存在；其次，世界历史也以政治和外交体系的面目出现。如今，世界历史已经进入了它的最终阶段，也就是文化和知识的综合化。世界历史以及它的这种进程并不是人为计划的。整个过程一直显得比较凌乱且不完整，而且人们经常意识不到这个进程。在世界的各个地方，它的发展既没有在时间上同步，也没有遵循相同的方式。20 世纪初，种族仇恨在巴尔干依然蔓延，这和人们在巴黎与柏林过的现代生活显得格格不入（而且世界的其他角落还有很多人生活在石器时代）。不过，欧洲的通讯、技术和帝国政府已经能让许多的理念和实践逐渐实现共享，同时也渐渐侵蚀着其他大陆上那些古老、根深蒂固的文明传统的势力与影响。由于各种机构组织和意识形态的传播，物质生活的潮流也渐渐趋向于建构一个与这些倾向和进程相适应的世界。有人把 19 世纪描绘成“欧洲的时代”，这一时期欧洲所作出的成就以及在欧洲发生的事件，都毫无疑问地印证了这一描绘。

不过对于欧洲那些不断扩张的大国和它们在世界各地树立的威权来说，只有从这些社会和文明的外部观察，才能看出一些相互联系和统一的特征。欧洲人有意无意地利用他们新的统治力来使世界同一化，并强制性地推广那些得到了他们共同承认的“欧洲”标准。不过与此同时，他们彼此之间的内斗并没有停止，并且他们还强调那些在各自看来是根深蒂固的差异。由于欧洲自身迅速但不均衡的快速发展，这种差异性被扩大了。欧洲可以说第一次变得政治化、世俗化、个性化和工业化了。人们发现自己的生活正经历着巨变，比他们前几代人所经历的更加剧烈。这些变化中有很多在持续发生，且越来越快，直到 20 世纪。

第十六章　新　政　治

343

一个革命的时代

19 世纪的欧洲史(正如 18 世纪那样)大多还是战争和冲突的历史。虽然不是唯一的原因,但导致这种局面的一个重要原因是某些政治观念和政治制度在大陆的传播和认同。到 20 世纪初,欧洲人对主权国家的认同达到了巅峰。主权国家的至高地位在原则上已经无懈可击,除了无政府主义者和教皇的支持者依然反对它。那个时期,其他的一些主要政治思想,只要遵循着一定的基本原则,都得到了前所未有的支持。这个原则就是从民族国家和民族主义出发来使权力合法化并规范对权力的使用。另外在 1900 年还有一种观念,这种观念并没有完全成型,仍然受到质疑,甚至在某些国家还遭到抵制,这就是民主的理念。这种理念认为让大众更广泛地参与公共事务是必要的、令人向往的,甚至是必然的。最终,在 19 世纪末,无数欧洲人开始支持社会主义这一 19 世纪初闻所未闻的信条。不管是否愿意接受,就连欧洲最反动的统治者也在 1914 年被迫同意将这种观点纳入考虑的范围。

在 18 世纪,另外一个政治词汇有了新的含义,这就是“革命”。传统上这个词仅仅被用于表示政府构成的更替,而非一定意味着暴力流血。当大臣更替的时候,人们可以在特别法庭上使用“革命”这个词。

而在1789年之后，情况就完全不同了。在19世纪，这个词汇经常在政治家和焦躁不安的大众的观念里流传。人们开始设想一种新的革命，一种与过去的彻底决裂，以表面上或暗含的暴力为特征。这种革命可能导致无法预计的彻底变革，包括社会、经济和政治上的巨变。此外，这种对革命的新看法超越了民族国家的界限；从对革命现象的描述中，我们可以发现许多普世性和广泛具有的特点。即便强烈反对这种革命诉求的人也不得不同意，这种新的革命是这个时代政治的基础。

虽然19世纪是个在政治上疾风骤雨的时代，但并非所有的政治变
344 革都能被冠以“革命”之类的词汇。不过我们依然可以说这是一个“革命的时代”。究其原因，在这将近一个世纪的时间里，有比以往任何时候都多的政治动荡，并且都以激进和暴力为特征。不过这些革命有很多都失败了，还有很多偏离了人们起初的设想。除此之外，如果我们变通地理解革命这个词，把那些政治集团快速或者基础性的反常的更替也算进去的话，我们就能发现这个时代有许多非暴力性的政治变革达到了革命性的结果。

第一个跨海的欧洲国家

在欧洲历史的新纪元里，第一场政治革命却发生在欧洲之外，时间是在18世纪结束之前。这场革命即第一个不列颠帝国的解体。1763年，不列颠帝国在北美的统治正值巅峰。他们从法国手里夺走了加拿大，同时也击溃了法国在密西西比河谷地区的防御壁垒，法国希望通过这些壁垒阻挡不列颠的13个殖民地，不让他们侵入西部地区，现在看来已经不可能了。一时间有很多人认为去除法国的威胁并不会加强不列颠对北美的控制，反而会削弱它。殖民者(他们的数量比欧洲的几个主权国家的人口加起来还多)中有很多人都不是纯正的英国人，甚至母语也不是英语，他们并不完全忠心于汉诺威王朝的统治。他们的经济利益和帝国的霸权并无瓜葛。加上殖民地和伦敦之间相去甚远，不列颠政府很难真正地控制他们。

1763年的《巴黎和约》很快惹出了麻烦；新的问题立刻跃入了人们

的视野。那些唾手可得的西部土地如何处置？殖民者被允许对那些土地展开哪些活动？统治加拿大产生的新问题应当如何处理？随着殖民者对西部地区侵入力量的加强，印第安人开始进行反抗运动，这也迫使不列颠政府必须当机立断。帝国政府随即宣布阿勒格尼山脉以西的地区属于帝国。这立刻引出了一系列殖民问题。随后，不列颠政府开始与印第安人进行关于土地条约的谈判，并且用守备部队将政府人员和殖民者彼此隔离开来，这些举动引起了更大的不满。之后 10 年里，殖民地独立这个一直孕育着的潜在可能性慢慢浮出水面，独立的时机业已成熟。不过这一进程的快慢一直取决于不列颠政府的主动性。殖民地人民对此深感不满，一开始他们进行了一系列抵制活动，之后发展成了叛乱。殖民地的政治家们为了让他们的追随者变得更加激进，采用各种挑衅英国的方法。政治家们声称，殖民者以前最重要的实际自由权利正在受到威胁。

美国革命 345

1763 年	《巴黎和约》结束了"七年战争"(也称"乔治国王"战争)。
1764 年 7 月	税收名目的增加激化了殖民地的躁动不安。
1773 年	"波士顿倾茶事件"标志着反抗英国税收的开始。
1775 年	列克星敦的枪声以及美国独立战争的首次流血冲突。
1776 年	《独立宣言》在费城签署。
1777 年	萨拉托加大捷。联邦条例宣布美利坚合众国成为独立殖民地。
1778 年	法国与美国签署同盟条约。
1779 年	西班牙加入对英国的战争。
1781 年	英国在约克镇投降。
1783 年	大英帝国和美国在巴黎签署条约，承认美国独立。

所有的英国大臣都认同一个原则，那就是不管政策上是否有分歧，美利坚人应该缴纳税款，用以维持他们的防务和帝国向那里输送的日常用品。英国不论是试图强征殖民地的食糖进口税还是依据某些法律文件增收印花税，这些行为都会涉及另外一个原则性的问题。显然英国的政客和美洲殖民地的纳税人对这一问题都心知肚明，那就是这些税收立法行为都是由英国议会单方面决定的。那时，通常的增税行为

都已经在殖民地当地的会议中进行讨论了。实际需要研究的问题是，英国国会是否应该有超越殖民地的最高立法权。

当暴乱来袭的时候，通常都会颁布禁运法令，并伴有愤怒的抗议，但如今伦敦政府已经不再使用这些陈旧的手段。他们换了一种方式，对输入殖民地的日常用品课以重税。由于这种税并非内部税收，管理权通常也都掌握在帝国手中，所以这种方法看起来更加有效。但是如今，美利坚的激进政治家对他们的人民灌输了新的思想，他们坚信既然一个立法机关中没有他们的代表，那么这个机关作出的税收决议就不应该被认同。这一思想直接攻击了英国政府，而非英国皇室。殖民地内发生了更多的暴乱和抵抗运动（虽然当时还没有“抵抗运动”这种说法），1770 年，在这些此起彼伏的抵抗运动中，发生了一次“波士顿屠杀”事件，该事件在反殖民运动的历史和传说中都很有分量。在这次事件中，可能有五名左右的暴乱者被英国士兵击毙。

不列颠政府又一次妥协了。但不幸的是，不列颠政府意识到，现在问题已经超越了税收的范畴。国王乔治三世曾说道：“我们既不能全然控制他们，也不能完全失去他们。”不过这话说得已经有点迟了。殖民地问题的焦点虽然集中在一个地方，但实际上相同的征兆已经遍及整
346 个殖民地了。到 1773 年，激进分子毁掉运茶船的时候（也就是波士顿倾茶事件），不列颠政府所面临的问题已经变成：我们还能否继续维持对马萨诸塞殖民地的统治？

乔治三世以及他的首相和大臣们都认为如今已经没有可以妥协的余地了。国会通过了强制性的法案试图控制住波士顿。同时在 1774 年，英国国会通过了《魁北克法案》，这一法案对于加拿大的未来发展无疑是仁慈和正面的，但是却激起了美利坚的强烈反对。很多人反对该法案给予罗马天主教的保护（英国希望通过此举尽量平稳地通过更换统治者来控制住法语加拿大地区），另外一些人则认为将加拿大的领地向南扩展到俄亥俄地区会大大阻碍他们向西部发展的脚步。同年 9 月，在费城召开了一次由各个殖民地代表参加的大陆会议。会议决定断绝与英国的贸易联系，并且要求废除大部分现存的殖民地法律，包括

《魁北克法案》。

至此,武装冲突看来已经不可避免。殖民地的激进政治家们促成美国独立的思想已经昭然若揭,殖民地的人民也都对此心知肚明。不过现在回想起来,独立这一思想发展成型的速度也确实快得惊人[①]。不过对于任何18世纪的帝国政府来说,要理解这一想法还是有一定的困难。虽然很明显美国不会屈从于英国的统治,但是英国政府直到对于殖民地进行法律层面的威慑已经毫无效果,殖民地已经无法控制的时候,才极不情愿地诉诸武力。最终,危机终于降临。1775年4月,一队在列克星敦抓捕马萨诸塞殖民地武装的英国士兵遭遇了袭击,随之而来的是美国独立革命的第一次行动。在此之后一年多的时间里,殖民地的领导人终于统一了认识,坚信必须要完全从英国的统治下独立出来。由此,1776年7月,《独立宣言》诞生了,一切的争论也都随之转移到了真刀真枪的战场上。

英国后来战败了,原因包括地理因素,美国将领指挥得当,法国的参战报了1763年的一箭之仇,而西班牙的介入则打破了海军力量的平衡。同时英国在战场上也畏首畏尾,因为他们不愿意用军事胜利来打击美国民众,让那些本来愿意投靠英国的人也断绝和他们的联系,并激起反叛者们最擅长的自由解放运动。他们最重要的目的只能是打开一道和平之门,劝慰殖民地重归英国统治。在这种情况下,美国和法国波旁王朝的结盟更是致命的。1781年,当一队英国军队发现他们在约克镇陷入美国陆军和法国海军的包夹时,英国的军事遭遇了决定性的失 347
败。虽然只有大约7 000名士兵在这第一次世界大战中投降,但这成了英国军队最大的耻辱,也标志着英帝国统治的终结。随之而来的是停战谈判,两年之后,英国签署了承认美国独立的条约,英国方面同意美国的领土可以到达密西西比河流域(这也奠定了美国国家版图的基础)。

---

① 一位历史学家评论道:"在1776年,托马斯·潘恩和大部分美国人来说都已经是习以为常的观念,12年前对他们来说还是十分富有挑战性的理念。"(R. Middlekauff, *The Glorious Cause*, New York, 1982, p. 3.)

虽然由于美国革命，欧洲对于这块遥远的大陆的关注已经越来越少，不过还有一些东西值得我们讨论。这个西半球上的新国家的出现——尤其还伴随着西部地区蕴藏的大量资源——在各种层面上都是革命性的改变。不过当时欧洲人并没有充分认识到这一点，主要是因为相对于美国的潜力，这个新国家的孱弱更加明显。实际上，它还远没有成为一个真正的国家，各个殖民地都还不够强大，并且相对独立，很多人都料想他们会陷入各种争执中从而分崩离析。不过美国也有一个非常重要的优势，就是他们和欧陆相距甚远，这样他们可以在没有外来干预的情况下处理各种问题，这也成为之后美国发展的一个关键性的有利因素。接下来的六年里，一些美国政治家们凭借这些优势，作出了许多决定。这些决定日后将会塑造我们今天的世界，当然这个世界里也包括欧洲。

美国和欧洲的观念

在战争的背景下，美国人通过了《联邦条例》，其中规定了美利坚合众国的名称。和平的时光让人们逐渐意识到，只有这些条例远远不够。最终在 1789 年，诞生了一部宪法。同年 4 月，美国战时的军队司令乔治·华盛顿宣誓就任这个崭新的共和国，同时也是第一个独立的，曾是欧洲殖民地的国家的第一任总统。18 世纪的欧洲几乎没有共和政体，这种体制也没有得到广泛认同。在欧洲人熟悉的历史上，意大利古老的共和制城市国家并没有比更早的罗马和雅典的古典共和制度有更为先进的地方。而人们对于古代共和制的印象，一方面是一些领导人富有传奇色彩的统治方略，另一方面是各个派系同样为人诟病的内讧。欧洲的共和主义者也很少，尽管仅有的那些人也吵吵嚷嚷，但是他们的影响总归很小。而在人们的印象中，这种体制如果说能成功的话，也只能是在小的城市国家里。因此观察家们普遍对美国的前景不抱希望。也正是出于这个原因，日后美国的成功对于欧洲传统的共和体制观念产生了极大的震动。不久以后，欧洲人的政治改革就将尝试从美国的共和体制中汲取养分。而其他尝试从欧洲人的统治下独立的殖民地亦将如此。

尽管如此,美国的新宪法还是深深地植根于欧洲(尤其是英国)的历史经验中。新的国家法律体系除了吸收习惯法的原则外(几年之后,法国的地方性法律也反映了同样的问题),政府在实际组织上还参考了英国的宪法理论,在行政机关的顶端安排了一个类似君主的职位(尽管是选举产生的,也没有王冠)。美国的国父们选取了他们所知的最好的宪法,并且对宪法进行了改良,依据美国的政治和社会环境对具体内容进行了修改。他们没有选择那个时代里欧洲更加盛行的政府改革方式,也就是君主专制体制,即使是更加"启蒙"的形式也没有入他们的法眼。 348

美国通过采用联邦制度的原则,自觉地同英国宪政模式决裂。之前的殖民地从没有想过要建立一个全新的政府来对抗宿主,因为他们对英王乔治的政府非常信任。联邦政治的结构也为多样化的殖民地现状提供了一个解决方案,就像新政府的座右铭所宣示的那样,它的理念是"合众为一"(*e pluribus unum*)。随着时间的流逝,这种联邦制度强烈吸引着19世纪欧洲的自由主义者。他们将之视为调和统一与自由的关键方式。在一个半世纪的历程中,英国政府也把它作为处理殖民地问题的重要的备用手段,而一个新的欧洲国家也将采取这种方式作为宪法的框架,这就是德国。

另外一个对欧洲影响很大的理论是美国宪法最开头的几个字:"我们也即人民(We the People)。"他们加入这句话似乎出于偶然,因为在1789年的美国政治现状中毫无民主的特征,甚至在美国的国父中有好几位都十分畏惧甚至憎恶民主制度。尽管如此,人民主权(popular sovereignty)的理论无疑是缘起于此。这使得美国宪法与英国宪法理论以及欧洲的普遍思想大相径庭;合理的统治权力源于民众对自己被统治给予的认同(早在《独立宣言》中就有过类似的叙述),这种民主制度的采用对于传统思想来说是重要的突破,虽然这种制度也无法解决所有政治统治的问题。所以说美国革命在世界史上的里程碑意义并不完全来自它的直接影响。随着一代一代的延续,这个崭新的美利坚合众国将成为一个众望所归的国家，那些希望让整个世界重归自由的人们将会聚焦于此。就像一个美国人所说，这是“世界最后的和最好的希望”。

美国革命产生了很多长期影响，不过在短期内，它对于英国之外的欧洲国家影响有限。18 世纪 80 年代，在一些较小的国家（联省共和国和瑞士的日内瓦地区最为主要）也发生了被称为“革命”的动荡或者骚乱，当时的人们有时会把美国的例子和这些革命联系起来。但是美国革命对于欧洲的影响中，最为显著的是影响了那些作为盟军参与革命战争的法国人。这些人很快就会被卷入另一场由其他力量推动的革命
349 洪流中。这些法国人的观念，加上本杰明·富兰克林和托马斯·杰斐逊两位曾经出使过法国的要人的努力，最终形成了法国流行思想中微小但非常重要的一部分。他们促使革命的观念在那个年代“流行”（*á la mode*）起来，为法国即将发生的最重大的政治事件做了铺垫，这就是法国大革命，虽然这个国家革命频繁，但是这一专有称呼从未改变。

法国大革命

这里所说的“事件”是一个历史学科专门造出的词汇，仅仅用来代指那一系列可以相互区别、接连发生的事情中的某一件，而这些事情往往被认为是较大的历史进程的“真正”的起点。“法国大革命”就是一个混乱的、始料未及的、前所未有的，以及至今仍然难以想象的事件的汇集。当时的情况与其说是拧开了开关，不如说是打开了煮着沸水的锅盖或者山崖突然崩塌。在 1789 年（传统上认为革命开始的年份），没有人能意识到马上会发生什么，没有任何先兆。另一方面，法国人认为正在发生的动荡距离自己的本土都非常遥远，而且也都按照他们的预期进行着，尽管后来证明这些都是一厢情愿。而在当时的法国，如果有重大的变革，就势必会演变成国际事件。因为当时的法国是俄国以西的欧洲最强大的势力。法国在学术和艺术领域发展迅速，也是其他国家效仿的榜样；由于法语的规范和文雅，欧洲人普遍都很熟悉法语，因而在巴黎的思想探讨能够很快在整个欧洲获得反响。在 1789 年之后那

段风起云涌的日子里，这些传统观念依然影响很大，即使是那些有意无意地推动了革命发展的人，依然还是宁愿向过去寻求答案，而并不关注未来。

18 世纪 80 年代，英法之间长期存在、时断时续的竞争成为对法国影响巨大的历史因素。法国为了参与美国革命战争以便打击它的老对手，付出了财政上的沉重代价。而这场战争除了让英国丢了脸之外，法国也没有获得任何好处，反而在它高筑的债台上又增添了一层负担，这些债务是 17 世纪 30 年代以来，法国的统治者在欧洲称霸的代价。1774 年登基的路易十六是一位年轻、有些迟钝，原则性强且用心良好的国王。路易十六及其治下的大臣们试图偿清法国债务，将国家从财政重压之下解放出来。但是没有成功，他们只能面对失败，无计可施。整个 18 世纪 80 年代，国家财政破产一直威胁着法国。

社会和政治的现状也妨碍着法国更好地处理财政问题：主要的阻碍就是特权、特殊豁免权和法定期限权。在 18 世纪的欧陆各国都存在着一个很明显的悖论，那就是专制君主如果想要侵犯大众从中世纪的法规那里继承来的自由和权利，也就必然会威胁到自身统治的基础。而 18 世纪 80 年代，更多的法国人并没有看到这些，他们认为法国要脱 350
离眼前的困境，就必须改革政府和法律的体制。有些人甚至想得更远。他们认为政府没有能力将财政负担公正合理地分担到各个阶级的肩上，并将此看作各个阶层普遍要求改革的典型理由。这个问题开始被一系列对立的词汇所形容，认为这是理性和迷信、自由和奴役、人道主义和贪婪的对立。最终，各色言辞都集中于一个典型的问题上，这就是法定特权，被人们看成不平等的化身。而由此激起的愤怒则都投向了贵族阶层，不过这个阶层包含的人很多，他们之间也各不相同(在 1789 年的法国，贵族男性大概有 20 万至 25 万)，很难从文化、经济或是社会角度寻找他们的共同特点，他们彼此之间也有着不同的政治倾向。但是有一点是相同的，贵族们都享有法律上的特殊地位，根据他们等级的不同，享有不同的特权。

这种特权只有和贵族们达成协议才能废止，但是到 1788 年，这种对于皇家官员(通常都是贵族)和国王本人的特权的屈从已经开始减弱了。政府虽然已经认识到冲突是不可避免的,但是依然试图通过法律渠道来控制局面。法国曾经具有的最接近全国性代表机构的是三级会议(Estates General),分别由贵族、僧侣和平民代表参加,最后一次召开三级会议是在 1614 年。政府寄希望于用这种大家都认可的代表机构来获得足够的道德上的控制力,以便使得增税的财政特权法案得到通过。不幸的是,虽然三级会议这种解决办法被政府寄予厚望,但是三级会议具体有哪些职权,却并不十分明确。对此人们众说纷纭。一些激进分子说三级会议可以制订国家法律,而且这些法律要高于那些从古至今延续而来的法定特权。

如今政治危机又节外生枝,而且迫在眉睫了。从 18 世纪 30 年代开始,法国的人口增长比上一个世纪已经有所减缓了,但是其速度仍然超过了农产品产量的增长。这使得农产品价格的通货膨胀有增无减,受害最严重的就是穷人,大部分法国农民几乎或者根本没有土地。法国政府为了渡过财政危机,不仅借款,也直接或者间接增税,这些压力最终都落到了穷人头上,而地主们为了维护自身利益,不断地降低工资,提高租金和各种费用。在整个 18 世纪,穷人们的生活越发艰难和悲惨。而 18 世纪 80 年代末,在普遍的贫困景象之外,其他灾难也接踵而至。农业歉收、牛群染病、经济衰退,这些都令法国不稳定的经济状况雪上加霜。最终,1789 年的三级会议在一种群情激愤的背景下召开了。无数生活穷困潦倒、千方百计寻找出路的法国人,非常热切地希望寻找和谴责那些应该为这些弊病负责的人,而且他们抱着不切实际却又十分热忱的想法,指望他们信任的国王能帮他们改善这一切。人们
351 都毫不怀疑,只要国王知道了人民的愿望和需求,他就会作出必要的变革。

政府无能、社会不公、经济艰难、改革的愿望十分强烈,这些因素的复杂互动最终催生了法国大革命。人们既没有预料到,也没有渴望过革命的发生。社会不公的情况确实很普遍,但也并不比 18 世纪的其他许多国家更加突出。针对在道德和宗教层面对出版物进行的审查,法

国兴起了一场旨在废除这项审查制度的改革运动，很多人强烈地期望和拥护这场改革。而此刻唯一缺少的就是一个革命的政党，能和保守的政党针锋相对。这样的政党直到 1789 年 5 月 5 日三级会议召开以后才成立，而这个日子也成为一个新时代的开始，从此以后，支持还是反对革命成为大部分欧洲国家都需要面对的问题。而且由于法国是欧陆的大国，三级会议也立即产生了外交上的反响。最终三级会议既没有让法国瘫痪（许多外国的外交家都希望如此），也没有解决法国的燃眉之急，恢复其在国际事务中的强大地位。

1789 年夏天，三级会议变成一个能够行使国家权力的全国性会议。这个会议的主要成员宣称他们将平等地代表每一个法国国民，而不像人们先前预计的，这个会议将代表中世纪所划分的社会等级。他们迈出这一革命性的步伐，是由于政府被农村的暴乱和巴黎人的起义吓怕了，他们认为已经无法完全依赖军队，而农民们对贵族乡间住所进行的掠夺也吓坏了保守派们。这使得国王第一次抛弃了特权阶级，在新成立的国民大会的领导者的要求下，他十分不情愿地承认了许多几个月前无法想象的事。这些承诺在那些支持革命和反对革命的人之间划下了一条清晰的界限，随后，这两部分人被称为左派和右派（源于他们在国民大会中就座的位置），并且这一指称传遍了世界。

国民大会面对的主要挑战就是书写宪法。在这个过程中，他们将法国的政治结构进行了革命性的重组。直到 1791 年国民大会解散，他们已经将教会的土地国有化，废止了所谓的“封建体系”，废除了审查制度，建立了中央集权的代议制政府体系，他们废止了旧的行省划分和地方机构，用新的“省”（departments）来代替这些地方单位，他们视平等高于法律，并将行政和立法权力分开。这些仅仅是国民大会所做的改变中最主要的部分。国民大会的失败则似乎将这些成就抹杀了，这些成就可以说是将法国近代化的种种法律和机构上的障碍都清除了。人民主权、中央集权以及法律面前人人平等这些原则从这个时间点开始诞生了，在法国政治的发展历程中，人们经常会重拾它们。

对于这些变化，许多法国人无法全部接受，有一些人则对其全盘否

352 定。到 1791 年，法国国王已经明确地印证了他的担忧，革命早期对于他善意的支持已经不复存在了，他已经被当成反革命者。许多的法国贵族(以国王的两个兄弟为首)对于革命已经无法忍受，纷纷移居国外。而国民会议将教会的相关问题纳入改革的范畴也激起了很多法国人的反对。这些改革涉及了许多的法国人，包括教士。但是教皇拒绝接受这些改革，因而法国天主教会就必须作出选择：教皇和国民大会两者谁拥有更高的权威？这成了革命中最重要的政治分歧，同时也是数个世纪以来教权和王权之争的新的翻版。

到 1792 年，法国已经和奥地利、普鲁士开战了。原因很复杂，其中包括法国人认为外国势力想要干涉大革命，使得旧制度复辟。确有一些外国政治家如此打算。到夏天，战事不利，国内物资短缺，人们也心生疑虑，而国王成了主要怀疑的对象。一伙巴黎暴动者推翻了法国国王，并且召集了一个新的委员会，准备草拟一个新的法案，在那时这种法案也是共和性质的。这个机构被称为国民公会(Convention)，直到 1796 年它都是法国政府的核心机构，不过大部分国民公会的成员，其政治观点比他们的前任进步不了多少。他们相信个人财产权的神圣不可侵犯(他们对任何敢于提倡为土地共产主义立法的人判处死刑)。他们通过男性成年公民的普选权，允许一些穷人在国家事务上有一定的发言权。而他们真正特殊的地方是他们在遇到紧急情况的时候，比以前的法国统治机构更加冷酷无情，采取更加极端的措施(尤其是当他们面对失败的危险的时候)。他们也同样控制着首都，让一群激进政治家指挥暴徒们用极端的方式做一些偏离他们愿意的事情，而他们使用的语言也更加富有民主色彩。和以前一样，他们也威胁着欧洲其他地区。同时，他们也尽力确保革命的进行。

具有象征意义的与过去的决裂在 1793 年 1 月到来了，国民公会投票通过了对国王的死刑。对国王的这种合法谋杀被认为是对英国处死国王的翻版；不过英国当时也和欧洲其他国家一样震惊。英国随后也向法国宣战，主要是为了防止法国击败驻扎荷兰的奥地利军队后，产生战略和贸易上的不利影响。不过这场战争越来越像一场意识形态的大战。为了赢得战争，法国开始使用更加残忍的态度，使用更加暴力的方法。一种相对仁慈的死刑器具——断头台——成为法国恐怖统治时期(the Terror)的象征，而恐怖统治时期这个名词也很快被用来指代国民公会为了保卫革命，恐吓国内的反对势力而不择手段的那个时期。一部分恐怖统治只是停留在口头上，只是政治家们为了保持己方的信心， 353
同时恐吓和打击对手的夸夸其谈。实际上这种现象反映了爱国主义、实际需要、意识形态混乱、自私自利和打击报复心态的混杂，而过去的成就都被囊括在共和的名号之下。大约有 3.5 万或者更多的人罹难，许多人出国避难，但是只有少数人死于巴黎的断头台，更多的人死于各个省份爆发的内战，或者死于他们自己的军队。在 18 个月里，那些被同时代的法国人称为怪物的同胞，杀死了许多人，数量几乎相当于 1871 年巴黎公社流血周里死于街头冲突和行刑队的人。流血冲突加深了法国人内部的隔阂，不过这种隔阂不应该被无限夸大。几乎所有法国贵族都在革命中有所损失，但只有一小部分到了必须移居国外的地步。可能僧侣受到的影响更大一些，有大量的僧侣逃到国外。不过革命产生的难民还是要比 1783 年美利坚殖民地产生的少很多。

到 1797 年，欧洲诸国中只有英国还和法国处于战争状态，恐怖统治时期已经结束，共和国的统治已经变得更像一种宪法制约下的国会政体，国民公会在 1796 年结束了它的统治。革命成果被保留了下来，不过已经有些不同于以往了。在国外，保皇势力试图和那些计划回国的人结成同盟，同时也和国内带有不满情绪的人积极策划阴谋。不过过去统治秩序的复辟并不是多数法国人所期盼的。另一方面，有些人认为民主理论需要进一步落实，因为此时国内富人和穷人之间的差距依然很明显，类似之前特权阶层和无特权者之间的差距，巴黎的激进民众也要求在国家事务上有更多的发言权。这些都让人担心，一方面在革命中获利的人担心会失去他们的利益，一方面人们担心会爆发新的流血冲突。因此督政府(Directory)在左派和右派之间来回摇摆，希望找到一个较好的立场，不过政府的反对者发现这种中间道路(*via media*)——某种程度上是墙头草式的(zig-zag)——令人难以接受。

最终，一帮政治家连同军队一起在 1799 年发动政变（*coup d'état*），颠覆了政府统治。

革命的表象与现实

三级会议以后仅仅 10 年，法国像是与中世纪的历史彻底决裂了。在许多领域也确实如此。几乎所有的重大法律改革都在 1789 年被以立法的形式，至少从原则上确立下来。对封建体制、法定特权和君权神授的正式废止，以及以个人主义和世俗主义为基础来组织社会，正是 1789 年《人权宣言》的核心内容和基本原则，这也成为 1791 年宪法的引子。法律面前人人平等、私人财产受法律保护、政教分离和宗教宽容则是具体的政策上的表现。而人民主权理论通过建立统一的国民会议
354 得以实现其统治，没有任何地方或是组织能够以特权行使立法权，这成为支撑革命的法理基础。一方面，新的体制看起来可以经受更加严重的财政危机，旧的君主制度无法驾驭的财政危机（国家破产，货币流通崩溃）现在看来不成问题；另一方面，新的体制将会进行行政改革，以往只有开明君主制才能梦想进行这种改革。其他的欧洲国家对此十分意外，甚而瞠目结舌，它们看着这个强大的立法机构被推翻，而法国人生活的每一个层面，都有新的机构诞生。立法主权是一个重要的改革手段，开明君主都明白这一点。严刑拷打不复存在了，贵族头衔也没有了意义，司法上的不公消除了，法国手工业者旧的行会也取消了。之前的贸易联合体被扼杀在摇篮里，因为法律禁止工人或雇主联合的集体经济形式。回想起来，对于社会市场的改革事先毫无先兆。甚至在加洛林时期就采用的 1 ∶ 20 ∶ 12 的货币兑换比率[里弗、苏和丹尼尔（*livres*, *sous and deniers*）三种法国货币单位之间的兑换，也称为 L. S. D，到 1970 年英国仍然采用类似的比率]也被法郎（*francs*）和生丁（*centimes*）之间十进制的新兑换方法代替，而旧时采用的混乱的重量和长度单位也（在理论上）被新的公制单位代替，很快这种单位就被普遍采用（实际上，直到 19 世纪，法国农村还在采用这些单位）。

巨大的改变引起了很多分歧，而人们的思想变化总是比这些律法

的变化要缓慢。农民们非常高兴封建义务被废止了,但是他们也对公共土地的消失感到不满,以前通过开垦公地,他们可以获得收益,而这也被认为是一种“封建”制度。这种保守主义在宗教事务方面尤其重要,不过却很难说明白。位于兰斯(Reims)的教堂自中世纪以来一直是法国国王进行涂油礼的地方,在恐怖统治时期被当权者公然捣毁了;巴黎圣母院中对基督的供奉被对理性的崇拜所代替。许多僧侣都承受着严重的迫害,“九月大屠杀”中死去的殉道者也被人们长久纪念。显然,在这种恐怖气氛下的法国,已经不是一个传统的基督教国家了。虽然多数法国人对神圣君主并不怀念,但是教会的处境却激起了人们对革命的反感,不过也仅限于反感而已。许多革命者推崇对于一些类神的崇拜,比如理性或超自然,但是民众并不太感兴趣,很多人还是更乐于看到天主教会正式回归到法国人的日常生活中,当然最终教会确实回来了。实际上,那时候很多教区的法国男男女女经过长期的努力,自发地重建了教会。

法国之外的革命

1789 年的宣言起初赢得了许多赞许,并没有其他国家对其进行谴
责。不过很快这种情况就改变了,尤其是法国政府开始通过宣传和战
争把这种观念向其他国家灌输以后。法国的革命引起了很多关于其他
国家应该如何应对的讨论。法国实际上给欧洲提供了一种新的政治形 355
态。左派和右派的说法也一直在国际上被沿用至今。自由主义和保守
主义(虽然大概 10 年后这些词语才被使用)也成为政治词汇,显然法国
革命成了检验政治倾向的试纸。这两种政治立场,一种是共和主义、普
选权、个人权利、言论自由和出版自由;另一种是秩序、原则、法定职责
之外更多的义务——而非权利、承认等级制度的社会功能,以及依靠道
德调剂市场活动的倾向。

一些法国人建议其他国家也借鉴法国解决国内问题的方法。而法国也利用有意识的宣传和传教士的努力来加强法国的影响力。这些并不全是出于法国的傲慢。在前工业化的欧洲,各个地方社会都有很多

相同之处；因而所有的国家也都可以从法国那里学到一些东西。法国大革命的影响不仅仅对革命的肯定者和支持者来说是空前的和全面的，同时也动摇了欧洲保守主义的根基。1789 年以前，近代保守主义思潮的诸多构成要素都已粉墨登场：开明君主制改革引起的触痛，“启蒙”思想的威望及其在世俗领域的影响力给僧侣阶层带来的不满，以及动摇了浪漫主义核心的理性主义的流行带来的感情上的抵触。这些反对因素在德国十分明显，但是在英国更甚，那里不仅是第一次，而且之后还以各种方式出现了最激烈的保守反革命的论述，例如埃德蒙·伯克(Edmund Burke)在 1790 年出版的作品《对法国大革命的反思》(*Reflections on the Revolution in France*)。鉴于作者之前维护北美殖民地独立的立场，这本书显然不是对特权的不假思索的维护。书中的保守主义立场从法理上维护了现行体制，并且通过社会学理论阐释了其具体观点，这本书作为一部作品，不仅仅包含了立场和分析，更是道德的化身。与此相反，革命遭到谴责，被说成是知识分子的自大、空洞的理性主义，以及傲慢的表现——对于基督教来说，傲慢是诸罪之首。

大革命给欧洲带来的严重分歧使得人们对革命的新看法日渐清晰。旧观点认为政治革命不过是一些细节的革新，总体上还是延续的。而新观点则认为革命是激进的、全面的大变革，没有什么机制不能被触及，没有什么原则不能被打破，而且可能会对一些基础性的社会元素进行颠覆，比如家庭和私有财产。不管人们对于这幅革命的景象感到震惊还是鼓舞，一旦一个地方发生了革命，不论是同情还是愤怒的人都会认同，革命笼罩了社会的各个角落。19 世纪的人们甚至意识到革命是一种普遍的、延绵不绝的现实力量。这是一种对政治的意识形态的极端表达，而政治则绝不会消亡。同时也还有一些人认为，无论具体的原因和环境如何，起义者和颠覆分子都应该遭到谴责，或者都应该被认
356 可。这些关于革命的神话既造成了许多痛苦，也成就了许多解放。一开始是欧洲，随后欧洲所影响的整个世界都必须生活在对于革命反响强烈的环境里，就如同以前的人生活在对宗教的热忱中一样。这种遗风也是法国大革命影响力的印证。

革命与欧洲的跨海帝国

如今所说的“反殖民运动”的历史始于早先美国革命的对外影响；最先见于格兰德(Rio Grande)河以南的地区。相比于英国在北美的活动，18 世纪的西班牙试图在它的殖民地上开展一系列改革。随着波旁王朝代替哈布斯堡家族的统治，西班牙开始了根本性的重构和一开始不太情愿的让步，放宽了以前闭塞的贸易体系。以塞维利亚港为中心的单一的殖民地贸易形式的终结，令地中海的西班牙领地及其海外殖民地都从中受益。不过这些变革并没有解决所有殖民地的不公待遇。殖民地还存在许多公然的暴乱，有一些对殖民地政府威胁很大，必须依靠强大的军事力量进行控制。这种在殖民地发展地方武装的权宜之计实际上是一把双刃剑，它也给了殖民地军事力量来对抗西班牙。另外白人之间也产生了隔阂；虽然殖民地的最明显的社会区别存在于白人和土著印第安人之间，但是克里奥尔人(*creloes*，在殖民地出生的西班牙人)和半岛人(*peninsulares*，在西班牙出生的西班牙人)之间也有分歧。而且他们之间的隔阂不断扩大。克里奥尔人对他们遭受帝国政府的排挤感到不满。北美殖民地成功从英国的帝国统治中解放出来的消息自然被他们注意到了。

1790 年，随着一场英西之间的争端，西班牙君主最终正式放弃了他从历史依据出发，统治美洲全境的要求。在北美定居的西班牙人只有权禁止其他国家的人在其 30 英里的范围内定居或是贸易。西班牙在格兰德河以北的领地又被一系列战争重新划定(1793 年同法国的战争，1796 年和 1805 年同英国的战争，以及最终 1808 年同法国的战争)，西班牙在战争中失去了一些加勒比海的岛屿，而更大的损失在于 1800 年它将路易斯安那交给了法国。三年后，西班牙又将它的一块所谓的领地(大体上是从密西西比到落基山之间的全部地区)卖给了美国，这是最大的一份土地契约，也是美国历史上最大的一次版图变动，这块新加的土地比美国原有的土地面积还要大。而这项举动也产生了十分巨大的历史影响。

除了中南美洲的领地，西班牙在北美还拥有一些地盘，包括落基山以西的地区和红河以南的地区。随着1805年英国在特拉法尔加(Cape
357 Trafalgar)海战中击溃西班牙的军队，西班牙对整个帝国的控制和保护能力被极大削弱了。甚至在没有英国默许的情况下，西班牙要与帝国内的领地保持联系都很困难。三年以后，法国入侵了西班牙并将波旁王朝赶下台，随后让一个法国人登上了西班牙王位。西班牙国内陷入了内战、无序和虚弱之中，西班牙的解放者(西班牙语 *liberales*，随后这个词被欧洲政界广泛使用)在加的斯(Cadiz)建立了影子政府，对抗法国在马德里的傀儡政权。一些克里奥尔人认为解放的时机到了。

1810年，南美“独立战争”打响。在新格拉纳达(New Granada)、拉普拉塔(La Plata)和新西班牙都有起义发生。一开始，这些起义并不成功。在墨西哥，反叛者发现他们的后院起火，印第安人展开了针对所有白人的战争。而身在加的斯的西班牙政府对此毫无作为，它既不能预防，也不能处置业已发生的暴乱。海上霸主英国在1823年宣称，支持美国发表的“门罗主义”(Monroe Doctrine)宣言，美国宣称美洲“自此之后不应该被任何欧洲国家视为殖民地”，而各个大国任何干涉西半球的行为都会被视为是针对美国的“不友好的姿态”[①]。促使美国发布这份公告的部分原因在于俄国对西北太平洋的兴趣和西班牙恢复过去殖民地的希望。那时候，一系列的共和国出现在南美大陆，成为第二批与美国并肩而立的欧洲殖民者的海外国家，不过它们与欧洲以及欧洲的国家机制有很大的不同。到1825年西班牙的势力被驱逐出秘鲁为止，伊比利亚帝国在西半球的地盘就仅限于加勒比海和北美部分地区了。欧洲国家在南美统治的结束(除了在北岸的一小块地方)，也包括葡萄牙在巴西的势力的终结。而法国对葡萄牙领土的入侵(1807)则又一次成为导火索。遭到入侵后，葡萄牙的摄政王子离开里斯本去

① 门罗总统呈递给国会的包含宣言的材料也可以在相关的著作中找到。最重要的部分在以下著作中：*Speeches and Documents in American History*, ed. Robert Birley, Vol. II: 1818 - 1865 (Oxford, 1944), pp. 48 - 53。

了里约热内卢(Rio de Janeiro),而这里也就成了葡萄牙帝国实际上的首都。当 1820 年他回到里斯本成为国王的时候,将一个儿子佩德罗(Dom Pedro)留在了巴西作为摄政,而佩德罗旋即领导了巴西对抗葡萄牙企图恢复殖民地的独立运动。经过小规模的战争,他被称为“巴西永久的守护者”,并且宣布巴西独立,1823 年 12 月 1 日,他被加冕为佩德罗一世,成为世袭巴西皇帝,这也是欧洲人在美洲留下的唯一一个君主国家。

拿破仑时代的欧洲

虽然有许多日期都可以被认为是法国大革命的“开始”,但是要说革命什么时候结束却很难。它的影响数十年都没有消散。不过在这方
面,1799 年确实是一个很重要的日期。一场政变结束了督政府的统 358
治,权力到了拿破仑·波拿巴(Napoleon Bonnaparte)手中,他是共和国的一名将军。拿破仑取得政权后迅速建立了一个独裁政府,这个政府一直持续到 1814 年,并且将整个欧洲搅得鸡犬不宁,极大地改变了欧洲的版图。他在成为新政权的第一执政(First Consul)后,很快又加冕为法兰西皇帝。

波拿巴就像很多领袖人物一样,年纪轻轻就取得了权力。他展现出了卓越的才智和战士所具有的冷酷。他的成功以及他精明的政治意识连同他不羁的行事风格让他具有了极强的个人魅力。在许多方面,他都像是一个 18 世纪典型的“探险家”。在 1799 年,他拥有巨大的个人声望(通过高超的军事指挥和成功的对外征服)和公众支持。除了那些被他击败的政治家,当拿破仑凌驾于他们之上时,他们懊恼不已。很快,他又再度通过军事胜利证明了自己,他击败了奥地利(奥地利又一次加入了反法战争),并且再次为法国带来了胜利的和平。这些胜利将对革命的威胁一扫而光。

很少有人怀疑第一执政对于革命的承诺,但是这意味着什么?他很快在法国恢复了帝制。1804 年拿破仑(随后在正式场合,他都使用这个称呼)正式称帝。这绝不是一种复辟。实际上,他非常小心翼翼,

他打压了被流放的波旁家族(他谋杀了一位王子),确保任何人都不会和他们有染。为了给他的帝国寻求公众的支持,他赢得了一次征求民意的公众投票。法国人投选出的是君主制;而这个制度则建立在民众统治的基础上,实际上也遵从了大革命的精神。作为共和政权,执政府被建立起来,他进一步巩固了革命的成果。

18 世纪 90 年代,所有重大的机构改革都被保留或者巩固。不存在征用教会土地以后售卖土地的干扰;不存在手工业和职业行会的恢复;不存在旧的法律体系的限制;也没有对法律之外的平等原则的质询。而且还采取了一些更进一步的做法。人们长期盼望的《民法典》诞生了,这部法典到今天还是法国法律体系的基础。虽然这部法典出自革命法学家之手,不过他们在 18 世纪 90 年代的动荡中,再也没有精力来完善它。而这部从 1789 年开始民众期待的法典能够真正实施,还依赖于拿破仑自己的坚持与要求。在政府中,每个部门都被委派了一名行政长官(the prefect),这种行政长官的职权类似雅各宾专政时期的钦差大臣(emergency emissaries,许多之前的革命者都成了行政长官)。不过在帝国政府的实际工作中,大革命的原则却时常被违反。与 1793 年以来所有的法国政府一样,拿破仑也用严厉的监察制度控制出版业,不经审判就关押嫌疑人,拿破仑总体上很轻视人权,这个时期公民自由十分堪忧。这一时期,拷问已经在法律上被废止,但是拿破仑的
359 秘密警察还在使用它。代表大会在执政府和帝国时期都还存在,只是没有什么人在意。不过这些貌似都是法国民众所希望的,正如他们希望拿破仑能通过英明的决断承认现状,与教皇达成协议,让天主教徒重归政府,并且通过立法来承认教会在法国地位的回归。

总的来说,法国国内对大革命成果的巩固和保证,是通过专制统治和对外军事外交力量的加强来实现的。不过这些因素都由于拿破仑的大规模军事战争而逐渐遭到了削弱。战争在一时间令法国君临欧洲,法国的军队东指莫斯科,西征葡萄牙,并在大西洋以及从科伦纳(Corunna)到斯德丁(Stettin)的北方沿海都有驻军。不过军事费用太庞大了;就算是对被占领的国家进行无情的掠夺,也无法无限期地维持

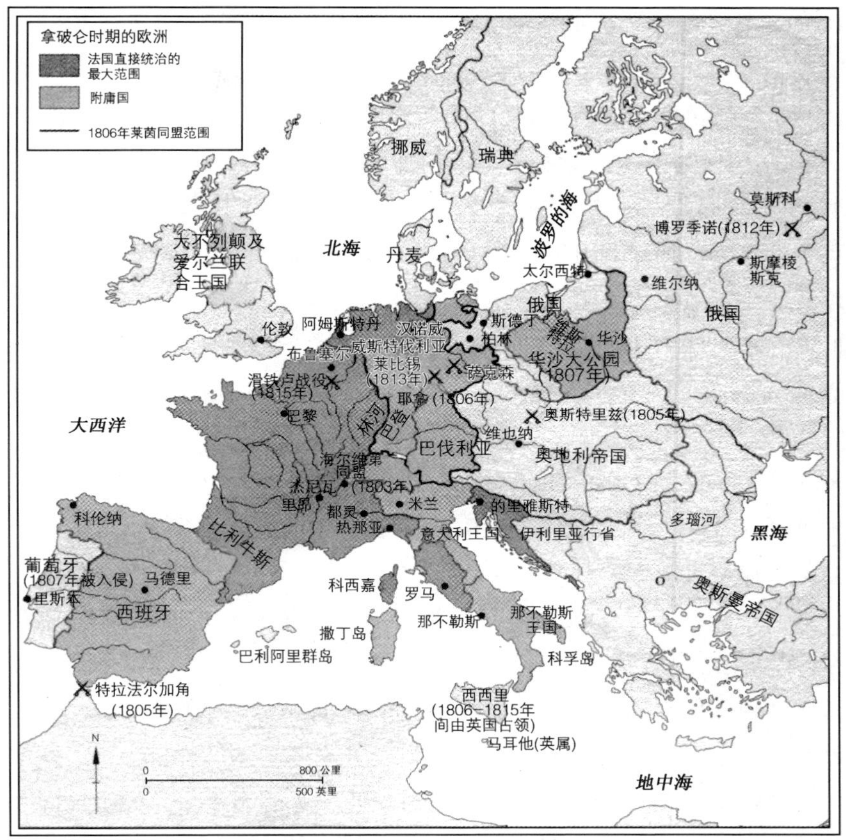

法国的军事统治,因为这种统治时刻面临威胁——拿破仑傲慢地对欧洲其他国家主张权利,导致了这些国家联合起来对抗他。1812 年拿破仑领导了一支有史以来最庞大的军队远征俄国,但是他的军队却在冬季的大雪中被摧毁。经历了这次失败,除非拿破仑的敌人分崩离析,否则拿破仑就难逃厄运了。而此刻,欧洲诸国团结一致,没有给拿破仑机会。拿破仑一直与英国不睦,除了 1792 年的短暂和平外,他(以及之前的革命政府)和英国一直处于战争状态。这场战争绝不简单,英法之间的“拿破仑战争”是这一个世纪两国的争端中最后以及最重要的一轮比拼,它代表着君主立宪和军事独裁之间的对决。皇家海军一直把拿破仑的势力限制在欧洲大陆[通过 1789 年阿布基尔(Aboukir)海战和 360

1805 年特拉法尔加海战]，英国也在财政上支持着反法联盟，同时，一支英国军队在伊比利亚半岛持续活动，自 1809 年以来，这条英法战线耗尽了法国的精力与资源，同时也带给欧洲其他国家以获胜的希望。

到 1814 年初，拿破仑只能退防法国本土了。尽管他在战场上竭尽所能，但还是无法抵御东边俄国、普鲁士和奥地利的联军，以及西南边英国的入侵。最终，他的大臣和将军们抛开拿破仑，与欧洲各国达成了停战协定。公众没有对此表示反对，即使这意味着波旁王朝即将复辟，但这并不意味着 1789 年之前的任何特征都将重回法国。宗教协定、行政体系、法律面前人人平等的原则、法典、代议机构都被保留下来，而且它们的作用更加显著了。实际上，大革命的成果已经内化为法国的一种既成的秩序。拿破仑为此提供了足够的时间、安定的社会条件和各种制度保证。大革命的各种制度除了这个时期被确立下来的，其余的则都被抛弃了。

这些成就使得拿破仑区别于当时任何一位有着旧时代烙印的君主，即便是最有近代味道的君主也无法和他相比。但是拿破仑的政策时常体现出保守的特征，这也有些奇怪。不过最后，他还是成了一名革命专制君主。他的权力来自人民，在形式与观念上都是如此，公民选举可以证明这点；而在更普遍的意义上，他也需要借此赢得公民的心，以便让法国的军队在战场上浴血奋战。尽管在他的加冕长袍上，细致地刺上了墨洛温王室的标志——蜜蜂，但他无疑比路易十四更像 19 世纪的统治者。他和路易十四共同分享了将法国的国际影响力带到一个史无前例的高度所带来的荣耀，同时这两位统治者也都因此而获得了法国农民阶级的推崇。但他与路易十四还有极大的不同之处：不仅他所统治的法国版图远大于路易十四，而且由于大革命，拿破仑的统治力也已经远远超越了个人和国家的局限。拿破仑的结局并不应该令人伤感。实际上拿破仑被认为是伟大的欧洲解放者，他开启了欧洲之后的传奇历程。在 1800 至 1814 年之间，他给欧洲带来的最明显的影响则是让流血战争和动荡不安充斥了欧洲的每个角落，这些通常都是狂热
361 和个人虚荣的结果。不过这些事件也有意无意地产生了许多其他的影

响。而最后各种影响汇集起来,一同随着法国大革命的理念传播出去。

新的欧洲版图

地图能够告诉我们很多东西。在拿破仑掌权之前,那张像打满了补丁的破被子一样的欧洲国家版图就已经开始变化了;18 世纪 90 年代,法国的军队在意大利、瑞士和联省共和国建立了新的共和制卫星国家(这导致了威尼斯共和国的终结)。不过法国的军队一旦撤出,这些卫星国家就立刻四散,而在法国的执政府重新在这些地方建立起统治之前,欧洲的很多国家出现了能够历时长久的新的统治机构。其中最重要的变化出现在德意志西部,在经历了彻底的改革之后,绝大部分德意志地方政权都将在此后的 70 年中消失。在 1801 至 1814 年之间,德意志在莱茵河左岸的领土一直被法国蚕食。而在河对岸,法国的干涉使得许多主教领被还俗,几乎所有的自治市都被吞并,同时法国也划拨给普鲁士、汉诺威(Hanover)、巴伐利亚(Bavaria)和巴登(Baden)一些新的领土,以补偿它们之前的损失,同时,所有独立的帝国贵族头衔也都被废除。这些事件一方面削弱了教会和哈布斯堡家族的影响力,另一方面也增加了德意志大邦国的实力(尤其是普鲁士)。神圣罗马帝国的宪法也被重新修订,以便落实这些变革。不过这只是暂时的,当 1806 年奥地利又被法国击败的时候,自奥托大帝以来,德意志内部那不太牢靠的政治联系最终烟消云散了。莱茵联盟(Confederation of the Rhine)被建立起来,以便作为制衡奥地利和普鲁士的第三势力。毫无疑问,这些都是在宣扬法国的国家利益。曾经黎塞留和路易十四已经将法国的边界推至莱茵河一线,不过如今拿破仑更让德意志四分五裂,并且令不同的利益体们相互制衡。但不管怎样,旧的体制都是德意志统一的障碍。之后德意志的境况历经变革,却没有人认真思考过这个民族统一的可能性。最终当反法同盟重新调整后拿破仑时代的欧洲版图时,它们又促成了一个德意志联邦(German Confederation)。与拿破仑时代不同的是,普鲁士和奥地利都在这个联邦之内,这就使得它们的土地保留在德意志的范围里,但是这个联邦仍然没有任何统一的迹象。1789 年，德意志内部存在着 300 多个关系复杂的政治体，而到 1815 年这个数量已经减少到 38 个。在随后的半个世纪里，这个数量还将继续减少。

意大利的重组并不剧烈，其影响也不算大。拿破仑的帝国在亚平宁半岛的南端和北端各建立了一个庞大和表面上独立的政治体，而意大利的绝大部分(包括教皇国)也都被并入了法国，并作为行省接受统治。到 1815 年，法国对意大利的统治中止了，不过意大利的版图并没
362 有恢复到之前的状态。以前的热那亚和威尼斯共和国都不复存在了，督政府的军队将它们摧毁，它们的领土随后也被并入了更大的国家里[热那亚被萨迪尼亚(Sardinia)吞并，威尼斯被奥地利吞并]。在拿破仑统治的顶点，欧洲的其他地区大都被法国吞并。当时的法国直接管理着庞大的领土，北边从比利牛斯山直到丹麦，南边从加泰罗尼亚一直延续到罗马和那不勒斯的边界。在帝国之外的是伊利里亚诸行省，包括哈布斯堡和威尼斯的领地，以及如今南斯拉夫的大片地区。那些卫星邦国和有着不同自治程度的属国，一部分由拿破仑自己家族的人直接管理，这些人瓜分了剩余的意大利、瑞士和易北河以西的德意志地区。在东边还有一块飞地，即华沙大公国，这是从俄国统治下的波兰分割出来的。

共同经验

在大部分的国家中，共同的统治方式和政治机构提供了一种对于制度和观念的共同经验。大革命的原则很难在易北河以东获得认同(除了在波兰的短暂认同)，也是因此，法国大革命也成为那些反反复复印证欧洲东西差异的重大事件中的一件。在法国大革命中，德意志、意大利、伊利里亚、比利时和荷兰都在拿破仑法典的制约下，接受了那些关于家庭、财产、个人权利和公共权力的概念，这些思想也随之传遍了整个欧洲。它们时而代替，时而增补那些交织在一起的地方法、习惯法、罗马法和教会法。同样地，帝国的行省制度催生了一种共同的管理方式，各国人在法国军队中服役也催生了一种共同的纪

律和军事规范，法国以十进制为基础的度量衡也正式代替了许多地方的标准。人们不应该夸大拿破仑统治时期对于人们日常生活的影响，但也绝不能忽视其所带来的创新的重要性。法国的各种规定除了规范人们的行为，各国的进步人士还从中获得了新的模式和灵感。这些新的模式很容易被接纳和认同，因为法国的官员和技术人员有许多都在那些附庸国家工作，而其他民族国家的许多代表也在拿破仑的政府服务。

深刻而频繁的革命性变革所带来的全面影响是近代化的，但却并不包含必要的自由；在法国军队的三色旗下，人权的观念被确立了下来，但却伴随着拿破仑政府的秘密警察、军需官和海关官员的设立。拿破仑时代许多难以处置的问题，都是源于政府的自作自受。在传播革命理论的同时，法国也为自己埋下了许多祸根。革命的核心理论——人民主权论与民族主义有着千丝万缕的联系。法国的理论认为人民应该自我管理，而自我管理的理想单位就是民族国家。革命者由此宣称， 363
他们自己的共和国是"一个不可分割的整体"。许多外国的领导者也将这一理论适用于自己的国家；而很显然德国和意大利人并没有自己的统一的民族国家，但是他们理应有这样的国家。另外，法国控制下的欧洲为了法国自身的利益，拒绝承认欧洲其他国家的权利。其他国家的人看到自己国家的农业和商业为法国的经济政策作出牺牲，看到自己国家的人被迫在法国的军队里任职，并且从拿破仑法国（或者他们傀儡政府）的统治者和官僚机构中获得利益。当那些支持大革命原则的人都察觉到这些屈辱的时候，那些原本就不支持大革命的人揭竿而起也就不令人奇怪了。在拿破仑时代，爱国主义思想受到了极大的激励。不论他们的政府如何考虑，有一部分德意志人开始认为自己不仅仅是威斯特伐利亚人（Westphalians）或者巴伐利亚人；而很多意大利人也认为他们不仅仅是罗马人或米兰人（Milanese），因为他们在对抗法国方面具有了共同的利益。在西班牙和俄国，这种爱国主义的观念和对于大革命的抵制运动相得益彰，抵制得非常彻底。虽然拿破仑建立的王朝和帝国被证明不堪一击，但他依然以激怒人民的代价给欧洲带来了变革。他点燃了其他国家里蕴藏的革命力量，就像大革命点燃了法国，自此之后，人民变革的浪潮就再也无法停止。这也成为法国大革命作为一份遗产最重要的历史影响，同时也成了拿破仑最大的历史成就，不管他是否情愿如此。

民族主权的理论是这份遗产最核心的部分。大革命以后，没有人(不论是王公、共和寡头统治者还是民主制议会)有权利干涉法定主权和臣民之间的联系，这一观念获得了比以往任何时候都更加广泛的认同；但是法定主权的具体含义现在成了争论的焦点。政府在宪法允许的范围内可以做任何事情(即使与上帝的律法相违背)，这种观念还需要很长时间来赢得全面的认同，很多人还难以接受这种说法。不过到1815年，已经有更多的欧洲人能够接受这样的观点：只要当局能够证明它的做法是正确的，那么任何力量也不能阻止当局制定法律，即使这会颠覆长期存在的传统观念也在所不惜。这着实是巨大的进步。在以前的观念里，立法的权利和规则都很薄弱，立法者很难改变前代人留下的法律豁免权和特许自由权，前代的基本律法必须被尊重，上帝的律法更是决不能忤逆，这些行为在社会和法律的层面，就如同在神学层面上一样，是一种亵渎行为。17世纪的英国政治家和法学家就在能否否定那些关于土地的“基本”法律方面纠缠不清，最终他们认为一部分这类法律必须存在。一个世纪以后，法国的主导法律思想也和他们摇摇欲坠的君权一样面临瓦解。最终，在这两个国家，人们接受了这样的观点，国家主权在立法上是不受限制的，立法的权力是一个国家的显著特
364 征(其他国家也多多少少有类似的转变)，这样的观念也随着大革命传遍了欧洲。

在1814年拿破仑战败后，他无条件退位，但这并不是拿破仑故事的终结。仅仅不到一年，他就从流放的厄尔巴岛上回国，将复辟的波旁王朝一举击溃。而1815年6月18日，联军在比利时的滑铁卢将他击败，英国、比利时和普鲁士的联军消除了法兰西帝国再度崛起的威胁。拿破仑对于战胜的一方来说过于棘手，因而这次他们将他送到千里之外的南大西洋小岛——圣赫勒拿岛上去了，拿破仑最终于1821年死在

岛上。而拿破仑最后的这次斗争让列强们坚定了维护和平的决心，以免重蹈覆辙使欧洲再次面临经由大革命的觉醒引发的近四分之一个世纪不间断的战争。由此拿破仑也延续了欧洲的历史，又一次重现了在法国领导之下欧洲颤抖的记忆。

365

第十七章　欧洲的新财富

欧洲的成员

如果算上俄国(相关的历史统计数据并不十分容易获得),欧洲的人口在 19 世纪翻了一番。具体说来,欧洲的人口从 1.9 亿上升到了 4.2 亿,这是前所未有的成长速度。对于大部分的人口来说,他们比自己的爷爷和奶奶都要长寿。有许多迹象都显而易见地表明了欧洲财富的增长,不论是依靠种植还是进口,欧洲显然收获了更多的食物,以便供养更多人口。更多的资源也被开发出来,以供给人们的家庭日用、建设街道、照明和取暖。此外,人们还可以通过许多途径来获取各种生活所需,这些在 19 世纪初还是无法想象的。所有的这些都是为了保证人们能更好地生存下去。不过在此之前,这些成就背后更为根本性的进步已经延续了数个世纪。但直到 19 世纪,欧洲的生活水平才真正取得了超越世界上其他大部分居民的显著提高。

人口增长改变了欧洲人口在世界人口中的比重,世界上其他人群的人口增长速度要慢于欧洲。因此,欧洲在 19 世纪初占世界人口比重约 15%,而经过一个世纪,增长到世界人口的近四分之一。同时,更多的欧洲人也在不断移居海外。到 19 世纪 30 年代,每年移居海外的欧洲人首次达到了 10 万人;而到 1913 年,这个数字则将超过 150 万。在人口史方面，长时段的观点更加有用，在 1840 至 1930 年之间，有大约 5 000 万的欧洲人移居到海外其他国家。

不同的欧洲国家，其增长速度也不尽相同。英国一开始增速最快，19 世纪初他们的人口大约 1 000 万，而到 19 世纪中叶则突飞猛进到 2 100 万；到了 20 世纪初，这个数字增长到 3 600 万。法国 19 世纪初的人口有 2 700 万，而到了世纪末增长到 4 000 万。德国（当然在 19 世纪初还没有统一）在一个世纪里也将其人口翻倍，达到 5 000 万。不过对于东欧那些最贫穷的农业地区，直到 20 世纪 20、30 年代，他们的人 366
口才真正开始迅速增长。

这样的事实主要反映了在之前的两个世纪里，拉动人口增长的主要力量是死亡率前所未有的历史性的下降，而从更广泛的领域看，这也意味着财富的增长。死亡率的降低从之前的时代就已经开始了，而且首先见于经济发展较好的国家。从大体上看，在 19 世纪初，欧洲所有国家的人口出生率都略微大于人口死亡率。不过这些国家主要还是依靠农业经济，这些人口变化不足以改变他们日常生活中强大的传统习俗。但是到 1850 年，影响开始显现了，而到了 19 世纪 80 年代，死亡率的持续降低在最发达的一些国家已经十分明显了。到 19 世纪最后 20 年，他们的人口死亡率从每年大约 35‰降低到 28‰（而 50 年之后，这个数字再次降到 18‰）。不过许多发展不尽如人意的欧洲国家，到 20 世纪初人口死亡率依然有 38‰，而再往后 50 年，他们死亡率下降还是不多，这导致了在不同的地方居住的欧洲人的不平等加剧。在较为富裕的西欧和北欧，大部分人对生活的期望明显要高于欧洲南部和东部地区。

虽然死亡率的下降是拉动人口增长的主要原因，但是到 20 世纪初为止，还有很多因素也影响了人口增长。经济增长带来的更多工作机会，使得结婚的人年龄更小，生育率也有所上升。这个因素产生的影响比以前更加明显，因为儿童长大成人的概率大大提高了。同时，随着接种牛痘和接种疫苗（这两者都是在 18 世纪引入欧洲并迅速传播开的），更先进的医学技术和更多的医疗服务在短时间内就取得了显著成效。

在19世纪最后25年里，医生们仅仅控制了儿童致死率最高的几种疾病，包括白喉、猩红热、伤寒、百日咳，就使得婴儿的死亡率大大下降。而在此之前，社会改革者和市政工程师也作出了他们自己的突出贡献。更好的供水设施、下水道系统和保洁系统使得飞速增长的城市中非致命性的患病率下降。到20世纪初，霍乱这种19世纪30、40年代灾难性的疾病已经在工业化的国家里根除了。而20世纪之后，在西欧也没有再出现致命的瘟疫大爆发，不过也还是有一些瘟疫出现在港口城市[英国的最后一次瘟疫出现在1911年的格拉斯哥(Glasgow)]。各方面的进步都有助于提高人口的寿命；而到了20世纪的第二个25年，大部分经济发达国家的居民都可以比他们的中世纪祖先多出两到三倍的寿命。

19世纪一个重要的情况是人口中出现了大量的青年人，先是在西欧，而后东欧也出现了这种情况(那些海外的欧洲世家也是如此)，虽然他们的比例由于平均寿命的上升而有所下降。他们的出现在社会总体
367 和劳动力方面都造成了一些问题，不过也给社会带来了新的力量、新的复苏和新的活力。这也适度补偿了老龄化人口的增加。而老龄化也使得相关的社会资源重新紧张起来，之前的社会应对年老和体弱的情况绰绰有余，而现在则显得捉襟见肘。到1914年，许多国家的政治家和社会学家将不得不更多地考虑贫困和毒瘾问题。

新的繁荣

在1815至1848年以及1871至1914年之间，巴尔干以外的欧洲享受了无忧无虑的和平。战争以及随之而来的疾病和对经济资源的破坏(主要是对农业的破坏)，已经不再像从前一样遏制人口的增长了。有时候战争也会带来饥荒，这是另一个遏制人口增长的重要因素。但19世纪以来，饥荒和死亡越来越少；铁路和蒸汽轮船使得进口食品更加便利。在许多国家，增长的人口也同时享受着更高水平的生活。平均寿命的增加让我们看到，在出现更多需要养活的人口之前，已经有比以往更多的食物被生产出来，以供养他们。

欧洲的农村

欧洲正在进行的是历史上少有的全面改善人们生活条件的过程。食物生产的革命自古就有，在这一时期虽然一开始比较缓慢，但很快就全面展开。到 18 世纪，欧洲的可耕地的收成已经比中世纪多两倍半，而之后的一个世纪则将迎来更大的进步。同时，新的作物如土豆、甜菜也更加广泛地种植；随之而来的是日常饮食习惯的变化。从 19 世纪初开始，欧洲的农业生产经计算，大概每年上升一个百分点，这使得之前的进步速度相形见绌。而更重要的是欧洲可以不断地开发世界上其他新的地区。这两项改变背后是一个更大的进程，即欧洲在不断加快投资以扩大生产能力，这使得欧洲和北美在 1870 年毫无疑问地成为世界上最大的财富汇集地；而这一进程的缘起便是农业进步，人们称之为“农业革命”，不过，没有什么词汇能够真正描绘出 1750 至 1870 年之间世界农业产出取得的巨大成就(之后取得的成就更大)。不过这个进程十分复杂，涉及许多不同的领域，与许多其他经济部门有着不可分割的联系，同时，这也是一个缓慢而长期的过程。而且这也是全世界经济转型的一部分，最终这个进程不仅仅关系到欧洲，也同样涉及美洲和澳大利亚。

到 19 世纪初，农业技术的进步在英国最为明显，比如首次使用蒸 368
汽动力的犁。不过这些技术已经从英国传播开去，到达了更远的地方。除去那些和过去几个世纪相比基本不变的以外，变革的来源无疑有很多，而有时候进步也是缓慢的。在卡拉布里亚(Calabria)和安达卢西亚(Andalusia)的部分地区，可能一个世纪以来基本没什么变化。针对食品供应缺乏弹性作出的努力最终取得了成果，而这实际上是许多领域取得成功后的共同结果，包括作物轮种制度、过时的财政政策、低下的耕种和饲养水平以及完全的文盲都得到了改善。收益得到了更好的保证，作物虫害和家畜疾病得到了有效的控制，新的品种被引进，诸如此类。而如此广泛的基础性变革，通常也要突破一些社会和政治桎梏。

法国在 1789 年正式废除了农奴制，不过当时还残留有不少农奴。

而那一年他们废除的所谓“封建制度”则显得更加重要，其中包括了许多传统和法律规定的习俗和权利，它们阻碍了个人像投资其他产业一样投资土地开发。不过同时进行的大规模财产重新分配，使得这一变革的结果变得难以捉摸和衡量。在短短几年里，许多先前属于教会的土地被卖给了个人。随之而来的，既有人们拥有的土地数量的增长，也有人们平均资产的增长，人们本来期望这些能够引领一个新的农业进步的时代，增强法国的生产力，但却未能如愿。虽然主要的桎梏被消除了，但是在很长时间里，进步还是非常缓慢，像英国那样的财产合并还很少。

这种情况表明，正在进行的这些变革，其节奏和标准的普遍化需要更加谨慎与合理。在19世纪40年代，所有充满热情的德国人都在巡回展出他们的农业设备，这是一个庞大的国家，正如一位伟大的经济史学家评论的那样，这也是一个（还有一个是法国）“总体上讲，在铁路时代以前，没有任何普遍的和彻底的农业进步”的国家[①]。不过，他们在此之前就开始逐步改革那些阻碍农业进步的中世纪体制，同时也给新的进步准备条件。在拿破仑时代，由于法国的财产法和法律状况被引入德国，一些地区的变革加速了，此后的机构改革也同样起到了加速作用，比如在普鲁士推行政治改革的施泰因（Stein）的改革。到1850年，在俄国以西的欧洲大部分地区，被束缚在土地和徭役上的农民已经基本消失了。不过此后很长时间，不管出于什么目的，普鲁士、马扎尔和波兰的地主都试图维持自己对于佃户家长制的统治。与西欧相比，保守的统治阶级价值观在东部以更加顽固和集中的方式存在着。容克地
369 主们可以容忍在庄园的管理上引入市场因素，但是决不允许触动他们和农民之间的传统关系。

而以传统法律的形式抵制改革时间最长的还是俄国。农奴制度在俄国直到1861年才被废止。这一法案一开始也没有将俄国的农业完

① J. H. Clapham, *The Economic Development of France and Germany 1815 –1914*, 4th edn. (Cambridge, 1945), p. 52.

全纳入市场经济原则和个人主义的控制之下，但它却无疑终结了欧洲的一个历史时代：中世纪农业时代。从乌拉尔山到科伦纳，再也不存在法律意义上的农奴耕种土地了，虽然巴尔干半岛上的实际农业形态还很难和农奴制度明显区别开。也再没有农民隶属于一个他们不得离开的地主的情况了（虽然当俄国的农民付不起解放的费用，而用劳动抵偿的时候，对他们离开村庄的行为还有所限制）。这宣告了一个体系的灭亡，这个体系跨越了从古代到野蛮人入侵时代的西方基督教世界，并成了一直以来欧洲文明的基础。在 1861 年以后，欧洲各地的农业无产者为了工资和生活必需品而工作；由 14 世纪农业危机所引发，并在英国和法国传播开来的这种模式，现在变得很普遍了。而两个欧洲的海外国家，美国和巴西也跟随欧洲的脚步，在 1865 年和 1888 年分别废除了奴隶制[①]。

新的欧洲土地

几个世纪以来，欧洲的农业产量通过开垦新的土地而缓慢增长。而 19 世纪这一过程也在继续，不过比以往更快，而且实际上这些土地都是在海外，甚而是跨洋的。美国、加拿大、澳大利亚和新西兰，还有阿根廷和乌拉圭，都很快证明它们可以用比欧洲更低的成本种植作物。对此有一种解释是这些新开发的土地上有极为丰富的自然资源。美国的大平原、南美延伸广阔的潘帕斯牧场，还有气候温和的澳大利亚都拥有极好的种植谷物、饲养牲畜的条件。另外在运输领域也发生了革命。19 世纪 60 年代，越来越多的蒸汽驱动的铁路系统和轮船被用于运输，运输成本快速下降，而更快的速度和更低的成本也使得需求不断增加。因此欧洲未来的利益都在于对海外国家的那些山川平原的投资。同样的地区在欧洲内部也存在着，只不过范围小了一点。从 70 年代开始，
东欧和德国的农民发现一旦铁路在俄国西部和波兰建成，蒸汽船也在 370

① 1863 年 1 月 1 日的《解放黑奴宣言》仅适用于联邦中的“反抗联邦的人”。奴隶制度的废除是通过联邦在 1865 年 12 月通过的《宪法》第十三修正案。

黑海港口出海，俄国的谷物便会以更便宜的成本到达西方，成为他们的竞争对手。直到20世纪初，不论欧洲的农民是否意识到，他们工作的环境广及整个世界；不论是智利的肥料还是新西兰的羔羊，其价格都可以在他们当地的市场决定。

工业化

农业首先创造了文明，而后的几千年里，又成为文明成长的限制性因素，但在19世纪，农业重新成了文明的助推器。突然间，农业可以养活的人比以前多了许多。城市扩张、铁路修建、资本投资，所有这些都在1750至1870年之间推进了两岸相互依存的跨洋经济的增长。农业发展虽然先出现，而且也为其他事业的发展提供了许多的投资，不过这一时期农业的发展成了一种新社会出现的关键因素，也就是基于大规模工业化的社会。这是一个宏大的新主题。甚至我们只能管窥一二，难以得其全貌。工业化给欧洲带来了自蛮族入侵以来最剧烈的变革；它甚至被视为自农业、炼铁和轮子发明以来最重要的突破。在相当短的时间内——大约一个半世纪左右——农民和手工业者的社会变成了机器管理者和簿记员的社会。有趣的是，由农业而生的工业化终结了农业自古以来的首要地位，它也成为一种将人类经验从历经千年文化演进而形成的分工，带回到普世经验和文化趋同的主要因素。

甚至给工业化进行定义也是很有难度的。虽然它包含了数不清的企业和消费者作出的数不清的有意识的决定，但总体上看工业化似乎还是一种盲目的、自发的潮流，用它能够转变一切的力量横扫了旧的社会生活。有一条关于工业化的思路是它用其他资源驱动机械的力量；代替了任何动物的肌肉力量；还有一条思路是以庞大的单位组织生产；另一条思路是不断增加的制造业分工。而工业化最重要的长期特征之一，就是雇用依赖工资分配的生产者成了主要模式，并且这一现象不断扩散。而工业化所造成的结果和影响，却会让我们思绪万千。

如同农业变革一样，不完全的工业化可以追溯到近代早期。原始资本通过农业和商业改革，在几个世纪中缓慢地积累。相关知识也慢

慢地得到加强。查理曼曾建造了运河；不过直到 18 世纪，欧洲才开始
真正地大量建造类似的工程，即便这些成就只能和数个世纪之前的中
国比肩。技术革新的开启深植于过去的历史中。改革者只是站在那些
近代以前数不清的手工业者和技术工人的肩膀上而已，那些先人为以
后的变革缓慢积累着技术和经验。14 世纪莱茵地区的人成为首先学 371
会铸铁的欧洲人；17 世纪初鼓风炉的逐渐普及开始消除之前冶铁高成
本的障碍，而到了 18 世纪，新的发明用煤代替了古老的依靠木材做燃
料的流程。更便宜的铁促使人们发展出更多使用铁的方式，虽然在后
人看来当时铁的产量还很少；随后更多的发明接踵而至。新的需求意
味着那些容易开采矿石的地区变得更加重要。那些湮没了数千年的煤
铁产地重新在工业化的欧洲和北美地图上闪亮起来，并且使欧洲的地
质史显示出其重要性。像鲁尔(Ruhr)和西里西亚(Silesia)这样的地区
获得了新的关注。

蒸汽动力

更优质的金属和更丰富的燃料对早期工业化作出了最大的贡献，而这无疑要归功于蒸汽机作为新的能源形式的完美表现。同样，这种技术的历史也十分悠久；用蒸汽动力进行生产活动可以追溯到希腊化时期的亚历山大里亚。不过那之后就没有了下文，直到 18 世纪初，欧洲对更强的动力有了新的需求，以便在更深的矿井里运作更大的水泵。第一个成功的商业化的蒸汽机就是为此设计的，虽然通过畜力和水力改进了水泵的动力，但作用还是不太明显。18 世纪，新的投资和技术细节的改进最终带来了基础性的革新。詹姆斯·瓦特(James Watt)发明的冷凝器具有革命性的重要意义。这项发明不仅使得热能以一种全新的效率转化为动能，而且很快便生产出了可以做旋转运动的引擎和像泵一样的驱动机械。

新的蒸汽机需要煤和铁，一个用来作燃料，一个用来作材料。因而蒸汽机也间接推动了对煤铁资源的需求。19 世纪中叶，最明显和最壮观的事业无疑是铁路建设，这是人们不曾预料到的。跨越长距离的蒸

汽动力火车代替了只能用于私人短途旅行的马车，而这种新的旅行方式被称为“梦游”[①]。铁路建设消耗了大量的铁(之后是钢材)建造铁轨和车辆，也消耗了大量的煤用于燃料。它们被建造起来以后，可以用低于以前任何时候的成本来运输货物，而它们所运输的货物中自然也包括煤和铁矿石，因此，即使远离铁和煤的开采地，也可以方便地使用它们。新的工业地区沿着铁路线兴起，铁路可以将货物轻松地运到那些遥远的地区。

372 第一条蒸汽船在1809年下水。到1870年，虽然还有许多帆船在使用，而且一些国家仍然在建造风帆动力的战舰，但蒸汽船用于跨洋航行已经很平常了。这种技术的经济利益是巨大的。1900年跨越大西洋运货的成本只是100年前成本的70%。蒸汽船和铁路节省的运输时间和空间完全打消了人们的疑虑。自从人们驯养马匹、发明轮子以来，人们在路上运输的速度受制于当地的路况，而且无论何种距离，一般也无法超过每小时四到五英里的速度；水运相比而言要好一些(而船只也经历了上千年的改造演变，以便提高速度)。不过所有这些缓慢的变革都已经不再重要了，当代的人在其一生中可以体验马上旅行和在火车车厢里以每小时40、50英里的速度进行长距离旅行的不同。

工业化社会

有些经历过早期工业化的人会称这场变革为“工业革命”，这个词最早由法国人在19世纪30年代提出，不过英国从很早开始，已经有75年左右都在围绕这个词发展进步，直到1850年，那时第一个工业化社会出现了，且很快就显得与周围格格不入。工业化的城镇有许多令人感到难以接受的方面，这成了最直观的“革命”形态，前工业化的城镇都以小教堂或者主教座堂为核心，而工业化的城镇则以有冒着烟的烟囱的工厂为核心。这些令人惊异的崭新的工厂是通过机械发动机带动

① S. Lilley, in *The Fontana Economic History of Europe*. Vol. 3. *The Industrial Revolution*, ed. C. Cipolla (London, 1970), p. 206.

的，不过人们常常忘记，这只是 19 世纪早期的景象。即使在 19 世纪中叶，在全世界技术最先进、产业工人最多的国家——英国，一个公司的雇员也少于 50 人。大量雇用工人的情况只在纺织业中经常出现，庞大的兰开夏(Lancashire)棉纺织工厂首次让这个地区具有了显而易见的城市特征，而这也与早期的手工业城镇截然不同。到 1850 年，制造业已经很明显地倾向于集中到一起。运输经济、功能分工、大动力机器的使用和更加严格高效的工作纪律都使得制造业更加有吸引力。

到 19 世纪中叶，依然只有英国具有成熟的工业经济。对此有很多
的明证。英国国内的和平和并不贪婪的政府都要优于欧洲大陆，这些
培育了多数国内企业投资的信心。农业也比其他地方更早地出现了显
著的产品过剩。在两到三代人的发明改进之后，新的技术也令矿业开
采十分轻松。不断扩展的海外贸易以及金融业和银行业体系为投资带
来了新的利润，因此在工业化之前，各方面的迹象都已经在召唤它出现 373
了。也许商业贸易给未来的变革做好了社会心理上的准备；评论家们
曾经说过，他们在 18 世纪早期的英格兰就发现当地人对于金钱和商业
机会十分敏锐。最终，这个国家快速的人口增长也提供了充足的劳动
力和对制成品的消费需求。所有这些汇集一处，其结果就是前所未有
的、持续不断的工业化成长。

德国、法国、瑞士、比利时和美国也迅速加入了英国的行列，展示出它们自身经济增长的能力，不过英国在很长一段时间里仍然领先于其他国家，尤其是在工厂规模和世界领先的地位方面。英国人认为自己是“世界工厂”的居民，他们喜欢不断刷新人们对工业化能够带来多少财富和权力的认识。1850 年，英国拥有全世界一半的远洋船只和一半的铁路轨道。铁轨上的列车精确而规律地运行着，车速在 100 年以内都没有很大的改变。他们使用有史以来第一本“列车时刻表”来调度车辆，并用电报辅助通讯。而操作这些系统的人们之前仅仅在驿马车或者货运马车上工作过。1851 年在伦敦召开了一届盛大的国际博览会，在博览会上英国宣扬了它至高无上的地位，那时候英国已经熔炼了 250 万吨的铁。听起来这个数字似乎不算太多，但这是当时美国的 5

倍、德国的10倍。那时，英国的蒸汽机总共可以产生120多万马力的能量，比其他欧洲国家的总和还多。

到1870年，欧洲列强之间的实力对比开始发生变化。英国仍然在经济上处于领先地位，但已经没有很强的决定力了。而且它连领先的地位也不会保持很久。英国依然比其他欧洲国家能产出更多的蒸汽马力，但美国在1850年已经迎头赶上，德国的进步也很迅速。到19世纪50年代，德国和法国都已经紧随英国的步伐，完成了炼铁方面的重要转变，将燃料从木炭变为矿物。英国的铁器制造业仍然位居榜首，而且它的生铁产出量还在不断增加，不过也仅仅比美国多了三倍半的产量，而比德国多四倍。到1900年，英国已经不再处于领先地位，即使在欧洲也有国家已经超过了它；德国在各个方面都比英国更加先进，同时美国的制造业在全世界的领导地位则更加明显。

世界经济体系

欧洲的经济决不能和世界其他地区的经济割裂开来。欧洲的工厂从海外获得了原料，包括棉花、黄麻、木材和矿石。到1850年，英国工厂的木材都来自澳大利亚；法国到1914年则有超过一半的木材来自欧洲之外。一些原料被人们突然发现还有其他用途，19世纪末的橡胶就
374 是一个很好的例子，而这也转变了这些材料产出地的经济生活。更多的原料以及食物和工业制成品都在全世界的范围内贸易，由此也极大地促进了世界贸易。

英国是最大的贸易国家，它的进出口总值从1800年的每年5 500万英镑增长到1913年的每年4亿英镑。尽管它的总产出已经被美国和德国超越，但是世界绝大部分的船运和货运贸易还是掌握在英国人手中，它依然是最重要出口国，同时也是欧洲唯一一个向非欧洲国家出口制成品多于欧洲国家的出口国。作为最大的海外资本国，它通过主要在美国和南美的海外投资获得了可观的收益。它的特殊地位巩固了跨国三角贸易体系。英国人用他们自己的工业品、现金和海外产品从欧洲换回商品、工业品和其他货物。他们向海外输出工业品、资本和服

务，并换回食物、原材料和资金。这个复杂的贸易体系意味着欧洲和世界其他地区的经济关系不能用原材料换工业品这样简单的模式来解读。

虽然整个欧洲都在从其他国家进口原材料（包括食物和工业材料），并出口工业产品，不过情况并非这么简单。欧洲是世界贸易的动力源泉；随着欧洲人口的增长、财富的增加，大量贪婪的工厂如饥似渴地引进大量的食物、矿物和木材，同时也生产了大量的产品，并将它们从世界的一端运送到另一端。在19世纪60年代，英国大部分的食物依然能自给自足，但是到1900年，英国80%的小麦和40%的肉类已经依靠进口。无疑，加工业国家同时也是一个极好的消费国，到1914年，它已经是另一个加工业巨人德国产品的最重要的消费国，而德国也是仅次于印度的英国产品的消费国。大量的产品在欧洲国家和美国（当然也出口大量的农产品）之间贸易。到1914年，欧洲占了世界进口总量的60%，出口总量的55%。

到1914年，不管人们是否意识到，世界上所有的人都直接或间接地参与组成了一个大的贸易圈。真正意义上的世界市场第一次出现。人们可以用世界通行的价格买卖货物；芝加哥的谷物、布宜诺斯艾利斯（Buenos Aires）的肉类、埃森（Essen）的钢材，它们的价格都会影响世界上其他物品的价格。至少用经济学的眼光看，在19世纪，“一个世界”和书写一部世界经济史都已切实变成了可能。当中国、日本和非洲最终向欧洲和北美开放之后，这个体系终于形成了。历经长期努力建立起来的信贷和交换模式服务于巨大的全球市场网络，对于这种模式来说最重要的是支付系统，也就是在任何地方都能用欧洲银行家和商 375
人的票据来进行支付（即依靠他们建立的金融机构）。这种模式产生于中世纪就已经存在的，在几个大的商贸中心之间建立的信贷交易。在这个体系完全建成以后，伦敦成了其中心，直到1914年，伦敦一直是世界贸易网络的中心，并且集中了其他城市无法比拟的大量金融机构。纸张以票据的形式成了协议、纸币和支票，用以维持整个体系的运行。这些纸质可以凭信用兑换其他产品，或者最终兑换成黄金。所有的文明国家的流通基础都是黄金。因此交换频率造成的波动并不大。在金本位制的前提下，你可以用 20 美元或者 100 马克在世界上任何地方用于支付。国际商贸活动比以往任何时候都更加便利。

政府有时候也会基于它们认为的恰当理由干预跨境贸易。在萧条时期，它们会为了保护本国的制造业和农业而对进口商品强加“关税”。英国是唯一一个拒绝这么做的大国，它坚持“自由贸易”的原则，因为（它相信）这个原则使它成了贸易大国，并能供给它便宜的食物。但即便有关税，在 19 世纪 90 年代末，商人们依然有充足的利润空间开展国际商贸活动。

欧洲也是世界上最主要的资本输出地，它通常用借款的方式，以便资本输入地能够购买需要的原材料或者为工农业发展提供资金。这也是美国和南美能够大量修建铁路、非洲能够大量开采矿场、亚洲能够兴建茶叶和橡胶种植园的原因。而投资的利益由兴建的企业的利润支付。不过时间一长，这种模式就不再起作用了。欧洲人，或者说欧洲的商人和银行家，似乎拥有了过多其他地区的商业资产，而这些资产都依靠欧洲的资本在运作。当地的商人难免会觉得，本地的利润不应该都进入了欧洲人的腰包。

对于一些欧洲国家来说，这种海外投资所取得的收入要占它们海外收入的绝大部分。英国尤其如此。英国依靠各种的“非贸易收入”——不仅仅是海外投资的红利，还有各种船只运输费用、保险和金融委托的费用——来平衡它们的进出口。这种非贸易收入可以用来与进口商品的开支相抵，从而给英国提供一个很高的生活水平。这也是英国政府总是极力维持国际和平和正常的商贸环境的一个原因；同时英国也比其他国家更加依靠下面这些方式获利：大量销售其他国家需要的产品，进行转口贸易，让它们的船队在海洋中自由地开疆辟土，同
376 时让它们的银行家和保险经纪人在海外承担适当的风险开展业务。这个非常复杂的体系的影响远远超过了单纯的经济范畴。它压低了物价，促进了改革和投资，从而推动了欧洲人建立的这种文明形式的前进步伐。在许多领域，它都让世界变得更好。但是也应该看到，当人们的

事业彼此联系过于紧密时，美洲的谷物过剩也会摧毁欧洲的农民，伦敦银行或商会的倒闭也会让瓦尔帕莱索(Valparaiso)或者仰光的人失去工作。

贸易的起落——也就是被称为"贸易周期"的贸易繁荣和萧条的模式，首先于19世纪早期在欧洲被提出——随着时间的推移，开始在整个世界范围内产生影响。通过关税来寻求"保护"的做法很容易腐蚀全球贸易体系的根基。不过这个体系足够稳固，足以应对各种危机，人们开始认为，这个国际贸易的世界是自然和稳定的。这个体系实际上非常成功，直到1914年它都运行良好，人们甚至并没有把这当成一个突出的成就来看待。

到1900年，许多英国经济学家都认为，眼前英国的繁荣和不断增长的财富证明了自由贸易学说的无比正确，有这种想法并不会令人惊讶。这种学说甚至被用于评判用武力打开中国的市场是否合适。在19世纪中期，有一段时间英国政府甚至希望欧洲的其他国家都能采用自由贸易的政策。一时间，关税壁垒似乎即将瓦解，英国最初在贸易和制造业国家之间所体现出的相对优势亦将延续。不过在19世纪70、80年代，这种优势很快消逝了，到20世纪初，英国又成为唯一一个没有关税保护的国家，而由于外国(尤其是德国)的竞争压力愈加猛烈和危险，英国国内也出现了质疑自由贸易教条的声音。

即使以现在的标准看，1914年的世界经济依然显现出令人惊讶的自由和自信。欧洲列强之间长久的和平为贸易联系的成熟提供了基石。稳定的货币流通使人们相信世界的价格体系有着很强的韧性；汇兑管理在世界上任何地方都不存在了。俄国和中国此时已经完全融入了世界市场，其他国家也都是如此。货运价格和保险费率稳定地下降，食品价格也跟着下降，而工资从长期看有所上涨。利率和税收都很低。看起来似乎一个资本主义的天堂即将降临。

城市

19世纪中叶，在第一批进入工业化的国家中，只有英国和比利时的主要人口都居住在城市地区。1851 年的人口普查显示，农业依然是英国雇员最多的单一产业部门（在只有国内产业竞争的情况
377 下）。而在那时，制造业不断扩大的规模、新的财富集中地的兴起以及新的大范围的城市化都让人们能够清楚地感受到变革的速度之快，尤其是在 1850 年以后快速成长的英国小镇中，这一时期出现了许多成为核心的大城市，日后这些城市将成为人们常提到的“有卫星城的大都市”（Conurbations）。而欧洲大陆上也很快进入了同样的进程。不久，欧洲的城市就再也不需要通过农村人口的移入来增大规模了。

想要衡量城市化还是有些困难，这主要是由于在不同的国家，城市化的定义有所不同，但是其发展的主线还是清晰的。在 19 世纪初，伦敦、巴黎和柏林分别有大概 90 万、60 万和 17 万居民。而到了 20 世纪初，相应的数字变为 470 万、360 万和 270 万。这时，格拉斯哥（Glasgow）、莫斯科、圣彼得堡和维也纳也有超过 100 万的居民。这些都是超大城市；而除了这些，还有 16 个以上欧洲城市的规模超过 50 万人；在一个世纪以前，只有伦敦和巴黎能达到这种规模。这些超大城市和稍小一点的城市（与这些城市相比，之前的小城镇不值一提）反映了在那些工业化首先出现的国家城市化的趋势有多么明显；工业给那些第一次接触它的人带来了财富和工作机会。到 20 世纪初，有 23 个城市的规模超过了 50 万人，而其中的 13 个城市集中在四个国家，它们是英国（6 个）、德国（3 个）、法国（3 个）和比利时（1 个）。

几个世纪以来，欧洲人对城市的观点有了很大的改变，但主要还是否定的。随着 18 世纪的结束，怀念乡村生活的情感蔓延开来，而这和工业化的第一个阶段几乎同时出现。19 世纪以来风行的美学和道德论调一直反对城市生活，因为在城市里的人们经常显露出前所未有的不快乐的面孔。由此城市化被很多人看成是一种令人不快，甚至不健康的改变；并且城市化还被看成是一种对正在蔓延的颠覆力量的赞许。保守的人怀疑并害怕城市。而在许多中心城市，穷人生存的条件十分简陋和悲惨。如果有人想要穿过伦敦东头的贫民窟，那他将会看到

让人难以置信的穷困、淫秽、疾病和荒芜。一个年轻的德国商人，弗里德里希·恩格斯（Friedrich Engels）在1844年写了一本著名的书——《英国工人阶级状况》（*The Condition of the Working Class in England*），来描绘居住在曼彻斯特的穷人令人震惊的悲惨状况，还有许多作家也写了类似主题的作品。在法国，19世纪的前半段，政府满脑子都是所谓“危险阶级”（对巴黎穷人的称呼）的威胁，悲惨的境遇引发了一场持续的革命暴动。人们害怕城市的扩张会引起对统治者和既得利益者的不满和憎恨，这并不难理解，同时这也造就了一股潜在的革命力量。

人们可以合理地猜测，城市也带来了思想的颠覆。它对于传统的行事模式确实是一次摧毁，也是一次对新的社会改革和思想的严酷考 378
验，而城市同时也是一个巨大且易于藏匿的灌木丛，其中的人们可以躲避在农村常遭遇的牧师、乡绅和邻居的监视。从这一新的观点来看，城市的空气虽然充满烟尘，但和中世纪一样能让人自由。在城市中（尤其是当文化不断向下层人民普及之后），新的观点不断地影响之前那些从未遭受到挑战的假设。19世纪的欧洲上层阶级被城市人口带来的无神论和漠视宗教的潮流所深深打击。更多的人感觉到他们深深陷入这种潮流的包围中，相比之下宗教真理和信条则离他们远去（上层阶级长期以来都自若地容忍着各种针对宗教的异议）。宗教依然被视为道德的维护者和现有社会秩序的支持者。在19世纪40年代，一个革命作家宣称宗教是“压迫的标志”，但也是“人民的鸦片”[1]。统治阶级当然很难接受这样的说法，但是他们相信宗教是很好的社会黏合剂。结果无论是天主教国家还是新教国家都开始了持续不断的尝试，试图寻找一种方法让城镇重新回到基督教的控制之下。不过这些尝试可能起到了误导作用，他们原以为教会在城市的各个地区中还有一些基础，然而很久以前在人们的内心里，传统的教区体系和宗教机构就在旧的城镇

① Karl Marx, *Contribution to the critique of Hegel's philosophy of law* in *Karl Marx, Friedrich Engels Collected Works*, Vol. 3 (London, 1975), p. 175.

和乡村中被扫除了。不过他们还是在城市的郊区建立了新的教堂,并创立了一种新的包含福音和社会服务的传教形式,这些让神父和牧师们认清了现代城市生活。到世纪末,宗教思想至少完全看清了自己所要面对的挑战。

第十八章　一种新的文明 379

新的生活模式

要中肯地总结工业化的影响几乎是不可能的。工业化的影响过于广泛、深入和迅猛。甚至人们日常生活的节奏都被改变了。从古代到现代，大部分的经济行为都受制于自然。在农村，一年里的自然条件决定了务农的方式，哪些事情必须做，哪些事情可以做，都由气候决定。而在一个季节里要做什么事情也是固定的，在此基础上再根据光线明暗、天气好坏来决定更具体的劳作方式。人们的生活与他们的工具、家畜以及土地紧密相关，这些东西能够养活他们。即使是在城镇里生活的人，从大的方面看，其生活模式也由自然决定。在 1850 年之后，气候依然是一个关键性的因素，坏的收成可能会使一年的商业活动萎靡不振。不过到了这时候，很多人的生活节奏已经由其他因素决定了。能够影响人们生活的新因素包括：生产的方式、让机器更加经济地运转的需要、资本投资的多少以及劳动力的充足与否。工厂成了新的象征，机器需要精确的时间控制，由此产生了新的工作模式。不过当这些改变发生的时候，欧洲大部分人还依然作为农业人口依靠土地生活。

不仅新的生活节奏出现了，工业化也通过全新的途径将劳动力和工作联系在一起。要说清楚这些事情的意义，避免掺入人的主观感情很重要，但是也很困难。工厂的工人们不断地进行重复性劳动，他们的主观创造性根本无法融入工作，他们的整个工作也都是为了给别人创造利润。在意识到这些问题后，工人们感到十分失落，既是因为手工业世界的消失，也是因为他们挥汗如雨，却与他们的劳动成果毫无瓜葛。不过中世纪的农民的工作也是单调的重复，他们也是为了别人的利益而劳作。其实围绕钢铁产生的新的作息并没有多么令人沮丧，因为这仅仅是一种替换：钟表的滴答代替了日升日落，商业的繁荣和萧条代替了干燥或是狂风暴雨的气候。对此最简单的理解方式是：大范围的工业化改变了人们谋生的方式，不论我们对这种改变的优劣如何评价。

380 让我们来看看童工这个例子，人们对这个问题的认识没有什么太大的分歧。对于童工的滥用是早期工业化时期一种臭名昭著的罪恶行为。奴隶的解放和由此产生的普遍认同感为一代英国人树立了道德标尺，而这一代人也深深意识到了信仰教育的重要性，并看到了那些阻碍年轻人树立信仰的事物。这一代人中也有许多人感慨如今的儿童不再像过去那样生活了。这些观念都让英国人对童工这个问题过早地产生一种看法，这种看法使他们忽视了童工问题只是雇佣劳动这种形式发展的必然结果。将儿童作为劳动力并不是这时候才出现的。数个世纪以来，儿童们经常为成年欧洲人喂猪，在田里赶鸟，拾稻穗，做用人，在十字路口扫街，卖淫，以及做临时苦工，而在许多非欧洲国家，儿童们依然在做着这些工作。法国作家维克多·雨果(Victor Hugo)在他的著名小说《悲惨世界》(*Les Misérables*, 1862)中描绘了许多无依无靠的儿童，组成了一幅前工业社会的悲惨画卷。而工业化带来的则是对工作者提出的新要求，工作者必须适应新的工作规律和新的悲惨环境。在农业社会，儿童由于体力不足，无法和成年人承担同样的工作，而机器的使用让儿童有机会直接做成年人的工作。而劳动力市场总是供不应求，这让家长们难以抗拒地将自己的孩子送去工厂，哪怕只有5、6岁，以便补贴家用。这么做的结果不仅仅是那些被牺牲的儿童遭受苦难，革命也接踵而至，既导致儿童和社会之间的关系陷入僵局，家庭体系也破裂了。

这些罪恶太令人难以启齿，因而长时间没有得到关注。到 1850 年，英国法律开始介入，试图保护工厂和矿场里的妇女和儿童，而欧洲其他国家随后也开始效仿。在这里有必要重申一下，整个 19 世纪在那些以农业经济为基础的国家中，奴隶制还没有被根除，即使是大西洋沿岸的国家也如此。我们不能盲目地谴责那些欧洲工业化早期的法律制定者，这样做除了自我满足什么意义也没有，因为那些国家以前所未有的速度和范围承受了社会变革，它们还无法很快地根治发展带来的弊端，因为它们还只能模糊地理解正在发生的事情；它们也无法自觉地走出它们自身不断发展的利益带给它们的误区。我们应该更多地思考它们用某种方式而弃用其他方式行事的初衷，这样更有助于我们理解它们。

工业化和思想意识

我们很容易把观念(也就是人们思考和感知的方式)和环境联系在一起，尤其是那些物质和经济环境。如果在行为上做得不好，那将成为一种很危险的误导，但如果在思想上冒失地采用“简化主义”，则如其字面意义上所表述的那样(对观念和态度的辩解，仅仅是一些具有决定意义的社会和物质存在的表达和结果)，很容易被发现和抛弃。由许多人 381
类活动构成的一个庞大的、不清楚的集合成为联系人们的思想与更加明显的物质社会的纽带，不过要清楚地界定这种联系却很困难。要说明这个问题，最简单的例子就是最意识形态化的自我意识，人们的自我意识往往都很复杂，有时候很有条理，甚至很系统化。用这种自我意识来进行思考，很容易令人更加关注这些意识产生的历史背景。在 19 世纪早期，这种思想中最重要的就是所谓“自由主义”(*Laissez-faire*)，这个词汇是法国人创造的。这种思想显然首先在工业化国家英国被提倡，而很多国家的知识分子都被与此相关的思想所吸引。

在工业化早期几乎找不到什么经济理论家或者时政评论家，这些人之后会主张政府对经济采取完全不干预政策。不过这一时期却存在着一个广泛而持续的论调，认为如果政治家或政府人员不去帮助或者阻碍市场经济，那它会自己运行得更好。一般来说，亚当·斯密之后的经济学家都认为，如果人们对经济资源的使用，符合市场的“自然”需求，财富的生产将会越来越快，随之而来的是普遍福利的提高。这一规律也可以适应个人主义，只要假设个人能让自己的商业行为最合理化，同时以个人的权利和利益为基础的社会能够不断加强组织化。

上述观点展现了工业化和自由主义之间长期的政治联系的根源；而保守主义者则对此嗤之以鼻，他们奢望的理想是建立一个农业的、等级制的社会秩序，包含相应的各种义务和责任，并注入思想和宗教价值，他们并不希望像他们中某个预言家所说的那样，开启一个“诡辩家、经济学家和计算者”的时代[①]。但是那些希望新时代到来的人，也并非都是一些消极和自私的人；“曼彻斯特”信条（英国的自由主义运动通常都如此称呼，因为这座城市在这个国家的工业和商贸发展中有着象征性的重要意义）就是那些不仅仅重视自身修养的人更加直率的表达。19 世纪早期，一场持续多年的占据了英国人思想的政治论战让这些观点变得更加清晰。其核心就是一场争取废除所谓“玉米法案”的战役，这个法令是一项关税征收办法，用以限制进口外国的便宜谷物，以便保护本国农民。“废除者”的思想和政治领袖是一个（并不很成功的）商人，叫理查德·科布登（Richard Cobden），他宣称如今的情势危机重重；一开始，保留谷物税显示了立法体系被用于保证农业利益，以前的
382 立法阶层不应该有这么大的权力。而抵制立法阶层的动力则源于面向未来的态度、自我肯定的心态和一种社会公德心，废除者们试图把经济从这种只顾个别利益的曲解中解放出来。而反对废除玉米法案的人则反驳说，工厂主们的目的不过是进口更便宜的谷物，以便支付更低廉的工资；曼彻斯特的反对废除法案的人声称，如果工厂主们想要帮助穷人，就应该更加坚定和仁慈地改善工厂里妇女、儿童雇工的工作条件。在工厂里，冷漠的生产流程展现了对弱者的残酷无情，（人们声称）即使

---

① 这是伯克所说的，见于《对法国大革命的反思》（*Reflections on the Revolution in France*）。

在英格兰的乡村,穷人也不会遭受这种对待。对于反对废除法案的人而言,便宜的食物也意味着出口商品成本的降低,像科布登这样的商人,就可以从中牟取更多的利益。科布登认为不受重商主义政府约束的世界范围的自由贸易可以给世界带来物质和精神两方面的进步;贸易让人们联系在一起,交换且倍增文明的祝福,加强进步的力量。他甚至有时候还致力于解释这样的观点,自由贸易是神意的体现(不过他还没有像英国驻广州公使那样,声称“基督就是自由贸易,自由贸易就是基督”)。

任何简介都无法体现出到底有多少关于自由贸易的争辩(这也是玉米法案所关注的焦点)。越详细地考察这些争辩,我们越能体会到工业化包含着创造性的、进取的意识,并给过去的历史带来了知识、社会和政治上的挑战。这并不仅仅是对扩张的道德评判,虽然当时的自由主义者和保守主义者都曾这么认为。同一个被证明是仁慈雇主的人可能既抵制现行法律避免工人长时间工作的规定,又积极地支持教育和政治改革,以避免因特权而滋生的公众利益的腐败。而他的反对者可能极力反对保护在工厂里工作的儿童,同时又是一个模范乡绅、一个对待佃户十分仁慈的教区主教,而且他还坚定地阻止任何教会以外的人获得选举权,或者反对任何限制地主政治影响力的措施。用道德来界定这些会变得毫无头绪。而玉米法案这一事件的结果也是出人预料的,正是保守派的首相罗伯特·皮尔爵士被主张废除法案的观点折服,并于 1846 年说服议会撤销了玉米法案。

只有在英格兰才能如此明确地对这么大的一个问题进行争辩,并最终得出了一个明确的结果。反常的是,在其他国家,最后却是贸易保护主义者很快从中受益。尤其在德国,有人认为国家经济可以将国内经济自由主义与如同旧式的商业主义那样的经济保护联系起来,这种
观点很受欢迎①。尽管由于 19 世纪中叶正处于扩张和繁荣的时期,这 383
为自由贸易的观点在大不列颠王国之外赢得了一些支持,但这种支持

① 尤其是经济学家弗里德里希·李斯特(Friedrich List)的观点。

并没有延续。英国因其经济优势所获得的威望令其在其他地方获得了暂时的声望，但这一时期的繁荣其实还包含着其他影响因素，一旦这些因素衰退，国际竞争就促使保护主义政策（主要通过进口商品的责任"关税制度"加以实施）于1900年以前在欧洲大部分国家得以恢复。然而经济自由主义者仍然坚信竞争的优点及个人的潜能。

对于乐观主义者们的坚实倚仗我们今天也很好理解。物质条件支持着他们，欧洲首先在掌握自身资源方面，其次在掌握世界资源方面都做得很好。在19世纪，欧洲人通常在自给自足之余，继续越来越多地引进并消费世界各地的商品（但支付的价格都不是很高，因为他们不必这么做），而且几乎没有任何现象反映他们为何能这样做。欧洲人从19世纪开始富裕，然后继续变得更加富裕。复合利益以及某种自我给养的模式正在运作；世界某一地区的新财富为其他地区的某些财富贡献着力量。刚果的橡胶、缅甸的柚木以及西非的棕榈油所产生的利润，大部分都没有在原产国进行再投资。即便是贫穷的欧洲人也能够从不断下跌的天然原料和食物价格中获利。欧洲农民用很便宜的价格就能买到加工好的衣服和工具，而同时代的某些非洲和亚洲人还生活在石器时代。

面对新的工业化社会中明显的贫困，我们总是被它的缺陷所蒙蔽，认为在我们之前的历史中不存在这样的污秽。相较于所有的肮脏和贫穷的人来说，1900年（当时已达到最坏的情况）欧洲城市中流浪者消费的物品更多，活得也比他们的祖先更长久。当然，这并不意味着根据后来的标准，他们的生活已经过得去了，或者说他们应该心满意足了。但可能在很大程度上，他们通常在物质条件上比他们的祖先或同时代非欧洲地区的人们要好得多。可能听起来很惊人，他们确实属于享有特权的少数人群体。他们生活得更长久就是最好的证据。他们是这个世界的"新贵"；他们的祖先对于这样富裕的生活一无所知。

社会主义

尽管欧洲社会率先拥有了富裕的生活，但这并未减轻他们中间明显的贫富差异。这到一定的时候就导致政府越来越多地干预社会和经济活动。当然,财富差异并不是什么新现象。例如,也总有些人向神职人员反对或指责这样的差异。然而,现在这种差异越来越明显,其中一部分原因是在新的城市和新的不为人所熟悉的社会结构中,这样的罪恶非常集中,显而易见。其结果之一,就是出现了一种新的社会批评思 384
想及新的政治术语。

“社会主义”一词和相关的“社会主义者”这样的词汇一样,都是新出现的政治术语。它开始包含很多不同的事物。这两个词汇都首先出现于 1830 年左右的法国,用来描述反对社会进入市场规律,反对经济被自由主义原则所操控的相关理论和相关人,(他们认为)自由主义经济最大的受益者是那些富有的人。大部分社会主义者认为经济和社会平均主义是社会主义思想的基础。所有社会主义者也都认同财产并非神圣不可侵犯,拥有财产者的权力通常支持着不公平的产生;有些社会主义者寻求完全废除个人财产,我们称这样的人为共产主义者。

这样的思想可能很惊人,但从某些方面来说也并不是很新奇。“财产即偷窃”就是法国大革命创造的一句口号。历史上,人们对平均主义的思想一直很感兴趣。几百年来,欧洲基督教统治者们设法通过宗教行为让社会上贫富之间尖锐的矛盾得到和谐的解决,基督教最杰出的赞美诗就是赞美上帝让挨饿的人获得了美好的事物,而让富裕的人们赤裸裸地离开。19 世纪早期出现的情况是,这些或者类似的思想似乎突然之间变得更加危险,并得到更广泛的传播。自相矛盾的是,出现这一现象的原因之一就是对自由主义政治改革本身含糊的继承。这似乎表明,如果公民权和法律上的平等,其实质性内容因建立在某人经济实力的基础之上而被剥夺,或者因贫穷以及随之而来的愚昧而改变了本性,那么这样的平等是远远不够的。另一个原因是,在 18 世纪已经有一些思想家看到了财富上的巨大差异,这些差异和世界上的其他不合理因素一样(他们认为)可以而且应该加以调整,使之能为最伟大的人群创造最伟大的利益。在法国大革命中,一些思想家和革命的鼓吹者提出了一些明确的要求,后来的几代人将从中认识社会主义者的思想。

然而，平均主义思想只有到了现代才成为社会主义，此时平均主义开始抓住经济和社会变革新时期中出现的问题，尤其是工业化中所反映出来的问题。

这些变化只能通过缓慢的进程为大不列颠以外的国家所发现。然而，可能这些矛盾呈献给传统社会时太过明显，因此即使是资本主义财政和工业集中的微小开端也很容易被人察觉。有些国家尤其如此，如法国大革命所产生的结果那样，在这些国家，旧的社会政治制度所发生的变迁更为剧烈。抓住社会组织潜在的伟大含义的先驱之一是一位法国贵族——克劳德·圣西门(Claude Saint-Simon)，他认为技术和科学的进步不仅让预先计划的经济和社会组织变得必要，而且暗示着(实际上是要求)取代传统的统治阶级，也就是他们观念中的乡村贵族，而这需要代表着新的经济和精神力量的精英。这样的思想影响着19世纪30年代的其他思想家们(大部分是法国人)，他们主张更高程度的平均主义；他们认为无论是从理性的还是道德的层面，更大程度上的经济平
385 等都是可取的。他们大多乐于将自己和法国大革命相联系，想象着他们的理想作为大革命的下一个阶段，很容易就能实现。法国受到社会主义思潮影响的阶层也很容易将“六月起义”——1848年巴黎人民的一次大型起义，视为一场“社会主义者”的革命，因为社会主义的提倡者告诉他们，这次起义的起因就是巴黎人民要求政府撤回减低工资的法令。

同年，作为社会主义历史上最重要的文献的一本小册子问世。我们通常称之为《共产党宣言》(尽管它问世时并非以此命名)。至此，社会主义的史前阶段就与其自身历史相分离了。这本册子大部分是一位德国犹太青年——来自莱茵省的卡尔·马克思的作品，他正式宣布与前人创造的“空想社会主义”彻底决裂。空想社会主义者抨击工业资本主义，因为他们认为工业资本主义不公平；马克思认为这种观点无关紧要。按照马克思的观点，我们不能指望通过争论说服人们接受变革确实可取的观点。所有事情总是沿着历史本来的道路发展，不可避免地通过工业社会创造了一个新的劳动阶级，也就是工业城市中没有财产

的工资赚取者，马克思称之为工业无产阶级。在他看来，这个阶级必定会践行革命。历史将依靠这个阶级创造革命的能力和精神。工业无产阶级将提供很多条件给它的成员，这些条件产生的唯一合理的结果就是革命，而通过这些条件产生的革命一定会取得成功。问题的关键不在于资本主义在道德上是错的，而在于资本主义在历史舞台上已经过时，因此必然会被毁灭。马克思坚信每个社会都有属于自己的体制来处理财产所有权及阶级关系，而这又相应地影响着每个社会特定的政治制度。政治制度必须表达经济力量。政治制度将会像特定的社会组织那样，在经济发展的影响下发生改变，迟早（马克思似乎认为很快）革命将扫除资本主义社会及其社会制度，就如同资本主义社会已经扫除了封建社会那样。

这一杰出且鼓舞人心的预言以及马克思个人的斗志、能力和思想优势让他在接下来的 20 年里，获得了国际社会主义运动的领导权。坚信历史站在革命者的一边，对于他们来说是最大的鼓舞。他们得知，无论他们的动机如何，他们投身的这项事业都注定将取得成功，对此他们心怀感激。作为一种分析方法，马克思主义基于一种历史的观念，认为人类受自然规律的制约，因为人类的制度由发展着的生产方式所决定，马克思主义还坚信工人阶级是上帝的选民，他们在罪恶的世界进行着朝圣的旅程，而旅程的终点就是成功地建立一个公平的社会，在这个社会里自然规律的铁律将不再起效。社会主义革命者因此能够对通往社 386
会主义纪元的进程不可抗拒这样科学的无可辩驳的观点充满信心，而坚持革命激进主义似乎已经没有必要了。马克思自己在践行他的学说时似乎更为谨慎，他只是宽泛地运用他的学说，清除历史上个人无力反抗的改变，而且并没有作具体的延伸。这可能并不奇怪，和很多大师一样，他并不认可自己所有的学生：后来他声明自己并不是一个马克思主义者。

马克思主义进一步鼓舞、动员了工人阶级。行业工会和合作社在一些国家已经存在；工人的第一个国际组织（不久后简称为“共产国际”）成立于 1863 年。尽管该组织内部包含很多不赞同马克思观点的人(其中很多是无政府主义者),但马克思的影响在该组织中是主要的(他是共产国际的书记)。它的命名让保守派感到恐慌,而他们的直觉无疑是对的。1848 年后的几年间,社会主义者承袭了自由主义者的革命传统,他们坚信工业工人阶级在历史上所扮演的重要角色,尽管这一阶级在英格兰以外的地区还并不显眼(更不用说在大多数国家占主导地位了),这一信条被添加在传统的观点中,宽泛地说,传统观点认为革命不可能是错误的。从法国大革命中演变而来的政治思想模式因此传播到一些社会中,在这些社会中它们通常能证明该社会的不合理性。

思想和文化变革

现代文明(据我们目前所知,它是第一个在其社会结构的核心位置中不包含宗教信仰的文明)是何时,通过怎样的方式到来的这个问题非常复杂。这个问题在很大程度上取决于我们如何界定我们希望得到的究竟是什么。我们可能不能将城市或工厂在打破传统信仰结构中所起的作用与其他因素所起的作用相分离,比方说,在改变(或腐蚀)文化中科学和哲学所起的作用,或者政治激进派训诫人们宗教是社会压迫的面具这样的行为所起的作用。然而到 1870 年,一个新的未来在欧洲工业人口中已经显现。在这部分人口中,很多人都具有文化修养,与传统的权威格格不入,关注世俗,并且开始注意到他们这个人群是作为一个独立实体而存在的。与以往不同,这是一个文明所依赖的截然不同的人类基础。

而且,在思想活动的更高层面上,19 世纪是人类思想产生剧烈动荡的一个时期。无论是新思想还是旧思想都不断面临挑战。在那个时代,人们比以往任何时候都更难说清“社会”的总体“思想”究竟是什么,可能试图这样做本身就是不明智的。例如,当时人们已经指出,很多事情在很大程度上让个人变得很渺小,并且让个人的精力都用在了应付生活上——随处可见的大城市不断出现;工业帝国不断建立,人们身在其中只是大机器上的一个小齿轮;政府权力不断增加,所有这些现象让人们产生了消极、冷漠和无助的感觉。但同时,我们也不得不承认成千

上万的人在日常生活中确实已经比过去拥有了更多自由选择的权利， 387
因为科学和技术让他们比过去能更多地控制他们周围的环境，而且他们的口袋里有了少量的钱。电和管道煤气为他们提供了更廉价、更干净且更方便的方法来照亮房子和车间，从而使他们能更好地利用自己的时间。自行车一经发明，成千上万的人在移动方式上又获得了新的自由，他们在闲暇和工作时间都可以使用自行车。避孕的方法一经传播，男人和女人们可以按照自己的意愿决定他们的家庭生活，而不需要迁就导致怀孕的可能性。

上述自由非常实用，现实问题想必已经显示出在先进的社会中人们观念上的总体变化，我们称之为“唯物主义”。这不仅仅是人们越来越多地体验到物质上的享受和满足；在每个时代，这样有用而又缺乏的商品总是为社会各个阶层的人所追寻，这些人都认为他们能够得到这些商品。从这种意义上来说，19 世纪实际上标志着唯物主义的进步，随着这一理论的继续，越来越多的商品可供利用正好为其做了宣传，也有越来越多的人得到了越来越多的满足。但是从更深层次上来说，唯物主义也是这个时代的一个现象，可能它更重要的是记录了这个时代文化的变化。

其标志之一就是人们对超自然现象具有压倒性优势的信仰开始慢慢减弱；教会在一些国家从 19 世纪前半期就已经开始衰落。19 世纪末，很多人(来自社会的各个阶层)乐于接受唯物主义的解释，他们通常通过自然科学来解释自然和人类世界，而反对任何传统宗教针对这些问题所作出的解释。但是没有哪种文化的成熟阶段不包含反驳的观点或内部的矛盾，这种唯物主义思想与启蒙运动的遗留思想相冲突，后者的实际成果到 19 世纪才成形。例如，唯物主义被一些人用来暗示：既然某些重要事实通常决定了之后很长时间内将发生的事，而且个人的努力在任何重要阶段都无法影响这些事件的发生，那么个人的命运就不是由人们理性的选择或有根据的意愿决定的(这两者甚至远不及上帝所起的作用)，而是由无意识的自然进程所决定的。在唯物主义世界里，理性的个体可以决定自身命运的启蒙运动时期的思想是没有立足之地的。在界定这类决定性的因素时，有些人强调地理和气候的重要性，有些人强调竞争的重要性，有些人强调经济的重要性。尤其是官方的马克思主义，在19世纪越来越倾向于将其理论归结为世界必然走上它本来的道路，因为物质力量决定着经济生活，我们将看到一个美满的成果，工人阶级必然超越他们的前辈；这究竟让人感到欣慰还是沮丧则取决于你站在怎样的立场上来看历史呈现的这场戏剧。

然而，决定论者的理论都有一个重要的共同点：他们趋向于减轻人们对自身生活的责任感，并且可以随意按照既定的目标采取影响他
388 们的决定。这让决定论者与基督教思想有很大的不同，后者扎根于欧洲文明；他们也有别于自由主义者的观点，后者探究文艺复兴和启蒙运动时期思想家所追求的个人；他们甚至有别于突破工业社会的人们的看法：所有这些观点都相信个人的决定非常重要，而且其实可以改变世界。决定论思想的流行表明，一种传统文化中的某些重要的东西正在最深层次上发生转变。

科学

所有文明都为人类不断利用自然作出了贡献。现代科学更是改造自然的利器。一个容易为人所接受的真理就是“没有人或哪个族群对科学的发展具有垄断性的贡献”。[①] 但同时也有另一个真理，就是现在世界上所遵循的科学都能追根溯源到16和17世纪欧洲人对自然界态度的改变中。然而在那之前，很多其他文化中关于自然界的思考已经被吸收进欧洲人的思想中(尤其是观察法的形成)，正是因此，现今世界上的科学都是实验方法、机构管理、技术及测量方法的产物，它们的发展正是起源于欧洲的“科学革命”。

到了1800年，一个包含特殊科学文化的国际共同体已经建立(而且已经跨越了大西洋)。接下来的100年间，该共同体在世界范围内不断扩大，但最重要的还是在旧的和新的欧洲地区。这既是巨大而复杂

① Joseph Needham, *Science and Civilization in China*, I (Cambridge, 1954), p. 9.

的科学事业进步的一部分,也是其真实的反映。人们甚至已经写了一些关于科学发展间接表现的大部头书籍,描述科学上的发明、技术和标准正在以如此快的速度呈指数型增长。作为欧洲整体历史发展进程中的一部分,科学在三个方面显示了它极其重要的地位。一方面体现在心理和文化上:科学越来越多地受到公众的尊敬,相关从业者的自信心也不断增强。另一方面体现在科学本身成就非凡,并展现出了高效和多样的特质。第三方面体现在科学对那些并非从事科学工作的人的生活所产生的影响。

语言是对地位最有用的向导;19 世纪 30、40 年代,我们现在非常熟悉的“科学家”一词被引入英语当中。在此之前,描述研究自然及其规律的人通常用的是“自然哲学家”一词。然而人们开始意识到,有必要将对自然严谨的实验研究与抽象推断这两者区分开来。人们也越来越感到真正的科学,与人们寻求将知识运用于 1800 年认为仍然被称为
“有用且机械的艺术”中的行为之间,存在着差别。这种变化与澄清“科 389
学”的本质与其他类型的真理之间的差异密切相关。有人极力主张将科学重新评价为唯一的知识结构,他只是基于可观察到的现象来看这个问题,而且声明这是“实证的”真理。这个人就是法国的奥古斯特·孔德(Auguste Comte),他将“实证主义”哲学建立在差别的基础之上;他的观点在知识分子当中流行了相当长的一段时间,而且(和马克思一样)是建立在历史运行的方式这一观念的基础之上的。孔德认为历史在他所在的那个时代已经到了文明发展的最后阶段,这是实证和科学的时代,而在这之前,人类知识分子依赖的是迷信和宗教的引导。

实证主义作为一个哲学体系并没有维持很长的生命力,但在 19 世纪,它伴随着科学家研究的实际成果,促进受教育的民众增强了对科学及其方法的信心。这也相应地给予科学家们自信。随着时间的流逝,对于很多欧洲人来说,科学成为神话,甚至成为一种宗教,而以上所说的发展正是这一进程的背景之一。如同曾经的神父宣讲一样,科学家们的意见开始影响到人们看待世界的方式。科学通过解释和控制自然

这种方式产生影响力。从它最夸张的形式上来说，这样的轻信被文化史家称为“科学至上主义”。其表现之一就是人们越来越乐于将科学的方法作为通向真理唯一可行的方式，将其延伸到新的领域中。圣西门设想在科学和工业的基础上对社会进行重新建构。马克思也希望建立一种社会的科学，其中之一就是由孔德命名的“社会学”。尤其是一些人，寻求建立“社会科学”。英国改革家及哲学家杰里米·边沁(Jeremy Bentham)就是功利主义的追随者之一。边沁希望社会管理以人们回应快乐和痛苦的原则为基础，快乐应该最大化而痛苦应该最小化，这种观点被理解为我们要重视的应该是最多数人的感觉以及感觉的强度。这些(以及很多其他)仿效自然科学的尝试，都以探究普适的半机械化的规则为基础；当时的自然科学正在远离探究这样的规律在此并不重要；非科学家的探究仍然证实了科学模式的声望。启蒙运动时期的见解，即人类自身作为绝对的自然客体可以是研究的主体，开始与狂热相联系，而且不再顾及可能存在的含义和结果。

19世纪重要的科学方面的进步越来越大，且速度越来越快。一般来说，从一开始，自然科学的范围就限定为牛顿的物理学、拉普拉斯的
390 数学以及拉瓦锡的化学。而且，有关电力现象方面可靠的观察和实验已经开始，系统的热力研究也是如此；很多可靠又具体的观察方面的知识也被纳入植物学和动物学领域，就像18世纪的地质学和解剖学那样。19世纪科学领域的局面发生了显著的变化，到1900年，物理学领域产生了巨大的差异，发生了彻底的变革。当时的化学已经成为一系列科学的组合而不再是一个单独的领域，它在生物本体上的实际应用正处在狂热的试验当中。从奥地利修道士格雷哥·孟德尔(Gregor Mendel)的一系列配种试验中开始衍生出一种新的科学——遗传学(尽管“遗传学”一词并非当时的本名；“基因”一词直到1909年才出现)，从生物学方面也开始产生一种假说，其应用潜能看起来如此巨大，以至于可能跟两个世纪前牛顿的思想一样重要。

要想在本书的范围内全面解释这一切如何发生，以及经过了哪些确切的步骤是不可能的，而且任何试图追溯该进程的尝试都有可能将

整个过程降级为对很多名字不充分的编录。然而，有些名字却不能省略，必须包含：迈克尔·法拉第（Michael Faraday），他最早是化学家，后来成为著名的实验主义者；还有詹姆斯·克拉克·麦克斯韦（James Clerk Maxwell），他们为发现和解释电磁学和热力学作出了贡献；以上这些人的研究开拓了科学领域的新视野，科学不再仅仅是大量不同种类的问题的集合。他们让物理学领域的一次改革成为可能，这次改革在19世纪90年代仍然处于酝酿阶段，因为他们发现了X射线以及放射现象。化学在一些人的努力下也发生了巨大的变革，其中的领头人首先是德国人，最重要的就是冯·李比希（von Liebig），他是有机化学的设计师；但后来法国人路易斯·巴斯德（Louis Pasteur）更得到了公众更广泛的关注。他通过微生物学为建构和支撑传染病理论提供了证据，这是医学史上的一个里程碑。这一理论很快得到了应用，尤其是外科医生李斯特（Lister），他将抗菌术引入了手术室（他混合其他物质，将苯酚喷洒在手术室内，因此让这个伟大的医生懊恼不已的是，他的一些不敬的学生编了令人恼火的歌谣“让我喷洒”）。

巴斯德的研究成果在农业、工业和医学上的快速应用广为人知，但是和其他许许多多的科学家一样，法拉第、麦克斯韦和李比希的研究成果也很快用于实践。实际应用是科学对其所在的社会最快产生最突出影响力的方式之一。但这不是欧洲人的思想观念被科学所改变的唯一方式。在下面这个例子中尤其明显，如果一个人的研究成果的总体影响得到了关注，那么他可能是20世纪最具影响力的科学家。

1859年，英国自然学家查尔斯·达尔文（Charles Darwin）出版了一本书，我们通常称之为《物种起源》（*The Origin of Species*）。该书其实是对达尔文和另一位自然学家阿尔弗雷德·罗素·华莱士（Alfred Russel Wallace）在之前一年呈给皇家学会的论文的继续，并且对论文中概述的动物学进化理论做了更完整、更全面的组织。经观察 391
资料证实，其核心思想是生物都有其起源，它们的物种都通过自然选择产生进化，这个过程通常需要很长一段时期，从较早的时候开始不断发生身体上的变化。虽然“进化”一词一直要到10年后该书的第五版中才出现，但在达尔文写这本书之前，这个词就已经在使用了[①]；他的特殊贡献及对理论的阐述就是确定了物种进化的方式。他根据植物学、地质学以及动物学的相关资料认为，动物能够在竞争环境下成功求得生存的能力可以遗传到它们的后代身上，因为它们需保证后代能够生存并繁殖。而那些没有适当生存能力的物种则无法将它们特殊的才能遗传下去，因为它们没能生存下来将能力遗传给下一代。这样对于拥有某些特性的生物来说就出现了"自然选择"。后来(并非通过达尔文)产生了一种引人注目的说法——"适者生存"，这一说法令达尔文的观点更通俗化，但也经常被人误解，被拿来错误地用于概括他的主体思想。

达尔文发表的理论后来被证明是 19 世纪最具成效的科学思想。1871 年，他出版了另一本书——《人类起源》(*The Descent of Man*)，在该书中他明确表示他的自然选择和进化理论适用于人类。该理论与生物科学的关联性很明显。他的思想很快得到了应用，但人们很少对其思想做进一步的理解，对有些人来说，他们正希望证明政治或社会上的成功(例如，认为白种人比其他种族优秀这样的普遍看法)需要"最合适的人"来享有。他们影响着经济生活方面的观念，他们让人们相信市场的自由竞争将确保那些有头脑又聪明的人理所当然地在商业和工业领域取得成功。这些思想让那些在竞争中获胜的人深感欣慰，它们通常用来暗示人们，并不是很多人都能取得成功，那些并不成功的人也借此来缓解他们的痛苦。然而，达尔文思想最大的影响还在于宗教思想方面。自然选择的提出不仅冲击了《圣经》关于创世的记载(地质科学已经削弱了这种宗教思想)，还冲击着另一个基础理论，即人类在生物中享有特定的由上帝授予的身份。达尔文的思想让所有认真且思维缜密的人无法接受(19 世纪初人们还能接受)基督教的核心文本《圣经》的真实性。

① 法国自然学家拉马克(Lamarck)在 1809 年出版的《动物学哲学》(*Philosophie zoologique*)一书中重点阐述了另一项进化理论，将其作为动物变异的理论基础。

科学可能通过削弱《圣经》的权威性以及传统的宗教教条，对宗教信仰和教会产生了最大的冲击。但这并不是唯一致命的影响，科学也 392
不仅仅提出了那些貌似直接且具有说服力的观点来反驳宗教传统上宣扬的教义，它也通过不断上升的威望对宗教产生影响。随着怀疑论不断在能够辩论(或者至少听说过)达尔文观点的精英分子以外的圈子中传播，围绕在科学周围的神秘性也不断增加，究其原因，与通过争论得出的可以确信的观点截然不同。到 1900 年，成千上万不知道李斯特和法拉第研究成果的人却知道，他们现在可以依赖的医药与他们祖父母那一代能够用到的医药极为不同，而且要好得多，他们也能熟练地掌控他们周围正在运转的电流所具有的神秘力量。不管一开始是自觉还是不自觉的，物质上的进步都不知不觉地让普通大众开始崇拜新的圣物。在 19 世纪，科学最终在社会和日常生活中发挥着不仅是重要的而且是显著的作用。例如，对于那些在诸如酿造这样的古老行业中尚未意识到化学反应重要性的人来说，化学通过其在染色方面的重要性首次显现出其用于工业生产方面的潜力。关于化学染料的研究对其他生产领域(医药、防腐剂和炸药)产生了巨大的影响。它们自身除了是新的“快速”染色途径外，也有它们在心理和社会方面的重要性。它们得以让工业工人阶级所穿的布料不再那么单调。在医药方面，化学也开启了一个新的时代，19 世纪末阿司匹林得以生产，它可以用来止痛，在此之前无论是富人还是穷人除了用鸦片和酒精外都无法做到止痛。

在这样的温床里，科学的神话不断兴盛。现在为人熟知的一个事实就是，科学通过经实验证实的大量不断累积的知识影响着人类的世界观，如同过去大型宗教所产生的效果那样。有些人开始通过科学来为超自然现象的问题寻找解释，有些人用科学来指引人类应该追求的目标，有些人则用科学来设立衡量自身行为的标准。所有这一切当然和科学家所追求的科学没有本质的必然的联系，它只是对普通人无法理解的事物给出非正式的由推论得出的认识的结果。除了一些残余观念以外，最终的结果就是出现了一种新的文明，这种文明里没有绝对必要的宗教信仰，也没有至高无上的唯心主义。它们在人类认识世界的过程中似乎不再那么必要了(或者说至少不再被大多数人所需要了)。不管明确与否,现代欧洲文明的核心在于(甚至至今仍然在于)对通过控制自然能够得到什么这一愿望的信仰。基本上,现代欧洲文明宣扬,只要给予足够的资源、知识和金钱,没有什么问题是不能解决的;在现代生活中某些费解的现象仍有其空间,但绝对不是神秘现象。当然很多科学家已经收回了这一结论。它的含义尚不能完全被人们所接受。但它是作为世界观立足点的一种观点,而且在1900年前就已经大概成型了。

第十九章　欧洲新秩序 393

正统性及其挑战

拿破仑的革命年代废止了欧洲大部分的旧制度，并且动摇和架空了其余的大部分旧制度，但最重要的是，人们开始怀疑那些旧制度的正当性。人们不再认为这些制度是统治欧洲唯一必要的方式。而且无论被人们认为适合与否，这些制度都已经可以被质疑和改变。1815 年，欧洲已经有一两个地方开始了缓慢而根本性的社会和经济改革，人们更加坚信现有制度是脆弱的。这种想法不会是昙花一现，它在之后的半个世纪中，将会深深植入那些对现实失望的保守主义政治家的脑海中，并使这个群体不断壮大。而他们甚至在许多个国家都控制着政治局势。再加上政治领域的实质性改革和革命与战争遗留下来的思想与诉求，1815 年之后的欧洲无法像某些人期待的那样归于平静，这一年反而见证了另一个动荡时代的开始。

透过之后八年左右的时间里欧洲版图的变迁，我们能够更好地理解这场变革的范围。到 1871 年，当新统一的德国跻身大国之列的时候，亚得里亚海到波罗的海一线以西的欧洲国家已经大多遵从民族主义的原则建国了，且不论它们在多大程度上遵循民族主义的精神。而东边的欧洲国家也有一部分建立了民族国家。到 1914 年，巴尔干半岛的大部分地区都建立了民族国家，而之后，民族主义的胜利将走得更远。

版图的变化与人们接受政治思想和政治行为的新框架这一点密不可分。在19世纪，随着时间的流逝，甚至欧洲以外的一些地区都开始意识到公共利益确实存在，而且比个别统治者或特权统治阶层的利益更重要。政府开始接受这一观点，他们至少要表现得像是为了公共利
394 益而实行管理。国内关于界定和保护公共利益的斗争也开始合法化。人们越来越多地认为这样的争论需要特定的场所和机构；旧的司法和审判机构似乎不再适合决定其结果了。而且，这些新政策不像一种新语言或新手段这么简单。它也包含着政治思想在最深层面的变化，以及对理想政治的主张。合乎宪法且优良的政府不再只是保证公民享有法律或传统赋予的权利，政治斗争也不断向着满足公众需求的方向发展。几百年来，对过去历史无比的尊重已经超越了欧洲“政治”，我们这么称呼可能有点过时；也超越了与我们现在完全不同的权力的执行。16世纪，荷兰人和比利时人为了保卫他们法律上及历史上的特权（城镇、行省和个人的特权）就已经开始反对法定的君主制。17世纪，一些英国人为了保卫（他们所谓的）历史上议会的特权起来反对国王，其他人则为王权而斗争来保护历史上王权拥有者的权力。与此同时，加泰罗尼亚人说着阿拉贡王国旧部的语言，却反对马德里政府的统治。即便是美国人也从18世纪60年代开始声称他们正在索取跟那些享有王权的国民们一样的权利。在1789年的法国，旧秩序最终被打破，当贵族和法官反对君主擅自使用传统特权的愿望时，革命就爆发了。

从这种意义上来说，“我们是公民”这句话可以作为变革开始的标志。自18世纪90年代在法国进行试验以后，欧洲政治的思维模式已经不得不考虑一些新东西了，对于这些新东西的探究是人们所希望的，也是必需的。这改变了关于服从和义务旧有的观念：问题变成如何界定公民，他们的愿望应当得到关注，应当赋予这个群体行使国家主权的权利。在19世纪，应当让谁的权威合法化的问题一直在反复地争论。单单呼吁历史上的权利是远远不够的，即使它应该得到一些尊重（或者

至少应该对那些主张保护历史上曾拥有的权利的人们表以同情),最终,每个国家首要的政治问题变成法律上谁的意愿应该率先得到考虑。关于这个问题,从民族和民主方面越来越多地给出了答案,但是在一些国家,关于这类变化的组织机构以及对其正式的认识的出现则比其他国家用了更长的时间。在1815年以后的休整期内,民族主义显然依旧是与旧制度(例如王朝统治)抗争的一股力量。而且,尽管在19世纪关于政府应该保护和促进那些人们认为是"历史上"的国家的利益,这样的政治讨论越来越习以为常,但它也伴随着激烈的长期存在的分歧:
怎样的"国家"或民族才是历史上的国家,它们的利益应如何确定,谁应 395
该为它们说话,在政治家的决定里它们可以并且应该得到什么程度的重视。

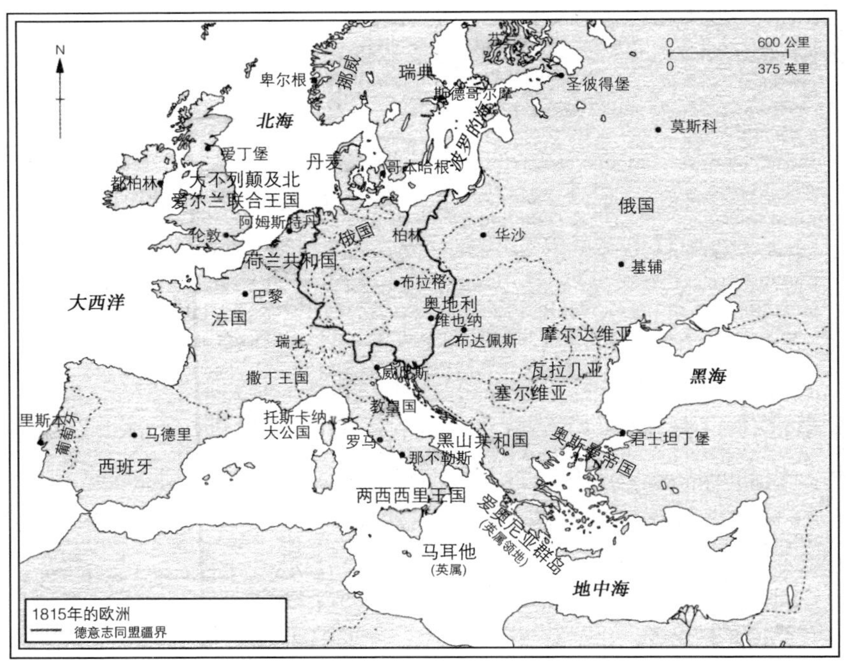

这个过程有时候是剧烈的,正当的反对思想对于很多人来说是一个无法接受的悖论:1780年以后的半个世纪里,只有大不列颠王国(还有大西洋彼岸的美国)真正接受了这一观点。因此,在解释这一缓

慢却具有决定性意义的变革时，会有时代误植的危险：像民主和自由主义这样的词汇我们很难界定，但现在我们却把它们与19世纪早期的历史结合起来，当时还并不存在这样的词汇。我们只能说，在很长一段时期内存在着这样一种总体趋势，即不断接受具有代表性的制度作为(即使只是在形式上)将越来越多的人与政府联结起来的一种方式。自由主义者和民主主义者几乎总是要求让更多的人获得选票，并且要求更好地选举代表。在经济发达的一些国家，个人也越来越成为政治和社会组织的基础。社会、宗教、行业及家庭单元关系与个人权利相比越来越不重要。这在某些方面实现了更大程度的自由，在有些方面则导致了更多的不自由。19世纪，在和国民相关的问题上，国家权力无论是行政上还是司法上都在不断增加。

法国大革命除了在开创这类变革的过程中具有重要意义外，也具
396 有持续的影响力，并且是这一神话的源头。对于所有希望或害怕法国大革命的人来说，这场运动都在1815年结束了，但它在整个欧洲范围内的影响力却仍然存在。随着经济和社会变革的产生，很多国家的旧制度遭到批判和毁坏，而且变得越来越脆弱。这让激进派和革命者拥有了新的希望和机会。整个欧洲都弥漫着一种感觉，就是无论是好是坏，欧洲都面临着重大变革，至少是潜在的变革。这促使支持者和即将成为现行秩序破坏者这类人来改善政治问题，并试图让这些问题适用于1789年设置的原则框架。总体来说，这些思想主导着1870年之前的欧洲，并且使这段时间的欧洲政治充满活力，尽管这些人并没有完全接受人们的建议，在实际的实现过程中也受到很多的限制，然而他们让19世纪的欧洲成为政治的实验室，这里的实验、发明和爆发影响着世界其他地区的历史。

和平的建立

19世纪建立国际秩序的行动就是1815年签订的《维也纳条约》。它结束了法国战争的时代，并试图阻止战争的重复。战争的调停人寻求控制法国，避免革命，他们将欧洲传统思想观念中的核心——合法性

原则作为素材，并作出某些实际领土安排以防止法国将来的再度受侵。这样，普鲁士得到了莱茵河沿岸的大片领土，一个新的君主制国家（拥有相当大规模的选民的立宪君主制）在荷兰国王的统治下诞生，他同时统治着比利时和尼德兰，热那亚由撒丁王国统辖，奥地利不仅恢复了之前其在意大利的领地，还获得了威尼斯，并且获取了绝对的自由来维持其他意大利国家的秩序。在这其中的一些事例中，合法性只能视为权宜之计；那些在巨变时期被掠夺的合法权利并没有完全得到恢复。但是政府仍在讨论合法性，而且（这种协议一旦完成）取得了一些成功。在将近 40 年的时间里，《维也纳条约》提供了一个可以搁置争辩，没有战争的社会结构。40 年后，1815 年建立的社会结构大部分还在，即便某些方面有所削弱。

这很大程度上归因于对被颠覆的恐惧。在所有欧洲大陆的主要国家中，1815 年以后是警察和阴谋家这类人最鼎盛的时期。秘密的社会组织不断激增，这种激增并未受到反复失败的影响，它们并没有显示出无法调和的革命性威胁。奥地利士兵在皮德蒙特（Piedmont）和那不勒斯地区处理预谋的政变，一支法国军队恢复了之前受到一个自由主义组织束缚的西班牙国王的权力，俄国经受住了一场军事阴谋以及波兰起义。在德国的奥地利统治者并没有受到威胁（尽管帝国政府害怕他们已经受到威胁），回顾历史，我们也很难看出在 1848 年以前，哈布斯堡君主国家的任何一块领土真正存在很大的危险。俄国和奥地利政权，首先被留待后用，其次它们作为 1815 至 1848 年间中欧和意大利的主要政治力量，正是维也纳体系赖以存在的两大基石。 397

人们通常都错误地认为自由主义者和民族主义者是不可分割的；后来证实完全不是这样，但是在 1848 年以前很少有人真正寻求用革命来改变欧洲，从更广泛的层面来看，其实他们更希望通过改进法国大革命时期的政治原则（代议制政府，人民主权，人身及出版自由）和民族主义原则来改变欧洲。很多人把这两者混淆了，其中最著名、最受推崇的是一个年轻的意大利人——马志尼（Mazzini）。马志尼提倡他的大多数同胞都不想要的意大利统一，虽然在促成统一的过程中并不成功，但他成为各个大陆民族主义者和民主主义者的激励者和榜样，也成为激进派最早的偶像之一。但他所描述的这一思想的时代还没有真正到来。

在莱茵河西岸，神圣同盟(这一名词经常用来指俄国、奥地利和普鲁士这三个保守政权的组合)的条约并没有生效，这里的历史完全不同，正统主义并没有持续很长时间。1814 年波旁王朝的恢复就反映了对上述原则的妥协。路易十八(Louis XVIII)在他的前任路易十七(Louis XVII)于 1795 年死于巴黎狱中以后，本来应该像法国其他国王那样实行统治。事实上，众所周知，像正统主义者试图制止的那样，他是坐在打败拿破仑的同盟军行李搬运车里回来的，这么做可能让法国的政治和军事精英们欣然接受，而且可能还得到了法国大众的默许。恢复后的政权属立宪君主制，尽管其选举权很有限。个人人身权利受到正式宪章的保护，从革命中没收和贩卖来的土地协议也未被触动；历史再也不会回到 1789 年前了。《拿破仑法典》继续管理着教会，法国新的部门分配和地方行政体系也保持不变。

然而，对于未来还有很多不确定；随着对宪章的争论(宪章是国王和人民之间的一种协议吗？或者仅仅只是王室施与的一种恩惠，因此这种恩惠要收回就像授予一样容易)，左和右之间的斗争也从此开始，这种斗争在一系列问题中持续着，出现的问题都针对如何处理在这场革命中为自由者和有产阶级赢得的土地的原则。至关重要的无疑是确立大革命中真正获得的成果。下列事实对此进行了描述：那些为了让人们认可自己在旧制度统治下的法国有发言权而竭力斗争的人获得了胜利；这些“要人”(如他们有时所说的)的政治影响力得到了保证。不管是否来源于法国旧贵族，那些在大革命中表现突出的人，如拿破仑的追随者和士兵，或者仅仅是富裕的地主或商人，他们是法国真正的统治者。另一个改变就是 18 世纪 90 年代国家的建立；当时没有哪个个人或团体敢说自己独立于法国国家政府的影响范围之外。最后，最关键的是大革命改变了法国在讨论和争辩公共事务时所用的词汇。左和右之间的线如何划分，保守主义的或是自由主义的，现在政治争论的焦点

都集中在这条线上，而不在于争论通过君权神授获得的君主特权。当波旁王朝的直系查理十世(Charles X)在 1830 年愚蠢地试图发动一场真正的政变打破束缚他的宪章限制时，巴黎人民奋起反抗。自由主义政治家们急切地把自己视为“七月革命”的领袖。由于共和党人的懊恼，他们决定让一个新国王代替查理，但“正统主义者”将替代者视为篡位者。

1815—1817 年意大利民族国家的建立

1815 年 1 月	意大利由以下地区组成 ——撒丁王国：萨沃伊(Savoy)、皮德蒙特(Piedmont)、前热那亚(Genoa)共和国和撒丁岛； ——摩德纳(Modena)、卢加(Lucca)和帕尔马(Parma)公国、大托斯卡纳(Tuscany)公国； ——教皇国； ——那不勒斯(Naples)王国； ——圣马力诺(San Marino)共和国。 伦巴第和维尼夏(Venetia)划给了奥地利。 398
1820 年和 1831 年	在奥地利的帮助下，那不勒斯、都灵、摩德纳、帕尔马和教皇国的起义和政变浪潮最后都被镇压。马志尼(Mazzini)在皮德蒙特(1832)和萨沃伊(1833)的起义没有成功。
1846 年	庇护九世(Pius IX)当选教皇，被认为是“自由的”教皇。
1847 年	加富尔(Cavour)在都灵创办《复兴报(二)》(*newspaper II Risorgimento*)；奥地利占领费拉拉(Ferrara)，即教皇国。
1848 年 1—3 月	西西里、那不勒斯、托斯卡纳、皮德蒙特、罗马涅(Romagna)、米兰和威尼斯爆发符合宪法的爱国(反奥)起义，撒丁王国向奥地利宣战。
4 月	庇护九世作为基督教势力宣称他无意向奥地利宣战；
8 月	撒丁因战败被迫休战。
11 月	罗马爆发起义，紧接着教皇逃离罗马城。
1849 年 2 月	宣告建立罗马共和国。
7 月	法国远征军镇压罗马共和国并复辟教皇国。
8 月	撒丁继续对奥地利作战并战败；被迫赔款，国王正式退位(但是仍然保持 1847 年订立的制度)。威尼斯向奥地利投降。
1850 年	加富尔进入撒丁政府(1852 年任首相)；建立反教权法规。
1855 年	撒丁参加克里米亚战争，对俄作战；加富尔运用和平会议公布意大利的困境。
1856 年	在撒丁君主统治下，建立国家社团为意大利联合体服务。
1858 年	加富尔与拿破仑三世签订秘密协定，对奥地利发动新的战争。
1859 年 4 月	奥地利对撒丁王国发动战争。
5—6 月	托斯卡纳、摩德纳、帕尔马、教皇国等地爆发革命；法国在伦巴第击败奥地利；法国与奥地利签订《维拉弗兰卡和约》(Peace of Villafranca)。

（续　表）

399

1860 年	拿破仑三世同意撒丁王国(在全民投票后)同帕尔马、摩德纳、托斯卡纳、罗马涅合并,以将尼斯和萨沃伊转让给法国为交换条件。在加富尔的暗中帮助下,加里波第(Garibaldi)带领“千人团”入侵西西里,横扫意大利,摧毁那不勒斯君主国。教皇国内部的起义为撒丁入侵提供了借口,这在后来阻碍了加里波第进攻罗马的步伐。那不勒斯、西西里、翁布里亚(Umbria)和教皇国边界地区经投票决定并入撒丁王国。
1861 年 3 月 17 日	维托里亚诺·厄玛努埃尔二世(Vittorio Emmanuele II)统治下的意大利王国宣告成立。
1862 年	由于加里波第(于 8 月 29 日)在阿斯普罗蒙特(Aspromonte)被意大利王国军队击伤并逮捕,意大利军队的远征中止。
1866 年	意大利-普鲁士同盟成立;奥地利在与普鲁士的七周战争中战败,维尼夏交还意大利。
1867 年	(11 月 3 日)加里波第进军教皇国的步伐,在门塔纳(Mentana)被教皇和法国的军队制止。
1870 年	普法战争期间,法国的卫戍部队从罗马撤兵,(9 月 20 日)在经过炮轰和袭击后意大利军队进入罗马城。经过公民投票,罗马城并入意大利王国,并成为意大利的首都。
1871 年	《保障法》确定了意大利与教皇之间的关系,保证教皇的收入和独立,以及梵蒂冈国家的治外法权。

七月君主政制

新国王路易·菲利普是法国王室旁支奥尔良家族的领头人,对于很多保守派来说,他是大革命的代表,尽管他几乎没有任何革命行为。但是他的父亲曾赞同处死路易十六(不久后他自己也走上了断头台)。当时路易·菲利普正在共和党军队中作为一名官员参战,甚至在 18 世纪 90 年代成为臭名昭著的雅各宾派中的一员。对于自由主义者来说,
400 路易·菲利普很有魅力,因为他能用君主制提供的稳定来协调大革命。18 年间,他的政府持续运转,并且为了富人们的利益而保持着基本的政治自由,有效地镇压了城市里的动乱(19 世纪 30 年代城市的贫困人口大量增加),使得该政权不得左派人心。一位著名的政治家号召他的同胞实现自身富裕,这引起很多人的嘲讽和误解,尽管他所做的一切都是在告诉人们想要拥有选举权,就必须拥有高收入(在“七月君主政制”开始时,拥有国家选举权的法国人只有英国人的三分之一,而法国的人

1815 年以前德国的统一进程

1785 年	普鲁士腓特烈二世组成了德意志君主联盟来反对皇帝约瑟夫二世的计划，即将巴伐利亚并入哈布斯堡王朝的版图。
1790 年	普鲁士支持奥斯曼帝国抵制来自奥地利-俄国的压力。
1801 年	奥地利和法国签订《吕内维尔条约》(Treaty of Lunéville)，法国由此获得莱茵河左岸，条件是在莱茵左岸失去领土的君主可以从德意志内部地区获得领土补偿。
1803 年	神圣罗马帝国的代表(德意志帝国代表团)决定重组德意志。所有主要的君主都获得了土地，但只有一个以前的教会国和六个自由帝国城市得以幸存。
1804 年	神圣罗马帝国皇帝弗朗西斯(Francis II)获得了奥地利皇帝弗朗西斯一世的头衔。
1805 年	奥地利(在 9 月 2 日，奥斯特利茨战役之后)与法国签订《普雷斯堡和约》，奥地利向巴伐利亚、符腾堡(Württemberg)和巴登(Baden)出让领土。
1806 年	(7 月)法国建立莱茵联邦(它最终包含了除奥地利、普鲁士、不伦瑞克和黑森以外的所有德意志君主)，(8 月)以神圣罗马帝国结束。10 月，法国在耶拿(Jena)、阿尔斯泰特(Auerstadt)等地打败普鲁士，并进入这些地区。
1807 年	拿破仑用从普鲁士和俄国获得的土地建立新的威斯特伐利亚(Westphalia)王国及萨克森国王统治下的华沙公国。
1809 年	奥地利呼吁德意志支持自己，共同抵抗法国人未果后(提洛尔回应)，进一步失去领土。
1812 年	普鲁士和奥地利再次合作，对法作战。(10 月)莱比锡战役后，法国在德意志的霸权主义开始崩溃。同盟国基于莱茵边境的利益向法国提出和约，但法国没有接受。
1814—1815 年	《维也纳条约》使奥地利和普鲁士都获得了德意志境内的领土，并建立了一个由 39 个国家组成的新德意志联邦，其中包括四个自由城市，该联邦由一名奥地利代表主持联邦政府会议。

口却是英国人的两倍)。不管怎样，该政权在理论上都是以人民主权为 401
基础的，这是 1789 年大革命制定的原则。

这也给予它一种特殊的国际立场。19 世纪 30 年代，通过瓜分波兰的罪行，立宪制的欧洲国家(英国、法国、西班牙和葡萄牙)与正统主义者——东部君主制国家之间的差异结合在了一起，它们占领意大利和德意志附庸国的行为非常明显。君主制帝国并不赞同七月革命。当 1830 年比利时人起来反抗他们的荷兰国王时，这些君主制帝国非常担心，并与比利时决裂，但他们又不能支持荷兰国王，因为英国和法国此时正支持比利时，俄国也很快帮助波兰发起反抗。直到 1839 年，比利时的独立才得以确认；这是 1848 年以前，对《维也纳条约》所建立的政治体系唯一一项重要的改变，尽管西班牙和葡萄牙的内部矛盾也引发了很多外交问题。

欧洲东部新问题

在欧洲东南部，变革的步伐加快得更加明显。在那里，一个新的改革纪元正在开启，就像西欧到达其顶峰时一样。1804 年，一位富裕的塞尔维亚猪肉商人领导了一场起义，和他的同胞们一起反抗驻守在贝尔格莱德(Belgrade)的无纪律的土耳其卫戍部队。当时，奥斯曼政权为了约束它那些叛变的士兵，乐于在道义上支持该猪肉商人的行为。但是奥斯曼帝国最终付出的代价是塞尔维亚在 1817 年建立了一个自治的公国。此后，土耳其人还将比萨拉比亚(Bessarabia)割让给俄国，而且被迫承认他们对希腊和阿尔巴尼亚的控制跟形式上一样，真正的政权掌握在当地帕夏的手中。

虽然不明显，但这却是 19 世纪东部问题的开始，在经历了一个多世纪、两场世界大战后，这个问题仍然没有解决：到底应该由谁或以何种形式来继承正在崩溃的奥斯曼帝国的碎片？在欧洲、北非和亚洲，关于奥斯曼继承问题的战争在接下来的两个世纪中仍将继续。维也纳体系并不包含被来自各个大国的担保人所控制的奥斯曼领土。革新、宗教、意识形态和外交问题从一开始就纠缠不清。这个问题很快就表现为一场“希腊人”的“革命”(由所谓的苏丹天主教公民发动，其中很多人其实是土匪和强盗)，他们从 1821 年开始反抗土耳其，俄国支持了这场叛乱；这违背了传统的原则，但是舆论(很多都对希腊人抱以同情)、宗教和俄帝国主义者利益的旧有影响力让神圣同盟得以像支持其他统治者一样支持苏丹。最终，俄国单独对奥斯曼作战，并将它们打败。现在显而易见的是，19 世纪随着其他民族反抗运动的加入，东部问题变得越来越复杂，1832 年希腊王国的独立必然影响到巴尔干地区的其他民族。

402 **1848**

19 世纪 40 年代在很多地方都是经济萧条、粮食短缺、生活贫困的几年，尤其是爱尔兰，1846 年那里爆发了一场可怕的饥荒，次年就轮到中欧和法国，那里的经济衰退导致了失业问题。这引发了社会暴力，为各地的激进主义运动提供了新的有利条件。一场叛乱刺激着另一场叛乱；这些叛乱极富感染力并且削弱了国际安全组织处理进一步动乱的能力。结果在整个欧洲范围内都爆发了革命，一时之间威胁着整个维也纳体系。

其象征性开端发生在 1848 年 2 月的巴黎。当路易·菲利普突然发现中产阶级不再支持他反对扩充选举权时，他很快退位。这就是“二月革命”。当法国建立起共和国的时候，每一位革命和政治流放者都振奋起来。不一会儿，似乎整个 1815 年体系都将崩溃。30 年协定的梦想似乎可以实现，“大民族”将继续进行，大革命的军队将再次前进去传播它的制度。这对于保守主义者来说当然是相当恐怖的。最终，希望和恐惧都成为幻影。法国在进军波兰的过程中作出了外交妥协，它唯一采取的军事活动是捍卫教皇反对罗马的革命。尽管，没有法国的帮助，这一年中在除了伦敦、马德里和圣彼得堡以外的各个主要欧洲首都，政府都被搁置在一边，或者最好的情况也是政府处于守势。一瞬间，几乎其余每个地方的政治都国际化了。

这都只是表面现象。1848 年的革命是因为不同的背景而爆发的，有很多不同的目的，所经历的途径也南辕北辙，非常复杂。在意大利和中欧的大部分地区，城市居民反抗他们认为很不公平的政府，因为政府很吝啬；他们著名的具有代表性的要求就是通过立法保证基本的自由。当革命在维也纳本地爆发时，梅特涅(Metternich)大臣被迫逃亡，他是 1815 年保守制度的设计者和最重要的支持者。维也纳革命的成功意味着整个中欧大部分地区的政府瘫痪。德意志人现在有发动革命的自由，而不用担心奥地利的干预。在一些较小的国家，旧制度开始崩溃。在奥地利领地的其他地区，意大利人(在一位野心勃勃又心有不安的保守派撒丁国王的领导下)在伦巴第和维也纳击退奥地利军队。罗马建立共和国，教皇逃出罗马城。匈牙利人在布达佩斯(Budapest)，捷克人在布拉格发动起义。但这些革命中，有些更多的是追求民族独立，而非

立宪政体，尽管人们一度认为立宪是通向独立的道路，因为它冲击着君
403 主独裁统治。如果自由主义者能够在中欧和意大利所有地区都设立立宪制政府，那么可能真的会出现到目前为止没有属于自己的国家机构，或至少在很长一段时间内没有这种机构的民族。

很快一些消极的因素开始出现；这一充满希望的幻想失去了某些吸引力。例如，如果斯拉夫人（或泛斯拉夫人）获得了民族解放，那么之前被视为德意志人的国家将在它们的领土上与之共享大片的土地，尤其是在波兰和波希米亚。要想接受这一点需要些时间。德意志自由主义者在1848年突然陷入这一难题，最终导致德意志革命的失败。基本上，他们决定德意志民族主义要保持德意志东部的领土。因此，他们需要强大的普鲁士，并且为了将来组织德意志不得不接受普鲁士的条件。也有其他迹象表明，1848年末之前形势已经转变。在意大利北部，奥地利军队掌握着撒丁人。在巴黎，一场起义本来可能进一步推动大革命向着民主政治的方向迈进，但因“六月革命”中的重大流血事件而被镇压，并于1849年结束。撒丁军队是意大利革命唯一的盾牌，在它被打败后，整个半岛上的君主开始撤销他们在奥斯曼政权中止时所作出的立宪方面的让步。在普鲁士的领导下，德意志统治者也同样如此。克罗地亚人和匈牙利人继续对哈布斯堡政权施压，但是俄国军队加入同盟给予帮助。1849年底，正式的欧洲体系与1847年时别无二致。

自由主义者将1848年视为“民族的春天”。假如确实出现过，那在它枯萎之前，嫩芽也没有存活多久。1848年，民族主义成了一份流行的事业，但它表现得不够强大来维持革命政府，也没有表现出必要的觉悟。其失败证明，对1815年政治家“忽略”给予它适当的关注这种指控是错误的；从1848年以来没有出现一个新的民族，也没有谁已经准备好这么做了。其基本原因在于，在欧洲大部分地区，民族主义对普通大众来说还只是一个抽象概念；只有相对来说很少的一部分人受过良好教育，或者至少是受过普通程度教育的人才会关注民族主义。将来，民族主义将在国家独立后通过政府和教育逐渐显现，而不是一出现就非常成熟。在有些地方，民族差异也包括社会问题，有些觉得自己已通过

语言、传统或宗教获得身份认同的人有时会采取有效的行动，随之而来的是当地显著的变化，但他们并不能建立新的民族。当哈布斯堡王朝政权允许他们这么做的时候，加利西亚(Galicia)的罗塞尼亚(Ruthene)农民在 1847 年兴高采烈地谋杀了他们的波兰地主。他们通过这种方式让自己获得满足，然后在 1848 年继续对哈布斯堡政权效忠。

1848 年确实爆发了一些受人欢迎的起义。在意大利这类起义通常发生在城镇而不是在农村；伦巴第的农民为奥地利军队的到来而欢呼，因为由作为他们领主的贵族发动的革命没有让他们看到好处。在 404
德国部分地区，很多地方传统的通过土地统治的社会体系一成不变，乡村有时候秩序混乱。德意志农民像法国农民 1789 年时的行为一样，烧

1848—1849 年：重要历史事件

1848 年	1 月	西西里爆发人民反抗运动，并在整个那不勒斯王国蔓延。
	2 月	那不勒斯同意立宪；巴黎爆发革命，路易・菲利普退位，法兰西第二共和国宣告成立；皮德蒙特和托斯卡纳同意立宪。
	3 月	维也纳爆发起义，要求捷克和匈牙利自治，维也纳和伦巴第独立；柏林爆发起义，国王腓特烈・威廉四世准许在普鲁士立宪；其他德意志国家也照做。
	4 月	匈牙利脱离奥地利，并入哈布斯堡帝国；奥地利准许立宪。
	5 月	由德国自由党人控制的法兰克福议会召开，开始讨论建立一个整体的德意志新立宪政府。
	6 月	“泛斯拉夫”议会在布拉格召开；布拉格起义被哈布斯堡军队镇压：反动势力首次恢复。激进的巴黎人民起义在“六月”被镇压。
	9 月	奥地利农奴获得自由。
	10 月	维也纳起义被温迪施格雷茨(Windischgrätz)镇压。
	11 月	柏林被军队包围，普鲁士起义结束。
	12 月	奥地利斐迪南皇帝退位；弗朗茨・约瑟夫(Franz Joseph)继位。路易・拿破仑当选为法兰西总统。
1849 年	2 月	罗马共和国宣告成立；教皇出逃。
	3 月	奥地利在诺瓦拉(Novara)打败撒丁军队，查理・阿尔伯特(Charles Albert)退位，维科特・伊曼纽尔(Victor Emmanuel)继位；法兰克福议会完成立宪，并授予普鲁士国王腓特烈・威廉四世以德意志联合王国王冠—— 他拒绝了。
	4 月	在维也纳采取了中央集权主义立宪后，匈牙利宣布脱离奥地利获得独立。
	6 月	法兰克福议会(德国国民大会)被普鲁士军队强制解散。
	7 月	法国军队镇压罗马共和国。
	8 月	俄国军队镇压匈牙利的反抗；维也纳共和国向奥地利投降。

毁封建主的房屋，这不仅是出于个人的敌意，更是为了毁掉令人憎恶又恐惧的租金、债务和劳役，但这些行动就是全部了。然而仅仅是这样的
405 暴动也让城市的自由主义者像“六月革命”期间法国的中产阶级一样感到恐慌。因为法国农民自1789年以来都是守旧的，法国政府在镇压巴黎贫苦人民的过程中得到了各郡的支持，正是在巴黎人们让激进派获得了短暂的胜利。但是在革命运动中也还是能看到保守主义。德国工人阶级的暴乱让富有者感到恐慌，因为德意志工人领袖提到了“社会主义”，但是他们也确实寻求回归过去。在他们的观念里，存在着一个由行会和学徒关系组成的安全世界，他们害怕新机器、工厂，莱茵河上的汽船让船夫失去了工作，他们也害怕一时之间就开始无限制地卷入贸易，也不愿见到那些表明市场型社会已经建立的鲜明标志。自由主义者缺少求助于普通民众的弱点几乎总是在1848年民众的革命中显露无遗。

可能在东欧和中欧的乡村地区，革命将社会改变得最多。在那些地方自由主义原则和对民众起义的恐惧一起迫使封建主作出了让步。1848年，俄国以外的各个地方，土地束缚和强迫农民劳作都得以废除。60年前发生在法国的农村社会革命被引进中欧及东欧的很多地方。这一方式为德意志乡村生活，以及多瑙河流域个人主义和市场秩序的重建开辟了道路。尽管其实践和思想习惯仍然徘徊不前，但中世纪的经济秩序现在实际上已经终结。然而，法国大革命原则中的政治思想要想得到发扬，还需要更长的时间。

克里米亚战争

尽管每件事情都很难立刻改变，但1848年仍然中断了国际关系的历史进程，并将持续很长时间的国际和平时期与一场周期性的战争划分开来(尽管这在当时还很难看出来)。在接下来的25年中，英国、法国、土耳其和撒丁王国为一方，俄国为另一方，双方之间充斥着战争(即1854—1856年间的“克里米亚”战争)；法国和撒丁王国同盟对奥地利作战(1859)；普鲁士与丹麦(1864)、奥地利(1866年，意大利加入普鲁

士一边作战)、法国(1870)之间也爆发了三场战争。后四场战争与建国有关。前一场战争则是因为另一个东欧问题：俄国是否应该占领，或者可能推翻土耳其？

1854年，就像沙皇为了保卫其国家的利益在有段时间内削弱奥斯曼政权一样，俄国在近东的影响力问题引起了一场争论，这场争论打破了几个大国之间长期的和平。在克里米亚战争中，法国和英国作为土耳其的同盟对俄作战，这场战争从很多方面来看都是场著名的战争。战争在巴尔干半岛、俄国南部及克里米亚地区展开。最后一个战场最受人瞩目。在克里米亚，联军占领了塞瓦斯托波尔(Sebastopol)，此处是沙俄在黑海地区最重要的海军基地。而其产生的某些结果却很出人意料。英国军队虽然表现尤为突出，但内部行政管理不当，其中一个结 406
果就是国内掀起了一场重要的激进派革命浪潮。另一个与此次战争相关但是几乎是偶然出现的结果，就是出现了一种新的妇女职业——护士。弗洛伦斯·南丁格尔(Florence Nightingale)的工作让为数不少的欧洲妇女拥有了能够从事工作的机会，自黑暗时代成立妇女教会社团后第一次实现了重要的扩充。作战指挥的新方法也非常引人注目，它是技术现代化的标志之一：大国之间首次在战争中使用汽船和火车。

尽管这些结果都令人惊讶，但在短期内，它们都没有这场战争对国际关系的影响力重要。俄国战败，其对土耳其的威慑力暂时受到压制。东欧向着建立另一个新的基督教国家——罗马尼亚的目标又迈进了一步，这一目标最后在1862年实现。而且，民族主义在过去土耳其人的土地上获得胜利。但战争造成的关键结果是神圣同盟最终瓦解。当奥地利警告俄国在战争期间不要占领多瑙河流域的公国(罗马尼亚)，后来奥地利自己又占领了这些地区时，18世纪奥地利与俄国之间关于土耳其在巴尔干半岛的遗产该如何处理的矛盾再次爆发。然而就在五年前俄国通过镇压匈牙利革命帮助哈布斯堡王朝恢复了统治。这是两国之间反革命友谊的终点。下一次奥地利面临革命威胁时，它想镇压就再也没有俄国警察的支持了。

版图重构

1856 年，无人可以预料还有多快和平就将来临。在随后的 10 年里，奥地利在与意德的两场短暂而激烈的战争中丧失了霸权，而意大利和德意志这两个国家，在五年之后实现了国内统一，形成了新的国家。正如 1848 年的狂热分子所预料的那样，民族主义以牺牲哈布斯堡为代价而获得了胜利，但却以一种完全意想不到的方式。撒丁王国和普鲁士王国不是因为革命，而是因为这两个保守且传统上具有扩张性的国家的野心，才以牺牲奥地利为代价着手提高自己的地位。不但奥地利失去了俄奥联盟，而且 1852 年后的法国又被一个叫拿破仑的皇帝所统治。这一位拿破仑是拿破仑一世的侄子，他于 1848 年当选为法兰西第二帝国总统，继而于 1851 年发动政变，弃宪法于一边。拿破仑这个名字本身就是令人害怕的，它预示了一系列的国防重组计划及革命。拿破仑三世(拿破仑二世是一个令人尊敬的神话人物，这一从未统治一方的艾格隆是拿破仑的儿子)支持破坏 1815 年时期的反法举措，因而反

407 **德意志的巩固：1851—1871 年间普鲁士的胜利**

1815 年	普奥联同英俄组成四国联盟，以支持维也纳会议上作出的决定。
1819 年	整个普鲁士实行统一海关关税。
1829 年	普鲁士领导下的关税同盟(Zollverein)开始扩大(马上它就囊括了德意志的大部分地区)。
1830 年	巴黎的七月革命在德意志引起了反响；部分皇帝退位并颁布了宪法。
1833 年	强烈企图占领法兰克福；奥地利领导了一股新的反抗潮。
1848 年	巴黎的二月革命成了加速德意志的革命浪潮到来的催化剂。自我组织的议会(Vorparlament)为国家议会做准备，国家议会于 5 月 18 日召开，并任命了全国行政长官，且开始筹划国家宪法。
1848—1849 年	柏林和维也纳在不断重建王室权威，而法兰克福议会正争论解决大德意志(即包括奥地利占领的德意志地区的德意志)和小德意志的统一问题(即非哈布斯堡的德意志)。
1849 年 4 月 21 日	普鲁士王国拒绝成为新德意志封建王国国王，随后，法兰克福议会解散。
1850 年	大多数的德意志统治者受到奥战争威胁(奥尔米茨屈辱)，普鲁士企图以多数德意志统治者支持的小德意志线为基准去统一德意志。旧的德意志联盟重建了。

(续 表)

1862 年	俾斯麦成为普鲁士第一首相。
1865 年	俾斯麦谋划了与奥地利在石勒苏益格-荷尔斯泰因的争议。
1866 年	普鲁士与意大利结成联盟。
6—8 月	德意与奥发生了长达七周的战争。普鲁士在萨多瓦(Sadowa)获胜。
7 月 3 日	柯尼希格拉茨大捷将奥地利驱逐出德意志,这使普鲁士领导下的莱茵河以北的北德意志得以组织起来,并且为南部各州赢得了独立。法国的赔偿要求被断然拒绝。
1867 年	北德意志邦联成立,普鲁士国王任总统,普鲁士控制了武装力量,普鲁士在联邦委员会占有压倒性地位。南德意志州加入关税同盟,新关税议会成立,权力有限,但适用于整个德意志。
1870 年	法国就霍亨索伦王室拥有对西班牙王位的可能的候选资格提议对普鲁士宣战。德意志各州联合起来打败了法国。该年冬天,基于北德意志邦联宪法,新德意志帝国的协商展开。
1871 年 1 月 18 日	德意志帝国(包括阿尔萨斯和洛林)在凡尔赛成立。

对奥地利在德意上的垄断地位。他口中的民族主义,比起其他的统治 408
者来,侮辱意味更少,并且他似乎相信民族主义。他凭借法国的武器力量和外交手段推进了加富尔和俾斯麦这两位伟大的外交专家的工作,当然,并不总是设计好的。加富尔是撒丁王国的首相,俾斯麦是普鲁士王国的首相。

1859 年,撒丁王国联合法国迎战奥地利;一场简短的战争之后,奥地利人在意大利只剩下了维尼夏这唯一一省。现在,加富尔着手将其他意大利州归入撒丁王国,付出的部分代价是萨沃伊必须归于法国。他于 1861 年去世,而关于他真正有多大野心的争论仍在继续。1871 年他的继承者在撒丁国王的领导下统一了意大利,当时撒丁国王获得了补偿,因为撒丁王国的萨沃伊王室承袭了新王国的王位。同年,德国也统一成为一个新的帝国。1864 年俾斯麦再次发动了对丹麦的战争。两年之后,普鲁士在波希米亚闪电战中打败了奥地利,因此最后结束了自 1740 年弗里德里克二世开始的就德意志最高统治问题的《霍亨索伦-哈布斯堡条约》。这是对既定事实的某种承认。自 1849 年(德国自由党并未将德意志王冠交予奥地利皇帝,而是交予普鲁士国王,只是普鲁士国王拒绝戴上王冠)始,奥地利在德意志事务上的势力就遭到了极大的削弱。那些仍指望维也纳领导并且获得资助的州于 1866 年后就面临了普鲁士的威逼。如今的哈布斯堡帝国绝大多数是多瑙河流域的人,在东南欧和巴尔干地区占有绝对优势。1815 年它从荷兰退出,1859 年放弃伦巴第,1866 年被普鲁士人强迫放弃威尼斯并向意大利人投降,如今又让德意志人自己处理自己事务。很快,在和平之后,匈牙利人抓住机会进而又打败这个已被侮辱的王国。在 1867 年的“妥协”中,他们获得了奥地利一半地区的真正自治。因而哈布斯堡帝国成了“双重王国”或“奥地利-匈牙利帝国”,它就这样凌乱地被分成两个部分,这两个部分仅仅靠王朝本身和共同的外交政策而联系。弗兰斯·约瑟夫的领地分为两半,他是其中的一半的皇帝、另一半的国王。

德意志取得统一还需进一步的努力。它逐渐让巴黎明白,普鲁士在莱茵河外的掌控权声明不会涉及法国利益。法国如今面临的不是一个争论不止的德意志,而是一个受强大军事力量掌控的国家。黎世留开启的时代已在不知不觉中崩裂,俾斯麦清楚地意识到了这一点,此时拿破仑三世在国内外都陷于孤立中,于是俾斯麦引诱法国于 1870 年宣布开展一场愚蠢的战争。这场战争的胜利为德国民族国家这一新大厦奠定了基石,因为普鲁士领导了“防卫”德国打击法国战——并且当时仍有活着的德国人记得拿破仑一世领导下的法国军队在德国的所作所为。普鲁士军队摧毁了第二帝国(法国最后一个帝国),并且建立了德意志第二帝国,这一帝国与它中世纪时期的前任毫不相同。实际上,它
409 是联邦形式伪装下的普鲁士控制区,但作为一个德国国家政权,它令许多德国自由人士满意。1871 年,普鲁士国王在凡尔赛从亲王们手中接过统一德国的王冠并戴上了它,德意志第二帝国就(既戏剧性地又恰到好处地)正式成立了。

因此,革命在欧洲得到了避免。随后的 50 年,德国取代法国,成了欧洲陆地力量的掌控者,这就像法国在 17 世纪代替西班牙一样。这个事实一直阻挠着国际事务,直到 1945 年为止。它表明,这一绝对的合法性和维也纳决议几乎与更令人害怕的左翼的革命政策毫不相关,除非这些左翼是民族主义者。相较于加富尔、俾斯麦和拿破仑三世所取

得的成果(拿破仑三世的功绩一半不是他主观所为),更令人恐惧的阴谋者毫无所获。而这一时期的希望来自革命者,是他们唤起了恐惧,考虑到这一点,上述情况不免有些古怪。社会革命甚至开始发出转弱的信号。到 1848 年为止,仍有不少革命,但称其为革命也有点名不副实,因为其中毫无阴谋、阴谋家和檄文。而 1848 年之后,几乎没有。1863 年发生了另一场波兰革命,但这是直至 1871 年发生的唯一一场在大国土地上爆发的小战争。

1848 年后革命的衰退是可以理解的。革命似乎在法国之外毫无进展,在那里革命幻灭了,走向了独裁。革命目标以其他形式达成。毕竟加富尔和他的同伴创造了一个统一的意大利,以公民投票的方式赋予它以一种新的合法性,但是他们对马志尼镇压得太残忍。俾斯麦创造了一个无可争议的强国——德国,这正是 1848 年的德意志自由派所期盼的。这两位政治家的极其保守的动机无关紧要,但对于那些被他们激怒的激进敌对派来说,却并非如此。其他要求因为经济进步而实现,出于对贫困的恐惧,19 世纪的欧洲越来越富有,并且给越来越多的人民提供了更大量的财富。一些短期因素起了作用。1848 年前加利福尼亚的黄金大发现提供了大量的黄金,这刺激了 19 世纪 50、60 年代的世界经济。这些年,人们信心大增,失业率下降,这利于世界的和平。

革命之所以不常发生的更根本的原因可能是它们很难实现。政府发现处理混乱更容易了。19 世纪诞生了现代警察和国家宪卫队。因铁路和电报的诞生,交流更加便捷,中央政府也因此在处理远距离混乱上获得了新的权力。总之,军队在处理反叛时拥有不断进步的技术优势。甚至在 1795 年法国政府表明,一旦它掌握并使用常规军事力量,那么巴黎即入其囊中。事实上,在 1815 至 1848 年这一长时间的和平 410
期间,欧洲军队越发成为维护安全的工具,这些军队可能大多用于镇压本国人民,而非成为世界竞争的工具,用来抵挡外国军队。1830 年和 1848 年巴黎革命的成功就归因于某些武装力量中的重要部队的倒戈。当这些军队忠于政府时,这样的战争结果只能是反叛者的失败。那年之后,在欧洲主要国家,没有一次人民反抗政府的起义是成功的,因为政府控制着的武装力量并未在战争的失败和颠覆中遭到动摇，并且政府决心使用暴力。

保守主义和现代化：俄国

就像中世纪时期教会与国家之争一样，就像文艺复兴和宗教改革一样，对俄国来说，法国大革命是又一个欧洲历史经验。俄国曾于1812年遭到入侵，当时的沙皇亚历山大一世曾将自由理念玩弄了一番，甚至想到了宪法，但是1815年之后，一切都毫无踪影。俄国并未完全不受自由主义和革命理念的影响，一些人批评现有体制，并在西欧寻找好模式。一些俄国军官曾经在追击拿破仑的时候去过巴黎，他们将所见所闻与俄国进行比较，发现了俄国的不尽如人意之处，这是俄国持续政治反抗的开始。一些军官秘密结社，企图在因亚历山大死去而带来不确定性的1825年发动政变；这就是十二月党人运动。它失败了，但却使新沙皇尼古拉一世大吃一惊。这一点至关重要。尤其是因为尼古拉一世强烈反对变动，他的统治负面深深影响了俄国的命运。他终身信奉独裁，十二月党人运动之后，他在俄国主张专制官僚、文化生活控制和秘密警察统治的传统，而刚好此时其他的保守力量正在朝相反方向变动，尽管这并非他们所愿。当然，还有许多要建设。历史已经长时间地将俄国的专制与西欧的君主制分化开来。但是仍需面临极大的挑战，多数情况下，尼古拉一世的统治尽管僵化但在应对挑战时却快速有效。俄国现在获得的仅仅是对专制主义的旧式统治方式表示失望而已，这时的专制是由一个比其前任在此方面更坚决的人在实施。晚至1848年，这些方式仍十分有效，俄国仍可以既保证国内安全，又扮演欧洲警察的角色。

尽管除了在波兰之外，俄国似乎免疫于曾困扰着其他国家的政治革命，但事实上，该国的民族、语言和地理分化早已在19世纪就呈现出重大问题。随着克里米亚战争的爆发，俄国开始要面对这些问题。这
411 其中的许多问题已经超出莫斯科人的能力之外，也非专制传统可以处理。首先是现代化问题，即假如俄国想继续跻身于强国前列，那么为了

使社会富足和提供必要的力量，就会产生发掘和有效使用能源的问题。1770年后的40年，俄国的人口是原来的两倍多。一个曾经多样化且不断增长的社会现在极端落后，大部分城市都成了巨大农村扩张的一部分，而农村扩张经常显得毫不充分且是非永久性的，更像是暂时性的安营扎寨，而非形成固定的文化中心。最大的扩张是南部和东南部地区嵌入亚洲，亚洲土地上新的精英被包容于帝国结构之中。因为与拿破仑的冲突已消磨了法国及启蒙运动的怀疑观对俄国产生的旧有的威望，尼古拉统治下的俄国基于新的意识形态掀起了对宗教的新一轮重视。因在国家需要什么这一观点上的不同，微小的知识分子阶级分裂了。“西方派”提倡来自西欧的理念和制度，“斯拉夫派”提倡东正教经过更新后产生的能量、传统和原有的制度。

意识形态作为俄国和西方国家分歧的来源而愈发重要。直到1991年，它才放弃发展意识形态作为统一力量。然后无论对于文化阶级还是落后的大众来说，这并不意味着19世纪中期俄国的日常生活和欧洲东部和中部的其他地方非常不同。这就是俄国知识分子争论俄国到底是否是欧洲国家的原因之一。尼古拉给这样的分歧做了决定性的强调。至少在其他王朝和在19世纪上半叶可以感受到的变化的可能性(在亚历山大一世时期已经慢慢地渗透入日常生活)在尼古拉统治初期，绝不允许在俄国出现。严格的审查和警察表明这块土地拒绝任何现代化的可能(尽管俄国社会的其他障碍在解决这个问题上同样重要)。

短期来看，这些政策是成功的。整个19世纪，俄国并没有革命。1830至1831年和1863至1864年的波兰起义遭到了野蛮镇压，并且由于波兰和俄国怀有互相厌恶的传统，镇压就更容易了。绳子的另外一头是野蛮原始的农业社会下的持续暴力和无秩，并且越来越多的阴谋、暴力使俄国变得更加无能，甚至越来越远离他们要求的文明政策和共同提出的设想。对于尼古拉的统治，有一些很有名的总结，比如“冰时代”“瘟疫区”和“监狱”，表明这个时代无法淹没批评了。

尽管对俄国历史来说，这不是最后一次，俄国国内强烈而又不妥协 412

的专制主义与其扮演强大的国际角色是毫不冲突的。俄国的军事潜质很大。当军队满足于前装炮时，当双方间没有重要的科技差距时，俄国所具有的庞大的军队数量是占绝对优势的。正如 1849 年所展现的那样，这些数量庞大的军队足以支持并维系国际反革命安全体系，直到克里米亚战争的爆发。同时，俄帝国在欧洲外的地区也获得了成功，主要以中亚、波斯和中国的牺牲为代价。俄国甚至企图在北美扩张，直到 1840 年，俄国在阿拉斯加的要塞仍然存在，并且在北加利福尼亚仍有据点。然而，俄国外交政策的繁荣仍然集中在欧洲西南的奥斯曼欧洲地区。

经过 1806 至 1812 年和 1828 年的战争，俄国的疆界已经跨越比萨拉比亚，到达了普鲁士和多瑙河口。比起瓜分波兰对 18 世纪外交的重要性来说，奥斯曼土耳其帝国在欧洲的命运对 19 世纪外交更为重要，因为越来越多的大国卷入其中。尽管在克里米亚战争之前，它并未导致大国之间的冲突，但是这样的和平使俄国为了一个可见的未来在黑海地区重申了它的传统目标。

战争中期，尼古拉一世去世了。这简化了其继承者亚历山大二世的问题。战争的失败明显地表明变化必须来临。克里米亚战争对于俄国内部事务的影响远大于其他国家，因为现在表明 1815 年重建后的军事大国不再享有毫无争议的优势，甚至对于其自己的领土而言也是如此。假如俄国想再成为一个和其强大潜力相匹配的大国，那么其传统模式如果不改变的话，这一目标似乎已经不可能实现了，因此俄国制度的现代化已是必须。当克里米亚战争爆发时，莫斯科南部地区仍然没有铁路。自从 1800 年，俄国曾经对欧洲工业生产所作的巨大贡献已经不再增长，现在已被其他国家远远赶超。俄国是世界上农业生产效率最低的国家之一，但是俄国人口缓慢上升，对其资源产生了很大的压力。在这些不利的情况下，俄国开始现代化。

事实上，比起其他地方，这里发生的更可以称为革命。在尼古拉的统治下，农民起义、袭击地主、焚烧谷物和伤害牲畜的事件层出不穷。甚至尼古拉都承认农奴制是俄国社会的大魔鬼。农奴制使农民没有动力去做更好的种植,使可以为新工厂提供工人的劳动力的自由移动毫不可能。贫穷也使农民对货物的需求量减少。另一方面,农奴制在俄国社会扎根如此之深,以至于突然消除农奴制可能意味着政府本身的倒台。独裁依赖于地主承担了当地政府应该承担的责任。然而骑在大 413
象身上的人想要跳下来是很难的。大多数的俄国人是奴隶,他们不可能仅仅因为法律而在一夜之间成为领取工资的劳动者和小地主。同样,有产阶级也不会因为强征而马上成为穷人。国家也不可能马上承担起庄园体系倒台后而落在其身上的行政负担。

尽管尼古拉不敢采取上述措施,但俄国政府手中掌握的一张底牌就是君主的绝对权威。现在这种权威得到了很好的运用。几年来通过研究不同废除形式的相关证据,并权衡其可能的有利条件和不利条件,沙皇在 1861 年颁布了一项法令,这标志着俄国历史的新纪元,沙皇自己也赢得了"解放者沙皇"的头衔。这项法令让农奴获得人身自由,并终止了契约劳工。它还给予农奴份地。但份地需要用赎买费赎买,这样加以补偿才能让农奴主能够接受这样的改变。为了确保农奴主能够得到补偿费并避免因获得自由的农奴大量突然进入自由劳工市场而造成的危险,农民在几年中仍然臣服于他所在的乡村社团的权威,由这些社团在家庭的基础上收取份地分配的费用。

后来人们也提出了关于这一措施的很多缺点。但回想起来这似乎还是一项巨大的成功。几年以后美国解放其黑奴,黑奴们得到的比俄国农民得到的还要少得多。美国黑奴生活在一个拥有更多经济机会的国家,但他们被推入劳工市场,被迫直接接触自由主义经济的自由竞争观念,这导致某些问题激化,其中衍生出的一些结果让美国人至今仍需努力解决。俄国有史以来最重大的一项社会改造措施在这时颁布,而且没有引发相应的混乱,这也开启了俄国现代化的道路,这是当时世界上潜在的最强大的力量之一。这也让俄国迈出了必不可少的第一步,使得俄国农民能够实现工业化作业并实现俄国农业的现代化。

农奴解放也开启了改革的新时代;到 1870 年地方政府已经有了代议制体系,还具有改良后的司法制度。但是改革并没有触动君主制的核心原则。然而这些改革在很多自由主义者那里却很受欢迎，这样的变革不是被视为俄国民众的权力，也不是对正当要求的满足；它们可以根据沙皇的意愿，像他准许这些改革一样被收回。这就是为什么一些政权批判者不断拒绝向改革妥协，不断密谋并努力要推翻它的原因。他们中的一些人在1881年鼓吹“沙皇解放”，那天他批准开始实行一项准许立宪的新政策。他的继承者对这项新政置之不理，前者开创了一个更为反动的政权。毕竟，俄国可能并没有正式走上现代化的道路。

10年前，欧洲已经得到警告：如果俄国真正实现了现代化，那将
414 意味着什么？俄国之后就在普法战争中受益，它声明废除1856年对其在黑海自由所设的限制。这是具有象征意义的一步，也是非常实用的一步。在解决了最棘手的问题，并开始改善其国内制度之后，俄国不仅预示着它将再次成为其自身领土范围内的主人，而且它也将重新开始现代史上最持久、从事时间最长的扩张政策，这只是个时间问题。

保守主义与现代化并存：英国

英国是19世纪上半叶欧洲社会和经济发展的先导者(从1801年开始，联合法案废除了爱尔兰的议会并给予爱尔兰在威斯敏斯特的代表权)。但是，自相矛盾的是，它依然在宪法和政治上展现了令人咂舌的连续性。让人感到惊讶的是这种延续性显然没有被工业化的改革力量所干扰，也没有因为其1815年后的卓越成就而受到损伤，因为1815年后，作为欧洲力量甚至是世界力量的英国已经成为一个前所未有的帝国的领袖。

在19世纪很长一段时间，“民主”一词警醒着很多英国人。首先，它仍旧让他们自然而然地想起法国大革命和军事专政。城市人口的大量增长也是该联想的核心部分，这也意味着新的危险。另外一个和这个词密切相连的就是美国，它是共和制和其他不受欢迎的趋势的发源地。然而19世纪英国在政治上的民主化是其体制发展的重要线索。男性选举权虽然受到全世界的认可，但是这一权利到了1918年才得以实现，人民经过很长一段时间才获得这一无法逆转的历史性转变。尽

管英国具有深刻的自由的特点——平等的法律,保护个人自由的法律措施,基于欧洲标准的多数选民制和反对专制的代表立法系统——但是英国 1800 年的宪法完全没有包含任何民主的思想。当时宪法的基本原则是王权在议会的绝对权力,议会本身依赖于代表各个不同个体和传统权利,而王权则取决于有条件的法定的任期。

19 世纪 20 年代后期发生了第一次原则上的改变,当时宗教对政治权利的压制已经消除。然而 1832 年,英国民主化走出了这个世纪最为重要的一步,即改革法案的通过,虽然其本身并不民主(确实,那些支持它的人的意图是将其作为民主发展的障碍),但是它对现有的代表体制进行了重要改革。它移除了各种不合理的现象(如小选区都由私人资助者控制),同时为议会提供了能更好(虽然还远远不够完美)且能均衡地体现从乡村到工业化城市人民大众需求的选区,总之规范了选举权,并使其更具有连贯性和可靠性。尽管人们对其具体条件的争议千奇百怪,但是一个典型选民一定是在国家占有一定地位的男性,他们要么拥有资产,要么收入不菲。改革法案最直接的结果就是产生了 65 万 415
选民,不过下议院的成员似乎看起来和之前并无多大区别。不过,仍旧由贵族掌控的第一个“改革了的”下议院标志着近一个世纪的体制改革的开端,它一旦通过这种方式发生改变,就一定会再次发生改变。虽然这次上议院仍旧没有变动,不过下议院已经渐渐拥有最终决定权。

在接下来的整个世纪当中,这次并不完全的民主进程也带来了其他的改变。慢慢地,传统的政治阶层带着些不情愿的思想开始考虑组建政党的需求了,而这政党也并不是议会成员的家族联系或者是私人派系。这在 1867 年以后尤为明显,因为另外一个改革法案已经产生了 200 万左右的选民,而且在 1872 年后还采取了匿名投票制。这就意味着政治家需要讨好大众的意见而不再是像以前一样讨好旧地主阶层,正如《玉米法案》辩论展现的那样。19 世纪所有最杰出的英国议会领导人都是那些有能力不仅在下议院而且在下议院之外的重要部门获取听众的人。第一个或许也是最为典型的例子就是罗伯特·皮尔(Sir Robert Peel),他接受了大众的意见为英国的保守思想注入了灵活性,防止了英国像欧洲一些国家那样陷入纷争。不过十分偶然的是，他在这一过程中导致他的政党解散。他的保守党追随者们接受了 1832 年议会改革，并在 1846 年又勉强对《玉米法案》的废除忍气吞声，但是在此之后农业利益的拥护者突然开始攻击皮尔并抛弃了他。然而他的举措所产生的趋势却为新兴阶层也就是他们所称的中层生产商指明了胜利的方向。

英国关税和财政政策的重新定位只是这个世纪中叶英国政治全面走向有限度自由化、实行切实可行改革和成为更有作为的政府的一部分。接下来，地方政府的改革也开始了(明显地，这些改变发生在城镇中，而不是在那些地主仍旧占据主导地位的乡村中)，新的济贫法得以通过，以解决在人口迅速增长的情况下救济贫困人口，工厂和矿区立法也通过了，并开始得到了有效的监管，司法系统重组，宗教限制(对待新教教徒非国教信仰者、罗马天主教教徒和犹太教教徒)的遗留问题也被进一步消除，在盎格鲁-撒克逊时代就流传下来的基督教对婚姻法的主导权结束了，邮政系统建立起来了，并为世界提供了学习的榜样，甚至在公共教育这块长期遭到可耻的忽视的领域也开始有了新的动作。这是一个令人赞叹的积极的时代，它伴随着前所未有的财富增长，它最自
416 信的标志就是 1851 年那场由英国女王资助、在其丈夫引导下在伦敦举办的世界博览会，展出了来自世界各地的商品。

英国的制度和经济比以往任何时期都要健康，不过，当然，并不是每个人都对此表示很满意。有些人抱怨着经济特权的丧失；而另外一些人则抱怨着英国严重的贫富差距。社会中存在着对中央逐渐集权的恐惧，那样这个国家就会走上法国的道路，在结构上政府集权化的法国被看成是没能取得自由的最充分例证，伴之而来的是法国建立的人人平等制度，这是很多英国人公开表示反对的。然而英国仍旧毫发无伤地进行着它对制度的巨大改革，尽管在这个世纪的动荡的前半叶对于改革的恐惧迟迟未能消去。它的崛起伴随着力量和财富的不断增加，自由主义原则也在政治中更为明显。很多国外人都很钦佩，同时也想知道，英国是如何在其工厂城镇条件极其恶劣的情况下仍旧做到对频

繁发生的大众暴动的控制，因为对于其他国家而言那是硬伤。英国的政治家和历史学家总是自豪地声称这个国家生命力的精髓所在就是自由精神，引用一句著名的话说就是自由精神“从先例扩展到新的先例，周而复始”。英国人对此坚信不疑，但这并不意味这就是答案所在。问他们是如何做到的是一个具有诱导性的问题，然而一些历史学家仍旧没有质疑这个问题存在的前提，即何种因素有可能导致革命，英国又是否满足这些条件。而这些问题也许根本就没有承认的必要。也许在这个高速发展的社会中从来没有存在过任何导致革命的因素。

法国大革命给欧洲带去的很多事物不管怎么说也已经在英国存在几百年了。无论历史如何对其基本制度进行干扰，留下装饰或是造成锈蚀，它都依然充满了各种可能。即使在没有改革的时代，上议院和下议院也没有像许多欧洲国家的代表体制那样完全封闭排外地进行合作。早在 1832 年以前，英国的体制就已经展现出其满足新需求的能力，尽管速度缓慢，反应迟钝。早在 1801 年英国就通过了工厂法(说实话，并不十分有效)。1832 年以后，人们更有基础相信只要议会受到了足够的外部压力，那么所要求的革命就能得到实行。议会有这样做的权力，且法律对此也十分默许，并未加以阻挠。在 19 世纪 30、40 年代多次大规模的暴力突发事件(这是一段十分艰难的岁月，尤其对穷人来说)当中，最激进的大众运动就是“宪章运动”，这一运动召集了大量的反抗力量，要求改革议会使其对大众需求的反应更为积极，但宪章运动者们并没有要求废除议会。

不过如果没有其他因素的参与，议会也不会进行改革。维多利亚
时期的英国所进行的重大改革似乎都是为了满足社会中层以及大众的 417
需求。比起欧洲大陆的官僚体系，英国的官僚体系进入分享政治权利阶段要早得多。他们可以以此来获取他们所要求的改变，而不用联合革命力量，也不用求助那些走投无路而陷入绝望的人们。而且，英国的大众看起来似乎也没有那么愤愤不平。当时来英国参观的人就发现了英国人对上层十分顺从。这里的工人阶层组织积极提供能够代替革命的其他方案，且十分尊崇自助、谨慎、节俭和严肃的维多利亚式品质。

在所有造成大规模英国工人运动的因素当中，只有政党这一因素是在1840年以后才出现的，而这一政党后来也被命名为“工党”。英国的“友好型”社会也主张保险并排斥动乱，此外还有合作社，也就是“工会”，这些都为个人参与改善工人阶层生活质量进程提供了渠道，尽管一开始参与这一过程的人不多，进程也很缓慢。由于英国的社会主义很早就成熟了，因此它显得有点自相矛盾，后期它依赖于保守而非革命性的工会运动，这是世界上大多数人所渴望的。

19世纪40年代的动乱一过去，经济发展的形势也许同样需要和谐的社会环境。不管怎样，一些激进分子也曾十分遗憾地这样说过，至少他们认为，改良措施的实行说明英国社会并不愿意接受革命性的后果。50年代全球经济开始复苏，英国作为世界工厂，同时也是世界商人、银行家和担保人，它的城市迎来了美好的时代。随着就业率和工资的增长，宪章运动者所号召起来的支持力量也很快解散了，它们也就成为人民的回忆。

这个国家的中央机构：议会和君主，就是英国以不变应万变的标志。威斯敏斯特宫被烧毁后重建时采纳了一个仿中世纪的设计方案，以此来强调议会起源的古老。英国历史上最具革命性的时代依旧将自己隐藏在习俗与传统的长袍之中。到了维多利亚女王即位时，王权在欧洲政治体制当中已经成了仅次于教皇制的古董了。不过无论如何，它也一直在变化。维多利亚女王和她的丈夫在一段时间内几乎将王权变得无可争议。在某种程度上，这和女王本身有点格格不入。她并不喜欢在政治斗争中保持中立而成为一个形式上的君主，或者是作出让步，对此她毫不掩饰。不过，让步似乎就是在她在位期间造就的。是她让皇室成员更加乐于家庭生活，这从乔治三世时代起还是第一次。这也是女王的德国丈夫阿尔伯特亲王帮助女王的很多方法之一，不过他并未因此得到缺乏感恩心的英国大众的感激。

经常让英国人对其包容改革能力感到失望的似乎只有爱尔兰。爱尔兰人在1789年成功地在此酝酿了叛乱。到了19世纪50、60年代，一切都十分平静。但这主要是因为19世纪40年代爱尔兰经历了巨大

的灾难，在经历过饥荒和瘟疫后，土豆也歉收。爱尔兰的人口过剩的问
题最终以死亡和移民马尔萨斯的方式残忍地终结了。在这一段时间 418
内，民主独立主义者要求废除联合法案的呼声也渐渐消失，外来人对在
此已经占据主导地位的天主教人口的反感以及修建新教教堂的行为也
中止了，当地农民也不再因为自己对远在天边的英国地主的不忠诚而
感到十分不安。尽管如此，问题依然存在。在19世纪70年代，新的爱
尔兰民族运动又开始出现了，他们要求实行“爱尔兰自治法案”。这一
要求总是在英国政治当中萦绕，在这一世纪剩下的岁月里甚至更长的
时间里破坏了英国的政治联合，也导致了英国政界对解决此事形成的
法案的不同政见。

419 第二十章　欧洲的世界霸权

欧洲新的全球定位

19 世纪世界历史最为引人注目的一章无疑是欧洲逐渐崛起为世界主导，这种主导地位是通过各种不同的方式体现出来的。1900 年前后，欧洲后裔民族从方方面面占据了这个星球，从程度上来说远远超过百年以前。世界的其他地区则更多地是对欧洲行动作出回应，归入欧洲基调；有些非欧民族彻底地归入欧洲，欧洲国家旗帜在这些地区高高飘扬。这是世界历史中非比寻常的一幕，某种文明首次被其他文明作为楷模普遍接受。事实上，在欧洲政治优势和军事优势逐渐凸显之后，其长远的影响才更加重要。欧洲价值观被推广到全球，成为各个民族学习和羡慕的对象。

历史证明，欧洲对世界的影响绝不仅仅是侵占海外殖民地的传统大帝国，其影响较之后者也要深远得多。在很多地方，欧洲殖民地的出现是相对晚期的概念，比如，欧洲的经济侵略进行了很长时间之后，俄国和葡萄牙之外的欧洲国家才开始在中国一些地区进行殖民统治。在所谓的“欧洲帝国”内部，宗主国对殖民地的控制程度，甚至是与殖民地人民之间的关系性质，都差异明显；但若即若离的关系，未必就不如地道的直属地那样重要。另外值得指出的是，多数大陆无论从事实上来说，还是从法理上来讲，都是完全独立于欧洲的；但澳洲和美洲则是欧洲传统和文化主导的，只不过又在地方差异的条件下衍生出特有文化。然而无论是在哪种情况下，政治抑或经济，直接控制抑或间接影响，欧洲的存在都是毋庸置疑的。虽然对于非欧民族来说，欧洲的介入不一定就是坏事，但他们不得不被动地适应欧洲化的世界，在向欧洲学习的强大动力驱使下，他们无法对欧洲人的进步论理想说不，不由自主地怀揣着一个个“欧洲梦”。

420

欧洲大移民

欧洲霸权的表现之一，是欧洲人在这一时期的大规模向外迁徙，因其给世界人口分布造成的深远影响，人们常将其称为“欧洲大移民”。到 1800 年，移民已经初具规模，此时欧洲人向外迁徙的主要目的地已经是南北美洲，经过 19 世纪人们继续向新大陆迁居，这一地区逐渐形成了具有自治、文化杂糅等性质的英属海外领地，既不享有完全的独立，也不是真真正正的殖民地。至 1800 年，来自伊比利亚、英吉利诸岛以及德法两国的移民多数来到了美洲，而俄国人也在向西伯利亚迁徙。19 世纪，又有约 6 000 万欧洲人远渡重洋，30 年代迎来移民高峰。他们中的多数人去了北美、拉丁美洲(主要是今天的阿根廷和巴西)、澳大
421 利亚和南非。陆上的大规模移民则在俄罗斯帝国进行着。1913 年是欧洲海外移民的最高峰，单单这一年，就有超过 150 万欧洲人离开故土，其中包括超过三分之一的意大利人、约 40 万英国人以及 20 万西班牙人。在此前的 50 年间，德国人和斯堪的纳维亚人在移民中所占的比例日增，而意大利人则相对减少；英国一直都是稳定的移民贡献国，1880 至 1910 年间，约 850 万英国人移民海外，包括许多爱尔兰人，而意大利同期的移民数量仅有 600 万，多数英国人(爱尔兰人为甚)都去了美国，而三分之二都是在 1815 至 1900 年之间迁出的，也有很多英国移民去了各个自治领，1900 年之后，自治领取代美国，成为英移民主要接收方。总体来看，美国一直都是欧洲移民的主要迁徙目的地，1820 至 1950 年间，有超过 3 300 万欧洲人在这片沃土定居。

移民狂潮是由很多因素促成的，首先是政治因素，其中尤以 1848 年之后的德国最为明显。欧洲人口持续膨胀，一直也是非常重要的原因，特别是在 19 世纪 80 年代和 90 年代，失业成为欧洲各国不得不重视的普遍问题，欧洲农民还不得不面对来自海外的农产品的威胁。然而这一时期的机遇也是空前的，蒸汽船和铁路彻底改变了世界历史的面貌，世界各地之间的联通变得更加简单，成本更低，因而在特定的地区，劳动力反而大量短缺；欧洲内部的联通程度也得以大大提升，英国不仅将大批爱尔兰农民、威尔士矿工和炼钢匠，还有英格兰农民送到海外，同时将东欧犹太人以及来自意大利的服务员和冰激凌小贩送到新大陆；波兰人跨越欧洲大陆，从家乡来到法兰西的矿场做工。欧洲征服

北非之后,那里也成为欧洲人新的家园,意大利人、西班牙人和法国人到达北非之后,建立起13世纪之后第一批伊斯兰世界中的欧洲人聚居地,并且在那里创造了既不同于宗主国文化,也不同于当地文化的欧洲移民特色的文化。

文明世界

虽然联结方式不尽相同,甚至有时候彼此完全独立,但欧洲的众多海外殖民地从情感上一直都是与欧洲紧密相连的。它们与欧洲一道,构成了人们所说的“文明世界”,有时候干脆被称为“西方世界”。现在看来,“文明世界”一词颇具争议,且含义不清,与今日文化多元的时代格格不入;“西方世界”在地理上来说则毫无意义可言,因此两词均为主观判定,不能令人满意,但我们依然能从中发现:欧洲国家及欧洲化国家的确在思维意识和制度体制上存在着一定的共通性。[①]尽管环境不
尽相同,历史背景千差万别,“西方世界”的人们却拥有共同的文化起 422
源、共同的思维方式和制度体系,他们借此应对生活中的挑战、应对这个世界。很长时间以来,他们的世界都是基督教的世界,直到20世纪,新的领土都是以上帝的名义占领的;他们的法律都是欧系的法律,他们都努力维护欧洲文化、坚守欧洲语言。

那些坚持“文明世界论”的人环顾世界,发现除了20世纪的日本能够被勉强接受之外,能称得上是文明的不是欧洲、就是欧洲的海外殖民地;其他人类都是愚昧落后的野蛮人,其中只有一小部分能够醒悟,向着“文明世界”的方向进发。这种偏见虽然后来被证明十分不可取,但在当时却是伴随着欧洲取得全球政治和文化优势而产生的,它们也逐渐成为欧洲人对于自身意识和价值观的优越感之表象,在这种优越感的驱使下,欧洲人开始用新的视角看待这个世界,他们开始曲解世界,对这个世界不屑一顾。欧洲人最早的种族优越感源自宗教,而进入18

① 据我所知最早为“西方世界”一词赋予上述现代新内涵的是巴利·吉本(Bury Gibbon),在其作品的脚注中出现过“中国与西方世界的交流”之字眼。

世纪以来,新的价值观又为其优越感注入了新的元素。至 1800 年,欧洲人已经失去了对其他文化的敬仰,似乎其他地区的所谓文化皆为蛮族文化,与欧洲的社会制度相比不值一提。他们还用类似的视角审视同伊斯兰世界几百年来的恩恩怨怨,认为穆斯林最终从伊比利亚撤出,以及在中欧和东南欧的式微根本是源自其文明的落后性;再或者,他们会将中华帝国长时间的裹足不前甚至可以说是逐渐衰落归咎于其相对于欧洲文明的不足。欧洲殖民者有时视美洲印第安帝国为野蛮和残暴的化身,因此将他们消灭殆尽也是正义之举。

后世的欧洲人听说“野蛮民族”仍有吃人的传统,就连印度都保留着童养媳和对寡妇施以火刑的陋习,便好意地将这些受苦的人们解放,就像他们解放黑奴那样。然而这样的选择性观点让绝大多数欧洲人都看不到历史的另外一面。虽然很多西班牙传教士为美洲印第安人苦苦抗争,虽然 18 世纪的欧洲活动家为破除奴隶制度奔走劳碌,他们却从未想过拯救这些地区的文化。即使是这些善良的欧洲人,依然相信欧洲带给世界的是无限的福祉,也就是基督教信仰。后来,欧洲人和美国人又开始广泛弘扬和推广更加世俗的价值观——个人权利、教育权、投票权以及保护妇女、儿童和动物的思想,直至今日。即使是那些反对殖民主义的慈善家和进步人士,依然坚信欧洲文明的价值观理应和其医药、卫生知识一道推广到全世界各个角落。将这些价值观发扬光大,甚
423 至慢慢成为欧洲人的权力与职责。而科学,自其诞生之日起,也成为将欧洲的思维意识推行全球的工具,人们借科学扫除迷信,合理节制地开发自然资源,创立完整的教育体制,并用统一的文化压制落后的社会习俗。时至 1900 年前后,欧洲人原本认为的“异教徒也可以很高雅”的论调已经所剩无几,取而代之的是他们普遍认为自身的价值观要远远优于其他民族(在很多情况中确实如此),却在与此同时忽视了这种优越感给其他文化带来的伤害。

直接的影响

很多维多利亚时代宗教赞美诗中所唱的“被黑暗笼罩的大地和居

于其上的民族”在1900年时已经直接处于欧洲统治之下。包括殖民地统治者在内的很多接受过西方文化洗礼的人，开始将铁路、西式教育、医院、法律秩序植入这些地区，因为在他们看来，当地的本土制度显然已经在和西方文明的对垒中败下阵来。虽然有些地区的本土制度被保护了下来，但也是出于居高临下的殖民文化优越感的一种施舍。

明目张胆的文化优越论如今已经站不住脚，但它也在某一方面促成了历史的进步，这种进步就连最严格的反殖民主义者都会承认，虽然有些人也在质疑欧洲人的原始动机。这便是欧洲人在其势力范围所能及的地方废除了奴隶制度，事实上这还不够，他们还动用外交和武力，尽力让其他地区也走出蓄奴阴影。废奴运动最重要的进展发生于1807年和1834年，英国议会先是禁止了奴隶贸易，然后宣布彻底废除帝国内一切奴隶制度。作为拥有强大海军力量的商业帝国，英国的行为也影响到了它的邻居们，其他欧洲国家很快宣布效仿。至19世纪中期，皇家海军已经开始在非洲和印度洋严厉打击阿拉伯奴隶贩子。社会各个阶层，文化界、宗教界、商界和政界，都投入这场奴隶解放运动之中，人们至今还在争论到底是何方贡献了主要力量。值得指出的是，虽然欧洲仅仅是在奴隶贸易如火如荼地进行了300多年之后才宣布废除这一罪恶制度的，但它已经是不借助外力，自愿斩断毒瘤的唯一人类文明。在我们的20世纪，奴隶工人在欧洲依然存在，但这些充其量只是依靠暴力限制人员流动，称不上奴隶制度。

奴隶制度很好地说明了欧洲文明如何重塑了其他民族的社会制
度，但这并非唯一途径。另一种途径便是通过间接渗透，侵蚀异域文明 424
原本的价值体系和制度体系，而后在政治上施加影响，瓦解它们原本的政治权威。欧洲影响侵入中华帝国和奥斯曼帝国，便是通过这种方式。这种刺激本应促其崛起，但日本是19世纪唯一在西方刺激下奋发图强，并最终获得成功的民族。在当时的国际形势下，想明哲自保，与欧洲脱开干系是不可能的，忙碌的欧洲商人奔波在世界各地，他们就能证明这一点。地理上偏安一隅，似乎可以暂时逃避欧洲人的影响，但事实上，中国的西藏也在1904年遭到英国人入侵。埃塞俄比亚是绝无仅有的未接受西方现代化，还能维持独立的国家，它们在19世纪先后击退了英国和意大利的入侵者（埃塞俄比亚在其14个世纪之久的历史中，多数时间都为基督教国家，因此在心理上更胜西方一筹）。

基督教伦理涉及人类生活的方方面面，也约束着人类的思想，因此一直都是欧洲文明向外扩张的主要中介之一。教堂组织发展壮大，遍布各地，教职人员的数量不断增长，19世纪迎来了自使徒时代起基督教的最大发展。其中很大一部分原因是传教活动再次兴盛，罗马天主教为传教划定目标，新教国家则纷纷建立海外社团，以支持福音广播。但与其宗旨相矛盾的是，本应扎根各地区本土特色和文化的信仰，最终却仍然带有十足的欧洲味道。在多数受到影响的地区，基督教对于本地人来讲，都是欧洲文明的一个方面，而不是欧洲人播种、本地人培育的神的旨意。举个例子来说，欧洲传教士往往过于注重外表和着装，17世纪访华的耶稣会教士起码谨小慎微地着起华服，19世纪的传教士则让班图和所罗门岛民都穿上欧洲人的衣服，显得极不和谐。这样一来，基督教传教士传播开来的不仅是宗教，他们为其他地区带去饥荒中紧缺的食物、农业生产技术、疫苗、医院以及学校。通过帮助其他地方发展，他们在潜意识中认定这些地方只是向着欧洲方向前进的“落后地区”，这种文明进步论，毫无疑问地会破坏受欧洲影响地区的自我发展轨迹。

只要是欧洲人，不论是不是传教士，都来势汹汹。最终，世界上几乎任何有人居住的地方就会有欧洲人的身影，他们总归可以借助武力强行进入。除了几次特别例外的情况，比如1896年入侵埃塞俄比亚的意大利军队在阿杜厄（Adua）全军覆没。19世纪的欧洲在通讯和武器上全面领先，这令他们享有当年攻击卡利卡特的葡萄牙战船所没有的优势。其他民族后期虽掌握了这些技术和武器，却依然无法运用自如。在1898年恩图曼战役中，苏丹马赫迪（Mahdist）出动大量军队，最终也
425 没能突破英军防线，英埃联军以死亡48人的微小代价毙敌1万余名。除了在技术上面很难赶超，非欧民族如想借助欧洲技术向欧洲挑战，所要克服的心理障碍也不可小视。

西方文明的扩张经常是建立在武力的基础之上，这种说法很少有人会反对。整个 19 世纪，欧洲各国都在为争夺世界上的其他地区而相互攻伐，但大英帝国是他们无法跨越的障碍。虽然近代殖民主义疯狂扩张的帷幕已经拉开，外交纷争由此产生，但这一时期的情况，与 17 世纪和 18 世纪的殖民地战争完全不同。任何一国的商人都可以在全球各地自由航行，而不会受阻。英国皇家海军在海上占有绝对主导地位，这不仅是欧洲文明传播世界的保障，更是英国人追求全球商品市场的保障。

海外新欧洲

18 世纪，英帝国和法帝国解体。西班牙帝国的解体，以及后来巴西从葡萄牙帝国中独立出来都让一些人相信，英国殖民地在不远的将来，也将摆脱伦敦的控制。从某种意义来讲，这一预言成真了，但历史并非同预言百分之百一致。1783 年，现实教给英国政治家宝贵的一课，他们意识到移民与殖民并非一本万利。殖民地不容易操控，母国需要出资供养，又不像贸易一样能够提供丰厚收益；殖民地可能将母国拉入毫无意义的战争，或者是同其他国家，或者是母国与殖民地之间的战争；殖民者最后可能寻求独立，甚至反咬一口。欧洲国家不值得为追逐利益而过分参与到殖民地事务中，在远东尤其如此，因为大家可以在不需要移民的情况下直接做生意赢利，况且一旦发生纠缠，皇家海军也鞭长莫及。

从广泛意义上来讲，这种意见在 19 世纪的英国政界是占主导地位的。因此在处理现有殖民地事务时，他们的最主要着眼点便是节省开支、避免冲突。在加拿大和澳大利亚的广袤土地上，殖民者与帝国政府虽时有摩擦，但总的来说很少有流血事件发生，两地最终还获得了帝国议会席位，代表各自“国家”参与投票。1867 年和 1901 年，加拿大自治领和澳大利亚联邦相继成立。在相对独立的“国家”出现之前，两地都接受了伦敦授予的自治权力。加拿大和澳大利亚领土广阔，人口稀少，民族认同感是经历很长时间才发展出现的。最后，来自外部的潜在威胁促进了两国民族认同感的培育——美国对加拿大进行经济渗透；大批亚洲移民进入澳大利亚——当然还离不开英国的影响。新西兰也在
426 19 世纪获得了自治权。18 世纪 90 年代，欧洲人最初到达这一岛国，那时当地的毛利人已经创造了先进、复杂的文化，但他们的文化体系行将瓦解。紧接着到达的是基督教传教士，教士竭尽所能地阻止更多的西方商人和移民者上岸，但丝毫不起作用。察觉到有法国商人开始行动，加之英国政府受殖民者所压，英国最终于 1840 年对新西兰宣布主权。新西兰在仅仅 16 年之后便获得自治权力，但英国军队一直同毛利人作战，直到 1870 年才撤出。1907 年，新西兰获得完全自治权力；同年，英国及英属殖民地在伦敦召开联邦会议，决定从此用“自治领”一词指代所有拥有自治权的英国旧殖民地，“自治领”也就是“白人移民自治领地”。1910 年，南非联邦加入英自治领系统。

从前殖民历史来看，新成立的南非联邦命运远比其他英属自治领要坎坷得多。英国势力在 1815 年之后才进入南非，当时出于战略考虑，英国政府出兵占领了 17 世纪荷兰在好望角建立的殖民地。“好望角殖民地”很快吸引了成千上万的英国移民，虽然他们人数上较之荷兰人仍然不占优势，但有英国政府撑腰，因而英国式制度和法律都建立起来。“好望角殖民地”另一点与众不同的是，它同北美或稍晚的澳大利亚不同，一直保有大量土著人口，并未被赶尽杀绝。南非土著在荷兰人进入之前便生活在这片大陆，人口一直稳固增长。即使到了 1900 年，欧洲人(以英国人为主)开始大批向南非移民，白人人口依然只相当于黑人人口的四分之一。英国殖民者与荷兰农民(又称“布尔人”)在如何对待非洲土著的问题上观点不一，很难站到一起。除此之外，他们也面临着其他问题。荷兰人依靠习俗、语言和宗教彼此紧密联系在一起，不希望有外部力量影响自身生活方式，而英国人却将英语设为官方语言，英国律法也后来居上，取代了原本的荷兰法律体系。更让布尔人恼火的是，他们一直想方设法让非洲人改宗基督教，而英国传教士自打上岸，便开始保护所谓的土著人权利。英国政府在帝国范围内废除奴隶制度之后，英布双方又就赔偿问题纠缠不休。

尔后的1835年,大约1万名布尔人携家眷、牲口和各式财产,向北迁徙,越过瓦尔河,这就是历史上著名的“南非大迁徙”(Great Trek),这也是后来的德兰士瓦(Transvaal)布尔人共和国的由来。“大迁徙”被视为布尔人南非的建国传奇。几年之后,英国人在纳塔尔(Natal)建立新的殖民地,取代了原先的布尔人共和国,更多的布尔人北上,期冀与同族共同生活。之后的几十年里,盎格鲁-撒克逊人与布尔人时而混居,时而各霸一方,关系一直比较紧张。非洲土著民族的命运也被牵扯其中,一些土著民族本可以威胁到英布双方的,祖鲁人对布尔人的挑战 427
便是例证之一。

至19世纪中期,北部的奥兰治自由邦(Boer Orange Free State)和德兰士瓦共和国由布尔人控制,南部的好望角殖民地和纳塔尔则飘扬着米字旗。英方殖民地由选举出的议会掌控,满足法定经济标准的少数黑人也可参选。当时南非也有少数土著王国由英国保护。好望角自1872年开始拥有自治政府,同期,由于南部发现丰富的钻石矿藏,英国人在橘自由邦以北地区也获得全方位的优势,这令布尔人心怀不满。后来英国人又支持与布尔人作战并被打败的巴苏陀人(Basutos),进一步激化了英布矛盾。再后来,好望角殖民地的英国总督愚蠢地出兵占领了德兰士瓦共和国,这项过激的举动于1881年被纠正过来,但从此刻开始,布尔人对英国南非政策的不信任,已是无法挽回的了。不出20年,战端再开。当时德兰士瓦已经开始了小规模的工业革命,1886年发现金矿,随着矿工和投机者不断涌入,约翰内斯堡在短短几年时间里成长为非洲大都会,它也是赞比西河以南的唯一一座10万级以上人口的城市。看起来布尔共和国资金充足,极有可能摆脱英国的宗主控制。与此同时,欧洲列强正在忙于瓜分非洲,而英国政府认为,保住好望角,对于大英帝国控制住通向东方的海上航线异常重要,它们自然不会允许德兰士瓦掌握通往印度洋的出海口,因为有朝一日,这种便利条件或被欧洲敌国利用。

理想主义的帝国主义者、好望角政客、英国煽动政治家和坏名声的金融投资商,一系列各式各样的人凑在一起,于1899年再次和布尔人摊牌，挑起第二次英布战争。英布双方交战，结果没有悬念，正如维多利亚女王①所说：英国战败的可能性，根本不存在。英国的海上力量完全将南非孤立，因而欧洲国家无法插足，布尔人在人数和资源上的优势迟早都要被消耗干净。然而，英国的胜利代价高昂。超过 25 万英军士兵被送到南非战场，国内政界一片哀鸣，英国的国际形象也严重下挫。世界将布尔共和国看作反抗压迫的独立国家——它的确是独立国家，只不过这次和以往很多情况类似，19 世纪的人们过于关注民族主义，却忽视了很多其他重要的东西，比如非洲黑人的境遇问题。1902 年，英国在战争大获全胜的情况下，高姿态地主动议和，并抛出条件宽厚的和约。虽然战后布尔共和国不复存在，但是英国依然不断退步，1906 年，德兰士瓦成立自治政府，次年布尔人通过选举成功入主新政府。布尔人一上台，立刻立法禁止亚洲移民，主要是印度移民。1909 年通过的《南非联邦宪法草案》明确规定，英语与荷兰语在南非享有同等地位，
428 更重要的是，规定了诸邦应依照各自的选举法，自行选举议会议政。在布尔人控制的邦，选举权并未被赋予黑人。在当时来看，此种和解办法还行得通，不过危机被深深隐藏起来，假以时日才能显现。

英国国内的慈善家、传教士，以及对移民者高度不信任的移民部(Colonial Office)时常对英国的殖民主义行为进行有力的声讨，这也让我们不得不谈一谈南非的土著民族。英国的多数殖民地都同印度次大陆情势不同，迎接现代化的是当地不堪一击的原始社会，有些社会的发展程度还相当低。加拿大印第安人和因纽特人人数毕竟有限，他们对开发西部和西北部的白人移民威胁不大；而美国人遇到的是极力反抗、希望保护自己世代生活的狩猎场的印第安人，后者最终遭遇灭顶之灾。澳大利亚土著同样遭到血腥屠杀，大英帝国内部大概再没有哪个民族如同北美印第安人和澳大利亚土著一样命运悲惨了。新西兰的毛利人也有相近的境遇，人口大幅度减少，不过同澳大利亚土著民族相比，减少幅度相对缓和，并且人口在后期慢慢回升。在南非和英属东非，情况

① 女王陛下的战略决断远好于很多帝国大臣。

则要复杂得多。一些民族直到 20 世纪都还生活在祖先的土地上，生活方式几乎没有改变；另外一些民族被驱逐出家园，甚至遭到种族清洗；还有一些民族被卷入现代化与经济发展的洪流，逐渐接受新的角色与身份。总而言之，在欧洲帝国的控制之下，土著民族的命运不由他们自己掌控。短期来看，他们对欧洲殖民者构成相当大的军事威胁，比如萨奇瓦约(Cetewayo)的祖鲁人，还有毛利人的全民战争；但他们最终都无法形成对欧洲人的有效抵抗，在这一点上同当年的阿兹台克人(Aztecs)并无二致。对于非欧民族来说，他们唯一的出路是效仿欧洲。

对于欧洲殖民者的所作所为，当时很少有欧洲人会以为不妥，将其原因简单归结于欧洲人都是邪恶、贪婪的恶棍似乎过于武断，毕竟还有很多欧洲的人道主义者，他们的工作让最极端的反殖民主义者也不能妄下结论。问题的答案一定隐藏于复杂的人类心理。尽管欧洲人看到了自己的到来(无论初衷是正是邪)给原住民带来了灾难，但并不会将这种灾难性后果与欧洲文化的侵略性联系起来，当时的欧洲人还不具备这种程度的人类学知识，或者说眼界。殖民者的基督教观念是错误的，他们自认为代表了发达与进步，然而这种高等级文明的优越感，让欧洲人认为弱肉强食理所应当(12 世纪的十字军东征和 16 世纪荷兰和葡萄牙海盗猖獗也是如此)，并且自然而然地接受了原本残酷的现实：人们各据一方，享受部落生活的权利被剥夺；通过渔猎轻松过活的人被强迫到工厂做工。

帝国崛起 429

“帝国主义”一词大概是 19 世纪 50 年代才出现在英语中的，因此自然带有那个时代的印记。19 世纪中，欧洲国家向外扩张，直接统治别国，这似乎是帝国主义的主要含义。依照这一定义来看，美国也可以算得上一大帝国，不过只能是特例。由于日本是唯一有能力扩张的非欧美国家，因此帝国崛起在大体上仅指起源欧洲的白人国家。19 世纪帝国主义扩张的黄金时期，可以以 1870 年为界限，分为特征明显的两个不同阶段。

俄国、英国和法国一直都在扩张其领土范围，因而可算作老牌帝国。而西班牙作为古老的欧洲王国，虽然在19世纪也获得了新的领土，但总的来说失大于得，19世纪末美西战争结束之后，西班牙的海外殖民地已经丧失殆尽，它便从此退出帝国竞赛。而没有惨痛战败经历的葡萄牙和荷兰，处境也与西班牙类似。至1900年，新诞生的欧洲国家德意志和意大利，已经加入海外攻城略地的队伍中来；历史稍长的比利时也是如此。帝国的崛起，已呈不可阻挡之势。

乍看之下，俄国的扩张道路一方面与美国类似，欺侮弱小的邻居与落后的原住民，霸占土地直至占领整片大陆；另一方面又与将印度作为战略缓冲地带的英国相仿。但事实上俄国是有其独特的历史经验的。俄国西侧强敌林立，在这些发达的欧洲邻国面前似乎没有可能再取得新的领土；多瑙河地区也是如此，各种势力复杂交织，很有可能随时介入地区事务，将俄国一军。因此俄国主要的进军方向就是南部与东部，它在19世纪从这些地区掠取了大量土地。1826至1829年对波斯战争大捷，俄国海军从此进入里海，占领亚美尼亚。在中亚，俄国不断向突厥斯坦(Turkestan)以及布哈拉(Bokhara)和希瓦(Khiva)绿洲进发，最终在1881年占领整个里海地区。在西伯利亚，俄国疯狂扩张，并强迫中国交出黑龙江[①]以北的大片土地，他们于1860年在那里建立起符拉迪沃斯托克(Vladivostok)[②]——后来的远东第一港。不久，俄国以割让阿拉斯加为代价，将对美国的债务一笔勾销；若非如此，今日的俄国将是跨越亚太地区和美洲的国家。

19世纪上半叶，最具扩张性的国家无疑是英国和法国。1815年，英法缔结和约，战胜方英国以牺牲法国为代价取得大量利益，从此英国凭借各地分散的海外根据地，如马耳他、圣卢西亚(St Lucia)、爱奥尼亚诸岛、好望角、毛里求斯和亭可马里(Trincomalee)等，钩织出庞大的
430 海上势力网络。1839年，奥斯曼帝国爆发内部危机，英国趁机夺取亚

① 俄国称阿穆尔河。——译者注

② 1860年以前属于中国领土，中国传统名为“海参崴”。——译者注

丁,亚丁作为葡萄牙曾经的殖民地,扼制住通往印度的必经要道。蒸汽船和煤矿产业普及之后,皇家海军更加所向披靡,亚丁之后的新殖民地接踵而至。特拉法加战役之后,再没有哪个欧洲国家能够阻挡英国的脚步了,倒不是因为其他国家不能掌握英国那样的资源,他们也不是绝对无法挑战英国的海上优势,1781 年的约克镇就是证据,但其他国家如想超越英国,需要花费的力气太大了,事实上大家都觉得挑战英国的海上霸权是一件吃力不讨好的事情。大英帝国在海上主导一切,对于其他国家来说也是有一定的好处的,英国海上警察的工作让很多人从中受益。对于英国自身来说,国际贸易有了强大海军的支持,才能更好地保障其殖民地能够参与到世界贸易体系中来,并从 19 世纪快速发展的经济环境中获益。早在美国独立之前,英国的贸易政策相比西班牙和法国来讲,都是成功的;旧有英属殖民地先后在帝国贸易中发展壮大,后来的自治领同样获益匪浅。

大英帝国主义,深受地缘因素与历史因素影响。1783 年之前,当时的英国人正在探索南太平洋,对亚洲的贸易也开始显著增加,一些人便开始考虑日后帝国与亚洲的联系问题。后来,因为与法国的小盟友荷兰作战,英国人又将目光转向马来亚和印度尼西亚。除此之外最为重要的是,英国对印度的渗透稳步进行。至 1800 年,对印贸易往来已经成为英国商业利益的核心;而到了 1850 年,有人认为英国之所以要占据那么多殖民地,很大程度上是为了保住印度。印度,毫无疑问是大英帝国主义的重中之重。

印度:英国势力深入

印度,这个国家改变了近代英国历史的走向。自 1784 年初开始,英国政府与东印度公司“共享”印度的状况有所改变,东印度公司势力逐渐减弱,而英国政府的权威逐渐增强。1813 年,东印度公司在印度次大陆的贸易垄断被打破,英法战争行将结束之际,英国在南印度的势力进一步增强,施加影响的方式是多样的,有时是强行占领,有时是间接控制本国统治者。1833 年,公司又一次得到英国政府颁布的英印贸易特权，至此，整个印度次大陆只有西北一隅完全独立于英国的政治影响。19 世纪 40 年代，随着(Punjab)旁遮普和信德(Sind)相继沦于英国之手，克什米尔被英国势力范围所覆盖，英国此时已经成为印度的宗主国。

此时的东印度公司已经完全是一个政治实体，1833 年商业特许状剥夺了它的对华贸易权，也终结了公司垄断中英贸易的历史，按照今天的眼光来看，从此之后的亚洲，成为自由市场；从此之后的印度，也面临
431 更多的历史抉择与突破，古老的次大陆也投入世界现代化的浪潮之中。从表象看来，莫卧儿皇帝的名字不再出现在货币名称中，波斯语也不再是历史和司法的标准语言，英语逐渐成为官方语言，英语教育也随之兴盛起来，这一变化的影响非同寻常，印度长久以来相互制衡的民族关系被破坏，英国化的印度教徒因比穆斯林更加具有开拓精神，在英属印度获得了更好的发展机会。而英语作为官方语言在高度多样化的印度次大陆真正得到推广，离不开用英语授课的初等教育的普及。

与此同时，在历任印度总督开明专制的统治下，印度迎来了经济发展与制度革新的时代。各地兴建宽阔的大路与沟渠，1853 年，印度第一条铁路通车；英式法律制度被引进；为了向东印度公司输送合格人才，大批英国人被送入刚刚成立的印度大学，印度首批三所大学均成立于 1857 年，随之建立的还有各级教育机构；其实早在 1791 年，就有苏格兰人在贝拿勒斯(Benares)成立了第一座梵语学校，被称作印度教的罗德斯学院。其实印度在这个时期取得的很多成绩，并非直接出自政府之手，而是受益于让类似机构可以落地生根的自由土壤。1813 年开始，英国传教士开始进入印度(此前这是被东印度公司所禁止的)，英国国民从此可以从他们那里听到在印度真实发生的事情，而不再是受到官方的引导。因此，政府内部也产生了两种不同的思维，实用主义者重视现世的愉悦，而基督信徒强调灵魂的解放，两派均自认为代表印度的利益，都从英国的角度出发，居高临下地看待印度文明；他们也都在不知不觉中改造着英国对印度的看法，因此可以说，印度在某种程度上塑造了英国的大众思维。

蒸汽船问世之后，印度离家更近了。越来越多的英格兰人和苏格兰人在印度谋求发展，英国在印度的移民社区也随之发生翻天覆地的变化。18世纪，为东印度公司工作的英国人毕竟是少数，他们满足于近乎流放式的生活，为追逐商业利益而来到这片神秘的大地，他们的社会生活也同本地的印度人融为一体。他们过着印度绅士一般的生活，有些人穿着印度传统服饰，品尝着印度美食，甚至像印度人一样娶妻纳妾。而到了1800年之后，信奉改革的英国官员来到印度，决心要废除这里落后愚昧的社会风俗——在那个丢弃女婴、自焚殉夫还在不断上演的时代，这确实是必要的；教士们宣扬的基督教义也在不断侵蚀印度教和伊斯兰教的传统社会体制；而那些追随丈夫来到印度建立家室的英国妇女，一样推动着印度的英国移民社区改头换面。英国移民越来越疏离印度人，他们普遍认为英国之所以能够统治印度，是由于英国拥有更加先进的文化和道德水平。统治阶级有意识地同被统治阶级划清界限。曾经有生活在19世纪70年代的英国官员谈及调赴印度的同行们的工作时，如此评论道：“他们要将欧洲文明的精髓，带到这片人口 432
密集的大陆上去，那里的人们自大得令人作呕，笃信各种愚蠢的迷信，因相信命运而死气沉沉，对生活中的罪恶熟视无睹，习惯被动接受，而非主动出击迎接挑战、战胜困难。”[①]这种激进的观点同18世纪的英国“老好人”相比，自然相去甚远，后者只是想通过劳动在印度致富而已。而在如今的19世纪，一旦那些制定法律的激进主义者侵犯到本土印度人的利益，两者之间的社会接触也变得越来越少，他们把受过良好教育的印度人发配到政府的基层岗位去，自己则缩在白人的小圈子里作威作福。从历史看来，以前占领印度的民族最终都在不同程度上被印度社会同化；维多利亚时代的英国则凭借不断更新的现代科技，与本土的联系不曾断绝，再加上他们相信自己拥有更加进步的文化与宗教认识，印度文化未能反噬英国。同时很多证据表明，印度对英国并非完全没

---

① Fitzjames Stephen, q. by J. M. Brown, *Modern India: The Origins of an Asian Democracy*, 2nd edn (Oxford, 1994), p. 105.

有产生影响，比如流行英国的印度式早餐和晚宴，以及英语中的印度元素。总而言之，英国人虽然没有将印度全盘西化，但印度已经不是过去的印度了。19 世纪英语中"盎格鲁-印度人"(Anglo-Indian)一词并不是指英印混血，而是指在印度谋求发展的英国人，这部分英国人有着独特的文化与社会身份。

印度：民族大起义

1857 年"印度民族大起义"之后，"盎格鲁-印度人"被彻底从印度社会中剥离出来。简单来讲，几名印度教士兵不愿触碰用动物油包裹的子弹，遭到英印政府制裁，这一事件虽小却影响深远，士兵因极度不满掀起兵变，紧接着一环接一环，事端扩大。多数暴力事件都象征着传统社会对改革和现代化进程的自发抵制。有时候，英国政府也会得罪当地的印度教或伊斯兰教统治者，他们会在旁边煽风点火，他们有些人后悔接受现代化而导致传统权威丧失，希望借印度民族暴动的机会，恢复自己的独立地位。英国人在印度只是少数派，但这一小撮人镇压起义毫不手软，他们与忠于英印政府的本地士兵一起，把兵变镇压了下去。虽然之前也有英国俘虏被起义者屠杀，也有英国兵团在勒克瑙(Lucknow)被围困数月的事情发生，但总体来说，起义未能对英国统治构成致命威胁。

对印度民族起义的残酷镇压，从精神层面沉重打击了英印政府。德里的起义者宣称其领袖为莫卧儿末代君主，完全不顾英国人已废黜了莫卧儿皇帝这一事实；事实也不是像后来的民族主义者所宣称的那
433 样，是英国对印度民族解放运动的镇压。印度起义同所有那些被拿来构建民族国家的元素一样，被人们神化并加以传播，它促进了印度民族主义的成型，而绝非是民族主义推动了起义的产生。历史上真实的印度起义，只是单纯的抗暴运动，完全没有后人赋予它的那许多深层意义。它所造成的最主要影响，就是伤害了部分英国人希望帮助印度的善心，以及他们对印度的好感。无论随后英国政府的政策是如何转向的，在印度的英国侨民永远不会忘记这一幕，他们记忆中的印度人，已

经成为极度不可信任的民族。起义的影响，无论对盎格鲁印度人来说，还是对印度人来说，都随着时间的推移慢慢被放大、被神化。英国人的确残暴地镇压了印度士兵，但印度人又添油加醋地中伤英国人，以更好地证明英国政府在印度施行暴政，进行社会阶层隔离。从印度制度变迁的角度来看，印度起义可以说是开创了一个新的时代，因为它终结了东印度公司控制印度的历史，从此以后的印度总督都是女王身边的大臣，直接对内阁负责，这也奠定了英属印度的制度基础。如果非要说民族起义改变了印度历史的话，它也是在其旧有的发展轨迹上起到了一定的推动作用，并未改变其基本方向。

19 世纪印度与英国之间的经济往来空前发展，同所谓的民族解放运动相比起来的话，经济发展在更大程度上左右着历史的走向。商业利益是英国在印度次大陆存在的根本原因，也是影响英印两国发展的重大因素。19 世纪 30 至 40 年代，英国对华贸易发展迅速，印度也成为中英贸易的中转站，与此同时，英国以纺织品为主的很多产品开始大量涌入印度。截至起义爆发之时，英国在印度的商业利益已经远非东印度公司时代所能比，驻扎在这片大陆上的英国商人和英国公司也比从前多了很多。英印贸易，在此时不过是英国制造工业席卷全球、世界商贸网络初具形态之世界大趋势的一部分。1869 年苏伊士运河开通，极大地降低了欧洲到亚洲的海运成本；至 19 世纪末，英国对印度贸易额翻了四番之多。然而讽刺的是，英印之间贸易的红火发展，反而阻滞了印度的现代化进程，如果没有英国这个竞争对手，印度的工业化也许会更加顺利。虽说如此，19 世纪末的印度面临西方威胁，统治阶层期冀保存自身的文化和权力，他们还是十分乐于接受现代化的洗礼。

民族大起义之后，印度的政府体制和行为方式并未得到很大改观。1877 年，印度国会授予维多利亚“印度女王”的称号，英国人有的表示不认同，有的大加嘲讽，多数人完全没有放在心上。他们大都自信地认为，由于英国文明优于印度，英国在印度的统治应当可以永存，或者起码是长存，所以名分什么的并不重要。他们倒是能够就新的执政方式达成一致，用当时一名英印政府官员的话来说就是“英国人不是好惹的”，只有通过强权政府，印度才能避免更多的暴动。还有一点大家也都普遍认识到了，正如英国总督在 20 世纪刚刚拉开帷幕时所说：“拥有印度，我们便是世界帝国；失去印度，我们立马就会变成三流国家。”

434 这句话是否正确，我们无法考量。但能够肯定的是，印度人的确在为庞大的印度军队埋单，而印度军队不光保卫印度，也会被调集到其他国家保卫大英帝国的利益。印度的海关特权也一直被英国人掌握，为英国工商业者的利益服务。然而这些不过是事实的一个方面，英国也一直在给印度输血，在很大程度上推动了印度经济的发展。人都需要冠冕堂皇的理由，来为群体性违法事件做掩护，英国人也是一样，他们的理由是他们都是在印度行善，他们认为自己背井离乡，清心寡欲地在异国他乡过着流亡一般的生活，就是为了将和平带给被战争困扰的民族、将秩序引入混乱不堪的社会。他们中的大多数人其实根本就没有想清楚自己在印度的作为到底性质如何，只是盲目地相信他们从欧洲带来的，一定好于印度本土的，因此自己的行为一定是在帮助印度。深深藏于这些想法背后的是欧洲人的种族优越感，以及这个世纪越来越猖獗的种族歧视思想，还有一定的“适者生存”的味道在里面。

另外一点能够肯定的是，印度是一个复杂的整体，统治阶层和被统治阶层之间界限明晰，这一点在当时看来，还不是很清楚。虽然在暴动之后，英国当局允许一部分印度乡绅和本地统治者进入政府司法机构，但直到 19 世纪末，印度人才能通过选举进入政府任职。即使政府公职的大门向印度人敞开，他们也很难进入决策层面之中。在军队中也是如此，高层军事领导几乎没有印度人；英国海外驻军，最大的一部分永远都是在印度，他们掌握着重武器，控制印度军队的人事任免大权，这些都是为了防止暴动的惨剧重演。同欧洲国家一样，铁路、电报和先进武器的引入也让英印政府实力大增，但英国人的信心不止源自武力方面的优势。据 1901 年印度人口普查显示，当时的印度人口接近 3 亿，统治他们的欧洲人只有区区 900 人，军队中基本上是一个英国兵对 4 000 个印度兵。用当时一个英国人的话来讲，如果所有印度人一起吐口水，也能把英国人淹死。

英印政府的统治，毕竟不能完全依靠武力，还需要谨小慎微的政策导向，以及印度方面的支持。暴动之后，很多人提出要尽可能少地干涉印度政务。英印政府将丢弃女婴的恶习视为谋杀，严加管制，却对一夫多妻制和童婚不加干涉(1891 年之后，同 12 岁以下女孩结婚被明令禁止)。在印度教律法允许的情况下，政府法律也是能不管就不管。对于印度当地的统治阶级，英国人的态度也越来越趋向保守。虽然暴动中多数地方权贵是支持政府的，但还是有一部分人不满英国人借他们之
手统治印度，因而随社会潮流而动，参与反英斗争；暴动之后，他们的权 435
力得到英印政府的保护，英国允许地方大公在自己的土地上实行自治，不对政府负责，只要接受英国巡查官长期居住在他们的庄园，并不定期检查就好了，这些自治地区统治着超过五分之一的印度人口。英国政府这样做，无非是为了从统治阶级入手，争取印度人民的支持。

与其他很多封建政府一样，英印政府阻碍了印度前进和变革的脚步，这种阻碍作用，甚至要强于其他多数地方的政府。英国人巧妙地瓦解了原本可能出现的战争，人口压力增大导致粮食危机，进而造成饥馑；同时在很多政策(尤其是英国的关税政策)的阻碍下，工业化难以施行，农业要独自承担养活众多农村人口的任务。因此慢慢崛起的工商业者对政府并没有好感，甚至关系相当紧张。这一时期接受英式教育的印度人也越来越多，他们逐渐发现在印度的英国人所言与所行相去甚远。那些去了牛津、剑桥或者律师学院的人真正接触到了西方文化，也更加认识到英国人的虚伪：19 世纪末，英国人在本土建立起印度国会成员委员会(Indian Members of Parliament)，而在家乡印度，英国大兵会随意骚扰印度学生。这些留洋海外的印度人也会从书籍中寻求答案，约翰·穆勒和马志尼的作品都对印度有着很大的影响。

讽刺的是，最初发掘传统印度教文化，让印度民族主义者再次昂首挺胸的，是 19 世纪初的英国东方学者。如果没有欧洲人的指引，印度学者还不会去研究被历史埋没的梵文经书，让印度教古文明重见天日。至 19 世纪末，针对雅利安文明和吠陀文明的研究已现成果(印度伊斯兰教文明则没有得到重视)，印度教徒从此可以更自信地面对基督教

士，并从文化上进行反击。但是很长时间以来，这种民族意识只有一小部分印度人才有，他们是印度社会的精英阶层，有的接受过高等教育，有的家世显赫。印度教徒，尤其是以孟加拉印度教徒为主，在精神上成为印度的脊梁，一旦他们认识到知识并不能让他们自主地决定印度的命运，英国人也并不会因此对他们更加尊重，失望之极，是难以言表的。

即使在这种背景下，印度的国民大会还是最终成立了。起初成立国会的想法，就是由政府的一则提案引出的，接着，欧洲人呼吁提高印度人地位，实现印度人与欧洲人的司法平等。1885 年 12 月，国会第一届会议在孟买召开，而起到决定性作用的，是一名英国退休政府官员，事实上英国皇室官员也有参与。在开始的很长一段时间里，欧洲人都在国会中占据重要职位，国会的决议也要事先得到伦敦的建议或指导。第一届国会会议召开的时候，印度代表身着正装，戴着象征上流社会的帽子，而英国人虽然也着正装，但服饰打扮略显随意，这种滑稽的场面，恰恰印证了欧洲之于印度多方面的复杂影响。

436 法国的海外领地

大英帝国只是欧洲一个杰出的范例。同样，从 1815 年开始的几十年内，法兰西帝国得到了很大的扩张。法兰西帝国第一个清晰的扩张信号在北非发出，由于奥斯曼帝国在地中海南岸和东岸正式统治的衰落，那里成为易受帝国主义侵略者攻击的猎物。法国在这个地方的利益是自然而然的，一点也不令人吃惊，这可以追溯到 18 世纪它在黎凡特国家贸易中的大扩张和 1798 年波拿巴对埃及的远征。

尽管如此，法国直到 1830 年才犹犹豫豫地开始占领阿尔及利亚。紧接着是一系列的战争，不仅与当地居民开战，还与摩洛哥苏丹开战，到 1870 年，法国占领了这个国家的大部分地区。到那时，法国也将注意力转移到了突尼斯，后者自 1869 年政府破产之后接受了英-法-意联合行政机构的财政控制。此时突尼斯贝伊仍旧处于奥斯曼苏丹的宗主权之下，法国和意大利政府则为了争取本国国民的特权而争吵不休；之后法国的一次入侵(借口是骑兵从突尼斯的边境进入阿尔及利亚)刺激了这种局面,之后于 1881 年,贝伊接受法国成为其保护国。土耳其和意大利强烈抗议,但无效果。这使得欧洲向这两个奥斯曼附属国的移民浪潮一时兴起,一些城市中的欧洲人口也有了显著增长。这也使得法国统治的情况更加恶化。像阿兹特克人、美洲印第安人或澳大利亚土著居民那样被灭绝或是几近灭绝的时代已经过去了,非洲阿尔及利亚人不会遭到这种对待。无论如何,这个社会的抵抗更为顽强,毕竟它是在与基督教王国对抗的伊斯兰文明的严酷环境中形成。尽管如此,阿尔及利亚依然深受其苦,欧洲大陆法的引入打破了其传统习俗,市场经济的全力冲击又让农民们陷入贫困。

法兰西帝国在地中海地区的行动并不限于马格里布。在非洲的地中海沿岸东端,早在 19 世纪就有了第一次现代化进程尝试,这个发生于埃及的尝试由第一个伟大的非欧洲国家的本土改革者(现代化推进者),奥斯曼苏丹的大臣(帕夏)穆罕默德·阿里所发起。阿里是欧洲的仰慕者,想要借助欧洲方法来宣布自己的独立。同样,衰落的帝国给他提供了诱惑和机遇,当他帮助奥斯曼政权反对希腊革命时,阿里试图要求得到叙利亚作为对他的奖励。这引起了一场国际危机,因为它危及了奥斯曼的稳定,而且也不是所有的欧洲列强都对此表示满意。法国站在阿里这边——但是没有成功。但是,这使得法国重新审视其在黎凡特和叙利亚的利益,而其最终后果是法国政府在叙利亚和黎巴嫩的短暂建立。

法兰西帝国在亚洲的情况又有所不同(虽然有着相同的背景:衰
落的帝国),而且必须放在一个更为广阔的背景中来理解。虽然印度是 437
欧洲在亚洲统治的最大的独立人口实体,但是有关欧洲长期利益的、有着稠密人口并能威胁到其行动的其他地区在东南亚和印度尼西亚。这无法一概而论。有一个负面的影响是很明显的;每个地方的现代化进程都将侵蚀本土文化。1880 年,东南亚大陆的大部分地区仍被本土王公独立统治,虽然他们通过“不平等条约”向欧洲强国做了让步。这种情况在接下来的十年内有所改变,体现为英国对缅甸的吞并和法国在印度支那地区的扩张。马来亚的苏丹们在其宫廷中接受了英国居民,他们通过在当地统治来指导制定政策，同时，“英属海峡殖民地”作为殖民地被直接统治。到1900年，在这一地区的王国中只有暹罗仍然保持独立，虽然越南（在法国的亚洲扩张早期阶段中作为印度支那的一部分被称作安南）在一定程度上仍然在这个概貌之外。

越南由于其与中国紧密的文化联系而显得特殊（中国对其享有宗主权）。而且它在欧洲帝国时代到来之前就有着这一地区最长的民族认同的传统和反抗的历史。法国在这个国家的利益也有着深刻的根源，能够追溯到17世纪的基督教传教。19世纪50年代，基督教的迫害使得法国人（暂时与西班牙人一同）对南越南（那时被称作交趾支那）进行干涉，因而带来了与中国的外交冲突。1863年，安南皇帝被迫向法国割让部分交趾支那，而柬埔寨接受法国作为其保护国。随之而来的是法国的进一步行动和印度支那人的反抗。70年代，法国占领了红河三角洲；不久，其他的争端导致了与中国（此地区最高统治力量）的战争。但是，这加固了法国对印度支那的控制。1887年，一个印度支那联盟建立起来，它是隐藏在一系列保护国关系之后的中央化政权。安南皇帝以及柬埔寨和老挝的国王依旧保留其王位，但是文化同化成为法国殖民政策的目标。法国文化被引入新的法国国民当中，其精英将把高卢化作为现代化和文明化的最好方式。

同样，在更南边的地区，法国至少有一个间接的历史影响。19世纪末，印度尼西亚大约有6 000万人；人口压力尚未如之后那样造成很大负担，但是，它是除印度之外的由一个欧洲国家统治的最大的非欧人群。荷兰在这里统治了近两个世纪，不时给印度尼西亚造成痛苦的经历，之后，法国大革命使得联合省遭到侵略，而荷兰东印度公司也开始解体。另一个后果紧随其后，英国人占领了爪哇，他们通过大大改变关税体系进一步引起了水域的动乱。其他令人烦扰的影响此时也在发挥
438 作用。虽然印度文化在印度崭露头角，但是印度尼西亚仍然是伊斯兰世界的一部分。许多印度尼西亚人至少在名义上是穆斯林。他们与阿拉伯建立了长期的重要贸易联系。在19世纪早期，所有的这些都有了新的意义。印度尼西亚的朝圣者（其中许多都是出身高贵的人）去麦加

朝圣，有时去埃及和土耳其，在那里他们熟知了远西地区的思想。这种情况的不稳定性在1825年荷兰人返回并与一个持不同政见的王公打了一场“爪哇战争”时显露出来。它持续了五年，毁坏了这个岛的经济，迫使荷兰引入进一步的变革。其结果是，考虑到殖民政府的财政利益，当地建立起一个加强农作物种植的农业体系。

“帝国主义浪潮”与国际关系

如果我们撇开南极洲不论，1914年，世界上超过五分之四的土地属于欧洲帝国或欧洲殖民而建立的新国家。只有少量国家在形式上仍保持独立，但基本没有本土政权能够享有完全的自治，就像中国、波斯、摩洛哥和奥斯曼帝国的命运那样。大不列颠和俄罗斯这两个帝国占据了世界大约三分之一的土地。与1800年的情况的对比是令人吃惊的。欧洲帝国有条不紊的扩张作为这一切的根源大多数发生在19世纪最后25年里。1880至1900年之间，英帝国的人口增长了三分之一。同一时期，法国领土增加了约350万平方英里，德国约增加了100万平方英里。这是开始于400年前的进程中最大也是最后的浪潮，它在不久以后就将结束——虽然没人知道这些。

在这个世纪将近结束的时候，人们经常争论“帝国主义浪潮”的原因，但是，认识它往往比解释它要难。一时间似乎世界没有一个地方不具吸引力而使得人们不想吞并它的，而且，比以往更多的国家开始了帝国建设。不仅仅是新意大利和德国，还有新的欧洲海外领地，尤其是美国和澳大利亚，随着1900年的到来加入了这个竞赛当中。当时的解释经常采用拥护或辩护的形式(当然，有趣的是，人们认为辩护是需要的)。有些人强调帝国海外扩张的一个方面，认为需要缓解本土的人口压力。他们强调工业社会的弊病和贸易圈对雇佣关系的影响所呈现的危险；向殖民地的移民也许能够提供安全的渠道来抵消本土的不满。另一些人用回应或扭曲了的达尔文生物学的观点来进行解释；他们认为，帝国主义不可避免，因为白人在种族上的优越性使其从基因上就注定要统治世界。科学，无论被理解与否，被认为支撑了这些观点，提供

439 了所谓在人类争夺资源的斗争中白人种族取得更显著效果的证据；他们被认为更加聪明、在实质上更适于竞争，在脑力或体力上都更胜一筹。随着时间流逝，能够听到的更多的解释是(虽然仍没有辩护多)出于经济竞争性的解释，与不真实的关于与生俱来的种族特性以及从中流溢出的自然的竞争性的推测无关。它认为，欧洲民族被内部的结构性力量所驱动，为获得新的市场和新的廉价原料及初级产品而竞争，从而获取海外土地。这发展为更为明显的对“资本主义”的政治批判，作为一个系统，其实质是推动政府通过对一些国家的政治控制(即使是间接的)来寻求投资机会，而投资的回报在这里往往会比在本土获得的要高。

回顾一下，我们可以看到，实践和技术原因应当得到重视。欧洲人所得到的力量不再仅限于武器和航海技术上的优越，这些使得他们的祖先在 15 世纪对整个世界发动猛击。例如，科学帮助欧洲人更容易进入非洲这块长久以来吸引人而“黑暗”的大陆；对其进行完全探索最终在 19 世纪 70 年代成为可能，那时药物开始使人能够更容易抵抗热带疾病，也更容易维持长期的基地。同时，汽船开始使得进入未知的大陆更加容易。这些可能性重新点燃了人们的经济希望——它们通常是没有依据的，也常常使人失望——但是它们加速了进一步的扩张，有时导致了诸如吞并等政治结果，或是与当地人签署商贸条约等协议。

帝国主义扩张是如此复杂，以至于到最后“原因”这个概念已经不是十分有用了。部分解释是纯粹的驱动力、新的形式以及日渐积累的力量所带来的感染性的效果。随着达到新目标可能性的增大，追求和视野也在不断变化。显然，仅仅经济利益已经无法成为唯一的解释，因为它本身也是由其他变化所促进的。同样，显然经济帝国主义常常是很不成功的。无论如一个英国政治家所称的“不发达的财富”的非洲有多大吸引力，或是臆测的由中国数百万贫穷人口所构成的广阔消费品市场有多大吸引力，工业国家仍然认为其他的工业国家是他们最好的消费者和贸易伙伴。对于海外投资来说，不是新获得的地区，而是前殖民地或现存的殖民地吸引了他们中的大多数人。英国的海外资金大部分投资于美国和南美洲，或者“旧的”迁占殖民地；相比非洲，法国投资者更愿意向俄国投资，德国的资金也大都流入土耳其。

经济期望的确刺激了个人行为，但这是另一个很难总结的随机因素。探险家、商人、士兵和冒险家有时采取的行动会导致政府行动，无论其愿意与否。他们中的一些成为大众英雄，因为这一欧洲帝国主义最活跃的阶段伴随着公共事务中大众参与的显著增长。通过购买报 440
纸、投票选举或是在街上欢呼庆祝，群众感到越来越多地参与到了政治当中，而政治（和其他的东西一起）认为帝国竞争是一个好的东西。像在今天的运动中一样，它在国家地位通俗化的浪漫主义时代以国家对抗的形式表现出来。新的廉价的出版物和大众小说家通过将殖民地探索和殖民地事务戏剧化来迎合这一口味。而且，一些愤世嫉俗的政客认为，本国统治向新地区的扩张意图有可能会抚慰选举者，虽然专家知道除了付出代价什么效果也不会达到。贫民窟居民因自己对其政府统辖下遥远的“野蛮”人的优越性而感到一些小小的欢欣。但是，愤世嫉俗已经不再是全部内容，还有利益的驱使或是过分刺激了梦想的自我。驱动了许多帝国主义者的理想主义抚慰了更多人的良心。那些相信他们拥有真正文明的人注定要统治他人，这是为了被统治者的利益，这是统治者的职责所在。

1870 年之后，在变换的国际关系将其自身逻辑强加于殖民地事务的背景中，这些元素（许多交织在一起）需要找到新的立足之地。两个持续的事实凸显出来。一是大不列颠的中心地位。作为唯一真正的世界范围的帝国力量，它比其他国家有着更多的欧洲之外事务上的争端。它在各处都有领地，虽然随着时间的流逝已经不仅仅专注于印度，同时也获得了非洲的领土作为好望角航道（以及一条新的取道苏伊士的路线）的护卫，并经常因作为印度缓冲地带的中亚地区的危险而感到不安。在 1870 至 1914 年，大不列颠陷入的唯一可能被卷入战争的危机（与另一个大国的争端）远在阿富汗和尼罗河上游地区。它在埃及与法国有着持续的争端，其他在东南亚和南太平洋的争端则要稍稍不那么辛苦。不仅仅是与法国，在西非和刚果，它与德国也有着边界的争端。它与德国还在新几内亚和波斯问题上，与俄国在中亚和阿富汗问题上有着进一步的争端。其关注范围如此广泛，使得其他国家常常联合起来反对英国。

第二个也是更为矛盾的事实是，虽然40多年来欧洲外交官们一直在为海外事务争吵，尽管美国和西班牙发生了战争，但它们对非欧世界的持续瓜分显然是和平的。即使在1900年以后，对非欧事务的争吵也明显转移了欧洲自身的敌对，而后者是更为危险的；19世纪它们甚至可能帮助保持了欧洲和平。当世界大战最终在1914年爆发，英国、俄国和法国这三个之前还为帝国和殖民地问题彼此争吵的国家能够站在
441 统一战线上。仅仅是几个月之前，英国和德国就一个对葡萄牙帝国的可能瓜分达成了友好的协议。海外殖民竞争不再像18世纪那样将欧洲引入战争。

对非洲的争夺

非洲最为明显地体现了欧洲帝国主义最后一个高潮阶段的竞争导向、自我供给和复杂本质。19世纪的探险家、传教士和反对奴隶制的士兵们促使越来越多的人相信：欧洲在“黑暗大陆”统治的扩张是正确的，那里文明和幸福的扩散可以证明。在非洲海岸，几个世纪以来的贸易证明，在非洲内部可能获得的是理想的货物而非奴隶。好望角的白人向更深的内陆推进（部分由于波尔人对英国统治的憎恨）。非洲在1881年就已经不稳定了，那时英国派出一支军队到埃及，以确保这个国家政府对一次民族主义运动（它害怕其可能会威胁到苏伊士运河的安全）的压制。欧洲文化的腐蚀性力量——由于它成为埃及民族主义思想的源泉——因而触发了奥斯曼帝国衰落的另一个阶段——其时，埃及仍是其名义上的一部分。它同样引发了“瓜分非洲”的浪潮。

英国本希望能够很快从埃及撤军；但是到1914年，其军队仍然在那里，而英国的官员在那时实际控制着这个国家的运转。其他地方，英

埃联合统治向苏丹推进深入，土耳其在利比亚和的黎波里塔尼亚的西部省份已经被意大利（它对于法国在突尼斯的保护国地位感到不满）占据，阿尔及利亚比以往任何时候都更法国化，而法国也很享受在除西班牙驻扎之外的摩洛哥地区相当自由的决定权。但是这远不是全部情况。从摩洛哥向南到好望角的海岸线已经完全被英、法、德、西班牙、葡萄牙和比利时所瓜分，唯一的例外是独立而落后的利比里亚黑人共和国。撒哈拉空旷的荒野被留给了法国，同时还有塞内加尔盆地和刚果盆地北面的大部分地区。比利时在刚果盆地的剩余部分安顿下来，那里不久后被证明是非洲矿藏最为丰富的地区之一。更东一些，英国的领地从好望角一直延伸到罗得西亚和刚果边境。在东海岸，其被坦噶尼喀（1914 年属德国）和葡属东非与大海所隔开。从肯尼亚的港口蒙巴萨开始，另一条英国领地带穿过乌干达延展到苏丹边境和尼罗河源头。索马里和厄立特里亚（由英、意、法所控制）将埃塞俄比亚孤立起来，后者是除利比里亚之外唯一的独立于欧洲统治的非洲国家，也是唯一一个通过军事胜利避免了欧洲占领的国家。其他国家没能成功抵抗，正像法国对阿尔及利亚和突尼斯叛乱的镇压，葡萄牙在 1902 年和 1907 年在安哥拉的征服叛乱（多少有些困难），英国对祖鲁和马塔贝列 442
人在南非和东非力量的摧毁，以及最糟糕的，1907 年德国在西南非的埃雷罗（Herrero）的大屠杀所证明的那样。

欧洲势力的巨大扩张大部分在 1881 年之后完成，而且其一个值得注意的成就是这是在避免了帝国战争的基础上达成的。它改变了非洲的历史。最终，欧洲谈判家的磋商、偶然的发现和殖民统治的便利造就了非洲进入现代史的方式。虽然在这里，伴随着瓜分非洲而产生的复杂多变而又令人着迷的故事与欧洲相关的部分仅仅在于其吸引了欧洲的精力、注意力和资源，以及其在帝国最终退却后在欧洲纠缠不清的网络所留下的东西。

通过经营非洲，欧洲本身也有了一些变化。它意味着欧洲能够也的确已经更为容易地掌控可利用的财富，但是似乎只有比利时从非洲获取的资源对它造成了实质性的改变。同样，对非洲的开发有时也触

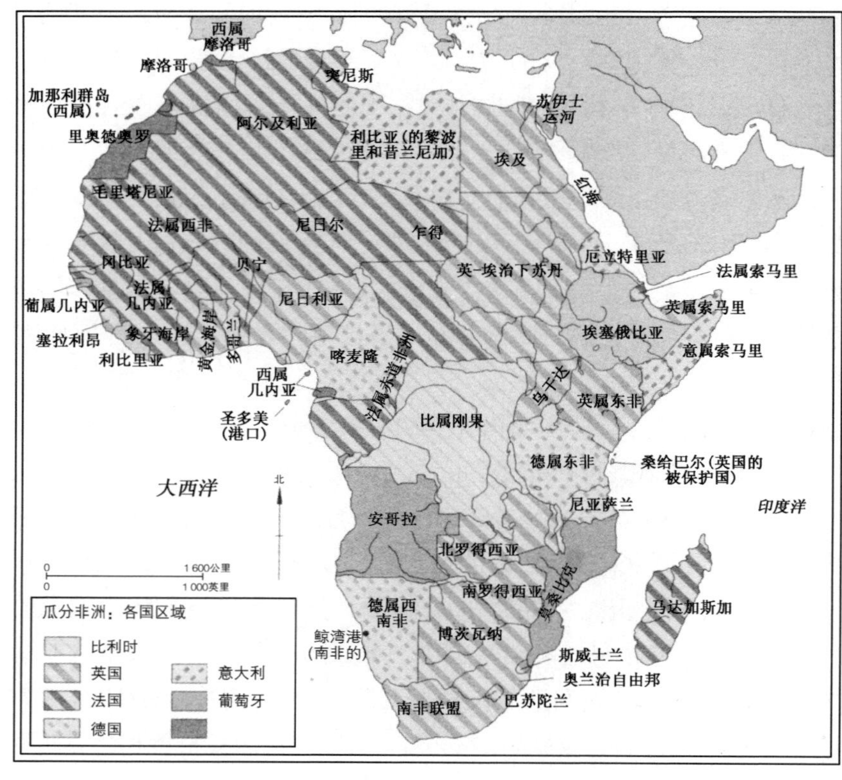

发了本土的政治争端。比利时国王利奥波德统治下的刚果暴行和葡属非洲的强迫性劳动就是臭名昭著的例子，但是其他地方仍然有帝国政
443 权默许下为了利益而对非洲自然资源——人力的和物质的——无情开发或掠夺的例子。大多数帝国主义国家征召非洲士兵（虽然只有法国希望能够雇用他们去欧洲服役以制衡德国士兵的数量）。他们希望为能够缓解社会问题的移民找到出路，但是非洲为欧洲提供的居住机会是混杂的。两个最大的移民区是南部的波尔人和英国人，以及之后肯尼亚和罗得西亚将会为白人农民提供的土地。除了这些，非洲的移民据点包括了法属北非的几个城市，以及安哥拉的虽小但却不断成长中的葡萄牙社区。意大利在非洲的希望落空了。德国的移民规模很小而且几乎完全是暂时的。

帝国主义欧洲和远东

太平洋地区的瓜分不像非洲那么激烈,但是最后其岛屿民族中没有剩下任何独立的政治单位。与非洲相比,它几乎没有引起任何外交争端。英国、法国和俄国在亚洲的扩张则是不同的情况。法国在印度支那建立政权,英国则在马来亚和缅甸紧随其后,将其作为一条保卫通向印度道路的途径。暹罗仍然保持独立地位,因为它可以作为两个强国间的缓冲地带。同样,英国宣布了其在中亚的权力,1885 年,英国因阿富汗问题威胁与俄国交战,并且在 1904 年,为了印度的安全而对中国的西藏进行了远征。这些地区(比如俄国陆上扩张区域的许多地区)许多在名义上仍属中国的统辖之下。这个事例部分反映了欧洲影响下另一个帝国的衰落。虽然它对世界历史产生的影响要比在奥斯曼和波斯所发生的事情更为重要。一时间,似乎对中国的瓜分将会紧随对非洲的瓜分之后,而美国加入的可能性则使得情况更加复杂。

中国:蛮族的突击

中国在之前几个世纪内都是亚洲最强大的陆地国家,可能在世界上也是如此。19 世纪与欧洲的遭遇使得它暂时地衰落了。虽然在几百年间深受欧洲贸易和文化的影响,但 1800 年的中华帝国仍然是一个强大的国家。它面临着许多有挑战性的国内问题,但仍为精英文化自信的价值观所统治,对欧洲来的"蛮族"及其产物持蔑视态度。与之相比,100 年后的帝国政府处于半瘫痪状态,许多中国港口掌握在异族人手中,许多中国知识分子和官员已经脱离其传统,心灰意冷。有的人认为帝国已经在分崩离析的前夕。

导致这一结果的历史逻辑在声名狼藉的"鸦片战争"时期能够很容 444
易被找到。从 16 世纪开始,中国与欧洲之间的贸易就被欧洲人所诟病,因为欧洲无力生产中国人需要的商品。因而,在中国的欧洲商人就必须用白银这种中国的基本通货来支付他们所买的货物。18 世纪,英国东印度公司的船只向东运输大量银块来支付其从广东买的茶叶和其他货物。然而在19世纪的头一些年里，这种情况改变了。

鸦片是一种从罂粟中提取出的止痛药。在一些文化中它也被用作和其他文化中的酒精同样的功用，虽然严格说来其功效并不完全等同，因为酒精不仅能够引发身体崩溃，还能够引发兴奋和喧闹，而鸦片带来的常常是昏昏欲睡、迷雾般的快感，最终结束在睡眠和美梦中。英国发现了鸦片这种中国人想要的商品，而且它可以在印度种植。不幸的是，像其他许多药物一样，鸦片容易吸食成瘾——人们开始依赖它，并为了寻求他们对其的渴望而打破社会生活的许多常规法则。鸦片的其他效果（昏睡、对未来的漠不关心、无责任感）对中国官员来说同样是不受欢迎的。因而他们禁止鸦片进口（在他们看来，鸦片另一个不受欢迎的原因是它由国外而来，所以可能导致中国对外国的依赖）。所以，中国的觉醒开始了，而它慢慢滑向欧洲范围。

1839年，中国官员销毁大量由广东进口的鸦片引发了英国商人强
445 烈的公开反对。在伦敦管理外交事务的帕默斯顿爵士（Lord Palmerston）非常理性地告诉他们，他的政府不能帮助其臣民违背其寻求贸易的国家的法律。但是当地的英国官员却不这样认为。当即调停争端的尝试失败了；海军行动紧随其后，英国军队登陆并占领了中国南方的港口和其他地区。1842年，中国在威胁下被迫签订了条约，被要求开放五个对外通商口岸，对进口的固定税征单一的税，并将香港岛割让给英国。它结束了在广东的对外贸易限制，也结束了贸易者的朝贡地位。这同样是欧洲干涉中国内政的开端。

在现在许多英国人看来，这并不是一段能够带着自豪回顾的历史。但是，对当时的许多人来说，文明并不仅仅意味着把口袋装满，还意味着对落后的克服。他们希望自由所带来的不仅仅是双方的获利，而且是通过将基督教和人道主义带入异教社会的野蛮人中而使其开化——例如中国对妇女的压迫和酷刑审讯。维多利亚女王政府可能无意间促进了中国的革命，其许多臣民持有的思想带着强烈的革命意味。

10年间，美国和法国进入由英国敲开的中国国门，并签订了它们的“不平等条约”（就像其之后被称作的那样）。他们获得了贸易和任用

外交代表的权力，以及对其居民的特殊法律保护，这在不久导致了进一步的退让，即传教士的到来和对基督教的宽容。因而，帝国的权力和特权开始损坏，虽然这并不是缔约者的目的。但是他们强迫中国人认识到古老原则的结束：这一原则认为，所有的外国人实际上都是“中央王国”的朝贡者；中国的外交进入与西方的独立国家主权思想相关的范畴内。更为糟糕的是，外国商人和传教士越来越多的到来以及其在中国法庭的豁免权显示出帝国政府已经不能抵御其官方鄙视的野蛮人。

传教士的影响是尤为潜在的。他们不仅损坏了儒学传统和社会体系(传播“在上帝面前人人平等”这一思想本身在中国就是一场革命)，传教士的信徒们开始要求保护欧洲的领事和法庭。他们想要生活在中国官员所不能管辖的欧洲区域。同样，即使当传教士遭遇群众抵抗(这种情况经常会发生)，政府官员也不能参与程度过大。如果官员保护传教士，那么他们自身将不受欢迎，如果他们不保护传教士，那么传教士就会被杀，本地欧洲领事就会派出炮船或一些士兵来逮捕杀人者，就会显得帝国政府无力在外国人面前保护其臣民。

这些紧张态势所出现的背景也几乎与深刻的社会压力和日渐危险 446
的革命所一致。但是中国的统治者在很长时间之后才认识到这一逐渐到来的危机，他们没有忘记中国在其漫长的历史中经常会遇到困难。它总是能够克服它们。中国文化是如此具有优越性(他们是这样确定)以至于无论不好的情况会持续多久，经过一定的时间它必然会重新获得其在世界上应有的地位。同时，少数人认为应当从异族那里寻找蒸汽船和加农炮的秘密并为帝国所用。然而，即使是受过教育的中国人也认为，中国的传统不应有很大改变。然而这就是事实。19 世纪 40 年代开启了一个动荡和变革的时代，并花了一个世纪才完成这一阶段。它逐渐作为双重的拒绝展现了自己：既是对外国人的拒绝，也是对中国过去的拒绝。然而它日益以欧洲世界的模式和话语来表现自己。因为这些意识形态的力量无法包含在传统的框架内，它们最后将会被证实是至关重要的，那时中国人将想方设法移除现代化和民族力量的障碍，想要永远粉碎掉几千年来作为中国生活基础的社会体系。

中国：让步与衰落

根深蒂固的态度使得中国很难有效面对有力的欧洲人。毫无热情的学习借鉴是一种反应；欧洲人被雇佣为军事援助（就像西罗马帝国晚期雇佣蛮族来抵御他们一样）来镇压太平天国起义，这是1850至1864年间的一次大的动荡，其领导人的思想部分来源于美国传教士的影响。最后，起义被镇压了，只付出了2 000万人牺牲的代价，但是清政府在这之前就被迫对外国作出了更多的让步来争取时间和支持。在骚乱当中，1856至1860年间每年英法军队都对中国采取行动，其中一次英法联军占领了北京，劫掠并焚烧了圆明园。

还有其他的屈辱事件。1858年，黑龙江以北的中国土地被俄国占领，两年之后乌苏里半岛（俄国准备在此建立符拉迪沃斯托克，中文名为"海参崴"）也落入俄国手中。在中亚，除新疆之外的中国大块领土也被俄国占领。俄国的胃口很大；它有着与中国接壤的最长的陆地边界，并在这之前的数十年就已经向中亚推进，在彼得大帝时期就觊觎黑龙江地区。但是欧洲其他国家也在逐渐蚕食着中国。中国曾经一直对缅甸和印度支那地区拥有宗主权，但是现在都失去了。在这个时期结束之前，或许是受到1895年日本割占台湾和澎湖列岛的影响，或者是在
447 某种程度上害怕中国全面崩溃的话竞争对手会领先于自己，欧洲又开始转向对中国本土的侵略。俄国占领了旅顺港；英国、法国和德国通过长期租约占领了其他海港，葡萄牙将在澳门的旧租约换成了直接的所有权（据他们所说）。即使是意大利都想分一杯羹，但是失败了。在这个背景下，进一步的行动是更多的土地割让、贷款协定和对中国行政的干涉，所有的这些使得中国成为一个日益被外国统治的国家，即使其在法律上是独立的，同时也开始了一系列的殖民化进程。

这就是为什么1900年许多欧洲人认为中国即将分崩离析，就像奥斯曼帝国即将发生的那样。当一位英国首相讲到国家的两个等级——"活着的和濒死的"的时候，中国被归为后者的典型代表一点也不令人吃惊。中国已经远不是拿破仑所警告的将要觉醒的巨人，而是似乎要

受千刀万剐而死——这是传奇的但是当时仍在实施的中国刑罚——被西方掠食者一点一点分割干净。然而，到 19 世纪末，一些中国人下定决心要让中国避免这样的命运。他们注意到了彼得大帝的行动以及当代的另一个亚洲社会——日本的现代化进程。留学生首次被官方派出到欧洲和美国学习。然而，即使是这些寻求改革的人也觉得应当扎根于儒家传统，这一思想很难被动摇。无论怎样，1898 年他们在一场宫廷政变中被扫清。

几乎同时，大众传统势力在各个省份都爆发了一些骚乱，这些骚乱大大受到正在广为传播的“义和团”的影响；其成员被简称为“拳民”。他们武力排外，袭击中国的基督教徒，并在不久后开始袭击传教士。中国官员和朝廷秘密支持并希望能利用他们，这是一个错误的估算。外交抗议很快产生，要求政府对其进行镇压。太后及其代理人煽动的拳民叛乱全面爆发，欧洲的军队占领了中国要塞来保卫通向北京的道路。太后对所有外国力量宣战，德国驻北京领事被杀，领事馆被围攻；其他地方，超过 200 个外国人——主要是传教士——被杀。报复很快来临。一支国际联军杀出了通向北京的路，俄国占领了中国的东北部。朝廷逃离首都，几个月之后不得不接受条约：惩罚相关官员、巨额赔款、拆除要塞以及让外国驻兵。拳民起义不仅失败了，还进一步破坏了已然动摇的政权。

日本：达到霸权的水准

1800 年时还没有人能想到孤立的日本帝国可能会比中国更加成
功地应对来自欧洲化世界的挑战。所有的表现都是保守的，日本在两 448
个世纪内将自己孤立起来，这遮掩了其统治阶级内部的分化，以及其军事系统的衰落和社会不稳定的日渐增长。一些日本人明白，与西方思想的绝缘在很久以前就已经不可能了。少数受过教育的人对在长崎(这是仅有的一个例外)进行贸易的荷兰人带来的书籍十分感兴趣。然而，日本与中国非常不同。许多日本人渴望向欧洲人学习，似乎并不像中国所陷入的困境，他们并未受到其传统的妨碍。当日本突然需要面临新的未曾预料到的外部挑战时，其情况并不像中国那样不利。

19 世纪 40 年代，日本统治者观察到中国日益增多的警报事件，局势日渐明晰，欧洲和北美似乎都对打入亚洲贸易有着新的兴趣，而其力量不可抵挡。荷兰国王警告幕府将军，闭关锁国政策将不再现实。但是日本统治集团没能很快决定抵抗和妥协哪个更好。因而，1853 年，美国总统走出了决定性的一步，派了第一支外国舰队航行至日本水域江户湾。在接下来的几年里，舰队返回，并迫使日本签订了首批“不平等条约”。这是一个警告。无疑，一些日本人这样认为，但是在一段时间内对蛮族威胁的反应依旧模糊不清(甚至有进一步以武力驱逐外国人的尝试)，而直到 19 世纪 60 年代，一些新的应对才很好地确定下来。在这之前，美国、英国、法国、俄国和荷兰取得了贸易特权、西方居民的领事裁判权、外交代表的任用权以及对日本港口进出口鸦片的控制权。不久之后，幕府政权走向终结，帝国宫廷和行政机构在 1861 年的“明治维新”中重新掌权。

其标志性的开始是宫廷从旧的首都京都迁到江户(今东京)。接下来是废除封建制度、从大地主手中收回政府土地。在接下来的五年内，日本发展了郡县制、邮政体系、日报、教育部、军事征召、第一条铁路、宗教宽容和格里高利历法。所有的这些都是对欧洲的刻意模仿。地方政府代议制在 1879 年宣告成立，十年之后，一部新宪法成立双院的议会，贵族阶层在为上院的成立所作的准备中被创造起来。

虽然改革热情在 19 世纪 80 年代开始有衰落的迹象，而且明治维新之后仍有许多旧日本的痕迹，但是同样，许多旧日本的现象也得以消除，再也没有恢复。日本寻求用外国方法来训练陆军和海军。尤为值得注意的是，普法战争后，法国的军事顾问被免职，而德国的取而代之；
449 英国则为其海军提供指导。年轻的日本人被派往国外，学习欧洲和北美强大而具有威胁性的力量的第一手秘密。

人们很难不被这些年轻人及其长辈的热情所感动，更不可能不对其成就印象深刻。其影响超越了日本和那个时代。它鼓舞了从印度到中国的亚洲国家的领导人。同时，改革者的成功很快被印证。对西方技术和知识的借鉴并不是日本经济增长并长期在其他非欧洲国家中所无法匹敌的全部原因。这个国家的幸运在于已经准备好了一批视利益驱动为当然的企业家。农业产量保持增长,尽管在 1868 年占人口总量五分之四的农民并没有从中获益多少。尽管如此,日本能够养活日益增长的人口,而在其快速崛起为国际大国的过程中,土地税帮助日本进一步获得了外国的保护。矛盾的是,它通过对中国的战争第一次获得证明,后者在 1894 至 1895 年的中日战争中元气大伤。

这场战争也证明了欧洲世界霸权的另一个后果,即霸权本身的结束。它在欧洲国家不再是世界舞台上的唯一参与者时就已经被充分证实。的确,日本对其自身在远东地区的利益要求是如此令人震惊,以至于欧洲国家结成联盟来反对其在对中国的胜利后拿走全部的战利品。同样,美国是另一个非欧洲的世界"玩家",其在西半球的霸权早就被欧洲国家肃然接受。而当其中之一的西班牙在 1898 年被美国夺取了远东太平洋地区的殖民地时,美国在远东和太平洋地区的政策已经展开了将近半个世纪。最后,整个亚洲的新的民族主义的第一个萌芽也开始兴起。

第二十一章　有序与无序的
450 国际政治

影响国力因素的新变化

1871 年的重要事实是新德意志帝国取代法国成为俄国以西欧洲大陆的主要强国。这极大地改变了国际关系的因变量。德国在军队数量上具有明显的优势。尽管军队数量不是评估是否为军事强国的唯一标准，但是，如果其他因素是相同的话，毕竟它是一个好的直观的指示器。甚至在 1900 年欧洲的高级军官还认为农村是提供兵源的最理想的地方，因为农民被认为很难或者不可能一致地挑战国家的权威，所以随着 20 世纪历史的脚步，强制征兵依然很容易。1900 年，法国仍然拥有大量的农村人口，然而从整个 19 世纪来看，其农村人口占欧洲总人口的比例从世纪初的 15％下降至世纪末的 10％，而统一后的德国这一比例在世纪末则达到 14％，20 世纪中期战争的另一个输家——奥匈帝国这一比例也在下降，尽管至 1900 年它仍然高于法国为 12％。同一时期的俄国依然保持人口大国的地位，自从 1800 年开始其人口总量占欧洲总人口的比例从 21％增至 24％。

每一国的政治家都必须考虑这些变化，并据此制定和实施针对性的政策。德国政府选择了阻止海外移民，因为它担心兵源因海外移民而减少;法国政治家一直殚精竭虑地提升出生率;同时,人口增长的压力、对就业率的担忧和贫困人口的增加令英国采取了鼓励海外移民的政策(在英格兰的历史上,这并非第一次),并且反过来影响了对殖民地的感情和政策。尽管供养军队需要支出大量的军费,但英国并不在意保持一支庞大的军队,到 1914 年它仍然是唯一一个没有实施征兵制的军事强国。不过,它拥有一支庞大的海军,也没有打算放弃在这支海军赚来霸权的地方采取独立行动。

大不列颠拥有这样的实力;这些年它一直是欧洲最富裕的国家,德 451
意志统一时还是工业强国的领头羊,尽管德国正在飞速追赶,甚至到 1900 年在些许方面已经超过英国。这些事实又必须被视为评价军事力量的另一个重要因素,无疑经济实力是衡量一国国力最为重要的标准,也是决定战争胜负的关键性因素。可是,美国内战的重要教训在很大程度上被欧洲人忽视了。但那些睿智的观察家仍能看出,制造业能力、现代交通手段、现代技术对这场战争胜负的重要性。铁路在欧洲的作战计划中占有举足轻重的地位,1871 年之后尤为明显。然而,更重要的是武器的进步: 大口径和强大杀伤力的大炮、刻膛线的轻武器、机枪、坚固的头盔、更优越的军舰发动机。德国在统一之后经济实力大大攀升,因此它在军备竞赛上准备得最为充分。尽管俄奥两国在军力上也有长足的发展,但它们还是无法与德国同日而语。另外,国家的凝聚力也必须予以考虑。这三个东部的帝国都是多族群的国家,可是对德国而言,族群问题带来的军事负担要少一些,不至于内部虚弱。由于要面对大量掣肘的问题,俄国被视为帝国利益和大不列颠海外利益等量齐观的仅有的欧洲强国。

民族主义

在军队里有一些士兵并不可靠。19 世纪末,对于多民族的帝国而言,人们不再认为所有的人都可以被训练为具有对国家同样忠诚的国民,例如执掌哈布斯堡军队的领袖不得不考虑,如果某些措施欠思量,那些军队中的斯拉夫族士兵可能的反应。德国的军队中甚至没有使用统一的语言；下达命令时使用德语，但说意大利语和克罗地亚语的新兵必须掌握的词汇量却不足百字而已。数十年过去了，国家忠诚的问题变得更为棘手，这是因为这些年民族主义在潜滋暗长，成为影响国际关系的重要因素。

藏身于背后的民族主义至少存在了两个世纪，常被视为现代政治的最成功的革命力量。至1871年，它在助益德国和意大利统一之后，又开始了大展拳脚的征程，并且新的力量正准备推波助澜。处在发展中的社会，旧有的社会联结和忠诚观念正在解体，这个真空需要填补。个体和集体的认同被重新界定，新的情感焦点得以建立起来。当一种崭新且较之先前更为及时的信息和情感传递，通过更高的识字率、更广泛的传媒和更快捷的信息交流变得更加有效的时候，就自然而然地发生。另外，不管是提倡秩序还是主张自由的政治家都在利用民族感情：
452 保守派以传统的名义赞美它，自由派把它看作民族自觉的依据。它也可以是既得利益集体又是政治煽动者释放的烟幕弹。

到1871年，事实上依赖于假设的民族主义还没有被普遍接受。按照民族主义的假设，欧洲应该是一个国家体系，而这个国家体系的合法性来源于它们能代表同一民族。它应该，并且有时已经通过和平的方式完成。哈布斯堡在1867年向匈牙利人让步从而避免了一场内战（尽管人们一般不会想到这是因败于普鲁士而被强加的结果）。并且，1905年挪威通过签订协约和平地从瑞典独立出来。但是，在1871年还不能说这些前兆意味着美好的未来，到这一年为止的大半个世纪到处是以民族主义的名义发动的革命和战争。所以，对于依靠不同制度管理的欧洲三大帝国以及奥斯曼帝国而言，考虑到上述诸多麻烦，它们的未来看起来不甚乐观①。

尽管在19世纪中叶，德国和意大利的民族主义获得了成功，尽管一些新的民族国家在塞尔维亚、希腊和罗马尼亚建立起来，但民族主义

---

① 尽管一个讨厌民主制的作家指出，俄国和土耳其是仅有的*完全*（注意我用的斜体）拒绝代议制政府理论的欧洲国家（缅因州[Maine]，《公共管理》，1885），但直到1900年黑山(Montenegro)是欧洲另一个没有议会的国家。

破坏欧洲稳定的威胁没有消退。在奥斯曼帝国内部,要求建立其他新民族国家的努力没有衰退的迹象,另外两个国家保加利亚和黑山(Montenegro)在19世纪70年代诞生了,1913年阿尔巴尼亚从欧洲土耳其的残躯上极其艰难地分裂出来,第一次出现在地图上。甚至,克里特此时也获得苏丹的许可在希腊政府管辖之下建立自治政府。总之,这40年里,奥斯曼帝国巴尔干地区的诸多民族向欧洲的政治家提出了比其他地区更多的亟须解决的问题。所有的欧洲外交官都知晓,他们可能破坏稳定的局面,因为他们动辄就以援引大国加入他们的争端相威胁。

在俄国,尽管波兰人、犹太人、乌克兰人和立陶宛人都有民族主义的冲动,尽管芬兰丧失了在亚历山大二世时享有的自治权,内部的骚乱很少具有国际影响力。亚历山大三世和尼古拉斯二世更为反动的政权似乎能轻易地控制住骚乱,并且可以维持俄罗斯民族对其他帝国臣民的事实上的统治权。在奥匈帝国,因大国关系紧张而迟早爆发战争的可能性愈来愈大。匈牙利担忧此起彼伏的革命;在匈牙利的一些地区作为多数民族的斯拉夫人感受到了压迫,他们之中的一些积极分子期待塞尔维亚人能成为他们反对匈牙利人统治的未来的保护人。在匈牙利的特兰西瓦尼亚(Transylvania)地区存在大量罗马尼亚族人口,他 453
们可能会积极地响应来自刚获得独立的罗马尼亚王国同胞的呼唤。在奥地利,波斯米亚地区的民族感情略淡一些,但不能说那里的民族主义不是个问题。维也纳正详细地论证可行的政体方案,以满足其他民族的要求。当时联邦主义者和三国联邦主义者(trialist)的方案颇为流行,但这些方案经常因遭到匈牙利人的激烈阻挠而流产,因为他们是1867年形成的二元君主政体的利益攸关者。

另一个大国,大不列颠,也要着手处理两次不妥协的欧洲民族主义运动,都发生在爱尔兰。在19世纪的大部分时间里,天主教爱尔兰运动都十分活跃。到1900年,尽管"地方自治"的目标没有实现,通过贿赂的手段也获得一些让步。"地方自治"是自由党于1900年提出的。但是阿尔斯特的新教民族主义坚决地反对通向这一目标。显然,他们获得了保守党的支持。相反,他们的方向绝不是让爱尔兰走向独立,而是维持现行的符合宪政的与英格兰合并的状态。如果国会承认了有利于爱尔兰统一的地方自治议案,它的领导人就唆使诉诸暴力。结果却对欧洲产生了影响。当地方自治法案最终在 1914 年通过时,阿尔斯特的骚动竟让一些外国观察家认为联合王国将因革命而瘫痪。

存在于大国国民中间的民族感情,或在第一个大众媒体时代由报纸鼓吹起来的这种感情,是另一个潜在的干扰性力量。1871 年,德国作为对胜利的纵容夺取了阿尔萨斯和洛林。这导致德法之间民族感情上的激烈对抗。法国人一直惘怀被割让的领土,他们的民族感情极易被煽动起来,一些政客又伺机培养、利用民众的复仇情结。法国的民族主义在许多问题上常常现身。它提出了对这个伟大民族的文化乃至对共和国本身的忠诚问题。英国人更清醒地认识到自己是同一个民族(或者他们这样宣称,并乐意这么想)。他们的头脑受到沙文主义(jingoism,发明于 18 世纪 70 年代的一个词)的浸染,并且时不时地对民族的象征表现出不断增加的亢奋。到了这个世纪临了的时候,英国国民尤其按捺不住对帝国和皇家海军霸权的狂热。因为德国超越了英国,在世界市场中获得了成功。英国人被激发出对抗德国的民族情绪,他们认为德国超越英国的危险就在当下。事实上,两个国家可以彼此成为对方最好的市场,但在那爱国主义觉醒的世道,双方的利益却无从顾恤了。

在威廉二世于 1888 年获得德国皇帝和普鲁士国王这双重宝座之后,英德之间越来越频繁的争吵令英国人的公众情绪(常常是焦虑)厚
454 了几层。同时德国的民族感情也被激发出来。不幸的是,早在 30 年前德意志尚未统一时它就存在了,甚至当俾斯麦试着寻求民族主义政客的支持时,它就出没了。民族情绪很容易演变成分裂这个新国家的危险力量。他经常讲,心向罗马的德国天主教徒和谈论国际工人阶级的社会主义者是帝国的敌人,同时,他将内政视为意识形态的战场。在简单地安抚了工人阶级之后,威廉二世对革命的危险感到焦虑,也积极地向民族主义者寻求支持。

俾斯麦还是相当谨慎的。他退出政治舞台之后,德国外交政策开始追逐尊严和威信(这是老首相讨厌的词儿)这等虚名——正像某些人所说的,这是一种“太阳城”(a place in the sun)。在皇帝授权之下,德国在 19 世纪 90 年代制定了一个远大的计划。这个计划不仅界定了德国在欧洲的新地位,而且设计了自认为适合自己地位的全球构想——世界政策(*Weltpolitik*)。它受到一些人的热烈欢迎,因为这关乎他们的经济利益。一个明显的表现就是德国开始筹建一支庞大的海军。起初英国人对此并没有足够的警惕(英国人在 19 世纪的最后 10 年将注意力集中在确保自己的海上力量凌驾于法俄之上,而忽视了德国的野心)。可是,到了 20 世纪初,英国人开始质问德国组建公海舰队如果不是针对英国那它是针对谁。此时,欧洲的许多国家对德意志帝国在国际事务中一致的印象是耀武扬威、飞扬跋扈,这种印象尽管忽略了更为复杂的一些背景,但是它却给予公众一个极易明了的观感。这个突出的实例可以说明民族主义所具有的干扰性的和无法预料的影响,至少对于宪政国家来说,政府不能忽视民意。

危险的举措

尽管如此,回顾一下这一段历史就会发现,欧洲列强在 19 世纪最后几十年极其成功地处理了彼此之间的紧张关系。虽然他们不时爆发出争吵,却设法避免发生战争。甚至还可以乐观一些。经过 19 世纪 50、60 年代的动乱之后,国际战争大为减少。另外,国际仲裁被普遍接受且被频繁地运用。1899 年召开的第一次国际代表大会制定了更好的仲裁条款,而且目的在于限制军备扩张。尽管裁军的目标失败了,但由此而诞生了海牙国际法庭,它给国际秩序带来新的希望。代表大会还致力于减少战争的残酷性,各与会代表一致同意,在战争期间拒绝使
用毒气、达姆弹,甚至空投炸弹。1900 年,德国皇帝派遣参与远征中国 455
的联军,当他闻知义和团攻击欧洲人的暴行,怒不可遏。他激励他的军队采用“像匈奴人那样”的行为予以报复。他的鼓吹颇具影响,并广为传播。事实上,至 1900 年没有人提倡欧洲士兵采取野蛮的行为方式,

即便他们常常如此，但是战争中艰难的人性化措施被威廉二世摒弃了。他认为有必要告诉他的士兵丢掉“文明战争”的枷锁，恣意胡为。

欧洲外交另一个让人感到乐观的方面是，欧洲仍然处在世界事务的核心位置，掌握着世界事务的决定权。在国际外交事务中，除了西半球和远东的事务之外，西方的政治家皆可从容应对，当然对他们彼此之间的外交事务还仍要劳神苦思，是国际关系中的重中之重。这一时期的国际冲突自然十分尖锐，但还是避免了走向战争，不过真正的危险却日益迫近。

在这些外交事务中，欧洲东部的君主国扮演着最为重要的角色，但不是唯一的角色。它们内部的宪政制度似乎与历史发展的趋势越来越相背离。德国有成文法、代议制、普选权、由司法独立保障的个人权利。它的法律允许欧洲最大的社会主义政党的存在。然而，它的统治者尤其是皇帝本人感到不安，因为他们认识到国家非凡的经济成就产生了社会势力与政治势力的对抗，两者越来越难以通过保守的手段来调和。社会势力发现他们在国家事务中没有参与的空间，甚至也没有了声音。而真正的事实是，往往是决定性的，权力仍不正常地由皇帝、保守的普鲁士土地权贵以及军队掌控着。德国的保守势力有时声称，好像他们仍然相信神圣同盟时代的旧观念，政府是被统治者的天然敌人。

这种看法也许更容易被二元君主制的奥匈帝国上层所接受，即使君主制下也存在议会制度，即使帝国颁布了新的宪法，并体现出了一个民族（匈牙利）意志的胜利。到 1900 年，有更多的迹象显示帝国在没有打破附庸民族容忍限度的情况下也不能完整地维持结构。奥地利公国的社会变迁（例如在奥地利和波希米亚的工业化）也激起了公国内部的矛盾。但从整体上来看，这些矛盾被讨好社会的政策缓和了。比如，工厂对工人人身的保护、保险以及工作日的限定。加上社会主义组织的压力，帝国政府执行了一个比俾斯麦德国政府还要激进的社会福利政策。

456 此一时期，俄国也发生着剧烈的变革。独裁政治和恐怖主义联手摧毁了亚历山大二世时期改革的前景，但没有阻挡住经济革命的步伐。

为了国内基础设施建设，俄国政府向国外借贷大量资金，因此制定财政政策榨取农民的财富以偿还贷款和利息。但是至为重要的工业化产生了新的麻烦。工业无产阶级开始在制造业发达的大城市聚集。可是，社会和国家自由化的条件仍不具备，独裁者在掌权。农村的骚乱从未停歇，此起彼伏，并且恐怖分子一直在招兵买马。俄国社会主义从一开始就有它自己的特征。这些矛盾继续发酵，终于导致了 1905 年的革命。

这些看得见的事实越发地与欧洲大部分国家的民主、自由、政治风格及和平(偶尔值得兴奋的)进步不相协调。普选权的扩大就是这种趋势的显著标志①。其他标志是现存宗教特权的消退、人民在法律面前所取得的平等地位，以及言论、出版自由权利的获取。政党的数量激增，并且组织和鼓动的能力也大为精进。所有这些都与人们对民主政治和自由主义一贯的不信任有关，这种不信任显示了那个时代的潮流，在 20 世纪初它们赢得了巨大的成功。

当然，由于左翼势力的煽动，欧洲保守势力的恐惧加剧了。宪政国家也不得不面对来自社会和由阴谋家发动的暴力事件。然而，国家机器在每一个方面都比先前强大了，1871 年在法国爆发的一个血淋淋的例子生动地证明了这个事实。普鲁士围攻巴黎之后，一个吸纳了许多激进分子和改革人士的民众政权在首都成立了，它被称为“公社”(Commune)。这个名字能够唤起人们对中世纪城市独立传统的记忆，更重要的是，对 1793 年巴黎议事会(Commune of Paris)的记忆。它是革命的中枢。在 1871 年，法国临时政府没能够解除首都市民的武装，也正是依靠这些武装的巴黎市民成功地抵挡住了普鲁士军队的围攻。然后，公社接取了权力，因为战败激起了巴黎市民的愤怒而去反抗让他们蒙羞的无能之辈，而且他们还认为这些家伙准备复辟君主制。经过短短几周的平静政府开始反扑，巴黎公社节节败退，即使左翼人士声援

① 到 1900 年为止，实施成年男子普选权的国家有法国、德国、西班牙和挪威。英国选民的范围经 1871 年、1885 年两次扩大，意大利选民队伍的扩大是在 1881 年，荷兰也有两次，分别是在 1887 年和 1896 年。

也于事无补。它的许多支持者将它看作社会革命的化身，而另一些人则怀疑它是“臭名昭著”的共产国际阴谋策划的产物(事实上它不是)。

457 法国当局实施了残酷的镇压。政府将俘虏赎回，重新集结为军队。巴黎顿时变成战场，血流成河。再一次，训练有素的士兵很快突破了工人和小店主草草设置的障碍。无论如何，巴黎公社令人惨痛的失败(超过 2 万名男子、妇女和儿童被杀，30 万人被捕)都应该终结革命者的神话，不管是恐惧于革命的力量，还是受鼓舞于革命的力量。然而，革命没有终结。非要说的话，恰恰相反，它增强了革命者的信心。保守势力发现，巴黎公社的后备军正在唤起蛰伏于社会深处的危险力量，时刻准备喷薄而发。革命的英雄主义和殉道精神有增无减，并且传给了 1789 至 1848 年前仆后继的革命先烈的接班人。另外，也使怀抱革命神话的社会主义组织获得新生。

社会主义

马克思抢先为社会主义发明了巴黎公社的经验并为之礼赞，在一篇颇具影响的短文中他将公社的经验变成自己的理论。事实上，巴黎公社是许多复杂的不同的力量共同参与的结果，在行动中也绝少采用平等主义的方式，而是将“科学”社会主义丢掉了一旁。并且它发生在巴黎，这个城市尽管规模不可谓不大，但不是制造业中心，按照马克思的设想，无产阶级革命首先应该在此瓜熟蒂落。然而，那些工业发达的城市却顽固地保持沉默。实际上巴黎公社是最后的也是最大的一次传统的巴黎激进主义革命。

尽管如此，马克思将它变成了社会主义的中心议题，并且从 1871 年之后社会主义前所未有地制度化了。第一国际仅涉及笼统的教条，有基本原理，也有策略。对他而言，抱负比高效的机构更重要。19 世纪 70 年代第一国际解体之后，马克思继续斗争将第一国际的秘书处转移到美国，并亲掌秘书处。1889 年人们所熟知的“第二国际”建立，它统一了社会主义政党、欧洲工会以及其他工人组织。在意识形态上它属于马克思主义，尽管它不排斥非马克思主义者成员，无政府主义者也可以加入。到 19 世纪末,被它的敌人和社会主义者所宣称的马克思主义,这个来源于马克思教学和著作的思想体系,正式被社会主义者广泛地接受,即使他们在实践上与马克思主义作出了明显的区分。尽管马克思本人在晚年不承认他是一个马克思主义者,并且也反对他的追随者如此称呼他,但是他仍自信地断言,历史将不可避免地抛弃资本主义,并建立一个有着合理秩序的社会,在这种社会里个人最终获得了真正的自由。对许多社会主义者来说,这是新宗教的核心(从所产生的阐 458
释、注疏和异端来看,它与旧信仰没什么不同)。

第二国际得益于 30 年中社会主义政党和工会力量的发展,尤其是在宪政国家。工会在大多数已完成工业革命的国家(有时是在政府的打压之下)壮大起来。到 1900 年,社会主义还不是左翼力量的强有力的竞争者。然而,它的成功的确是个令人惊奇的现象,简而言之,尽管社会主义者的领袖主张革命,但他们也越发成熟地在工厂和投票亭使用他们的力量,以便为他们的成员在资本主义社会赢得利益。事实上,这有助于减轻可能引燃革命火花的民间疾苦。这是生活水准改善的另一个方面。

观念的变迁

在传统势力和保守势力看来,这个世纪的大部分时间里,政治、社会和知识文化的发展趋势是三者以联合之势手拉手地削弱现存的结构、传统和习俗(它们被视为社会的防腐剂),这令他们大为失望。他们的见解的可行性是值得怀疑的,但是他们忧国忧民的赤子之心则毫无疑问。政治和社会的变迁仍在进行——或者说业已持续了很长时间(一些人认为始于宗教改革,更极端的观点是始于亚当、夏娃被逐出伊甸园之后),无疑弱化了传统思想的控制力量。不过,对挑战宗教的知识革新感到恐惧的人似乎有些杯弓蛇影,学者和哲学家的思想并没有那么锐利。在信仰(或者无信仰)与变化显著的物质生活以及由它产生的期望和假想之间很难建立直接的联系。另一方面,与知识相关联的是《圣经》研究的学者,从 19 世纪 40 年代起他们开始摧毁《圣经》可以作为历史证据的许多轻浮的假设。经过学者的长期努力，《圣经》变成了一种像其他历史文本一样可供批判接受的一种历史文献。获得极大成功也激起极大反感的一本著作《耶稣传》在 1863 年出版，它的作者是法国学者欧内斯特·勒内(Ernest Renan)，这本书产生了前所未有的影响。《圣经》作为欧洲文明核心的历史文献从黑暗时代出现以来第一次在持怀疑态度的精英中间恢复到它本来的位置。

然而，由思想家群体对基督教所作的古典学和文献学的批判远不如来自科学的批判有力。后者志在打击《圣经》所记载的虚假信息。当经验证据显示《圣经》所说的内容显然与事实不符时，攻击《圣经》内在和逻辑上的矛盾变得更加激烈。第一枪是在地质学界打响的，时间是
459 在 18 世纪末。19 世纪 30 年代，苏格兰科学家乔治·莱伊尔(George Lyell)出版了《地质学原理》一书，产生了更加广泛的影响。此书用力的作用学说解释地貌成因和地质构造，书中说所有这些不是一次简单的创造，而是由风雨等自然力相互作用的结果。如果这是正确的话，埋藏在不同地质岩层中的各种生命化石说明新生命的创造过程在每个地质时期不断地重复，那么《圣经》中的上帝造物的故事自然站不住脚。另外，在英国的许多洞穴中发现的石制工具以及现代动物的骨骼化石也证明人类的存在比《圣经》所叙述的要早得多，于是，依据《圣经》的记载来推测人类发展的历史就变得荒诞不经。接下来，达尔文进化论的出版给上帝造物说(以及关于人类独一无二身份的谬论)以致命的打击，也比之前的许多理论传播得更广泛。在《圣经》批判研究和地质学的联合支持下，他的著作让任何一位谨慎博闻的人不得不相信《圣经》的记载是荒诞的。

《圣经》权威的下降体现了科学对时人观念的影响，更重要的是，科学获得了前所未有的威望，正被人们所接受，因为它被赋予了一个独特的身份，即控制自然的高级工具。先前人们是无法抗拒自然的，然而 17 世纪和 18 世纪科学的伟大成就并没有影响到匹夫匹妇日常生活的变化，19 世纪的科学成就做到了。那些寻求社会和政治变革的人也在努力塑造科学的权威。教育和学术研究(不仅在医学领域)给科学以广

阔的空间以吸纳更巨大的科学成果。这也大大增加了社会对科学的投入。从大约1700年开始，世界上科学家的人口数量每15年翻一番，到19世纪科学的成就是以指数曲线的速度在增长。科学对人们行为和观念的影响很难衡量，也许绝不可能有一个精确的结果。但是如果没有科学的伟大成就，那是不可想象的。

罗马与现代性

新教与天主教的教会一样在大革命之后很少有适应后革命时代环境的观念，除了建造一些建筑之外。并且，它们对虚假教义、信仰不虔诚和“伏尔泰原则”（“Voltairean” principles）显示出了更为强劲的敌对意识，比如：庇护八世在1812年从巴黎的拘押所回来之后，禁书名录制度和异教审判所被再一次建立起来。教皇格列高利十六世在1832年发出的一则通谕谴责宗教信仰自由和出版自由。在之后的40年中， 460
格列高利十六世采取了相似的政策，但是他发现自由主义和民族主义为了意大利统一越来越容易联合起来反对天主教会。对于支持天主教会的意大利人来说，教皇世俗权力的解体及意大利军队占领罗马本身是这些年教会复苏的合理的后果。一个重要的不同之处是教皇本人认为教会不受欢迎，从梵蒂冈退休的庇护九世也持这种观点（所以从那时起的60年中，他和他的继任者从没有现身拉特朗圣若望大殿）。

在这之前，庇护九世的统治扩大了教会与时代精神之间的鸿沟。1854年，庇护九世将圣母玛利亚无沾成胎说作为教义，要求所有的天主教会认同，并大力传播。所谓无沾成胎说是指圣母玛利亚不像其他人原罪怀孕，而是不受原罪沾染圣洁地生下了基督。这是从特利腾大公会议以来第一次添加教会教义，也是基于教皇仅剩的权威作出的决定。这个教义有着相当长的历史，中世纪时圣方济各会士信奉此一教义以攻击多明我会士（托马斯·阿奎那就不支持这种信仰），并且是很多地方公众祷告的目标。它的内蕴复杂、晦涩，并且与现代欧洲的公众意志格格不入。

10年之后，《现代谬论集》一书出版，书后附一篇教皇的通谕。通谕对现代性事物表达了明确和详细的抗议。在这篇通谕中,教皇不仅仅谴责诸如理性主义、社会主义、共济会制度等显著的革新,而且宣布“那些相信罗马教皇能够且应该与进步、自由主义、当代文明和解乃至迎合的观点”是地地道道的谬论。然后,1869 年在梵蒂冈召开自特利腾大公会议之后第一次全基督教会议,会议开了 10 个月。大会决定教皇以宗座权威称信的信仰和道德是绝对可靠的。很明显,无论教皇的权力和控制的疆域缩小了多少,它仍反复地宣称其对基督徒的权威是自中世纪以来空前强大的(也许,对他们的大多数人而言,这只不过是对过往的怀念)。

奥地利政府在 1855 年与教皇有一个宗教事务协定,标志着所谓的“约瑟夫敕令”(Josephinism)的终结。该敕令宣布从 18 世纪皇帝约瑟夫二世开始,奥地利国对教会拥有主权。现在,随着“教皇无误论”传播了些时日,奥地利政府废除了“约瑟夫敕令”。“教皇无误论”很快令教会陷入了与几个大国关于权威的争吵的漩涡。王朝复辟以后的数十年来,教会和政府保持着合作的关系,并且再次分裂为两大阵营。真正的原因常常藏在背后。当时的社会环境导致了教皇谴责新生的意大利,
461 也让他们宣布意大利天主教徒通过投票参与宪政生活不是上策。“教皇无误论”表面上引出了在德国持续了 10 年的大论争——文化论争,事实上卷入了德国的党派斗争;希望中央党(Centre party)在新帝国内保护天主教徒利益而支持中央党的天主教徒选民在联邦诸选区内占据多数,他们致力于保护自身的特殊利益,反对支持新教的普鲁士。结果德国政府在下个 10 年实施了一系列的损害天主教徒利益的惩罚性措施,包括驱逐耶稣会士和干涉教会制定神职人员戒律。直到 1879 年紧张的空气开始缓和,当时俾斯麦再次基于国内政策舒缓了压制天主教徒的政策。同样在法国,宗教问题也因内政而变得复杂。普法战争失败之后,实际上第三共和国的未来从建立第一天起就充满各种变数。在共和党人眼中,那些努力恢复波旁王室势力的立法者因与宗教人士甚至接受教皇极端权力的意大利天主教徒历史的联合而变质了。打算支持觊觎王位者夺回御座的其他保守势力正不遗余力地尊崇法国天主

教传统，并且，广大农村乡民对天主教保持着强烈的忠诚。另一方面，共和主义是一种狂热的革命传统；一些自由派的天主教徒希望弥合两派的鸿沟，结果从没有成功，甚至产生了流血的悲剧事件；两个巴黎大主教分别在 1848 年和 1871 年死于巴黎革命者手中。右翼人士不提倡 1793 年革命党人所采取的恐怖政策。10 年之后，共和党人认为共和国安全无虞了(尽管王党分子仍伺机颠覆现政权)，他们的立法包含反基督教的内容，尽管教会与拿破仑皇帝的关系颇为暧昧。

从天主教国家教会与政权的关系问题上也可以看出民族国家的权力日益增长的时代趋势。公民的结婚与离婚，对教会救济和免税问题的规定，控制言论与出版自由，教育问题，这些棘手的问题在互不妥协的气氛之中越来越难以处理。首先，对于所提出的问题中的教育，新建立的民族国家德国和意大利采取了学校教育的方式解决了，老一点的民族国家像法国在学校里展开了意识形态的斗争，与过去的方式决裂。而考虑到庇护九世对教皇绝对权威的声明及对他愚民政策的批判，这些时代的问题不那么容易解决。

利奥十三世在 1878 年登上教皇权位，这是个个性独特和敏捷灵活的教皇。他希望通过改变天主教政治家(在法国，这些人被认为是支持 462
共和的)的行为来恢复天主教教会对政府的影响。他在比其前任更宽松的政治气候下实施的一些措施，比如对社会主义的焦虑(特别是在德国)，得到保守人士和自由主义者的认可。在他的任期内，天主教政党开始登上舞台，并且利用投票箱施加自身的影响力。对他而言，“自由”这个词包含着太多的反天主教意义，但他被称为自由的教皇，不仅仅因为他极具洞察力地看到民主政治和宪政机构保护宗教的可能性，还因为第一次由教皇宣布正确对待资本主义社会的劳工问题(尤其值得注意的是 1891 年他颁布的《新事物通谕》)。但是，他在对待统一的意大利问题上没有妥协，仍公开表态反对意大利的天主教徒参与政治。

俾斯麦的欧洲

1871 年刚诞生的德国并不受到它的第一位统治者——威廉一世

的青睐。德国皇帝是个纯粹的老保守，反对任何革新。他认为做普鲁士的国王比被一群开明人士拥戴做联邦国家的皇帝好。他总是迁怒于他的老首相——俾斯麦，这个德意志统一的设计师。他们商定普鲁士（以及新德国）现在是一个餍足的国家，不再像得到阿尔萨斯和洛林那样改变版图和疆域。作为一个保守主义者和保守集团东普鲁士地主阶级的代表，俾斯麦的目标转向了维持欧洲和平。战争可能威胁到君主国的稳定，拿破仑三世帝国的倾覆提供了前车之鉴，彼时革命的危险就隐藏在巴黎公社的暴动和社会主义分子的骚乱之中。

对法国而言，它最需要的是什么？它憎恨让它孤立的加富尔-俾斯麦时代的国际秩序，甚至在没有一个成功的复仇之战的前景之前，找不到想要的盟国。无疑它迫切希望改变这种被动的局面。具体地讲，由俾斯麦主导的孤立法国的政策意味着化解奥地利哈布斯堡王朝的敌对（毕竟，法国最近冒犯过这个国家，那就是怂恿撒丁岛抢劫它在意大利的行省），维护普鲁士与俄国的传统友谊，并且伺机挑起新意大利与法国的争端。大不列颠绝不可能与任何一个大国结盟，自然会丢下法国不管，德国需要做的仅仅是使英国进入一个仇视法国的状态。这样的机会也因英法在欧洲之外利益纷争的加剧而随时可能产生。确保和平的唯一的困难可能是罗曼诺夫王朝与哈布斯堡王朝在东南欧长期的对峙，即使小有潜伏，也会再度兴起。

463 它的根源就是 18 世纪东欧革命。1800 年之后，这个问题因法国大革命带来的意识形态的影响、拿破仑时代的国际动荡以及奥斯曼政府在满足和控制其臣民上面越发无能的应对，而一次次加剧。克里米亚战争是个分水岭（1849 年，俄国受同情心和良知的驱动曾帮助过哈布斯堡王朝，但这场战争摧毁了俄国的同情心和良知）。显然，当奥斯曼帝国在东欧的统治瓦解之时，谁或者由什么来填补权力真空的问题可能引发一系列的危机，甚至走向战争。奥地利人不想俄国及其附属国阻挡他们循着多瑙河南下，俄国人也不愿奥地利人及其附属国妨碍他们向土耳其海峡推进。英国和法国对俄国毫无障碍地出入于地中海的忧虑要甚于奥地利在多瑙河流域的霸权，所以他们动辄以战争相威胁，但是，他们宁愿尽可能地保存奥斯曼帝国在欧洲的残躯，万不得已时方才倾向于在巴尔干地区建立新的民族国家。

1876 年，俄国再次入侵奥斯曼帝国，保加利亚此时背叛奥斯曼帝国加入俄国一方。根据俄国与土耳其签订的城下之盟，一个面积不小的独立的保加利亚国家将要建立起来，且它的南部疆域濒临爱琴海。顿时，奥地利和英国准备采取军事行动以抑制俄国的贪婪。1878 年在柏林召开的欧洲会议就是为了解决帝国间的矛盾。这是俾斯麦导演的一出好戏。他使每个与会国都分到了利益，既不牺牲与彼得堡或维也纳的友谊，又确保了和平，可谓左右逢源。会议上签订的《柏林和约》有了关于“东方问题”的新的协定以取代克里米亚战争结束时签订的协约。《和约》还规定“三皇同盟”于 1884 年再次生效。

巴尔干地区没有马上平静下来。由于保加利亚政局动荡，新一轮的保加利亚危机于 1885 年出现了。俄国沙皇亚历山大三世与保加利亚年轻的德裔大公不睦，致使保加利亚没能脱离土耳其的统治。当保加利亚人声称东鲁米尼亚是保加利亚一部分时，柏林协约面临第一次重大挑战。接下来的一系列事件证明由列强共同操纵的协约在巴尔干民族问题面前很容易灰飞烟灭。此时，希腊正与巴尔干交战，塞尔维亚与保加利亚开火。尽管俄国人不满意，保加利亚的新大公还是登基了。在整个事件的结尾处可以看出这个国家变成了奥地利的而不是俄国的
附属国。大国之间的和平尽管得到维持，但是就在此时俾斯麦发现比 464
起 1878 年时德国想同时拥有俄奥这两个朋友越来越艰难。

19 世纪最后十年的国际关系

经过 19 世纪 80 年代的一系列危机，奥地利和俄国对东南欧的争夺缓和下来（确实，在 90 年代两个君主国好像有一个不破坏现秩序的协定），但是柏林会议规定的秩序慢慢地被高涨的民族主义破坏。民族主义不仅仅发生在哈布斯堡的被统治民族中间，还有奥斯曼帝国治下的斯拉夫人，他们渴望效仿第一个脱离帝国统治的塞尔维亚人。在匈牙利人的压力之下，奥地利政府对塞尔维亚保持警惕，相当多的奥地利

人和匈牙利人长期将塞尔维亚视为威胁（它可是未来包括所有南斯拉夫人的国家的核心）。而统治者不仅不可能而且更不愿意限制激进民族主义者以塞尔维亚为基地在波斯尼亚实施的恐怖主义和颠覆现政权的活动，波斯尼亚本是奥斯曼帝国的省区，在《柏林和约》生效之后归奥地利统治。历史既非第一次也不是最后一次给人们教训。维也纳也轻易地看出塞尔维亚打算在多瑙河流域扮演撒丁岛在意大利扮演过的角色的图谋。与此同时，俄国对外政策也不得不考虑一个新因素，即国内的泛斯拉夫主义兴起，它的门徒要求俄国支持其他斯拉夫国家。1876年，一些俄国人煽动、支持保加利亚，这是泛斯拉夫主义第一次显示它的重要影响。

然而，更为复杂且微妙的问题是，1882 年由俾斯麦一手缔造的三国同盟中的两个强势搭档德国和奥地利（第三国是意大利）在许多方面很不相配。哈布斯堡王朝与霍亨索伦王朝相抗衡的一个世纪在 1866 年拉开了距离，此后德国的军事和经济增长使这一距离变得更大。在俾斯麦时期这种差距并不影响大局，但到了他的继任者时期，德国人开始驱使奥地利人。尽管越来越艰难，俾斯麦仍尽力维护与俄国和奥地利的友好关系，直到 1887 年三皇同盟仍得以维持，便是他努力的结果。俾相尽其所能确保和平绝不是无足轻重的鸡毛小事，但他也不能长期地压制俄奥之间的对抗。不过，在《三皇同盟条约》终止之后，他仍通过签订德俄《再保险条约》保持与圣彼得堡的关系。当 1890 年辞去首相职务时，他感觉到这种关系将很难持续。是年 6 月该条约终止，他的继任者无意续订。

他的继任者缺少他的才能和卓识，但却面临比他更复杂的国内形势。新的利益攸关者纷纷表达自己的要求。国内形势的变化开始溢出
465 国门，这不仅仅归咎于活力四射的威廉二世，即使是俾斯麦也在晚年诉诸殖民扩张以转嫁国内的不安情绪，尽管他能将殖民事业从属于德国的欧洲政策。他也逐步意识到欧洲政策与其工业强国的国际地位不相适应，工业强国要求向全球推行冒险事业，要求向东欧迈进。一旦他辞职之后，这些要求便有了得以兑现的广阔的空间。所以怀抱扩张志向

的新任德皇现在不必理会国家的前任首脑了,他相信他拥有绝对的权力。

19 世纪 90 年代,德国在加速抛却前 20 年谨慎的外交政策,但是,尽管德国的国际影响不可估量,这 10 年里欧洲国际关系结构最重要的变化却与德国无关。这个变化就是法国从 1891 年起经过三年努力终于与俄国结盟,从而结束了孤立状态。对许多法国人和一些俄国人来说,法俄结盟实现了他们的夙愿。同时,这两个国家与英国的关系相处起来也变得容易。起初,它们与不列颠在许多地区都有摩擦和冲突。俄英在中亚、中国和伊朗有争端,法英在暹罗、西非特别是在埃及有纠纷。但是,它们却是怀着各自的目的修复彼此的良性关系。法国人是为了获得一个反击德国进攻的保障性措施,俄国人关切的是如何能够经由土耳其海峡走出黑海,英国人仍将土耳其海峡视为军事重地,禁止俄国军舰通行。1891 年,法国首先承诺在外交上支持俄国对抗英国,并达成协议:两国任何一方若遭到第三方国家的入侵,则采取一致的抵抗行动。翌年,两国又达成了一项有利于法国的军事公约,但没有正式生效,直到 1894 年开年的第一周这个协议才付诸实施(由于法国内政的关系该协议仅作为一个军事协定而不是一个条约)。双方达成的协议完全是为了针对三国同盟:若法国遭到德国的攻击,俄国应援助法国;若俄国遭到德国或者由德国支持的奥匈帝国的攻击,法国应援助俄国(倘俄国单独受奥匈帝国的攻击,法国将无此义务)。由于走漏了这个协约的部分内容,德国人就认为德法两国必有一战,所以它的战略计划就是率先与法国决战——这是其战略的基点。

19 世纪 90 年代开局,英德关系还蛮好,两国曾为解决许多有关殖民地争端的棘手问题签订了协议。王室之间的关系有助于(至少从英国这边看)延续对新政权的友好政策(俾斯麦对温莎王室没有好感,也厌恶英国王室对德国的干涉)。不幸的是,王室间和睦的关系在波茨坦 466
遭到破坏。“世界政策”的提出及其炮制过程中的误解与曲解,再加上皇帝威廉二世的秉性,都加深了柏林的紧张气氛。1896 年,英国冒险家的一次愚蠢行动(即詹姆森袭击德兰士瓦共和国)促使德国人以果敢姿态支持布尔人(所谓“克留格尔电报”)。此外,法俄两国对英德之间的暧昧关系的忧虑,德国政治家致力于维护柏林、维也纳和圣彼得堡三角关系的失败,两种因素促使法俄同盟的建立。

不过,法俄同盟的影响没有马上显现出来。19 世纪的最后五年俄奥关系修复,这两个老对手在巴尔干问题上签订协约也有了可能。英国要处理在全球许多地区特别是与法国和俄国的争端。尽管这几个国家有可能走到战争的边缘,但英国依然延续了“光辉孤立”的政策,这是它外交政策的基点。不列颠遇到的不间断的帝国冲突掩盖了法俄同盟带来的欧洲进一步分裂为两大阵营的事实。然而,英国政府却埋头清算外交上的争端,显然它与法国和俄国之间的争端更多一些。90 年代中期,奥斯曼帝国曾屠杀境内亚美尼亚的基督徒,英国政府对屠杀事件不以为意,却触怒了英国公众(在其他国家未见此反应)。不得已英国政府干涉这一事件,结果碰了钉子。随后英政府作出一个战略决定:为维护通往印度道路的畅通,在埃及驻军保护苏伊士运河的安全成为必要,从而放弃支持奥斯曼帝国在土耳其海峡的势力。

显然,这个举措减少了与俄国发生冲突的机会,另一方面它提高了英国人对埃及战略地位的警觉,在那里,从 80 年代早期以来英法之间的争夺就不断发生。法国政府不愿与英国政府合作,致使英国人在控制埃及政权上取得了优势。法国人的回应是赶在英国人之前控制非洲中部和尼罗河上游地区。1896 年,一支英国和埃及联军沿着尼罗河向南推进,进入苏丹。1898 年,联军在恩图曼(Omdurman)进攻苏丹领袖迈赫迪率领的穆斯林军队。之后,一小股远征军继续循着尼罗河谷前进,希望能与另一股来自乌干达的英军会师。结果他们在法绍达(Fashoda)看到随风飘扬的法国远征军旗帜。英国人声称法绍达是埃及人的领土,拒绝与法国人谈判,直至法国人撤军。尽管英法之间有发
467 动战争的危险,俄国人并没有支持法国人。法国人在法绍达撤军之后不再声称拥有对尼罗河地区的权利。然而,巴黎的仇英情绪又加深了。

1899 年发动的布尔战争让英国有利有弊的“光荣孤立”政策陷入了窘境。一方面,它的行为被所有大国视为惨绝人寰;另一方面,考虑

到当时的战略目标,它又无所顾忌。像法绍达危机一样,布尔战争显示,无论战场在哪(除了西半球以外),只要英国的海军能够到达,英国人就可以像在帝国内部和殖民地一样处理任何事件,对于那些利益集团来说,只要能满足他们的欲望,做这些事情不过是弹指一挥而已。

当 19 世纪结束时,欧洲的大国仍可以考虑维持和平。至少,避免在巴尔干发生冲突的前景依然像最后五年那样明朗。俄国将注意力主要放在了远东而不是这里。1895 年,贯穿西伯利亚到达贝加尔湖的铁路铺设完毕。也是在这一年,它发现为了阻止日本在中日甲午战争胜利后攫取过多利益很容易与德法保持一致,之所以如此,法国是为了能在对东南亚的政策上得到两国的支持,而德国的目的是获得国际声望以及获取在中国采矿的权利。一些欧洲的政治家开始盘算如何和平地瓜分中国,并希望未来任何的战利品都能够友好地分配。看来,欧洲的前景未必不光明。

第五卷

20 世纪的欧洲：欧洲内战时代

469 “欧洲”是一个类似于“亚洲”或“非洲”的术语——或者,就此而言,以不同的层次审视,如“博洛尼亚”和“伯恩茅斯”一样——由那些出于特殊原因而谈论它的人来定义,有时,这是出于政治研究,有时又是出于完全不同的原因。“欧洲”指的是发生了特定事情的某一部分世界,但这无法以一种方式来精确定义。它并不是一个实体,或者一个拥有永久内容的集体品格;它指有着共同经验的地方。虽然如此,本书已经唤起了对某些事实的注意,即在欧洲生活的一些人(无论被如何特殊地定义),在某些时代同样意识到他们共享着一些经历(我们可以选择性地称其为“欧洲的”)。这在最近几个世纪内尤为明显。或许到 1900 年为止,他们中的大部分能够意识到他们与世界上其他地区的人不同。他们中的一小部分能够略微感觉到,其祖先的共同经历和奋斗使得他们兴盛起来,这是尤为让人满意的。他们和他们的父母(不用回溯得太久远),能够在实际上看到欧洲集体和个体权力的增长。这有时由于它的表现方式而被忽视了。尽管如此,个人可以拥有更多的财富和更强的力量,比如,通过他们居住区的管道供水,以及打开煤气开关甚至是电开关的能力来获得,就像他们的统治者通过分红和战舰所获得的一样。许多欧洲人在 1900 年已经开始享有物质特权,而世界其他地方的大多数居民还对此闻所未闻。一些欧洲人在管理公众事务中取得了相当的成就,这使得他们能在一起和平共处。总之,30 年间都没有大国之间的军事冲突(而且的确整个 19 世纪几乎三分之二的时间都是如此)。

在接下来的 50 年里,用比喻的手法来说,这种自信的基础被后来发展成为世界大战的两次欧洲战争驱散了。将它们称作“内战”是另一个比喻,
470 但其缺陷可以被轻易地认识和理解。对处在世界的某一特定区域的、早已自主处理当地紧张不安的独立体系来说,上述描述引起了对其瓦解趋势的关注。它们至少证明了这一能力不再存在。欧洲陷入了内部冲突,尽管如此,这也是它的人民所共同经历的。正因为不断积累起来的财富,这些冲突变得空前巨大和残忍。战争摧毁了人们对日积月累的信念的信仰,并戳穿了支撑以往成功的幻觉。1945 年,欧洲人从他们的废墟上观察着一个已经改变了的世界,他们再也不能发挥自己之前的作用,那些都已不复存在。可以说,欧洲历史作为一个可辨识的和独立的进程已经结束了。

第二十二章　压力和张力 471

变动世界中的欧洲认同

1900年，欧洲世界与其他地方——一方面与欧洲的海外领地，另一方面与非欧世界——的裂痕在许多方面都比之前任何时候要大。欧洲人从未对其他文明和文化有如此之多的了解，以至于无论何时想到这些文明的时候都可以区分它们的不同。他们认为异族文化没有什么东西可以教给他们。在物质生活和期望值上的差异可能会比以后任何时候都要巨大，尽管这很难得到完全的确定。然而，欧洲方式的侵蚀性力量已经开始侵入亚洲和非洲数百万人的生活，就像欧洲力量已经解决了他们生活中的许多实际遭遇一样。

并不是所有爱思考的欧洲人都是自信或自满的，即使很多人（并非只是他们中那些不善思考的人）是这样。随着新世纪的开始，欧洲文明内部的压力和张力的迹象开始显现，即使这些迹象并未在社会（这些社会仍然有着公开的信心，充满着进取意识）上引起广泛关注。在他们所能想到的所有的世界及其自身的历史中，欧洲人在很大程度上是洋洋自得和自我陶醉的。在他们眼中，他们是“文明世界”的核心，这个定义不清的概念混合了基督教王国的回忆、关于欧洲血统（不管事实上他们的差异有多大）优越性的种族观念、共有的历史经历和神话，以及相似的制度和思想。当然，他们通过许多方式进行了自我划分，最基本的方式是民族和国家。一些组织的范围超越了欧洲国家的边界——欧洲邮政联盟、斯堪的纳维亚货币联盟或拉丁货币联盟，这些都是协商和便利的产物，就像那些管理大河，或管理欧洲在欧洲以外的利益的国际团体。只有少数的狂热者偶尔会思索德意志联邦或瑞士联邦或将成为未来全欧联盟的范例。然而，主观地说，如果含糊地讲，“欧洲”在 1900 年时是个含糊却熟悉的概念。

472 随着下一个世纪亚洲、非洲和南美洲死亡率的降低和平均寿命的延长，欧洲占世界人口的巨大份额急剧减少。长远的视角在这里是有益的。虽然欧洲的人口持续显著增长，但世界人口在 20 世纪初至 1990 年之间已经增长了两倍。1950 年世界人口已经达到了 25 亿，在接下来的 40 年里翻了两倍多，超过了 50 亿。欧洲人口在这一庞大总额中所占的份额，在 19 世纪末仅为九分之一至十分之一之间，而在 1900 年，这一比例为四分之一至五分之一之间。

欧洲人口的增长率在 1900 年已经开始显现出减缓的趋势，在主要的发达国家最为明显。它们已经展示出通过思想教育控制家庭规模的成果。19 世纪已经首先变得较为富裕的家庭，接着为比较贫困的家庭提供更好的设备和技术来补充传统的避孕知识(或迷信)。随着这些措施的广泛采用，它们对人口结构的影响将会在将来变得重大，其作用远不仅仅是简单的人口数量。紧随其后的是平均寿命的增长，以及日益增长的阶级之间甚至更为重要的性别之间的平均寿命的差异。

重要的区域差异已经很明显。1900 年，地中海和东欧地区很难表现出新的人口趋势。那时，它们迅速增长的人口已经比北欧和西欧的人口稍显年轻——当然，虽然他们相应地有着比今天更多的年轻的人。由此造成的压力一部分由移民的迁移而得到缓解。

1914 年之前的那些年里，欧洲人口向海外的输出是空前的；即使到了 20 世纪 20 年代初，许多人仍然追随他们的步伐，尤其是到美洲去。接下来，情况发生了变化(尤其是美国入境的严格的法律限制)，使得这一潮流逐步减退，尤其是在 20 世纪 30 年代世界经济大萧条期间。

即使在那时,依然有欧洲移民,尤其是去往法属北非和英国海外领地(当意大利政府试图殖民于其非洲帝国的努力明显失败后)的移民,以及德国犹太人的移民。1945 年以后,这一模式再次发生变化,很大程度上是因为欧洲自身对劳动力需求的大大增加;而这也将刺激不久之后向欧洲移民的新现象,尤其是来自加勒比海地区(去往英国)、北非(去往法国)、亚洲(去往英国和荷兰)以及土耳其(去往德国)的移民。这一现象很快给那些接收移民的"东道主"国造成了明显的紧张局势;它也被认为煽起了对不同大洲人口数量的平衡问题的重新关注。在1988 年列出的世界上人口最密集的前 10 位国家中,只有一个"欧洲"国家榜上有名,那就是苏联——而它拥有庞大的非欧人口。已经使得欧洲死亡率降低的那些动因正开始在亚洲和美洲发挥作用。

19 世纪,人口过剩的马尔萨斯危机对欧洲人来说已经不再可怕。由于农业生产力的提高和交通运输的改善,除了个别特别贫困的国家之外,在其他所有地区,饥荒已成为临时的、偶发的灾难。这也使得欧洲在享受其短期内创造的世界已知的最快增长的财富的同时,可以将 473
马尔萨斯的警告抛诸脑后。

在大多数国家,增长的人口带来了更迅速增加的产量。例如,1871 至 1900 年之间,德国的人口增长了三分之一,但其生铁的产量却翻了六番。1900 年,几乎没有人怀疑经济会持续增长下去,不管将会遇到什么问题。新能源被广泛发掘:石油和电力已经加入了传统的能源如煤炭、木头、风力和水力资源的行列中。一个世纪之前甚至都无法想象的化学工业已经存在。铁路、有轨电车、汽船、汽车和自行车为数百万人的出行提供了新的可能;这是交通资源自几千年前动物被套上缰绳用以驾车以来最大的革新。1900 年发达国家的绝大多数的人,在消费领域,甚至是健康领域能得到的服务,都比一个世纪之前的祖先要好得多。如果说这些进步依然与一些人擦肩而过,比如说俄国和安达卢西亚的农民(虽然对这些分类的概括很难得到明确表达),但是,能够惠及整个欧洲的繁荣的关键似乎终于被找到了。

尽管有如此欢欣的局面,质疑声仍然不期而遇。获得新财富所付出的代价，以及对这些财富如何分配的社会公正性的抗议，都是非常麻烦的问题。以今天的标准来看，1900 年，大部分的欧洲人仍是非常贫穷的。如果他们生活在富裕国家，那么这种不协调会被认为比早期更加难以接受。在社会有如此明显的力量去创造财富的情况下，忍受贫穷甚至目睹贫穷变得更加痛苦。一些众所期待的转变已经开始了，而这意味着将有更多其他的转变。当男人（以及一小部分女人）思考他们的处境、他们的谋生能力的时候，更大的疑惑出现了。有时候，他们发现自己失业了，这已经不是新鲜事了。前所未闻的是，繁荣和衰退中的不可捉摸的力量能够在突然间夺走一个大城市中数百万人的工作。这就是“失业”，这个发明于 19 世纪的词语似乎就是专门为这一新现象的需要而产生的。一些经济学家认为，这可能是工业资本主义的巨大生产能力的必然产物。

特权和民主

这些不安全因素给那些饱受 19 世纪革命威胁的欧洲统治阶级带来困扰。这些统治阶级的构成和特性由于国别的不同而不同。瑞士资产阶级和普鲁士容克地主差异很大。但是，无论在任何地方，他们的组成中的一大部分是来自基于血缘和贵族地位的古老的世袭阶层，以及富豪集团或职业的代表。这反映了社会习俗的巨大不同和统治精英内
474 部的许多差异。他们中一些人的行为仍然受到在今天看来很奇怪的习俗的支配。即使在最为发达的国家，土地在维持财富收入上依然起着非常大的作用。然而，当这些事实都被给予了应得的重视后，我们却只能保守地给出乏味的总结，即 1900 年的欧洲由贵族和上层资产阶级所统治。

这并没有告诉我们非常多的有助于着眼于任何国家的细节。欧洲的某些地区的统治阶级依旧生活在前 19 世纪而非前 20 世纪的精神世界中，虽然这些地区可能很容易通过铁路到达。在这一领域内的一个极端便是：在东欧的大部分地区，准家长制的关系和土地领主对生活在其领地上的人的传统权力依旧未受损害。这些社会仍然盛产贵族保

守党，在精神上他们不仅反对对他们物质特权的侵犯，还反对被称作“市场社会”的价值观念。另一些如此极端的例子能够在不列颠联合王国找到，那里的贵族早已习惯了这一观念，即法律面前有平等的权利，不管社会和经济权利以及地主的现实情况如何，虽然他们在政治和社会上有着不成比例的影响力，依旧在一旁发挥其作用，甚至通过民主选举制度，与商人、银行家甚至一小部分工会主义者分享权力。

欧洲任何地方的统治阶级都会赞同的一个准则是：财产神圣不可侵犯。他们间的差异对于某些特定目的（主要是社会目的）来说是重要的，但随着时间的推移，这些差异逐渐模糊，在很大程度上，西欧保守主义思想在20世纪早期狭隘化，并越来越退回到对资本的保护上，当然，这一定位在半个世纪前的许多地方都由于其个人主义倾向而被认为是激进的自由主义。一种新型的资本主义——工业保守主义——越来越尽力地反对其自身，它表明了一种与财富之间的冲突，随着国家在社会管理中发挥越来越重大的作用，这种冲突日益加剧（1911年，英国上院的世袭权力试图抑制下院的选举而最终失败，这一危机导致了1688年宪章的遗存发生了一场革命性的转变）。这样，到1914年，即使是法国也接受了所得税的原则（虽然并没有实际征收）。

这些让步是政治民主化的逻辑的一部分。到1914年，法国、德国和一些小的欧洲国家已经实现了成年男子全民选举权；英国和意大利也有足够多的选民以接近这一标准。结果，许多富人感到恐惧，认为这预示着劫掠和社会革命即将来临。自由主义和民主带来的收益是带有凶兆的；进而，更加激进的威胁性发展可能会需要抵抗，必要的情况下，甚至需要使用暴力。

政治和社会中的女性 475

也许是出于心理因素，一个政治问题尤为值得关注，它与一个不可抗拒的逻辑一同出现，这一逻辑产生自欧洲的民主发展进程之中，并给这一世纪的最初几年带来了困扰。这一问题是：如果男人可以，那么为什么女人就不可以参与国家政治呢？这一议题在许多国家的另一个

30年中依旧悬而未决。但它已经在英国政治中引起了骚动，而这只是欧洲妇女对其社会角色的新主张的最公开的体现，它同样表现在关于妇女的教育、工作和法律地位的争论中。政治权利仅仅是大量问题中的一部分。

欧洲文明的总体偏见(和其余在它之前的文明中所包含的偏见一样)是由男人的利益和价值以其压倒性的优势决定的。然而，在欧洲，直到18世纪才开始对妇女的传统角色产生真正的质疑。妇女受教育、工作、掌握自己的财产、精神独立甚至穿更舒适的衣服的权利，随着19世纪时间的推移而备受争议。易卜生的戏剧《玩偶之家》被解读为吹响了"妇女解放"的号角(这取代了作者的本意：为个人独立辩护)。从那时起，一场真正的革命开始了。欧洲和北美妇女的要求威胁了已经被熟悉和接受了几百年甚至上千年的观念和态度。这些要求激起了复杂的情感，因为它们曾和根深蒂固的关于家庭和性别的观念紧密相连。正因为如此，一些人(男人和女人)更为它们所困扰，其程度甚至比社会革命和政治民主的威胁还要深。的确，他们将感受到一股真正的、拥有世界性影响的革命力量。在早期欧洲和北美女权主义运动中埋藏着的这些种子，其爆炸性的内容不久将被传播到其他的文化和文明中去。

在很长一段时间里，妇女的政治化，甚至其对法律和制度结构(她们认为是压制性的)所造成的成功的政治冲击，给大多数妇女带来的影响远比其他改变要小得多。其中有三个变化发展虽然缓慢，但最终却对腐蚀固有的传统产生了巨大作用。第一个是先进的工业经济的增长和经营。到1914年，这在一些国家已经创造了大量新的女性的工作——如打字员、秘书、接线员、工人、百货商店售货员以及教师。这些在一个世纪之前几乎都不存在。它们给妇女带来了经济能力上的重大的实质性的转变：如果她们可以自己挣钱养活自己，那么她们将会踏上一条最终将通向新的家庭结构和社会角色的道路。矛盾的是，20世纪工业社会的战争需求会加速这一进程，因为劳动力的需求使得妇女们的就业范围更大。甚至到1900年，对于越来越多的女孩和妇女来说，在工业或商业领域的工作已经意味着一个机会，可以在一定程度上

帮助她们脱离父母管束或逃脱婚姻这一“苦差事”所造成的困境。到 476
1914 年,并不是大多数妇女都获益颇多,但是,一个积累的过程正在进行中,因为这些发展将会刺激其他的需求,如对教育和对职业培训的需求。

避孕是转变妇女生活的第二个重要力量。同样,到 1914 年,避孕尚未展示出其全部的潜能,甚至还没有新的工作机会所展示出的潜能多。尽管如此,它已经开始影响欧洲的人口。未来的前景将是人们观念上的革命,例如更多的妇女会吸收这一思想,即她们可以控制其生育和抚养孩子的需求,这些需求从古至今一直主导并组成着她们的生活。在这之上的是另一场更为深刻的变革,直到 1914 年才开始显现,一些妇女逐渐发现她们不必迈进长达一生的婚姻责任中也可以追求性满足。

第三个大的趋势将妇女们从古老的方式和设想中解脱出来,这一过程细微但却无法抵抗。很难给它一个独特而显眼的名称,但如果说有一种力量控制着它,那么就是科技。许多发明(其中一些在 1900 年之前已经缓慢积累了好几十年)的总体趋势打破了家庭日常生活和艰苦劳动的残酷的时间表,并且在这之后依旧在滚滚浪潮中继续发展。自来水、暖气和燃气的出现是第一批例子;电力的清洁性和灵活性带来了更多明显的影响。更好的商店是零售分销领域的突变的先头部队,它不仅给人们以不同于“富裕”的“奢华”的概念,还使得日常的需要更容易被满足。经过更好加工和保藏的进口食物慢慢地改变了家庭以往的日常备办食物的习惯——就像今天在亚洲和非洲的习惯——每天(或两三天)去一次市场。虽然在 1900 年,清洁剂的世界和更易洗涤的人造纤维尚未出现,但肥皂和洗涤碱已经可以轻易且廉价地购买到,同时第一批家用电器——煤气炉、吸尘器、洗衣机——已经出现了,至少是在富裕的家庭里。历史学家们能够立刻意识到在早期马镫或机床引入的重要性,却奇怪地忽略了这些如此温和的动力所产生的日积月累的影响。它们意味着一场革命。很容易理解的是,在这个世纪初期,它们的长期意义所引起的兴趣要比“妇女参政论者”(在英国对想要参选的妇女的称呼)这一滑稽的东西所引起的兴趣少得多。对她们这些通常是暴力活动的一个直接的刺激是政治制度的明显的民主化,这使得更多的男人受益。这是她们的竞选所预设的背景。从逻辑上说,跨越性别的边界来追求民主的确有其基础,即使它意味着选民规模将会翻上一番。但是,在1914年,芬兰和挪威是仅有的妇女在国家选举中有投票权的欧洲国家。

477 大众社会的政治

选举权和正式且法定的代表机构并不是政治获得越来越多的“大众”或民主特性的全部方式。民众必须被组织起来。到1900年,已经出现现代政治党派以迎合这一需求,它们为了竞选而将议题进行简单化,为了传播政治意识而设置了一些机构,并设立了为其特殊利益服务的教化手段。党派政治的观念、话语和制度从欧洲和美国扩散到全世界。旧式的政治家谴责政党的大众化形式,这绝不是不怀好意的,因为它带来了公共舆论的腐败,并且需要传统的精英们的政治适应路人的方式。

19世纪对公众舆论的新发现就已经含蓄地体现出变化的开端。在英国发生的反对《玉米法案》的斗争被认为是具有决定性意义的。1870年,拿破仑三世发现他无法抵抗人民对一场他所惧怕(也将会输掉)的战争的呼声。即使是俾斯麦这一标准的保守主义政治家,到最后也发现他必须给公众舆论让路。由于读写能力的广泛传播,公众舆论在任何情况下都能够被操纵(至少报纸的业主和政治家相信如此)。人们强烈建议,为了适当地使用选举权而教化民众的大众教育的投资是必要的,但是,最为明显的后果之一似乎是出现了一种迎合情绪主义和哗众取宠效应的新型的廉价印刷品,以及给广告活动(19世纪的另一项发明)的设计者创造了一个机会。20世纪早期,英国的《每日邮报》和法国的《小巴黎人报》的发行量都超过了100万。

尽管如此,1914年,欧洲只有两个国家的制度既民主又共和,它们是法国和瑞士。其他地方(一些古怪的僵化地区除外,如安道尔和圣马力诺)，世袭王朝依然是国家的主要制度形式，有时甚至是在有着广泛的公民权以至于在相当程度上可以被称为是实行民主制度的国家。最晚到 1914 年，一个新的国家(阿尔巴尼亚)采取了君主政体，如果从其诞生于奥斯曼的遗产之上来考虑的话，这是理所当然的。尽管如此，一致性掩盖了许多差异。几乎没有君主对这一制度持如爱德华七世一样的坚信态度，他对它的尊敬已经扩展到南太平洋的海军将领。然而，至少德国的皇帝认为英国的君主政体一点也不是真正意义上的君主政体。广泛地说，在两种君主制国家之间可以看出一个明显的差异。一方面是君主立宪制度，英国是其显著代表。其余的可以在以下国家中看到，如比利时、荷兰、斯堪的纳维亚、意大利、西班牙、葡萄牙以及 19 世纪一些巴尔干的新建立的国家，最为古老的是新建立的希腊。在这个分组中，权力的现实在很多方面是有差异的，无论正式的宪法协议是 478
什么。在这些新建国家中(尤其在巴尔干地区)有一些例子在这一类型上毫无前途。尽管如此，君主立宪制在 1900 年仍是一个成功的、可辨识的以及被公认的欧洲现实。

另一种主要的君主制形式依旧最好被称为王朝制。当联姻连接的网络将君主立宪制政体和仍能在它的朝廷之上见到的旧式态度联结在一起的时候，国家和社会利益从属于统治家族长期利益的这一关系在三个主要的多民族帝国中显现出来，不同的是，有两个帝国的表现更为明显，而第三个帝国则模糊不清。哈布斯堡帝国(二元制帝国)和罗曼诺夫俄国能够清晰地体现王朝原则。在霍亨佐伦德国，许多谄媚堆积在皇帝身上，其权力自身也是各种修辞夸张的对象(不仅仅是他自己的夸张)，但是，威廉二世是一个立宪制和封建制王朝的合法元首，他的国家由有着自身利益和统治者的邦国组成。然而现实是，德意志帝国由普鲁士主导，而普鲁士的实际统治者是普鲁士贵族。君主制的普鲁士国内的现实是——虽然所有人都焚香敬拜“战神”(就像威廉二世喜欢称呼他自己的那样)——他不能超出普鲁士统治阶级所能容忍的范围之外(对于这一紧张关系之可能性的一个例子是，在腓特烈三世的三个月的短暂统治时期，他的早逝使得某些害怕他可能采取行动的臣民大大松了一口气)。在这三个君主国家中,君主的个性和气质似乎是一个决定性因素,虽然起决定性作用的还有他的能力或无能。

因而,政治上不同的两个欧洲之间的差异取决于组成其国家所基于的设想。但是,并不是每一个人(也少有其他君主)都能够如威廉二世一样将其表达出来,他在一封写给他侄子沙皇的私人信件中所说:“民主的国家被议会里的多数派统治,正好与君主制国家相悖”[1],但是,即使在这样偏激的误解中,仍然存在一丝真理。人人都知道君主的力量在这三个多民族国家中的分量比在其他任何地方都要重。但是,几乎在所有地方,“民主的”和“民主”这些字眼仍然能引起统治阶级的警觉,他们仍旧被世袭贵族和公社的美好回忆所主导,甚至一些英国人在举杯为印度的“万王之王”祝福的时候都会因获得其效忠而兴奋得战栗。

社会恐惧

到 1900 年,西欧人大多数是城镇居民。到 1914 年,人口在 10 万
479 以上的城市已超过 140 座。他们的生活远未摆脱不幸,这些不幸给早期工业社会的观察家和批评家造成了很大的冲击。数百万人的住宿条件恶劣,无法呼吸到新鲜空气,更不用提教育和娱乐(除了街道上的那些),虽然有些时候,从他们的努力所创造出的财富的角度去看,他们是成功的。“贫民窟”(这是一个在 19 世纪由于人们感觉到的需要而创造出的一个词)经常引发恐惧。它滋生了一个对城市不信任的长期传统,因为城市被认为是犯罪活动、歹徒及革命的中心。当然,对其他人来说,这也带来了希望:城市似乎对不满的气氛富有刺激性,以致随着时间的流逝,反对社会和经济不公正的革命将势必会发生。最终事实证明,这种乐观及革命性的思想和保守派沮丧的预言一样夸张。尽管骚乱令人担忧地爆发了,但是越来越多的证据表明:哪怕在经济最为发达的国家里,革命(哪怕仅是暴动)成功的可能性都越来越小。

---

① 《德皇给沙皇的信,威廉和尼古拉斯的通信》(1903 年 11 月 19 日),N. F. 格兰特编,伦敦:1920 年,第 98—99 页。

可以认为,俄国是强国里一个特殊的例子,虽然它的地方性的社会骚乱通常发生在农村而不是城市。尽管俄国越来越多地参与到欧洲范围的发展中,但它在所有的经济和社会变革中都落后一步。19 世纪的行政和政府改革并没有从本质上改变其专制统治。一个后果就是它无力扼杀持续的革命运动,却导致了大量恐怖分子的产生(虽然目标不同),他们刺杀了政府官员以及一位沙皇。农村的剧变使破坏性的威胁持续升级;20 世纪初期,袭击地主及其警卫的运动达到了高峰。1904 年和 1905 年,紧跟在农村骚乱之后的是由于日俄战争战败而导致的民众对政权的信心动摇,其结果就是以城市为基础的抵抗第一次引发了革命。这迫使政府比以往任何时候都让出了更多的、更为实质的特许权。尽管如此,它们仍未触动专制政治的原则。

在较西面的意大利也是同样,在一些人看来,它似乎不包含任何革命的因素,无论是在 1898 年当大炮 50 年来第一次在米兰的大街上开火,还是另一次在 1914 年的“红色周”,一些地方当局(意大利采取了法国的地方行政机构体系)暂时脱离了罗马的控制。西班牙最大的城市之一巴塞罗那在 1909 年爆发了流血的街斗(被称为“悲惨的一周”的一部分而载入西班牙左翼的史册;或许,这些名称说出了西班牙人和意大利人性情的不同——或者甚至是结果的不同)。其他地方也是一样,罢工和示威游行经常是暴力的。在战争前 10 年,法国多次调动士兵镇压产业工人的骚乱(共和国未来的救星克列孟梭正是由于 1908 年第一次当选总统时作为罢工破坏者而声名狼藉),即使是在英国,1914 年之前骚乱中的暴力死亡也不是没有耳闻。当时,公众想象力继续被无政府主义者深化,19 世纪 90 年代他们用投弹轰炸和暗杀为自己赢得了公 480
众的注意力。并不是所有的无政府主义者都有共同的目标,但是他们都是最值得怀疑的,因为他们都对整个社会表示抗议(他们认为它的本质是不公正的),而不仅仅是抗议某些国家的政府结构。

对社会主义的恐惧

然而,毫无疑问,社会主义的宣传和辞藻更加让资产阶级害怕。长期以来,社会主义看起来非常成功,即使不是在革命爆发的时候。工人阶级组织的成功更加引人注目。这些组织旨在通过选举进行政治斗争,通过工会引导产业工人斗争。1871 年之后,到约 1950 年之前,社会主义(无论其定义如何宽松)长期地支配着左翼文化,以一种或另一种形式(集体主义的、平均主义的、以物质为基础的分配解决方法)逐渐为相信并想逐步实现社会进步和改善的人所接受,这是前所未有的。同样,几乎在任何地方,社会主义意味着马克思主义的一些形式,开始变为稀释的或纯粹的(关于其解释有许多争论)。重要的可选择的传统仅存在于法国、西班牙和意大利(那里无政府主义和革命的工联主义在适合的环境中繁荣发展),此外,尤其是英国,那里早期呈现出合法且人数众多的贸易联盟运动,并通过建立政党和政治程序而达到变革,它们的可能性造就了有效的非革命性的激进主义。

无政府主义和马克思主义对彼此充满敌意的成见一度左右着社会主义组织。马克思主义在欧洲大陆的形式上的胜利表现为 1896 年第二国际(为了协调各国的社会主义运动而于七年前建立)将无政府主义驱逐出去,后者到那时为止仍一直从属于它。四年之后,第二国际在布鲁塞尔设立常设办事机构。在第二国际领导的运动中,德国的人员、财产和信条取得了压倒性优势。由于德国的迅速工业化,尽管有警方的迫害,社会民主党仍然发展起来,到 1900 年成为德国政治的一个既成现实,成为其第一个真正的民众党派。单从人员和财产来看,马克思主义(德国政党的官方信条)很可能成为国际社会主义运动的官方信条。

然而,尽管它在已经建立的秩序中引起了这些恐惧,一些明智的社会主义者已经注意到:大约 1880 年之后的事实并不是证明马克思主义神话和话语的显著例证。显然,许多人开始享受资本主义制度下更高的生活水平。资本主义制度在其自身复杂度上的演化,并非像马克思主义预言的那样简单化和强化了阶级冲突。资本主义的政治制度对工人阶级也有用,尤其在德国和英国,重要的法定利益正是通过议会实
481 现的。在等待革命到来的时候,选举是一些社会主义者无法忽视的武器。这导致了为了将这些趋势考虑进去而重新诠释官方的马克思主义

的尝试,它们被称作“修正主义”。广义上来说,修正主义者主张通过非暴力斗争来实现社会的转型,这是进步的。如果人们乐意称呼到来的“社会转型”为“革命”的话,那么就仅仅是一个关于用法的争论了。在这种理论的姿态及其引发的冲突内部,蕴含的是一个实践的问题(这个问题在这个世纪末成为首要的问题):社会主义者应不应该做“资本主义”政府的大臣?

这一争论持续了许多年。结果就是,在国家政党——尤其是德国政党——继续实践着修正主义,为适应现存的制度而作努力的情况下,第二国际对修正主义进行明确的谴责。他们的辞藻仍然是关于革命的。许多社会主义者甚至希望,如果战争爆发,应征士兵会拒绝为资本主义政府战斗。一个社会主义团体——俄国政党的多数派,继续强烈谴责修正主义;它无疑认识到了俄国状况的特质——有效的议会活动机会极少,以及根深蒂固的革命和恐怖主义传统。它被称作布尔什维克,俄语里是“多数派”的意思。

欧洲公共生活中的宗教

迄至 1900 年,基督教久已丧失其在全球范围内作为暴力的潜在遏制力量的权威地位。在欧洲统治者处理他们之间的关系时,由宗教信仰或联盟引起的克制从未发挥决定性或持续的控制作用;即使是将希望寄予这样一个抑制手段的做法,到 1900 年在实质上也不复存在了。基督教王国的概念不再包含任何政治内容。19 世纪,宗教就仅能起到对冲突的缓和或减轻作用,甚至有时起到了煽动的作用;东正教的俄罗斯人(甚至是福音派的英国人)都更容易被煽动去反对屠杀基督徒的土耳其人。

1882 年,德国先知和预言式的哲学家尼采已经宣布“上帝死了”:他说,宗教信仰已经不再适合聪明的人类,一直以来处于欧洲文化中心的灵肉二元论也不再维持了。不管这是否是真的,如果它是,那么其原因是宗教信仰的普遍丧失,还是宗教被认为也许能暗示什么或要求什么这一观点的不断变化,这是一个更难阐明的问题。1900 年,仍有非常多的欧洲人定期参加宗教礼拜，大多数人去基督教堂和礼拜堂。很难辨别这对教会组织的实际力量意味着什么。19 世纪末期，它们的权力显然已今非昔比，无论人们感到赞成还是遗憾。50 年前，查尔斯·狄更斯已经指出，并不是焦煤镇的工人填满了它的教堂和礼拜堂。然
482 而，许多欧洲人仍然保留他们信念中和《圣经》叙述中的简单和朴素的信仰，即便其他人对牧师的权威产生越来越强烈的质疑，进行越来越激烈的争辩。欧洲精英阶层的确已经开始有意识地威胁并挑战传统信仰。他们中的许多人长期坚持具有普遍的反宗教和怀疑论本质的伏尔泰式的观点。19 世纪，他们见证了其他腐蚀信仰的观念的影响力。最初，只有这些精英关心这些观念，但随着廉价的印刷品和大众文学的传播，它们逐渐有了范围更广的受众。

大多数已经建立的教堂都受到了这种智力竞争的影响。东正教和罗马天主教受到的影响是最为明显的。在许多国家，后者被尴尬地卷入政治当中。由于对国家主权的有意识的敬意，司法、财政和教育问题开始在一些国家出现。它们引导政治家们去抨击教会和国家之间的久已被接受的特殊关系。同样，随着这个世纪的发展，罗马教廷对于人们对这个时代的轻信问题提出了日益增长的意识形态的和智力的要求。像其他的教会一样(尽管有少量革新成功的例子如救世军)，它看起来不可能再开发出新的装备(比如大批量发行的报纸)来帮助它。的确，在很长一段时间里，罗马天主教断然宣布它对这些进步的不信任。

利奥十三(他于 1878 年继承了庇护九世的教皇之位)年代，在一些国家，罗马教会的政治地位有所改善，然而，在法国、意大利和西班牙，反教权主义和戏谑牧师的行为持续上演，而政府不断蚕食教会先前统治的领域——尤其是教育领域。争吵滋生了不妥协。在法国，最终的结果是旧的宗派协约的终止和 1905 年的政教分离(更进一步的结果是激起了法国政治生活中意识形态的划分)。另一方面，梵蒂冈和意大利的关系在庇护十世时期得到改善。冲突还导致了这种观念的产生：无论从罗马教会的教条取出何种观念，它仍旧可以在笃信的人中获取大量忠诚。更何况，它仍通过海外传教招募新的信徒，在那里，他们很快

就会入教，而随着人口的发展趋势，这群人也会不断增多。虽然教会无法在欧洲新的城市定居者中取得很大的进步，但他们还未接触不适当的传教机器，未被他们沉浸其中的世俗文化缓慢玷污从而异教化。它还远不到濒死的时候(就像一种政治或社会力量那样)，更不用说灭亡了。的确，将教皇从他现世的角色中解放出来，会使更多教徒更容易体会到对天主教的坚定无比的忠诚。

发展中的智力

我们已经讨论过，逐渐损坏大众对传统宗教的支持最为有效(虽然
通常是间接的)的力量之一便是科学，虽然它的作用很难被确切衡量。 483
到 1914 年，科学的应用比以往更为明显。无线电报可以穿越大西洋送达，无须依靠气袋支持的飞行器(飞机)变得十分普遍，汽油发动的汽车是城市街道上十分常见的事物，只要是受过教育的欧洲人，对麻醉学、蒸汽涡轮、更坚硬和专业化的钢铁、电话以及其他更多在半个世纪之前甚至都不存在的奇迹感到习以为常。通过电车和火车、工厂里的电力发动机以及出现在街道上和家里的电灯，廉价的电力改变着城市的布局和活动。甚至动物的数量也受到了影响：1900 年，英国有 3.6 万匹马来拉煤车，到 1914 年只有 900 匹。这些变化中的大多数最终要归功于科学的实际应用。然而从 17 世纪开始，从未有这样明显的来自科学活动的科技扩散，科技长期被局限于弹道发射学、航海和绘制地图、农业以及一些初级的工业生产方法之内。而在 20 世纪，人们很难想象离开了科学的生活会是什么样子。

虽然在工程学和制造业方面，人们对科学的敬意通常成比例地增长甚至达到惊人的程度，但基础科学仍取得了具有长远意义的重要进步。医学领域很容易取得了一些成效。虽然 1914 年的欧洲医学在今天看来还十分原始，但是和一个世纪之前的情况相比，已经有了巨大的进步。防腐剂和麻醉剂已被引入临床(维多利亚女王本人即为宣传新型医学手段的先锋)，公主或王子出生过程中麻醉剂的使用有助于赢得社会的认同。药理学也有了很大发展，例如 1909 年撒尔佛散的发现，

是传染病个别治疗发展过程中的一个里程碑，病理学家识别了疟疾的携带者，X 射线被发现并在随后被引入医学临床中。

然而，矛盾的是，到 1914 年为止，科学不仅由于其对自然的日益增长的掌控而有助于增强一个文明的信心，也促成了一种不明确的紧张的感觉。科学在以下两方面不断发挥其作用：一方面，由于对自然的掌控程度的不断增强，文明的自信心不断地增长；另一方面是一种模糊的紧张感。毫无疑问，这些作用在传统宗教的问题上表现得最为明显。但是，它也作用于经常受其发现鼓舞的决定论上，或是受到人类学和对人类思想的研究影响的相对论上。科学本身将会削弱对客观性和合理性价值观念的信心，而这些价值观念对科学来说又是很重要的。到 1914 年为止，已经有迹象表明，自由、理性且启蒙的欧洲和一个传统、宗教而保守的欧洲处于同样大的压力之中。一些人发现，已经很难确信有绝对价值之类的东西的存在。尽管如此，在变化方面，对于大多数人，这在他们的头脑中意味着什么还很难说。

484 欧洲世界霸权的裂缝

20 世纪初，在一些欧洲圈内和流行媒体上有一些关于“黄祸”的论调，它的起源似乎在中国或日本。同时，更为严格的，其他的圈内也有熙熙攘攘的感谢声，因为对日本绘画或非洲雕塑的认识和乐趣刺激了欧洲艺术，并使其形式多样。1900 年在巴黎举行的世界博览会的一个主要吸引力，是向法国人揭示了其殖民帝国的多样异域珍宝和多种多样的民族。尽管如此(关于对非欧世界印象的相同接受能力，还有许多例子，无论这些印象是险恶的还是令人愉快的)，这些不断增长的意识几乎没有达到普遍恐惧、迅速增长的危机意识、非欧世界带来的挑战或竞争或是欧洲与非欧世界的关系的根本变化这样的程度。威胁性变化的迹象和萌芽都已显现，但是它们看起来太过微小。

大部分非欧世界已被欧洲人或有欧洲血统的人控制的傀儡完全地统治着。即使在 1898 年，西班牙这一最古老的强大帝国丢掉了它最后一块主要的殖民地，然而对于美国来说，这一情况依旧是符合这一命题的——美国是一个令人欣慰的源自欧洲的跨大西洋的强国，被明确认作“文明的世界”的一部分，可以认为它通过这场斗争而达到了它自身19世纪的帝国主义成就。在关于文明世界的观念中，有一条信念几乎是被普遍持有的，即：一种固有的优势，无论是暂时的、文化上的，还是永恒的、种族上的，都证明了欧洲对非欧民族的统治的合理性。甚至还有一种感觉，认为西班牙多多少少给自己的一方丢脸了，而美国将接过“白人的负担”去统治菲律宾，当它卸下这一重担时，情况将会比西班牙要好得多。的确，19世纪末期和20世纪的头十年，几乎没有任何迹象显示出欧洲帝国主义自信的衰落，即使官方人士会怀疑它的实践价值和实际消耗(尤其是由布尔战争所诠释的)。欧洲人已经开始关心如何合适地管理殖民地，以及以人道主义来对待它们(当比属刚果的暴行被曝光之后，比利时皇帝对其管理不当的默许着实震惊了舆论)，“反殖民”的组织也已经在许多国家活跃起来。尽管如此，帝国主义仍旧是被接受的，并且，的确被认为是事情的正常状态。

1914年殖民帝国的结构确实令人难忘。英国在其国境之外有将近4亿臣民，法国有超过5 000万。德国和意大利远远落后，各自大约拥有1 300万，但是这些人口已经比有些欧洲国家的人口还要多了。的确，这些庞大的结构能够更进一步扩大的可能性是微小的。已经没有多少剩余的“欠发达的地区”等待它们去获取了。美西战争是一个伏笔，预示着未来帝国的增长只能以另一个帝国的损失为代价；德国和英 485
国曾谨慎地讨论瓜分葡萄牙在非洲处在两者之间的殖民地的可能性。在其他地区，事实证明中国也是使殖民者失望的地方。即使俄国依然想象着以对中国的全部割占来作为其两个世纪以来对其侵犯的完美总结，但是中国似乎最后将会被激起一个真正的现代化的可能性。1900年之后，能够进一步掠夺的主要对象似乎只剩下正在衰退的奥斯曼帝国。

新的竞争者：青年土耳其党

新世纪第一场欧洲政治危机发生在1908年。这时，哈布斯堡王朝将已经占领了将近 40 年的奥斯曼帝国行省波斯尼亚和黑塞哥维那正式吞并。这大大地刺激了俄国，但也引起了其他重要的反响。其中之一是奥斯曼政权内部的变化。被它的失败和软弱所激怒，一个自称为“青年土耳其党”(这个名字是为了回应 19 世纪 30 年代马志尼的话语“青年意大利”和“青年欧洲”而产生的)的团体已经在 1907 年筹划了一场成功的革命。青年土耳其党将欧洲的实践作为榜样(讽刺的是，这些实践大都是 19 世纪欧洲强国强加于苏丹的)，努力推进改革和现代化。他们以欧洲为模型探寻宪政统治，与其说是为了其自身，倒不如说是以此作为复兴帝国和实现现代化的途径。如同明治维新的改革者一样，青年土耳其党想要通过现代化来抵制欧洲对其国家事务的干预(例如，通过掌握财政来制约埃及政府)，以及(他们所认为的)躲藏在奥斯曼帝国在欧洲的败退背后的、欧洲长时间的侵略史。通过欧洲化来实现现代化是成为强国的一种方法。

一开始，国外的自由主义者对青年土耳其党规划的宪政抱负加以赞许；看起来，奥斯曼帝国的暴政最终会结束。接下来，一次反革命的尝试使得青年土耳其党在 1909 年策划了一场政变，废黜了阿卜杜勒·哈米德(Abdul Hamid)并建立了在宪政君主国背后的独裁统治。新的论调和计划的确宣告了另一个根本的变化。“我们以作为奥斯曼人而荣耀。”一个青年土耳其党的领袖如是说，并宣称不再存在保加利亚人、罗马尼亚人、犹太人和穆斯林。以往的朝贡体系的多元国家正要转变成一个民族国家。

欧洲强国必然对这些进步产生很大的兴趣。对他们中的一些人来说，很可能在遥远的战场上就已感觉到发生在君士坦丁堡的事件的潜在意义和反响。首先，奥斯曼帝国是世界上主要的伊斯兰国家以及哈里发的所在地。不仅如此，虽然在 1900 年它的欧洲领土已经所剩无几，但它仍然统治着战略意义十分重大的大片非欧领土。帝国的边界
486 从高加索沿着波斯的疆域蔓延，一直到位于底格里斯河口的巴士拉(Basra)附近的海湾。在波斯湾的南部，其边界绕过科威特(其酋长在英国的保护之下)又回到海岸地区，南部最远到卡塔尔。从这里开始，

阿拉伯海岸直到红海的入口都以这种或那种方式处于英国的影响之下，但是其整个内部和红海沿岸是属于奥斯曼帝国的。一些年前，西奈沙漠在英国的压力下向埃及(其名义上仍是君士坦丁堡的附属)总督投降，但是，巴勒斯坦、叙利亚和美索不达米亚的古老土地仍在奥斯曼帝国的直接统治之下。即使在伊斯兰历史上的中心地带，也已经有迹象表明，1914 年之前，新的政治力量已经兴起，一定程度上阻止了久已建立的欧洲文化的影响，这种影响在叙利亚和黎巴嫩要比在埃及强烈得多。法国的影响力已经渗入了这些国家，通过美国的传教力量以及学校和大学的建立，吸纳了来自阿拉伯世界各个地方的阿拉伯男孩，包括穆斯林和基督徒。黎凡特地区在文化方面取得了进步，接受了教育。第一次世界大战前夕，除埃及外的奥斯曼帝国疆域内发行了超过 100 种的阿拉伯语报刊。

在这种背景下，意大利于 1912 年占领了的黎波里(他们将此视为哈布斯堡王朝 1908 年获益的部分赔偿)。不久之后，帝国的丧钟似乎已经敲响，因为在 1912 年，巴尔干国家的联盟集合起来，在一年之内占领了帝国剩余的欧洲领土——尽管战利品的划分和奥斯曼帝国继承者的确切身份不易确立。而且第二次巴尔干战争又将在胜利者之间爆发了，奥匈帝国和俄国没有参战，但这是帝国覆灭的危险警告。

青年土耳其党厌恶这些失败，但他们自己的“奥斯曼化潮流”在帝国的亚洲部分也激起了动乱。1913 年召开了一次阿拉伯会议(在波斯)以讨论伊拉克的独立。阿拉伯流亡者中的持不同政见者成立了秘密团体和公开组织，以巴黎和开罗的最为著名。在这一背景下，阿拉伯半岛的统治者们对苏丹的忠诚看来并不坚定。事实上，青年土耳其党为自己激起了新的困难，尽管这些困难将来才会显现。他们描绘了民族国家化和现代化这一土耳其尚不清晰的未来。虽然到那时为止，他们已经失去了奥斯曼帝国几乎所有的欧洲领土，以及北非的的黎波里和利比亚，但实际上，这些损失使他们的一些目标更容易达到了，虽然他们尚未认识到这一点。但是，他们的传统仍旧拖累了他们，1914 年，他们对抵御欧洲国家的入侵无能为力。同样，当 1914 年出现了看来似乎是有利的历史偶合时，他们选择了战争作为解决帝国问题的唯一出路，这一点也不令人吃惊。

487 新的竞争者：远东

奥斯曼帝国将抵制欧洲压力和侵犯的愿望与源自欧洲观念的抱负结合在一起，其雄心勃勃的结果和中国的情况有些相似。这个国家可能曾一度是"混乱"的。19 世纪末之前，中国的一些知识分子和官员看到，传统的秩序无法衍生出足够必要的力量以抵御新的"蛮族"。但是，以改革的途径去重建帝国的尝试失败了。一些中国人转向革命。日本人(他们成功地逃脱了传统、落后的困境，在年轻的中国激进派中享有很高的声誉)乐于支持可能会削弱其邻国力量的颠覆活动。心怀不满的被流放者和国外的中国商人帮助、支持了一个年轻人——孙中山，他于 1905 年在日本建立了一个革命的联盟，致力于推翻清政府、建立共和宪政以及进行土地改革。1911 年，一场起义最终演变成一场成功的革命，虽然起义是以孙中山的名义进行的，但他本人此时正在国外。1912 年 2 月 12 日，清朝最后一位皇帝退位。共和国已被宣布成立。但中国要想获得真正的民族独立，仍然有很长一段路要走，更不用说恢复曾经强大一时的帝国的影响。尽管如此，它已经开始了通向这个目标和现代化的漫漫征程。

矛盾的是，中国最仇恨的对手，并不是欧洲国家，而是亚洲国家，该对手也同样仇视中国。中日战争后随着日本的胜利而带来的是民族耻辱，俄国、法国和德国强迫日本接受了一项和约，使得它的获益比之前它强加于中国的要少得多。此时的日本将对欧洲的怨恨与对亚洲的扩张热情融合在一起。公众对"不平等条约"的不满是如此之高，而这种失望使其成为头等问题。不久，西方强国就清楚了和日本打交道的方式与侵略中国的方式应当大相径庭。与其他非欧国家不同，日本逐渐成为"文明"国家；尤为引人注目的是，1899 年，作为欧洲优越标志的"治外法权"在日本被废除了。不久，日本加入对抗义和团的国家行列中。接着，1902 年英日同盟建立(英国没有参与 1895 年强加给日本的耻辱),日本新的国家地位得到明确的承认。据说,日本(成功地)“脱亚入欧”。

俄国在1895年反对日本的事件中起着决定性作用,日本很清楚,如果它不预防俄国的威胁,那么朝鲜这一它渴望已久的战利品就可能会失去。铁路的修建、符拉迪沃斯托克的发展以及俄国和朝鲜(那里的政治已经几乎是亲俄和亲日派之间的斗争)的贸易活动敲响了警钟。更为不利的是,俄国已经从衰弱的中国人手中租得了旅顺港海军基地。 488
1904年,日本突袭了俄国的基地。一年的激战之后,俄国战败。这结束了俄国在朝鲜和中国东北部的沙皇式的统治,自此以后,日本在这些地方占据着主导地位。其他移交到日本手中的领土直到1945年才归还中国。但是日本的胜利不止于此。如果我们不算埃塞俄比亚对意大 489
利远征的胜利这一特殊的例子,日俄战争是自中世纪以来的重要战争中,非欧国家对欧洲强国的第一次胜利。

日本在1910年吞并朝鲜,以及中国在次年爆发的革命,在今天都可以被看作是里程碑式的事件。它们标志着亚洲对欧洲侵略的反应的第一阶段的结束。毫不奇怪,不同的亚洲国家对如何应对挑战有着不同的反应。日本通过接受现代化的“病毒”使自己抵御威胁。中国却竭力避免如此。在不同的情况下,变革的直接或间接的刺激都来自欧洲——或者,更精确地说,是包括美国在内的“西方”。这成功地包括在一个例子中,而另一个例子中却没有。同样,在每个例子中,亚洲国家的命运不仅决定于其自身作出的反应,还决定于西方列强彼此间的关系。它们间的敌对引发了19世纪90年代对中国港口和特权新的争夺,这不仅警醒了日本,还吸引了日本。日本与英国的联盟使得袭击它们最害怕的俄国成为可能,并且由此发现,俄国是孤立无援的。几年之后,日本和中国都将参与到一场欧洲战争中去。同时,日本的例子,尤其是它对俄国的胜利,对其他亚洲国家是一个激励,这是强大的也是唯一的理由,让它们能够仔细考虑欧洲的统治是否是它们的必然命运。1905年,一位美国学者已经称日本为“与西方人同等的人”,它将欧洲用来对付它的技术和思想加以改造的做法,亚洲其他国家不能采用吗?

488

489

混乱的帝国

欧洲在亚洲各国的代理已经引发或已经帮助引发了导致欧洲政治霸权消融的改变。那些欧洲代理带来了他们关于民族主义、人道主义的理念，基督教传教引起的当地社会和信仰的混乱，以及一种新的有悖传统的扩张意识。如印度叛乱、中国的义和团运动这样的原始的、盲目的回应是最先的、显而易见的结果，但是以后还有其他的更重要的影响。这是印度第一次明确的反应。其国会建立后不久，即致力于清晰而明确的欧式目标：国家统一和重建。尽管此前并无印度国家或印度国家理念，国会并未追求印度自治，它仍然宣称其对英国王权"毫不动摇地忠诚"。国会将自己的角色定位为一种媒介，将印度意识传递给总督并希望引起他的注意。此后的 20 年，国会的态度由于其受到来自英国居民的诽谤而变得尖酸和强硬(这些英国居民宣称国会是不具有代表性的)，它对于一个通过为更为传统而保守的社会势力工作的行政机构没有任何回应，因为它开始试图讨论印度独立的可能性。

1905 年，孟加拉的一个新的行政划分产生了一个印度教徒占主体 490
的西孟加拉，一个穆斯林占主体的东孟加拉。(人们)对这一分裂的愤怒点燃了大量的长期积累的不满情绪。极端分子被反分裂暴动所刺激。人们装备了一种新式武器以对抗英国，一场联合抵制(这个术语因帝国的困难之源——爱尔兰而在不久之后首次进入英语)英货的运动开展起来。国会希望能将这一方式扩展至其他的消极抵抗形式。至 1908 年，极端分子被逐出国会(国会此时正寻找一种能让英国白人统治者满意的印度自治方式)，显然他们已转向暴力。马志尼信条中已经加入了俄国的恐怖主义，意大利独立运动中的游击队英雄领袖加里波第的例子也对新兴印度造成了极大的影响。人们认为，政治谋杀并非普通谋杀。刺杀和随后的炸弹袭击都被特殊的手段所镇压。

更为重大的影响是，这一分裂使伊斯兰教的印度和印度教的印度的政治分裂日益扩大。原因甚至应当追溯到叛乱之前，穆斯林与印度教徒的差异已经越来越大。1857 年试图恢复莫卧儿帝国的尝试使穆斯林丧失了英国的信任，加之可能被其文化传统所阻碍，他们在赢取政府的职位或法庭的席位方面几乎毫无成效。相比之下，印度教徒对统治者提供的教育机会作出了比穆斯林更为热切的回应，他们在商业上的分量和对政府的影响力都要大得多。穆斯林也找到了英国支持者和赞助者——他们已经建立了一个穆斯林学院，为穆斯林提供所需的英语教育以对抗印度教徒，并且帮助他们建立了穆斯林的政治组织。一些英国官员开始认识到，这给了统治者一个平衡印度教的压力的可能性。

1905 年，一如往常的分裂成为印度政治的基础假设。反分裂主义者开展了反对印度教的标志和口号的活动。东孟加拉的一个支持穆斯林而打击印度教徒的英国总督被免职，但是这也给这个社会打了一剂预防针：孟加拉的穆斯林对他的免职深感遗憾。看起来，英国-穆斯林谅解似乎正在形成。这必将激怒印度教的极端分子。而这些发生在经济紧张和物价上涨的时期，就使得后果尤为严重。1909 年的政治改革并无成效，尽管他们为印度人在立法委员会中争取了更多的席位。但是选举将会由具有共同基础的选民决定，也就是说，印度教的印度和伊斯兰教的印度的分裂被制度化了。

1911 年，英国在位的国王首次也是唯一一次访问印度。盛大的接见仪式在德里举行，从这时开始，英属印度将其首都从加尔各答迁至德里这一莫卧儿帝国的旧统治中心。印度王公前来觐见，国会也并未质疑其对英国王室的忠心。乔治五世在前一年的即位打上了让步的记
491 号，这一让步是真实且具有象征意义的，它的最重大的政治意义是孟加拉的重新统一。如果说印度的统治曾经达到其巅峰，那么无疑就是在此时。然而，值得注意的是，即使在这时，英国政府已经着手转变叛乱后的专制独裁，建设一个有效代表印度人民的政府，在经历了分治政策导致的敌对行动后，它即刻转变了这一不受欢迎的政策，并含蓄地承认（通过与一个亚洲强国结盟），它或许无力独自面对大量亚洲当地的挑战而维持大英帝国的统治。此次访问后的第二年，总督在一次炸弹袭击中受伤。

法国人在印度支那也有自己的困难。有着拿破仑时期传统的行政机构很快就清楚地认识到，当地政府只是傀儡，但是法国人令当地机构元气大伤，却没有将其更换为能够赢得当地百姓忠诚的政府。这是一步险棋。法国人也带来了他们的关税政策，这些政策减缓了当地的工业化进程。在官方建筑上和第三共和国的文件中可以看到一则激励人

心的口号："自由、平等、博爱"。它使得印度支那的商人——就像他们的印度同行一样——开始去反思他们的国家到底应该为了谁的利益而运转。关于印度支那的设想(印度支那作为法国固有的一部分，其居民应当成为法国人)给深度儒家化的印度支那统治阶级带来了很多问题，因为法国关于财产的法律和观念打破了原有的村庄土地所有制结构，并将权利交给了放债者和地主。随着水稻种植地区人口的不断增长，这必将为未来的革命埋下伏笔。

传统的越南人的民族主义很快显现出来。日本对俄国的胜利使得一些越南青年人前往东京，在那里，他们遇到了孙中山和一些日本赞助者，他们宣称"亚洲是亚洲人的亚洲"。1911 年中国辛亥革命之后，这些越南青年人中的一个组织了旨在建立越南共和国的社团。这些并未给法国人带来多少困扰，因为在 1914 年之前，法国人可以轻易控制这些敌对行动，但是，这同时引起了华人阶层保守的敌对活动。尽管法国人曾在 1907 年开办了一所大学，但由于惧怕社会动乱而不得不几乎立即停办了(直到 1918 年才重新开办)。在法国统治确立的最初几十年中，越南人主张中的一个重要部分已经大大背离了法国统治。

印度尼西亚历史上是印度教文化圈而非中国文化圈的组成部分。19 世纪末期，那里的一些荷兰人开始对其殖民地政府的作为感到不安。这一情况以其态度的一次重要转变而达到顶点，1901 年，一项新的"伦理政策"宣布实行，主要表现在权力的下放和旨在通过乡村行政改革而实现进步的运动中。但是，这项政策被证明是如此地具有家长主义作风和干涉主义性质，以至于有时甚至被第一批印度尼西亚民族主义者利用以激起敌对行动。1908 年他们建立了一个旨在促进国民教育的组织。三年后，一个穆斯林社团出现(虽然其早期指向中国商人的活动与指向荷兰人的一样多)。至 1916 年，在仍保持其与荷兰的联 492
盟的同时，这个社团已经足以要求自治。在此之前，一个以印度尼西亚原住民(包括任何种族)名义建立的真正的独立党已于 1912 年成立，其三位创始人中有一位是荷兰人。1916 年，荷兰还是迈出了满足这些团体要求的一步，授权给议会来给印度尼西亚以有限的权力。

在20世纪初的几年中，民族主义的欧洲观念在整个亚洲都表现得极为明显。它们有不同的表现并面对着不同的可能性，并非所有的殖民政权都表现得一致。英国人支持缅甸的民族主义者，而美国则在丑恶地镇压了最初是反抗其前任西班牙人的叛乱后，固执地推行其在菲律宾的仁慈的家长式统治。西班牙人，就像在亚洲其他地区的葡萄牙人一样，几个世纪以来热情地致力于推广基督教的信仰，而英国在印度的政权仍然十分谨慎地干涉当地的宗教。通过不同的殖民方式，历史刻画了亚洲殖民地不同的未来。历史的可能性和历史惯性的作用可能会在中国和日本得到清晰体现，欧洲在那里的影响虽然与在印度和越南的影响一样引人注目，但势必不如其那么直接。国际环境在对中国和日本两国的未来的塑造中也具有决定性影响。

到1914年为止，民族主义被证实是欧洲输出的最为成功的理念。在这样的联系下，欧洲的犹太人成为最后一批接受这一理念的人似乎就尤其具有象征意义。汇聚在欧洲的不同民族的历史在1897年有了新的变化，这一年，旨在建立稳固的民族家园的犹太复国主义代表大会出现。在犹太人漫长的历史中，与当地社会的同化(在许多欧洲国家都没有实现，即使是在法国大革命的影响下)作为一种理想被领土式民族主义的理想所挑战。这一历史现在作为一种理想受到了区域性民族主义的挑战。但这样令人满意的地点不会马上显现出来；在不同时期，阿根廷和乌干达都曾被议及，但是直到世纪末，根据犹太复国主义的意见最终选定在巴勒斯坦。犹太人向这一地区的移民于1914年开始，尽管仍是小规模的。

第二十三章　国际秩序的解体 493

态度和期望

要理解 1900 年的欧洲，我们思想上所需的最困难的飞跃之一，就是承认当时没有人认识到他们所处的时代将会在 14 年后终结。我们被“后见之明”所妨碍。1914 年及其之后几年所发生的事情给欧洲人的记忆打上了深刻的烙印，甚至给我们现今对 20 世纪早期历史的解读也投下了阴影。摧毁了旧式欧洲的大战似乎是无法预先避免的；我们需要认识到，大多数欧洲人几乎直到最后一刻仍无法想象到这一事件的结局会是怎样。之后，历史学家长期关注于能够证明（或似乎能够证明）引起列强间大战的具有逻辑必然性的事件和真相。尽管环境造就了逻辑，但大部分情况确实直到非常晚的阶段才发挥作用。

将导致战争的途径作为欧洲国家之间关系的中心主题去集中考虑，这在 1939 年仍是显而易见的，此时，另一场欧洲大战开始了。但这并未使历史学家受到限制。仅仅由于 1914 至 1918 年太过可怕的经历和太过广泛的革命性影响，1939 年许多历史学家都为他们认为的将会面临的状况而深深忧虑。结果，事实证明第二次世界大战远比前一次要可怕得多。尽管如此，开始于 1914 年的战争仍然是到那时为止最血腥、最激烈的战争，其地理范围也最广。每个大洲都有国家参与其中。

同样，它比之前任何战争的代价都更加昂贵，它以史无前例的速度吞噬着资源，而这些资源的提供要求全社会以新的规模来开展全体动员。这也是第一次展示科学和现代技术的全面影响的战争。这些事实证明了这场战争的独特性，并且有助于解释其空前的心理和文化影响。它们同样解释了参加这场战争的人给予它的简单名称：大战[1]。

494 把 1939 年将要发生的事情放在脑海中有助于我们理解另一个能够证明这场战争独特之处的事实。像其他国际大战一样，它包含了许多开端清晰的冲突。一些人认为它也许能被称作“巴尔干战争”(继 1912 年和 1913 年的两次巴尔干战争后的第三次)。从另一方面看，这是另一场奥斯曼帝国的继承战争。但是居于其核心位置的是德意志问题。和 25 年后的情况一样，欧洲战争的核心议题是德国在欧洲的地位以及对德国力量的控制，同样，在某种意义上，大战开始于德意志战争。它将需要一场第二次德意志战争来解决这个问题。

两次战争所造成的破坏最终使欧洲丧失其霸权。不管怎样，虽然不经历战争这也可能会发生，但是没有战争的话，它的这一地位似乎能够维持更长时间。但这仅仅是假设：战争的作用仍是决定性的。这就是为什么我们能够将整个时代看作是一场欧洲内战，倘若我们还记得这一比喻的话。能够牵制内部混乱是一个国家的基本前提，在这一意义上，欧洲从未统一，从严格意义上来说它也因此并未发生内战。历史上，欧洲从未能从战争中脱身。但是，它是世界的权力体系和一个文明的起源与所在地，尽管这一文明有着多种多样的形式，但它是一个有机的统一体。1914 年，欧洲刚刚经历了其主要国家之间的一段比以往任何时候都要长久的和平。至少欧洲的知识分子感觉到他们已在某些方面与其他欧洲人一样，虽然当他们注视着那些由其他文明构成的数以百万计的、有时甚至是险恶的神秘事件时，他们并未认识到这一问题。所有这些事实在该世纪中期消失了，这使得内战的隐喻作为 1914 至 1945 年间相互残杀、自我毁灭的疯狂行为的简写而被接受。

---

① 该名称也曾一度用来指 1815 年之后大不列颠与拿破仑法国之间的战争。

当足够多的有势力和有利益关系的人开始感到一场战争(虽然并
不是像 1914 至 1918 年实际发生的战争那样)及其可能性比持续的和
平能够提供更多的东西给他们时,这些破坏性开始显现。这打乱了近
40 年里维持国际秩序运转的平衡。这些人在德国、奥匈帝国和俄国的
统治圈中尤其重要(但却不是唯一的),同样也可以在别的国家中找到
他们的身影。这一切往往发生在一个特殊的环境里,乍一看来,它是由
复杂的外交关系、责任和协议形成的。这使得国际冲突无法轻易限定
在几个国家的范围之内。这一背景的另一个因素是,公众心理在其本
质上变得更为反复无常、难以控制,并且比早先的任何时代对政治家都
更具影响力。到 1914 年,“公众舆论”已经有着更大的作用;那一年的
战争并不仅仅是精英们挑起来的。大众的情绪很容易被民族主义和爱
国主义刺激所唤起(就像许多在最后 40 年发生的小插曲那样)。同样,
战争的危险性及其实质影响被无知所掩盖。即使是应当比一般人了解
得更多的士兵们,大多数也以 1870 年的法国和 1866 年的波希米亚为 495
依据来考虑战争。他们本应认识到现代战争的第一场战役所展示的真
正的本质和损耗——仅仅几年之前在弗吉尼亚和田纳西由后膛炮和来
复枪所造成的杀戮。商人、银行家以及经济学家也都沾沾自喜,他们认
为,对于文明社会来说,战争的消耗不需要花很长时间来承担,他们最
多将“现代”战争看作是简单的事物。极少数有远见的人认为,虽然一
些知识分子相信战争能够释放情绪,能够净化无生气、无目的的感觉,
是一个表达他们对资产阶级的物质主义和腐败的不满的机会,但是,一
旦战争到来,它可能带来的长远影响远比这些知识分子所给予的嘈杂
的热烈欢迎要重要得多。然而,他们对未来的预见并没有撼动人们对
于一场新的战争根深蒂固的错误想象。事实上一些革命者也期待战
争,因为他们相信战争能够提供变革的机会,不管是民族变革还是社会
变革;然而,必须指出,他们几乎没有努力抵制认为灾难不会实际发生
的广泛的社会信心。

应该以此为背景去理解外交官和政治家所作的努力。他们中的大多数都并非不胜任或缺乏才智,只有少数非常邪恶或愚蠢的人足以招

致灾难。他们小心翼翼地处理着许多棘手而艰难的问题。然而，直到一个相当晚的时刻，他们中才有人认识到这些问题中隐藏着以后会让历史学家着迷和困扰的问题，即大战的起源。

联盟与纠缠

国际协定和良好的外交规则都承认，所有的主权国家在形式上都是平等的，但是，1900 年有六个主要的欧洲强国：英国、法国、俄国、德国、奥匈帝国和意大利——比 1815 年的强国要多两个。关于意大利，俾斯麦曾毫不客气地评论道，它胃口巨大，牙齿却不行。西班牙和葡萄牙仍然被当作古代国家而被彬彬有礼地对待，而且在一定程度上依旧是帝制国家，但是在战斗力和财富方面却几乎没有什么影响。

这六个强国间不时分分合合，使得它们所建立的体系带有组织化结构的假象。历史上，其中之一是三个东方帝国之间的保守联系，其最后表现形式是三帝同盟，但是它到 1900 年就消失了，即使这三个皇帝中的两个（威廉二世和尼古拉斯二世）都倾向于认为他们在反自由主义和反民主主义上享有共同的利益，而这些利益应当会影响其国家政策。两个主要的组合打破了这一旧的意识形态观念，它们是德国、奥匈帝国和意大利的三国同盟与俄法同盟。前一个联盟将两个强大的君主制国家和一个宪政的意大利王朝联系起来，而它有着悠久的反奥政策的历
496 史；另一个联盟联结的是所有王朝中最“反动”、最专制的国家和欧洲唯一的共和力量——法国——它是革命的自觉的继承人，共同的需求使它们结合到一起。并不是这些联盟中的所有条款都为世界所知。每一条都是在特殊的环境中为了满足不同的需要而设立的，它们并不表明欧洲一开始就自动和必然划分为两个阵营。但是，如果环境以一些特定方式而不是其他方式发展下去，它们在最后可能会产生那样的结果。

比起联盟国家自身的统治者，其他人更应当重视这一外交框架，但是这绝不是塑造欧洲外交考量的全部因素。联盟里的每个参加者都有着其他利益，形式上不受这些条约的承诺和谅解所影响。同样，其他的

非联盟成员，甚至非欧洲国家有时也会被考虑到，例如美国、英国的海外领地、日本甚至中国。影响了国际关系运转方式的许多历史因素似乎离这五个欧洲陆上强国非常遥远。

尤其是英国有着特殊的利益。人们很久以前就知道，它有着塑造国家政策的深刻历史根源（甚至是史前根源）。它所关注的领域是海洋，就像一个英国首相指出的："我们是鱼。"[①]正是因为这些，1900 年英国在南非打了一场长达一个多世纪的、规模最大的殖民地战争，其他的欧洲强国几乎普遍持不赞同态度，尽管如此，它们却什么也不能做；不列颠人统治着海洋。没有欧洲国家与引发布尔战争的问题有直接关系，但是在世界其他地方，大英帝国仍有许多利益已经引起了与其他欧洲强国的冲突和对抗。然而，在很长的一段时间内，英国认为它仍然可以置身于欧洲的联盟之外。这是有利的，虽然它可能不会持久。同样，最古老的工业国家为其经济地位的动摇而日益烦恼。到 1900 年，一些英国商人已经清楚地认识到德国是其主要的商业对手，许多迹象（无论是在规模上还是产量上，在技术上还是方法上）表明德国的工业已经大大优于英国。旧的地位已经不再；自由贸易本身已经遭到质疑。政治方面，北爱尔兰的暴动、妇女参政论者以及就社会立法问题而与上议院进行的愤怒斗争（他们决定保卫经济利益），促使到 1914 年，一些人开始怀疑议会本身是否受到了威胁。维多利亚政治中期的那种持续的社会一致性已经没有了。然而，许多人对英国制度和政治习俗仍然很坚持。议会君主制被证明有能力坚持下去并使其自身适应巨大的变化。

法国也是一个强大的帝国，和英国一样辽阔（如果不能说面积一样
大的话）。但是，法国的外交政策主要关注于欧洲内部。回顾过去， 497
1898 年可以被看作是一个转折点。法国政府决定不在法绍达冲突后向英国施加战争压力，这等于含蓄地承认了，在遥远地区的进一步帝国政策可能会危害法国在欧洲行动的自由；在欧洲，许多法国人（政治家

① 萨里斯伯里勋爵所说。见《德国外交档案》（第一卷），E. T. S. Dugdale 编，伦敦：1928 年，第 249 页。

说是大多数)最大的困扰是夺回阿尔萨斯和洛林。自从1871年它们被德国占领,法德两国间的裂痕进一步扩大了;到1900年,这一事实比以往更为清晰,即如果法国依旧孤立,那么在这一问题上(或其他问题上),法国远不是其邻国的对手。它不能扩充兵力以保证战争的胜利。在工业增长方面,法国较其邻国也相形见绌。直到1914年,法国的煤产量仅是德国的六分之一左右,生铁产量不到德国的三分之一,钢产量只有德国的四分之一。如果再有一次1870年那样的战争,法国很清楚它需要盟友。这是法国政策的中心基点。它是一个心怀不满的国家,即使其弱点迫使它沉默。它在政治上也是动乱的,虽然看起来不稳定仅仅是表面的;它反映了法国政治家之间激烈争论的传统,它们努力让1789年的神话、革命与反动的修辞保持生机。工人运动的力量很弱。第三共和国是保守的,并且其社会可能和欧洲其他政权一样稳定。

俄国已成为法国寻求联盟的最佳对象。它也是唯一的在帝国利益和已唤起的关注上能够和英法匹敌的国家,尤其是19世纪80年代之后,俄国的政策开始强调在远东的扩张主义,同时开始避开巴尔干地区。俄罗斯帝国长久以来对中国的东北部和山海关以内(20世纪,已经没有国家能够从清帝国攫取更多的领土)有着巨大的野心,并且看重它在中亚与印度之间的缓冲地带上与英国之间长期僵持的敌对,以及它们在阿富汗和波斯各自的影响力。另一方面,帝国政府永远无法放弃斯拉夫欧洲。如果进一步的革命性变化在那里发生,那么哈布斯堡王朝很可能成为多瑙河流域和君士坦丁堡无可置疑的主导力量。随着泛斯拉夫主义的煽动已经开始显现,舆论意见甚至在俄国也得到了更多的关注,巴尔干地区的斯拉夫同伴的抱负同样可能使沙皇的大臣们面对一些不是由其造成却需要俄国作出反应的情况。如果这一情况发生了,它将不可避免地与奥匈二元王朝敌对。

给未来投下阴影的是匈牙利的马扎尔人,在20世纪的最初几年,他们在二元帝国的外交事务中扮演着非常有影响力的角色。在其统治的那一半国家,他们拒绝给人口众多的非马扎尔人以公正的对待,尤其
498 是他们想要确保哈布斯堡王朝的外交政策会对抗斯拉夫国家的野心。

塞尔维亚是俄国的卫星国和被保护国,是南斯拉夫扩大的塞尔维亚统一范围的愿望的焦点。马扎尔人害怕他们的斯拉夫臣民会对这作出反应。通过证明塞尔维亚无力达到变革的目的,马扎尔人急切地表明,他们将不能从塞尔维亚那里得到任何希望。40 年前意大利统一时加富尔的皮得蒙特-撒丁尼亚这一缓冲带所发挥的作用永远不会被遗忘。

不过,1900 年俄奥的关系还算不错,尽管三帝同盟已经失效,而德奥建立了一个没有俄国参与的同盟。此时俄奥小心翼翼地维持着相互之间的关系,19 世纪 90 年代,两国都不想打破重新修订的《柏林条约》所维持的现状。俄国准备容忍奥地利对前奥斯曼帝国省份波斯尼亚和黑塞哥维那(那里有许多喧嚷的亲塞尔维亚的民族主义者)的占领,而且(如果这样的描述不恰当的话),世纪初的俄国似乎是一个在欧洲感到满意的国家,并没有打破外交现状的倾向。

尽管如此,19 世纪里建立起来的一些巴尔干国家感到不满和痛苦。塞尔维亚人谴责奥地利对波斯尼亚和黑塞哥维那的占领,以及马扎尔人统治下斯拉夫人的边缘地位。他们中的一小部分人渴望建立一个更大的塞尔维亚作为多瑙河流域未来组织形式的关键。罗马尼亚人对特兰西瓦尼亚(匈牙利王国的另一部分)的 300 万名同胞的生存状况反应强烈。仍然处在奥斯曼的统治之下,并常常处在动荡中的马其顿被保加利亚和希腊所觊觎。但是,欧洲外交家对由奥斯曼帝国所带来的危险已经非常熟知,因而经常小心翼翼地监控着它。迄今为止,它们 499
由列强间的协调行动而得以安全地处理;1900 年,并没有什么值得注意的特殊情况。如果有的话,那就是之前奥斯曼帝国的衰落似乎有着更深刻的间接影响;巴尔干继承国家间的冲突似乎比欧洲列强在这一地区的利益更能够引起动乱。

意大利是另一个心怀不满的国家。对罗马的占领终结了其宪政和区域组织的时代。在国内,它的统治者现在面临着严重的社会和政治问题。在国外,任何意大利政府都不能与英国发生争执,它是意大利的老朋友和意大利统一的支持者,并且是强大的海军力量的拥有者——漫长的海岸线让意大利尤其认识到这一点的重要性。但是,意大利同它的另一个前支持者法国在北非发生了摩擦，并且同样看重在达尔马提亚海岸的野心，这也促使它对奥斯曼帝国为所欲为。最重要的是，对大多数意大利人来说，复兴运动并未完成。仍然有意大利人处在哈布斯堡的统治之下，如威尼斯朱利亚（Venezia Giulia）、克罗地亚和特伦蒂诺（Trentino）。这些地区组成了爱国主义言辞上所说的“未收回的”意大利（或“应由意大利收复的地区”）。所幸的是，许多意大利人也明白，他们国家的“牙齿不太好”。

普鲁士曾在1866年帮助意大利走向统一。三国同盟里，新德国是意大利的正式盟友。但是，到1900年，它已经不是俾斯麦的德国，保守而小心，在可能的情况下努力与俄国保持友好的关系，并致力于避免战争。相反，德国在欧洲体系中已经是一个日益增长的不稳定因素。外交政策上的“新方案”绝对没有给它带来明显的稳固收益，并且引起了原本或许能够轻易避免的压力，比如与英国的关系。德国对外政策中许多表面上的不稳定都根源于其心理状态——有些是集体心理状态，有些是个人的，而不是出于国家利益或现实政治的计算。权力和决策实质所在地的含糊其词使得情况更加糟糕。尽管如此，1900年德国并没有什么尤其值得关注的焦点（它表现出对欧洲秩序的潜在威胁）。

事实上，那一年欧洲的官员几乎都没有关注（因为没有理由去关注）任何能从中分辨出14年后冲突根源的东西。1900年，法国和俄国绝没有预想到欧洲体系的崩溃，它们重新建立起的军事协定仍在设想着盟友双方找到对英国作战的可能性。俄国依然忙于远东事务，其他的欧洲国家（甚至是意大利）也紧盯着在中国获益的可能性。法国正在巩固其在北非的地位。巴尔干地区相对平静。但是，或许长久以来用谈判而不是战争来解决问题的成功（外交家也已经表现出他们卓越的能力）本身就是一种危险。外交机制已经如此多次地成功运转，以至于当它面临非同寻常的顽固问题时，这些问题的重要性似乎一度被那些需与之打交道的人所忽视。1914年7月，在大战前夕，政治家发现很
500 难解释为什么另一场大使会议甚至欧洲代表大会已经不能像以前那样将他们从那些难题中解救出来。

国际变化的开端

欧洲强国间下一阶段国际关系的驱动力首先发源于欧洲之外。它对欧洲强国重要性的第一个迹象与英国的帝国和外交政策的重大变化一同到来，它表现在与非欧强国日本的结盟。19 世纪 90 年代，这两个国家都因俄国影响力在远东的成功扩张而惊恐，尤其是在中国东北部，并且察觉到其在朝鲜制造的危险。这是 1902 年英日同盟的背景，这一同盟是一个多世纪以来英国首次在和平时期建立的同盟。它作出了以下保证：如果同盟的一方发现自己必须通过战争来保卫自己在远东的利益，那么另一方必须善意地中立；如果第三方加入了这样的战争，那么未被卷入战争的一方有义务成为其盟友的援助。显然，最可能的假想敌是俄国及其盟友法国。

但是，尽管在布尔战争期间法国的仇英心理日益尖锐，到 1912 年，英法之间建立更好关系的道路被打通了。随着内阁的更替，1898 至 1905 年任法国外长的德尔卡塞(Declassé)清楚地认识到了法绍达的重要性。他认为，这表明有关欧洲之外的次要的议题的争论，应当服从于改善法国在那里的外交地位的需要。例如，它应当寻求英俄关系的缓和，并降低其盟国与英国发生冲突的可能性。但是这意味着忘记旧的敌意。伦敦和巴黎的大众情绪由于法国总统和英国国王的个人访问交流而振奋起来。官员们致力于思考一个大范围的利益互惠的商业活动。其成果是 1904 年的英法协定。该协定的核心内容是：一方面保证英国对法国在摩洛哥利益发展的认可和友好(在那里，法国对未来的可能性野心勃勃)；另一方面，法国许诺不再进一步阻碍英国在埃及的行动。由于英国对埃及的长期占领而引起的摩擦可以暂时平息了。

然而，英法协定远不仅于此。它结束了其他许多长时间的争论。西非、纽芬兰渔场、暹罗、马达加斯加和南太平洋都提供了解决问题的例证；英国尤为乐意去解决持续已久的痛处。然而，即使这样也没有将协定制订的重要性探讨彻底。这是一颗可以生长出谅解的种子——(源自)在其他事务上的理解，或者如后代所说的、一种特殊的关系——

其意义依旧模糊不明，未包含在条约形式之下，而或许正因为这个原因
501 而更加强有力。但是所有这些都要在将来才能看到；它并不是协定者的本身意愿，它将要求其他人的行动来将这种可能性变成现实。

也许，对于它的谈判者来说，他们不应当吃惊于以下事实：威廉二世及他的一些大臣认为，由于未同德国（或除西班牙以外的任何国家）商议，摩洛哥殖民地的命运已使德国蒙羞。柏林决定必须有所动作；德国应当向法国表明它希望能够参与到这些事务中来。国王乐于作出这种姿态。那时的法国正在逼迫摩洛哥的苏丹进行改革。在 1905 年 3 月对丹吉尔的访问中，威廉做了一个煽动性的演讲，强调德国在摩洛哥的商业利益（它远比英国在此的商业利益要小得多，更别提法国的了）和维护苏丹独立的重要性。这引起了惊愕，或许更加是因为没有人能够特别确定他的意图。这一被视作愤怒的尊严的再次主张和追求声望的积极尝试孕育了一场危机。

在其解决过程中，德国获得了胜利，但是付出了极大的代价。一场国际会议在阿尔赫西拉斯召开，因而德国含蓄地作出让步，承认欧洲在摩洛哥的命运的管理上有着共同利益。但是，德国没有获得任何其他实质上的东西，并且在会议上除奥地利外没有国家支持它。

英国外交部官员得出一个重要结论；他们——以及一定程度上的英国的公众舆论——已经意识到英国因支持法国而获得的利益，如果欧洲列强的平衡还能保持，而德国不再在每一个新的问题上坚决维护其利益的话。困难已经过去了，一方面有着 1904 年对特殊问题的协定，另一方面，是“谅解”。德国已经毫无根据地怀疑有一个秘密的英法同盟；现在它已驱使这两个国家彼此联系得更加紧密，而且有可能再加上一个国家。阿尔赫西拉斯会议召开之后的一天，英法军事对话已经开始在两国的总参谋部代表间展开。第一次摩洛哥危机（还将有其他的）并不是使得欧洲走上通往 1914 年这一不归路的关键，但却是事态变得尤为紧急的时刻之一。正如一位英国外交部部长在直到 1914 年英国卷入战争的前几天还坚持声明的，军事对话并不是联盟；它们绝不会将英国政府束缚于任何特定的行动。但是，它们却又宣布了英国在

欧洲大陆及其自身政策设想中的孤立阶段的结束。1902 年和 1904 年的协定寻求对英国海外利益的关照。摩洛哥使得英国恢复了其欧洲势力均衡的政策。

非欧议题上的另一友好行为发生在 1907 年,同样引起了柏林的疑
虑——当时那里流行将它叫作“包围”。这就是英俄协定。实际上,它
将名义上独立的波兰划分为俄国和英国的势力范围,为阿富汗的中立
做准备(而这一地区历来是兵家必争之地),并保证两个政府都不(就像 502
英国已经做的那样)干涉中国的西藏事务。像 1904 年的协定一样,这
些决议的范围为参与的双方提供了有限的却是实际的利益。这是英德
关系上空的又一片乌云,而令人更为不安的原因是随之而来的两国日
益增多的摩擦和大张旗鼓的海军军备竞赛。德国对其要在北海建立一
支抗衡英国的海战舰队(那儿还没有其他能够与英国匹敌的舰队)的意
图已经宣传了一些年了。1907 年,英国提议裁减军备以缓解两国的经
济负担。1908 年英国海军预算已经在实际上减少了,而德国仅仅同意
将放弃其扩建计划以作为在一场法德战争中英国无条件答应中立的报
答。这一切在阿尔赫西拉斯会议之后将变得不再可能。然而,对英国
海上霸权的威胁必然会警醒英国的大众意识,加深英国政治家和官员
对德国政策的恼怒(这种恼怒通常是由于不理解而造成的),并且增加
两国纳税人的经济负担。

巴尔干问题再度出现

紧张局势在这一更为恶劣的气氛中在巴尔干地区复活,这打开了通向 1914 年大战的大门。1900 年之后,巴尔干适度稳定的局势已经维持了一些年,而奥斯曼帝国欧洲部分的内部变化也仅仅是缓慢和平淡的。德国在君士坦丁堡的影响力越来越强,也许是由于鲁莽地执行了俾斯麦外交准则的原因。奥斯曼政府在马其顿面临着一场旷日持久的革命运动,运动久久未能得到平息,除了给奥斯曼的统治带来不良反应外,也促使了巴尔干国家卷入这场动乱。紧接着是青年土耳其革命,以及随之而来的新阶段。它很快显示出,如果一个经过改革的奥斯曼

帝国有可能重生，那么对巴尔干地区的外交政策就需要新的设想。

潜在的不稳定仍然可以避免，而不会招致灾祸的固有观念使得哈布斯堡和俄国的政策依旧关注于维持现状。当小的国家想要破坏现状的时候，这两个国家就会联合起来以控制马其顿的局面。不幸的是，1906 年当哈布斯堡王朝开始了一场与塞尔维亚的关税战争时，其政策一改以往小心谨慎的姿态。而这时，经历了在远东被日本击败的灾祸之后，俄国转而对东南欧重新燃起兴趣。这里还有一个新的因素。对俄国来说，其对海峡的兴趣已不再是重现拜占庭帝国辉煌的"新希腊"帝国的历史梦想，而是俄国谷物通过黑海运往其远在西方的市场的渠道。

503 哈布斯堡王朝对塞尔维亚政策的强化反映了匈牙利政权在维也纳的分量。与可能满足其斯拉夫臣民的渴望而作出的让步相反，外交部就南斯拉夫问题提供了新的解决方法。被长期怀疑支持南斯拉夫民族主义者的塞尔维亚，仍然希望有一天能够获得波斯尼亚和黑塞哥维那以及一个可能的亚得里亚海的出海口，如果奥斯曼帝国一旦放弃对它们的合法主权的话；因此，二元帝国对它们的正式吞并将会结束塞尔维亚获得它们的任何希望。这将给如同南斯拉夫所期待的拥护者一样的塞尔维亚的威望以沉重的打击，同时也使哈布斯堡的行政机构必须认真着手处理那里真正的恐怖主义问题。如果这些省份能够并入王朝的奥地利部分，那么当匈牙利脱离王朝的时候，哈布斯堡统治也可以展现出其对斯拉夫进行恰当管理的能力。青年土耳其党成功的政变使得人们开始接受，合并很快就会发生；但这并不适合于在这些省份重建一个改革的和有效的奥斯曼机构。

原则上，俄国并不反对哈布斯堡王朝取得波斯尼亚和黑塞哥维那。它所要求的仅是明显的、适当的补偿，以平衡二元王朝的所得。俄国外交部部长相信他已经从哈布斯堡王朝的外交部部长那里获得了一个许诺，这个许诺将保证这一补偿。在一场国际会议上（出于将 1878 年协议的修正合法化并达成一致的需要而召开的），俄国将提出巩固其在黑海海峡地位的要求，而二元王朝（作为最有利益的力量）将会支持它。

不幸的是,在这一重要的会议上,两个政治家遗留了对实际上已经达成一致的问题——或许他们以后会这么说——的不同看法。一场外交灾难紧随其后。

在会议之后不久,奥地利的正式吞并于 1908 年 10 月 5 日发生。当俄国清楚地认识到它们不会得到所期待的补偿时,便开始强烈抗议这一行为。德国为英俄协定所感到的苦恼使得它无条件地支持奥地利,这迫使俄国认识到,如果德国和哈布斯堡帝国联合在一起,它是无法打败它们的。法国不想卷入这场战争,而俄国的被保护国塞尔维亚也极有可能完全保持缄默。俄国人不得不让步;它们在没有获得补偿的情况下正式承认这一吞并的有效性。但是它们很愤怒。不久,俄国外交部部长倡导了一个包括奥斯曼帝国在内的巴尔干同盟,以抵制进一步的侵犯。

在十几年的友好关系和合作之后,这时巴尔干地区事实上又重新产生了二元王朝和俄国彻底冲突的古老危险。南斯拉夫的问题仍未得到解决。不久之后的 1909 年,这一问题被进一步激化,根据奥地利外交部和塞尔维亚密谋伪造的证据,一个克罗地亚领导小组被指认在萨格勒布犯罪：伪证在上诉时败露,他们被无罪释放。恐怖分子开始获得更多的来自贝尔格莱德的秘密帮助;哈布斯堡王朝的官员被袭击。 504
俄国政界被旧的柏林-圣彼得堡联盟最终解体的现实深深伤害,并且日益担心德国在君士坦丁堡的影响力。关于俄国军队的重组和重新装备的主要计划开始实施,以至于再没有像 1908 年那样破坏专制政治声望的灾难发生,也再没有人怀疑将来俄国为了支持其斯拉夫弟兄会陷入危机中。

俄国的复原和强力

虽然 1905 年对日战争的失败和 1908 年精神上的战败(如人们所见的那样)都很重要,但是它们自身并没有为理解俄国在剩下的和平年代里的政策进程提供足够深刻的透析。在这些事件之前,缓慢的现代化进程正在俄罗斯帝国内进行着。到 1900 年,俄国很明显是一个正在形成中的工业强国。其最重要的一步就是农奴解放。40 年之后，虽然大多数俄国人仍旧是生活在贫困中的农民，但他们的税收都被用于必要的基础设施、铁路以及蒸汽发生装置的建设。与经济的增长相应，商人和农民的人口缓慢增长。发展本可以更快，但是尼古拉斯二世是最缺乏想象力的沙皇之一。1905 年被日本击败后，俄国爆发了革命。俄国内外的自由主义者一度将希望寄托于体制改革。一个被称作“杜马”的咨询委员会从革命中产生，似乎被耽误了很久的俄国人民自治的训练最终能够开始。不幸的是，杜马仅存在了数年，而在这几年中又充满着挫败。同时，俄国的经济发展开始活跃起来。

1914 年，俄国的大国地位再次变得毋庸置疑。它正成功地迈向重要的经济强国。虽然比起德国和英国它还差得远——其钢产量仅相当于前者的四分之一，而生铁产量是后者的三分之一——但是，它的经济增长速度却比这两者都要快。更为重要的是，有迹象表明，俄国的农业最终可能会摆脱困境，有能力生产比人口数量增长更快的农业产量。新的立法已经加速了农民中一个新的阶层——富农(库拉斯)——的出现，他们对自身利益的关注提高了农业产量。他们证明了农奴解放时期强加在个人主义上的约束的消失。同往常一样，负责这一有希望的改革的部长斯托雷平(Stolypin)被沙皇和皇后强烈厌恶，所以当 1912 年他被刺杀时，他们几乎毫不关心。他的被杀是长期无法消灭革命和恐怖主义传统的信号，因而也是国家体制在政治上的失败的信号。

1914 年，依赖于日益强大的铁路系统和工业基础的军队数量和现代化武器使得俄国统治者依然对维护其大国地位充满信心。但是仍然
505 有持续的弱点。俄国只是名义上的欧洲国家，它仍显示了其亚洲部分令人惊骇的贫穷，那里经常发生饥荒，还有很大一部分的文盲人口。那一年，只有不到 10%的俄国人居住在城镇里，且他们之中只有 2%的人在工厂工作。它仍旧是一个依赖于外国资本(主要来自法国)的国家。自由主义传统有限且弱小。东正教会以一种不为人知的方式混迹于政府和社会已达一个世纪之久，而这在西欧大多数国家早已成为过去。俄国已经拥有一两所好的大学和学校，一些优秀的科学家和学者，但是

沙皇的绝大多数臣民是无知迷信的农民。总之,这个国家的政府依旧依赖于最后一个手段,即君权神授。这是一系列事情的结果,即俄国还是唯一一个存在着非常乐于以暴力推翻政权的革命运动的强国。俄国还不是一个现代国家。

和平的终结

1914 年,没有国家比德国对俄国的增长和潜力更感威胁。当时德国的军事计划员认为,随着三四年之后其战略铁路体系的完成,俄国在军事上将可能无法被征服。但是,德国已通过六年前的波斯尼亚危机对俄国的这一进程造成了很大破坏。然而,那时的国际关系是否就会不可避免地引起全面战争依然是不能确定的。如果答案是肯定的,那也需要花费六年的时间来证实。否则,许多事情可能在那时发生。

不幸的是,这样的事情的确发生了,即另一场摩洛哥危机,再一次由德国引起。摩洛哥似乎是另一个"垂死的"帝国。法国从 1905 年开始巩固其在那里的地位和特殊影响,而欧洲其他国家(包括德国)的经济活动也紧随其后。它们希望能在摩洛哥的潜在矿产的开采上有重大的发展。这使得欧洲对这个国家持续关注。当一场反对苏丹的叛乱发生的时候,巨大的利益和投机促使法国派出远征队占领了该国的首都菲斯(Fez)。德国政府决定建立其自身的地位,以便此后如果法国在该国持续扩张,它能够对其提出强硬的赔偿要求。它选择的方法是派出一支战舰到摩洛哥的阿加迪尔(Agadir)港口,表面上是为了保护德国的国民(事实上那里并没有德国国民)。它真正的目的是表明德国意在商业并且试图胁迫法国同意给它赔偿。1911 年 7 月 1 日,"豹"号炮舰在阿加迪尔下锚。

但是,这一行动是无端的挑衅,同样也是拙劣的。巴黎的有关部门有意与德国进行调停,但它们马上发现,"豹号事件"激起的法国人的情绪使得它们难以作出任何让步;在保卫法国利益上,它不允许自己示弱。阿加迪尔事件同样使得英国感到惊愕。虽然海军部看起来并不是 506
很关心这件事,但是外交部却感到十分困扰,媒体也被所谓的德国正在摩洛哥海岸建立一个海军基地(事实上,德国并未打算建立)的威胁所唤起。英国认为需要作出一个姿态来回应这个事件,结果是,一位英国部长发表了讲话警告道,如果法国卷入对德战争,英国将会支持法国。

外交官及时地通过协商解决了第二次摩洛哥危机。德国获得了比其原本面积稍大一点的领土(在刚果)。但是,这一危机的重要性在于,它终归是发生了。这大大加强了英法谅解,并为其在英法公众中赢得了更多的支持。英国再一次为德国海军的威胁而感到焦虑,1911 年两国舰队之间的差距已经(或将再次)比之前任何时候都要小。另一方面,德国的反英主义者坚信德国已忍受了太多由于英国的威胁而带来的"耻辱"。这一成效在次年显现出来,德国宣布了规模空前的建设计划;英国增加了其主力舰的建设,更为重要的是将地中海舰队撤退到本土海域;这一年晚一些时候,法国舰队进驻土伦(Toulon)。很明显,英国海军战略上假想的潜在敌人现在只有德国。这一假想和不断增加的海军建设使得 1914 年英国在北海的海军优势比阿加迪尔时期的还要强。

这些并不是危机仅有的影响。意大利对哈布斯堡王朝通过合并获得波斯尼亚心神不安。也许是出于模仿,这时它开始寻求对法国在摩洛哥的支配地位的"赔偿"。最容易寻求到赔偿的地方是奥斯曼帝国。1911 年 9 月,在对苏丹宣战后,意大利军队在的黎波里登陆;之后,它们又在奥斯曼帝国的多德卡尼斯(Dodecanese)群岛开辟了另一条战线。当土耳其人宣布封闭黑海海峡时,俄国发现必须采取预防措施,由于没能与土耳其达成一致,它开始在其他地方寻求帮助。意大利引发了一场新的巴尔干危机。意大利开始对奥斯曼帝国的非洲部分进行进一步的破坏,并煽动其他国家认为在欧洲消除奥斯曼帝国的最后时机可能已经到来。相互矛盾着却是不断积累的疑虑(对奥斯曼帝国复兴能力的怀疑)和恐惧(害怕青年土耳其党也许会成功地使复兴成为可能)促使塞尔维亚和保加利亚于 1912 年结盟。俄国发现这将是有希望的;这一联盟将会阻止哈布斯堡王朝在巴尔干地区的进一步活动,还能诱发土耳其人的思考,更能检验德国在君士坦丁堡的影响力。希腊人加入了这一联盟,并开始计划他们想要的“赔偿”。这进一步暗示俄国的外交家,其结果可能有助于维持俄国在黑海海峡的利益。同样,他们也不想让自己看起来无力帮助其他斯拉夫国家。所以,俄国发现自己陷入了这样的处境:需要承担起一场小国反对土耳其的可能战争。

最后,第一次巴尔干战争由黑山于 1912 年 10 月 8 日挑起。面对 507
黑山、保加利亚、塞尔维亚和希腊,土耳其匆忙与意大利签订和约,割让了在非洲的领土。列强开始对家门口的危险感到恐惧。二元王朝认为不能允许塞尔维亚得到亚得里亚海的港口(就像 19 世纪 90 年代英国认为不能允许布尔人得到太平洋的港口一样)。很快,出于对保加利亚人一路战斗到君士坦丁堡并将之占领的恐惧,俄国进入战备状态。这些反应使得协商行动更容易达成。大使会议在伦敦召开,避免了战争进一步扩大的危险。为了将塞尔维亚与海洋隔开,一个独立的阿尔巴尼亚被创立,它是最后一个脱胎于奥斯曼帝国的新国家。这使得奥地利安心,并且,由于保加利亚终究没有能力到达黑海海峡,俄国认为这是可以接受的。不幸的是,胜利者很快为了战利品争吵起来。

这引起了第二次巴尔干战争。为了将塞尔维亚驱逐出被其武力占领的部分马其顿地区,保加利亚对它发动了进攻。紧接着是保加利亚进一步的攻击,这次的对象是希腊,同样是就马其顿提出要求。这对于其他国家来说是又一次推测战争可能性的好机会;罗马尼亚则选择这一时机去进攻保加利亚(趁着它的力量陷在西方),以使多布罗加从保加利亚分离出来;土耳其很快重新占领了亚得里亚堡。由于列强没有出面调停,保加利亚几乎失去了它在第一次巴尔干战争中得到的一切。只有德国认为必须有所动作:威廉二世促使奥地利就塞尔维亚入侵阿尔巴尼亚对贝尔格莱德发出最后通牒。塞尔维亚最终撤军。

这些事件在比较边远的国家显示出未来会发生动乱的可能性:这些大国的首都城市居民和报纸读者都对这些事件详细真实的情况一无所知或知之甚少。难以驾驭的小国家以意大利为榜样进一步掠夺土耳其的领土,而列强尚无法进一步阻止它们对已经认可解决的领土的侵犯。塞尔维亚已经比原先多获得了 150 万的人口,但仍因为其接壤亚得里亚海的希望被阻挠而对维也纳怀恨在心，且比之前任何时候更甚。同时，维也纳对塞尔维亚野心的恐惧与日俱增；它打算与塞尔维亚和解的紧张不安的想法与15年前英国对布尔人的想法类似，虽然不是完全相同（最重要的不同是，非洲不是欧洲，而且1899年并没有其他列强认为它牵涉到自己的重要利益，所以，英国可以在不引发危及国际和平的危险下行动）。这时，保加利亚对其新邻国和一个不愿出手援助的俄国充满了新的怨恨。有一个小的抵消因素：随着英德两国在伦敦会议上的共同努力，最终二者之间的关系似乎有一点小的进展。它们就处置另一个似乎要崩溃的帝国葡萄牙（最后证明，它几乎是寿命最长的帝国）以及从柏林到巴格达的铁路建设提议做了秘密协商。这本应当使
508 德国安心。不幸的是，德国的官员并非如此解读时势；他们将英国对这些问题的反应看作是其信心缺乏的一种暗示，他们满怀希望地推测，如果德国袭击法国，最终英国很有可能不会真正支持法国。

这一袭击在德国这一阶段的战略计划中长期占有基本地位。到1913年，德国的政治家开始在圈内谈论“即将到来的世界战争”[①]，并且在一个高涨的爱国主义（作为拿破仑法国“自由之战”的百年纪念）氛围里，一项专门的军队提案被提交到德国国会。很明显，俄国的现代化（尤其是铁路的现代化）和重装军备（这将在1917年完成）警醒了德国士兵。但是，它自身很难解释德国情绪的恶化，这一情绪的恶化已经引起德国政策的危险转变，德国认为对俄国和法国的冲突是不可避免的，如果德国希望其自身在欧洲的应有地位应该得到确认的话。许多德国人感受到了阻挠德国强力发挥的“包围”，并且认为应当突破这一包围，哪怕只是为了尊严这个理由。其他的德国人认为在东方更加可能获得领土和物质收获。极少数人考虑到殖民的可能性，这在19世纪80、90年代已经惹来非议且困难重重，而且其结果也被证明是令人失望的；殖民竞争在最终通往战争的路上没有发挥作用。

---

① 这一表达由德国国务卿在与议会代表于1913年4月的机密谈话中所使用。见F. Ficsher：《第一次世界大战期间的德国目标》，伦敦：1967，第37页。

危机及之后

到1914年,俄国对巴尔干地区的关注已经少于对奥斯曼帝国的关注了。德国在君士坦丁堡的影响力明显加强。德国是列强中唯一一个从未占领一寸前奥斯曼领土的国家。1913年,一位德国将军指出要控制奥斯曼在黑海海峡的力量,于是,一支德国军事代表团重组了奥斯曼的军队。相对而言,传统的与二元王朝的竞争在俄国的观念中有所减弱。但是对德国来说,接受与俄国战争的必然性给了它的盟国新的价值。这意味着,一旦战争爆发,奥匈帝国与俄国的绵长边境至少能够约束大量的俄国军队。所以,对于维也纳和俄国重新开始的对抗,德国领导者并未试图制止它,相反,还积极地怂恿。当然,它本身依旧不会意味着一场大规模的欧洲战争。直到危机的最后几个小时之前,德国和其他强国都没能正视这件事。但是,一旦冲突真正开始,军事计划本身就已经使得战争很有可能发生,更何况到处都充满了危险。

的确,到1914年,这些危险在不断增加。匈牙利的行政管理依旧给维也纳造成困扰。匈牙利王国不仅有许多不满的斯拉夫人,还有 509
300万罗马尼亚人。一位俄国大臣在访问罗马尼亚的过程中,惹人注目地跨越边界到特兰西瓦尼亚去查看二元帝国的臣民的生活状态时,便引起了布达佩斯和维也纳的警觉。因而,计划月底在波斯尼亚首都萨拉热窝的王室访问继续进行,即使维也纳的情绪已经高涨(维也纳认为,塞尔维亚和罗马尼亚应当同样面临着王朝内部支持民族统一运动的危险)。

6月28日,王储弗朗茨·斐迪南(Franz Ferdinand)大公及其妻子在萨拉热窝的访问几乎刚刚开始,两人就被一个年轻的波斯尼亚的塞尔维亚族恐怖分子枪击致死。这个年轻人是一个团伙中的一员,那天这个团伙已经无法按照原计划执行刺杀;当时出现了一个意外,这名年轻人突然发现自己能够补救其同伙的失败。维也纳立刻感到,同塞尔维亚清算的时刻到了。塞尔维亚的特工被认为是幕后指使(他们中的一些人的确与恐怖分子有联系,但是没有必要经过塞尔维亚政府的委任)。德国立刻热情支援,对贝尔格莱德发出最后通牒(典型的是,威廉二世及其总理在未经过咨询德国外长的情况下提供了这一援助),其审慎的商讨却悄无声息。德国希望俄国感到无力支持它的斯拉夫弟兄——并且,像 1909 年那样接受这一结果——但是,如果俄国不这样,德国的将领们已经准备好了作战。7 月 23 日,奥地利对塞尔维亚政府发出了一个侮辱性的最后通牒,要求它采取行动反对已经介入塞尔维亚政府内部的南斯拉夫恐怖主义。俄国建议塞尔维亚不要抗拒,英国提出要做调停人。塞尔维亚接受了大部分的条款。然而,已经决定在这时将塞尔维亚一举消灭的二元王朝,几乎没有等待任何进一步的声明就于 7 月 28 日对塞尔维亚宣战。

德国对奥地利的支持使得这一结果不可避免。至此仍不确定的是谁将会参战。德国的军事计划总是自然地认为如果德国与俄国交战,那么法俄联盟迟早会起作用。德国将领已经得出合理的结论,如果德国不得不两线作战,那么就必须在俄国缓慢的动员能够为其盟国提供有效帮助之前打败法国。在东边,空间和俄国行政与物质上的落后将在一段时间内有利于德国。因而,德国总参谋长从 1891 至 1905 年就已经在酝酿一个闪击法国的计划,其目标时间甚至比 1870 年所计划的还要快。但是,这要求一个借道比利时的巨大的侧翼进行包围,而比利时是国际担保下的中立国家。它提高了英国介入以保卫比利时中立的可能性。施里芬计划(1895 年以德军总参谋长的名字而命名,那一年它获得正式通过)承担了这一危险,德国将领也因而承担了战争扩大的风险。

510 一旦奥地利对塞尔维亚宣战,俄国便立刻开始动员。尽管如此,它仍是谨慎控制的;只有可能需要去压制二元王朝的军队进入战备状态。即使有这些自身强加的不利因素,但这对柏林来说也已足够了。德国在 7 月 31 日发布动员令,并在第二天对俄国宣战——虽然其盟国奥匈帝国仍只是处在对塞尔维亚而不是俄国的战争中。德国要求法国宣布中立。法国的回复审慎且不具有煽动性;因而,一场所谓的法军对纽伦堡的空袭为德国 8 月 3 日对法宣战提供了说辞。这时,德国在对两大

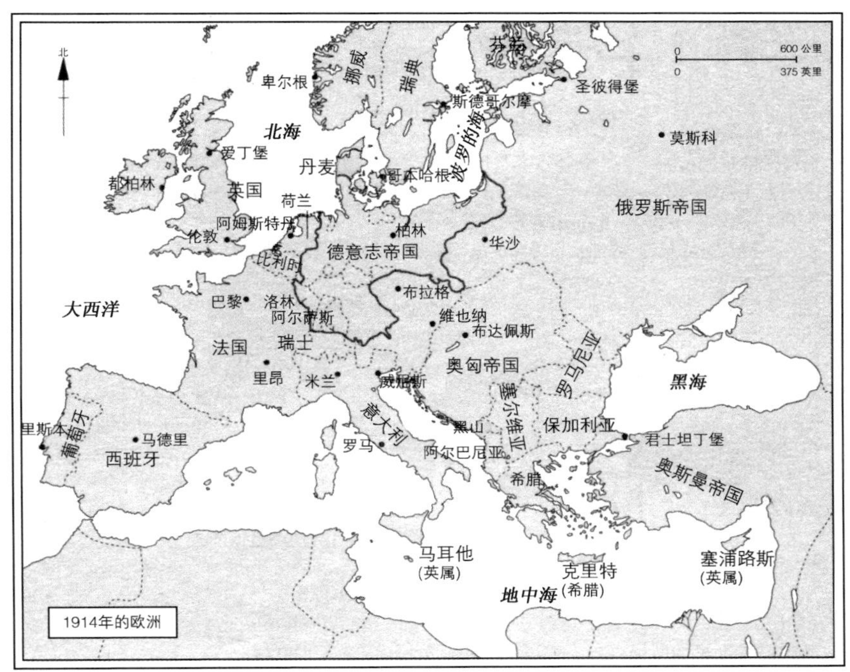

1914年的欧洲

强国作战(这是由它自己发起的),而奥匈帝国的作战方却没有一个强国。

英国立刻警告德国,禁止其在英吉利海峡进行对抗法国的海军行动,但是也仅限于此。虽然一些人认为这个国家应当在勇敢面对德国上有更进一步的行动,但是许多人不这么认为。法国感到惊愕。8 月 3 日,德国对比利时发出最后通牒,要求在其境内为德军开辟一条无障碍通道,这解决了英国政府的难题。第二天,英国要求比利时中立(英国被尊为比利时中立的担保人)。德国对这一要求不予理会,接着,英国对德宣战。因而,德国使得第三个强国成为自己的敌手,而奥地利仍然 511
一个也没有面对。

虽然这一系列事情是不幸的,但是里面充满了矛盾。最后,法俄联盟没有真正发挥作用;德国在它可以起作用之前就对法宣战了。英国在 8 月 4 日对法俄仍然没有条约责任,无论法俄对前者承担着怎样的道德责任;英法军事对话只是由于德国的军事计划而成为现实,这一计划给了英国政府一个机会，未经严肃的讨论、在一致的公众舆论（就像到今天为止，这些事情仍然是可能的）的最前方加入了战争，以保卫国际法则和小国的权利为名义。这些与殖民竞争和海军竞赛（过去看来常常破坏英德间的友好关系的可能性）毫不相关，与联盟体系也毫无关联。最终，当最后的危机显露出来的时候，40 年来令人担忧的外交的中心议题从人们视野中退出。8 月 6 日，二元王朝最终对俄国宣战。8 月 12 日，英国和法国开始对奥宣战。归根到底，这场大战是由柏林制造的。

第二十四章　欧洲革命 512

第一次世界大战

欧洲主导权在 1900 年是国际秩序的基础，而在 20 世纪却被一扫而空，这是一个巨大的历史变革，是世界史和欧洲史一个阶段的终结。这一进程伴随着欧洲内部的革命，它参差而又凌乱，但其影响证明，无论是在政治和社会的变革意义上还是在思想和文化的变革意义上，它的确是革命。矛盾的是，20 世纪的主要特征是越来越广大的非欧世界对欧洲思想、制度和标准的日益热情的接受，而这使得欧洲人丧失了作为其文明根基的众多设想和信念的信心。

在这些巨大的转变中——某种程度上来说其根源被证明隐藏得很深——世界大战即使不是最重要的，也是主要的催化剂。在地理范围上，它很快蔓延开来。日本和奥斯曼帝国很快加入战争，前者加入了协约国（法国、英国和俄国的组合）一方，后者加入了同盟国（德国和奥匈帝国）一方。在得到协约国保证其得到奥地利领土的许诺后，意大利在 1915 年背弃了前三国同盟的盟友而加入了协约国一方。参战国通过提供在胜利的和平到来之后可以兑现的支票而获得新的支持，意大利并不是唯一的例子；保加利亚在 1915 年 9 月加入了同盟国，而罗马尼亚在第二年加入了协约国。希腊在 1917 年成为协约国一员。葡萄牙政府试图在 1914 年参战，虽然由于内部动乱而未能遂愿，但最终还是于 1916 年应对德国的宣战。因此，至该年年底，最初的问题完全被其他争端搅浑。巴尔干国家正在进行第三次巴尔干战争(或者，从另一个角度看，是最后一场欧洲的奥斯曼继承战争)，英国正在对抗德国的霸权及其开始显现出来的海军强力，意大利则开始了其最后一场复兴运动的战争。同时，英国、俄国和阿拉伯开始瓜分奥斯曼在亚洲的部分，而日本开启了其帝国在远东的另一个代价低廉却收益丰厚的扩张时代。

513 1915 年和 1916 年参战国急于寻求同盟的一个原因是，到那时为止，战争在每一个方面都表现出它陷入了人们未曾预料到的困境。战争的性质令人吃惊。德军原计划闪电入侵法国北部却没有完全成功，虽然除了比利时和法国东北部的一小部分，其余都纳入了德国的领地之中。在东线，俄国的早期攻势被德国和奥地利遏止。此后，虽然西线比东线更惹人注目，但由于现代武器的巨大杀伤力，战场似乎陷入了规模空前的围困战争中。连发步枪、机关枪和带刺铁丝网能够在粉碎轰炸实施前阻止任何的步兵攻击。伤亡人员的名单证实了这一情况。到 1915 年底，仅法军就阵亡了 30 万人；这已经够糟糕的了，但是在 1916 年，凡尔登战役前的一场长达七个月的战役中，又有 31.5 万法军死亡，同时有 28 万德军阵亡。这种情况依然在继续，另一场发生在更北部的索姆河战役中，英国阵亡、伤残和失踪的人数达到 42 万，德军的伤亡与此不相上下(仅在战争第一天，英军就有 6 万人受伤，其中超过三分之一的人死亡)。

战前人们认为，现代战争的消耗必然使任何斗争都很短暂，但不久这一判断及基于这一假设的政府政策就被证明是没有任何意义的。1914 年 7 月战争前夕，德国仍然在进口谷物；没有任何粮食管理或对工业经营的计划。“即使我们的弹药也没有为一场长期战争作准备。”一名德国政治家如是说[①]。然而，接下来工业社会所显示出的庞大的

---

① F. 亨利 · 柯德 · 迈耶：《德国思想和行动中的中欧：1815—1945》，海牙：1955，第 123 页。

财富和战争能力出乎了所有人的意料。到1916年底，参战国家充分证明了其远比想象中更为强大的、历史上从未有过的征召和组织自身的能力，它们为新的军队提供了空前数量的武器和新兵。并不是所有的国家都以相同的方式参战；1916年初，英国军队仍是志愿军，而当征兵制（这在1914年的欧洲大陆强国中早已成为传统）被采纳的时候，这一政策由于政治原因而不适用于爱尔兰。另一方面，英国在战争初期仍有进口税，而法国则没有，由于战争，其标准税率从原先的不到6%涨到了1914年的25%。全社会都在竞相动员国民；由于工人阶级坚持反对战争，其国际性团结可能从未被考虑到，统治阶级对它们的反对颠覆的国际性利益也从未加以考虑。一个英国公务员谈论到英国粮食部时，说它像是“完全的压制性的私人企业”[①]。这种说法是夸张的，但是战争使大部分欧洲在实践中首次尝到了社会主义的滋味。

无法在战场上通过猛击而使对方屈服，这使外交家们不断寻求新 514
的盟友和将领。1915年，协约国对达达尼尔（Dardanelle）进行攻击，希望能够击败奥斯曼帝国并从黑海开辟与俄国相联系的交通（这一希望没有实现）。之后，对撤退路线的搜寻使得不久之后在萨洛尼卡（Salonika）产生了一条新战线，并因此取代了在塞尔维亚战败后业已衰落的那条。同样，殖民领地也确保了战争从一开始就将是世界性的，即使比在欧洲的规模要小。德国的大部分殖民地都很容易占领，这多亏了英国对海洋的控制，虽然在德国的非洲殖民地激起了一些更为长久的战役。欧洲之外最为重要和规模庞大的行动发生在奥斯曼帝国的东部和南部。一支英印联军进入了伊拉克（那时还被叫作美索不达米亚）。另一支军队从苏伊士运河向巴勒斯坦进军。沙漠里一场阿拉伯反对土耳其的叛乱为减轻工业化战争的残暴血腥增添了一段小小的浪漫插曲。

到1916年，欧洲的食品加工厂、制造厂、矿井和锻造厂以前所未有的程度运转着。美国和日本的情况也是如此，前者原本是中立的，但是

---

① W. H. 贝弗里奇：《英国的粮食控制》，伦敦：1928，第338页。

多亏了英国的海上力量，它更加同情协约国而不是同盟国。维持数以百万人作战所需的并不仅仅是武器和弹药，还有大量的食物、衣物、医疗设备以及机器。虽然战争耗尽了数百万的畜力，但它同样是第一场使用了内燃机的战争；卡车和拖拉机大量消耗石油，就像马和骡子食用饲料一样。需求的大量增长反映在社会的方方面面，并在各个国家引起了不同程度的通货膨胀、政府对经济的干预、劳动力的配置（有时是征用）、妇女雇佣制度的革命化以及新的卫生和福利服务的引入。这些同样传播到海外。随着协约国将其投资出口到美国以支付它们所需，美国不再是一个债务国，协约国反而成了债务国。印度工业获得了期待已久的刺激。阿根廷和英国自治领的大农场经营者和农民的辉煌日子也到来了。后者同样要分担军事负担，需要派兵到欧洲并且抢占德国的殖民地。

技术发明使得战争耗时耗力。这不仅仅是因为机关枪和烈性炸药使得杀戮可能更加残忍，也不只是因为如毒瓦斯、火焰喷射器或坦克这样的新式武器，这些武器是为了帮助士兵努力突破战场僵局而发明的。这也是因为整个社会都参与了战争并且同时成为战争行动的目标。以平民工人和选民的斗志、健康和效率为目标，攻击以封锁、偶尔是直接
515 轰炸或是空袭的形式进行。当这些行为遭到谴责的时候，谴责本身就成为另一场战役的武器，即宣传的战争。为了争取大众舆论，大众文学和新近发明的电影业可能补充或替代了旧的方式，如讲道坛和学校。英国人控告对伦敦施以空中轰炸的德国人是杀婴犯人，而德国人反驳道，也可将同样的指控给予维持英军封锁的水手。德国婴儿死亡率日益增长的数字证实了这两种指控都是正确的。

英军封锁的缓慢收紧似乎给德国带来了不可抵抗的束缚，另外，由于德国不想使战舰陷入险境（它们的建造严重损害了战前这两个国家之间的感情），德军最高司令部开发了一种武器的新用途，其威力在1914 年尚未被重视——潜水艇。它对协约国商船以及为协约国提供补给的中立国船只发动袭击，并且经常是在没有警告的情况下，向非武装船只发动袭击。这最早发生在 1915 年早期，虽然由于其数量尚少而

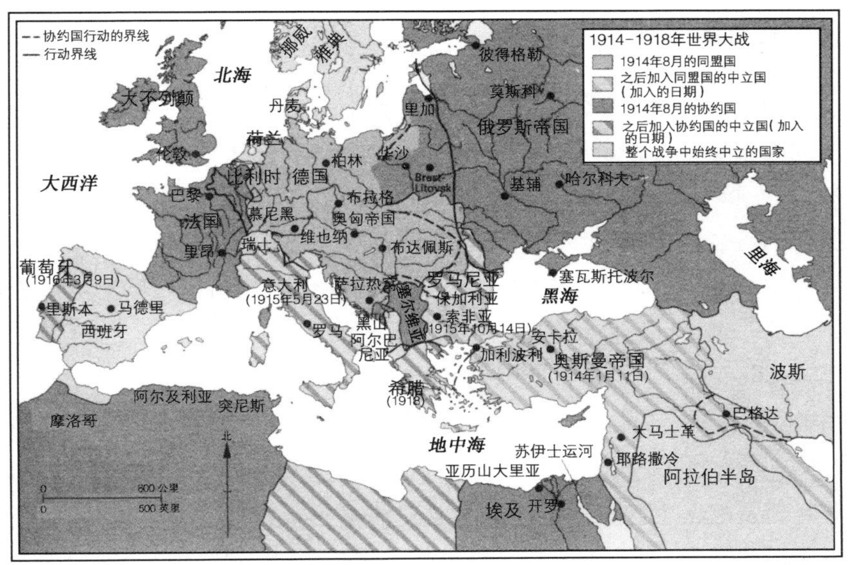

没有造成很大的危害。但是,那一年,一艘巨大的英国班轮遭到鱼雷袭击,使得 1 200 人丧失生命,其中大部分是美国人,在遭到了强烈抗议之后,德国宣布取消无限制潜艇战。然而,到 1917 年初,人们很清晰地看到,如果德国不先使英国人饿死,那么它自身将因英国的封锁而窒息。这年冬天,巴尔干国家和维也纳都遭受了饥荒。法国已经伤亡 335 万人,英国超过 100 万人,德国将近 250 万人。德国仍在两线作
战,而这是施里芬计划原打算避免的,罢工更加频繁;婴儿死亡率比 516
1915 年增长了 50%。认为德军东西两线作战要比英法这样做更容易实现是没有理由的,然而,比起在西线防守地区作战,这似乎更有利,德军总参谋部在这些情况中选择了重新开始无限制潜艇战。

这带来了战争的第一个革命性转变。无限制潜艇战直接威胁了美国的利益和美国公民的安全。德国知道这将使美国卷入其中,但是它下了赌注,要在美国下决心参战前让英法向自己跪地求饶。当美国政府同样发觉德国希望与墨西哥和日本商讨建立联盟来对抗美国时,由潜水艇引起的敌对变得更加坚定。不久,一艘美国船只在没有得到警告的情况下被击沉,在那之后不久的 1917 年 4 月 6 日,美国宣布参战。

战争的革命化

通过短期的全面战争来打破欧洲的僵局是不可能的了，这将新大陆吸收到了旧世界的征战中。协约国满心欢喜；胜利已经指日可待。然而，一场不同类型的斗争代替了1914年的计划。英国和法国很快就面临甚至比1916年更加黑暗的年代。不仅仅是因为掌控潜水艇花费了数月时间(直到1917年5月引入了远洋护航队才开始得以保护大西洋航线)，还有法国一系列可怕的战争[统称为帕斯尚尔(Passchendaele)战役]，这些都给英国的国家意识造成了不可消除的伤害，并且为了获得5英里土地又使40万人丧生。英国统帅坚持执行这一似乎得不偿失的浪费其军力的行动，部分可以解释为他们想要缓解其盟友的压力。法国军队由于早先的英勇行为而疲惫不堪，此时不得不重整并从1917年一系列的叛乱中恢复起来。对协约国来说最糟糕的是俄罗斯帝国的崩塌。

1917年1月，布尔什维克社会主义的领袖、正流亡瑞士的列宁说道，他这一代人将不能活着看到俄国爆发革命。然而，到那时为止这个帝国已经受到了致命的损伤。俄国革命的发起者是德国军队。最后，战争使即使是长期坚持的俄国士兵也感到伤心。他们的家人在挨饿(虽然粮食产量的确减少，但是更为重要的原因是交通系统的瘫痪)。统治他们的政府不能够胜任自己的职责，并且贪污腐败，像害怕战败一样害怕宪政和自由主义。1917年初，保安部队自身也不再可靠。2月，粮食暴动爆发，紧接着是兵变。专制政府瞬间变得毫无力量。一个自由主义和社会主义的临时政府组建起来，沙皇宣布退位。新政府蹒跚
517 而行，最后倒台了，最主要的原因是它试图做它做不到的事情——继续这场战争。俄国人想要的是和平与面包，就像列宁(这时他已经在德国人的帮助下从流亡中回到了俄国)所认为的那样。他决心并准备从温和的临时政府手中武力夺取政权，这是临时政府失败的另一个原因。要主持一个分裂的国家、行政机构和军队，还要面对城市里没有解决的贫困问题，临时政府在第二场变革中自己退缩了，这场政变被称为“十

月革命”,与美国的参战一同标志着 1917 年成为欧洲历史的断层线。先前,欧洲的事务由它们自己解决;现在美国势必对其未来有着更多的发言权,俄国成为一个由其建立者的信仰支持的国家,它们的马克思主义目标是对整个战前欧洲旧秩序的毁坏,它是世界政治的一个真正的和有意识的革命中心。这是战前的社会主义者所从来没有梦想过的。

新俄国(它从 1923 年开始被称作苏维埃社会主义共和国联盟,即苏联)建立的最直接而明显的后果是一个新的战略局势。布尔什维克通过解散(既然不能控制)基于全民选举的(1990 年之前都未实现)唯一的自由选举的代表机构来巩固他们的胜利,并通过许诺土地与和平来获取农民的支持。如果他们能够坚持下去,这将是必不可少的;现在努力掌控全俄国的布尔什维克党,其支柱只有一些城市中小规模的工人阶级。和平谈判开始了,但是最初德国要求的条款引起的争议如此之大以至于俄国退缩了;不久他们就得到了更为严厉的惩罚性后果。1918 年 3 月,《布列斯特-立陶夫斯克和约》(the Treaty of Brest-Litovsk)使俄国人丧失了大片领土,但是也使他们获得了和平的新秩序以及它急切需要的处理内部困扰的时间。

协约国暴怒了。它们将布尔什维克的行为视为一种背叛。俄国对它们的国民的革命宣传也未能缓和协约国对这一新政权的态度。俄国领袖期待一场在发达资本主义国家爆发的工人革命。这给协约国对俄国的一系列军事“干涉”赋予了一个新的维度,这些军事“干涉”开始于 1918 年 8 月英军在阿尔汉格尔斯克港的登陆和日本在西伯利亚的挺进。其最初的目的是战略性的,为了阻止德国趁机结束东线作战,但是这一行动很快被许多资本主义国家的人和全体布尔什维克解读为反共产主义的征服运动。更为糟糕的是,他们卷入了内战,这对新政权来说的确是个严峻的考验。即使是没有列宁及其同僚借以观察世界的马克思主义理论的渗入,这些事件似乎也会在很长一段时间内腐蚀新俄国与其原盟国的关系;在马克思主义话语中,这意味着一个必需的、不可预知的、不能根除的敌意的实证。他们的记忆长久地扎根于苏维埃的理念中。这也有助于说明俄国革命返回到专制政府的原因。作为旧秩 518

序的修补者和地主阶级的保护人，他们对入侵者的恐惧，加上俄国的专制和警察恐怖主义传统，扼杀了新政权自由主义化的任何可能性。

革命和战略

布尔什维克坚信革命即将在欧洲其他地方发生，这在某种程度上是正确的，但是在关键的地方是错误的。战争的最后一年，欧洲革命的可能性的确开始清晰显现，但是是以民族革命而不是社会革命的形式。协约国自己形成了(部分是被布尔什维克所激起的)一个革命的策略。1917 年底的军事形势对它们来说是黯淡的。很明显它们将要在春天面临德军对法国的攻击，而且没有俄国作为盟友来帮助分散敌人的力量。同样，距大批美国军队到达法国予以支援还有很长一段时间。在这种情况下，呼吁颠覆奥匈帝国的民族主义潜在势力看来很有吸引力；革命也成为协约国的一种策略。在美国眼中，这有助于进一步强调协约国在意识领域的地位，因为此时它们已不再与集权国家联系在一起，这是一个额外的好处。相应地，1918 年宣传直指奥匈帝国的军队，对捷克和南斯拉夫流亡中的持不同政见者的资助也在进行中。其结果是，民族感情再度觉醒，加上最终使得协约国在德国投降前获胜的巴尔干战争的联合作用，二元王朝逐渐瓦解。这是旧欧洲的第二场重大的革命。接邻乌拉尔、波罗的海和多瑙河平原的整个地区，其政治结构在这时遭到了质疑，而这是之前几个世纪都没有的。甚至一支波兰的国家军队也重新出现，德国对其进行资助以作为对抗俄国的武器，同时，美国总统宣布一个独立的波兰是协约国缔结和约的必要条件。1914 年东欧和中欧的所有政治必然性似乎都被放入了熔炉之中。

奥斯曼帝国的崩溃

奥斯曼帝国的未来也已经成为问题的主题。青年土耳其党充满了乐观主义，德国在君士坦丁堡的军事和外交影响是长期而潜移默化的，1914 年 9 月几艘德军战舰出乎奥斯曼帝国意料地到达黑海海峡，奥斯曼帝国的统治者加入了战争。在其战舰轰炸了俄国港口的几周之后，协约国对奥斯曼帝国宣战。直至英国参战，其支持奥斯曼帝国反对俄国的历史残留也消失了。英法背离了将近一个半世纪的外交政策，它们与俄国签订了秘密协定，承认其在和平时期应占据君士坦丁堡。对奥斯曼帝国来说，另一个严酷的后果紧随其后。虽然协约的达成和在 519
摩洛哥的胜利消除了法国对埃及的虎视眈眈，但是，法国的爱国主义者倾向于重新建立法国在黎凡特地区传统的特殊地位。一些狂热者幼稚地玩弄着召唤圣路易和十字军的把戏，这并没有多大意义，但是无可否认，法国政府宣布对奥斯曼领地天主教的特殊保护已经长达一个世纪左右，尤其是对叙利亚（拿破仑三世在 1860 年向该地派驻了一支军队）这一能够激起一些法国人热情并充当外交杠杆的地方。当时的文化影响通过黎凡特地区法语的广泛使用和法国资本的大量投资表现出来，而这些同样尚未引起重视。

然而，1914 年土耳其在欧洲之外的主要军事对手可能是高加索地区的俄国和西奈沙漠的英国。人们很快就清楚苏伊士运河并没有受到奥斯曼军队的威胁。但是，接下来的事情暗示着其他新的因素将进入这一平衡中。它们意味着整个近东地区的变革。1914 年底，一支印英联军在巴士拉登陆，以保卫来自波斯的石油供应（这时的皇家海军的新建船只都是用石油燃料发动的），这是这一地区历史命运中石油和政治相互作用的开端，其全部意义直到奥斯曼帝国灭亡之后才能显现出来。另一个新的因素是英国决定对阿拉伯民族主义，或者可能被认为是阿拉伯民族主义的东西加以利用。

随着欧洲的战争越来越血腥但却始终无果，打击德国盟友的计划变得越来越有吸引力。欧洲人在 1915 年试图通过海陆联合作战威胁达达尼尔海峡，希望占领君士坦丁堡并打开一条通向俄国的新道路，但最终陷入泥潭。赢得阿拉伯盟友的行动受到限制，但是却在 1916 年初与侯赛因（麦加首领）达成了合作。由于法国在叙利亚的利益，这一合作需要与法国协商。英国和法国在奥斯曼帝国划分势力范围的问题上达成了一致，但也为将来留下了许多未决的问题，包括伊拉克的地位，但是胜利后应当建立一个阿拉伯民族国家这一提议，这时已得到协议双方的同意。一个阿拉伯民族主义政治计划已经成为现实。

许诺的真实性很快受到挑战。阿拉伯叛乱仅仅是战争的主要舞台上的小插曲，虽然其规模浩大并成为一个传奇。不久，英国感到它们必须承认侯赛因为汉志(Hejaz)的国王。1917年，英军和帝国军队奋力前进攻入巴勒斯坦，占领了耶路撒冷。1918年，它们将要与阿拉伯人一同进入大马士革。然而，在这之前，美国参战；在对战争目标的陈述中，威尔逊总统说道，他赞成奥斯曼帝国内非土耳其民族的"一个完全
520 不受干扰的自治进程"[①]。另一个尴尬的局面是布尔什维克公布了其前任统治者秘密外交的俄方记录，并揭露了英法对在中东划分势力范围的提议。

这些提议中的一部分是同意巴勒斯坦应当处于国际共管。另一个刺激了阿拉伯人感情的事件是，英国政府宣布其赞成在巴勒斯坦地区为犹太人建立一个民族家园。1917年11月的《贝尔福宣言》可以算作是到那时为止锡安主义最大的胜利。从严格意义上来说，它并没有背离对阿拉伯人的许诺，但是阿拉伯人很难认识到这一点。美国总统也加入进来，他提出了保护巴勒斯坦非犹太居民的条件，这使得事情变得更加复杂。随着战争走向结束，奥斯曼统治替代品的本质变得非常混乱和不确定。能够确定的是，"东方问题"再一次有了新的形式。

第一次德意志战争的结束

西线的重要战役在这一日益激烈的革命背景下进行。到这一年夏天，协约国已经能够阻止德军最大的攻势。德军已经取得了巨大的胜利，但仍不满足。当协约国军队反过来开始胜利前进，而德国军队节节败退的时候，德国领袖试图寻求结束战争；同样，他们也考虑到了他们所见到的革命的迹象以及在本土的革命迹象。德国皇帝宣布退位，第三帝国结束了；哈布斯堡王朝已经衰落了，而霍亨佐伦王朝刚刚从其老

① 见"十四点"第12点，例如引自《美国历史的演讲与文件》(第四卷，1914－1939)，R. Birley编，牛津：1942年，第41页。

对手手中逃脱出来。新的德国政府要求休战；这很快得到认同，战争走向结束。

大战的消耗从未被精确计算过。然而，其规模已经足够清晰：大约1 000万人死于直接的军事行动。疾病方面，仅在巴尔干地区，伤寒就可能使100万人丧生。这些人中的大部分死于塞尔维亚，这个国家从表面上看是战争在欧洲的起点，也是参战国中损失最惨重的一个——相当于其1914年人口的四分之一。即使是这些可怕的数据也还没有完全表明残疾、失明的身体损伤，失去父亲和丈夫、子女及其爱人的家庭的损失，以及对理想、信心和善念毁灭性的精神浩劫。欧洲人看着他们巨大的墓地和医院，感到惊骇。经济遭到的破坏也是巨大的。绝大多数欧洲人在挨饿。战后一年的制造业的产出量还不及1914年的四分之一；俄国只有那时的五分之一。一些国家的铁路和水路运输几乎完全瘫痪。国际贸易复杂而脆弱的机构被粉碎了，其中一些永远无法被替代。处在混乱中心的是一个筋疲力尽的德国，它曾经是欧洲经济的发动机。“我们处在财富的萧条期，”一个年轻的参加了巴黎和
会的英国经济学家这样写道，“我们对自身物质安乐这些最紧迫的问题 521
之外的感觉和关注暂时失色了……我们已经超出了承受的限度，需要休息。在当下生活的人们的一生中，人的灵魂中的普世因素从来没有如现在这般闪烁得如此朦胧。”①

和约的签订

1918年底，巴黎和会的代表已经在巴黎聚集。他们的失败将会是巨大且显著的，但他们所面临的任务的重要性、其远景和应得的认可，应当使他们的作为受到尊敬。这是自1815年以来最重大的和会，也面临着巨大的挑战。它不得不协调人们对难以应对的事实的巨大期望。做主要决定的力量非常集中：英国首相、法国总理和美国总统主导了谈判。这是胜利者之间的谈判；战败的德国随后出席有关其问题的协

① J. M. Keynes：《和约的经济影响》，伦敦：1919年，第278页。

商。一个关于欧洲安全的中心问题存在于有分歧的法国利益和盎格鲁-撒克逊国家的利益中，前者特别注意要避免德国侵略，第三次重复这一可怕的危险，而后者则要当心不陷入这样的危险中去，但是许多其他的问题环绕并遮盖了这一问题。相当重要的是，和约是一个世界性的条约。它不仅处理欧洲之外的领土问题——就像以往大的和约那样——许多非欧洲国家在条约的形成过程中也发出了自己的声音。签署主要条约的 27 个国家代表中，有 17 个国家是其他大洲的。美国是这些国家中最强大的；它与日本、英国、法国和意大利一起成立了一个被称为“主要”战胜国的小组。尽管如此，作为一个世界性的条约，没有来自俄国的代表参会是不幸的，而它是唯一拥有欧洲和亚洲疆域的大国。

从技术角度来看，这个包含了一组不同条约的和约不仅是与德国签订的，还是与保加利亚、奥斯曼土耳其和替代了二元王朝的继承国家签订的。这些国家当中，复兴的波兰、扩大的塞尔维亚、全新的捷克斯洛伐克作为协约国出席了和会，而被大大削弱的匈牙利、日耳曼中心的奥地利则被作为战败的敌人来对待。所有的这些带来了棘手的问题。但是，和会的主要关注点是与德国签订的条约，这一条约于 1919 年 6 月签订，被包含在《凡尔赛和约》中。

《凡尔赛和约》有意地具有惩罚性质。它同样明确指出德国要为战争的爆发负责。这一联系是令人误解和遗憾的，因为这一最为严酷的指责并非出自对道德过失的推测，而是出于法国的愿望，而且，如果可能的话，可以因此束缚住德国以打消这两个国家间任何第三次战争的可能性。边界被重新划分，它并不只是为了纠正 1871 年的不公正，更
522 是为了削弱战败国。经济赔偿的目的也是如此，条约所规定的德国对协约国的赔偿要花费数年。经济赔偿是和约中最欠考虑的部分，这一经济上的无理要求激怒了德国人，使得他们更加难以接受战败，因为这使得他们的个人经济变得极为困难。协议似乎也并不能保证将来德国不会用武力颠覆这一决定，除非战胜国准备好要对德国进行长期占领。德国如此之快地接受了休战协议，因为它意识到了在德国土地上作战的军事失败，以及其军队被明显毁坏的现实。不用说，德国丧失的领土

包括阿尔萨斯和洛林，其他的丧失在东方最为巨大（割让给波兰）；在西方，让法国感到最为确定的担保是莱茵河德国沿岸的“非军事化”，以及协约国对特定地区的暂时占领。但它仍然认为这是不够的。

第一次世界大战的结束与和约的签订

1918 年	3 月 3 日	德-苏《布列斯特-立托夫斯克条约》
	4 月 10 日	罗马召开奥地利臣民会议
	5 月 7 日	德国-罗马尼亚《布加勒斯特条约》
	6—9 月	协约国承认捷克斯洛伐克独立
	9 月 30 日	协约国签署对保加利亚的休战协议
	10 月 29 日	南斯拉夫宣布独立
	10 月 30 日	协约国签署对奥斯曼帝国的休战协议
	11 月 3 日	协约国签署对奥匈帝国的休战协议
	11 月 9 日	德意志共和国宣布成立
	11 月 10 日	罗马尼亚作为协约国一方重新参战
	11 月 11 日	30 天的休战结束了西线的战争
	11 月 13 日	奥地利共和国宣布成立
	11 月 16 日	匈牙利共和国宣布成立
1919 年	1 月 18 日	和会在巴黎召开
	6 月 28 日	与德国签订《凡尔赛和约》
	9 月 10 日	与匈牙利共和国签订《圣日耳曼条约》
	11 月 27 日	与保加利亚签订《纳伊条约》
1920 年	6 月 4 日	与匈牙利签订《特里亚农条约》
	8 月 10 日	与奥斯曼王朝签订《塞夫勒条约》
1921 年	3 月 16 日	土耳其的凯末尔政府与苏联签订条约
1923 年	7 月 24 日	《洛桑条约》以及新土耳其政府与协约国之间最终的和约条目

和约的第二个显著特征是它接受了自决原则和民族原则。有时这 523
只是简单地意味着承认现有事实；波兰和捷克斯洛伐克政府在和会召开之前就已经存在了，南斯拉夫将来也要以战前的塞尔维亚和黑山为核心建立。1918 年底，这些原则已经在旧的二元王朝的大多数地区确立了地位（不久之后俄国的前波罗的海省份也将如此）。在神圣罗马帝国灭亡之后，哈布斯堡王朝也瓦解了；其继承国（虽然不是连续的）则比它们长久，存活了近一个世纪。

不幸的是，民族原则并不总是有效的，虽然自决原则允许特定的地区通过公民投票来决定它们自己的命运。地理、历史、文化和经济现实打破了民族原则理念。当这一原则胜过了这些现实——就像在多瑙河经济统一体的破坏中的那样——结果可能是糟糕的；当现实胜过原则的时候，结果可能同样糟糕，因为它给人们留下了愤愤不平的感觉。东欧和中欧散布着拥有着充满怨恨的少数民族的国家，这些少数民族对他们的国家并没有忠诚可言。波兰三分之一的人口不讲波兰语；超过三分之一的捷克斯洛伐克人口由波兰人、俄罗斯人、日耳曼人、马扎尔人和鲁塞尼亚人组成；扩张了的罗马尼亚此时包含了超过 100 万的匈牙利人。在一些地方，对上述原则的违反被尤为尖刻地认为是一种不公正。德国人憎恨现存的、通过原先的德国土地连接波兰和波罗的海的"走廊"，意大利则深感失望，因为盟国在需要其帮助时所许诺的亚得里亚海并未兑现，爱尔兰最后仍然没有得到地方自治。

在处理前德国殖民地时还有一个重要的发明。旧式的殖民体系并不为美国所接纳；相反，对之前处在德国和奥斯曼统治下的非欧民族的监护，由托管制度予以保证。委托管理将正准备自治的领土交给战胜国（美国拒绝了所有交给它的）去管理。托管体制是从和约中诞生的一个比较好的想法，尽管在一些情况下，它是欧洲帝国主义被体面遮掩的最后一次扩张。这在前奥斯曼土地上最为明显。对叙利亚、黎巴嫩、巴勒斯坦和伊拉克的托管（在一段时期内）决定了数百万阿拉伯人陷入英法政策的矛盾中的命运。在奥斯曼的阿拉伯臣民的政治追求觉醒之后，贝尔福宣言增加了情况的复杂性，而许多阿拉伯人（尤其是巴勒斯坦人）在这一时期的问题被遗留给了托管强国。

国际联盟与欧洲

一个最具创造性的理念在巴黎得以制度化，它同时也是和约中最具创造力的部分：国际联盟。它在很大程度上归功于伍德罗·威尔逊（Woodrow Wilson）的热情，他确保了《国联盟约》（国际联盟的章程）作
524 为《凡尔赛和约》第一部分的首要地位。这个名称是重要的；它进一步正式宣告了作为世界秩序基础的民族自决原则。联盟超越了欧洲；它

是新时代的另一个标志，其最初的 42 个成员国中有 26 个都是非欧洲国家。不幸的是，美国并不在其中，这是国联的几个重大的弱点中最致命的一个。然而，也许它本来就不能满足其自身唤起的所有期望。

国联的另一个缺席者是新俄国。同样，它也没有出席巴黎和会，而它的缺席的意义甚至比美国更为重大。塑造了欧洲历史新阶段的政治协商并没有咨询苏维埃的意见，虽然它们要求在东欧划分边界，而这是任何俄国政府都必定会非常感兴趣的。的确，布尔什维克领导人的所作所为为其被排除在外提供了原因。他们通过革命宣传与主要的强国交恶，因为他们坚信资本主义国家决意推翻他们。在与这个新政权打交道的时候，英国首相劳合·乔治(Lloyd George)和威尔逊事实上比许多同僚和选民更加灵活——甚至是同情。另一方面，法国总理克列孟梭则激昂地反对布尔什维克，也因而获得了许多法国投资者的支持(凡尔赛会议是第一场由长期认识到使国内选民失望的危险性的政治家们召开的欧洲和会)。但是，不管谁承担怎样的责任，结果是，在新欧洲的形成中，没有人询问这个在新的大陆的所有事务上都有着最重要分量的强国的意见。虽然苏联当时是弱小的，但是它将会加入对条约不满、想要修订或推翻它们的队伍中去，它的统治者厌恶和约所保障的社会体系，并拒不承认和约。

和约饱含着希望。它们通常是不现实的，尽管和约有显而易见的失败之处，但它也有好的地方。有时其失败是因为超出了制定者的控制力量。首先，在狭隘的政治意义上，欧洲的世界霸权被大战所终结。1919 年和约的签订者在欧洲之外的影响力极其微小，除了在前奥斯曼帝国的领土之上，但那也只持续了几十年。旧的帝国警察或是消失了，或是被严重削弱以至于无法在帝国内部运作，更不用说在帝国之外了。欧洲需要美国来确保德国的溃败，但现在它正准备将自己陷入一段时期的不切实际的孤立当中。布尔什维克俄国也从未想过帮助欧洲稳定下来。一方面是其国家力量的内收，另一方面是其意识形态的无用状态，使得这个大陆只能寻求自保。一旦没有革命在欧洲爆发，苏维埃领导者就奉行孤立政策；威尔逊给了美国一个参与维持欧洲和平的机会，

526 但是美国人民拒绝了。这两个决定都不难理解，但是其影响将会造成一种错觉。大多数欧洲政治家相信其事务是自主运行的，但它已经不再是现实的，也不再是解决其问题的恰当框架。

525

和约最严重、最直接的弱点是其所假定的新结构的经济脆弱。 526
1914 年复杂却卓有成效的体系被无可挽回地毁坏了。战后的国际交易被严重增长的限制所束缚，因为新的国家要通过关税和交易管制来努力保护其新生的经济，大一些和更古老一些的国家则试图修复其破碎和衰弱的经济。健康的货币体系被通货膨胀一扫而空。《凡尔赛和约》通过加重德国负担而使得情况更加糟糕，德国是欧洲最重要的工业国家，而现在背负了无限的实物和现金赔偿的负担。这不仅扭曲了其经济发展，使其复苏延后了很多年，而且在骇人的通货膨胀到来之时，剥夺了许多能够刺激经济运转的因素。在东方，德国最重要的潜在市场——俄国，几乎被完全阻挡在其边境之外，几乎没有贸易；多瑙河和巴尔干地区是德国商业的另一个重要地区，但或被分裂或穷困潦倒。这些困难被美国愿意出借的资金（虽然并不要求欧洲以货物偿还，但事实上已推后了其关税壁垒）逐渐克服。但是，这带来了对美国持续繁荣的依赖的危险。

民族自决也有其缺陷，那就是它经常使得经济混乱不堪。但是，很难看到有什么理由去反对民族自决原则。协约国的胜利与和约缔结的修辞，使许多人认为这是一个自由主义和民主主义的巨大胜利。四个集权的，或者说不民主的、反对民族主义的狭隘的帝国倒塌了，而至今为止和约仍保持其特性，即历史上唯一的、由全部是民主政体的强国所缔结的和约。自由主义式的乐观主义也从威尔逊惹人注目的单纯上得到了大力体现；他竭尽全力想让人们明白，美国参战的性质和协约国有着根本的不同，是被高尚的理想和信仰所鼓舞的（他令人厌恶地不断重申这一点），这一信仰即如果其他国家能够放弃其古老的有害的方式，那么这个世界能够为民主政体提供一个安全的环境。一些人认为事实证明他是对的；新的国家（尤其是德国）采纳了自由主义、议会宪政并常常是共和主义的形式。最后，还有国际联盟的幻想；这个建立一个新的非帝国的、超越民族国家权力的梦想最终得以实现。

所有的这些都植根于谬误的前提。原则在实践中被严重玷污。和约的缔结使得不满的民族主义充斥着各处；它在德国制造了新的、激烈的民族主义愤恨。也许这并无实际作用，但它是许多自由主义之外的东西得以生长的土壤。更何况，新国家的民主制度(就此而言，古老的
527 国家的也是同样)在一个贫穷、苦难和失业加剧了政治斗争的世界里起步，在很多地方，对民族主权的崇拜所造成的特殊的混乱，使得这种情形更加恶化。在战争中旧式经济交易模式被打碎了，这使得在国家内部处理农民贫困和失业问题更为困难；俄国曾经是欧洲大部分地区的粮仓，但现在在经济上很难再现。这个背景是革命者所能够也将试图利用的。

如此之多的国家抱有修订和约的野心，至少包含着妄图如此的有着重要地位的少数派，这大大增加了革命者的机会。许多意大利人将南斯拉夫看作是实现对亚得里亚海和巴尔干地区扩张的古老梦想的障碍，其他意大利人则希望得到原先土耳其在小亚细亚的领土。希腊人有着相似的期望。立陶宛和波兰为它们对维尔纳的要求而争吵。对波兰和德国就西里西亚领土要求的一项公民投票，更使得该地区长期充斥着憎恨和强烈情绪，至少在一个双方均感满意的条约达成之前都是如此。匈牙利人悲痛和憎恨于其古代王国领土的大片丧失。垂落于几个世纪以来的东欧和中欧的新俄国的阴影，则使得情况更加糟糕。

革命和新俄国

布尔什维主义，如同 1917 年“十月革命”缔造的新俄国政府所宣称的革命信条那样通常被称作的，在战后的年代里被许多欧洲国家视为双重的威胁。很快各欧洲国家都发现，国内有一个革命的共产党，它对工人阶级的国际事业以及这一事业在莫斯科的领导权效忠。共产党引起了很大的惊慌。这是由其诞生环境决定的。第三国际，即“共产国际”，在 1919 年 3 月由布尔什维克的领导人在莫斯科建立，用以给国际社会主义运动提供领导，他们害怕如果不这样的话，国际社会主义运动就会再次陷入之前的缺乏革命热情的领导人手中，而第三国际的领导人认为没有抓住战争的机会应当归咎于此。列宁对社会主义运动的检验依托于共产国际，其政策谨慎而严格，富有纪律性和坚定性，这与其

认为需要一个有效的革命政党的观点相一致。几乎在每个欧洲国家，都将社会主义者划分为两个阵营，彼此为获得工人阶级的支持而竞争，因此严重削弱了大多数国家的左翼力量。一些社会主义政党依附于共产国际，并常常以“共产党”为名；另外一些，甚至当宣称自己仍然是马克思主义者的时候，却仍然留存在自分裂中产生的民族主义政党和工会之中。后者中最显著的是德国的社会民主党和法国的社会主义党。

尽管如此，许多欧洲人认为，即使是温和的社会主义也是令人担忧 528
的，因为战争之后似乎有大量的革命可能性可以被利用。在匈牙利，一个布尔什维克政府实际上有过短期的执政，但是也许更加令人吃惊的是德国不断的共产主义起义的尝试，有些获得了短暂的胜利。讽刺的是，甚至是在共产国际建立之前，这已经迫使在战败后不久成立的新的德意志共和国的由社会主义者主导的政府，为了避免革命而不得不倒退，依赖于保守力量——尤其是旧军队中的专业士兵。这给德国左翼的分裂平添一个特殊的苦难。但是在各个地方，共产主义政策使联合抵抗保守主义变得更加困难，因为他们时刻警惕着以革命修辞来伪装其阴谋的温和派。

国际社会主义者的有意分裂，以及其中一些新的由苏维埃激发的、在意识形态上对宪制政府和任何似乎赞成资本主义经济的政权的疏远，将欧洲从文化上和政治上分裂开来，这是自宗教改革运动以来未曾有过的。坚定的共产主义者通常是少数派的这一事实，许多年来被掩盖在其在各个国家里接连获取左翼领导权所表现出的策略这一面具下。在“客观的”意义上(就像马克思主义的术语所运用的那样)，他们是外国势力的代理人，因为他们至少在意识形态上效忠于一个分裂的、并不包括欧洲在内的世界。事实上，欧洲与东方再次有了分界线。关于俄国是否是欧洲国家这一古老问题此时被以一种新的方式解答了，因为苏联断然宣称，在最为重要的方面，它不是欧洲国家。

人们并不总能清晰地认识到这一点，因为在苏联外交政策的执行中，很难将共产主义从传统的俄国主旋律中区分开来。在东方尤为如此。1918 年之后，其邻国开始害怕来自新俄国的社会和民族的联合威胁。长远看来，布尔什维克以一种理性而合理的方式，应用和操纵国际共产主义的目标来为俄国的民族利益而服务，其基于这样一个假定，即世界革命的未来要依靠对第一个社会主义国家的保护，它将成为国际工人阶级的大本营。在内战初期和布尔什维克力量对整个国家进行缓慢巩固的年代里，这一信仰促使其为了占领资产阶级政府而煽动对国外的不满情绪。但是在东欧和中欧更为严重，因为在《凡尔赛和约》签订之后的很长时间里，这一地区大部分领土的实际主权仍然存在争议。第一次世界大战在那里直到 1921 年 3 月才结束，俄国和新波兰签订了一项和约，规定了两国的边界，直到 1939 年一直发挥着作用。波兰是传统上最反俄国的，宗教上最反布尔什维克的，也是欧洲“新”的东方国家中领土最大和最有野心的。但是俄国力量任何的复兴都会使这些国
530 家中的所有人感到威胁，尤其是当与布尔什维克所宣称的社会革命相联系的时候。这种联系引起的恐慌，促使许多国家在 1939 年之前就成为有着强大的反共产主义阵线的独裁或军事政府。

东欧和中欧对共产主义革命的恐惧在战后经济衰退的年代中，以及对波苏战争结局的不确定(华沙自身曾一度受到威胁)中，表现得最为明显。1921 年之后，随着和平的最终到来，以及俄英两国有序的外交关系象征性的建立(英国是第一个寻求这种外交关系的西方国家)，一个显著的缓和出现了。其部分原因是苏维埃领导力量在严酷的内战时期所形成的自身意识。它并没有产生更好的外交方式，革命的宣传和对资本主义国家的谴责仍在继续，但是现在布尔什维克能够将精力转移到重建他们自己的破碎的家园上来。1921 年，俄国的生铁产量是其 1913 年水平的五分之一，煤产量只有 3% 左右，铁路运输上只有相当于战争开始时不到一半的火车在运行。牲畜产量下降了超过四分之一，谷物成交量不到 1916 年水平的五分之二。在这种穷困的经济下，1921 年一场旱灾降临在俄国南部。超过 200 万人死于灾后的饥荒；有报道说甚至有食人的情况。经济的自由化引起了一个转向。到 1927 年，工业和农业产量都几乎恢复到了战前的水平。

这些年，这个政权的领导阶层内部经历了变动。这在 1924 年列宁

529

北冰洋
挪威
摩尔曼斯克
瑞典
芬兰
俄国
彼得格勒
爱沙尼亚
立陶宛
波罗的海
莫斯科
德国
波兰
布列斯特-立陶夫斯克
基辅
顿河畔罗斯托夫
奥匈帝国
罗马尼亚
里海
塞尔维亚
保加利亚
阿尔巴尼亚
门特内哥罗（黑山）
希腊
奥斯曼帝国
地中海
北
0
400公里
0
250英里
大战中的俄国
1914年的俄罗斯帝国
1914年的同盟国及其盟国
1914年协定中的协约国
1914年的中立国
1917年的停火线
1918年被同盟国占领的地区

去世之前就已经很明显了，但是，其公认的统治地位使其已经可以支配维持平衡的军队，他的离去开启了一个进化的新时代，并引起了或直接或含蓄的争论。苏维埃的布尔什维克领导人并不质疑集权化，这是这一政权的专制本性。没有人认为在充满敌意的资本主义国家的世界里，政治自由化是可行的，秘密警察和一党专政也不应该被免除。但是，他们不同意经济政策和策略。个人竞争有时给它带来了极大的优势。

概括地说，关于苏联将要采取的通向现代化和共产主义的道路有两种不同的观点。一种观点强调革命要依靠农民大众的友善。布尔什维克首先允许他们接受土地(这是因为他们不能阻止农民这么做，而他们对这一事实的接受赢得了农民对革命的支持)，接下来，尝试牺牲农民利益来供养城市却引起了对抗，不久，农民就被经济自由化和"NEP"(即新经济政策)安抚了，这一政策是列宁作为权宜之计而批准的。在这个政策之下，农民被允许为自己赢利，因而也就开始生产更多的粮食并出售到城市。另一种观点也接受相同的事实，但却是将其放在长远的视野里来看。对农民的安抚将会减缓工业化的进程，而工业化正是苏联要在充满敌意的世界中生存下来所需要的。持这一观点的人认为，党的恰当做法应当是依靠城市中革命的激进分子；应当剥削未
531 布尔什维克化的农民来满足工业无产阶级的利益，同时加强经济的发展并促进国外的革命。共产党领导人托洛茨基持这一观点。这些是通向现代化的可选路线。

故事可以简单地继续讲述。概括地说，托洛茨基被排挤了，但是他的思想开始盛行。在党内复杂的政治情况中，最终其官僚成员中的一位开始掌权，约瑟夫·斯大林(Joseph Stalin)，他远远比不上列宁和托洛茨基睿智，却同样的冷酷甚至更令人不悦，但是有着更大的历史影响。作为民族事务人民委员、工农监察部人民委员、中央政治局成员以及最终成为的苏联共产党的总书记，他完全地却静静地以军事力量武装了自己，这一力量是他之前用来反对其同僚和旧布尔什维克的，对待他们就像对待敌人一样随意。据说，内战结束两年后，苏维埃社会处在

其“实质的统治之下，但却没有意识到统治者的名字”①。他的名字开始成为苏联最著名的名字。

应该说，斯大林最终完成了革命，这是布尔什维克掌权者开辟的道路所通往之所，在这一过程中产生了一个新的苏维埃精英。对他来说，实现工业化的一个推动力是其权力的至高无上。如果农民无法实现更多的利益，那么实现工业化的道路就在于找到一个方法以迫使农民通过提供它所消耗的谷物来为其埋单。两个“五年计划”规定从 1928 年开始执行工业化项目，其基础是农业集体化。

最终，党征服了农村。其具体内容不得而知，但是这被称为一场新的内战，数百万农民被杀害或被流放，谷物征集又带来了饥荒。但是，城镇被供养起来，虽然消费被尽可能地抑制，实际工资水平也下降了。最为重要的是，从 1928 至 1937 年，苏联工业产量的 80%来自厂房的建设。为了使苏联成为强国而付出的代价是巨大的。集体化仅仅在强力下才得以实现，其规模比沙皇时代要大得多；斯大林所维持的国家机器，远比旧的专制时代要高效和集权得多。他是一个多多少少有些矛盾的马克思主义理论主张者，马克思主义教导说社会的经济基础决定了其政治。斯大林恰恰颠倒了这一命题；他解释说，如果有意愿运用政治力量，经济基础就能够被强制革命化。虽然他是格鲁吉亚人，但他也许最被看作是俄国的大人物、一个专制的沙皇、一个伊凡雷帝或彼得大帝，而不是一个理论家。然而，其他国家中的自由资本主义社会的评论家经常抬高苏俄，他们认为苏联是一幅美好的图画，是一个社会可能取得文化和伦理生活的进步与复兴道路的例子。苏联的建立和欧洲在新的形式上的划分，事实上只是世界在新的意识形态上划分的开始，它将会持续 70 年，欧洲不得不 532
作为这个背景的一部分来走它的道路。1914 年单一的文明世界在许多层面上有着共有的设想，其实现相同目标的进步趋势似乎势不可挡，但是现在这一切已不复存在。

---

① I. Deutscher：《斯大林》(第二版)，伦敦：1966，第 228 页。

因此，俄国革命似乎应当被认为给这个时代留下了最深的印记，其最大的重要性也在于此。它成为世界革命的大本营和武力基地(也培养出了许多领袖和总参谋部)。这种中心应当存在，这对于世界历史来说是一个新的事实。在这个层面上的另一个新事实是，苏联提供了一个维持现代化和工业化进程的神话，这给其他发展迟缓的国家提供了一个对可利用的方式(即自由主义式的资本主义社会方式)的替代品。当然，这两者都是欧洲的产物。

这就是欧洲历史越来越难以与世界历史分割开来的原因之一。俄国革命通过其在世界其他地方的影响间接影响了欧洲，如同它通过给予纯粹欧洲政治的新形状和内容直接影响了欧洲一样。现存的政治力量很少有未受其影响的，每一个国家都在不同程度上被它所引起的争端和恐慌所改变。在欧洲国家关系方面，只有一个很小的改变，即曾经有段时间俄国的外交政策失去了其传统的泛斯拉夫主义和残存的宗教意味；但是，在与欧洲大国内部的关系上，俄国革命可能恰恰延缓了那些如果没有革命将会更快发生的变革。俄罗斯帝国有能力逃脱战败并成为1918年胜利的协约国之一，它们的宿敌奥匈帝国成为一个四分五裂的国家，德国被非军事化，俄国立刻就可以呈现其大陆上的优势，而这一优势苏联仅在1945年才显示出来。总之，这在神圣同盟的前工业时期就已经被暗示了。也许(我们稍稍进一步看)达达尼尔战役的失败，使得俄国被驱除出原本想要占据的欧洲地位达25年之久，因为克服协约国的物资孤立加速了其军事和经济的败退，而这为布尔什维克夺取政权提供了可能性。同样，毫无疑问，革命延缓了俄国战后从经济破坏中的恢复，它关闭了苏联的外国投资，并因此使得快速工业化的进程一再拖延，一直到20世纪30年代都是如此。于是，斯大林将国家置于比沙皇政权更为残暴无情的统治道路上，但是，即使到1941年，也很难确定在没有他人的帮助下苏联能否在德国的猛攻中存活下来。当然，也并没有明确的证据表明，苏联的发展使得其可能性增大，或是其他政权可以更为迅速地达到这个结果。

洛迦诺 533

1922年,德国和俄国政府的举动令整个欧洲大吃一惊,它们突然在洛迦诺就交换大使和一些经济问题上的合作达成一致。这在修正主义下正式宣布了这两个国家的固有利益;双方也各自宣告开始摆脱外交孤立。这在其他国家引起了很大的轰动,尤其是法国。同时,英国和法国已经逐渐淡化了法国对德国强制执行的严厉的经济赔偿(它在1923年达到极点,当时一支法比联军占领了鲁尔地区,并在事实上关闭了德国最大的工业地区)。

这是战后初期最糟糕的时刻。然而,占领鲁尔地区并没有使法国得到它想要的,还很快危及了法国的财政稳定。法国政府的换届推动了与德国友好关系的逐渐恢复,美国的财政行动缓解了赔偿问题。美国向德国投资的一股新潮流开始了。政治家开始谈论德国的“缓和”,以及与它的“和解”;一系列行动逐渐地开启了通向1925年底《洛迦诺公约》签订的道路,它结束了“敌国”和“协约国”力量的划分,并在保证法国、比利时与德国边界均不会受到另一方攻击的情况下,法国和德国达成了(形式上)的和解。重要的是,关于德国东部边境的问题并未涉及。当次年德国被允许加入国联,看起来最终通向和平、乐观和繁荣的新世界的道路畅通了,这是西欧自1918年起就梦想的,而且这一梦想的实现被证明是如此困难。这是两次世界大战期间成形的最终的幻觉之一。

534 # 第二十五章 崩溃的基础

态度和理念

第一次世界大战降临之前的文化已经经历了深刻变革。我们很难自信或精确地谈论它们。尽管如此,欧洲世界霸权的衰落年代显然伴随着人们对欧洲内部确立的观念和价值的前所未有的质疑和证明。很难构建这样一个联系,但是,对的确有这样一个联系的假定似乎也很难被推翻。这一趋势似乎在 1918 年之后开始加快;随着旧的思想体系和旧的价值观被日益破坏,出现了认可坚持和理智的新主张。对过去的怀疑使得人们完全拒绝承认绝对标准的可能性。

虽然将知识分子和少数受过教育的人的明确言论与整个社会的态度和行为区分开是困难的,但是即将出现的迹象在 1914 年之前就已经显现出来。分裂的力量已经在理智和自由文化中开始运作,这一文化是欧洲时代高度文明的产物。甚至在 19 世纪,人们就被一种感觉所困扰,这种感觉认为,传统文化是极其有限的,因为它没有包含藏在潜意识里的情感和经历。与其他人不同,一个人在该世纪初期就提出了一种语言,用来探索这一领域并提升信心,这是通向生活中许多东西的钥匙,这个人就是西格蒙德·弗洛伊德(Sigmund Freud)——精神分析的创始人。在文化史上,他应当与牛顿和达尔文比肩而立,这并不是因为他有着与后者一样的智力高度,或是由于他对科学所作的贡献,而是因为,与其他任何人都不同,他改变了受过教育的人思考自身的方式。他提供了一个新的文化神话、一种理解的方式和一套表达它的习语。他的一些思想很快以其特有的方式进入平常的谈话之中：我们给予“情结”“潜意识”和“强迫观念”这些词以特殊的意义,并且熟知如“弗洛伊德式失语”“力比多”之类的术语,这些都表明了他的成就。他的影响很快进入文学、人际关系、教育和政治领域。他的言辞经常被曲解。人们认为他说过的话比他具体的诊断研究重要得多。

与牛顿和达尔文一样,弗洛伊德的影响力超越了科学领域(在这一 535
领域里他的影响力比另外两位更受争议)。像他们一样,弗洛伊德也提供了一个新的设想,它像马克思和达尔文的设想一样,将被证明有着高度的颠覆性。普通人从他的教条中得到的信息是：潜意识是许多行为的真正根源,道德价值和态度只是浇铸了这一潜意识的、有影响力的事物的投射,因而,责任的观念最多是一个神话,而且可能是一个危险的神话,也许理性本身就是一个幻象。一些人认为弗洛伊德的主张是荒谬的,这一论断到底是真的还是遗漏了他的众多特质,这都不重要。许多人认为这就是他所显示的,并在今天依旧有人这么认为。这些观念对自由的文明、理性、责任心、自觉积极个体的基础提出了怀疑。这是另一种决定论。

他似乎进一步认为,许多先前认为好的东西事实上是坏的。良心(不管你管它叫什么)通常被认为是一种基本的、好的力量,不仅可以制止有意识的不道德,还可以控制邪恶的冲动;现在人们被要求去面对“自我控制可能对精神健康有害”这一观念。我们没有必要夸大。弗洛伊德的理论不是造成确定性丧失和认为“人们脚下几乎没有坚实的土地”[①]这一感觉的唯一智力力量。但是,在战争期间它与马克思主义是最醒目的。由于要努力克服他带来的洞察力或艺术的混乱和 20 世

① 他的基本著作在 1914 年之前就已经完成;但是,直到 1923 年,他的《自我与本我》才出版,比他的其他著作都更明确地提出了对道德生活的精神分析研究。

纪基督教的虚弱或科学世界的不可知性——爱因斯坦的出现使得拉普拉斯和牛顿横遭抛弃——人们更加忧虑地投入新方向的寻求中。政治上,这将许多人引导到新的非理性主义,或者一些旧的主义(如民族主义)更为暴力的状态;人们对宽容、民主以及先前为保护个体理性意志的实践而设立的自由几乎提不起兴趣。或者,至少是欧洲自觉的文化生活似乎暗示了这一点。

同样,艺术为文化的根本性变革提供了明显征兆。从人文主义运动最初的三四个世纪开始,欧洲人认为艺术表达了强烈的愿望、深刻的见解和相对于普通人来说容易感染的快乐。即使在创作中它们被升华到这样一个异常美好的高度,或者被格外浓缩到有时只有受过教育的人才能欣赏的形式中。但是在那时候,人们认为只要假以时日、经过学习,一个有教养的人完全可能从一堆艺术作品中辨别出他的时代的作品。因为,这些作品以一种共享的标准表达了一种共享的文化。的确,
536 这一观念在 19 世纪被弱化,当时,随着浪漫主义运动而来的是将艺术家理想化为天才——贝多芬是第一批例子中的一个——并且明确表达了“前卫”(“先锋”)的概念。但是,紧接着就是艺术文化的更大的分裂。到 20 世纪的前十年,即使是受过专业训练的人,也很难从提供给他们的众多艺术作品中辨别出同时代的艺术家、诗人和音乐家的作品。

一个例子是绘画中影像的混乱。最晚到立体主义时期,这一领域对表征技巧的挣脱依然与传统有着微弱的联系,但是到那时,这一联系已经停止很久了,这对于一个“有着平均教养水平的人”来说是显而易见的——如果他的确存在的话。艺术家隐退到越来越难以接近的个人想象的混乱中,这在 1918 年之后的达达主义和超现实主义中达到了顶峰。20 世纪达到了新的分解,超现实主义中,甚至客体这一概念都已不复存在,更不用提它的表现了。许多艺术家、作家和音乐家通过巧合、象征、冲击、暗示和歪曲来寻求对意识本身的超越。

20 世纪 20、30 年代的艺术表明,虽然许多人仍坚持传统的做法,但是引领思想和观念的精英中的许多人发现传统的基础不再坚固。人们依然定期参加宗教活动——尽管在天主教国家也只有那么一小部分

人——但是工业城市里的大众生活在一个后基督教的世界，在那里，制度和宗教符号的物理变革几乎对他们的日常生活已经没有什么影响，而大众娱乐的产业使得传统的生活习惯和节奏被节日和庆典所打破。长期理解的参照物开始变得不再可知。或许知识分子面临的是比宗教信仰的丧失更为严峻的问题，因为从 18 世纪开始一度有助于取代基督教思想的自由主义观念，如今也正在被取代。20 世纪 20、30 年代，每一个领域都会感觉到彻底的变化。个人自治的自由主义式的必然性、客观的道德标准、理性、父母的权威以及一个可解释的力学世界，似乎一起沉没了。

形式上的帝国的最后岁月

出于多种原因——一些是类似于削弱了欧洲对文化确定性的自信的原因，另一些是由来自经验的明显事实所引起的，一些欧洲人不再像其 19 世纪的先人那样对欧洲世界力量的基础感到确定。自由主义的必然性和对其价值普遍性的主张，在很长时期内促进了其对统治权力的质疑，尽管是出于他们自己的利益，而不是考虑了民主和民族主义的观念。但是，至少在一小部分人当中，仍然有一种世界现状正在改变的感觉。随着这个世纪的开始，已经有人开始谈论“黄祸”和“垂死的帝国”。在很短的时间内，日本的出现表明了欧洲不再是国际权力体系的 537
唯一中心。

虽然德意志这一在相对近代才建立的殖民帝国在 1918 年消失，其他欧洲列强的帝国却并非如此。不久之后，它们中的少数实际上变得更加壮大。但是，在 1939 年之前的这些年里，欧洲的动乱束缚了其政府在世界其他地方有效运转的能力；用纯粹的欧洲语言来说，这是表明欧洲历史不再是一个自主过程的另一个信号。

最明显的迹象首先在亚洲显现。从世界历史的角度看，欧洲在亚洲的力量被证明一度是不容置疑的，也的确未引起争论。其最伟大和壮观的时代在 1914 年已成为过去。英国这一最强大的帝国力量与一个亚洲国家结盟，这完全是出于它的需要。有着比其他任何国家都广阔的亚洲领土的俄国，成为第一个在战争中败给亚洲强国的“白种人”国家，并且到 1914 年，其关注的重点已经转回传统的欧洲利益上来。中华帝国这一没落的、曾经是出类拔萃的帝国，在义和团运动之后也不再向欧洲帝国主义者割让任何领土——虽然在到那时为止的很长时间内，列强认为它最有可能被瓜分——并最终开始了迈向现代化的第一步。1914 年之前，欧洲的亚洲帝国内部还有许多迹象表明了它的困难。

英属印度

英国在 1911 年作出让步之后，其统治者在印度的政治地位并没有减弱。或许他们使得情况更为糟糕。暴动和恐怖主义依旧持续。统治者表现出的对穆斯林的偏好使得印度教徒更加愤恨。穆斯林则认为政府取消孟加拉分治违背了与他们的协议。随着愿意与英国合作的穆斯林精英日渐感到自己被更易受泛伊斯兰呼吁所煽动的穆斯林所威胁，这种紧张的状态更加激烈。他们感到英国对基督教国家攻击(1911 年在的黎波里，此后几年在巴尔干)奥斯曼这一哈里发的所在地袖手旁观：英国没有给予其数百万臣民所信仰的宗教的精神领袖以任何支持。当 1914 年奥斯曼帝国决定对英国开战，一些印度穆斯林在密谋革命。

尽管如此，大多数印度政治家在战争中仍然支持英国王室；印度为帝国战争提供了人力和财力(这其中包括圣雄甘地，他相信这将适时地给印度带来它应得的奖励，他日后被尊为印度国父)。1917 年，英国政府宣布，它希望平稳地建立一个全印度的“可靠的”政府(即地方自治)，虽然这并不完全符合一些印度人所要求的自治领地的标准。因而，虽然从这时起就可以将英属印度的历史书写为持续衰落的历史，但这未免有些过于简化了。接下来的 20 年里仍有起伏波折；英国从未陷入没有退路的境地。

538 然而，维持在印度的政治地位变得日益困难。除了因帝国力量在印度退让而产生的大量持续而喧闹的反对声(尤其是在保守党当政的一些地区)，印度的英国居民的言语和行为都受到了精神上的影响——好的坏的都有。其他误解还有，大多数居民倾向于认为，印度的民族主义只是一小部分野心勃勃且自私自利的知识分子的事情。他们强烈要求英国政府依靠警察手段来镇压阴谋和暴动;对这一观点的支持不仅是由于布尔什维克俄国的威胁(事实上,直到 1923 年印度共产党才建立)所产生的影响,还出自其自信而过时的种族偏见。

1919 年为了处理引起了甘地第一次罢工运动和人民反抗的密谋,正常的合法程序第一次被暂停(这违背了总督立法委员会中所有印度成员的意愿)。这时的甘地在印度国民大会党里已有大批的追随者。尽管他努力反对暴力,但是暴乱和杀戮仍有发生。在旁遮普,英国人遭到袭击,一些人被杀害。发生在阿姆利则(Amritsar)的惨案比其他事情对统治者造成了更大的精神创伤。一个历史清白且有着优异成绩的印度军官,为了表明其国人对控制动乱的决心,动用武力驱散了人群。这一交火结束时,将近 400 名印度人被杀害,超过 1 000 人受伤。这对印度舆论的影响是灾难性的,并且由于陆军准将戴尔的进一步行动变得更糟。虽然,他在不久后辞职,但是对英国声望和名誉所造成的打击却无法弥补。一些议会成员和印度的英国居民对戴尔所作所为的熙熙攘攘的支持,使这一情况变得更糟。

接下来国内进一步动乱。甘地的方案被国会正式通过,尽管他坚持其方案是非暴力的,但事实并不能如此,并且会引发动乱。1922 年,他第一次被捕并被投入监狱。尽管如此,接下来的几年里,国会内部出现了热情衰退和分裂的迹象。更为令人担忧的是,印度教徒和穆斯林之间的裂痕加深了。他们引发了公共骚乱和流血事件。到 1930 年,印度的穆斯林政治领袖已经开始设想一个独立后分治的次大陆,独立的伊斯兰国家将位于其西北部。

20 世纪 30 年代国内反抗重新开始,国际经济状况的恶化带来了进一步的刺激。这时,农村的大众在民族主义呼吁下已经对现代化有了更为充分的准备;部分得益于统治者建立的交通设施和成功的教育,甘地成为第一个能够带动整个印度追随者的政治家。同样,尽管遭受了挫折,伦敦仍然吸取了自 1917 年开始的一系列事件的教训。1935 年,一个《印度政府法案》出台,为日后权力和任免权的真正转移做了准

备。事实上,它使得几乎只有国防和外交事务处在总督的完全掌控之
539 下,为一个完全的地方代议政府,以及向一个可靠的代议制国民大会(这时开始了对它的建设)的权力移交做了准备。1939 年战争的爆发打破了最后一个进程,但是英国这时已经有效地为印度的国家政治建立了框架。

事后看来,到那时为止,印度独立的趋势已经不可逆转,这已经很清晰了,虽然在当时总督未经形式上对印度意见的征询就宣布参战引起了许多印度人的愤怒。在地方政府的代议制度和印度行政参事会的平稳印度化实际运行了将近 20 年之后,英国政府认识到,离开了本地精英的赞同和帮助,次大陆是无法控制的。他们所受的教育和自身经历开始为其将来的自治做准备。战争期间,统治者仍然能维持其支配权,但是充满了困难和窘迫。印度已经被英国统治所革命化;和其他地区一样,帝国也埋下了将会颠覆自身的种子。

形成中的亚洲

在各个帝国的领地不断变化的背景下,更大范围的亚洲革命正在进行中,在文化的相互作用、经济力量和现代化希望的驱动下,它在许多国家都引起了反对欧洲的行动,尤其是在日本。在自鸦片战争开始的东西方百年战争的最后阶段,这个国家遥遥领先,虽然这并不明显。日本的推动力对欧洲在亚洲优势地位的日益破坏起到了重要作用。

日俄战争表明,亚洲历史的节奏再次日益被一些事件所标记,这些事件对欧洲历史的意义并未很快显现出来。因而,要理解它们就必然要打破欧洲年表的框架。例如,1911 年,德里庄严的仪式给帝国的控制带去了前所未有的正式通告,而这一年中国的革命产生了一个比杜尔巴意义更加重大的历史烙印。1911 年终结了中华帝国的辛亥革命给 19 世纪里黯然失色的文明开辟了一个新纪元。它将比法国或俄国革命引发更多根本性的变化;它结束了 2 000 多年来信奉儒家的政府维持中国统一、儒家思想主导中国文化和社会的历史。然而,对在中国有着领地或利益的欧洲大国来说,如此重大的变革并没有立刻显示出

其重要性。革命者间的分裂很快加剧了国家的混乱。接下来对“军阀”(这是一种自身拥有可支配武器和士兵的军人)来说,是一个短暂的黄金时期。

在国外,日本是中国长期衰弱的主要受益者。日本的盟友不会反对它在第一次世界大战中夺取德国在中国的港口;它们即使想这么做
也无能为力。它们需要日本的船只和制造品,并且经常希望日本能够 540
派出一支军队到欧洲来帮助它们。这从未发生。相反,日本巧妙地处理这一关系(这引起了别国对日本可能与德国单独媾和的恐慌),并且继续在中国进行掠夺。1915 年初,日本给中国政府列出了 21 条要求,归结起来就是日本计划成为中国的保护国;大多数要求都被接受了。接下来在 1916 年,来自日本的压力极力劝阻英国承认一个想要称帝的中国军阀;第二年,另一个“不平等”条约签订,承认日本在中国的特殊利益并将其扩展到内蒙古。很明显,日本已经成为像曾经的欧洲异族那样的掠夺者。1917 年 8 月,中国政府对德宣战,部分原因是希望赢得列强的善意来支持其在和会上独立的声音。

事实上,《凡尔赛和约》让中国和日本同样深深地失望。作为一个无可争议的大国(1918 年它拥有世界上第三强大的海军),日本获得了坚实的利益。它保留了此前德国在山东的权利(这是 1917 年英国和法国许诺给它的),并且被授权管理德国原先的许多太平洋岛屿,以及拥有在国际联盟理事会的永久座席。但是,当其支持种族平等的声明未被写入《国联盟约》时,在日本人眼中,上述获利都被抵消了。中国更感到愤愤不平,它仅获得了德国和奥地利在中国治外法权的结束,以及允许义和团运动赔款延期的让步。这两个国家一起拒绝签署这个条约。

后果之一是“五四运动”,评论家们赋予这一剧变如同 1911 年革命一样重大的意义。北京的一场反对和约的学生示威游行逐渐升级,开始演变成一场骚动,接着变成了一场全国范围内的学生运动,蔓延开来吸纳学生以外的人,并且引起了罢工和抵制日货。这是亚洲对欧洲日益扩大和深化的回绝最确凿的证据。

无论西方的自由主义思想带来了怎样的实际利益,它从未在中国

引起广泛的吸引力，现在，知识分子被另外一种同样是西方的、却是敌对的思想所吸引，那就是马克思主义。当中国人对和约的幻想破灭时，苏联在中国年轻的知识分子中受到了欢迎。布尔什维克政府的第一步行动就是正式放弃其曾受沙皇所喜爱的所有的治外利益和管辖权。在民族主义者眼中，他们已经清白了。更何况，俄国的革命(一场在庞大的农民社会中的革命)能够给中国以启示。随着 1921 年中国共产党的成立，中国革命的最后一个阶段开始了，同时也开始了贯穿欧亚关系的奇特坎坷的新转折。这时，在欧洲背景中产生和成形的西方的马克思主义思想，正在扮演着最令人不安和充满活力的、破坏世界各地欧洲力量的角色。

541 同时，日本的推动力继续发挥其作用。1914 年之前，廉价的日本进口商品就已经使得欧洲制造商十分忧虑。第一次世界大战给日本带来了新的机遇：当他们的探险先驱们发现国内的市场无法满足其战争需求时，曾经面临西方强大竞争的市场(尤其是在亚洲)开始向日本开放。盟军政府向日本的工厂订购军需品和补给用品；世界性的船只短缺给日本新的造船厂带来它们需要的工作。日本的国民生产总值在战争期间增长了 40%。虽然在 1920 年被打断，但此后 10 年内，扩张重新开始，1929 年，日本的一个工业基地(虽然它雇用了不到其人口的五分之一)在 20 年间将其钢产量几乎翻了十番，纺织品产量是之前的三倍，煤炭的产出是之前的两倍。这仍然能够被视为其整个"西方化"总体进程的一部分。1925 年，日本引入了全民选举；尽管有许多欧洲的迹象，这与自由主义或调和并没有必然的联系。它看起来像是 19 世纪开始的平稳体制进程的继续。

到 1931 年，亚洲已经能够感觉到世界性衰落的影响。那一年，日本有一半的工厂停产；欧洲殖民市场的瓦解及其在关税壁垒下残余的根基产生了破坏性的后果。日本制造品的出口减少了三分之二。日本国民的地位恶化。严重的政治后果不久就将显现，虽然在激烈的阶级斗争中显现的要比在极端民族主义中的少。日本在亚洲大陆的市场就显得尤为重要。任何可能的威胁都会引起日本的警觉和愤怒。此时的情况似乎可充分解释日本对大陆的进一步侵略这一反应。欧洲的殖民体系已经很明显处于防御状态——如果不是撤退状态的话。荷兰面对着 20 世纪 20 年代爪哇和苏门答腊的叛乱，法国则在 1930 年面临越南叛乱；在这两个地方，一个新奇的灾难是：社会主义为民族主义叛乱所提供的援助。在中国，英国仅仅想要一个与民族主义政府之间安定的和解（它在 1922 年同意交回一个占领的港口），如果可能的话，尽量不失脸面。

1922 年，中国的领土完整作为复杂的《华盛顿条约》[①]的一部分而得到保证，这些协约由美国、中国、日本和其他六个欧洲[②]国家共同签署。关于限制海军力量（装备的花费使得政府非常局促）的决定使得日本相对较强，但是美国、英国、法国和日本同样保证其他各自的既得利益。这给了英日同盟（美国长久以来寻求它的终结）一个得体的葬礼。同时，外国人继续管理着中国政府所依赖的海关和税收，并且，在适当的时机，外国代表和商人会直接与军阀打交道。

到 1927 年，中国表面上的统一在国民党（由孙中山建立的民族主 542
义政党）的领导下最终完成。一次成功的抵制英货运动使得英国政府（它被苏维埃对国民党日益增加的影响的迹象所警醒）放弃了它的一些特许权；美国已经宣布放弃义和团运动赔款中它的份额。事实上，到 20 世纪 20 年代，唯一为指导中国国家发展作出重大努力的欧洲大国是苏联。不止出于一个原因，其利益是可预见的。不仅仅是因为其自身宣称的革命，还因为它是一个独特而强大的亚洲帝国。苏维埃政策必定尤为关注日本在远东的扩张；1922 年，日本的军队才从西伯利亚撤离。苏联和中国共有着世界上最长的边境线，苏联的统治者也不会忘记，俄罗斯帝国曾经拥有着比他们还多的中国领土。而且，虽然远东没有大国比它拥有的领土利益更大，它仍然没有被邀请参加华盛顿会议。

---

① 即《限制海军军备条约》，1922 年华盛顿会议期间签署，因而又称《华盛顿海军条约》或《华盛顿条约》。——译者注

② 英国、法国、比利时、荷兰、意大利和葡萄牙。

莫斯科与国民党寻求合作，以共同保卫苏维埃在蒙古的利益，加强中国对日本的抵抗。国民党也同样抵制英国，这一整个帝国主义体系核心支持者的力量在莫斯科被大大夸大。中国共产党的出现并没有改变苏维埃的路线；正统的马克思主义认为，资产阶级的民族主义革命优于无产阶级的革命，而中国的社会主义将不得不期待这一转变。虽然给中国共产党派送了专家和资金，1929 年斯大林并没有保护它不受国民党的放逐和对其城市干部的残酷镇压。接着，中国共产党转入地下，苏维埃也取消了对它的指导和资助。离开了苏联政策，中国的民族主义进行得更好。

国民党的胜利使掠夺成性的日本进一步在中国寻求利益。日本尤为关注“满洲”[①]，自 1905 年起它在这个地方就一直是成功的；对这一地区的投资支撑了它在大战期间的地位，面对日本驻军，中国政府没有能力作出其他应对，只能默许这一情况。然而，虽然在世界眼中日本政府是满洲的主管机构，但它并未实际控制这一地区。1931 年，日本军事指挥官在奉天策动了一场事变，作为完全接管这个省份的借口，东京的保守分子们无法制止他们。紧接着是一个新的傀儡政权（伪满洲国）的出现，以及中国（和莫斯科）的惊慌失措及其在国联无果的抗议。中国组织了一次抵制日货运动，而日本军队则在上海登陆，这是中国最大的港口、欧洲经济力量的所在地和欧洲管辖的“特区”。接着，1933 年，日本军队侵略中国。一个强加的和约使得他们占据了中国大片领土。

543 中国无法抵御帝国主义的侵略，即使这一侵略并非来自欧洲。虽然国民党政府已经削减了“不平等”条约，西方列强也稍微表现得更加随和（它们开始将国民党视作在亚洲对抗共产主义的盟友），当 1937 年日本发动新一轮的全面攻击时，中国几乎立刻就处于防御状态。“中国事变”[②]——就像日本一直称呼它的那样——将战争持续了八年之久，

---

① 满洲，作为地名，旧指东北三省及内蒙古部分地区。新中国成立后废弃不用。——译者注

② 指 1937 年 7 月 7 日“卢沟桥事变”，又称“七七事变”。——译者注

并被视作第二次世界大战的开端。然而，西方大国感到无法调停，尽管苏联为民族主义者提供了一些飞机，国际联盟在形式上对日本进行了谴责。即使是美国和欧洲侨民的抗议也被漠视。日本让世界清楚地知道，如果它在亚洲的新秩序不能进行下去，它就准备封锁中国的外国租界。英国和法国反应之微弱的理由是显而易见的：其他地方的麻烦已经多到让它们无法找回帝国过去的自信。美国在其炮舰被日本轰炸机击沉后的无动于衷反映了一个长久以来的事实——美国也许会谈论亚洲大陆，但绝不会为它而战。或许这是明智的。

到 1941 年，中国已经遭到了严重破坏，近一半土地都被占领，并几乎被切断了与外部世界的联系。从到那时为止的长期斗争来看，日本似乎将会是胜利者。它的国家地位从来没有像现在这样强大，它羞辱中国的外国居民，并在 1940 年强迫英国关闭了滇缅公路（该公路是已迁往重庆的战时国民党政府的补给线），还强迫法国允许日本向印度支那进军。由于日本军队的声望及其在政府中的力量依旧强大（自 20 世纪 30 年代中期开始就是如此），进一步冒险的诱惑似乎无法抵挡。同样，日本将对中国的侵略粉饰以“亚洲是亚洲人的亚洲”的口号，即日本首先致力于粉碎西方在亚洲的影响。如同其 1905 年击败俄国开启了一个欧亚心理关系的新纪元一样，日本在 1938 至 1941 年所展示的独立和强大同样显示出它成为一个成功的现代化亚洲强国。

中东[①]的欧洲帝国

第一次世界大战在前奥斯曼帝国的阿拉伯土地上开启了一个动荡

---

① “中东”这一概念出现于 20 世纪初，笔者不知其确切年份。“近东”和“远东”这些概念被运用得更早——前者指之前在奥斯曼帝国掌控下的从埃及到黑海海峡的土地，后者包括了以中国为核心的地区。当“中东”一词开始被使用，它在逻辑上指组成了从西方到达印度的通道的国家和地区——波斯和阿富汗，也可勉强算上中国的西藏。但是，到 20 世纪 20 年代，英国的殖民部的“中东”专家为被委任处理原为“近东”的事务，因此，“中东”涵盖了土耳其、之前奥斯曼帝国的阿拉伯国家和埃及。用这一名称来特指这些地区的情况开始变得普遍，因此该名称流传开来。似乎没有必要将更东的地区族群包含进来，除了在波斯湾的情况中（或“海湾地区”“海湾国家”）。

544 的时期。英国的盟友侯赛因在1918年被推举为“阿拉伯民族的国王”，但是这一头衔并没有如此大的意义。在国联的帮助下，英国和法国有能力控制阿拉伯国家的新形势，这是阿拉伯统治者甚至阿拉伯民族（抛开它们制造的麻烦不说）都做不到的。从这个意义上说，在这个长期以来塑造欧洲国家及其相互关系历史的地区，这是帝国权力的最后阶段。考虑到这一点，由此带来的外交问题相比之前的要稍稍简单。过去沙皇在君士坦丁堡继承奥斯曼帝国的野心已经无需再考虑，这种情况在其政权被令人不安的国际共产主义替代之前，就已经存在一段时间了。在两次战争之间的大部分时间里，只有两个大国——法国和英国——在中东起着重要作用。虽然它们并不信任彼此，但还是能够大致同意由国联授权的判决所建立的势力范围。它将巴勒斯坦、外约旦和伊拉克托管给英国，叙利亚和黎巴嫩给法国。

从一开始，法国对叙利亚的统治就多少有点专横，也许是因为叙利亚的国会要求独立或至少被英国或美国而不是法国托管，法国不得不用武力确立自己的地位。法国驱逐了一个由叙利亚人选出的国王，之后它面临着一场全面的暴动。20世纪30年代，法国人依然能够靠自己的力量维持统治，但是到那时为止已经有迹象表明，他们准备向民族主义者让步。当叙利亚北部的库尔德人发动叛乱以反对阿拉伯国家的黯淡前景时，这一地区的复杂性显露出来。对想要尽快结束对伊拉克的托管的英国来说，它被阿拉伯统治者之间的冲突所羁绊。英国对伊拉克在1932年独立并作为一个主权国家加入国联感到欣慰，通过保持其在当地的一支陆军和空军力量，英国的战略利益得以保护。早先在1928年，英国已经承认外约旦的独立，同样有一些军事和财政权力保留在英国人手中。巴勒斯坦的情况则比较复杂。

1921年，针对犹太移民和抢占阿拉伯土地的阿拉伯人反犹暴动爆发，这个不幸的国家从此再无和平。处在紧要关头的不只是宗教和民族感情。对大多数人来说，犹太移民意味着一种新型的、很大程度上是西方化和现代化的力量，其巨大的影响力改变了经济关系并向传统社会提出了新的要求。英国托管政府陷入了两难境地：如果它不限制犹

太移民，那么阿拉伯人就会强烈抗议，如果它限制，那么强烈抗议的就
是犹太人。此时的阿拉伯政府也必须被纳入考虑范围，它们占领了对
英国的安全性有着重要经济和战略意义的地区。这个问题被另一个重 545
要的事件激化：1933 年在德国上台的政府不久就开始迫害犹太人，并
没收其自法国大革命以来获得的合法社会收益。

到 1937 年，犹太人和阿拉伯人在巴勒斯坦激战。不久，一支英国军队试图平息一场阿拉伯暴动。在历史上，阿拉伯地区最高政权的衰落之后往往紧跟着一段时间的混乱。这次似乎稍稍不同的是，随之而来的是一个新的帝国领导权的建立（就像早期混乱的状态最后演变成的）。英国仅仅想要一个有着严格限制的帝国地位；在短暂地陶醉于胜利果实之后，它仅仅想要保证其在该地区的基本利益，保护苏伊士运河到印度的航线，以及从伊朗和伊拉克获得源源不断的石油。到 1934 年，从伊拉克北部穿过外约旦和巴勒斯坦到达海法（Haifa）的巨型油气管线建成。这赋予这些地区以新的重要性，虽然在那时，欧洲对石油的消耗量还不是太大，对它只是一般的依赖，新的巨大储油地也尚未被发现。

维持在埃及的兵力给英国带来了日益增多的麻烦。战争强化了埃及的民族情感。占领军几乎不受欢迎；当战争导致物价上涨时，外国人受到指责。埃及的民族主义领袖在 1919 年试图将这一情况提交到巴黎和会，但是被阻止了；紧接着是一场反英起义。虽然它很快被英国镇压下去，但是，英国的摄政在 1922 年结束了，它希望能赶在埃及民族感情起作用之前。然而，新的宪制埃及的选民大多数是民主主义者，任何埃及政府都不可能向英国妥协（虽然英国政府觉得，出于保卫英国利益的目的，这些妥协是可以接受的）。其结果就是长期的制度危机以及断断续续的混乱，直到 1936 年，英国最终满足于在运河地区保持独立驻军以及亚历山大的为期八年的海军基地。同时，治外法权也宣告结束，不过混合了欧洲法官和埃及法官的法庭仍然被保留下来。

英帝国的内缩反映了它已经意识到其力量和资源都已捉襟见肘。从 20 世纪 30 年代开始，英国的外交政策开始关注于欧洲和远东。这

些变化简直可以说是世界性的，因此，其有助于后奥斯曼时代的伊斯兰地区的发展。在两次战争之间的整个时段，俄国向阿拉伯国家播放的无线电支持了第一批阿拉伯共产主义者[①]。尽管共产主义引起了种种忧虑，但并没有迹象显示它能够替代阿拉伯民族主义——后者仍是最
546 强的革命影响力，到 1938 年为止它开始关注巴勒斯坦的阿拉伯人。同样，阿拉伯对法国在叙利亚的暴行的愤怒开始显现，如同埃及民族主义者反对英国的强烈抗议一样。一些人认为，潜藏在泛阿拉伯情感中的力量最终将结束哈希姆王国的割据。

伊斯兰社会的欧洲化

第一次世界大战中的联盟协议是奥斯曼本土战后历史的出发点。英国、法国、希腊和意大利都对将来的战利品划分表示同意；大战带来了一个精简，就是俄国对君士坦丁堡和黑海海峡的要求被消除了。面对希腊和意大利的入侵，苏丹签订了屈辱的和约，宣布放弃其非土耳其领土。通过《色佛尔条约》，希腊获得很多特权，亚美尼亚成为一个独立的国家，土耳其的剩余土地被划分为英、法、意的势力范围。黑海海峡被置于国际管辖之下。为了彻底贯彻这点，欧洲重建了其财政控制。这是最公然的帝国主义，它使得所有谴责它的土耳其爱国政治家的地位大大加强。

很快就对和约进行了第一次成功的修订，这在很大程度上归功于穆斯塔法·凯末尔（Mustafa Kemal）——前青年土耳其党成员、一个出色的士兵。他打败了法国和希腊的军队，并在布尔什维克的帮助下摧毁了亚美尼亚。未得到前盟国支持的英国决定协商解决，因而，1923 年在洛桑签订了第二个对土耳其的条约。民族主义对巴黎决议的胜利是和约中唯一一个在两个平等地位的国家间签订的，而战胜国不是强加于战败国的和约，它也是唯一有俄国参与的条约。它至少比其他任

① 不过这是从意大利到阿拉伯的播音，它是英国政府允许英国广播公司首次使用外语（阿拉伯语）的定期广播。

何条约要好。这个条约取消了投降协定和财政控制。土耳其放弃了它对阿拉伯土地和爱琴诸岛、塞浦路斯、罗得岛和多德卡尼斯岛的要求。黑海海峡地区的武装解除了。希腊和土耳其之间的大规模人口移动随之而来,这些民族间的相互仇恨因为新的怨念而重新被激发。所以,经历了六个世纪之后,安纳托利亚之外的奥斯曼帝国——除了君士坦丁堡和色雷斯(Thrace)的一小部分——消失了。一个新的土耳其共和国自 1923 年开始在小亚细亚作为民族国家而存在,苏丹的地位被废除。第二年废除了哈里发在土耳其的地位。这是奥斯曼历史的终点;也是土耳其的新纪元。安纳托利亚的土耳其人五六百年来第一次成为一个民族国家的主体。

旧的奥斯曼帝国拥有的边界有助于区分不同的文明。好几代欧洲人都深受影响。现在,一个新的问题产生了：土耳其自身应当被看作 547
是欧洲的一部分吗？共和主义和民族主义都是伊斯兰世界从欧洲引入的。凯末尔(他愿意这么称呼自己,其意思是“完美”)是一个欧洲特色现代化的热情拥护者。土耳其的法律被世俗化(模仿《拿破仑法典》),伊斯兰立法被废弃不用,1928 年对宪法的修改去除了“土耳其是一个伊斯兰国家”的陈述。一夫多妻制被禁止。1935 年,周末法定休息日被改为星期天(之前是星期五,伊斯兰教的圣日),一个新的词语出现在语言中：周末(vikend),指从周六下午一点至周日午夜的时段。学校不再进行宗教教育。禁止戴土耳其毡帽——虽然其源自欧洲,但是人们认为它太穆斯林化了。凯末尔意识到了他所希望达到的现代化的本质,以及这些对他有重要意义的象征。它们显现了欧洲社会对传统伊斯兰社会的重要替代。字母表被拉丁化,并自此以后成为初等教育的必修课程。国家的历史被写入教科书中;它说亚当是土耳其人。它与过往的决裂比欧洲更为激烈,其中包括给予妇女新地位,到 1934 年,土耳其妇女拥有选举权并被鼓励进入专业领域工作①。一直到凯末尔 1938 年去世,他似乎认定其改革进程不应被中止。结果是,在当时,这

① 法国妇女直到 1945 年才获得选举权,瑞士则要到 1971 年。

个新建立的国家在某些方面已经处于世界最强的国家之列。

1914 年之前，波斯既不在欧洲也不在奥斯曼的统治之下。1907 年英俄在波斯划分了势力范围之后，它们仍然继续干涉波斯事务，但是，俄国的力量随着布尔什维克革命而消失了，而英国力量则继续操控直到战争结束。像埃及一样，英国不允许波斯代表团向巴黎和会陈述其情况，这激化了波斯的反英怒火。从英国的力量方面考虑，武力保持其在波斯的统治不成问题，而且，在一个混乱的时期，在俄国撤走其军队之后，英国为寻找抗拒布尔什维克的方法而努力。一个波斯官员，礼萨·汗(Reze Khan)，在 1921 年发动政变，接着利用英国对布尔什维克的恐惧迫使它签订条约，拿回了俄国在波斯的所有权利和财产，并使俄国军队的撤退得到保证。接着，礼萨·汗继续挫败英国支持下的分裂分子。1925 年，他被国民大会授予独裁权力，并在几个月之后被冠以“波斯王中的波斯王”的称号。他的统治一直到 1941 年才结束(重返的俄国和英国联合推翻了他的王位)，多少类似于一个伊朗的凯末尔。迄今为止，世俗目标并不如土耳其那样紧迫，但是 1928 年废除了投降协定，这是很重要的标志性的一步。1933 年，他赢得了第一个重要的胜利，以一种新的艺术，即石油外交，废除了盎格鲁·波斯石油公司所持
548 有的特权。英国政府将这一问题呈交到国联，却导致了对波斯的其他更为有利的退让：这是礼萨·汗的最大的胜利，也是其国家崭新的独立地位的最有力的证明。波斯湾的新时代开启了，尽管英国仍在那里占统治地位。

经济灾难：世界经济大萧条

在许多方式上，欧洲的世界地位是经历 1919 年之后经济力量的剧烈打击而形成的。战后最初几年(战胜国和战败国都觉得很难掌控它)，俄国之外的欧洲就开始日渐恢复繁荣。1925 至 1929 年是经济上的美好年代。1925 年，欧洲的粮食和原材料产量第一次超过了 1913 年的水平，制造业的复苏也指日可待。这鼓励了政治乐观主义。货币制度自这 10 年前半段可怕的通货膨胀(例如，奥地利的货币贬值 1.4

万倍，而德国的贬值 10 亿倍）而产生，并一度更加持稳；许多金本位的欧洲国家恢复了硬币支付，表明了一些人仍然认为 1914 年之前的日子能够重现。在世界贸易复苏和美国（它现在是资本输出国）巨大投资的帮助下，欧洲贸易在 1929 年达到了新的水平，这一水平一直到 1954 年才再次达到。然而，经济崩溃紧随其后。经济的复苏建立在不稳定的基础之上。一旦突然面对危机，这个新的繁荣景象就瞬间崩溃了。爆发的灾难不仅是欧洲而且是世界范围的，它是发生在两次世界大战之间、在世界历史上最具影响力的个体事件。虽然它在欧洲大多数发达国家没有在欧洲农村的贫民区悲惨，但是，它摧毁了能够维护国际秩序的基础，并为进一步的革命开启了大门。

美国在世界经济中的地位急剧变化。1914 年之前，它主要出口农业产品，并主要进口资本，是一个债务国。战争之后，它日益增强的工业生产力已不仅仅能满足国内的需求；20 世纪 20 年代，美国产出了世界上将近 40%的煤炭，其制造业超过世界总量的一半。它成为一个债权国，国内富裕的人和机构都在寻求向国外借贷的机会。因此，美国的国内繁荣对于世界其他地区来说是很重要的。它保证了人们对美国资本出口和欧洲重整的信心。

这一长期繁荣在 1928 年已经出现了结束的迹象，而商业圈也开始波动。从美国借出短期资金开始变得越来越难。美国从欧洲撤回贷款。不久，一些欧洲的借贷者陷入困境。同时，人们开始认识到一次剧烈的衰落可能即将到来，美国的国内需求也在持续萎缩。出乎所有人的意料，这引发了 1929 年 10 月股票市场尤为突然的惊人崩盘。美国 549
商业信心的结束意味着美国海外投资的终结。经过 1930 年一个较短时间的回升，它彻底崩溃了，世界繁荣的飞轮停止了运转。一场世界范围的大萧条开始了。

这一灾难在不断加速和蔓延。债务国试图整理它们的账户，缩减了进口。这降低了世界价格。但是，初级产品的生产者由于其收入降低而无力购买制成品。同时，核心的问题是，美国和欧洲都陷入了财政危机；这些国家努力（但是失败了）保持其货币价值与黄金的比率（一种国家认同的交易方式，即“金本位”），宣布采取通货紧缩政策来保持账面的平衡。这进一步缩减了其国内需求。到 1933 年，法国以外的所有主要国家的货币“脱离”了黄金，这就是说，它们再也无法平等地与黄金兑换了。这种对自由经济古老崇拜的废除标志着即将到来的悲剧。部分现实是，失业扩展到无法想象的范围，在工业世界可能已经达到了 3 000万人，当然大部分是在欧洲。1932 年(最糟的一年)，美国和德国的工业生产指标刚刚超过 1929 年的二分之一。

经济衰退的后果随着一个不可抗拒的惊人逻辑汹涌而来。在欧洲人生活水平普遍提高的时候，20 世纪 20 年代末的社会收益已经基本没有了。所有国家都无法解决失业问题。这一情况似乎在美国和德国最为严重，但是以一种恶性的、有时却是半隐蔽的形式，在世界的乡村和出产初级产品的农场存在着，并带来了更为糟糕的社会影响。但是，其造成的心理影响比实质性的影响，甚至实际的生理后果(数百万人患病以及营养不良)，都更为不幸。整个社会士气下滑，失业和闲散使得劳动力感染了他们不被需要、不被尊重、被遗弃的感觉。国家收入和制成品的价格下跌，但是原材料和食物的价格下跌得更为迅速。每一个地方，比较贫困的国家和成熟经济中比较贫困的部门不成比例地忍受着煎熬。可能它们并不总是这样，因为它们可供下跌的空间更少一些；一个东欧人或阿根廷农民可能不一定会比他以往更困难。而一个德国的职员或工人必定会更加贫困，而他也会意识到这一点。

这些国家通过关税壁垒越来越多地将自己孤立起来，这使得情况更加恶化。一些国家通过政府对经济生活越来越强的控制来尽力达到经济上的自给自足。在这一点上，一些国家比其他国家做得要好，一些国家做得非常不好。对于那些渴望并期待或者主张瓦解民主和自由文明的人来说，这场灾难给他们带来了希望；此时，贪婪者开始期待对这些日渐衰落并似乎正在沉没的新的宪政国家的颠覆。金本位体制的结
550 束和对“不干涉经济”信条的抛弃，标志着世界秩序在其经济维度上的衰落，其显著性如同社会动荡与新的民族主义愤恨的尖声大叫标志着其政治维度上的衰落一样。令人恐惧的是，自由文明明显失去了控制

事态的能力。这进一步证明了其价值观的偶然性和相对性的本质;此时,这些价值观得以维持的政治经济霸权正在世界范围内衰落。

一些欧洲人很难明白这些,他们继续梦想着时代的复兴,梦想着他们的文明到时将享有的无可置疑的霸权。但这并未发生。虽然世界经济的复苏最终将会到来,但是它只能通过另一场大战才能实现,这是一个悖论,也再次表明了欧洲时代的最终结束。与第一次大战不同,这次大战通过其可怕的本质和影响表明了(或者似乎表明了),关于人性、其理性的自控能力及其发展潜能的自由设想,都随着在大萧条中消失的对物质文明的乐观主义一起被抛弃了。

551 # 第二十六章　欧洲幻觉的最后年代

新政治

如今可以轻易发现不断变化的全球环境及其约束力对塑造1919至1939年的欧洲历史的作用，但是，奇怪的是，当时的人似乎没有更好地认识到这一点。那个时期的许多政治家仍只将在欧洲及其大使馆发生的事情看作是重要的。只有当具体问题产生的时候——如苏维埃外交政策的主动权、国内对经济保护的需求或是需要在事实上（如果不是公然的话）承认日本在东亚的地位——他们才会暂时给予变化的外部世界更多关注。当然，他们所要面对的最紧要和急迫的问题仍然集中在欧洲。但是即使在那里，许多政治家仍然很难认识到，1914年之前的世界已经消失，而且无法复原了，但是另外一些现实将会重现，如德国和俄国有一天必定会享有其人口、经济实力和地理位置所赋予它们的力量和地位。

然而，起重大作用的不只是大国间的关系。还有其他重要且变化着的政治现实。其中一个似乎是不可抵挡的公众对政治的参与。这不仅限于选区的扩大和普选制的发展，虽然它们的确很重要（英国最终在1928年实现了成年公民的普选权——只有贵族、疯子、罪犯被排除在

外)。除了选举,大众的活动也能够以其他方式来表达自己。现存的政
党不得不适应这种潮流。同时要适应的还有通过义务教育获得的公民
读写能力、大众传媒在政治领域的部署、始于20世纪20年代的无线电
广播的引入以及越来越廉价和普及的收音机所造成的政治影响。30
年代,最后一项使权力牢牢掌握在控制了收音机使用权的人的手上,就
像(尤其是)德国和苏联的经历所证明的那样。另一个在大战期间更快
地运用于政治目的的大众媒体是电影,开始是无声的,接着出现了有声
电影。当然,大众通信的文化、经济和社会意义远超过了其重要的政治 552
影响。当1937年电报的发明者意大利人马可尼(Marconi)逝世的时
候,英国广播站宣布这则消息后,以停止播音两分钟的方式向他致以独
特的敬意。

另一个新的政治现象是有着异常规模和表象的共产主义。它在不同国家扮演着不同的角色。在和平之后旋即而来的经济萧条中,许多曾在1914年之前就在活跃于现存的政党和工会中的社会主义者,被鼓励要加强其工作力度。这引起了并不新鲜的政治动荡和社会动乱。虽然共产主义左翼内部很快分裂,对许多政治家来说,他们一开始似乎没有对整个政治背景提出变革性要求,而是仅仅加强了其现有的斗争。甚至在布尔什维克明确要求领导国际革命之前,左翼的大多数人就被想当然地归为“马克思主义者”,这一事实在20世纪20年代的许多国家里都引起了普遍的反马克思主义运动。

挑战宪法政治的自由主义设想的运动中,最重要且最早的一次出现在意大利。大战严重束缚了这个新的宪政国家。在1914年的强国中,意大利比其他国家更为贫困,却不成比例地承担了更为沉重的战争重担,且往往以失败告终,并几乎都是在意大利的领土上。随着战争的进行,不平等的遭遇加深了社会分化。比和平来得更早的是通货膨胀。财产占有者(农业或工业的)和那些由于劳动力短缺而能够要求提高工资的人,比那些职业阶层和以投资或定期债券为生的人要更有能力抵制通货膨胀。然而,他们基本上是完成于1870年的国家统一的最忠实的支持者。他们支撑着保守的天主教和革命的社会主义者所反对的宪

制的和自由主义的国家。他们中的许多人将意大利的参战视作将意大利统一为一个国家的“复兴运动”的延伸，以及一场从拥有意大利血缘或语族的人所居住的土地上最终清除奥地利影响的十字军东征。这些思想是混乱且不科学的，但却强劲有力。

然而，和约带来了失望和幻灭；这些民族主义梦想无法实现了。而且，随着战后紧接而来的经济危机的加深，社会主义者在议会中的力量更加强大，并且，由于马克思主义政府在俄国的建立，这种情况更加令人担忧。许多意大利人感到失望和害怕，并且厌倦了社会主义者的反爱国主义与和平主义讲演，他们对自由的议会体制丧失了信心，开始寻求一种新的方法以摆脱失意。他们同情国外强硬的民族主义——例如，对占领亚得里亚海的阜姆港(Fiume)的冒险者的同情，巴黎和会未
553 能将该地给予意大利——和国内暴力的反马克思主义运动；后者在天主教国家尤能引起共鸣。反马克思主义的新的领导阶层不只来自传统的保守教会，也来自一个新的运动：法西斯主义。这一名字从意大利语的“一束”(fascio，不是一束别的东西，而是一束古罗马扈从所携带的大棒)而来。19 世纪 90 年代，它被西西里革命者用来指“一帮”或“一组”。不久，在世界大战初期被力劝政府参战的意大利人运用。之后，这一名字被融入了许多其他因素，仅与其他共同反对自由主义和反马克思主义[①]的国家的激进运动有着松散的联系。首例是在意大利，1919 年，一个新闻记者、退役军人和前社会主义者(在战争前持有极端观点)贝尼托·墨索里尼(Benito Mussolini)加入了一个由心怀不满的年轻人组成的组织，组成了第一个“战斗法西斯”，也可以被简单地译为“斗争的区域联盟”。它通过任何方式追求权力，包括暴力(共产党的“赤卫军”已经在街道上演了暴力行为)。年轻的法西斯恶棍的组织反复攻击社会主义者和工人联盟，并开始反对选举权利。这个运动逐渐

---

① 这一词被运用得如此广泛以至于它失去了许多实用性。关于它在 20 世纪 20 年代的意思，H. W. 福勒做了一个有用的总结：“合作的观念、放肆的行为、革命性的活动、对和平主义的厌恶、对中立立场的嘲笑、来自社会主义的反应、对共产主义的痛恨以及对个人和独裁的信仰。”见福利尼奥和福勒：《石油工程师手册》，第 19 册，伦敦：1925 年，第 32 页。

发展起来。

意大利宪制的政治家既无法控制法西斯主义，又无法通过合作来驯服它；他们中的一些人似乎也不愿意这么做，他们将其视作对抗社会主义报纸和独断的工会的重要助手。不久，“法西斯主义者”（他们开始被这样称呼）在一些地方享有来自地方政府的政府性的或准政府性的资助和来自警方的保护。强盗行为被半制度化，棍棒和蓖麻油（法西斯主义者用以对付其受害者）成为街头政治的常见内容。1921 年，一个国家法西斯政党成立，将现有的地方法西斯组织统一起来。到 1922 年，法西斯主义者不仅获得了重要的选举胜利，在一些地区还几乎使得政府无法有序运转。其他政治家不能（或者表示自己不愿）面对法西斯的挑战，国王请求墨索里尼组成政府。他领导下的一个联合体宣布就职，暴力行动结束了。这一时期在之后的法西斯神话中以“向罗马进军”而著名，但是，这并不是宪制意大利的完全终结。墨索里尼只能逐渐地将其地位过渡到独裁。1926 年，开始通过指令任命官员；选举制度被中止。这几乎没有遭到反对。

毫无疑问，墨索里尼渴望进行革命性变革，他的许多追随者的抱负则更加清晰和激进，但是实践证明，他的“改革”大多数是表面文章；墨 554
索里尼对建立一个他感到自己被排除在外的社会表现出喜怒无常的焦躁，但是，意大利的法西斯主义无论在实践上还是理念上都难得地达到了一致。的确，一旦掌权，它将会越来越反映出已建立的意大利的分量。最重大的国内成就（这是与自由主义式的过去的真正决裂）是与教皇的外交协定，即 1929 年的拉特兰协定。教会在意大利人生活中的权力（在今天依旧保留着）有了实质的让步，作为报答，教皇最终正式承认意大利政权的合法性。这一协定是意大利国内最为保守的势力的胜利。“我们将上帝交还给意大利，将意大利交还给上帝。”教皇如是说。重要性仅次于此的、但同样非革命性的是，对自由企业法西斯式的苛求和对个人利益应从属于国家的法西斯式鼓吹的后果。归结到实践中就是剥夺工会保护其成员利益的权力。对雇主的自由几乎没有限制。至于其他，法西斯的经济计划是徒劳无功的。只有农业产量显著增加，而鼓励移民和意大利对非洲殖民的努力则全部失败。

新独裁主义

相似的分歧在其他被称为法西斯主义的运动中是显著的，一方面表现在形式和抱负上，另一方面表现在其取得的成就上。虽然这的确反映了一些新的和后自由主义的东西——除了对大众政治的表达以及对青年、活力和革命的重视，它们绝大多数是不可思议的——这些运动在实践中几乎总是与保守利益相妥协。这使得精确论述“法西斯主义”这一现象变得十分困难。许多国家匆匆建立了集权主义、强烈的民族主义和反马克思主义的政权。但是，法西斯主义并不是这些思想唯一的可能来源。例如，在西班牙和葡萄牙，建立了基于传统和保守势力的政权；除了新的技术，它们与大众政治这一新的现象几乎没有关联。在这些国家，真正的法西斯主义者往往对其向保守主义的让步而感到不满；他们希望改变现有的秩序。最后，只有在德国，一场或被称为“法西斯主义”的革命最终控制了历史保守主义。由于这些原因，法西斯主义这一标签既澄清了一些东西，又让人感到迷惑。

最好区分开 1918 年之后 20 年中的两个现象。一个是一些理论家和行动派的出现，他们操着一种新的激进的政治论调，运用关于力量、唯心主义、自由意志和牺牲的言辞，对其反对派施以暴力，并且希望在新的标准上重建社会和政权，该标准既不考虑既定的利益，也不会向唯物主义让步。他们强调其现代性和思想通常根植于 1914 年之前就可
555 以细察到的先锋的观念。虽然这一现象得到了广泛传播，但其势力只在两个主要国家获得了成功，即意大利和德国。在这两个国家里，经济的衰退、愤怒的民族主义和反马克思主义有助于他们取得成功(在德国直到 1933 年这一成功才到来)。如果用一个词来描述，那么可以说是法西斯主义。

在其他国家，通常是欧洲比较贫穷的国家，其政权更应该被称为独裁主义而不是法西斯主义。为贫穷所困扰的为数众多的农业人口、巨大的社会差异、不发达的境况以及麻烦重重的变换的边界继承，所有这

些都激化了他们的政治,并导致了需要找出一些人来接受谴责。有时,外族的少数民族的存在开始威胁这些新国家,其自由主义制度仅仅是植于表面的,而其传统保守势力和宗教势力依然很强大。在这其中的许多国家,短期的宪政制度迟早要让位于强力的个人和军人的统治;于1929年撤销了宪制政府的南斯拉夫国王的这句话可能被许多在民主政治的道路上蹒跚而行的国家所运用:"机器不再运转了。"[①]这在1939年之前普遍发生于新巴尔干国家、波兰和其他二元王朝的继承国家中,只有捷克斯洛伐克例外,这是中欧或巴尔干地区唯一有效的民主政治。这些国家倒退回这种政体的希望说明了其对1918年政治成熟的希望破灭和对马克思式的共产主义新威胁的恐惧,尤其在俄国边境上最为激烈。西班牙和葡萄牙也感到相似的压力(虽然没那么激烈),那里的传统保守主义的影响更加强大,罗马天主教的思想比法西斯主义更具重要性。最终,无论是转向传统势力还是法西斯主义,都是对一个潜在事实的反应,这一事实在每个地方都存在,且只有程度上的差异,即1914年之前的世界自由主义设想的魅力正在日益减弱。同样,像其他政治潮流一样,无论它们在哪里欣欣向荣,这两者都吸引了机会主义者和野心家的支持。

德意志问题的再度出现

虽然在20世纪20年代晚期,德国地位的问题被掩盖了一段时间,但它必定会成为战争期间欧洲国家关系的最重要的主题,同样也是最重要的难题。德国是战败国,经历了政治改革并丧失了许多领土。但是,它没有被毁灭。德国终有一天会再次运用其地理、人口和工业力量所赋予它的地位,这是一个符合逻辑的结果。以一种方式或另外一种,一个统一的和经济得以重建的德国必定将会在中欧占支配地位,从而夺去法国的光彩。人们争论的核心是这一切的发生是否会伴随着战

① 他对一个法国报纸的通讯记者如是说,并在1929年1月15日的《晨报》中被刊登。摘自A.波隆斯基:《小独裁者》(伦敦:1975),第99页。

争。只有一些人突发奇想认为或许可以通过分裂早在1871年即统一
556 的德国来解决这一问题。只有法国简单地考虑了军事制裁(虽然英国在莱茵地区驻军直到1929年,法国直到1930年)。大多数外交家认为,这一问题的解决方法的起点应当是努力使和约中的条款兑现。其不适当性直到一段时间之后才显现出来。

不久,德国就开始寻求修订《凡尔赛和约》。20世纪20年代,他们的要求会被听取,并满怀希望地开始着手处理这些要求。赔款的实际负担在逐渐削减。1925年末的《洛迦诺公约》被视作一个重大的里程碑。通过它们,德国勉强同意了《凡尔赛和约》中西部的疆界划分,而法国在英国和意大利对其边境的保证下感到安心。这留下了东方的修订问题,很明显,英国在这里不愿意承担责任。在这背后,一个更大的问题隐约可见：有着特殊历史和文化经历的像德国这样强大的国家,如何与其邻国平衡地和平相处？一种方案被采纳,即德国于次年加入了国联。

许多人希望,德国一再坚持己见的这一潜在危险,已经通过建立一个民主的德意志共和国而得到转移,它的制度将会重新以温和而仁慈的方式教化德国社会,并且再一次使德国文化中许多广受赞誉的特质发展起来。的确,魏玛共和国(新德国以其选民大会召开的地方而命名)的体制是自由主义和民主主义的,但是很多德国人从一开始就不赞同。当经济萧条打碎了德意志共和国赖以栖息的舆论的狭窄基础,并引爆了其所掩盖的破坏性的民族主义和社会力量之后,“魏玛共和国解决了德国的问题”被证明是一个幻象。

当这些发生的时候,对德国的遏制再次成为国际问题,但是,由于许多原因,20世纪30年代是一个毫无希望起到遏制作用的十年。其中之一是世界经济危机的影响,尤其是在东欧和东南欧相对弱小的农业经济,而这正是法国寻求反对德国复兴的盟友的地方。这些盟国在当时非常衰弱,且苦于国内争端。另外,还有一些原因造成了双重的困难,即将俄国——20世纪30年代中期,它再次被视作是无可争议的(如果是不可思议的话)强国——包含在遏制德国的范围之内。其意识

形态上的差别足以造成与英法合作的隔阂，但其战略地位也是一个原因。如果不越过一个或几个东欧国家，俄国的势力无法达到中欧，而这些国家短暂的历史一直萦绕着对俄国和共产主义的恐惧：罗马尼亚、波兰、波罗的海国家，不说别的，它们毕竟建立在俄国之前的领土之上。

美国将不会给予帮助，的确，很难看出普通的美国选民应该这样做 557
的理由。自威尔逊开始，美国政策的总体趋势回到专注于自身的孤立中。美国人毫不困惑地将麻烦归咎于欧洲人自身——自战争年代开始的盟国间的债务问题会产生严重的心理影响，因为它被认为与国际财政问题相关联（虽然并不完全像大多数美国人想象的那样，但它的确如此），他们不信任进一步的联盟。更何况，大萧条带给他们足够多的国内问题去处理。即使到 1939 年，于 1933 年出台的罗斯福“新政”仍未解决国内的经济问题。对于外交政策来说，虽然罗斯福比他的同胞更深刻地认识到坚持美国对欧洲问题孤立的危险性，但他只能缓慢地表露自己的观点；他是一个经由民主选举上台的国家领导人。

如果苏联和美国靠不住的话，一旦需要，将只有西欧的强国来继续抵抗德国。英国和法国作为欧洲警察被寄予厚望。它们有着鲜明的记忆，即使有俄国帮助，遏制德国也是一件很困难的事。自 1918 年开始，这两者之间就有诸多争执。它们在军事上衰弱了。法国意识到，一旦德国重整军备，自己将在人力资源上占劣势，于是它投资了一项加强防御工事的战略防御工程，这似乎令人印象深刻，但同时有效地剥夺了法国主动进攻的能力。皇家海军也不再没有敌手，并且，像 1914 年一样，将其资源集中在欧洲水域上已经不再安全了。英国政府长期寻求减少军备支出，世界范围内的承诺日益加重了英国的负担，在大萧条时期更加如此；人们害怕重整军备的花销将会大伤元气并引起通货膨胀。同样，许多英国选民认为德国的委屈是合理的。他们打算以德国民族主义和自决的名义作出让步，甚至交回德国的殖民地。同时，英国和法国都被意大利所困扰，它们高估了后者的力量。意大利不过是欧洲团体中的丑角。希望它能够有助于反对德国的梦想在 1938 年破灭了。

这一结果的原因是墨索里尼迟来的参与争夺非洲的尝试。1935

年，意大利军队占领埃塞俄比亚，这是一个明显违反国际联盟盟约的行为，而这两国都是国联的成员。法国和英国处境尴尬。作为大国、地中海国家和非洲殖民国家，它们不得不在国联反对意大利。但是，反对仅仅是微弱且不认真的，因为它们指望一旦需要斗争意大利就能与其一同反对德国，它们不想疏远它。结果是所有可能中最坏的一个。国际联盟没能阻止侵略，意大利也被疏远了。埃塞俄比亚丧失了独立地位(尽管如此，事实很快证明，这只是短期的)。之后看来，这被认为是犯
558 了致命错误的时刻之一。但是，回顾过去，不能说这些事情所造成的形势从那个阶段开始就无法掌控和逆转。当然，一个更为激进和残忍的机会主义政权在德国的出现是一个主要的转折点。但是，大萧条在这之前发生，并使得这成为可能。经济衰落同样有着重要影响。它使得20 世纪 30 年代对时事的意识形态解读显得更为可信，从而进一步使人们更加愤恨。同样，决定历史走向的岔道依旧难以确定。

国际关系中的意识形态

外交政策会被意识形态所影响，这几乎是无法避免的。它根本上来自国际共产主义及其潜在促进力量的出现。但是经济下滑所加强的阶级冲突导致了阐释国际关系上的对立：马克思主义与反马克思主义、法西斯主义与共产主义，甚至左派和右派，或民主主义与独裁主义之间的对立。在入侵了埃塞俄比亚的墨索里尼宣布意大利与德国结盟并讨论反共产主义的活动之后，上述对立更加显而易见。所有这些不仅是令人误解的，且是具有破坏性的、涣散人心的。它掩盖了德意志问题的中心实质，并且因此使得它更难处理。

20 世纪 30 年代苏联的内部情况使得状况更加糟糕。那里的国内局势随着这十年的开始而危险起来。工业化强加给人民严重的约束和更大的牺牲。它由于独裁政权残酷统治的加强而暴露出来——以沉重的代价(对数百万苏维埃居民来说)。它不仅表现为以集体化名义与农民的战争，还表现在 1934 年对政权本身的干部们进行的恐怖行动。接下来的五年内，数百万人被处死、囚禁和驱逐，经常被强迫劳动。世界

惊奇地看着成批的被告俯伏在苏维埃法庭前面做着奇怪的供认。军队里十分之九的将领消失了，据估计这些人的数量占官员总数的一半。一个新的共产主义精英替代了旧的；到 1939 年，有一半参加了 1934 年党代会的代表被拘捕。外人很难确定到底发生了什么；事实上，一些人同样想知道它是不是一个实力强大的盟友，这对于政治家和战略家来说更为重要。

通过苏维埃的宣传，这也更加直接地影响了国际形势，这种宣传似乎反映了斯大林受围心态所引起的深思熟虑；他远没有放松下来，其以“我们-他们”模式（这一模式诞生于马克思主义信条和 1918 至 1922 年的干涉）来思考世界的习惯在 20 世纪 30 年代受到了鼓舞。随着这一观念被固定下来，在外部，共产国际对国际阶级斗争信条的讲道也纳入正轨。结果是不可预测的。每个地方对保守派的恐惧都加深了。那些对与俄国的合作持怀疑态度的人只能指责这些统治者的话语。很容易 559
将任何对左翼甚至是温和的进步力量的让步看作是布尔什维克的胜利。随着对右派态度的更加坚定，共产主义者为其“阶级冲突和革命不可避免”的论点找到了新的证据。

然而，在战争期间，欧洲并没有成功的社会主义或共产主义革命。这些革命危险在战后突然爆发并随即迅速平息。工党政府在 20 世纪 20 年代的部分时间内和平而平淡地统治着英国，接着下一个 10 年是保守党联盟的统治，他们赢得的选票占压倒性优势，在对改革论者传统的忠诚和通过谨慎理财（这标志着英国开始成为后人所称的“福利国家”）来缓和零碎的社会及行政改革方面，他们取得了非凡的成就。斯堪的纳维亚国家走得更远，它们经常吹捧自己对政治民主、社会服务和平均主义的合并，并将其与共产主义进行对比。即使在法国这样一个拥有庞大而活跃的共产党的国家，共产党甚至在大萧条之后也没有赢得大多数的选票，社会改革开始于这个 10 年的后半部分。左翼革命战斗性的传统依旧存在，其言辞引起了一些资产阶级的警觉，但是，共产主义和社会主义之间的裂缝即使在“人民阵线”内部也依然存在。1933 年之前，德国的共产党能够赢得比社会民主党更多的选票，但是从未能取代其在控制工人运动上的地位。在工业化不太发达的国家,共产主义的革命性影响也相对要小。在西班牙,它不得不在左派中与社会主义和无政府主义相抗衡;当然,西班牙的保守人士对它非常恐惧,并且可能同样会不知不觉陷入社会改革和国家分裂的趋势(这是他们在1931 年建立的民主共和国统治下所感觉到的和惧怕的)。然而最后,西班牙共产主义、社会主义和无政府主义之间的纷争有助于保守党摧毁他们中的许多人所痛恨的共和政体。

希特勒的改革

这些年里,成功的改革(或者像墨索里尼那样的伪改革)并不是左翼的,虽然它们经常获得大众的支持。它们以其他方式来发掘意识形态的魅力。在德国,一个新的统治者,阿道夫 · 希特勒(Adolf Hitler)在 1933 年上台。他惊人的成功使人们很难否认其政治天才,尽管其追逐的目标同样使人难以相信他是完全正常的。20 世纪 20 年代早期,他只是一个失望的煽动者,在一次试图推翻一个选举政府(巴伐利亚政府)的行动中失败,在有催眠效果的演讲中和一部长篇的、不成形的半自传书(几乎没有人去读)中倾吐其痴迷的民族主义和反犹主义。到了1933 年,他领导的德意志国家社会主义工人党(简称“纳粹”)已经足够强大,使得共和国总统合法地将其任命为总理(即首相)。这是这个世
560 纪政治上最重要的决定之一。它开启了通向德国革命化以及随后转向侵略的道路,这直到另一次德意志战争对德国自身和欧洲其他国家的毁灭才得以终结。希特勒有着复杂的要求,但其宣传口号是简单的。他鼓吹道,德国的困扰有着确定的来源。《凡尔赛和约》是其中一个;国际资本主义是另外一个;德国的马克思主义者和犹太人及他们所谓的反对国家的活动也是。他同样说道,纠正德国的政治错误必须与德国社会和文化的革新相结合,而这应当通过净化德意志民族的血统来进行,即去除其中的非雅利安人成分。

一开始,这些内容并没有给希特勒开辟多少道路,但是,1930 年,他的追随者在德国议会赢得了 107 个席位——超过了共产党的 77 个。

纳粹党是经济衰落的受益者,而情况变得更加糟糕。纳粹党能够获得这一政治收益是有原因的。共产党花费了与对付其他反对者一样多的精力来对付社会党,这是整个 20 世纪 20 年代德国左翼一个致命的不利因素,但这对纳粹是有帮助的。另一个原因是,在经济下滑的刺激下,民主共和政体下的反犹主义情绪增长。像民族主义一样,反犹主义的呼吁打断了对德国困境的阶级解释,不像同样简单地应用了阶级战争范畴——在(希望)吸引其他人的同时,它实质上引起了一些有势力的组织的敌对——的马克思主义解释。

进入 20 世纪 30 年代,纳粹在国内明显成为一股强大的力量。他们吸引了更多的支持,也重获了许多人的支持,有在其巷斗的"突击队员"中看到了反共产主义保障的人,有寻求重整军备和修订《凡尔赛和约》的民族主义者,还有认为希特勒无异于其他党的领袖并可能为其所用的保守派政治家。策略是复杂的,但是到 1932 年的大选,纳粹成为德国议会的第一大党,虽然并没有赢得大多数的选票。1933 年 1 月希特勒出任总理之后,进行了进一步的选举。政府对无线电的垄断和毫不犹豫的恐吓始终没能保证纳粹成为议会的多数派,但是,之后来自一些右翼议会成员的支持给他们提供了投票以授予政府特殊权限的机会。具有最重要意义的是通过紧急法令来统治国家。魏玛政府和议会主权原则就这样结束了。以合法取得的权力为武装,纳粹开始了一系列摧毁民主制度的改革。

像斯大林俄国一样,纳粹政权对其敌人采取残忍的恐怖措施。不久就开始了尤其是反对犹太人的恐怖行动,欧洲在惊愕中发现它正在见证中世纪欧洲或沙皇俄国的大屠杀在最先进的社会之一的复兴。虽然,对于稳固的政权来说,更重要的是对暴力、告密者和秘密警察的恐惧。与爱国主义热情一起,失业的结束和有效的正面宣传使纳粹有着 562
令人吃惊的顺应力。到 1939 年,除了罗马天主教会,德国社会几乎所有的机构都在纳粹的控制和胁迫之下。保守党也失败了。他们不久就发现纳粹对传统权威的独立性似乎是过分干涉了,甚至在重建德国军队方面也是如此。

561 **通往 1939 年大战之路**

1932 年	12 月 11 日	英、俄、德、意四国政府联合发表声明绝不使用武力解决其分歧。
1933 年	1 月 30 日	希特勒成为德国总理。
	2 月	裁军会议建议德国的军备重整应最终建立在与别国平等的基础上，但这不为德国所接受。
	5 月 28 日	纳粹在但泽(Danzig 自由市)的选举中获胜，开始接管该市的行政事务。
	6—7 月	美国拒绝解决战争债务和赔款的建议，之后的伦敦国际经济会议也失败了。
	10 月 14 日	德国退出裁军会议。
	10 月 23 日	德国退出国联。
1934 年	1 月 26 日	德波条约打破了法国在东欧的联盟网。
	7 月 25 日	奥地利总统陶尔斐斯(Dollfuss)在维也纳遭纳粹暴乱分子的暗杀。
	8 月 19 日	希特勒当选德国总统。
	9 月 18 日	苏联加入国联。
	12 月 19 日	日本废除海军协定，包括 1922 年的五国海军协定。
1935 年	1 月 13 日	萨尔公民投票赞成重新并入德国。
	3 月 16 日	德国废除《凡尔赛和约》的裁军条款并恢复征兵制。
	5 月 2 日	法俄结盟，双方互相援助以抵抗无端侵略。
	6 月 18 日	英德海军协定。
	10 月 3 日	意大利入侵埃塞俄比亚。
	10 月 18 日	国联投票通过对意大利实施经济制裁。
1936 年	3 月 7 日	德国废除《洛迦诺公约》，重新占领莱茵河非军事区。
	5 月 9 日	意大利吞并埃塞俄比亚。
	7 月 18 日	西属摩洛哥爆发军事叛乱，西班牙内战爆发。
	10 月 25 日	德意结盟，柏林-罗马“轴心”确立。
	11 月 25 日	德日反共产国际协定。
562 1938 年	3 月 12—14 日	德国入侵并吞并奥地利。
	5—9 月	漫长且日益加深的捷克危机最终由 9 月 29 日签订的《慕尼黑协定》解决，这标志着西方的“绥靖”政策达到顶点，该条约将前捷克斯洛伐克的领土划分给波兰、匈牙利和德国，遗留下残余的“捷克-斯洛伐克”并最终使法国的东欧联盟体系瓦解。
1939 年	3 月 10—16 日	德国吞并捷克剩余领土，鲁塞尼亚(Ruthenia)被匈牙利吞并。
	3 月 21 日	德国吞并梅梅尔(Memel)。
	3 月 31 日	英法担保波兰的独立和完整。
	4 月 7 日	意大利入侵阿尔巴尼亚。
1939 年	4 月 13 日	英法对罗马尼亚和希腊提出保证。
	6—8 月	苏联、英国、法国进行磋商。
	8 月 23 日	苏德签订条约。
	8 月 24 日	英波签订互助条约。
	9 月 1 日	德国入侵波兰。
	9 月 3 日	英法对德宣战。

不仅是德国人,还有很多外国人也在很长时间内都很难相信到底
发生了什么。政权本质上的迷惑性使得人们很难这么做。一些人仅仅
将希特勒视作是像一个土耳其之父凯末尔那样的民族主义领袖,热心
于在物质上和心理上重建其国家,宣称其合法的要求,如果对传统价值
观有些漠不关心的话。其他人认为他是一个改革者,他反对布尔什维
主义、道德沦丧、血统玷污和其他许多事情。甚至一些人将他视作抵挡
左派的保卫者,这大大增加了左派将希特勒视为资本主义工具的可能
性,这同样是似是而非的。对希特勒其人或他的目标究竟是什么仍有
争论,一个合理的接近真实的可能理解是,他将德国社会的怨恨和恼怒
以其最消极和最具破坏性的形式表达出来,并以一种畸形的程度来表
现。由于经济灾难、政治抨击以及国际势力的有利形势,希特勒的个性
得到了充分发挥,他以整个欧洲,包括自己的同胞为代价,释放了这些 563
消极特质。这意味着战争。

通向战争之路

我们可以清晰地追溯 1939 年德国通向战争之路,虽然关于它的争论仍然很激烈。争论点在于,到底是什么时候(如果有的话)仍有机会避免战争,不管是否是这场到来的战争。一个很重要的时刻是之前时刻谨防德国在中欧野心的墨索里尼成为希特勒的盟友。英法对其在埃塞俄比亚行动的反应已经疏远了他,1936 年在西班牙爆发的内战给他提供了一个机会来进一步行动和获得更多的利益。希特勒和墨索里尼都派了分遣队去支持佛朗哥(Franco)将军,他是反叛左翼共和国的将军领袖。与其他国际形势发展不同,西班牙还给了欧洲外交分歧以意识形态的色彩。希特勒、墨索里尼和佛朗哥(事实上,他小心翼翼地操纵着对他报以希望的西班牙法西斯主义者)现在被左翼打上了“法西斯主义者”的标签。苏联政策开始与西方国家一同支持西班牙,它领导当地的共产主义者放弃攻击其他左翼党派,并支持组成了“人民战线”。西班牙开始以最单纯的形式显示左派和右派之间的冲突;这是一种扭曲,但是使人更容易想到,欧洲已经划分为两个阵营。

到这时，英法两国政府只是意识到了与新德国打交道的困难。1935年，希特勒宣布德国开始重整军备，这是《凡尔赛和约》所禁止的。法国和英国将会依旧弱小，除非它们自己也重整军备；法国拥有庞大的军队，但是并没有用它们来进攻的策略，虽然皇家海军依旧(只)是世界上最大的海军，但是英国很难同时成功地保证其在远东、地中海和本土水域内的利益。当希特勒废除《洛迦诺公约》，德国军队重新进入莱茵河地区的“非军事区”(《凡尔赛和约》将德军从这里驱逐出去了)时，第一个后果显现了。没有人试图努力驱逐它们。西班牙内战使得英法的大众舆论陷入混乱之中，之后，希特勒在1938年吞并了奥地利。很难为禁止德奥合并的凡尔赛条款辩护；对英法的选民来说，“联合”(它被这么称呼)能够被看作是合理而愤怒的民族主义，是德意志血统和语族寻求的和平而友好的联合。奥地利共和国依旧有着长期的内部困扰。同年秋，德国发起了新一轮侵略，占领了捷克斯洛伐克的部分地区。希特勒正在逐渐实现自1866年普鲁士打败奥地利之后就日渐褪色的古老梦想——统一的包括了所有德意志血统国家的新德国。

564 尽管如此，回顾过去，对捷克斯洛伐克的分割可以被看作是一个转折点。它是由1938年的《慕尼黑协定》带来的，这一结果是英国外交政策试图满足希特勒的最后尝试。英国首相内维尔·张伯伦(Neville Chamberlain)仍然不确定为了抵制希特勒的要求而进行的英国的重整军备会达到什么效果，但是，他希望，将最后一大批在异族统治下的德意志人转移到他们的祖国的举动也许能使希特勒放弃进一步修订《凡尔赛和约》的意图——无论如何，这个条约已经多多少少被撕毁了。这可以在徒有其表的对民族自决的宣称中得到辩护；但是，其所涵盖的地区(由于其众多的德意志人口)是重要的，而他们的损失则会削弱捷克斯洛伐克日后自卫的前景。

张伯伦错了。希特勒继续开辟其另一个古老的梦想，对非日耳曼的斯拉夫国家的扩张。第一步是在1939年3月吞并捷克斯洛伐克的剩余部分；英国宣布去年秋天它所给的保证无效，因为，捷克-斯洛伐克(签署《慕尼黑协定》之后这个国名开始带上连字符号)已经从内部解散了。几乎是立刻，最大的德意志城市梅梅尔（它在 1924 年被国联判定授予立陶宛）被纳粹占领。波兰感受到了威胁，开始动员准备保卫 1919 年所设定的边界。希特勒痛恨“波兰走廊”，它将东普鲁士从德国中隔开，并且包括了但泽（它在 1919 年被给予一个独立的国际化地位）这一古老的德意志城市。这时，虽然是犹豫不决地，英国政府决定改变行动方针，为波兰和其他东欧国家抵抗进攻提供了保证。英国同样与苏联进行了谨慎的谈判。

苏维埃的政策依旧很难解释。似乎斯大林对共和国的援助保持着仅仅吸引德国注意力的程度而使内战继续进行，但是随后又通过其他方式来争取在西线受到攻击（他经常对此感到恐惧）的缓冲时间。对他来说，德国很可能会被英法国内的某些人煽动而去进攻苏联，他们意图将其所面临的危险转嫁给工人政权。毫无疑问，他们很可能会这么做。但是无论如何，苏联与英法合作反对德国都是不可能的，即使它们愿意也不行，因为除了穿越波兰走廊，任何苏维埃军队都无法到达德国——而这是波兰人绝不允许的。相应地，对于苏联来说，只有再次瓜分波兰才能达到这个目的；这一行动在 1939 年夏天实施。在所有的宣传之后，苏联和德国分别将目标对准布尔什维克-斯拉夫的暴虐和法西斯-资本主义的剥削，纳粹和共产党在 8 月协议共同瓜分波兰；集权国家在实施外交活动中享有巨大的灵活性。在这样的情形下，希特勒在 1939 年 9 月 1 日袭击波兰。

第二次德意志战争 565

两天后，英国和法国政府兑现它们对波兰的承诺，不情愿地对德国宣战。很明显，它们不能拯救波兰，而这个心怀不满的国家再一次消失了，在一个月后被俄国和德国瓜分。但是，这些行动未遭干涉意味着各国对德国在欧洲优势地位的默许，因为其他国家都不认为英国和法国的支持会有效。所以，欧洲仅有的两个宪政强国在缺乏 1914 年那样的群众热情的情况下，要艰难地独自剔除德国这个集权政体。英法两国的人民和统治者都对这一角色没什么热情。他们的地位相较其 1914

年的前辈来说下降了很多,但是希特勒的一再侵略和屡次食言引起了愤怒,人们很难看出,到底什么样的和平能够被建立起来,而哪种和平能够使他们安心。与 1914 年的情况一样,这场战争最基本的原因是德国的侵略。但是,那时德国发动战争是因为它感觉受到了威胁,而这次,是英法要对德国扩张所表现出的危险作出反应。这一次,受到威胁的是它们。希特勒期待的仅仅是一场战役,但是他实际上引发了一场关于欧洲势力均衡的战争——像之前许多次战争一样。但是,它将像 1914 年的情况一样,更是一场世界大战。

出乎很多观察家意料,也让一些人如释重负的是,战争的头六个月在短暂的波兰战役结束后几乎恢复了平静。它表明了机械化部队和空军比在第一次世界大战中发挥着更加重大的作用。但是,索姆河和凡尔登的屠杀令英国和法国记忆犹新,所以它们只打算进行经济制裁;坐在西线它们自认为坚不可摧的防御工事背后,希望封锁会有效。在战争的头几个月里,希特勒并不想去打扰它们,因为他渴望和解。当英国寻求在斯堪的纳维亚海域加强封锁的时候,为获取从挪威运往丹麦的矿石,德国发动了成功的攻势,僵局被打破。始于 1940 年 4 月 9 日的攻势开启了一个惊人的阶段,即德国在陆地上长期保持胜利但是在海洋上损失惨重。仅仅一个月之后,德国首先入侵低地国家,然后入侵法国。穿越阿登高地的一次强有力的武装侵袭打开了分割盟国军队和占领巴黎的道路。6 月 22 日,当时由法国元帅贝当(Pétain,第一次世界大战的英雄)领导的法国政府签订了一项休战协定。月底,从比利牛斯山到北角的欧洲海岸都落入德国手中。意大利在法国投降前十天加入了德国一方。英国占领或毁坏了它们认为可能落入德国手中的法国战
566 船之后,法国政府(在德国占领了半个法国以后迁到了小城维希)与英国断交。随着贝当就职为政府首脑,法兰西第三共和国结束。由于在陆地上没有盟友,英国面临着迄今为止甚至比在反对拿破仑的斗争中更为糟糕的战略局面。

它并非完全独自战斗。所有的自治领都站在它这一方加入了战争,它也庇护了为数众多的从充满灾难的大陆来的流亡政府,其中的一

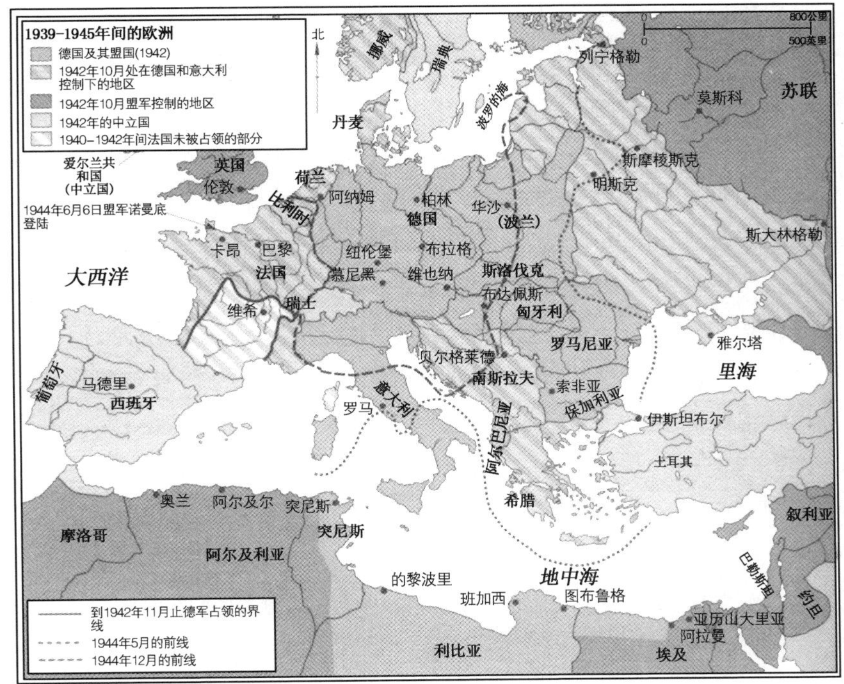

些指挥着自己的军队;挪威人、丹麦人、荷兰人、比利时人、捷克人和波兰人在随后的几年中继续英勇斗争。最重要的流亡小队是法国,虽然眼下他们只是法国内部的一个小集团,并不是其法定政府。他们的领袖是一个年轻的将军——夏尔·戴高乐(Charles de Gaulle),他在停战协定签署之前离开法国,并在离开的日子里被判决死刑。他被英国人公认为“自由法国”的领袖。他将自己视作是第三共和国的合法继承者,以及法国利益和荣誉的监护者。不久他就开始崭露头角(虽然并不总是明智的),最终他成为自克里孟梭以来法国最伟大的官员。

非洲是欧洲之外第一个被卷入战争的大陆。意大利的入侵证实了
这一点,其结果是,它的非洲领地和地中海航线都成了作战地区。再加 567
上法兰西帝国部分地区命运的不确定性,戴高乐本希望在这些地区能够找到同情者来加入他一同战斗,但他没有在那里成功地取得主动权。紧随德国在欧洲的胜利之后的是一个战略上的转变。大西洋和斯堪的

纳维亚港口的价值对德国来说，意味着日后所称的“大西洋战役”将会更加激烈，德国必将通过潜水艇、地表和空中的打击以切断英国海上力量的联系。

不列颠群岛很快面临直接攻击。危机已经找到了合适的人选来支撑这个国家以面对挑战；有着长久而起伏的政治生涯的温斯顿·丘吉尔(Winston Churchill)，在挪威战役失败之后成为首相，因为众议院的所有党派里没有其他人去指挥支援。他在其随后组织的联合政府里显示了显著而有力的领导，这是至今为止所缺乏的。更重要的是，他通过四次无线电演说唤起了他的人民，唤醒了他们已遗忘的曾经拥有的能力。事实很快就清晰地显示出来，只有饥馑或直接袭击后的军事失败能够迫使英国人退出战争。8 至 9 月在南英格兰的一场大规模空战中，英国的科技(英国在战争爆发前就建立了一系列的无线电定位站)和皇家空军的胜利使得它更为确定。英国人一度体验到了希腊人在马拉松战役之后的自豪和安慰。这一胜利阻止了德国的海上入侵(虽然战争的胜利通常也是没希望的)。它同样证实了英国不会仅仅被空中轰炸所击败。不列颠群岛前途渺茫，但是这场胜利改变了战争的方向。它开启了一个新阶段，众多的影响(其中包括英国拒绝言和)使得德国将注意力转向别处。1940 年 10 月，德国开始计划入侵苏联。

这年冬天，苏联获得了更多的领土，很明显是指望其来保证一个可以抵御德国未来攻击的缓冲地带。一场对芬兰的战争使它赢得了一些这样的土地。波罗的海的共和国，包括拉脱维亚、立陶宛和爱沙尼亚已经被苏联军队所占领，在 1940 年被正式合并。1918 年罗马尼亚从布尔什维克手中取得的比萨拉比亚(Bessarabia)现在与北方的布科维纳(Bukovina)一起又被重新占领了。借此，斯大林时期的领土超越了旧时沙皇的边界。在这个时候，希特勒选择对它发动进攻，部分是因为担心俄国日后的进一步扩张。德国力求将苏维埃势力排除在巴尔干和黑海海峡之外。对苏联的迅速打击不仅可以达到这一目的，还将向英国表明进一步发动战争是没有意义的。但是这里同样有一个深刻且必要的个人因素在起作用。希特勒总是由衷而狂热地憎恨布尔什维主义，并认为斯拉夫人这一种族较低劣的民族应当在东方向德意志人提供生存空间和原材料。许多德国人积极响应这一歪曲的说法，即条顿人将西方文明强加在东方的斯拉夫人身上的长期斗争。这比以往任何改革神话都更能为其变本加厉的暴行进行辩护。

短暂的春季战役为这两个巨头国家间的冲突拉开了序幕。德国入 568
侵了南斯拉夫和希腊(自 1940 年 10 月起意大利军队就不幸地与希腊交战)。在欧洲大陆上，兵力不足的英国军队再次被驱赶，去往它们曾经被派到的地方帮助新的盟友。克里特在一次壮观的德军空袭中被占领。现在，“巴巴罗萨”行动已经时机成熟——这一行动以中世纪的德国十字军皇帝的名字命名，作为对苏联发动强烈猛攻的代号。这一攻击在 1941 年 6 月 22 日发动。在德国前期的巨大胜利中，大量俄国士兵被俘虏，俄军撤退了数百英里。德军的先头部队几乎差一点就要攻入莫斯科。然而，这“一点儿”却不是那么容易就可以扫除的，到圣诞节时苏维埃的第一次胜利反攻，宣告了德国实际上已经被苏军压制了。德国丧失了主动权。毕竟，大错已经铸成。如果英国和俄国能够继续保持它们的同盟关系，那么，即使没有由于列强的新式武器而造成的剧烈的战争技术的改造，它们通过海路获得的美国支持同样也必将增加它们的力量。当然，这并不是说它们必然能够击溃德国，只是说它们有可能会与之进行谈判。

第二次世界大战

人们通常认同，第二次世界大战在巴巴罗萨行动发动之前就已经在进行中了；对于其开始的日期有几种流行的说法，其中有 1937 年(在中国)和 1936 年(在西班牙)。我们只能说它是一系列战争的集合，其中的一些战争甚至在 1939 年之前就已经开始了。首先聚集在一起的是西欧对德国的战争和东方的纳粹-苏联(或条顿-斯拉夫)战争。1941 年，这些战争与当时其他地区的战争纠缠在一起。

美国总统富兰克林·罗斯福自 1940 年就认为，为了美国的利益，应当在美国公众舆论和中立法则(有时这两个都被他越过了)的允许下最大力度地支持英国。到 1941 年夏天，考虑到美国所有的意图和目的，希特勒发现美国是自己隐蔽的敌人。关键性的一步是这一年 3 月美国《租借法案》的颁布，美国将为盟军提供不必支付现款的物资和服务（这一政策会在适当的时候扩展到适用于苏联）。不久，美国政府扩展了海军巡逻队，增强了其对从东方进入大西洋的航运的保障。在德国入侵俄国之后，丘吉尔和罗斯福的第一次会晤签署了一项关于共同原则的声明——《大西洋宪章》，在这项声明中，一个正处于战争中的国家与一个事实上和平的国家谈论了一个“在最终摧毁了纳粹暴行之后”的战后世界的需要。这样的语言已经远非孤立主义。这有助于解释希特勒第二个重大而愚蠢的决定，他于 1941 年 12 月 11 日对美国宣战，
569 在这之前四天，日本已经袭击了英国、荷兰和美国的领地。希特勒之前就答应过日本他会参战。战争因此成为全球性的，一个绝好的机会被丢弃。英国和美国对日宣战使得这两场独立的战争更加激烈，只有英国、澳大利亚、新西兰和荷兰的流亡政府同时加入了这两场战争；希特勒的决定忽视了美国可能置身于欧洲之外而只在太平洋地区作战的可能性。这一时期的结束几乎没有什么重要的个体事件，因为它已经确保了欧洲强国势力的衰落。欧洲大陆的未来不久之后将不仅由其自身的努力决定，也由在其两翼的大国——美国和苏联决定。

日本与德国和意大利的结盟实际上并没有产生重大影响。日本本来的主要斗争对象就是美国。美国通过占领欧洲在远东的领地而迅速获利的期望，尤其是对原材料和石油的期望，对日本发动攻击的时机和方式具有决定性影响。但是，与美国作战是重要的决定，虽然其早期的胜利是惊人地迅速而广泛的，但是，这是一场失败的赌博。一旦最初的胜利结束，日本就会面临一场长期的战争，而它在这样的战争中必然会失败。没有什么事情能够像珍珠港事件一样使美国人团结起来。孤立主义在 12 月 8 日以后已经几乎被抛之脑后；比起威尔逊，罗斯福得到了整个国家的支持。希特勒的决定使其对欧洲历史，还有亚洲的历史起着决定性的作用。

现在，在真正意义上，这场战争比 1914 至 1918 年的战争更加算是

世界战争。到珍珠港事件为止，德军在巴尔干的战斗使得欧洲只剩下五个中立国家置身于欧洲战事之外——土耳其（仅有少数欧洲领土）、西班牙、葡萄牙、瑞典和瑞士。在利比亚和埃及之间进进退退的北非战争到这时已经扩展到叙利亚和伊拉克，那里由德国空军支持建立的民族主义政府已被英国军队驱除了。伊朗在 1941 年被英国和俄国占领。在非洲，埃塞俄比亚胜利解放，而意大利的殖民帝国被摧毁。其他的欧洲帝国被日本一手摧毁，1942 年早期，它在几个月内就占领了印度尼西亚、印度支那、马来亚和菲律宾群岛。其兵力穿过缅甸直到印度的边境，并很快从新几内亚轰炸澳大利亚。同时，海战仍在继续。德国的潜水艇、空军和地面打击遍布大西洋、北冰洋、地中海和印度洋。不久，只有一小部分国家能够置身于这场浩大的战争之外。

它要求比第一次世界大战更进一步的社会和经济动员。美国的作用是决定性的。它巨大的生产力使得“联合国”（United Nations，从 1942 年开始的对共同抵御德国、意大利和日本的联盟的称呼）的物质优势是毋庸置疑的。尽管如此，1942 年上半年的前路依旧十分艰辛。四场重大而艰难的战役是这场大战的转折点。6 月，在主要是由空军 570
作战的战役中，袭击中途岛的日本舰队被击沉。日本的损失如此巨大以至于它再也无法重新获得战略主动权，而美国在太平洋地区的长期反攻开始了。接着，在 11 月初，英国在埃及的军队决定性地打败了德国和意大利，并开始向西挺进，加入在法属北非作战的英美联军中去，以将敌人彻底打败，并在 1943 年 5 月将其驱逐出整个北非。六个月之前的 1942 年底，苏维埃军队在伏尔加河上的斯大林格勒围歼了希特勒鲁莽暴露的一支德国军队。1943 年 2 月，在最让德军泄气的失败战役中，其余部全部投降，这仅仅是苏联冬天最辉煌的三个月的其中一部分，它标志着战争在东线的转折。

盟军的另一个胜利是为了保持与英国的海上交通而进行的大西洋战役。战役在 1942 年早期达到高峰。3 月，将近损失了 85 万吨的航运，而只有 6 艘德军的 U 型潜水艇被击沉；六个月之后，数据变成了 56 万吨和 11 艘 U 型潜水艇。趋势在逆转，虽然接下来的斗争依然很艰苦。年底的数据是将近 800 万吨航运的损失和 87 艘 U 型潜水艇的沉没。1943 年，相应的数据为 325 万吨和 237 艘。这对于联合国家来说是最重要的战役，因为这决定了它们利用美国物资以及再次进入西欧的能力。这最应当归功于英国几乎从 1941 年开始就保持的、在通信情报方面的优势。

罗斯福同意首先击败德国，但是，最后对法国的光复直到 1944 年才成功，这一拖延惹怒了斯大林。当它终于到来的时候，6 月法国北部的光复是历史上最伟大的海上远征。那时，墨索里尼已经被意大利人推翻，意大利已被从南部攻入；现在，德国独自面对欧洲陆地上的三线斗争。诺曼底登陆后不久，俄军进入波兰。虽然比它的盟友前进得快，俄国也直到 1945 年 4 月才到达柏林。到那时为止，盟军在西方已经冲出意大利进入中欧，并从低地国家进入德国北部。几乎是偶然的，德国城市遭受了猛烈的空袭，损失惨重，虽然直到这场战争的最后几个月里，这可能都不是什么决定性的战略影响。然而，当 4 月 30 日，这场战争的引发者在柏林的废墟中自杀时，它有助于证实，大部分历史性的欧洲无论在字面意思还是在象征意义上都已经成为废墟。5 月 8 日，从希特勒那里继承的有名无实的政府宣布无条件投降。

远东的战争要更持久一些，但是当美国向日本的两座城市投下了两颗原子弹，从而造成了至那时为止尚不知晓的毁灭性的影响时，决定性的时刻到来了。在两次爆炸之间，俄国对日本宣战。9 月 2 日，日本签署了投降协定。第二次世界大战结束。

571
胜利的意义

在 1945 年所发生的一切其重要程度很难衡量。很明显，只有一个立刻了然的完全的好结果：纳粹政权的倾覆。随着盟军在欧洲的推进，一个空前的和到那时为止无法想象的恐怖与酷刑体系的罪恶被揭露出来。苦工和政治犯的集中营，以及被揭露的在他们身上所发生的事情，仅仅是这一令人震惊的事实的一部分。丘吉尔所说的话突然变成了赤裸裸的真相，他曾对他的同胞说过：“如果我们失败，那么整个世界,包括美国,包括我们所知道和所关心的国家,都将陷入一个新的黑暗时代的深渊,而科技的滥用将使这一切更加凶险和漫长。”这一威胁的现实将很快在一些地方显现出来,如贝尔森(Belsen)和布痕瓦尔德(Buchenwald),但是在此之前的六年里,盖世太保的酷刑室里生存着数以千计的苦工和受害者。暴行蹂躏了整个欧洲,区分这一暴行及其最后被揭露的程度,几乎是没有意义的。

然而,随着更多证据的出现,世界的想象力再次被更恐怖的事情所打击:试图彻底消灭欧洲犹太人的系统性尝试。这就是德国人所追求的“最终解决”,它在 1942 年 1 月柏林郊区的一次会议上被首次提出。接下来的三年里,这一尝试在实践中已经足以改变欧洲的人口地图。占整个欧洲犹太人数量约十分之一的 325 万波兰犹太人在 1939 年几乎被全部消灭。荷兰、捷克、波罗的海国家、希腊以及奥地利的犹太人也与其数量成比例地遭受了不幸;但是,德国及其盟国占领区内的犹太人几乎无一幸免。总之,完整的数据可能无法统计,但东欧和东南欧有 600 万至 700 万犹太人死亡,不管是死于死亡集中营中的毒气室还是焚尸炉,被枪杀或是当场处决,或者死于过度工作、疾病或饥饿。随着几个世纪以来欧洲作为全世界犹太人中心的人口基础被粉碎,欧洲和世界历史的这一章走向结尾。

此前从未有过仅仅由遗传基因的推测而彻底毁灭如此庞大的欧洲族群的尝试。如此大规模、系统性和官方的谋杀也从未发生过;成熟的官僚国家的全部资源都被利用起来,即使其任务完全是荒唐的(而这或许浪费了原本可以更好地用来维持战争的资源)。不应忽视——这也许是整个糟糕的事件下唯一的少许安慰——即使是纳粹政体也无法公
开承认其灭绝政策,以及这些政策得以栖息的备受吹捧的种族纯洁性 572
的废话和伪“科学”。毫无疑问,古代神话中的犹太阴谋和集体犯罪为这一进程提供了借口——反犹主义自身并没有什么新东西——但是大屠杀(犹太人在战后这样称呼它)是一件令人惊骇的现代事实,它集合了来自 19 世纪前后成熟的欧洲文明的各种态度、理念和可能性。这同样是一件令人震惊的新奇事,即给予不成熟的和患有精神病的男女以

充分发挥的余地，在大多数社会他们本应被竭力约束和控制；许多纳粹统治阶层自身就性情乖戾，有时心理失常、轻信和无知（虽然其他人都是高智商），而在他们之下的是（与其他国家不同）国家罪犯和虐待狂，授以他们编制和制服，通过一个疯狂但却有条理的社会工程来对受害者发泄他们的恨意和毁坏力量。比起许多事实上知道或是能够猜到到底发生了什么的人的沉默，大屠杀的这一特征更为可怕。

除了犹太人，还有许多人死于灭绝集中营和劳动改造营。然而，大屠杀是一个独特的暴行。它导致了人们对文明的正确性和欧洲历史意义的质疑，动摇了人们关于人性及其理性的自我引导能力、仁慈和进步潜力的信仰。在许多方面，善于思考的德国人几十年来都认为他们的国家是欧洲最文明的国家之一，而它也的确曾是如此。它呈现了许多欧洲遗产中最好的东西。德国深受集体精神错乱之害，它的所作所为似乎表明这一文明本身的根基已经损坏。希特勒不是新的成吉思汗，陶醉于毁坏他所不理解的东西，而是一个以错乱的逻辑行事的人，并要求其他人共享这一逻辑。纳粹的罪行不仅表现为对征服的原始陶醉状态，也表现为一种荒唐的方式，除了其追求的令人震惊的结果（在这方面，亚洲的战争有着重大的不同。其令人恐惧但却毫无系统的残忍暴行是有限的，大多数只对欧洲国家中的英国和荷兰造成了影响。日本帝国主义一度取代了西方帝国主义，有时以粗暴的方式表现出来，而其臣民并非总是对这一变化感到惋惜）。

回顾过去总是让人很痛苦，但这也是个意料之中的事实，相对来说几乎没有任何个人和政府是为了与纳粹的邪恶进行斗争而参战的，即使他们中的许多人对这场战争的道德尺度的感知随着战争的进行而日渐被激发出来。宣传起到了很大作用，即使在纳粹的全部罪恶被揭露出来之前。甚至当英国作为欧洲唯一能自立的国家而为其生存斗争的时候，一个民主的社会已经试图在战争中寻求超越生存的积极结果。对社会和经济的重建以及一个民主强国间合作的新世界的希望写入了《大西洋宪章》，而新的国际组织已经在 1945 年产生了。这些实体在其
573 重要性上远远超过了欧洲的历史。它们在盟国得到了友善的支持，这

是一种以明确的正义的原因所建立起的友谊,对利益和急于重新出现的社会理念的区分也十分模糊,这是不幸的。随着和平的到来,许多战时的花言巧语最终自食其果;硝烟散去后人们渐渐醒悟。尽管如此,1939 至 1945 年在欧洲的战争最后被证明在某种程度上是道德斗争,也许是史无前例的。总有那么一天,也许会听到由盟军的胜利所带来的许多令人遗憾的影响;永远不能忘记它粉碎了对曾经兴起的自由文明最恶劣的挑战,即使在某种方式上,这个挑战是这一文明的畸形创造物。

1945 年的欧洲

这场战争在欧洲最明显和直接的遗产是其造成的完全且空前的毁灭。这在德国被毁坏的城市中表现得最为明显,那里的大规模空中轰炸(这场战争的主要发明)比西班牙内战中的西班牙城市所遭受的轰炸更加残忍,代价更为惨重。但是,不只是所有的城市被夷为平地。经济生活和交通运输也完全瘫痪,尤其是在中欧和东欧。1945 年末,数以百万的难民仍在这里流浪,试图返回故土。由于食物供给的缺乏,饥馑和瘟疫的危险也很大。1918 年的巨大问题在欧洲重演,甚至以更具威胁的方式出现。这一次,它们面临的是由于战败和被占领而士气低落的国家;只有中立国和英国逃脱了这些灾祸。私人手中有大量的军队,而一些国家惧怕革命。这与战争的政治影响有着明显的联系。在 1914 年成为现实且在两次世界大战之间苟延残喘的虚幻的权力结构,自 1941 年起即已注定要失败。两个次要的强国在政治上控制了欧洲,并在军事上起核心作用。

在 1945 年 2 月盟军领袖在雅尔塔的会议召开之后,这一情况就很明显了。这次协议为将要持续数十年的欧洲和平建设提供了基础的规划。其根源上将欧洲重新划分为东西两部分。新的分歧将被堆砌在原有的矛盾之上,一条亚德里亚海-波罗的海的边境再次成为现实。这一年末,除希腊外整个东欧国家的政府都由共产党参政或掌权。苏联军队证明自己找到了一个远比革命要好得多的手段来扩展国际共产主义的力量。战前的巴尔干共和国尚未挣脱早在 1939 年就环绕着它们的苏维埃怀抱，此时苏联的边界已经包含了战前的波兰和罗马尼亚的一部分。

574 **1939—1945 年欧洲战争**

	1939 年	9 月 1 日	德国入侵波兰。
		9 月 17 日	苏联入侵波兰。
		9 月 27 日	波兰放弃抵抗。
		11 月 30 日	苏联进攻芬兰。
	1940 年	3 月 12 日	苏芬两国签署和约。
		4 月	英法在挪威海域布设水雷以阻止德国舰队。
		4 月 9 日	德国入侵挪威和丹麦。
		5 月 10 日	德国入侵荷兰、比利时和卢森堡。
		5 月 14 日	荷兰军队投降。
		5 月 26 日	比利时军队投降。
		5 月 2 日—6 月 4 日	大量英国军队和 14 万名法国士兵从敦刻尔克撤退。
		6 月 3 日—6 月 7 日	盟军军队从挪威撤退。
		6 月 10 日	意大利对英法宣战。
		6 月 22 日	法德签订停战协定(6 月 24 日，法意签订停战协定)。
		7 月 9 日	法兰西第三共和国灭亡，临时政府迁往维希。
		8 月 8 日—10 月 10 日	不列颠战役。
		10 月 8 日	德军进入罗马尼亚。
		10 月 28 日	意大利从阿尔巴尼亚进攻希腊。
		11 月	匈牙利和罗马尼亚加入德意日三国协定。
	1941 年	3 月	保加利亚加入轴心国。
		4 月 6 日	德国入侵南斯拉夫和希腊。
		4 月 17 日	南斯拉夫军队投降。
		4 月 23 日	希腊同德国签订停战协定，英军从希腊撤退。
		5 月 20 日	德空降部队开始进攻克里特岛。
		6 月 22 日	德国入侵苏联，10 月底，德军已经占领奥德萨、哈尔科夫，进入克里米亚，逼近莫斯科郊外。
	1942 年	7 月 2 日	德军夏季攻势开始——占领塞瓦斯托波尔并进逼高加索。
		10 月 25 日	阿拉曼战役开始。
		11 月 8 日	英美军队在北非登陆，驱使德军占领维希临时政府并击沉法国在土伦的舰船。
		11 月 19 日	德国的胜利达到巅峰，苏军转入反攻。
575	1943 年	1 月	苏军围攻列宁格勒。
		2 月 2 日	德军在斯大林格勒投降。
		3 月	德军春季攻势开始。
		7 月	苏联展开夏季攻势。

（续　表）

	7 月 10 日	盟军登陆西西里岛。
	9 月 3 日	盟军进攻意大利，与意大利新政府签署停战协定。
	11 月 6 日	苏军解放基辅。
	12 月 31 日	苏军解放日托米尔。
1944 年	2 月	苏军进入前爱沙尼亚。
	3 月	苏联夺回克里米亚。
	6 月 4 日	英美联军进入罗马。
	6 月 6 日	英美联军在诺曼底登陆，开始进攻北欧。
	8 月	苏军进入波兰、罗马尼亚和东普鲁士。
	8 月 15 日	盟军在法国南部登陆。
	8 月 24 日	罗马尼亚政府投降。
	9 月 2 日	布鲁塞尔解放。
	9 月 12 日	美军进入德国在欧本附近的领土。
	9 月 25 日	苏联向保加利亚宣战，三天后保加利亚投降。
	10 月 20 日	苏军进入贝尔格莱德。
	12 月 16—25 日	德军在法国的反攻失败。
1945 年	1—4 月	德意志战役。
	1 月 17 日	苏军占领华沙。
	2 月 7 日	雅尔塔会议。
	2 月 13 日	苏联最终解放布达佩斯。
	2 月 20 日	苏军逼近柏林。
	3 月 7 日	盟军越过莱茵河。
	4 月 20 日	苏军进入柏林。
	4 月 25 日	苏美军队在易北河会师。
	4 月 28 日	意大利的德军投降。
	5 月 1 日	公布希特勒的死讯。
	5 月 7 日	德国投降。
	5 月 8 日	欧洲胜利日——欧洲战争的结束。
	6 月 5 日	盟国对德管制委员会接管德国自 1937 年 12 月 31 日起的领土。

德国主导的欧洲历史阶段已经告一段落。一旦欧洲权力中心形
成，它实际上就已不再存在了。希特勒的“杰作”被波兰和捷克斯洛伐 576
克的解放以及对奥地利的分区占领所粉碎。即使是俾斯麦时期稍小的德国（除了阿尔萨斯和洛林，这两个地区又重新被法国占有），现在也被划分为俄国、美国、英国和法国的占领区，并且由于失去东方的领土而使其面积大为减少。西欧大陆另一个主要的政治单位在被占领和打败

之后进行了重建，但是依旧很虚弱(虽然法国在战争结束时已经有一支庞大的军队在作战)；意大利在墨索里尼被推翻后转变了立场，它和法国一样拥有日益强壮和壮大的共产党，不应忘记，这些共产党仍坚定地致力于革命推翻资本主义。佛朗哥的西班牙仍在苟延残喘，实际上其内战中由于战时封锁而造成的经济不幸仍在继续，同时被世界舆论所孤立。只有英国在世界眼中保持了由于其在 1940 年和 1941 年的不屈服而带来的道德上加强的高度。在一段时期内，它在形式上仍然与苏联和美国平等，法国和中国也是这样。然而，真正情况并非如此。英国的时代已经过去了。凭借仅次于斯大林时期苏联的高强度动员其资源和社会力量，它才得以幸存。但是，其战略绝境只有靠德军攻击苏联才得以打破，也只能靠《租借法案》才得以在战争的激流中生存下来。同样，这样的援助是昂贵的；美国坚持在费用付清之前，要求英国低价出售其海外资产以负担其费用。英国货币区域被打乱，美国资产如今在很大范围内流入英国的自治领。在依赖“母国”帮助其防守的范围内，这些国家从战时的力量和(相反的)弱点两方面吸取了教训。1945 年开始，这些国家越来越多地获得完全的或是形式上的独立。对殖民帝国来说，它不仅被战争消耗了精力，当事实证明它无法保卫其大多数臣民的时候，它也失去了更多的精神权威。

已经能够感觉到的，发生在最强大的古老帝国主义列强身上的巨大变化是显而易见的。当 1944 年英国开始最后一次大规模军事行动时，它所加入的远征军是由美国人指挥的。虽然几个月之内英国在欧洲的军力仍然赶上了美国，但是，战争结束时还是被美国所超越。同样，在远东(虽然英国重新征服了缅甸，摧毁了那里最大的一支日本军队——作为一个整体它能被任何一个盟军部队所消灭)，美国的海军和空军力量迫使日本投降。尽管丘吉尔做了所有的努力，战争结束时，罗斯福依然绕过了他直接与斯大林进行谈判，尤其是计划要瓦解英帝国。尽管在 1940 年凭借其胜利精神独自支撑着，并因此得到了精神威望，但英国仍然无法逃脱战争对欧洲带来的巨大影响。的确，在某种程度上，英国(除了德国)的情况是对此的最好诠释。

第六卷

冷战中及冷战后的欧洲

577 历史加速是一个隐喻。要测量其中的含义是很困难的;尽管许多统计指数被用来测量变化的尺度,但是这种变化最重要的部分也许恰恰是主观的,无法用数字或计量手段来表述。人们心中越来越迷失方向,突然找不到熟悉的精神路标与心理支持,他们吃惊地感到这只蠕虫已不再像以往那样缓缓蠕动了。从这层意义来说,对1945年以来所发生的急剧变化并无夸大之词。对于这些人来说,他们的父辈还生活在像新石器时代一样遥远的社会中,他们的孩子却伴随着对他们而言不可思议的计算机长大。他们出生后,第一架比空气重的载人飞机刚刚诞生,其后就目睹了人类在月球上行走。几年之内,大量的新国家接二连三地涌现,与此同时,旧帝国迅速衰败。

的确,欧洲最后一个跨国帝国在1989至1991年间迅速垮台,随之消失的还有近半个世纪以来欧洲人(以及许多非欧洲人)生活中的一项核心内容:冷战。这一至关重要的事实要比其他东西更能对写作一本条理清晰的战后欧洲史构成挑战,因为冷战是一场全球斗争,决定着欧洲大部分地区的命运,但又总是超越欧洲范围。因此,在本书最后一章中会比前面各章更多地描述欧洲以外的情况。冷战结束后这项工作也不会变得容易。本书尽力构建一个实体,以接近近年来所称呼的"欧洲",但是无论如何定义,这块大陆的历史在1945年之后都无法简单地与世界其他地区的历史分开。

第二十七章　战后的欧洲 579

欧洲的萎缩

1945 年,博学深思的欧洲人也许会钦佩法国政治哲学家、历史学家托克维尔(Alexis de Tocqueville)一个多世纪前对美国人和俄罗斯人的预见。他认为,这两者分别被标明出来,“将影响半个地球的命运”①。的确,第二次世界大战后世界的命运最终看起来似乎掌握在两个不同体制的超级大国手中,一个以曾经的俄罗斯帝国为基础,一个以美国为主导。几十年来,欧洲的命运不可阻挡地受到了莫斯科或是华盛顿决策的影响。希特勒在 1941 年作出的与苏联和美国开战的决定,被证明是多年来一个欧洲人所作出的将会改变整个大陆历史的最后决定。不管俄罗斯和美国在历史上如何受到欧洲的影响,或是在它们的行为中体现出欧洲模式(至少两者都是正式建立在从欧洲源起的意识形态之上),它们所关心的也各不相同并且是全球性的。单就地理位置就说明了这一点。接下来几年里,它们对待欧洲的态度只有放在全球

---

① 引自托克维尔《论美国的民主》(*Democracy in America*)一书。最早的法文版分为两部分,分别出版于 1835 年和 1840 年。本文所引用的内容出自第一部分的最后一页,亦可参见菲利普·布莱德利(Philips Bradley)版、里夫斯(Reeves)的英文译本(New York,1948,I,p. 434)。

背景下才能理解。这也就是为什么除了那些从旧的殖民和经济联结中崛起的新国家与世界历史无法分割之外，1945 年以后的欧洲史也无法从世界历史分离出来的又一原因。

外交上的微妙、民族心理与实际政策，曾一度必然会限制公众对这一至少自 1905 年以来就在进行的世界权力关系完成转型的意识。早在第二次世界大战期间，为确保对国际事务进行理性安排以及（正像国际联盟打算要做的那样）维护世界和平所筹建的国际新排序就反映了这一
580 点。在第二次世界大战中胜利的同盟国创造出一个新组织：联合国（简称为 UNO 或 UN）。经过详细磋商，这一组织于 1945 年在旧金山的一次会议上宣布成立，美军和苏军恰巧在同一天于易北河相遇。新宪章和旧的国际联盟宪章之间一个明显而又振奋人心的区别在于：苏联和美国从一开始就都是联合国成员国。在其他 49 个原始成员国（现在有 180 余个）中，大多数是欧洲以外的国家。曾经支撑欧洲旧的优势地位的国际等级，可以在这一新组织结构的其他方面得到确认。联合国大会包括所有成员国代表，所有成员国拥有平等的投票权，但安理会只有 11 个成员国，其中从成员国中轮流选出六个，一次任期一个月，另五个是常任理事国。

五个常任理事国席位中，苏联和美国各占一个席位，另有两个席位被欧洲国家占据。其中一个是英国，未被削弱和入侵的唯一的前欧洲强国；另一个是法国（在温斯顿·丘吉尔的坚持下获得）。第五个成员是中国。每个成员国都有否决权——一种必要的让步，如果想要美国和苏联（更不要提其他三个国家）接受联合国组织的话。会议还决定，联合国大会位于纽约，并且从 1952 年开始，它就永久性确定了——这是世界权力关系转变的又一标志，尽管第一次普通会议（1946 年 1 月）是在伦敦举行。那次会议上，在对战争结束之后数月苏联仍有驻军在伊朗阿塞拜疆地区以及英国仍有驻军在希腊进行了激烈辩论之后，苏联代表第一次行使了否决权。

新权力平衡

对于英、法甚至中国在安理会常任理事国这一五重奏中的存在，很

难进行逻辑上的辩护,虽然从历史上很容易理解。就相对实力而言,1945 年实际上只剩下两大强国,早在它们被称为“超级大国”之前这就已经成为非正式认可的事实。由于各种法律、外交上的拟构,英国实力被严重夸大了。法国还未从生不如死的被占领的废墟中恢复过来,国内又存在分裂,强大又纪律严明的法国共产党很可能利用这一分裂。在其他欧洲战前“强国”中,意大利国内旧的争吵还未平息,战争最后两年中又酝酿出新的争吵。德国已化为一片废墟,处于入侵军队的铁蹄之下,没人知道这种情况会延续多久。

除了前中立国瑞典和瑞士,所有的欧洲国家,包括西班牙(尽管战
时保持中立,但是由于内战而使经济复苏困难)都面临严重的问题,其 581
中一些国家还相当严重。1945 年,只有英国、瑞典和瑞士的农业生产超过 1939 年。欧洲各地的煤产量(尤其是德国)都远低于 1934 至 1938 年的平均水平。欧洲比起其他各洲经历了更大的物质和经济损失,战争所造成的直接损失从未被精确地计算过。除了苏联的伤亡之外,1 400万欧洲人死亡,而苏联则可能有超过 2 000 万人死亡,其中大约有 1 300万人是士兵或囚犯。在受创最严重的国家里,那些侥幸活下来的人也生活在废墟中。许多地区的工厂、通讯陷入瘫痪,当然尤其是德国。除了美国提供的美元资助,没有什么能用来支付欧洲所需的进口和各种开销,货币流通已经瘫痪。盟军占领军发现香烟、猪肉和牛肉罐头要比钞票更好用。文明社会退化了,不仅是由于纳粹战争的恐怖,还由于侵略把撒谎、诈骗、欺瞒、偷盗变成了美德,这些不仅是生存之必需,而且被所谓的“抵抗”行为合法化。这一现象本身又孕育出新的仇恨,当一些国家刚被前进的盟军解放,行刑队就随后着手工作。宿怨刚被抹平,新仇又起(据说,在法国死于“净化”解放中的人比死于 1793 年大恐怖时期的人还多,但是这比起在南斯拉夫的复仇又相形见绌,各团体间因战时反抗德国或与之合作的不同决定而造成的宿怨此时随着新一轮大屠杀而进一步加深)。

比 1918 年更严重的是,欧洲的经济生活瓦解了,这也许比物质损失更为影响深远。欧洲经济的龙头曾经是工业化的德国。但即使通讯

和恢复设备的生产力还在，盟军也会首先致力于阻止德国的工业生产。他们的首要目的是阻止德国恢复其经济实力，而不是鼓励其发展。此外，德国被一分为二。从一开始，苏联人就夺取固定设备作为“赔偿”来修复他们受损的土地(考虑到德国人在对苏联战争和占领中所做的，这也许可以理解，他们在撤退过程中摧毁了3.9万英里铁路)。正是在这种背景之下，权力平衡显得分外清晰。1945年的欧洲，美国人和俄罗斯人比其他可能的对手都更享有巨大的军事优势，更不要说在欧洲以外了。所有其他胜利的国家至多存活了下来或是有所复兴，而美国和苏联是唯一真正的胜利者。不为人知的只是，红军的实力在多大程度上或许掩盖了其背后的缺陷。

582

战后的苏联

在其盟友不可或缺的帮助下——但首先是在其人民付出了巨大代价之下，到1945年，苏联获得了比沙皇帝国时代更强大的地位。在欧洲，苏军统治着广阔的西部缓冲地带，多数是从德国、波兰、捷克斯洛伐克和罗马尼亚获得的主权领土。其他国家很快被组成一套卫星体系，许多国家有苏军驻守。德国东部是最重要的地区之一，也是潜在的主要工业区——如果它能够再次起飞的话。再往西，越过缓冲地带，就是南斯拉夫和阿尔巴尼亚，它们是唯一没有在苏联占领军帮助下建立的共产主义国家。1945年，这两个国家看起来都是莫斯科坚定的盟友。

西方政府在与它们的盟友和军事领袖协商后制定的政策助长了苏联的战略成功。特别是西方盟军最高司令艾森豪威尔(Eisenhower)将军拒绝在苏军到达之前进入布拉格和柏林。结果使得在欧洲的东部和中部，苏联陆军力量在战略上具有绝对优势，也更具威胁，因为在1914年对俄国势力构成威胁的障碍(旧的哈布斯堡帝国和统一的德国)已经不复存在。1945年，精疲力竭的大不列颠和正在恢复中的法国无法抵御红军，唯一一支可与之相抗衡的军事力量——美军，很快就要回家了。

在土耳其和希腊边境也有苏军驻守。英国政治家还记得19世纪俄国人直接进入地中海的噩梦。在希腊，一场共产主义运动正在进行，这使得情况看起来更糟。同时，在欧洲以外，苏联军队占领了伊朗北部，在远东占领了中国新疆大部和旅顺港海军基地，以及蒙古、朝鲜。还从日本手中夺下库页岛(Sakhalin)南部和千岛群岛(Kuriles)。像沙皇俄国时期一样，其他所得都是采取老办法，也就是说，实际上是由中国付出代价。另外，在中国，战争结束后已经可以看到新的共产主义的胜利，因此，一个新的社会主义国家也许正在形成。

另一方面，当战争接近尾声，苏联的真正实力还很难估量。很明显，苏联人民经受了巨大的苦难，或许比德国人更甚。除了巨大的人员损失之外，约四分之一的总资本设备被摧毁。1945 年，斯大林也许对自己的优势并不比劣势了解得更多。尽管他的政府管理方法以及胜利的声誉使他不必复员给他在欧洲战场带来权威的庞大陆军，但是苏联 583
既没有原子弹，也没有重要的战略轰炸机。斯大林发展核武器(十个原子反应堆迅速建立起来)的决定对苏联经济产生了沉重的压力，因为此时正迫切需要普遍的经济重建。战争刚结束的岁月证明和 20 世纪 30 年代的工业化竞赛一样严峻。然而 1949 年 9 月，苏联的原子弹爆炸成功。第二年 3 月，苏联官方宣布拥有了核武器。美国垄断核武器的时代不复存在。

美国与战后欧洲

1945 年，美国的世界霸权不是像苏联那样体现在更多的领土占领上。战争结束时，美国在欧洲腹地也有驻军，但是美国选民却想尽快把他们带回家。环绕欧亚大陆大部分的美国海军和空军基地却是另一回事。俄国也许比以往更成为一个陆上霸主，但太平洋却已成为美国的内湖。总之，广岛和长崎已经显示了原子弹的威力，这是只有美国才拥有的新武器。

美利坚帝国的根基还是在于其经济实力。除了红军以外，美国压倒性的工业实力是盟军在欧洲取得胜利的决定性物质因素。美国不仅装备了自己庞大的军队，也装备了盟国的大部分军队。此外，和盟国相比，取胜并未使其付出太大代价。美国的伤亡人数不算少，但是比起盟国来要少得多；英国的伤亡人数比美国大得多，苏联的数字则更加庞大。美国本土只受到零星敌人的骚扰，几乎没有什么损失；其固定资产完好无损，其资源比以前更多。实际上，战时美国居民的生活水平在上升。最后，美国是个巨大的债权国，资金投向海外，当时的世界没有哪个国家有这样的实力，其商业和政治对手们正在复苏的困境中挣扎。它们的经济资源流向了美国。结果是一场世界范围的间接的美国力量的复兴，甚至在战争结束之前就已初见端倪。

在欧洲，这在战争的后几个月已经出现了问题。实际上，美元是国际不可或缺的流动资源。通过《租借法案》、联合国善后救济总署(United Nations Relief and Rehabilitation Administration，成立于1943年)的救济以及美国军队和其他政府机构在海外的直接开支，1945年欧洲危险地依赖于不稳定的资源来资助自身进口。实际上，美国已成为欧洲的银行家，上千万的欧洲人并未意识到这一点，但他们的一些统治者却觉得不安。

584 冷战起源

一面是列宁和他的同事，另一面是伍德罗·威尔逊及其继承者，如果双方的主张都被重视的话，美苏之间意识形态的根本对立就在所难免。在这层意义上，冷战也许可以追溯到1917年。意识形态对于苏联一方尤其重要，因为这个国家就是建立在意识形态之上的。如果苏联的统治精英和他们被灌输的主题不总是对资本主义社会的行为抱有深刻的偏见，他们对待战时盟友的态度当然就会有很大不同。同样，一些美国人也从未停止对苏联的怀疑，总是把它看作一种革命威胁，早期布尔什维克也是这样宣称的，而美国左翼却坚决否认这种威胁。但是那些始终不信任苏联和害怕共产主义的人相对来说是少数。他们在战争期间对于美国政策的制定没有产生主要影响。当战争结束，两个胜利的盟友中疑心更大、更谨慎的是苏联。

在战争结束之前，东西方未来政治分歧开始在欧洲显现时，最为关注的是英国人,而不是美国人。的确,苏联在波兰的行为并不是美国所预想的让东欧人自主选择他们的统治者,但是,随着战事推进,美国政府和那些投票支持苏联的人都没有停止和苏联就这些事情达成合理协议的希望。总体来说,罗斯福对于两个强国继续相处抱有信心;他认为,鉴于他们在阻止德国复兴,以及支持战争在前欧洲帝国所引发的反殖民主义(他不把苏联看作一个帝国)的共同立场,他们应该能够达成协议。他和他的同胞都不太清楚苏联政策的发展趋势,另一方面,他们有强烈的历史观,强烈反对大英帝国。当战争结束,许多美国人对英国人在已获得解放的希腊反对旨在推翻当地独裁统治的共产主义游击队运动的行为感到极度不信任(有趣的是,斯大林显示出愿意让英国继续下去;他很轻松地同意丘吉尔的观点,为回报苏联在罗马尼亚留一手,英国也应该在希腊留一手)。尽管有门罗主义(Monroe Doctrine)和他们在加勒比的记录,1945 年美国人仍然不喜欢谈论明确的利益范围,而苏联已经准备好将之作为谈判的基础。

当罗斯福总统在 1945 年 4 月胜利前夕逝世,美国的政策与思想并没有发生重大变化。奇怪的是,地球上最强大的国家在胜利之后并不愿意在欧洲使用它的威力;有趣的是,它更关心的是确保中国的重要城市免于中国共产党的影响而不是在红军到达前占领欧洲的首都。美军最关心的是尽快复员回国。甚至在日本投降之前,杜鲁门总统就已切 585
断了对于赢得战争非常重要的对盟国的借贷,苏联也在其中。不过,更重要的是,这实际上在一定程度上降低了美国的国际影响力,因为它削弱了其他老朋友,而也许很快就需要它们的帮助。由于经济负担沉重,它们无法找到一个新的安全体系来替代美国。至于终极武器原子弹,很明显它威力无穷但只能在最后一刻使用,并且,无论如何,制造出这样的武器也要花费很长时间。唯一可用的两颗已经于 1945 年 8 月投给了日本。

美国的态度与政策随着它赢得时间和经验(主要在德国)发生了转变。苏军一丝不苟地执行他们的协议,建立占领区,承认英美(后来还有法国)在苏军所控制的柏林的驻军,和他们一起进行治理。种种迹象表明，斯大林希望德国应该最终作为一个整体来管理，这也是他、丘吉尔和杜鲁门在1945年7月的波茨坦会议上所设想的。这会对苏联在鲁尔地区的未来有所帮助，这是一个潜在的赔偿宝库。同时，一个统一、被占领的德国也是一个被削弱的德国，西里西亚大部分地区被划给波美拉尼亚，东普鲁士划给波兰（约700万德国人被从这些新土地上和从其他国家驱逐到更西部安置），并且，阿尔萨斯和洛林被归还给了法国。

苏联要确保防止德国复兴的努力实际上导致东部愈来愈从另三个占领区脱离出来，其与占领协议还是相容的。这种分歧开始时也许只是希望为将来一个统一的德国提供坚实可靠的（共产主义）基础，结果却是导致了45年来用分隔来解决德国问题，这是任何人都没有想到的。经济考虑也同样是分裂的。很快，西部地区出于经济原因相互联合起来。同时苏占区内所发生的事件不断引起猜疑。在东德采取的措施似乎反映了在其他地区所见过的场景。1945年，只有南斯拉夫和保加利亚建立起共产党多数派支持的政府；在其他东欧国家，共产党分享联合政府，但它们看上去越来越与苏联共舞。一个共产主义阵营似乎在1946年已初步形成。不管确切目的如何，很明显，除非处于一个能被掌控的政府之下，斯大林忌惮德国以任何形式重新统一。来自西方的攻击萦绕在苏联的历史记忆中，条顿骑士团、17世纪的瑞典人、1919年的“干涉”等。如果不被盟军统治，或最好是被苏联统治，统一的德国
586 总会是个威胁。不管莫斯科政权的意识形态性质如何，这可能一直是国际生活中的一个事实；如果统一的德国也是一个资本主义国家的话，那就带来更大的威胁。

还有其他方面使前盟国对苏联的政策产生忧虑。苏联表明不愿从伊朗撤出驻军，而当它的确撤军之后，却在阿塞拜疆留下一个共产主义卫星共和国（后被在1947年从美国接受军事援助的伊朗消灭）。在安理会，苏联的否决权一次又一次频繁使用让前盟国十分受挫，西欧共产主义明显受到苏联操纵。而且，斯大林的盘算仍然令人疑虑；也许他在等待、期望甚至依赖资本主义世界的一场新的经济崩溃。

当1946年温斯顿·丘吉尔在美国以“铁幕”谈起欧洲从的里雅斯特(Trieste)到奥德河的日益分裂，许多人谴责他，因为他绝不是代表英国人而言，远不如说是代表美国人所说的。苏联仍然在它的盟友中间享有很好的声誉。然而，在英国，尽管赢得了1945年大选的许多工党支持者都希望“左翼能够与左翼展开对话”，但是新工党政府中的部长们迅速变得犹疑起来。1946年，英美政策开始趋同，美国官员再三思考苏联的政策趋势，几乎巧合的是，美国在希腊的干预至少在那里实现了自由选举，而在波兰这根本就没有发生。此外，英国至此已经宣布他们将撤离印度，这与美国官方的意见一致。最终，杜鲁门总统没有形成需要摆脱的偏向苏联的固定见解。

在接下来的几年时间里，决定欧洲几十年命运的一系列关键决定在华盛顿作出了，有时这被认为是莫斯科发生的事情的结果。其中最重要的时刻之一是由1947年2月英国政府在一次交流中默认英国不再是一个世界强国而引发的。由于战争中付出了巨大的努力，英国的经济急需对国内进行更多投资。非殖民化(decolonialization)第一阶段的代价非常昂贵。这不是英国部队在海外支出费用很高的唯一原因，但却是很重要的一个原因[1]。还有与福利国家扩大有关的新的国内开销。1945年的一大笔美国贷款到1947年已经用完了。此前，面包配给制也在英国推行(战时觉得没有必要)。到1947年，英国想要维持国际收支平衡只有从希腊撤军，并撤回对希腊所有的援助才能实现。 587
在这种情况下，希腊的安全岌岌可危。杜鲁门总统立刻决定由美国来填补这一空白。美国给予希腊和土耳其财政援助，以帮助他们抵抗苏联的压力。在国情咨文讲话中，杜鲁门总统特意强调这其中的暗示意义；而不仅仅是促使这两个国家接受援助。“没有哪个国家是完美的，”他说(并继而承认希腊不是完美的)，“但是，如果它的缺点总是可见的，

---

① 1947年的海外军事支出约为2.09亿英镑，而1934年到1938年，英国政府每年海外预算，包括行政、外交和军事费用都是600万英镑。A. S. Milward, *The Reconstruction of Western Europe 1945–1951* (London, 1984), p. 41.

并可以在民主过程中被指明或改正，那它就具有民主的美德。”①其意识形态的挑战意味非常明显。尽管只有土耳其和希腊要接受援助，但是他让美国来领导世界的“自由人民”，用美国援助来抵抗“来自武装少数派或外部压力的征服企图”。

尽管主要是出于经济和财政援助手段，这一要“遏制”俄国力量的明显决定，可被看作是自路易斯安那购买案(Louisiana Purchase)以来美国最重要的外交政策。这是对 1945 年美国好像热切期望要与欧洲分离的明显回归的一种公然反驳，也宣布了与美国历史上传统外交政策的巨大决裂。最终，这将导致对美国实力有效性的不现实的评估，或如评论家所说的，这导致了新的美国殖民主义，因为政策延伸到了欧洲以外，但在当时这并未看出来。这是由苏联的行为和在过去 18 个月内对斯大林政策的恐惧以及英国的衰落引起的；美国政客和官员所作的决定还没有几个会对欧洲历史产生如此重大的影响。

马歇尔计划

几个月后，“杜鲁门主义”由另一项更深思熟虑的措施所实现，这一政策得到紧急政治事态的支持：美国向欧洲提供经济援助，促进其经济的共同复苏。这就是以美国国务卿马歇尔的名字命名的“马歇尔计划”。它根植于欧洲的重建。在许多美国官员看来，美国的利益现在变成确保欧洲的民主、友好政权的延续。虽然他们可能夸大了法国和意大利所面临的政治危险，但这是一种新观念。为此采取的措施是慢慢
588 缓解欧洲的债务问题，确保欧洲经济复苏，这就找到了一个遏制苏联的非军事且不激进的方法。

英国外交大臣欧内斯特·贝文(Ernest Bevin)是第一个理解其中含义的欧洲政治家。他和法国人一道，敦促西欧国家接受援助。援助

① 总统的承诺在 3 月 12 日公布(英国则在 3 月 31 日关闭了他们在希腊的机构)。全文参见：*Public Papers of the Presidents of the United States-Harry S. Truman, Jan. 1 to Dec. 31, 1947* (Washington, 1965), pp. 176 – 180.

是针对整个欧洲的。但是苏联既不愿意参加,也不允许它的卫星国接受;这一计划遭到莫斯科强烈的谴责。很快(尽管带有明显的遗憾)捷克斯洛伐克联合政府也拒绝接受这一援助;作为东欧唯一一个还没有完全建立共产主义政府,并不被看作苏联卫星国的国家,很明显它必须站在苏联一边。苏联不妥协的另一个标志是战前旧的机构“共产国际”(Comintern)于 1947 年 9 月以“共产党和工人党情报局”(Cominform)的名义复现。它立刻开始了对“以建立美国帝国主义世界霸权为目的的毫不掩饰的掠夺和扩张进程”的谴责。最终,西欧国家建立起欧洲经济合作组织(OEEC)来适应马歇尔计划,苏联则在欧洲的另一半建立起经济互助委员会(Comecon)来回应,这不过是苏联控制东部计划经济的一个掩饰而已。

实际上冷战(正像它后来所称的那样)已经开始了。战后欧洲史的第一阶段结束了。世界历史中的下一个阶段将持续到 20 世纪 60 年代。在这期间,跨越地球的两大集团的成员国,一个被美国领导,一个被苏联引导,挣扎着渡过一系列危机以获取自身安全,它们采取了各种手段,但在主要竞争者间并未发生战争。

就冷战产生的所有简单粗暴的语言来说,此后所发生的与 16、17 世纪欧洲宗教斗争的纠结颇为类似,意识形态促使暴力、激情滋生,甚至偶尔还有信念,但永远不可能容纳当时所有错综复杂的思想与逆流。毕竟,冷战不能包括民族利益。尽管特定的争吵可能会湮灭,灾难可能会避免,但很快种种迹象表明,修辞和神话会继续,在它们早就不再反映现实之后使得问题更复杂、更痛苦(这当然也让人想起过去欧洲的宗教斗争)。在后来成为西方集团的一些国家中,冷战看上去就像内战或临战(near-war)状态,产生了类似自由、社会正义、个人主义这样有关价值观的道德辩论。一些辩论在较边缘的剧院进行宣传或颠覆活动,一些则通过由两大竞争者赞助与支持的游击战争来实现。冷战也是一场经济斗争,贿赂卫星国、前殖民地政客或中立国。在此过程中大量机
会主义不可避免地与教条主义的刻板相混合。也许不可避免的是,冷 589
战是一场祸患,使得世界大部分地区难以幸免,30 多年来成为罪恶、腐

败和苦难的源泉。但同时，它也为西欧提供了保护，使之日后成就一片崭新的未来。

帝国的清算

最早打断冷战的复杂因素之一，对欧洲产生的直接影响要远远小于其他洲的一些国家。那便是出现了一些感到自己既不属于这一方又不属于另一方的国家。其中许多是在1945年期间由于非殖民化形成的新国家，非殖民化过程尽管不会在超级大国间引起核冲突，但是会像冷战一样在国际关系间引起巨大变化。联合国大会将被证明是个重要的反殖民主义平台，而不是宣传冷战的平台（尽管其常常被混淆）。1945年，有六个欧洲国家仍然存在帝国：英国、法国、比利时、荷兰、葡萄牙和西班牙。尽管其战后继续坚定、强硬地继续它们的统治，但是在未来的25年中，它们都不得不接受殖民地的清算。

虽然在程度、环境、时机上各不相同，但当战争夷平了欧洲帝国主义在东南亚和印度尼西亚的扑克城堡时，亚洲民族主义运动已经大体上取得了最终胜利。1942年，新加坡的6万英国、印度和自治领部队投降标志着欧洲在亚洲的帝国注定要失败；没有什么努力能够挽回比“约克城”号更惨烈得多的灾难。其反响是如此巨大，甚至影响到那些殖民力量还未被日本取代的地区（例如印度次大陆）。这不仅颜面尽失，每个在远东的欧洲国家都丧失了信心和声誉。这与日本人有时会粗暴对待他们的新目标并没有什么关系。到1945年，已经出现了要发生变化的明显迹象，前亚洲帝国几乎都将在几年内荡然无存。

在印度，甚至在1939年以前就已很明显，殖民统治的结束只是个时间和形式的问题。支持印度独立的英国人希望使它与英联邦相联系，这是自1926年的帝国会议（Imperial Conference）时起对英帝国的称谓，其产生了第一个“自治领地位”（Dominion Status）的官方定义，即独立于英国，效忠英王，完全控制内外事务。自治领地位为印度设立了一个可以预想的目标，尽管英国政府直到1940年才承认接受这一目标。到1941年日本参战时，印度的独立浪潮更加风起云涌。不同的印度利益集团看到不同的机会。日本的进攻迫使英国政府同意国大党民族主义者战后自治，以及拥有退出英联邦的权利。但这已经太迟了；印度要求立即独立，独立运动提出的口号是“离开印度”。国大党领袖被逮捕，英国统治继续。平息 1942 年的叛乱比起一个世纪前的兵变(Mutiny)要快得多，但如果英国想要和平撤离，期限将至。罗斯福总统与斯大林秘密商谈印度独立的必要性(包括亚洲其他地区，以及对法属印度支那托管的必要性)。就像 1917 年所做的那样，美国参战对欧洲来说暗示着革命性的变化。 590

工党一直把印度(和缅甸)的独立看作它的一项计划。1946 年 3 月 14 日，英国政府同意了。约一年后(恰在向杜鲁门总统宣布它从希腊撤军的计划之前)，它向印度领导人保证，宣布它将不迟于 1948 年 6 月移交权力。这对解决酿成很多流血事件的纠缠不清的部族敌对十分必要。印度次大陆的分治随之而来。它曾拥有过的唯一统一政府于 1947 年 8 月 15 日结束，从中诞生了两个新的英联邦自治领——巴基斯坦和印度。前者是穆斯林国家，在印度北部的两边各有一块领土，后者官方上讲是世俗的，但其领导人和治国理念绝大部分是印度教的。当几十万难民力图穿越新边境，寻求躲避部族暴力的庇护时，大屠杀随之而来。

在亚洲，绝对的领土统治并不那么利害攸关。尽管苏联和美国在欧洲的影响范围在 1948 年就明确划定(可能柏林是例外)并实际上维持了 40 年不变，但由于中国所扮演的角色，远东大国关系的解决却犹犹豫豫很多年。100 多年来，中国一直努力奋斗，不仅仅是为了驱逐领土上的帝国主义。第二次世界大战使它能够在日本的威胁下幸存下来，并完成漫长的革命。也是出于这个原因，1941 年是关键的一年。中日在世界冲突中的相遇拖垮了日本的行动自由，并使中国获得强大的盟友以及新的重要地位。值得注意的是，和英、法及美签署的“不平等条约”的残留部分最终被废除。这比同盟国所能给予的任何军事援助更重要；很长一段时间它们忙于把自己从 1942 年初的灾难中解脱出来而无法对中国提供更多的帮助。相反，倒是一支中国军队被派出帮助英国保护滇缅公路，抵御日军。尽管有美国空军的支持，但西部仍处于封锁中，长久以来，中国只能尽最大可能靠空军或滇缅公路与盟友保持联系。然而，在解除掉对西部的严密封锁后，一个决定性的变化开始
591 了。这一变化到 1949 年 10 月 1 日中华人民共和国的开国典礼达到顶峰。

像印度和中国一样，在东南亚和印度尼西亚，第二次世界大战是具有决定意义的。在荷兰和法国殖民地，有时变化发生的速度要比英属殖民地更快。1939 年以前，荷兰在印尼的授权代表机构并未预见到民族主义与共产主义的发展。一些民族主义的领导人与 1942 年占领岛屿的日本人合作。当日本投降时，他们处于夺取权力的有利地位，宣称在荷兰人返回之前建立一个独立的印尼共和国。战斗和谈判进行了大约两年。最终达成协议，成立一个荷兰国王统治下的印尼共和国，但并没有生效。战斗再起之后，最初一次战役中荷兰人以前殖民地“警方行动”的方式徒劳地奋力前行，结果却遭到共产主义的全面攻击和联合国反殖民主义的谴责。印度和澳大利亚(澳大利亚认为一个独立的印尼最终会出现，最好是对其进行安抚)都将这一事件提交到安理会。最终，荷兰让步了。随着印度尼西亚合众国的建立，拥有 350 年历史的阿姆斯特丹东印度公司于 1949 年寿终正寝。印尼与荷兰的模糊的联盟关系保持了下来，但于五年后结束。

法国一度似乎要比荷兰做得好些。印度支那战争与马来西亚或印尼有所不同，尽管日本自 1941 年以来就在那里实行全面的军事控制，但是直到 1945 年初法国的最高权威才正式遇到挑战。日本人将安南(Annam)、交趾支那(Cochin-China)和东京(Tongking)[①]合并，成立安南皇帝统治下的新越南。日本一投降，当地共产党——越南独立同盟会(Viet Mirth)——领袖胡志明便跻身河内的政府大楼之中，宣布成立越南共和国。那些支持他的革命运动迅速传播。很明显法国人要重新确立自己的地位并不容易。一支大型远征军被派往印度支那。法国

① 越南北部一地区旧称。——译者注

同意承认越南为法国联邦内的一个自治国;关于给交趾支那独立地位的问题,所有磋商努力都失败了。同时,法国士兵受到狙击,他们的护航队遭到伏击。1946 年末,在河内发生攻击外国居民事件,造成多人死亡。法国军队围困河内,战争打响,共产主义者要实现民族主义目标,建立一个统一的国家,而法国则设法维持一个衰落了的越南,并将其与其他印度支那国家一起留在法国联邦之内。到 1949 年,法国转而同意把交趾支那包括在越南内,承认柬埔寨和老挝为“托管邦”(associate states)。但新的外来者现在越来越感兴趣。胡志明政府得到苏联和中国的认可,安南皇帝(法国所扶植)则得到英国和美国的 592
认可。

因此,亚洲的非殖民化很快冲破了罗斯福所预见的简单过程。同时,缅甸和锡兰于 1947 年独立。第二年,共产党支持的游击战在马来半岛打响。尽管它会遭遇失败,也无法阻止迈向 1957 年独立的坚定进程,但它是困扰美国与欧洲关系的早期后殖民冲突之一。与共产主义世界不断增长的敌对,超越了简单的反殖民主义。

战后中东

中东在两次大战之间的稳定还不难实现,因为这一地区各种激进事件都时不时发生。1939 年,法国仍在叙利亚和黎巴嫩实行托管,而英国在巴勒斯坦实行托管,同时在与当地统治者谈判之后,英国还在其他阿拉伯地区不同程度地发挥影响或行使权力。英国最重要的利益是在伊拉克和埃及。在伊拉克,英国保留了一支小型武装,主要是空军。在埃及则有大量驻军保卫苏伊士运河。1940 年意大利参战后,运河地区成为英国战略最关键的(有时是最容易受到威胁的)部分之一。埃及西部边境突然成为前线(埃及和英国共同管理的苏丹在 1940—1941 年间曾在短期内成为前线)。埃及几乎直到战争结束一直保持中立,但实际上它是英国的基地。战争也需要来自海湾的石油供应保障,尤其是伊拉克。因此,当伊拉克在 1941 年的一次民族主义政变中威胁要转向亲近德国时,英国进行了干预。同年,英国和自由法国(Free French)

的军队适时地进驻叙利亚使叙利亚免于落入德国之手，这促成了一个新国家的诞生。很快，黎巴嫩宣布独立。法国在战争结束时想要重新树立自己的权威，轰炸了大马士革和贝鲁特，但未获成功，1946 年他们的驻军撤离。在更西边的战线上法国也遇到了困难，在阿尔及利亚，1945 年战争爆发后，民族主义者当时只要求从法国联邦中独立。1947 年法国同意了这一要求，但是故事并未就此结束。

在英国影响大的地区，反英情绪成为当地政客用来实现团结的利器。战后的岁月里，埃及和伊拉克都遍布对英国入侵的敌视。1946 年，英国宣布准备从埃及撤军，但是签署新条约的谈判严重破裂，埃及把此事诉诸联合国（并未成功）。到这时，大国在中东的势力已经被新兴力量所改变。

593

以色列和冷战

巴勒斯坦问题以及阿拉伯地区后殖民命运的不确定性可以在犹太人决定在巴勒斯坦建立民族国家的决定中体现出来：必要时，使用武力。其催化剂是欧洲的纳粹革命。在《贝尔福宣言》（*Balfour Declaration*）发布时，在巴勒斯坦居住着 60 万阿拉伯人和 8 万犹太人。这一数字使得一些阿拉伯人觉得自己庞大，更具有威胁。在两次大战期间，从巴勒斯坦移居国外的犹太人实际上超过了外来移民的数量，在尊重"现存的非犹太群体的公民权利和宗教权利"（正像《贝尔福宣言》所说的）的前提下为犹太人构建一个"民族之家"的诺言好像还有通过调和得以解决的余地，但是希特勒改变了这一切。因为随着纳粹发起对犹太人的迫害，来巴勒斯坦寻求庇护的犹太人开始增长。

一些极端主义者总是把英国而不是希特勒当作主要敌人。当灭绝政策在战争期间开始实施时，英国试图禁止外来移民的做法使得英国在巴勒斯坦的政策对越来越多的犹太人来说无法接受。政策的另一面——分治，也遭到阿拉伯人的拒绝。战争一结束，世界犹太复国主义代表大会（World Zionist Congress）就要求 100 万犹太人应被允许立刻进入巴勒斯坦，这使得问题更加戏剧化。英国的政策不断被斥责为仅仅是出于帝国主义的考量而不愿意放弃领土。其他新因素也开始出现。英国仁慈地看着埃及、叙利亚、黎巴嫩、伊拉克、沙特阿拉伯、也门和外约旦(Transjordan)于1945年成立阿拉伯联盟。英国政策长久以来形成了一种假象，即认为泛阿拉伯主义可以说服中东稳定下来，阿拉伯国家之间政策的协调能够为问题的解决提供一个开端。实际上，阿拉伯联盟很快投入到巴勒斯坦问题上，而把其他问题排除在外。

其他新因素还包括冷战。在战后初期，斯大林好像还抱着陈旧的共产主义观念，把英国看作国际资本主义体系中的主要帝国主义支柱。尽管在1919至1939年间苏联政府对中东地区并没有多大兴趣，但是对英国在中东的地位和影响的攻击还是随之而来。战后，苏联对土耳其施加压力，并且，苏联开始公开地支持中东地区的犹太复国主义。不需特别的政治眼光就可以看出，这是传统俄国利益在破碎的奥斯曼帝国遗产上的延续。然而此时，美国在这一地区的政策却是反英的，或说是支持犹太复国主义的。在1946年中期国会选举中，犹太人的选票非常重要；一种反犹太复国主义的立场对于一个民主党总统来说几乎是无法想象的。

从1945年起，英国人在巴勒斯坦面临来自犹太和阿拉伯恐怖主义
的双重威胁。他们想要从这个乱摊子中解脱出来，离开圣地。当英国 594
政府设法寻找各方都能接受的方式来结束托管时，不满的阿拉伯人、犹太人和英国警察尽量维持现状。他们寻求美国的帮助，但是没有用处，杜鲁门支持犹太复国主义。最终，英国把这一难题带到联合国，联合国建议分治。这对阿拉伯人仍然是行不通的。两个集团之间的冲突越来越激烈，英国决定立即撤军。1948年5月14日，在英军撤离之时，以色列国宣布独立。在独立16分钟以后就得到了美国的认可。很快也得到了苏联认可。然而在之后25年中，美苏之间再也没有什么一致的看法了。

以色列立刻遭到了攻击。埃及军队占领了巴勒斯坦的一部分，这部分按联合国决议判给了犹太人。约旦和伊拉克军队支持留在判决给他们的领土上的巴勒斯坦阿拉伯人。但是大卫王战胜了哥利亚，随后

开始休战。1949年，以色列政府迁往耶路撒冷，尽管半个城市还被约旦人占领着，这是耶路撒冷自罗马帝国时代以后首次再度成为犹太人的首都，且这一举动也无视了联合国想要把圣城国际化的想法。在美国和苏联的外交支持以及美国的私人金钱支持下，犹太人凭借自己的能量和创造力成功地建立了一个25年前没有任何基础的新国家。

事实证明代价非常沉重。阿拉伯国家感受到的失望和羞辱使他们不断对这个新国家进行敌视，同时也为将来的大国干预提供了机会。对他们而言，以色列越来越像欧洲或西方在伊斯兰中东世界的又一个植入品（第一个是十字军骑士所建的）。几个世纪以来犹太人一直是牺牲品，现在却被阿拉伯人看作迫害者和剥削者。就犹太人来说，犹太领导人谈论的是新一轮大屠杀的危险。就这样，这一地区旧的争吵被进一步恶化。其幕后的背景是绵延几个世纪的奥斯曼帝国权力的消解，是后继帝国主义的相互竞争，是两个新世界大国的崛起使中东进退维谷，是19世纪欧洲民族主义与古老宗教的互动，是工业国对石油不断增长的依赖所产生的初步效应。20世纪政治中很少有像以色列建国这样能够如此深深地（且如此不幸地）铭刻于历史的时刻。这的确是世界历史上重要的一刻。欧洲犹太人中的大多数结束了大屠杀的命运，未来四分之一世纪中的移民迁出将证实这一点。如果有一个中心的话，全世界的犹太人现在将转向以色列来寻找，带着因为一个建国梦想而产生种种问题的复杂心理。

欧洲分裂：第一场危机

在欧洲，两个超级大国间的冷战主要通过欧洲事实上的分裂表达
595 出来。这遮蔽了30多年来所有其他历史的发展，刺激了一些，而又掩盖了另一些。1947年，匈牙利、罗马尼亚和波兰的政府中都不再有非共产主义者。次年2月，捷克斯洛伐克发生政变，结果也是如此。在这种分化之后，冷战的第一场真正的战斗在柏林打响。

英国人和美国人出于经济目的把他们的占领区合并，这促使苏联从盟军对德国中央委员会（Allied Central Commission for Germany）

中退出。1948 年 6 月,在未经苏联同意的情况下,所有三个西方占领国在他们占领区内引入了一场货币改革,产生了令人震惊的效果,开启了西德经济复苏的进程,并且比其他早期措施更明确地把德国一分为二。按照马歇尔计划,(由于苏联的决定)只对西部占领区进行援助,这意味着东德的复苏将不与西德结合在一起。一个强大的西德将靠自己崛起,西方列强已经明确表示他们设想的是一个依靠自己政府而强大的国家。他们将着手让德国工业恢复元气无疑具有经济意义,但这也意味着东部德国将从此决然地被置于铁幕的另一边。

货币改革也把柏林一分为二,并因此阻碍了共产主义者在城中发起一场广泛的暴动的机会。苏联的反应是立即切断了德国西部与在苏占区中孤立的柏林之间的通信联系。不管最初的动机如何,争执不断升级。一些西部官员已经考虑到,把东柏林从三个西部占领区分隔开来的企图在这场危机之前就已经开始了,“封锁”(blockade)一词早已被应用,苏联的行为现在被按这层意思来解释。西方盟友接触位于柏林的本国军队的权利没有被苏联占领军触动或质疑,但是他们干扰了西柏林其他工业的交通。为供养西柏林,英国和美国组织了物资空运。苏联的目的是向西柏林人表明,如果俄国人不愿意,西方列强就不能待在那里。因此他们想除掉在苏联控制的柏林选举非共产主义者进入市政当局这一障碍。因此,一种角力很快展开。尽管维持西柏林生存所需的食物、燃料和医药的运输成本巨大,西方列强仍宣称他们已准备好将之无限期地继续下去。其中的含义就是只有武力能使他们停下来。自从战争结束后,美国首次将战略轰炸机移往英国基地。

西柏林人最终没有被吓倒,因为盟军的供应被证明是十分充足
的,除非被武力打断。一年之后,封锁被打败。这一成就代价高昂,
且技术卓越。柏林的飞机场大多数时候必须每天起降 1 000 多班次 596
(仅煤的日均运输量就达 5 000 吨)。然而,封锁的真正意义却更深。
封锁的失败表明在某一时刻,美国准备不惜与苏联决战以保护 1948
年确立的战后格局。苏联的政策制定者似乎并没有预见到这一
结果。

北
挪威
芬兰
爱沙尼亚
拉脱维亚
瑞典
北海
丹麦
立陶宛
波罗的海
加里宁格勒(柯尼斯堡)
汉堡
不来梅
白俄罗斯
柏林
波兰
华沙
布列斯特—立陶夫斯克
东德(民主德国)
科隆
波恩
法兰克福
布拉格
乌克兰
西德
法国
捷克斯洛伐克
幕尼黑
维也纳
奥地利
布达佩斯
瑞士
匈牙利
罗马尼亚
的里雅斯特
萨格勒布
布加勒斯特
意大利
贝尔格莱德
战后德国与中欧
战前德国与波兰边界
战后苏联
1955年的华沙条约组织成员国
德国被同盟国占领的分区(1945—1955年)
英国
美国
法国
苏联
三个西方国家占领区域组成了前联邦德国，而苏联控制区域形成了德意志民主共和国(东德)。柏林仍处于四方力量的共同控制之下。
南斯拉夫
保加利亚
索非亚
阿尔巴尼亚
希腊
0 400公里
0 250英里

他们充分利用这次失败，在东西柏林的交流上引入新的障碍（在东西柏林之间行动原本是畅通无阻的），拒绝选举出的柏林市长上任。苏 597
联的主要目的并未改变，即不能再有一个统一、经济强大的德国独立于苏联控制之外并占领德国领土。这一目的现在通过其他手段而不是胜利者之间的协议来实现。但是现在西方盟国却能够开始在德国大部分地区加速德国的经济发展，而不必等到德国的政治问题得以解决之后再实行。这对于整个西欧来说具有重要意义。

欧洲政治一体化的开端

1945 年后塑造欧洲历史的内外大事是在观念之中展开的，观念比任何时候都更显示出其重要影响，不仅是恐惧，还有对欧洲作为一个整体的感受和思想，它的命运以及改变它的可能性，甚至还有理想主义。战争带来的灾难刺激了许多政治家；不容置疑的是，除了逃离一种比它已经经历过的更野蛮的命运外，欧洲在任何方面都受益。民族主义的存在也是可以理解的，且是欧洲弱点的一个基本来源，如同 1914 年一样，民族主义在 1939 年显示了它的威力。一些人觉得欧洲历史从长远来看就是为了克服大陆的不统一这一生死攸关的问题。许多其他原因（其中一些可以追溯到 1939 年前至第二次世界大战以后）也有助于促进所谓的“欧洲统一运动”（European Movement）。但是 1945 年及随后几年的特殊环境至关重要，这些环境鼓励欧洲人寻找新方法来组织欧洲，并满怀激情地将之付诸行动，且为此提供了机遇。

各国政府不同程度地对这种潮流和当时的环境作出反应。一般来说，排除环境和实用因素，20 世纪 40 年代末和 50 年代初，它们在欧洲一体化问题上常常从两个方向中选择一种。一是始终如一的英国政府的观点（常常得到斯堪的纳维亚国家和爱尔兰的支持），它强调政府间出于明确、具体的目的进行合作。与此相反，一些大陆性的欧洲政府往往更愿意倾听更长远、跨国界的一体化计划，也许可以拥有联邦制结构和欧洲议会。甚至在 1948 年这就已导致严重的分歧和争论。这一年英国坚决反对所谓的“欧洲理事会”（Council of Europe，1949 年正式成立)，一点也不让步，甚至连法国和意大利提出新机构的名称应被称为“欧盟”也不能接受。

598 同时，当英国、法国、比利时、荷兰和卢森堡签署《布鲁塞尔条约》(Brussels Treaty)之后，马歇尔计划实施的第二年开始了一项具体的区域防御协定。但这个协定实际上在 1949 年 4 月(封锁被正式解除几周前)被一个新的国际联盟——北大西洋公约组织(NATO)所超越。北约是把欧洲各成员联系起来的第一个冷战协议。美国和加拿大都是其中的成员。这是对美国外交政策中孤立传统的进一步突破。当任何一个成员受到威胁时，这个纠缠不清的联盟会进行共同防御。在西欧国家中，只有瑞典、瑞士和西班牙没有加入这个组织。

同年 5 月 23 日，一个新德国从西方三个占领区中崛起，成立了联邦共和国。9 月，第一任政府成立，一位重要的天主教政治家(基督教民主联盟党员)康拉德 · 阿登纳(Konrad Adenauer)成为联邦共和国的第一任总理。10 月，在东部地区，一个新的德意志民主共和国从苏军手中接管行政事务，对此予以回击。在统一社会党名义下，共产主义者控制了它的政府。这样，在可预见的未来就出现了两个德国。冷战将沿着这条线将它们分开。一个危险、不确定的阶段已经结束。它将证明这主要是以东德为代价的，现在则紧紧地与苏联政策和利益联系在一起。

第二十八章　欧洲与全球冷战 599

新东亚

1949 年开始时表明,历史不知会发生什么,不仅是在欧洲,也是在两极世界里,欧洲几乎无法摆脱这一变化的结果。尽管产生了广泛的影响,放弃印度和其他英国在远东的殖民地以及法国与荷兰殖民地的致命削弱在重要性上同一个新兴的、共产主义的中华人民共和国的成立相比相形见绌。从冷战的视角看,这为共产主义阵营增加了世界上最多的处于一个政府领导下的人口。

一年以后,两个世界的可能性看起来更合理。朝鲜是日军战败后按占领区域划分的又一个国家。联合国曾力图把被美军和苏军划定的两半重新统一起来,但是经过许多努力之后,仍无法达成覆盖全国的选举协议。因此在 1948 年,它承认在美国保护下由南部选举的政府为整个半岛的合法政府。这个政府宣布拥有(但无法行使)整个半岛的主权。与此同时,朝鲜民主主义人民共和国在北部成立。1950 年 6 月 25 日,朝鲜战争爆发,朝鲜军队越界韩国迅速向南推进。两天后,安理会投票抵制对一个联合国成员国发起的侵略,杜鲁门总统派美国军队以本国的名义帮助韩国。当时苏联抵制安理会会议,因其代表不能行使否决权,最终联合国能够在行使国际纪律制裁方面获得了唯一一次重大胜利。

大多数在韩国的联合国部队是美国人，但其他国家包括欧洲也派出了军队援助。英国派出了英联邦军队的一部分，包括空军和海军。盟军是成功的。几个月后，它就穿越了“三八线”进入朝鲜领土，此后，当战争靠近中国东北边境时，中国军队开始干预了。联合国军队被击
600 退，一场更大战争的危险，也许涉及美国会使用核武器，也变得越来越明显。在协调意见(主要来自英国)之后，美国谨慎地决定不在亚洲挑起重大战争。1953 年 7 月签署了停战协议，为把停战变成最后的和平，谈判开始。

1953 年，法国放弃了柬埔寨和老挝。1954 年，法国在一个叫奠边府(Dien Bien Phu)的军事基地作战失败，这是一场决定性的战斗，既涉及法国的声誉，又决定法国选民作战的意愿。此后，在红河三角洲维持法国的优势就不再可能了。在日内瓦召开的一次会议同意对越南实行分治，一方是南越政府，一方是渐已控制北部的共产党政府，未来的选举也许能使国家重新统一。但选举并未发生。相反，始于 1941 年的反抗西方的亚洲战争很快就在印度支那开始了自 1945 年来最激烈的阶段。西方竞争者不再是以前的殖民国家，而是美国人；法国人回家了，英国人在其他地方有很多问题要解决。另一方面是印度支那的共产党、民族主义者和中苏两国支持的改革者。美国的反殖民主义立场和认为其应当支持当地非共产党政府的信念促使它像支持韩国一样支持南越。不幸的是，无论是在老挝还是在南越，或最终在柬埔寨，都未出现在其被统治者眼中无可置疑的合法政权。印度支那的历史越来越被强行纳入冷战模式，人民的国内利益在未来的几年中不断丧失。

欧洲人在关闭他们在亚洲的殖民生意。有时候，他们的行动没有自己希望的那样迅速。尤其是英国人，他们因自己不能控制的因素延迟了几次。英国部队不得不最迟于 1964 年再次在东南亚采取行动，因为新印尼的铁腕人物苏加诺(Sukarno)斥责新成立的马来西亚联邦(Federation of Malaysia)，这一联邦是在殖民帝国的废墟之上于 1957 年崛起的(1962 年扩大)。对许多亚洲人来说，欧洲统治的结束现在看

来并不像曾经想象的那样是转折点，并且也没有冷战对抗那么大的影 601
响。帝国主义退出后的现实状况开始显现。欧洲人影响了几百万亚洲人的命运，支配他们的生活达几个世纪，与他们建立了新的特殊的国际关系，但是除了与之合作或帮助建立起来的统治精英阶层外，欧洲文明却很少触及亚洲人的心灵和思想。在亚洲有比在世界其他地方更加根深蒂固和强大的传统。

亚洲的非殖民化

印度次大陆	
1942 年	印度独立运动拒绝英国提出的战后自治建议。
1946 年	3 月 14 日，英国提出印度完全独立。
1947 年	2 月 20 日，英国确定撤军最后期限；6 月，印度和穆斯林领导人同意分治；8 月 15 日，印度和巴基斯坦自治领成立。
1948 年	锡兰（斯里兰卡）成为自治领。
1950 年	英联邦属下印度共和国成立。
1956 年	英联邦属下巴基斯坦伊斯兰共和国成立。
东南亚	
1945 年	越南、柬埔寨、老挝三国宣布独立，但是法国慢慢又获得对各国的控制权。
1948 年	缅甸成为独立共和国。
1949 年	越南在法兰西联邦内的独立被法国认可。
1954 年	法国认可南越、老挝、柬埔寨的完全独立；越南按内部协议一分为二。
1957 年	马来亚联合邦(Federation of Malayan States)在英联邦内独立。
1959 年	新加坡实现自治。
印度尼西亚	
1945 年	印度尼西亚宣布独立，成立共和国，紧接着荷兰重新树立了权威。
1949 年	荷兰把主权移交给印尼。
1954 年	印尼解除与荷兰的所有联系。
东亚	
1943 年	英国和美国放弃在中国的治外法权。
1945 年	朝鲜在苏联和美国占领区之间分裂。
1946 年	菲律宾共和国成立。
1948 年	大韩民国（南部）和朝鲜民主主义人民共和国（北部）成立。

亚洲文化从未像前哥伦布时代的美洲文化一样被扫地出门（因为 602
做不到）。就像亚洲以外的伊斯兰世界一样，不论是欧洲人的直接努力还是欧洲文化通过自以为的现代化的间接传播，都遇到了巨大的障碍。即使是那些相信自己已经从过去彻底解放的人，那些最“欧化”的人，其

思想和行为的最深层也通常从未被触动。

中东与北非

以色列的出现使中东政治发生了革命。1948 年以后对石油的需求以及冷战的影响增加了这一地区的不稳定性。以色列比起英国对阿拉伯问题要敏感得多(尽管在苏伊士运河仍有英国驻军,在其他“友好”的阿拉伯国家也有英国军队)。它甚至一度使泛阿拉伯主义看起来似乎有理。阿拉伯土地被不公地掠夺(其在第一次世界大战中承诺给阿拉伯统治者),巴勒斯坦难民遭受苦难,列强和联合国代行其责,阿拉伯人苦苦思索着这些问题。他们的统治者可以就这些不满达成协议,好像什么也没有发生过。然而,在 1948 至 1949 年战败以后,阿拉伯国家一度不再愿意公开委派自己的军队。

划定以色列与约旦、叙利亚和埃及实际边界的一系列停战协议的签署一直持续到 1967 年。20 世纪 50 年代初不断有摩擦发生,以色列不断遭到从埃及和叙利亚难民营雇佣的一群群年轻游击战士的袭击。但是外来移民、辛勤的劳动和美国的资金坚定地支持着这个新国家。当以色列的人均收入同人口更稠密的阿拉伯国家相比差距拉大时,阿拉伯人更受刺激。对这些国家的外国援助还从没产生过像这样巨大的变化。由于人口快速增长,最发达的埃及面临尤为严重的问题。不同阿拉伯国家间以及各国内部贫富阶层间的对比加深。大多数石油生产国被少数富有、通常传统又保守、偶尔具有民族主义情结又西方化的精英所统治,他们通常对贫困的农民和住在人口稠密地区贫民窟中的人不感兴趣。民族主义者和泛阿拉伯主义者在中东推动共同反对以色列、反对英国和反对西方等方面遇到了困难。

一场埃及革命以后似乎带来了更有希望的前景,这场革命把一个年轻的战士迦玛尔·阿卜杜勒·纳赛尔(Gamal Abdel Nasser)带到了前台,纳赛尔一度看起来既有可能把阿拉伯世界团结起来反对以色列,又有可能为社会变革开辟一条道路。1954 年,他成为推翻埃及君主制的军政府的领袖。在面临强烈的敌对情绪时,英国政府总是试图与阿

拉伯统治者合作;其从印度撤军后认为中东并非那么要紧。1951 年,
英国的盟友约旦国王遇刺,为了生存,他的继任者不得不宣布拒绝与英 603
国旧有的联系。再往西,战争一结束就被迫承认摩洛哥和突尼斯完全独立的法国面临更多的问题。1954 年,一场阿尔及利亚国家叛乱开始;没有哪个法国政府能够轻易放弃 100 多万拥有欧洲血统的定居者。另外石油刚刚在撒哈拉沙漠被发现。

在这种背景下,纳赛尔社会改革的逻辑和民族主义吸引了埃及以外的阿拉伯人。他的反以色列情绪没有被怀疑,为他赢得荣誉的是,他很快与英国达成了退出苏伊士基地的协议。美国人也不断感受到苏联对中东的威胁,也一度赞赏地把他看作一个无可挑剔的反殖民主义者以及潜在的代理人,但是很快纳赛尔便对他们失去了吸引力。1950 年,英、法、美一致同意通过向中东的老客户限量出售武器来稳定这一地区,这样做的条件是在以色列和阿拉伯国家之间保持平衡。当纳赛尔以棉花为抵押成功地进行了一宗与捷克斯洛伐克的武器交易,且埃及给予共产主义中国以外交认可之后,对他的看法改变了。为表示不满,英美撤销了对其一个很受欢迎的国内发展项目——在尼罗河上修建大坝——的资助。作为回应,纳赛尔扣押了拥有并运营苏伊士运河的私有公司的财产,声称它的收益应该用来资助大坝工程,这触动了英帝国主义的敏感神经。至少这一次,只是被帝国撤离驯服一半的本能看起来好像是与反共产主义和与更传统的阿拉伯国家之间的友谊是一致的,这些阿拉伯国家的领袖已开始怀疑纳赛尔是不是一个激进的革命者。英国首相也沉浸在错误的类比中:他把纳赛尔看作是一个新的希特勒,在他成功发动侵略之前要阻止他。至于法国人,他们为纳赛尔支持阿尔及利亚的暴动而抱不平。两个国家都正式抗议苏伊士运河被没收,因此与以色列串通,开始策划推翻纳赛尔。1956 年 10 月,以色列突然入侵埃及,声称要摧毁侵扰其边界的游击队基地。英法政府立即宣布通过运河的行动自由处于危险之中。它们号召停火;当纳赛尔拒绝时,它们先是对埃及发起空中袭击——在盖伊・福克斯日(Guy Fawkes' Day),然后是海上袭击。它们否认与以色列串通,但是这种否

认是可笑的。这是个谎言，更糟的是，是个难以置信的谎言。很快，美国人被彻底震惊；他们害怕苏联会从这场帝国主义的冒险中受益。财政压力迫使英国接受联合国斡旋的停火协议。英法干预以耻辱结束。

苏伊士事件看起来是(也的确是)一场西方的灾难，但它的主要影
604 响却是直接的、道德上的和心理上的。英国人的损失最大，这使他们的良好愿望付诸东流，尤其是在联邦内部，同时也使中东对他们撤军的诚意失去信心。它也加深了阿拉伯人对以色列的仇恨；对以色列与西方难分难解关系的猜疑使得他们更容易接受苏联的迎合。纳赛尔的声誉更是节节上升。也有人认为苏伊士事件在最关键的时刻使西方失去了东欧(当西方列强相互争吵的时候，苏联军队镇压了一场匈牙利反抗其苏维埃卫星国政府的革命)。然而，中东事务的基本内容并未因危机而发生重大变化。苏伊士事件并未改变冷战或是中东的平衡，英法再也不会冒险来吃这么大的苦头。它们遗憾地而不是满怀气愤地看着那些友好政府后来的垮台，尽管 20 世纪 60 年代英军曾被召唤到约旦来支持其统治者，具有讽刺意义的是，它们是与支持纳赛尔的军队作战。阿拉伯世界最重要的发展来自阿尔及利亚，它与苏伊士事件并无多大关系。

在这十年里，阿尔及利亚民族革命风起云涌。内战使革命更错综复杂，因为“阿尔及利亚人”既包括当地的马格里布人(Maghreb，马格里布人内部四分五裂)，也包括欧洲后裔(分裂不是很严重)。定居者毫不妥协，再加上许多士兵感到自己是被要求完成一个不可能的任务而痛苦不堪，这几乎导致一场法军政变。不过，1958 年在法兰西第五共和国新宪法下已经成为总统的戴高乐将军和阿尔及利亚叛乱分子签署了秘密协定，1962 年 7 月，全民公投之后，法国正式认可阿尔及利亚独立。1951 年，利比亚从联合国托管走向独立。至此，除了西班牙飞地以外，欧洲霸权在整个北非海岸已被消除。

实际上，欧洲利益被改变了。在中东，它们不再受旧的固有观念所支配。苏联继续以冷战的眼光来看待这一地区。当以色列对于抵抗英国不再有用时，苏联放弃了早期对以色列的支持，随后采取坚定的支持

阿拉伯路线,竭尽全力地煽动阿拉伯对残存的英帝国主义的不满,同时在 20 世纪 60 年代后期通过在边境骚扰苏联犹太人来稍微地为自己挣得阿拉伯的赞同。然而此时改变中东问题的主要因素是石油。50 年代有两大重要发展。一个是比以往更大储量的石油矿藏的发现,尤其是在波斯湾南部海岸,位于仍深受英国影响的小小的酋长国内以及沙特阿拉伯境内。第二大变化是工业国能源消耗的剧增。石油增产的主要受益者是沙特阿拉伯、利比亚、科威特以及略微落后一点的主要生产国伊朗和伊拉克。那些依靠中东石油的国家——美国、英国、德国,很 605
快还有日本,将不得不在它们的外交中重视阿拉伯人的观点。

不断增长的石油收入还有另一层重要意义,那就是其在石油生产国导致了多方面的社会变化,一些变化是有意的,更多变化则是无意的。这对它们绝不仅仅意味着好处。中东和海湾地区经济差距不断扩大,随着人口增长一些地区不断贫困化,保守派统治者不断提高国内治安体系,富人接触西方奢侈品,一些地区累积了大量移民劳动力,等等,这些都是众多最终导致不稳定或至少破坏社会、文化凝聚力的问题中的一部分。的确,自 1919 年后,中东的主要国家结构是坚实的,能够承受野心勃勃的革命——泛阿拉伯主义的巩固和统一的初始计划或多或少是完整的。它们因以色列的创立和生存而紧张,但最终坚持了下来。然而,这些国家的国内政治在世界大战结束后却充满暴力与暗杀。石油革命所做的就是把阿拉伯大众卷入政治,即使只是作为一种威胁性的背景因素,也是在现代从未发生过的。在冷战背景以及维持现存政权的外部利益之下,这要过一段时间才能出现。但是当它确实出现,它就会成为整个"西方"国家首要关注的问题,而不只是欧洲。

欧洲和撒哈拉以南的非洲

在使地图绚烂多彩方面,19 世纪的欧洲帝国主义在非洲要比在其他地方做得更好。第一次世界大战取消了德国殖民地,第二次世界大战取消了意大利殖民地,但这并未影响欧洲在撒哈拉以南的普遍霸权。1945 年,唯一独立的国家是利比里亚和南非联盟(南非联盟是英联邦的一部分)。其他地区都直接或间接地处于英国、法国、比利时或葡萄牙的统治之下(西班牙在西非海岸拥有一块小岛)。这一地区的非殖民化过程是迅速的,但却充满巨大的困难,并且将会比亚洲产生更模棱两可的后果。但整个过程也是令人惊讶地不流血的:只有在阿尔及利亚的非殖民化过程导致许多人丧命(但是在后殖民时代,当非洲人开始非洲化进程时发生了许多流血事件)。葡萄牙是在国内革命后才放弃其殖民地的,但是非洲其他地区的殖民主义却是相当和平地被取代。可能的话,法国和英国政府急于卖弄似的通过仁慈地对待其以往的臣民来保持一定的影响;以定居者而不是帝国统治者的形象出现作为避免撤出的常用途径。

帝国的结束比大多数人预料的要快得多。1945 年时还没有像在印度那样有任何可靠的预计,但是到 1961 年(南非成为一个完全独立
606 的共和国,脱离英联邦),24 个新非洲国家已经形成。十年后,葡萄牙是唯一一个仍然坚持拒绝放弃非洲殖民地的前殖民国家,但是到 1975 年底也撤走了。领导了海外欧洲领地冒险的伊比利亚人几乎是最后一个放弃这块土地的。

帝国主义撤军之后,紧随其后的是割据成小国。非洲缺乏像亚洲那样伟大的本土文明的统一影响来摆脱殖民分裂。西方化的非洲精英所感兴趣的民族主义观念确认了非洲大陆缺乏一种内在的文化统一(穆斯林国家塞内加尔提供了一个不同寻常的著名例证,其总统用法语创作诗歌,并且是个歌德研究专家),并经常忽略殖民主义所包含或操纵的重要现实。结果是,撒哈拉沙漠以南的非洲现在的形势主要归结于 19 世纪欧洲人的决定(正像中东大部分地区的框架来自这一世纪他们的继承者一样)。新非洲国家主要靠前殖民地的界限来界定;其常常包括各种语言、血统和习俗的人们,对他们来说,殖民管理提供的其实是一种形式上的统一。

尽管具有巨大的经济潜力,但新非洲国家的经济和社会基础却非常不稳定。这在形式上的帝国消失之后仍然常常鼓励了欧洲经济影响的持续。帝国主义的遗产又一次变得重要,既有消极意义,也有积极意

义。与亚洲相比，非洲的殖民政权留下了薄弱的文化和经济基础设施。识字率很低，受过训练的行政官员和技术专家也很少。他们不均匀地分布在各国之间。非洲重要的经济资源(尤其是矿藏)需要他们开发，进行资金运作和营销，这些都只能在不远的将来依靠来自外部世界的帮助(非洲白人被许多黑人政治家视为“外来者”)。此外，由于欧洲的需求和利益，一些非洲经济体直到最近才经历了分裂和转移。

前英属殖民地加纳于 1957 年第一个在非洲撒哈拉以南崛起。在接下来的 27 年中，非洲发生了 12 场战争，13 位国家领导人被暗杀。发生了两次尤为激烈的冲突。在以前的比利时属刚果，富含矿藏的加丹加(Katanga)地区试图独立，导致了内战，苏联和美国的影响迅速卷入。比利时士兵返回此地，联合国努力维持和平。然后，在 60 年代末，至此最为稳定和最有前途的新非洲国家尼日利亚爆发残酷的内战，又一次把非洲以外的人们卷入血腥战争中(一个原因是尼日利亚加入了石油生产国队伍)。然而，除了一两个例外，无论其他非洲以外的利益在它们中间发挥怎样的作用，非洲国家大部分在冷战政治中未被外来者明显地操纵。形式上马克思主义政权仅在最传统的国家之一的埃塞 607
俄比亚和前葡萄牙殖民地出现。前法国和英国殖民地，有时享受或是承受前殖民主人的某种赞助，很少受到超级大国对峙的影响。但是欧洲人并非没有加入非洲政治的黑名单中。新成立政权糟透了的政绩有时需要替罪羊，非洲大陆有两个主要欧洲定居者国家，一些人认为阿尔及利亚是潜在的对象。

南非联盟起了重要作用。到 1945 年，它被讲南非荷兰语(Afrikaans)的布尔人所控制。布尔人对英国人的积怨可以追溯到大迁徙时期，又被布尔战争中的战败所加强，因而激发其在第一次世界大战后积极解除与英联邦的联系。开普敦和纳塔尔省盎格鲁-撒克逊裔选民的集中使之变得容易；布尔人在德兰士瓦(Transvaal)和主要的工业区和农村腹地扎根。的确，南非于 1939 年参战并站在英国一方，且派出重要力量参加战斗，但是甚至那时，不妥协的“南非白人”(Afrikaners，正像他们不断称呼自己的那样)却在支持一场与纳粹合作的运动。1948 年，它的领导人在一次大选中击败南非资深政治家扬·史末资(Jan Smuts)后成为总理。当南非白人在联盟中取得稳定独占的权力,并在工业金融区增强自己的经济地位时,那么向非洲黑人强加政策,使他们改变深深的偏见很快就是难以置信的了。最终的结果是建立一套种族分离体系:种族隔离(*Apartheid*)。种族隔离系统地体现出把黑人降到布尔意识形态中的劣等地位之中,并得以加强。其目的是保证白人的主导地位,在工业主义和市场经济中打破了按照旧的部落划分而不断增长的黑人人口的规则和分布。

种族隔离吸引了非洲其他地区的白人(甚至不是在可谅解的基础上,而是在原始迷信或所谓南非白人经济必要性的基础上)。唯一一个黑人和白人人口比例与南非相近且财富分配同样不平等的国家是南罗得西亚(Southern Rhodesia)。使英国政府尴尬的是,它于1965年从英联邦中退出了。它担心白人分离主义者的目的是将其转向一个越来越像南非那样的社会。当时的英国政府在犹疑间错失了机会。尽管英国要求以禁运的形式进行“制裁”,禁止其与前殖民地进行贸易往来,但黑人非洲国家没有能够立刻对罗得西亚采取措施,联合国也没有什么办法。许多黑人非洲国家对此置之不理,英国工党政府对主要石油公司
608 采取措施来确保它们的产品抵达叛乱分子手中也装作不知情。这一羞辱的事件使得英国的声望在非洲人眼中大跌,这也是可以理解的,因为他们没有看到为什么英国不能像1776年那样公然镇压一场殖民地的叛乱。而许多英国人认为正是那一先例使得一个遥远的、军事上已衰弱的帝国去进行干涉的前景看起来令人沮丧。这是英国实力下降的又一个标志。

欧洲复兴

对前殖民国家来说,欧洲帝国的覆灭对欧洲大陆的影响最为重要,但是比预料的看起来影响要少。也许最明显的变化是社会学上的——大量前原住民、定居者或土著居民从前殖民地返回(或第一次到达)母国,还有心理上的——熟悉的假设慢慢褪去,旧的纽带不断萎缩。通

常，这两种变化的影响都要经历很长时间才能显现。同时，欧洲东西部从战后贫困中的复兴也在进行，随之它的各个分支也进一步被塑造。与海外领土关系的变化在这个过程中并没有多大影响，与之现存的经济纽带证明是持久的（正像1783年所系上的那条纽带，有历史头脑的人会记得）。

然而，1945年以后欧洲的经济史和社会史必须在全球化背景下理解。虽然有临时性的挫折（尤其是30年代的世界经济大萧条），人类的财富在20世纪几乎持续增长，且增长的幅度很大。1945年以后，总的经济增长从未终止。此外，尽管一些国家比另一些国家更多受到巨大差异、分歧和挫折的影响，但是这种增长在全世界却是一种普遍现象。而如果按照人均（通常是按总值）来计算，发达国家无疑在其中做得最好。当然，长久以来大多数发达国家是在欧洲大陆。这种不断增长的富裕的首要原因在于大国之间保持着长久的和平。1945年以后的十年间虽然有各种小规模的或是初期的冲突——人们每天在这些类似战争的冲突中被杀戮，大国通常让其替罪羊为自己作战——也有长期的国际冲突以及武器上的高额支出，可是这些事实并未对此产生影响。最重要的，在欧洲没有发生像1914至1918年和1939至1945年那样的人力或物质资本的摧毁。几乎同样令人惊讶的是，从1918年以后的先例（实际上是1815年以后的事例）来看，一次大的战争之后伴随和平而来的经济复兴在1945年以后并未很快衰退。

一部分原因来自政治方面。即使在马歇尔计划之前，政治已使欧洲重建所需的美元援助成为可能。冷战的影响并未消失。国际对立将维持欧洲的经济活动，且不仅仅是简单的复兴。援助的金额是巨大的，609
在1948年和1949年，一直以不低于美国GDP总额的3%来援助欧洲。马歇尔计划超越了原计划的1951年，在此期间，共有不少于170亿美元给予了受助者，此外，欧洲还吸纳了世界银行30亿美元的贷款。这种输入促进了有益的技术进步和主要资金投资，使欧洲真正富裕起来。这些还促成1949年欧洲货币的一系列贬值，使得欧洲在约20年的时间内极大地增强了竞争力。

欧洲作为一个主要世界工业生产中心的复兴预示了美国能量的存在；它的前提是在欧洲以外。由于美国的经济援助和欧洲国家自己的努力，到 1953 年西欧已得到了坚实的重建和恢复，正是从那时起，开启了所谓的"经济增长的黄金时代"并一直持续到 70 年代。西欧 12 国(包括芬兰)的数据表明，1950 至 1972 年的 GDP 实际平均年增长率达到 4.6%，人口增长率为 0.7%(1913 至 1950 年的数字分别为 1.4%和 0.5%)。[①] 但是仍旧很难确定这一增加的具体原因以及各个国家间的差距。经济学家仍旧在就为什么发生这些而争论不休。

东欧也经历了经济增长，但是幅度并不大。原因也很复杂，无疑其必须回溯到 1945 年前。一些东欧国家的相对落后在战争期间就很明显(尤其是农业)。自从"十月革命"以后，苏联和其他国家的商业关系就因政治原因而不断受阻。随着资本主义经济陷于大萧条且寻求救护(或自助)，苏联也遭遇其他灾难(一些灾难是自己制造的)，1931 年以后世界贸易遭到严重破坏和削弱，克服困难的机会也消失了。此后是战争期间的破坏。战后，分配稀缺资源的两种方式不断分裂着世界，所有早期世界市场的格局被打破，欧洲尤为严重。资本主义体制的基本决定要素是市场，尽管这个市场概念与旧的自由贸易意识形态所说的市场截然不同，并且在很多方面并不完美，要通过国际机构和协议进行大量干预；而在共产党控制的国家集团中(以及一些其他国家中)，政治
610 权威是决定性的经济因素。虽然贸易是在市场和指令系统(或准指令系统)间进行，但是受到严格限制。

随着时间流逝，两种体制间的接触不断增加，但是并没有使它们走得更近。它们为经济增长提供了可选择的和政治上竞争的模式，其竞争被冷战的政治斗争所点燃，实际上帮助了传播敌对的状况。这种形势并非静止不变的。在 20 世纪 60 年代，美国并未完全主导一个体制，另一个体制也不像十年前那样完全被苏联控制。在 50 年代和 60 年代

---

① 这些数据摘自以下这篇知识性技术文章(尽管作者自称其为有选择的和非技术性的)中的一张图表：N. F. R. Crofts, "The Golden Age of Economic Growth in Western Europe, 1950 - 1973", in *Economic History Review* XLVIII(1995), pp. 429 - 447.

的持续经济增长中,两者都有所增长(尽管程度大不一样),但是随着市场经济发展越来越快,两者开始分道扬镳。像经济合作与发展组织(OECD)一样,经济互助委员会(Comecon)也扩展到欧洲以外(蒙古、古巴和越南都最终加入),尽管试图鼓励国家经济专业化,但是在促进成员国贸易上却没有什么效果。鉴于东西间的分裂,试图为欧洲确立一种总体的经济地位,并把这种地位与世界其他地区相联系是不现实的,也是虚伪的。然而不论东方还是西方,欧洲人在很大程度上还是属于世界人口中较富裕的一部分。

而西欧人经历了史无前例、较长时间的繁荣昌盛。多数人居住在工业国家,在 20 世纪 50 年代生活水平很高,并且整体看来,今天也是一样,尽管有其他国家加入(且仍在加入)。像 1939 年一样,70 年代时世界三大工业人口密集地带仍然是美国、欧洲和俄国,日本也逐渐跻身其中。

现代工业经济并不像 19 世纪时的经济一样,这在 20 世纪 60 年代的欧洲以及其他地区开始变得明显。老的重工业和制造业,长久以来一直是经济发展支柱,其重要性已经开始下降了。长久的视角有助于我们理解这一点。1900 年的三大主要钢铁制造国,八年后仍处于世界生产者的前五名,但是分别位列第三和第五;这就是美国和德国(以西德代替德国位置)。英国(1900 年位列第三)在同一张世界列表中位列第十,西班牙、罗马尼亚和巴西紧随其后。1982 年,波兰的钢产量超过了美国 1900 年的产量。另外,新工业出现,且不仅仅是在过去的技术和结构上的推进。很多近年来的经济增长来自甚至在 1945 年尚不存在的行业,如电子工业、塑料等。煤炭,在 19 世纪取代水力和木材成为工业能源的主要来源,但是在 1939 年以前,水电、石油和天然气也都成为重要的能源来源;最近,核裂变产生的能量也成为来源之一。连续性在结果中要比在过程中更容易辨认。像 19 世纪一样,工业增长提高了生活水平,但是范围更广。生产商品所需的廉价能源和材料抵消了劳 611
动力价格的上涨。交通改善进一步降低了成本。结果是为欧洲消费者使用和娱乐所需的商品生产大幅度增长。

这些变化与其他变化一样不仅仅是经济发展趋势的表征。它们也反映了政治领域已经很明显的重要主题。精确的时机很难确立，但是大体看来，新兴的富裕先是从美国开始，然后是欧洲，之后再传递到其他洲。其重要性在物质商品的不断流动和生活水平的提高方面迅速显现出来，但是这些事实本身也暗示和促进了其他变化，这在世界发达社会中是共有的。一定水平的物质生活带来了态度和观念的变化——这部分是欧洲作为全球文化影响的最后的迟来的胜利，是四个世纪前开始的欧洲国家、欧洲宗教和欧洲文化输出的结果。这种变化超出品位和时尚的肤浅（不管怎样，品位和时尚常常反映了欧洲所受到的美国影响）。例如，对于欧洲国家的文化多样性而言，实际上所有这些必须面对 20 世纪 60、70 年代年轻一代态度和行为上的显著变化。专为年轻人进行了很多的配置：有针对性的推销、娱乐和新闻业等商业认可。一种国际青年文化首次亮相。在一些地方这一度产生了某种骚动。尽管这很吸引人，但大部分是泡沫，是伟大变化中最不深刻的表现。年轻人中一种品位、价值观和设想的新的国际化要重要得多。这是建立在它能接触到的新的繁荣和财富的基础上的（由于具有民主思想的选民不断准备投票支持社会福利，在一些国家失业且能生存比以前要容易得多）。财富带来休闲和运动的特权，也带来更廉价、更丰富的物质商品。但是年轻人的好动也反映了新的交流方式的变革。到 60 年代，“大众”交流已不再仅仅限于在教育和塑造 20 世纪早期欧洲城镇居民方面发挥重大作用的报纸，大众教育的普及使许多人不再是文盲。变化始于 20 年代和 30 年代的无线电广播，尽管它还没有预示后来所发生的，随着更强大的电视媒体的出现，谷登堡的世界被抛在了脑后。

政治重组

在柏林之后，美国和苏联的政治敌对继续顽抗下去。1953 年斯大
612 林去世（比朝鲜战争的结束稍早一些），很明显这很重要，但是也很难说。几小时内他最亲密的同事被吓坏了，以为他不会真的死了，所以并未立刻采取行动。在适当的时候，看上去领导人的离去如果不是给苏

联政治带来了目的上的改变，也是带来了方法上的改变。艾森豪威尔总统（1953 年接任杜鲁门）及其顾问立即对苏联的意图表示怀疑；他们继续把欧洲看作冷战的中心和苏联直接威胁最可能的目标。斯大林的继任者表明他们拥有改良的武器——氢弹（美国第一颗氢弹爆炸是在 1952 年），也就是说，具有更强大和不加选择的破坏性。这是斯大林从坟墓中送给对手的最后的礼物，保证他所赋予苏联的在世界事务中的地位。这是他最大的成就，比列宁还要伟大。斯大林继承了他的前任的行动逻辑，赋予这个国家工业、军事力量来应对它所面临的来自国外的最大威胁。战后，苏联成为一个超级大国。永远无法证明的是，是否只有他那些可怕的方法才能做到这些。自彼得大帝开始，俄国就注定成为一个伟大的欧亚强国。许多其他现代化制度倾向于认为苏联模式具有吸引力，因为它看上去成功了，却忽略了硬币的另一面。苏联人民得到的回报是从灾难中活了下来；实际上，1945 年后，消费在苏联被抑制；此外，还有使苏联人民驯服的宣传，要说稍有不同的是，在卫国战争期间放松一段时间后，警察制度的粗暴似乎得到了加强。

苏联政策的一个后果是德意志联邦共和国和德意志民主共和国越来越分裂。1954 年 3 月，莫斯科连续两天宣布东部共和国拥有完全主权，西德总统则签署了一项宪法修正案，允许他的国家重整军备。1955 年，西德加入北约，这次苏联的回击是建立华沙条约组织，一个由它的卫星国组成的联盟。柏林的未来仍不确定，但是很明显，除非通过协议，不然北约各国将通过战争来抵制柏林地位的改变。在东部，德意志民主共和国同意与旧敌达成协议：奥德河-奈塞河（Oder-Neiss）一线成为与波兰的分界线。希特勒要实现 19 世纪民族主义者的伟大德国的梦想以俾斯麦式德国的覆灭而结束，历史上的普鲁士现在被革命的共产主义者所统治，而新兴的西德在结构上是联邦制，在情绪上是非军事主义的，天主教政治家和俾斯麦可能认为的“国家的敌人”社会民主党政治家争夺着权力。在德国自由党的帮助下，基督教民主联盟统治 613
着联邦共和国，直到 1969 年一直把社会民主党人排除在政权以外。在这种框架之下，没有和平协定，限制曾两次通过战争破坏欧洲的德国实力这一问题延续了35年[1]。欧洲有基督教民主党，德国也有，通过遍布欧洲的温和基督教右翼，它稍稍占有优势，这使人想起1914年前德国社会主义领先于国际左翼。

1955年，占领军从奥地利撤军，奥地利重新获得独立，中欧最后一个领土边境问题通过协议得以解决。同时，意大利-南斯拉夫边境的长久争端得到解决，最后一支美英部队从的里雅斯特撤离。欧洲的两翼安定下来了。这无疑有助于维持没有加入冷战结盟的几个国家的地位。1948年，苏联顾问被从南斯拉夫召回，南斯拉夫从共产党和工人党情报局(Cominform)被开除出去。南斯拉夫与苏联和其他共产主义国家签订的条约宣布无效。这开启了长达五年的对铁托主义(Titoism)的刻薄攻击。但是铁托坚持了下来。南斯拉夫与华沙条约国相毗邻，但并不与苏联接壤。阿尔巴尼亚长久以来强烈忠诚于莫斯科的领导，且是华约的创始成员国，却于1961年脱离苏联控制，但继续对南斯拉夫抱有传统的敌对态度。

西欧的新结构

1945年后，葡萄牙和西班牙都被独裁者统治着，在战争期间这些国家都曾保持中立，尽管根据环境变化有某些细微差别或妥协。两国常被称为"法西斯主义"，但这种说法过于简单。葡萄牙要比佛朗哥统治下的西班牙更容易在国际生活中占有重要地位(一项1946年的决议阻止西班牙进入联合国组织，直到1950年这一协议才废除)，但是在50年代，很明显两国在欧洲大分裂中都站在西方一边。这种大分裂在更连贯地组织西欧方面要比各国宪法和意识形态倾向还要重要。对欧洲统一的渴望至少可以追溯到第一次世界大战以后，在第二次世界大战中又重新被赋予活力。1939至1945年欧洲的争吵所导致的恐怖强有力地刺激了新思想。然后，苏联的威胁感和经济重建与复兴的需求

---

[1] 人们可能会注意到，在1947年2月，战胜国已经与意大利、罗马尼亚、保加利亚、匈牙利以及芬兰签订了和平条约。

不断增长。当政治家们努力克服单个欧洲国家在国际事务中实力下降
以及失去殖民力量的勇气时，他们感到一种他们所相信的“欧洲人”共
有文明价值的复兴。加上其他因素，这些不同影响有助于解释为什么
在 40 年代末，民族主义者在民族主义作为政治学说起源的地区建立大 614
规模组织的要求在西欧出现了正在松弛的早期迹象，尽管这一迹象还
很微弱。

狂热者喜欢追溯到加洛林王朝时代来追溯欧洲意识，但是就政治进程而言，1945 年远不足以追溯统一的故事。当战争的结果（后来是苏联政策）结束了德国问题，分治作为制度化的持久解决办法而出现时，法国的恐惧受到安抚但并未完全消除。的确，在德国这一地区，出现西方另一场大内战的可能性还很遥远。苏联政策成为欧洲国家更紧密合作的新理由；如果美国人回家，让西欧处于分裂状态，那么 40 年代末在东欧发生的一切就被视为一种警告。因此，马歇尔计划和北约只是通向新欧洲之路的前几步而已。马歇尔计划开始以后，欧洲经济合作组织（OEEC）于 1948 年成立，但是第二年，建立北约的条约签署后一个月，第一个代表十个不同欧洲国家的政治机构——欧洲理事会也成立了。要求统一的经济力量比政治力量发展得更快。关税同盟已经于 1948 年在比利时、荷兰和卢森堡之间（比荷卢经济联盟）以及法国和意大利（Francital）之间创立。但是，迈向欧洲经济一体化最重要的早期步骤却来自一个关于具体工业的建议。

1951 年，法国外长罗伯特·舒曼（Robert Schuman）为国际组织和欧洲主要工业资源的管理以及煤炭、钢铁生产提出的建议取得了成果。然后，法国、意大利和比荷卢经济联盟国家，最重要的是西德，签署了一项协议，建立欧洲煤钢共同体（ECSC），以达到用经济合理化手段为未来的法德冲突设置不可逾越的障碍这一政治目的。在西欧，煤炭和钢铁资源由跨国权威来管理。这有可能通过去除关税和技术障碍来改善市场以达成一体化，并（希望）促进在煤炭和钢铁供应产生波动和不协调时进行更好的管理。但是欧洲煤钢共同体也为更广阔的政治视野开辟了道路。重要的是，它带来了解决 1918 年后很快发生的控制萨尔河

问题的方案。法国计划委员会领导人让·莫内(Jean Monnet)把欧洲煤钢共同体看作第一个体现了欧洲一体化的重要跨国组织。

欧洲煤钢共同体最重要最直接的外交后果是把西德正式纳入新的
615 国际结构中。它提供了一种抑制措施,但同时也复兴了一个国家——西德,越来越明确的是,在苏联陆上力量的威胁下,在西欧需要增强西德的力量。使一些人(尤其是法国人)惊诧的是,在朝鲜事件的影响下,美国官方迅速出现了德国必须被重新武装起来的观点。

主要由于经济复苏,在法国和意大利大量共产党选民代表的政治软弱也有助于为跨国主义者的想法铺平道路。在这两个国家中,共产党人早在 1947 年就已经不再参与政府管理,到 1950 年,他们的民主也许会变得像捷克斯洛伐克那样的危险已经消失。在那里和西欧比利牛斯山以东的其他地方,反共观念倾向于与那些罗马天主教政治家或社会民主党的统一力量相联合,他们很明显地知道他们在东欧同僚们的命运。一般来说,这些变化意味着一个温和的右翼西欧政府在 20 世纪 50 年代追求的是经济复苏、提供福利以及西欧在实际事务中的一体化这些共同目标。在欧洲政治中,基督教民主主义迄今在各国以不同形式利用一种被忽略的潮流,天主教的社会思想第一次是在利奥十三世的教皇通谕中进行了权威的陈述。它产生的经济、社会制度与为了弱者的利益对经济实行干预的关系相一致,提供了实实在在的福利效益。

1952 至 1954 年间,建立欧洲防务共同体(European Defence Community)取代《布鲁塞尔条约》,以此确立西德军事地位的努力一直在进行。法国的疑虑使这些努力受挫。但是 1955 年,联邦德国被允许加入北约,关于欧洲防务组织的争论消失了——西德已加入布鲁塞尔条约组织,该组织此前在 1954 年改称西欧联盟(WEU)。和以前一样,要取得更大统一的主要动力依然是经济的。1957 年采取了关键步骤：欧洲原子能共同体和(更重要的)欧洲经济共同体(EEC 或“共同市场”)形成,法国、德国、比利时、荷兰、卢森堡和意大利签署了《罗马条约》。它的第一个最重要的结果是关税联盟,关税联盟在以后的十年中不断得到完善,但是《罗马条约》所做的不止这些。它通过一个委员会体系来负责一套官僚制度，监督条约并促成进一步的一体化，以部长会议作为制定决策的权威，还有国际法院以及具有建议权（不是立法权）的欧洲议会。这里有重构查理曼遗产的说法；也的确能够看出地理上 616
的某种一致。两年半以后，《罗马条约》促使没有加入欧洲经济共同体的国家或宽松或更为限制地建立自己的欧洲自由贸易联盟（EFTA）。到 1986 年，欧共体的原始六国已经变成十二个（此时它已经变成欧洲共同体，意味深长的是，“经济”一词被去掉了），而欧洲自由贸易联盟中除了四个成员国以外都加入了欧共体。五年后，欧洲自由贸易联盟剩下的成员则与欧共体合并。

西欧复杂、缓慢但是朝着更大统一不断加速的进程显示了那些作出这些安排的人们的信心，在他们看来，武装冲突再也不能代替国与国之间的合作和谈判。根植于民族国家体制的西欧列强之间战争的时代已经结束。可悲的是，尽管意识到这一事实，但考虑到制度原因，英国的统治者在一开始并没有抓住机会加入其中。他们更有想象力的继任者在最终加入欧共体之前，曾两次被拒之门外。同时，共同农业政策（CAP）稳稳地维护着共同体利益，无论出于何种意图，这一政策对于德国和法国选民中占重要组成部分的农场主和农民来说，乃至对于后来那些想要加入欧共体的较贫困国家来说都是巨大的诱惑。

从一开始，经济事务就在欧洲一体化中处于最重要的地位。因为对经济事务及其技术需求的关注，催生了从 1948 年的比荷卢经济联盟和 Francital 开始的一些机构，尽管有一些消失了，也有一些（及一些功能性的非经济组织）留了下来。这一结果有些令人困惑并且注定会造成新的紧张，同时也给欧洲精英带来了史无前例的真正的跨国经验。对于欧洲自我意识的聚焦第一次成为现实，甚至在 50 年代的公务员、工业家以及商人中就开始见到了这一点。其出现自然也在一些地区引起了非常大的敌意和民族主义情绪。

随着制度的演化，许多组织都在功能和成员上有所重叠，其使“西”欧究竟应该是什么或实际上是什么的理念进一步复杂化。比如，1948 年的欧洲经济合作组织在 1961 年成为经济合作与发展组织（OECD）

之前依次吸纳了联邦德国、西班牙和芬兰,美国与加拿大也是这一组织的成员。欧洲理事会由1949年的10个成员国到1990年增长到了23个。虽然,任何关于西欧应当如何组织起来(因此,也包括如何界定)的理念经常为美国关于冷战现实的理念所压倒。尤其是其从未单独界定欧洲共同体或其后继者——这使得许多热心人士感到失望。

617

东欧的纷乱

东欧的状况也没有处于规则之外,冷战宣传的简单常常掩盖了许多复杂的现实状况。斯大林去世后的几年里,苏联领导层内部的剧变已然发生,其他的变化看起来亦将随之出现。最重要的就是尼基塔·赫鲁晓夫(Nikita Khrushchev)的出现。1956年,他在苏联共产党第二十次代表大会上做了一个秘密报告,并迅速为人们所知。它因为谴责斯大林时代的罪行并宣布"和平共存"(coexistence)应当是现在苏联外交政策的目标而引起了轰动。该年早些时候已经宣布计划削减苏联的军备;这使人产生了一种充满希望的感觉。但是1956年的气氛却是雾气重重。苏伊士危机便是重新紧张的根源之一,造成了苏联对英国和法国的威胁;赫鲁晓夫没有公开宣布对埃及的支持,但并非打算将其与阿拉伯国家的良好关系置于危险境地。美国对此不满。另一个对国际气候造成重大损害的事件就是苏联对匈牙利革命的镇压。

1948年以来,也就是斯大林与铁托争执开始的那一年,苏联对其卫星国任何的背离和不满有着近乎病态的敏感。铁托和南斯拉夫社会主义国家在遭到共产党和工人党情报局的大量诽谤中依然存在的现实,使得苏联对其同盟内部的震动更为警觉。1953年东柏林的反苏起义被苏联军队镇压;超过300名民主德国公民被杀害(在其后的35年内,西德以暴动的那天——6月17日作为国庆日,称为国家统一日)。三年后,1956年的夏天,波兰再次发生暴动,也被残酷地镇压了。

同年10月,苏伊士远征队正在筹备之中时,布达佩斯爆发了一场全国范围的运动。这时,苏联军队从首都撤出,新的匈牙利政府掌权并承诺自由选举、结束一党独裁。然而,可能是相当不明智的,其很快就走得更远了。新政府宣布匈牙利退出华沙条约组织，宣布中立并要求联合国干预匈牙利问题。在这样的情况下，苏联军队重新返回(同其他华沙条约盟友一起)，匈牙利革命被彻底镇压了。联合国大会进行了两次谴责，但是没有任何效果。这一事件大大硬化了冷战双方的心理态度。西欧再次想到了苏联力量的真实性。另一方面，苏联领导层也比以前更加清晰地认识到东欧人民那种信以为真的友好实际上是多么容易消散；当美国谈到要“解放”他们时，苏联很容易紧张起来。

618

1960—1962 年危机

嗅到了西德重整军备的危险，苏联领导层对加强卫星国民主德国的控制更为急切。20 世纪 50 年代后期，这个国家正在经受一场长期且日益恶化的经济困难，西柏林作为一个独立的和资本主义的城市却位于东德的领土上，这是一个弱点。人民很容易穿越城市内部的东西边界。穿过这道边界，就能见证城市西部的繁荣与自由，这吸引了许多东德人——尤其是技术工人，他们能在那里轻松地找到工作——到联邦德国那边去。1958 年，苏联谴责了柏林在过去十年中的制度安排；宣称在没有更好的选择下会将他们的占领区域交还给民主德国。其后两年的长期外交手腕和日益增长的紧张随之而来。其后在 1961 年 8 月，东德人迅速建立了一座墙，并以地雷、铁丝网和武装守卫加以保卫巩固，从而在物理上将柏林的苏占区同西方占领区分隔开来。

随着危机的气氛在柏林上空加剧，人们在可能的情况下大量逃往西部，1959 年有 14 万人跨越边界，1960 年则有 20 万人。1961 年上半年超过 10 万人逃离到西部。从短期来看，柏林墙的修建阻碍了人们的逃亡并加强了紧张气氛，但是最终可能也削弱了其目的，虽然其有效地终结了非法移民。这堵墙一直在其后的 28 年里存在着，超过 150 名东德人在试图穿越时被枪杀，许多人也因为想要穿越柏林墙而受伤或遭逮捕。这是两个世界之间差别的显著象征，也成为送给西方冷战宣传的礼物。对任何要求改变柏林合法状态的想法，赫鲁晓夫都默默地放弃了。很明显，美国更倾向考虑战争而非允许这样做。

尽管如此，这仅仅是一个时代的开端，苏联的政策好像是在试探美国解决问题的决心。不久之后，又出现了一个新的危机，虽然这一次是聚焦在加勒比海而不是欧洲。大战之后，欧洲在中南美洲的利益都相对较少。战前英国对拉丁美洲的大量投资多数都停滞了。现在没有一个欧洲国家想要挑战门罗主义以照看它们在西半球的领土财产(英国、法国、荷兰和丹麦都在加勒比和中美洲有残存的殖民地)。美国在这个半球的政治优势愈加明显，尤其是随着1945年之后美国经济的加强。这就使一切显得更为荒谬，能在美洲地区同美国进行角力的欧洲国家只有苏联，而其却从未在这一地区拥有过领土或进行过投资。古巴危机是纯粹冷战的产物。

619 从20世纪初开始，美国在古巴的影响就是强大且明显的(那里有美国的海军基地)。这一点从50年代美国收回对当地独裁者的支持可以看出。美国政府仁慈地看着它的政权被一个年轻而爱国的游击队领袖菲德尔·卡斯特罗(Fidel Castro)推翻了。他在1959年成为总理。起初，他被许多美国人当作一个浪漫偶像来崇拜(在美国激进分子当中蓄须变得十分流行)。但是两国的官方关系却因卡斯特罗开始干涉美国的商业利益以及抨击过去政权所支持的美国化因素而迅速恶化。反美主义最终成为相当重要的主题；古巴人通过革命后的联合来与之相应。美国此时开始反对卡斯特罗。很快，美国停止了与古巴的外交关系；行政部门确信卡斯特罗日益明显地依赖知名共产主义者意味着这座岛屿将落入共产主义者手中。因此，冷战推进到了西半球。

当赫鲁晓夫公开警告美国如果对古巴采取军事行动所可能面临的报复(苏联的导弹力量)危险时，对于形势的改善并没有帮助(他同时宣布门罗主义已经寿终正寝；美国国务院迅速向世界确认门罗主义的终结被严重地夸大了)。与此同时，美国决定通过对古巴流亡者提供财政和武装支持，促使其直接推翻卡斯特罗政权。这一政策被1961年上台的肯尼迪总统所继承。也许可以理解的是，他既不够谨慎也不够充分就草率地实行了。结果便是"猪湾行动"(Bay of Pigs)的惨败。这对于持不同政见的古巴远征队来说是一个悲惨的结局。对一个受到民众支持的政府的进攻在全世界各地遭到了反对，甚至美国的欧洲盟友也对此颇有非议。卡斯特罗现在诚挚地寻求苏联的支援。1961 年底，他宣布自己为一个马克思列宁主义者。

苏联政府一定相信自己现在面临着绝佳的黄金机会。我们并不确切地知道它们为什么恰好在这个时机作出决定，要在古巴安置能够袭击到美国任何一个目标的导弹（这样一下子便使成为其潜在目标的美国基地或城市翻了一番）。我们也不知道这是哈瓦那还是莫斯科首先提出的，但后者的可能性最大。其结果是造成了冷战中最为严重的冲突，甚至可以说是转折点。

1962 年 10 月，美国的航空拍摄侦察确认古巴正在为苏联运来的武器兴建导弹站。肯尼迪总统一直等到一切证据确凿无疑，才宣布美国海军将禁止任何船只向古巴运送更多的导弹，并且要求已经运到这座岛上的导弹必须被撤走。一艘前往古巴的黎巴嫩船只被截获并遭到
了搜查。苏联船只受到密切地关注并被拍照。美国的核打击力量也为 620
同苏联之间的战争做好了准备。几天后，肯尼迪和赫鲁晓夫进行了私人通信，后者同意导弹应当被撤出。

欧洲曾短暂地看上去有成为战场的可能——或者被化成灰烬，但是这一次并不与其人民直接相关。美国的盟友在古巴问题上并没有像在维持德国现状问题上那样紧张；它们数年前就已经处于苏联导弹的射程之内了。苏联的欧洲盟友可能更有意识形态上的兴趣。因为古巴政权宣布自己是马克思主义的，但是也未必会感受到广泛的联系。欧洲国家真正担心的是要确保其所在阵营的超级霸权不要发动一场核战争。最后，在一场真正的对抗处于一触即发之际，看起来是苏联被迫让步了。其导弹从古巴撤出了。肯尼迪总统避免了可能刺激苏联的行动或言语，通过对其需求要素的限制为苏联的外交留下了一条回旋的道路（并且还谨慎地同意了作为对等条件，即在几个月后撤出美国在土耳其安置的导弹）。

以后见之明来看，现在很容易相信作为冷战地域扩张终极代价的核战争是难以面对和无法接受的。如果这样的话，古巴就是真正的转

折点。也可以很明显地看出，尽管苏联吹嘘与美国竞争，美国在武力上的优势仍然同以前一样巨大。两个超级大国的直接冲突体现在洲际弹道导弹(ICBM)上；到1962年底，美国在这种武器方面对苏联有着超过六比一的优势。这一选择使得导弹优先于黄油，随着苏联着手尽量缩小这种差距，这些最终都要苏联人民来承受。与此同时，古巴对抗可能也有助于英国(当时是唯一一个拥有自制核武器的欧洲国家)、美国和苏联达成禁止在太空、大气层和水下进行核武器试验的决议。裁军在其后几年里仍旧没有什么进展，但这却是在核武器方面磋商妥协的第一个积极成果。

苏联的变化

1964年，赫鲁晓夫在执掌党政大权六年后被迫下台。他那些曾受到其冒犯或恐吓的同僚们在军队的默许下发动了政变。然而他并未被处死。这表明在苏联政治中许多东西都改变了。赫鲁晓夫的历史贡献
621 看起来应该是对这个体系内部的动摇。他在苏共二十大上的演讲不能不被提及(其副本最终自由地广泛传播)，其至少开启了“非斯大林化”(de-Stalinization)，即使还有一些局限性。他同时也应为农业政策上的重大失败负责，但还应包括外交政策，尤其是在古巴的冒险行为，这是导致他下台的最重要的原因。他的支配地位与一种文化上的松弛相符合；一些人称之为“解冻”(thaw)。艺术家和作家们有了最低限度的较大自由，并且这个政权短暂地对世界如何看待其对待犹太人的做法给予了多一点儿的关注。但是这些都是个人性的和零散的；自由化依赖的是赫鲁晓夫听谁的话。很明显，在斯大林去世后，尤其是在赫鲁晓夫掌权时期，党再次成为俄国生活中更为独立的一个部门，而不再是一个人的造物或工具。虽然苏联政府根本上的集权本质看似并未改变——但是人们对此开始怀有期待。

即使如此，人们开始觉得美国和苏联越发变得相像，这将使苏联的政策更不具有威胁性。这种“趋同”(convergence)的幻想对一个无可置疑的事实产生了扭曲的重视：苏联是一个发达的经济体，并且比

1945 年富裕得多。因此，60 年代，社会主义被认为是一条通往现代化的看似有效的道路。苏联经济的低效率和不均衡经常被忽视。50 年代虽然按其说法苏联工业增长比美国快，但是其压倒性的仍是重工业。苏联的私人消费者仍旧贫穷，如果没有高昂的补贴制度将会更加明显。俄国曾经哺育中欧城市并为沙俄时代工业化提供支持的农业一直处于衰退状态；矛盾的是，苏联经常不得不购买美国粮食。1961 年苏联共产党官方宣布，到 70 年代苏联将在工业产出上超过美国，但是这一计划并未真正实现(这与肯尼迪总统同年宣布的在十年内实现登月计划不同)。然而，苏联与许多欠发达国家相比无疑是十分富裕的，其无数公民回想起 1945 年贫困潦倒的生活时还是会对 1960 年所能得到的好处心存感激。

这样的对比很容易成为从定量到定性的判断，但是并没有改变一个基本的事实，就是 60 年代苏联的人均 GDP 远远落后于大多数西欧国家。即使苏联公民能在 1956 年起领取退休金(比英国滞后大约半个世纪)，还必须建立医疗保障体系，而这比西方落后得更多。苏联的实际工资到 1952 年才达到 1928 年的水平。这一“趋同”理论常常过于乐观了。即使如此，苏联有自己的科学和工业基础，直到 1970 年，其最好的部门在规模和质量上能够与美国相抗衡。其中最明显的以及苏联公 622
民爱国自豪的重要来源就是对太空空间的探索。到 1970 年，已经有许多轨道碎片，再也难以重获 1957 年苏联发射第一颗人造卫星时的惊人影响。虽然美国的成功也紧随其后，苏联在空间探索的成就仍旧是第一流的。在太空探索中有许多东西滋养了爱国想象，并使人们在忍耐苏联日常生活中其他方面的匮乏更增添了耐心。许多苏联公民认为他们的空间技术证明了革命的合法化；历史上发展缓慢的俄国，经由共产主义实现了现代化，能够做到另一个国家所能做到的任何事情，并且很多事情只有其他一个国家可以做到，甚至还有一两件事是其他国家一时半会儿都做不到的。他们认为这个国家将会全面地现代化。

要说苏联已经变成了一个自满的国家，领导人也越发自信且降低了对外部世界的怀疑，也更少扰乱国际舞台，看起来还不是那么明显。

苏联对中国复兴的反应不那么令人鼓舞;20 世纪 60 年代的争吵甚至谈到对中国进行先发制人的核打击。到 1970 年,苏联社会也在其他方面显现出紧张的迹象。各种不满和批评,尤其是对知识分子自由的重新限制上,越来越多的表达能够被听到和看到。不断增加的反社会行为展现为暴力活动、贪污腐败和酗酒。但是这种缺点在其他大国经历重大变化时也会或多或少出现。与此同时,苏联仍旧是一个警察国家,那里对自由和个人基本权利的限制在实践中都有行政命令和政治监狱在背后支撑。苏联与美国(或任何西方国家)之间真正的区别都是以这样的标准,或者也通过前者在干扰外国广播的巨大投资上显现出来。

并发症

然而,冷战出现了可怕的简化(尤其明显的是仅介于北约和华约之间),1960 年之前就已开始对这种资格有了要求。在亚洲,一个重大事件——共产主义中国的出现——可能含有不同于冷战之意义,这一状况已迅速显现。1950 年几乎必然的中苏同盟以及数年的马克思主义修辞的采用已经清楚地表明,中国是这场争斗中明确的参与者。但很快有迹象表明这种理解可能过于简单化了,最终中国以其自身力量重新出现并未强化冷战体系的两元论,即使最初并非没有意义,也是仅仅在一个相当局限的范围内。

1955 年,29 个非洲和亚洲国家代表聚集在印度尼西亚的万隆,宣布他们的国家在冷战中奉行"不结盟"政策。其中一个代表团就来自中
623 国;其余大多数都是来自前殖民地国家。南斯拉夫也很快加入了它们。这些国家多数是贫穷困苦的,对美国比对苏联怀有更多疑虑,也更被中国所吸引。这些与会者被称为"第三世界",这个词汇显然是一位法国记者想起 1789 年的法定受压迫的"第三等级"所杜撰的,这一等级为法国大革命提供了巨大的动力。其暗示这些国家都是不为大国所重视的,并被排除在发达国家的经济特权之外。虽然这听起来貌似有理有据,但是"第三世界"的表达实际上却掩盖了这些国家间的分歧,并且第三世界政治凝聚力并不持久,无论如何,在第二次世界大战结束十年之

后，万隆会议迫使超级霸权认识到弱者也可以通过联合起来获得力量。基于这种观念，它们寻求一种联合。

到 1960 年，已经有明显的迹象表明苏联和中国的利益将会出现分离，双方都在寻求对欠发达国家和中立国家的影响。最初这只是出现在对南斯拉夫的态度上进行隐晦的隔空交战；其后便演化为一场世界范围内的竞争。这带来了悖论；60 年代，巴基斯坦与中国走得更近（尽管巴基斯坦与美国签有条约），而苏联与印度关系更密切。国际事务中出现了新的流动性。1963 年早些时候，世界被中国人对苏联领导层严厉的谴责所震惊。

在欧洲，阿尔巴尼亚这个欧洲最小的共产主义国家也对苏联发起了激烈批判，并赞赏中国，双方的争吵（以及铁托的幸存）表明就是欧洲内部的马克思主义者也不尽相同，这将成为莫斯科不得不忍受的现实；阿尔巴尼亚与其他华约国家没有共同边界，因此也就不必在意红军。更为显著的是罗马尼亚，在中国的支持下成功地对经济互助委员会关于其经济发展的指示提出了反对，宣布一个国家有权利发展自己的利益。它甚至在外交政策上采取模糊的中立立场——虽然仍在华约内部——说来也奇怪，这个国家却是处在东欧最为厉行独裁的政权之下。但是罗马尼亚与北约国家没有陆地边界（阿尔巴尼亚则与希腊有陆地边界），而与苏联有着 800 公里边界；罗马尼亚的不驯服虽非必然却可能被容忍，因为对其可以较为容易地采取限制措施。

对任何削弱旧式共产主义统一团结的干涉很快就在 1968 年成为现实。当时，捷克斯洛伐克的共产党政府开始对其国内结构实行自由化，并且同西德发展贸易关系，一系列尝试也紧随其后。最终，捷克斯洛伐克在 1968 年 8 月遭受了华约武装力量的入侵，为避免成为 1956 年匈牙利事件的翻版，捷克斯洛伐克政府并未抵抗。如一位捷克斯洛伐克政治家所说的“人性的社会主义”的短暂尝试消失了。

在铁幕的西边，苏联到那时已经放弃了对当地共产党领导革命的 624
希望，并不得不面对共产主义作为一种政治革命力量在西方的没落。60 年代，共产党赢得的选票明显下降了，尤其是在法国和意大利。意大利的共产党甚至产生了一种新的意识形态理念——“多中心主义”(polycentrism)，要求将各国的共产党从莫斯科的纪律中解脱出来。

戴高乐和戴高乐主义

一些人认为，主要的西方国家正越来越多地反映出一种类似的政治演进趋势，并向社会提供相似的条件——这在英国被称为“福利国家”(welfare state)——以及致力于提高生活水平(其首先意味着提高就业率)。两个古老的国家有些不同。英国是其中之一。20 世纪 60 年代，英国完成了成功的、事实上未发生流血冲突的和几乎全部的非殖民化。遗憾的是，英国仍然存有(并且受到议员们鼓励的)幻觉。其经济表现长期不如其他欧洲国家。这种幻觉也笼罩在其外交政策的基本方向上，最重大的失败就是仍旧被隔离在海峡对岸的一体化进程之外——尤其是当 1967 年欧洲经济共同体、欧洲煤钢共同体和欧洲原子能共同体整合成为“欧洲共同体”时。这一整合具有政治的维度，而不仅仅是经济和精神上的维度，从这一角度来说，其发展已经有所减缓。这很大程度上应归于一个共性上的例外，即在戴高乐将军统治下的法国。

他在 1958 年第四共和国处于与阿尔及利亚的内战时重返政坛。他上台后的首要任务就是同这些激进者协商，并进行了重要的宪法改革。他第二次为法国所作的贡献同其在战争生涯中所作的同样伟大，在 1961 年彻底清偿了对阿尔及利亚的承诺。军队回家了，有些人感到不满(出现了反对戴高乐的阴谋与企图)。这一行动使他和他的国家能够扮演更为活跃的国际角色，即使有时是负面的。

将军对欧洲联合道路应该实行的观点是明确的。排除了那些设想建立一个基于欧洲议会(他曾说过，“欧洲议会已经被抛弃在沙滩上奄奄一息”)的主权欧洲的梦想，他希望建立一种基于独立国家间的协约而限制在政治行动方面的整合。他将欧洲经济共同体首先视为一种保护法国利益的途径，并准备筹建一个新的组织以实现他的意图。此外，他实际上两次拒绝了英国加入这一组织的申请。战争期间的经历使戴

高乐对“盎格鲁-撒克逊人”极不信任,而且这也并非是毫无缘由的,英
国政治家们仍然更渴望同美国结成大西洋联盟,而不是与欧洲大陆结 625
盟。1964 年,戴高乐因为与共产主义中国建立外交关系而触怒了美国。他坚持法国应继续开展自己的核武器计划从而减少对美国保护的依赖。最后,因为北约里面的许多问题,他最终带领法国退出了北约。

这种在欧洲占主导的被称为戴高乐主义的理念在 1966 年的“卢森堡妥协”(Luxembourg Compromise)中达到顶峰,其使欧洲经济共同体部长理事会国家有否决权成了惯例。这实际上削弱了次年所实现正式整合的程度。两年后,戴高乐因在法国进一步进行宪法修订的全民公决中失利而辞职,导致西欧不稳定和混乱的重大政治力量消失了。那些后来几十年里领导法国的人,也尽力使自己听起来像他,有时也感觉和他很像(尤其是在英国对欧洲态度的怀疑上;六个世纪的国家意识不会轻易蒸发),并且毫不妥协,虽然法国的政策仍旧在从国内的贸易抵制中解脱出来、向一个真正的共同体市场演进和牺牲国家独立性以凝聚形成一个政治上联合的欧洲之间徘徊。对许多法国人而言,欧洲的建构仍旧是为牵制德国所应付的必需代价的最后一招。然而随着德国经济实力的上升,这一代价也日益提高了。

德国:东方政策

与此同时,德国的政策也在经历着微妙的变化。20 世纪 50 年代未敢梦想的目标已经成了可能。旧式的标志已经消失,尤其是 1959 年 11 月在拜德哥德斯堡(Bad Godesberg)的代表大会上,社会主义者接受了自由企业和自由竞争作为他们所设想的经济中一个适当的(他们使用“重要的”一词)特点;这是对放弃政党的马克思主义传统的默认。十年之后,在一位新总理维利·勃兰特(Willy Brandt)的领导下,自由主义者与社会主义者组成了联合政府;自 1930 年以来,德国第一次出现了一位社会主义者总理(也是从 1925 年以来出现了第一位社会主义者总统)。

勃兰特在声明中将其政府规划提交给国会,并特别提到了民主德

国,尽管指出对其进行国际承认是不可能的,却称其是“一个德国民族之下的两个德国国家”(two German states within one German nation)之一。这一深有含义的表述引起了各方兴趣。很明显(其他事实很快证实了这一点),这位德国总理意欲缓和西德对其邻国的态度,并使之成为早先未能达成的非正式承认的方式。他并没有放弃重新统一的目标,寻求保障两个德国不会更加分裂,并恢复了能实质上帮助改变民主德国的真正联系。这既是理想主义的,又是现实主义的,推进了在冷战
626 中寻求缓和措施的国际趋势。然而,这也使一些人感到恐慌,他们担心联邦德国会与东部政权以及苏联发展一种独立的关系。欧洲一体化的进一步影响是,其倡导者在将来不得不考虑接受德国重新统一的可能性,以及德国在东部的特殊角色。其新政府也必然对任何朝着超国家欧洲一体化的推进缺乏热情,如果这种整合仅仅局限于西欧,而非其先辈所设想的包括整个欧洲的话。

第二十九章　欧洲战后秩序的结束 627

对稳定的探索——20世纪70年代

在20世纪60年代,苏联出现了许多困难的征兆。苏联不得不面对马克思主义自己所宣称的不言而喻的真理:意识随着物质条件的改变而改变。相对于苏联给其公民带来的麻烦已经不算困扰的现实,其他令人烦恼的事情是:在民众中出现了明显的反政府的异议,它规模很小,是一个个人问题而不是重大的组织问题,但是暗示着不断增长的要获得更大精神自由的需求,一个不太清晰但很真实的认为更多的物质获益会即将来临的想法不断高涨。然而苏联继续把巨大的资金投入在武器军备上,似乎技术上的领先意味着他们在未来会处于继续上升的状态。这种做法可能带来的变化引起了很大的争议。尽管越来越可能引起争议,但是它不得不变化。

两极之间新适应的最大压力来自他们之间的紧张关系,这种紧张关系从古巴危机开始变得越来越明显。美国人发挥其创造迷人口号的天赋,把这种情况简单总结为MAD,也就是说,两个国家的武器军备能力能造成确保互相毁灭(Mutually Assured Destruction)的效果,或者更确切地说,两个潜在的敌手互相有足够的打击力量能确保即使突然核攻击导致军械库的重要武器被毁掉,剩下的武器仍会有足够能力给对手一个可怕的回击，使对手的城市变成荒无人烟的地方，军队力量也至少足以控制受威胁的生存者。

这个奇异的可能性最后形成了一个巨大的保守力量。即使（把事情做得有些过头的）疯狂的人偶尔会掌握权柄，但根据约翰逊博士的观察，那萦绕在脑中的将会被绞死的认知像适用于在这种规模上受威胁的集体一样也同样适用于个人：犯下大错可能导致灭绝的认知是谨慎行事的巨大促进因素。这给予了美国和苏联开始显现的新程度上的合作很好的解释，尽管这两国还存着一些具体的争吵。

628 尽管如此，这两极不可避免地对那时很流行的“缓和”（*détente*）一词的含义有不同观点，许多使缓和成为现实的努力就像当时被设计的那样诞生了。这是苏联长期以来的一个目的，在 20 世纪 60 年代不止一次地被提出过，其目的就是举行一次欧洲会议并对因 1945 年确立的国际制裁而变成现实的欧洲边界问题达成一致意见，实际上，就是对德国边界问题达成一个和平解决。70 年代开始的和平谈判是建立在进一步限制军备和达成一项综合的欧洲安全协定的可能性的基础之上的，并最终在 1974 年于赫尔辛基（Helsinki）举办的欧洲安全与合作会议（CSCE）上取得了成果。美国和加拿大也参加了这次会议。其成果包含在下一年签订的《赫尔辛基最后文件》（“Final Act”）之中，并且非常重要。作为对默认欧洲战后边界（尤其是两德之间的边界）的回报，苏联谈判者最终在 1975 年赫尔辛基会议上同意增加东西欧之间的经济交流，承认民族自决原则，签订保证人权和政治自由的协定。最后，当然不能强制执行。然而，在近十年里，当越发难以避免来自和关于西方的资讯和消息与东欧和苏联民众接触时（这要归因于不断进步的电视广播和对无线电干扰的实质性取缔），赫尔辛基会议给持不同政见者相当多的鼓励。这一协议鼓励被视为侵权行为的斗争宣传，默默地撤销了对至此被视为对共产主义国家内政干涉的限制。慢慢地，在共产主义国家中开始更加自由地出现了一种广泛的、挑战长期以来所持有的设想的大众批评。

苏联领导人一开始可能还不清楚这只是苏联在赫尔辛基会议上签

订协议后所付出的一部分代价，当事情变得清晰后，他们就不喜欢这样了。然而苏联领导人所期望的已经有了安全保证：最能说明这一点的是达成一个和平条约，这个和平条约结束了第二次世界大战并且确立了军事胜利所带来的边界问题的胜利。这是一个外交政策的伟大胜利。可以理直气壮地说，1975 年后的苏联在外交上空前绝后地强大，而且，与在全球舞台上跟美国竞争那些时期所处的外交环境相比也更有利了。但是平衡也有不好的一面。当苏联将《赫尔辛基最后文件》看作是边界争端问题的确定和对东欧不干涉的因素时，西欧和美国则强调将欧洲安全和合作会议的标志性和实践性价值观（将有一系列后续会议）作为要求人权合法权益的证据来源，以及欧洲是超越分裂的团结的欧洲的暗示。意味深长的是，他们谈到了赫尔辛基“步骤”（process）。

尽管对美国选民来说，在中间不景气的十年似乎很难寻求直接获利时，冷战所带来的潜在利益很难使人们感兴趣。在这十年的前半段，民族心理上的灾难萦绕着美国：长期卷入的越南战争失败并带来重大伤亡、颜面扫地后的责任清算以及亚洲盟国的牺牲。感情和心灵的创 629
伤随着 1974 年尼克松总统政府下台的骚乱而延长了，尼克松的外交成就因其在国内政策上的非法和草率行为所引起的骚乱而被人们抛之脑后。然后，在这十年的后半段时间里，美国不得不面对另一个挫折，这就是革命推翻了它的同盟，即伊朗国王被他的敌对政权所取代。这件事迄今也被视为现代化、工业扩张和伊斯兰国家石油财富增长会导致不可预期和不稳定事件最清晰有力的证据。伊朗伊斯兰共和国很快就谴责苏联和美国一样霸权，伊朗这么说是很公平的；在冷战中，两极被伊斯兰国家生动地描述成了两个“大撒旦”（Great Satans）。当 1979 年苏联的军队进入阿富汗扶植一个傀儡政权以镇压穆斯林起义者，且将其势力延伸到亚洲时，美国不得不眼睁睁地站在一边。这一结果并非苏联领导人最终所期望的，但是这却与后来美国无法靠武力或外交来解救被伊朗扣押的本国外交人员人质时，美国所显示出的权力的丧失形成了鲜明的对比。

考虑到这个背景，美国 1980 年的总统选举，因为可理解的不易明言的国内原因，某种程度上体现了选民国家意识的虚弱以及对苏联的恐惧之间的争斗；缓和的希望很快破灭。随着里根总统准备就任，保守的苏联领导人再次显示出了对美国政策趋势的怀疑。最后，里根政府将在接下来的几年里展示外交事务上显著的实用主义，并将给里根的追随者们带来信心和士气的恢复。

石油危机和西欧

在 20 世纪 70 年代早期，欧洲和美国受到一个重大打击，而且除了苏联以外的所有工业国都受到了打击。这件事起源于 1973 年 10 月犹太人神圣的赎罪日(Yom Kippur)这天，埃及和叙利亚对以色列进行了又一次攻击。以色列第一次面对军事失败的前景，其对手实力有了很大提高并拥有苏联武装的军队。即使只是在据说苏联已经将核武器运抵埃及，以及美国全球军队进入警戒状态之后，以色列仍旧再次取得了胜利。可以清楚地看到，中东仍然保留着引发远远超过这一危机的令人惊恐的潜在可能性，这可能阻滞了通往赫尔辛基之路。而由沙特阿拉伯领导的其他阿拉伯国家对欧洲、日本和美国所作出的石油供应限制的宣言所产生的影响更为直接和明显。

新“石油外交”的影响是直接的：石油价格暴涨。这突然使被大部分欧洲人忽视的 20 年变化引起的历史影响变得清晰起来。整个 50 年
630 代和 60 年代的大部分时间里，美国和英国凭借在海湾国家、沙特阿拉伯和伊拉克的非常规影响力享受到了稳定、廉价的石油供给，直到 1963 年阿拉伯社会复兴党(Ba'ath)在这些地方取得政权时才停止。20 世纪 70 年代，这种保障在压力下被打破，主要是以色列问题。一夜之间，在 60 年代虽然有人愤愤不平但还是能够忍耐的经济问题变得十分尖锐。对石油进口依赖很深的美国，其收支平衡开始出现重大动荡。美国，一个巨大的石油消费国被剧烈撼动了。有一个说法认为：这是像 20 世纪 30 年代经济危机一样的新的世界大萧条。始自战后恢复期的经济增长黄金期似乎已经结束。

就长期和事后看来，这个有益的冲击带来的许多泡沫掩盖了具有

世界重要性的数十年的趋势，即欧洲自 1958 年以来在财富方面和世界贸易份额方面的持续领先。尽管在那段时期，石油危机猛烈地冲击了大部分欧洲国家。随着美元浮动增大，汇率问题驱使法国和德国通过 1979 年建立的欧洲货币体系(EMS)来寻求从 1948 年以来一直隐忍的、直到现在也起作用的美元专制中解脱出来。由来已久的争吵和口角(特别是在经济和财政问题上的争吵)提醒欧洲国家限制目前取得的任何对两极现象有所超越的行为。伴随着对日本控制的远东经济圈的成功所带来的不安，这种困难局面一直延续到 20 世纪 80 年代；这使得欧洲国家对其他重大发展有所分神。到 80 年代中期，美国三分之二的外国投资来自欧洲(这时，美国已经恢复了它在 1914 年前的投资最大接受方的地位)。

对其他国家都希望联合的认识日益加深，这促使人们开始了新的努力，使更大程度上的共同体未来的观念具体化。越来越多的欧洲人发现更加团结、合作的习惯和增长的财富是先决条件，欧洲政治独立所带来的可能结果并不是先决条件。一些人认为，除非欧洲也能成为权力的一极，否则独立将是无价值的。这样想的那些人可以从进一步的发展和一体化中得到安慰，尽管这使其他人感到忧虑。欧洲议会(European Parliament)第一次直接选举在 1979 年举行。希腊在 1981 年、西班牙和葡萄牙在 1986 年都很快加入了这个共同体中。接下来的一年，《单一欧洲法案》(Single European Act)的第一步就是允许对一些问题进行多数投票决定(取代了要求一致意见)。1987 年，欧洲共同货币和金融体系建立(尽管英国没有接受)，并且在 1992 年确定将成立一个真正的单一市场，在这个市场上各国进出口货物、人力资源、资本和服务都能够自由流通。成员国甚至在原则上赞同欧洲政治统一，尽管英国和法国有明显的担忧。随着重大影响的出现，这很难立刻让人在心理上感到赞同和舒适，但这是某种发展毋庸置疑的标志。

631

英国

在戴高乐下台五年后，1973 年英国也加入了欧洲经济共同体。这是一个国家不确定性时期的高潮，尽管不是结束，独立于欧洲的英国努力表现得好像现在的世界依然像 1939 年的世界那样。四分之一个世纪里，各届英国政府的努力工作没能促进经济增长，也没能增加社会服务和提高就业水平。第二点在根本上还要依靠第一点，当困难出现时，总是要牺牲其他两个。英国是一个民主国家，其轻信的选民不得不被安抚。在国际贸易中，英国传统经济部门的弱点也是一大阻碍。还有些在于英国陈旧的主要工业、缺乏投资以及对其民众很深的保守态度。尽管英国变得越来越富（在 1970 年实际上没有一个英国体力劳动者拥有一年四周的带薪假期，在经济灾难的十年以后，三分之一的英国体力劳动者拥有了这项权利），英国在财富和创造财富的效率上却越来越落后于其他发达国家。英国人在信用上取得了巨大的成就并接受了变化：他们成功迅速地实行了人道的非殖民化，没有暴力和国内的分裂。人们仍不清楚他们是否能用其他方式摆脱过去，并保证其至少作为第二流的发达国家达到中等富裕水平。

在北爱尔兰，作为英国的一部分，新教和天主教的不良分子似乎一样想致力于摧毁他们的家园而非与其敌人合作。在 20 世纪 70、80 年代，极端民族主义者在阿尔斯特（Ulster）造成成千上万的英国公民——士兵、警察和平民的死亡，不管是爱尔兰的、苏格兰的还是英国的新教徒和天主教徒。唯一令人欣慰的事情是，这没有打乱英国政党像过去那样实行对爱尔兰的政策。选民仍然一直都有物质上的焦虑。在 70 年代，通货膨胀上升到前所未有的水平（70 到 80 年代年通货膨胀率都超过 13%），石油危机也造成了打击，劳资矛盾随之激化。有人猜测国家是否已经无法控制局面了。矿业的大罢工推翻了政府，领导人和意见传达者似乎总是被社会分裂这个主题所困扰着。甚至英国是否应该继续留在欧洲经济共同体这个问题也经常因为阶级利益被提出，在 1975 年 6 月这个问题就曾经提交到一个由公民投票决定的根本性革命计划中。当结果明显有利于继续参加欧洲经济共同体时，许多政治家都感到惊讶。也许这是这十年的第一个标志，或者说总体上的国家观点并非由那些自以为是发言人的人所代表。这也可能是一个转折点，标志着不可避免地从孤立主义中溢出的封锁选择的再现。

不景气的时期(就经济而言)仍在继续；通货膨胀(1975 年通货膨
胀率已经飙升到 26.9%)被工党政府认为是最主要的威胁。英国劳工 632
联合会的工资要求所带来的预期通胀还未显现，人们开始明白消费必将增长的时代已经过去了。给人一线希望的是：几年前，在北欧沿岸的海底发现了大量的油田，其中有些是在靠近英国的海底发现的。1976 年，英国成为石油输出国。这并未立即给英国很多的帮助；同一年，英国获得了国际货币基金组织的贷款。当撒切尔夫人(Mrs Thatcher)——英国主要政党(保守党)的第一位女领导人，也是欧洲第一位女首相——在 1979 年上台执政时，从某种意义上说，她没什么可损失的；她的政敌已经信誉扫地。所以，很多人早就不假思索地将其视为英国政策的决定因素了。

共产主义的欧洲

无论赫尔辛基会议意味着什么，在 1980 年，东欧似乎依然像以前一样被套牢在苏联的安全体系之内，是各个单一民族的内部生活。由于《华沙条约》这个保护壳，人们仍然没有看到 30 年来慢慢出现的社会和政治的变化(如果算上第二次世界大战和它的余波所带来的巨大无意识变化的话，变化不止这些)。

乍看起来，长期特定发展模式的经验所取得的成果是高度的结构一致性。在每一个共产主义统治的国家里，党是至高无上的；野心家围绕着党构建他们的生活，就像几个世纪以前身边聚集着皇室成员和赞助人的那些人。每一个(就像苏联自身)都有一个不可言说、不可衡量、不能悲叹的过去，过去太沉重，如果说有过轻松的气氛，那它也腐蚀了知识分子的生活和政治讨论的气氛。关于东欧的经济，对重工业和生产资料的投资使早期经济增长势头非常迅猛(其中一些方面的增长明显超过其他领域)，并出现了苏联主导下和其他共产主义国家的国际贸易体系，这个体系因计划经济而僵化。日益明显的是，这些协定由于严格的交换控制很难满足日益增长的消费品需求；在西欧人眼里很平常的商品，在东欧人眼里仍然是奢侈品，更别提他们能从国际经济特殊化中获利了。在乡村，私人所有制到20世纪50年代时就已经被削弱了，通常被混合所有制和国有农场所代替，尽管在这幅广阔统一的图画内不同的模式随后又出现了。例如在波兰，农民到1960年就已经回到了小农场；最终尽管仍在社会主义国家里，大约五分之四的波兰农地还是回到了私人所有制上。其产量依然很低，在大部分东欧国家，农业的产
633 出仅仅是西欧的一半到四分之三。到80年代，东欧所有国家在不同程度上都处于经济危机状态，如果可能的话只有德意志民主共和国是个例外。即使在那里，1988年的人均GDP也只有9 300美元，而这时候德意志联邦共和国的人均GDP已经是1.95万美元了。

现在人们熟知的“勃列日涅夫主义”(Brezhnev doctrine，赫鲁晓夫的继承人，苏联共产党的总书记勃列日涅夫在华沙发表一段讲话之后就有了这个名词)认为，东方联盟国家内部的发展——就像那年的捷克斯洛伐克——需要苏联的直接干涉以保护苏联及其盟友的利益，以及抵制任何企图从社会主义经济体制倒退回资本主义的尝试。然而勃列日涅夫一直对寻求国际关系的缓和很感兴趣。因此，勃列日涅夫主义通过使共产主义欧洲脱离欧洲其他国家的发展这个方法，来承认国际稳定局势下存在着危险的可能，同时勃列日涅夫主义也是通过划清界限来达到限制目的的一次尝试。自那以后，西方国家内部的变化越来越大，在20世纪40年代后期的记忆中似乎没有颠覆之忧，这些变化并未使东西方关系紧张。到1980年，在西班牙和葡萄牙革命性的变化之后，没有一个专制国家存在于的里雅斯特-什切青(Trieste-Stettin)线以西的地区，民主在各地取得了胜利。30年来，反对政治决策者的工人阶级的起义仅在东德、匈牙利、波兰和捷克斯洛伐克发生过——这些都是社会主义国家(引人注意的是，当巴黎在1968年陷入骚乱，学生暴乱摧毁了戴高乐政府的威望时，巴黎的工人阶级几乎没有骚动)。

1970年以后，甚至可以说是赫尔辛基会议之后，随着西欧意识在东方联盟中的加强，见证了东西欧之间明显对比的反对团体出现了。渐渐地，一些政府官员或者经济专家，甚至一些党员也开始表露出对于

具体、集中计划的效果的怀疑，并有越来越多的关于利用市场机制好处的讨论。然而，保持东方稳定的关键仍然是苏联军队。如果勃列日涅夫主义一直坚持继续给那些苏联卫星国提供最大的支持，那么没有理由相信任何华沙条约国会发生根本改变。尽管有时倡议的计划多，但华丽的结果和事情少，从长远来看，政府的行动更重要。庆祝苏联建国50周年时，勃列日涅夫宣称：在1972年，过去在我们身边围绕的国家的问题已经完全、彻底、永远地解决了。在相同的十年里，一个有趣的转折点已经过去，这只被少数洞察力敏锐的观察者注意到：以俄语为母语的人第一次在苏联变成了少数派。

缓和与苏联

最后，莫斯科一方的新态度是允许在卫星国有剥削因素存在，因为苏联的外交政策更加灵活了。列奥尼德·勃列日涅夫在他执政18年
后于1982年11月去世。他的直接接班人也很快去世了(这个人是苏 634
联安全部门克格勃的领导人)。之后是一位七旬老者接替上一位领导人任职(这个人去世更快)，1985年，米哈伊尔·戈尔巴乔夫(Mikhail Gorbachev)，这位政治局中最年轻的成员作为总书记上台执政，结束了这种领导人快速更替的局面。他当时只有54岁。实际上，他政治生涯的所有时期都处在后斯大林时代。他对其国家、对世界的影响迄今历史也很难作出评价，但其影响相当深远。他初始的个人动机和促使他接任上台的联合力量仍然是未解之谜。可以推测，克格勃可能不反对他的升任，他的第一次行动和演讲都是很受欢迎的。尽管在任期开始不久，他就已经给英国首相留下了可以进行交易的印象。

戈尔巴乔夫很快就明确表达了他新的政治姿态。“共产主义”一词在他的演讲中很少被提及，社会主义得到了重新解释，去掉了平均主义(尽管他时常告诉他的同事，他是一个共产主义者并且实际上他从未退党)。为了以一个更好的术语来形容，他的目的被人们认为是自由化(liberalization)——这是以不太恰当的西方词语来表示他经常用到的两个俄语单词：*glasnost*(这个俄语单词就是公开化的意思)和

perestroika(这个俄语单词就是改革的意思)。这一新进程的意义十分深远，在这十年剩余的时间里，戈尔巴乔夫都在应对这一新进程。很快，他就不得不承认没有基本的现代化，苏联的经济就无法永远保持先前的军事力量(军备占用了苏联四分之一的预算)，无法保证他对同盟及其他附属国的责任实现，也无法提高国内的生活水平和保证科技的自主创新。这一点意味深远，虽然他无法立刻抓住全部。

对米哈伊尔·戈尔巴乔夫政策实施有心理贡献的事件在1986年出人意料地发生了，在乌克兰切尔诺贝利核电站发生了可怕的事故。这一故障导致大量废料进入大气，造成了巨大的放射性污染，甚至有可能出现更大的核爆炸灾难。虽然毁坏性很大，但相对较少的技术人员、士兵和消防员的英勇努力避免了最坏情况的发生，但其破坏还是使全欧洲震撼，在某种程度上说是震撼了全世界。威尔士羊羔草料、波兰人和南斯拉夫人的饮用奶以及瑞典人呼吸的空气都被污染了。这个事实使人们明白了一个道理，即至少在一些问题上，欧洲范围内是要相互依存的。一夜之间，整个欧洲大陆上环境保护者的政治运动获益了。对于苏联自身而言，已经发生的事情对政府来说无疑是一个惊人的启示，在一个核工业老化的国家有发生灾难的可能，一旦现代化的意义变得清晰，国家就会需要巨大的投资。受到这一事故长期影响的苏联公民受害者人数仍是可怕的未知数。

635 在外交事务上，苏联领导人的新进程很快在与美国总统的会议中变得明朗。重新恢复了裁军问题的讨论。1987年，长期谈判终于达成结果，成果集中在一个关于中程核导弹的协定中。这是一个转折点。尽管由于新权力焦点的出现带来了许多震动和侵蚀，核平衡仍然持续了足够长的时间使两极能第一次停止争斗。它们毕竟能够不采取全面战争的方式来成功解决它们之间的冲突和世界危机。如果没有其他国家寻求获得核武器，它们至少已经认识到核战争一旦真的发生确实会使人类灭绝。1991年，美国和苏联同意着重削减现存武器库存时，形势获得了更进一步的戏剧性进展。

处于新的国际氛围中，两极在其他方面也达成了协议，当苏联领导决定在 1989 年退出阿富汗时，双方的协定就更容易达成了。苏联军队多年来一直困在阿富汗，导致了经济和人员上的巨大损失；其和美国 20 年前在越南的经历相似，也受到了打击并遭到失败。这是一个尤其令人头疼的因素，苏联在伊朗和其他伊斯兰国家引起的愤怒不能被大部分生活在苏联的穆斯林所忽视。许多美国人对苏联作为“邪恶帝国”(里根曾经提出的名词)的恐惧也逐渐蒸发。随着苏联显示出日益分裂和困难的迹象，美国人的乐观和信心开始增长，同时美国政府出台了新的在太空部署的防御措施以消除美国民众的担忧。尽管许多科学家认为这个项目不切实际，苏联政府也不得不冒着危险与其进行竞争。

20 世纪 80 年代的英国

在 20 世纪 80 年代开始的经济萧条氛围中，人们没理由期望在十年里西欧会发生重大的改变。一个欧洲国家为保卫殖民地财产的最后一战当然并不能对其进行允诺。1982 年，在福克兰群岛(Falkland Islands)被阿根廷军队短暂占领后，英国首相撒切尔夫人发现自己出人意料地主导了重新收回的行动。她本能地为保卫国际法原则和领土主权而斗争，并为岛上人们的权利而斗争，鉴于他们应该受到管理，并习惯了英国的普遍方式，其成果不仅是一项重大的军事战绩，还是一次重要的心理和外交的胜利。在不确定的开始之后(考虑到美国对拉美地区传统的敏感性，这并不令人惊奇)，美国着手提供重要的实际和暗中的帮助。智利与其难以驾驭的邻国关系一点也不好，因而它不反对英国在南美大陆上的隐秘行动。更重要的是，大部分欧盟国家支持在联 636
合国中孤立阿根廷，并通过决议谴责了阿根廷的行为。很明显，英国从一开始便取得了法国政府的支持(这种支持不总是这么容易得到)，它知道在国际法面前这是对既定权力的一大威胁。

在英国，撒切尔夫人的名誉随着国内士气、民心的增长而跃起，在国外也是如此，其地位迅速攀升，在这十年中剩余的时光里，这件事使她在其他国家领导人中留下了深刻的印象(特别是美国总统)，这使英国能勉强凭自己的能力保住自己的地位。她在某些方面和戴高乐将军十分相像,不是每个人都同意这种影响总是对国家有利的。撒切尔夫人的个人信念、成见、偏见和戴高乐将军一样都是显而易见的。如果欧洲人意味着必须对整个欧洲投入感情上和实际上的责任义务,并且使自己国家利益至上的观点变模糊的话,她和戴高乐都不能算是欧洲人。

撒切尔夫人政策的国内影响仍不能恰当地评价,尽管这使她成了20 世纪英国首相中任期最长的一位。很清楚的是,在她任期结束前,她已经改变了英国政策的关系,可能也改变了文化和社会争论的关系,消解了长期关于国家目标的正统和含蓄的一致性。这伴随着她坚决的激进主义唤起了人们的激情和不同寻常的愤恨。然而,她没能完成最珍贵的两个目标:公共支出的减少和政府对国内生活干预的减少。她执政十年后,中央政府在社会许多领域扮演了更大而非更小的角色。自 1979 年以来,卫生和社会保障公共支出实质上增长了三分之一,然而这并未满足大大增加的需求。到 1990 年,她许多政治上的伙伴认为,尽管她已经领导保守党取得了连续三次的选举胜利(这在英国政治上是独一无二的成就),她将在下一次竞选中落选。面对忠诚度和支持率的下降,她辞职了。其继任者梅杰(Major)不太为人所知,他在政治生涯前期没有多少曝光率。尽管此时英国看起来不太可能在处理共同体和共同体事务方面采取阻碍性的政策(在风格上将会更安静一些)。但正如结果所显现的,事实并非如此。

波兰革命

到 1980 年,西欧没有一个国家是专制体制了。民主取得了完胜。现在该轮到东欧了。第一个苏联态度软化和国际关系缓和成果的清晰标志呈现在波兰。波兰早在 80 年代就开始致力于恢复国家的独立性,尽管这个进程由于各种阻碍被打断了。通过跟随着神父而非统治者,波兰人在很大程度上(在他们历史上这不是第一次)保留着他们集体的完整性。必须要说的是,波兰教会的影响并非总是那么仁慈。1946
637 年,波兰大主教就谴责犹太人因为这年波兰人杀害在大屠杀中幸存的犹太人而作出的反击。[1] 然而,教会作为国家的化身长久把持着大部分波兰人的感情和思想,并经常为其说话以达到更好的效果——1978年一位波兰裔教皇登基使得这一切变得更具信服力。在70年代,教会支持工人反对经济政策,并谴责对工人的虐待。这种情况再加上日益恶化的经济环境和物价飞涨构成了1980年一系列罢工的背景,其顶点是在格但斯克(Gdansk)造船厂发生的一次通过电视转播的抗争,在这次抗争中出现了一个名为"团结"(Solidarity)的新自发组织的工会联合会。这次罢工在经济目标外,又增加了政治要求,其中有一条就是争取工会的自由和独立。团结工会联合会的领导人是一位著名的数次遭到监禁的电力工会的领导者,名叫莱赫·瓦文萨(Lech Walesa),他是一名虔诚的天主教徒,并和波兰领导阶层保持着密切的联系。这个造船厂的大门装饰着一幅教皇的画像,罢工者举行了露天弥撒。

全世界很快就为看到一个动荡的波兰政府而感到惊讶,波兰政府被范围日益扩大的罢工所困扰,因而作出了让步,这其中最重要的是确认团结工会是一个独立自主的工会。具有象征意义的是,天主教主日弥撒的常规广播也得到了承认。但是混乱并未终止。随着冬天的到来,危机的氛围越来越重。威胁来自波兰的邻居有可能进行干涉的消息。据说苏联有40个师已经在民主德国和苏联边境准备就绪。但是并没有出现警报;苏联军队没有移动,也没有收到勃列日涅夫的指示去这样做,其继任者在接下来的动荡年代里也没有这样做,尽管可能有时候看似要入侵。这是莫斯科方面思想变化的第一个迹象,也是东欧接下来会发生的事情的必要前提。

1981年,紧张局势不断升级。经济形势每况愈下,但是瓦文萨尽力避免挑衅行为。华沙条约组织军队的苏联指挥官曾五次到访华沙。最后一次访问时,团结工会的激进分子摆脱了瓦文萨的控制,呼吁如果政府采用紧急权力就要举行大罢工。12月13日,宣布戒严,随之而来

---

① 参见:B. Wasserstein, *Vanishing Diaspora, The Jews in Europe since 1945* (London, 1996)。

的是暴力镇压(反对者有数千人牺牲)。但是波兰的军事行动可能也有利于使俄国的入侵变得不必要。团结工会转到地下活动,开始了七年抗争,在这期间,军事政府既不能阻止经济进一步倒退,也不能争取“真正的”波兰支持的这一形势变得越来越清晰。由于这种体制,社会已经脱离了共产主义。一场精神道德上的革命正在发生。正如一位西方观
638 察者所说,波兰人开始表现出“他们好像是生活在一个自由的国度”;有秘密组织和出版物、罢工和示威游行,以及教会对现存政体的持续谴责,一时产生了一种内战的气氛。

尽管数月之后,政府谨慎地废除了正式的戒严令,但其仍然继续实行各种各样公开的和秘密的镇压。同时,经济进一步下滑,西方国家没有提供任何帮助,而仅仅是抱有一丝同情,在 1985 年后,莫斯科方面的变化开始产生效果。这些在 1989 年达到了高峰,这是自 1945 年来波兰最重要的一年。由于波兰的示范作用,这一年同时也是许多其他国家最重要的一年。随着政治体制的开放,其他政党和组织,包括团结工会,能够参与到政治进程当中。作为真正政治多元化的第一步措施,7 月举行了大选,其中许多席位是可以自由竞争的。团结工会大获全胜。不久,新议会公开抨击 1939 年 8 月的苏德协议,谴责 1968 年对捷克斯洛伐克的入侵并对 1981 年以来的政治犯进行调查。

1989 年 8 月,团结工会在华沙宣布支持建立一个联合政府,戈尔巴乔夫告诉共产主义保守派这是合理的,因为一些苏联的军队已经从波兰撤离,使得这个裁定更加有分量。9 月,由团结工会控制的、自 1945 年来第一位非共产党员总理领导的联合政府成为波兰政府。这是自 1948 年以来,东欧第一个非共产主义政府。西方很快许诺对其进行经济援助。到 1989 年的圣诞节,波兰人民共和国已经从历史上消失,历史上的波兰共和国再次诞生。

传播和效仿

波兰引领东欧走向自由。这一事件的严重性很快被其他共产主义国家觉察到了,这些国家的领导更加警惕。所有的东欧国家都在不同

程度上受到了两个新因素的影响。第一个因素是 20 世纪 70 至 80 年代在欧洲范围内缓慢但却一直持续增长的东西方贸易(包括苏联与西方的贸易)。另一个因素是关于非共产主义国家的讯息在这些地区流通的增长,最重要的是通过电视这一媒介传播,而这对民主德国影响最大。随着技术的发展,赫尔辛基会议的效应加强了。更多的活动自由,更多的接触外国书籍和报刊的机会,不知不觉地使其他国家比波兰加快了批评的进程。尽管有一些继续控制信息的荒唐举措(像罗马尼亚仍要求打字机要到国家当局注册),在这十年的后半段,几乎所有共产主义同盟国里的大众意识都发生了改变。同时,波兰的经历越来越让政府机构意识到,一个日益分裂和瘫痪的苏联不会(可能是不能)进行干涉,来维护其在其他华沙条约国的机构傀儡。这是日益明显的事件,尽管直到戈尔巴乔夫自己含蓄地接受了这个变化后,这个事件的最终 639
效果才被人感觉到。

即使在公开的政治变化前,匈牙利也已经和波兰一样迅速地走向了经济自由化。在 1989 年 8 月,来自德意志民主共和国的德国人就可以作为旅游者自由进入匈牙利,尽管人们知道他们是要去见德意志联邦共和国的大使以及到大使馆寻求庇护。到 9 月份,匈牙利边境完全开放了。捷克斯洛伐克紧随其后,涓涓溪流汇成了洪水。在三天内,1.2万名东德人穿过边境进入西德。苏联当局评价这种现象“非同寻常”。实际上,这是民主德国终结的开端。在精心策划、大肆吹嘘的作为社会主义国家“胜利”40 年的庆祝会前夕,戈尔巴乔夫访问期间(让德国社会主义者吃惊的是他看起来是在督促东德人抓住机会),防暴警察在东柏林大街上与反政府游行者大打出手。政府和社会统一党抛弃了它们的领导者,但这还不够。从 11 月开始,反对政体日益明显腐化的大规模示威游行在许多城市上演。11 月 9 日,最具标志性的事件发生了,柏林墙被自发地推倒了。东德的政治局妥协了,接下来柏林墙剩下的部分也被拆除。几天内,900 多万东德人去往西柏林和德意志联邦共和国的其他地方,联邦共和国政府给每个到访者分发了 100 马克作为“欢迎费”,东德到访者因此大受鼓舞。

1989 年,这种变化达到顶峰并席卷东欧,人们突然明白以前的政府在其臣民眼中已丧失了合法性,他们或者起来对抗政府或者背过身去任由政府瓦解。在体制方面他们要求到处都要有自由的政治选举,反对党派可以自由竞选。随着新宪法的起草,波兰实行了部分自由的选举(一些席位仍然为先前政体的支持者保留);1990 年,莱赫·瓦文萨当选为总统。此前几个月,匈牙利选举了一个议会,这个议会产生了一个非共产党政府。苏联士兵也开始从这个国家撤退。1990 年 6 月,在捷克斯洛伐克的选举中诞生了一个自由政府,政府很快决定苏联军队必须在 1991 年 5 月前撤离。在这些选举中,先前的共产主义政治家没有一个得到超过 16%的选票。这些事情在保加利亚没有全部发生:
640 在那里,变身为改革家的共产党人赢得了竞选并宣称自己为社会主义者。在 1989 年 12 月的一场起义中,罗马尼亚经历了暴力剧变(以杀害其前任领导者收场),其预示了前方道路的不确定性并明显成了进一步冲突所引起的内部分裂的预兆。到 1990 年 6 月,一个被认为仍受前共产党员极大影响的政府攻击了一些以前的支持者,亦即现在的批评者,并在矿工组成的义务民团帮助下镇压了学生运动,许多人因此丧命,一些持不同政见者流亡海外。

新德国

德意志民主共和国是另一个前共产党领导国家,在那里发生的转折有些不同,且远非那么暴力。不论在那发生什么都注定是一个特殊事件,因为自由化会涉及德国重新统一的问题,这是自 1945 年来苏联外交政策产生的结果,退一万步说,这也显然并不符合法国的利益。但是,不论以何种形式,德国的统一几乎都是不可避免的。在 1989 年底,确保统一过程在控制之中成了德国基督教民主联盟政府总理赫尔穆特·科尔(Helmut Kohl)最为关切的事情,科尔的选举前景可能主要受益于成功地实现再次统一;国际反应尚难预料,尤其是先前四个主要占领国。

然而,东方政策自从 1969 年以来在东西方都取得了巨大效果。在

1990 年 3 月民主德国举行的一次普选中，48%的选票和大部分席位都被基督教民主联盟——另一半德国，即联邦共和国的执政党所控制的联盟获得。科尔完成了自勃兰特将民主德国纳入社会民主党规划一部分以来的大转身。在民主德国选举前，他就已经提出了推进两个国家合并的计划。考虑到大众对统一的广泛支持态度，统一在原则上已经是毫无疑问的了。但是，程序和时间表问题需要进一步落实——并使非德国人安心，特别是苏联人。1990 年 5 月，联邦共和国外交部部长说："我们不想任何人因为德国的统一而感到他们自己是个失败者。"

1948 年的货币改革开启了此后 42 年间德国双重分裂发展的过程；1990 年，随着两个德国货币、经济和社会的恰当联合，重新统一的进程和对战后既定秩序的撤除开启。10 月 3 日，两德在一个新宪法下实现了政治上的统一。先前民主德国的领土成了联邦德国的行政区域。12 月选举了第一届联邦议会并确认了基督教民主派的支配地位。赫尔穆特·科尔成为德国重新统一后的首任总理。

变化是极其巨大的。美国和西欧国家最后很容易就改变了观点， 641
没有公开表达政府对一个统一德国重生的关注。更令人惊讶的是，尽管莫斯科方面已经有所察觉，却没有正式表达任何严重警告。苏联没有反对德国重新统一，这必须归功于米哈伊尔·戈尔巴乔夫，在共产主义统治柏林的最后几个月里他对之进行了访问。很难否认，拥有 7 100 万人口并且作为位于苏联西部的欧洲最大经济体的新德国将会再一次像过去的德国那样扮演强国的角色。赫尔辛基会议经历了它的第一次重要修整。

苏联政权此时经历了自 1918 年来从未有过的低潮；随着苏联（某种程度上像法国）最后成为和平解决进程的失败者，在苏联军队胜利地站在荒废的柏林大街上 45 年后，那些胜利、欢愉的时光被人们遗忘了。给戈尔巴乔夫的补偿是德国许诺在经济上帮助苏联进行现代化的一个条约。也可以说，使那些记得 1941 至 1945 年事情的人们安心，新的德国已经不是旧德国的复活，而是一个被割让了一部分旧东德土地的国家（实际上，它已经正式宣布放弃那些土地），也不再是以前那个由俾斯麦帝国和魏玛共和国统治的普鲁士了。更令人宽心的是(对解除西欧疑虑很重要),联邦共和国是一个联邦制宪政国家,可以确保经济的成功奠基在将近 40 年的民主政治经验上,并嵌在欧盟和北大西洋公约组织的框架当中。它至少暂时打消了各方面的疑虑,甚至是有着长久记忆的西欧人。

苏联的革命

戈尔巴乔夫在东欧革命的早期开始掌权。五年后,人们清楚地认识到,他的接任也导致苏联体制改革的创新,首先是权力开始从共产党手中夺走,其次是新兴的反对力量抓住了机会,最重要的是,联盟的各共和国开始或多或少要求自治了。不久以后,情况看起来好像是他可能正在瓦解自己的权威。自相矛盾和令人担忧的是经济状况每况愈下。人们清楚地认识到,任何向市场经济的转变,无论这一转变是快是慢,都可能给许多、也可能是大部分苏联人民带来比预期困难还要严重的问题。到 1989 年,苏联经济很显然失去了控制而骤然下降。像苏联以往的历史那样,现代化由中央发动并通过专制结构传播到外围。首
642 先是因为当权人物和计划经济行政人员的抵制,其次是因为在这十年的最后时期,中央可以实行的力量显而易见地快速瓦解。然而,戈尔巴乔夫似乎从来没有放弃苏联社会主义可以通过改革保存下来的希望。

到 1990 年,更多关于苏联及其人民状况的信息在世界其他地方可以比以往任何时候更易接触到。不仅有许多大众感受的明显标志,而且通过民意调查,苏联出现了第一份公众意见的调查。从一些大体有效的评判可以看到：党和当权人物信誉丧失的影响是深远的,即使情况在 1990 年还并未像其他一些华约国家那么糟糕(更令人吃惊的是,长期毕恭毕敬的东正教会似乎比马克思列宁主义旧体制的机构拥有更多的权威)。但很明显的是,各地经济的失败像乌云一样笼罩在政策的自由化上。1989 年,苏联人和外国观察者都在谈论内战的可能。

这种威胁不会只因为看起来的经济上的失败而发生。过去紧张政策的解冻也显示了被经济崩溃和机遇所鼓舞的民族主义者和区域感情的力量。做了 70 年苏维埃公民之后，苏联呈现出一个像以往一样独特的民族联合。其 15 个共和国中的一些国家（尤其是三个波罗的海共和国——拉脱维亚、爱沙尼亚、立陶宛）很快表现出许多不满。阿塞拜疆和苏维埃亚美尼亚引发了问题，这个问题由于笼罩着整个联盟对伊斯兰骚乱的恐惧而变得复杂。让事情更糟的是，一些人认为会有军事政变的危险。就像对美国士兵从越南撤离不满的人一样，那些对苏联在阿富汗失败感到不满的人将指挥官说成是潜在的波拿巴主义分子——而这个虚构的危险早已被广泛传播。

土崩瓦解的迹象日益增多，尽管戈尔巴乔夫成功地保住了职位并且实际上其名义上的权力正式得到提升（但这也增加了承担失败的主要责任的不利因素）。1990 年 3 月，剧变发生了。立陶宛议会宣称 1939 年的兼并无效并重申国家的独立，尽管这经过了复杂的谈判以避免激起苏联军队对重新崛起的共和国的武力镇压。拉脱维亚和爱沙尼亚也宣布独立，尽管形式上稍微有所不同。结果是戈尔巴乔夫并未寻求否决脱离这个事实，但是作为回报，他赢得了一个协议，规定波罗的海的共和国应保证继续向苏联提供某些实质上的服务。然而这后来证明是其末路的开端。在改革派和保守派不断迅速博弈的日子里，戈尔巴乔夫先与其中一方结盟，为了平衡势力，后来他又与另一方结盟。这 643
导致 1990 年底时，当年夏天达成的妥协看起来既过时又无法实行。新年初期，在维尔纽斯（Vilnius）和里加（Riga）默许的士兵与克格勃的镇压行动并未能力挽狂澜。九个苏联加盟共和国的议会在那时已经或宣布其拥有主权，或声称其从联盟政府中脱离，获得实质上的独立。其中一些将地方语言改为官方语言；俄罗斯联邦共和国——苏联最重要的组成部分已经开始着手使其自身经济与联盟经济相分离。乌克兰共和国准备建立自己的军队。3 月份，大选使戈尔巴乔夫再次回到改革的道路上来，并寻求达成一个能保持这个国家一些中央角色的新联盟条约。世界迷茫地注视着。

东欧解体

1990 年底，曾经看起来铁板一块的东欧集团的现状已经无法进行概括评价或作简短描述。随着捷克斯洛伐克、波兰、匈牙利申请加入欧盟，保加利亚也准备这样做准备这样做，一些观察者猜测将会出现比任何时期都更具潜力的更广泛程度上的欧洲统一。那些注意到新的或者说重新出现的往昔国家和种族分裂会使新东欧出现灾难（首先灾难出现在罗马尼亚）的人们作出了更谨慎的评判。尤为重要的是，在整个东欧地区都积聚着经济失败的暴风雨并且很可能由此引发骚乱。可能已经到来的解体，是在复杂程度、发展程度不同的国家和民族当中发生的，这些国家和民族由于不同的历史遗产对其反应也各不相同。当事实在 1991 年变得清晰时，以前作出的预测显然是不明智的。

这是欧洲历史上最令人震惊和重大剧变的高峰，就此而言，对整个世界历史亦复如是。前方道路如何，没人说得准——除了那将会是一段危险、困难并且对许多苏联人民而言痛苦的时期。在其他国家，政治家们对于这一转折性事件表现得十分谨慎。前方有太多的不确定性。甚至苏联以前的朋友在很大程度上也保持沉默。

第三十章 新秩序正在形成？ 644

南斯拉夫解体

除了人们所关注的之外，在世纪的开端和终结还有一些值得注意的事情。在 2000 年或 2001 年可能会出现一些其他特别的事情（就像是其他历史中那样）成为既存事实的结果，有些是自然产物，而有些由于人为的决定，有些则出于这些偶然的巧合所共同形成的环境。只有心理学才能给那些世纪重大事件予以特别的解释，并且，随着 1990 年的开始，亦即随着 20 世纪最后一个十年的开始，先前几年中的愉悦情绪也在衰退。这在很大程度上是由于在 1988 年就已经开始显现的经济衰退，尽管与此同时一些人忽视了东欧正在发生的令人振奋的事件。无论如何，欧洲实际的通货紧缩与愉悦都随着南斯拉夫联盟共和国的解体而出现。

这个国家的历史常常被大量倚重。其最大的国家庆典就是纪念早在 1389 年的一次战役的失败，在那次战役中，奥斯曼人在科索沃打败了中世纪的塞尔维亚王国。然而，直到 1950 年，还有许多南斯拉夫的穆斯林妇女蒙着面纱，而土耳其早在 30 年前就由凯末尔（Kemal）将这一习俗废除了。这个国家在 1918 年出现，称为“塞尔维亚人、克罗地亚人和斯洛文尼亚人王国”（Kingdom of Serbs, Croats and Slovenes，其在 1929 年建立王室独裁之后更名为南斯拉夫，并力图清除旧式的划分），其实质上是古老历史上"大塞尔维亚"（Greater Serbia）梦想的体现。1903 年夺回了塞尔维亚的这个王朝继续占据了新王国的王位。1934 年，第二任国王亚历山大被一个马其顿人暗杀，此人受到了由匈牙利和意大利政府支持的克罗地亚人的帮助。这一事件明显地显示了国家事务的局外人对其持续的利益兴趣以及国内划分的怨恨，其后的一次类似事件被认定为第二次世界大战的第一枪。

南斯拉夫内部的分裂是 1919 年和平制造者未解决的典型失败案例（也许这是不可避免的），他们曾想要解决这个深深扎根于过去的问
645 题。1931 年的人口普查将人们分为塞尔维亚-克罗地亚人、斯洛文尼亚人、德意志人、马扎尔人、罗马尼亚人、瓦拉几亚人、阿尔巴尼亚人、土耳其人、"其他斯拉夫人"、犹太人、吉卜赛人和意大利人。塞尔维亚-克罗地亚人本身就是一个具有误导性的范畴，其把黑山人、波斯尼亚人、穆斯林、马其顿人和保加利亚人，以及作为其名称的塞尔维亚人和克罗地亚人归并在一起。但是罗马天主教占多数的克罗地亚人以拉丁字母书写，而东正教塞尔维亚人则用西里尔文字。天主教徒和东正教徒在南斯拉夫人的信徒中约占五分之四，但也必须忍受占绝对少数的穆斯林（1931 年占 11%），后者多数是波斯尼亚人[①]。最终，这个王国呈现出了财富和经济发展上的严重不平衡。马其顿是欧洲发展较为缓慢落后的区域之一，其在中世纪时几乎逐渐消失了；斯洛文尼亚只是许多对照物中的一个，其已经实质上实现了城市化并且具有大规模的工业。南斯拉夫主要的农业经济受到了迅速增长的人口的巨大压力：土地压力造成了小土地所有者的广泛增长，他们的穷困状况因 30 年代的经济危机而变得越发窘迫。

王国内的政治问题主要是克罗地亚人和塞尔维亚人之间的对抗。到 1939 年，贝尔格莱德的政府令克罗地亚人憎恨，他们已经产生了一种接近于希特勒的极端民族主义运动。同时也出现了克罗地亚人的法

① 参见：A. Polonsky, *The Little Dictatorships* (London, 1975)，见第 162 页的表格。

西斯运动——乌斯塔莎(*Ustasa*)；在 1941 年德国入侵和占领之后，克罗地亚人、主要塞尔维亚共产党员——由克罗地亚人约瑟夫·布罗兹(Josef Broz)或称铁托(Tito)所领导——以及王室分子之间发生了三边内战，其间流传了许多关于这一运动的糟糕消息。这一运动以 1945 年共产主义的胜利而告终，民族问题遂受到了铁托强有力的遏制。

45 年后(铁托去世十年后)，老问题又突然鲜活地重现了。这很快引起了局外人的兴趣。1990 年，南斯拉夫面临着经济和政治的双重危机。联邦政府试图着手处理日益出现的政治碎片化的局势。随着南斯拉夫各民族想方设法地去填补权力真空，各种代表塞尔维亚人、克罗地亚人、马其顿人和斯洛文尼亚人利益的政党也组建了起来。到这一年年底，所有各共和国政权除马其顿外都依赖于新当选的多数党。更为糟糕的是，少数民族问题又在各共和国国内出现：比如克罗地亚的塞尔维亚人，宣布在克罗地亚应享有自治的权利。在马其顿靠近科索沃的地方发生了严重的流血冲突(那里五分之四的居民是阿尔巴尼亚人)；那里宣布独立是对塞尔维亚具有象征意义的蔑视——也引起了希腊和保加利亚政府的高度关注，其前任从巴尔干战争开始就野心勃勃地对马其顿领土存有觊觎之心。很快，随着贝尔格莱德联邦政府权力的式微，新共和国之间吵得不可开交。塞尔维亚重申了对科索沃的统 646
治，但是在 1991 年 3 月，零星的战斗开始出现在北部塞尔维亚和克罗地亚村庄之间。很快两个共和国的官方武装力量加入进来，并导致了双方的公开冲突。战争最激烈的地区不在塞尔维亚，而在其他共和国的塞尔维亚人聚居区。

通过外界干涉达成最终和解的先例从未看起来前景广阔——部分是由于欧共体内各个国家持不同看法——并且其前景因苏维埃社会主义共和国联盟最后警告这一地区冲突有可能上升到国际层面而更加黯淡。1991 年 6 月，克罗地亚和斯洛文尼亚宣布从南斯拉夫联盟共和国独立，年底时波斯尼亚和黑塞哥维那(Bosnia-Herzegovina)也步其后尘宣布独立。那时出现了穆斯林与塞尔维亚的波斯尼亚人之间的战斗，很多人担心这将成为更为广泛的种族冲突的伏笔。几乎与此同时，波斯尼亚的塞尔维亚人宣布他们的对手是“土耳其人”而火上浇油。塞尔维亚东正教神职人员乐于在伊斯兰教再次向欧洲进军这一背景下制造冲突。就在圣诞节之前，令许多欧共体成员感到窘迫的是，德国率先给予了新成立的克罗地亚官方认可（这也给其盟友带来压力，使其效仿了这种做法；欧共体也在1992年早些时候承认了克罗地亚）。

塞尔维亚一直反对联盟共和国的分裂，其继续作为一个整体存在有利于保证塞尔维亚的优势支配地位。现在南斯拉夫联盟共和国只剩下了塞尔维亚和黑山共和国。广义上讲，前南斯拉夫军队一直是塞尔维亚人占多数的，这便在一开始就给了塞尔维亚人军事上的优势。塞尔维亚与俄罗斯不同，当其原先的联盟成员国想要从它的霸权下分裂的时候，塞尔维亚选择了战争。但是保存原先的联盟很快就不再是一个可达成的目标，也不再是一场追求战利品的简单战役。塞尔维亚首先就企图占据杜布罗夫尼克（Dubrovnik），希望以此获得一个其长期以来梦寐以求的亚得里亚海港口。

苏维埃社会主义共和国联盟的终结

对前南斯拉夫干涉的外交政策被证明是苏维埃政权的最后一次干涉，并很快因为更为惊人的事件而失色。1991年8月19日，保守派（他们的职务都由戈尔巴乔夫任命）通过一场政变取得了权力，但是最终失败了。三天后，戈尔巴乔夫重新掌握了总统权力。然而无论如何，他的位置改变了；持续不断地寻求妥协的策略破坏了其政治稳定性。他未能带来一场成功的经济改革，在民族事务上也出现了差错。他被过去束缚得太重，并且对党和联盟的坚持也太长了：苏维埃政治在没有他的情况下突然倾倒了。

到8月底，已经可以看出苏维埃社会主义共和国联盟出现了滑向内战或解体的迹象；已经有九个加盟共和国宣布独立。政变的环境给
647 了鲍里斯·叶利钦极好的机会（他大胆地抓住了这个机会），他是联盟中最大的俄罗斯共和国经过民主选举而上台的领袖。军队是对其在莫斯科的支持者唯一可能的威胁，但是当他对政变作出反应，将所有在俄

罗斯领土上的苏维埃机构控制在自己手中的时候并未受到军队的反对。他以苏维埃舞台上的铁腕人物形象出现，没有他的参与什么也无法实现，而(对一些人而言)他代表着一种俄罗斯大国沙文主义的可能，这将会威胁到其他共和国。然而令国外观察家不解的是，对那些对政变企图持支持或默认态度的人的清除被发展为苏维埃官僚体系的坚决大换血。克格勃的角色被重新定义，联盟和共和国之间的控制权也重新划分。但是最令人震惊的是，苏维埃议会在 8 月 29 日宣布停止苏联共产党活动后，苏联共产党解体了。几乎是兵不血刃，至少在起初时是如此，这使得整个世界都震惊了，这个从 1917 年布尔什维克政变中成长起来的庞大组织走向了终点。随着 1991 年接近年底，俄罗斯共和国的一项在不久的将来取消限制物价的决策，不仅会产生从苏维埃体系最早期迄今未有过的严重通货膨胀的威胁，甚至还会造成数百万俄罗斯人的饥荒。那时候，新独立的格鲁吉亚已经出现了战乱，发生在第一次自由选举的民选总统支持者与不满的反对者之间。

这一产生于布尔什维克革命流血经验中的超级大国，在将近 70 年中并几乎直到其终结，都作为全世界革命的希望以及巨大的军事力量发动机，曾赢得过世界上最大的陆地战争，看来已无能为力地在一系列 648
加盟共和国随之而来的独立中瓦解。除了在策略上的重要性之外，戈尔巴乔夫似乎从未认真考虑过民族问题，民族问题也卷入了中央权力的争夺中，在其对立陶宛、拉脱维亚和爱沙尼亚的处理方式上就能反映出这一点。但是，事实上正在发生的是欧洲最后一个跨国帝国的垂死挣扎。1991 年 12 月 8 日，俄罗斯、乌克兰和白俄罗斯领导人在明斯克会晤，宣布终止苏联的存在，并建立新的独立国家联合体(CIS)。12 月 21 日，11 个苏联加盟共和国代表在阿拉木图会晤，再次确认了这一点。他们达成协议，苏维埃社会主义共和国联盟将在这一年的最后一天正式终止。几乎与此同时，戈尔巴乔夫在圣诞节宣布辞职，他是第一个如此以自由意志行事的苏维埃领导人。

戈尔巴乔夫做了很多事，并制造了更多的可能性，甚至有些是与他的意图相反的，但是他活到了他能扮演一个角色的时候。“他想要将那些无法合在一起的东西联合起来”，俄罗斯总理如是说[1]。这是欧洲历史上最为令人震惊和重要剧变之一的高潮——在某种意义上，对于整个世界历史来说也是如此。前方有什么，没有人能够确定——对许多苏联公民而言，那是一段危险、困难而又悲惨的历史。其他国家的政治家都对这一转折性事件表达着谨慎的看法，前面有太多的不确定性——其中就包括苏维埃的核军火库将会发生什么。至于苏联的前盟友，其中一些对 8 月的失败政变表示认可或欣赏(比如利比亚和巴勒斯坦解放组织)是可以理解的；这种多少有点回到冷战阵营的前景必然会激起对国际区域如此彻底改变后的新的策略可能性的梦想。

欧洲的整合

1990 年新年伊始，法国总统发表讲话，提到“一个”包含所有欧洲国家的欧洲，除了苏联以外——即使只是暂时的。这使许多法国国民和外国人感到惊诧。随着各种事件迅速显现，这也可能只是一种渴望(或者是试探舆论风向?)，但其表明了欧洲离着莫内(Monnet)[2]有多远。其后的几年里显示出了对于未来整合的慷慨解释意味着怎样的困难：欧洲的乐观主义开始出现了衰退。这证明将 1992 年作为 1985 年时设定的建立单一市场的象征性日期是很难达到的。

困难的来源之一就是许多前社会主义国家很快就想加入这一共同
649 体；对其予以准入必然会给现有成员国造成外交上和经济上的问题。东德事实上在 1990 年就因两德重新统一而进入了共同体，但是其他想要进入的新成员需要等待西欧各国确定其究竟想要一个什么样的欧洲。然而令人不悦的是，这一问题并不是那么轻易能够解决的。

政治家们于 1991 年聚集在马斯特里赫特(Maastricht)达成了关于筹备一个真正的单一欧洲市场的协议，并制订了不晚于 1999 年建立经济与货币联盟(EMU)的时间表。其给予欧盟内所有成员国国民以

---

① 1992 年 1 月 6 日《新闻周刊》引用了鲍里斯·叶利钦的这句话，第 11 页。

② 法国曾呼吁的在欧洲建立的统一市场上所使用的共同的虚拟货币。——译者注

欧盟公民身份,并(这一条款英国有豁免权)要求所有成员国实行工作实践和一些福利制度的普遍标准。最后,协议在"辅助"(subsidiarity)原则上达成了共识,这个词语植根于天主教社会训导,其目的在于限制欧盟委员会或布鲁塞尔对各国国内行政事务的干涉——这是一种消除疑虑的努力。尽管如此,丹麦人在公民投票中拒绝了《马斯特里赫特条约》,一个在法国进行的类似民意测试表明只有小部分人对之感兴趣,英国政府(尽管为保障通过进行了仔细的磋商和特别保护措施)则在试图使这一方案在国会通过时面临困境,因为在执政党中有一些"叛乱分子"投票反对他们的领袖。

欧洲未来整合的一个障碍在于,仅就真正关于未来的辩论而言,主要是西欧大多数选民的不理解;对他们而言,能够确切感受到的,更多是传统的划分和国家民族利益——即使在经济困难时期也是如此。此外,国家利益倾向于使其对抗看似来自布鲁塞尔的欧盟理事会的干涉这一焦点上。更为不幸的是,在这个微妙的时刻,时任主席雅克·德洛尔(Jacques Delors)先生频繁作出了许多欠周详的和无关紧要的理事会决策,这些决策需要通过国家政府去实施。这个法国人有极高的表达天赋,其关于欧洲的雄心使人们更进一步聚焦于布鲁塞尔更为有效的权力上。

实践上的困难也阻碍着欧洲的道路,尤其是对德国影响深远。在科尔总理领导下的德国是欧盟的发动机。这主要源于他在重新统一上的巨大胜利,但这次统一很快就被证明是代价巨大的。德国被卷入了贸易赤字,这对于西德而言是极为罕见的,并由此引发了恐慌。随着财政代价将持续数年的可能日益明显,对于重新统一在政治上的不满也逐渐显现出来。随着时间推移,通货膨胀的危险越发增长,这对于德国人而言是一个古老的噩梦,这一沉重的负担由德国的纳税人所背负,不仅由于那些从东德来到西德的人们,还由于大量从这个国家对政治避难采取的自由态度中获益的外国移民。与此同时,失业率也在增长。

经济衰退对每个欧共体成员都投下了阴影。它提醒了民众彼此之 650
间经济力量的差距和差异;保护特别利益(或者被视为如此)的政策因

此也被更为强力地推行。每一个国家的财政、预算和兑换问题都在 90 年代削弱着其政府的力量(其中一些的产生被视为理所当然),从而威胁到其保持就业率和普遍被称为“福利”的高水平支出。在这样的背景下,特殊的欧洲协议和资源分配——比如对渔业的规范——的形成就比预期的更为艰难。

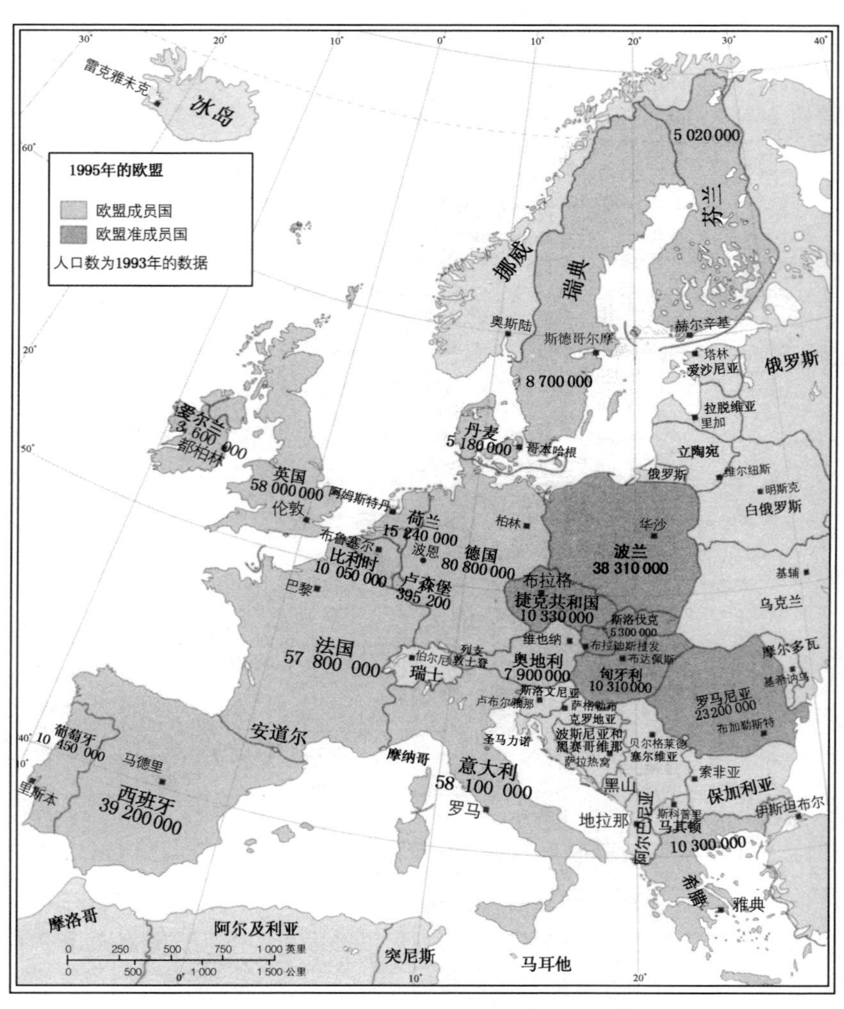

651　在这样的背景下,欧盟(European Union,这个共同体的新名字在 1993 年 11 月 1 日《马斯特里赫特条约》生效后开始使用)内部即使已

经达成的事务仍旧处在失去的危险中也就并不使人惊讶了。这里有着太多对前途的疑虑、误解、含糊甚至直接的争吵。经济环境使其更加难以经营。比如，一个由法国和德国在 1987 年设立的共同货币体系在 1989 年被并入了货币联盟计划。这一安排与德洛尔先生密切相关，其通过设立欧洲汇率机制(Exchange Rate Mechanism)对成员国自身的货币管理造成了极大的限制。其造成的货币重估和货币贬值更无法迎合国内的需求，尤其是德国国内的中央银行大幅度提高了利率。1992 年，英国和意大利也被排除出外汇兑换体系，爱尔兰则于次年加入，国际货币运动将德法关系置于巨大张力之下，并迫使整个体系作出了重大修正。这尤其给已宣告的建立欧洲货币联盟和统一的欧洲货币的目标投下了巨大的阴影。到 1996 年，为达成这些目标的时间表也受到了威胁，有些甚至可能是致命的，一些国家的疲软状况表明其经济情况实际上难以达到制订的标准。

在每个国家中都有众多可被政治家们轻易利用的逆流。这些甚至可以在两个长期以来一直支持欧洲整合的国家中看到，亦即法国和德国。法国的基本立场随着时间的推移并没有什么大的变化，虽然其卷入得更深了；对法国而言，驱动欧洲的根源在于对一个复生的德国的恐惧。法国政治家力求减轻这种危险，亦即通过将德国牢牢拴在共同市场、其后是共同体上。随着时间推移，德国经济变得日益强大，法国政府被迫接受对其独立行动更大的侵犯，并承认德国在勾画欧洲未来问题上享有优先权。戴高乐关于一个民族国家的欧洲的理念不得不让位于一个更为联邦化的观点。为了将之做到最好，一些法国人认为一个联合的欧洲也是可以接受的，只要其是自觉地建立，以加强法国在日常生活和文化上的砝码——比如，通过任命委员会。如果必然要出现一个欧洲的超级国家，法国至少可以尝试占据主导地位。

德国在未来整合上的利益不得不从与其他中东欧国家之间不可避免的关系方面来考量。始于 20 世纪 80 年代的一个词语再度被提及：中欧(*Mitteleuropa*)。第一次世界大战期间，一个德国人出版了一部论证要提升德国和(在德国领导下的)哈布斯堡帝国的经济内聚

652 力的图书[1]，作为图书的标题，这一词得到了广泛传播。这不是对应“欧洲中部”的恰切翻译，也没有充分表达出“德国及其邻居们”的意味。无论如何，其表达了德国的特殊角色与源于这一特殊角色的特殊关系。

随着共产主义欧洲的终结，德国政府通过采取欧共体向东扩展的措施以寻求与前共产主义邻居友好相处。德国商人和投资者在那些国家建立德国的经济利益也许能加速这一进程，而这种渴望（德国因此而承认了刚刚独立的克罗地亚和斯洛文尼亚）却远非能让其他欧盟国家安心（除此之外，还唤起了对过去历史上条顿人与斯拉夫人、东正教与天主教对抗的文化恐惧和记忆——尤其是在塞尔维亚）。

自《罗马条约》签订以来，到 90 年代中期，西欧取得了很大的进展。在欧盟之外还有一个欧洲自由贸易联盟（EFTA），但却被大大削弱了[2]。其他正在接近或敲击共同体大门的国家数量，也至少反映出非成员国从成员国数目上看到的物质资源。此时出现了一些文化上的趋同（尤其是在流行文化层面）甚至消费上的标准化，这可能更主要是由于国际交流和国际市场的进展而非政策作用。在社会结构之间还存在着一些模糊的差异。德国和法国农民数量的减少反映出缓慢但具有共性的向更为理性的经济结构变化的趋势，虽然这样的变化代价高昂——欧共体的共同农业政策（Common Agricultural Policy）常常触怒非农业选民。欧洲也感到对南斯拉夫的问题束手无策，事实上它是通过 1995 年底美国的干涉才得以解决的，北约力量成了和平保卫者这点恐怕是其创建者始料未及的。因此，当时欧洲整合的未来仍是前途未卜。

在实现了单一欧洲市场之后（虽然有一些实际上的资格限制），欧盟宣布的下一个目标就是统一的货币和货币联盟，据说这特别为科尔总理所重视。这也是法国政府相信应当去做的，虽然之前有些勉强。

---

① 瑙曼（F. Nauman）的《中欧》（*Mitteleuropa*）出版于 1915 年。

② 丹麦、英国、葡萄牙和瑞士在 1995 年退出了。1994 年以来，剩下的成员国在统一的欧洲经济区内与欧盟国家形成了联合。奥地利、芬兰、瑞典在 1995 年 1 月 1 日加入了欧盟。

然而,在1996年春都灵的跨政府部长会议上,一个可能的、具有可操作性的时间表看起来越发不确定。

在一些主导人士的展望中,怀疑在增长。在一些国家中可以看到 653
政治家和行政官员对于欧洲政策制定观念的强烈的感性承诺(一种对防卫和安全措施的需要,尤其是受到了南斯拉夫后继的共和国中危机的刺激)。一些小国家被减少或者可能去除国家否决权的理念所吸引。一些狂热支持者甚至看到在更远的未来,一个政治上联合的欧洲是不可避免的道路终点,这一条路已经通过联盟的国家联合开始了。所有这些理念看起来都会在符合传统的政治思考中实现(其最基本的含义是某种欧洲主权国家的出现),而许多人则对这些事情感到恐惧。政治家们苦思冥想的是,当一个选择不得不作出的时候,选民们在想什么;对他们而言,这一选择的结果是清晰可见的。

另一个与货币联盟几乎同样紧迫的问题是联盟的扩大问题。毫无疑问,货币联盟有些失败,扩大化并未出现,欧盟可能倒退回一个由德国主导的简单的关税同盟(像一些倾向历史类比者所指出的那样,在19世纪关税同盟多数时期就由普鲁士所主导)。除了坚定的民族主义者之外,很少有人认为这是一个具有吸引力的可能性。但要考虑到一旦超越它就要面临着扩大的关键问题:谁应该被允许——或鼓励——加入欧盟?在那些想要加入欧盟的国家中,土耳其坚持的时间最长。除了毫不妥协的希腊反对者的阻挠外,土耳其也被合理地质疑是否算是欧洲国家——但同样可以合理地指出其制度方面(比如代议制度和世俗国家)的现代化和一定的经济发展水平可以通过“欧洲性”(Europeanness)的考验。在斯堪的那维亚国家中,瑞典和芬兰已经加入了欧盟(挪威在全民公决中否定了这一理念),奥地利也加入了欧盟;它们从未在欧洲性上受到质疑,并且也有发达的经济和自由政治的传统。更大的困难主要出现在中欧和东欧,可能最为明显的就在曾经是南斯拉夫的区域内。匈牙利和捷克斯洛伐克也许就没有那么多问题;与德意志民主共和国重新联合所带来的经济困难令人沮丧,但是随着时间流逝,加入欧盟将会减少这两个国家再度发生危险的可能,尤其是基于它们在1990年之后的经济进步。其他东部国家作为潜在的候选人看起来吸引力就小得多了，无论是从政治文化或经济准备层面上的考量都是如此。除此之外，它们可能会在欧盟和独联体国家之间的关系上带来问题，由于曾作为苏联的一部分，它们对西部邻居的政治阵营
654 较为敏感。最后，未来劳工自由流动的时机也不合适：潜在的来自俄罗斯和其他东部国家的巨大劳工潮涌向西方的劳动力市场的图景令人战栗。

在这十年的中间时期，很难去正视回答这些问题的解决方案，此时主要的大陆国家仍处于经济不景气当中（英国在欧洲货币基金会的成员资格难以为继，可能成为唯一一个脱离该组织的欧洲主要国家）。法国和德国都面临着持续居高不下的失业率，其他国家也面临着预算混乱。一种选择保守政府的趋向便是对这一形势的可见反应。这些事实必然会对货币联盟和欧盟扩大化等问题的处理上产生重要的影响，这几乎就是在那一时期所清晰表明的。

然而，这些事实也很容易使人们忘记《罗马条约》以来这些年所达成的全部成果。到1990年，我们通常称为“西欧”的地区是三大新世界经济体之一。其占据了70%的世界贸易总额（多数在其成员国内部）和世界上40%的国内生产总值。其自身的GDP比美国还要大（并且是日本的两倍）。其在发达世界工业区域通过投资流动实现的整合是1914年以前未曾见到的。美国三分之二的外国投资掌控在欧洲人手中。这样的事实因其担忧自身的未来而常常受到忽视。

西方对伊斯兰的恐惧

1972年，一群来自中东的恐怖分子在慕尼黑奥运会期间挟持并谋杀了11名以色列代表团成员。这是20年里对欧洲最轰动的一次恐怖袭击（因为电视机的普及）。欧洲人发动的恐怖袭击也已经出现并将继续出现（比如1980年在博洛尼亚火车站那场明显由意大利右翼政治组织所发动的血腥炸弹屠杀）。但是那些阿拉伯人或伊斯兰组织所制造的恐怖袭击通过欧洲（就这点而言还有北美）的想象和媒体产生了一种

不断增长的迷狂。在80年代,这种关注通过伊朗革命的言论,通过阿拉伯组织吉哈德(圣战)的讲话,通过阿拉伯世界内部的戏剧性事件——比如1981年对埃及总统的暗杀,他曾与以色列进行和平谈判,这是另一次电视展演——通过利比亚独裁者的奇怪声明和行为,以及通过伊斯兰国家中的政治变化等都得到了加强。

伊朗革命不仅提升了国际世界对阿拉伯-以色列长期冲突的关注热度,并使已存在的经济和政治问题与一种更模糊但更大的对抗性纠缠在一起。其有时被视为——或者宣称——存在于作为整体的西方 655
世界和伊斯兰世界之间。90年代早期,这就引发了关于即将到来的文明冲突的对话,其太过明显的夸张以至于难以信以为真,但是其重要性的有趣征兆却附属于一种文化的对比,以及有时会出现的文化冲突。

新伊朗一系列强硬的反西方(有时是反基督教)领导人,及其为国家反西化所采取的新的纪律和强制推行的严格的伊斯兰教法和习俗都令人印象深刻。阿富汗圣战者(*mujaheddin*)反抗苏联军队的成功战斗,以及阿富汗在其伊朗邻居的影响下建立的激进派政权也同样引人注目。尽管曾受共产主义统治,但阿富汗从未经历过明显的现代化(伊朗的情况也是如此),并且其宗教领袖因对抗当下的状况以及对伊斯兰教传统复兴的强调等行为也获得了大量的民众支持。这在其他地方也引起了共鸣(还有来自美国对圣战者的占主导的、自相矛盾的秘密支持)。80年代,在多个国家中"伊斯兰"政党所获得的选举胜利导致更为"伊斯兰化"的政权上台,尤其是在苏丹。1990年,阿尔及利亚选举中一个伊斯兰政党赢得了多数选票,这引起了欧洲的迅速反应,法国感到自己不得不支持阿尔及利亚军事政权镇压伊斯兰运动。阿拉伯的每一寸土地都在某种程度上承受着激进势力的压力。每一个地方都能找到对反抗政府的资助,尤其当这个政府支持特权阶层的少数人,有时是因为其公开地西方化或者向以色列显示出日益宽容的立场。

在欧洲和美国,如此广泛的混乱现象很容易使人产生误判;它们看起来是想形成一个更为团结的模式，而事实却并非如此。它们看似是一个统一的反西方运动——至少是渴望统一团结的阵营。伊斯兰言论常常印证了这一点。虽然宗教激进主义充满了各种限制条件和复杂性，但其并非在所有伊斯兰国家中同等重要。印度尼西亚和尼日利亚人口中穆斯林占多数，但是从未出现过像阿拉伯国家和伊朗那样激进的状况。此外，近来在伊斯兰国家之外出现的反映某种不安的政治行动（包括恐怖主义），是一个比人们有时认识到的更为有限的现象。这一现象的出现引发了伊斯兰社会内部新的分裂和争执，并使一些老问题重新浮上了表面。

656 大多数阿拉伯地区都曾是奥斯曼帝国的一部分，其既体现了一种精神领导（哈里发），也一度给从马格里布到苏丹、也门、美索不达米亚这一广袤区域建立了一种框架和秩序措施。先前奥斯曼的土地曾是早期信仰伊斯兰教的民族的家园，其后逐渐向西扩展，有时还受到欧洲和北美传教士团和近东地区教育的影响。他们早在奥斯曼时期就开始这样做了，但是直到 1918 年才开始在埃及（他们早在 19 世纪穆罕默德·阿里时期就进行了尝试）以外的地方进行严肃的西方化实验，在战时和 1945 年后的中东，西方的理念和制度——民族国家和民族主义、社会主义和共产主义、自由民主、资本主义——都在数个阿拉伯国家生机勃勃地发展起来。然而其却明显地未能提供进步，也未能实现许多阿拉伯人从屈辱中解放的梦想。西方的万灵丹并不能产生道德和政治独立、文化的自我尊重、自由的制度，或者这一地区人民期冀的能惠及黎民的物质财富。民族政权在一些国家出现，但是繁荣和欧化社会只在黎巴嫩昙花一现，这里曾是阿拉伯世界和先进的西方观念最古老的接触点。然而，这些政权在 20 世纪 70、80 年代被人们的粗心、肆无忌惮、愤怒和失望所摧毁了。

在那时，形势因为以色列的建立而迅速恶化了。另一个刺激则是中东石油工业的快速发展（其在 1914 年之前就已经开始了），这为该地区带来了大量的新收入，但并未使大多数阿拉伯人受益。西方化失败在其潜在的结构方面，而非在破坏性或腐蚀性影响上，这一点在非阿拉伯国家且经济发达的伊朗有极好的体现。在这里(同凯末尔主义的土耳其一样)伊斯兰保守的神职人员也加入了反抗不满的洪流(一些人反对伊朗国王是因为他不够自由化,而另一些人则认为其过于自由化),并利用革命掌握权力。他们不仅发掘出了对其统治者的罪行和错误的不满,而且还有数十年来由于现代化进程在其国家之外普遍遭受的挫折,这一进程削弱了根深蒂固的传统,使数以百万计的穷人感到愤怒,这些都为其寻求阿亚图拉(Ayatollahs)的领导和鼓舞提供了理由。在伊朗推翻美国盟友的成功以及实际上达到的减少西方文化影响的成果,对中东地区长期以来所感受到的无能为力的耻辱而言是一种缓解。

无论如何,这一充满希望的时代背景,并没有开启一个使中东和北非的伊斯兰人民感到历史的潮流已经趋向他们一边的十年。首先,什么变化也没有发生,这证明伊斯兰激进派立场所具有的根本性缺陷即其反现代主义。伊斯兰保守派经常希望获益于一种可选择、可控制的现代化。他们能将自己的文化目标(以及对西方世界文化目标的摒弃) 657
与经济、技术、科学的现代化结合起来吗?看来这不太可能。第二个缺陷也迅速明朗起来。20世纪80年代伊斯兰世界的分化引发了1945年以来最血腥的战争之一,即伊拉克与伊朗之间的战争。这场战争有着深刻的历史背景,并且因为宗教上的分歧而被加重,这些分歧甚至可以追溯到倭马亚哈里发王朝建立时期。这场战争持续了八年并导致了近百万人死亡。很明显,无论其各自对欧洲人或美国人的态度如何,伊斯兰世界自身也存在着这样尖锐的划分。最后,令所有中东穆斯林感到失望的是,在解决他们所认为的以色列问题(从最极端角度来看,其希望彻底摧毁这个国家,或者从最中庸的角度来看,要求满足巴勒斯坦人民的合理要求)方面没有什么进展。

在这样的背景下,另一场没那么血腥的战争更明显地揭示出伊斯兰世界合作(更不用说团结)道路上隐匿的障碍,并使得欧洲的军队再次回到了中东地区,虽然其只是一个配角。在与伊朗的战争中,伊拉克曾经受到了美国的援助(考虑到这些事情发生在1979至1980年,这并不令人吃惊)。1990 年,伊拉克军队入侵了另一个阿拉伯国家——更小但是却蕴藏着极为丰富的石油资源的科威特。出乎伊拉克独裁者萨达姆・侯赛因(Saddam Hussein)意料之外的是,其以反以色列为掩饰的企图失败了。只有巴勒斯坦人和约旦国王(十分尴尬地)站在他一边。沙特阿拉伯、叙利亚和埃及都站在另一边,并加入了美国领导下的反伊拉克联盟。一场在联合国协调组织下的外交战役产生了一系列谴责侯赛因行动的决议,并授权使用武力解放科威特。英国和法国先遣队加入了在沙特阿拉伯集结的在美国指挥下的多国部队(德国政府因宪法原因不能派兵,这在欧洲引起了不满)。苏联并未介入或阻碍正在采取的行动。伊拉克的火箭弹攻击瞄准了以色列的城市,但是这并未获得军事或外交上的优势:以色列并不想卷入这场战争,因为这会使其他阿拉伯国家面临严峻的问题。最后,在 1991 年 1 月,联军开动了。一个月内,伊拉克投降并从科威特撤军。可以说,以色列是这次伊斯兰内部分裂的最大受益者。但是欧洲人和美国人的感觉也很好。因为所有伊斯兰世界内部持续的不满和愤恨都将比以前更加无法用于有效的行动上。在这样的背景下,恐怖主义活动能够被更实际地予以评估。

一种新的发展(与伊斯兰民族相关联)在 20 世纪 90 年代早期引起了一些欧洲国家对大量少数民族移民越发增加的关注。意大利、西班牙和法国因为地理上的接近和先前的殖民地纽带关系(尤其是法国)吸引了大量来自马格里布的移民。德意志联邦共和国吸引了许多土耳其
658 人。英国也有大量的巴基斯坦人和孟加拉国人群体。欧洲似乎给那些人口迅速增长而只能给年轻人提供很少就业岗位的国家提供了就业机会。然而,随着经济形势走低,那些想得到工作的欧洲人对移民产生了不满,他们不了解这些新邻居的习俗和习惯,并看到了许多关于恐怖主义的问题。各个国家之间的环境不尽相同,不仅是穆斯林移民面临着诸多问题,近似法西斯主义和极端民族主义的政治家们也尽其所能利用这种形势。当法国在阿尔及利亚支持的严酷的军事政权受到穆斯林反对者的挑战时,法国政府便采取警察行动来应对阿尔及利亚移民。

虽然到 90 年代中期,在全球背景下的泛伊斯兰主义和宗教激进主义并未显示出比先前对欧洲入侵的反应更为有效地捍卫伊斯兰利益的迹象,但很明显,伊斯兰因素使欧洲政府面临的许多问题进一步恶化和复杂化了。

新俄罗斯和独联体国家

俄罗斯是独联体中最大也最重要的国家。叶利钦在 1990 年 7 月退出了苏联共产党,从而很快赢得了比戈尔巴乔夫更为坚实的合法性。他曾四次投身民主进程,并在四次选举中均获得胜利。当其 1991 年作为俄罗斯共和国总统候选人时,他赢得了 57%的选票。1992 年 1 月,他启动了一项激进的经济改革,某种程度上是效仿先前波兰所做的,导致了经济的全盘自由化并免去了所有的琐碎控制。那时,俄罗斯的通货膨胀已经非常严重,但这一果断的措施至少延缓了恶性通货膨胀。尽管如此,伴随日益升高的失业率,1990 年以来国民收入和实际工资的迅速下降,1991 年来工业产出的下降(下降了一半),政府机关中出现的大量腐化现象,以及广泛的犯罪活动,叶利钦还是面临着非常严峻的问题。其中之一是对与独联体其他成员之间的关系感到为难,在 21 个非俄罗斯共和国里,居住着 2 700 万俄罗斯人(在俄罗斯境内有 2 500 万非俄罗斯人)。

独联体建立之后,1992 年在俄罗斯境内的 20 个自治共和国中的 18 个签署了一项协议而形成了一个联邦国家。次年,一部新的宪法因其可疑的状况,只在全民公决中以微弱多数通过,大约只有刚刚超过一半的选民参与了投票,从而完成了后苏维埃时代俄罗斯的正式架构。共产党在最初被停止活动之后,最终被总统令所解散。这,如同摧毁以叛乱反抗新宪法确立的对手(其对所谓的莫斯科"白宫",俄罗斯联邦议
会所在地发动了一次攻击),被一些人视为一种过度的总统高压手段的 659
征兆。叶利钦的个人风格是不会作出太多的让步,也从来不会和风细雨,但是他对于反对派的缺乏耐心助长了对其行为是否符合宪法的攻击。这是一个致命的弱点,因为尽管其在处理与独联体其他成员的关

系上比较成功(如果处理不好可能会有危险),但他没有多少正面的和物质的成就提供给俄罗斯人民。他无法实现在大街上渴望工作和低物价的男男女女们所期待的经济复苏。因此,他不仅日益受到聚集于工业和官僚体系的被称为政治利益“帮派”的潜在影响的反对,也受到了前共产党员、法西斯主义者和代表大众呼吁的民族主义者,还有那些失望的前改革家们(经常是在叶利钦解雇了他们之后)的公开反对。然而,叶利钦仍旧享有微妙的道德优势和来自西欧的外交支持,尤其是德国总理的支持,其敦促其他西欧领导人优先考虑在俄罗斯恢复稳定,并且避免因试图吸引前社会主义国家加入北约而分心,这一进程必然会引起俄罗斯民族主义的警醒。

1995 年底的选举,在多数人反对进一步的改革并抵制叶利钦的局势下产生了杜马(Duma)。其中最大的议员团体是共产主义者,第二大则是极端民族主义者。这对于通往 1996 年 6 月第二次总统选举的道路来说不是一个好的开头,然而,在第二轮选举中叶利钦再次获胜了。但是投票模式表明许多俄罗斯人明显渴望在美好的旧苏联时代时所享有的稳定的就业、廉价的食物和国际的尊重。俄罗斯大众对于在 1990 年曾出现的、向西方传统和理念开放的思想看起来并没有显示出什么热忱或哪怕是勉强的意愿。在海外很少听到人们对自由民主和市场经济胜利的议论。看起来,俄罗斯认识到应一如既往地同其他欧洲国家区别开来,一如既往地维护自身的文明区域,正像一如既往地葆有
660 其特色一样。不幸的是,看起来他们还抱有沙文主义的渴望,以再次扮演一个自认为应担当的国际角色,这常常被视为一种与西方相对抗的力量。

欧洲的混乱

民族和少数民族问题在独联体之外也十分突出,虽然其中最古老的一个看似几乎消失了,这是由一个悲剧性的错误所解决的。东欧犹太人的命运曾为大屠杀所决断;这里再也不会成为世界犹太人的中心了。以色列的建立提供了一个新的聚集地。1945 年后,许多大屠杀的

幸存者被吸引到那里,并且东欧的共产党非常渴望利用传统的大众反犹太主义(尤其是苏联)通过骚扰和小规模迫害促进移民。在一些国家中,其结果是使曾作为该地区重要组成部分的犹太人口在人口统计学意义上彻底消失了。波兰便是一个典型的例子:1945 年在波兰有 20 万犹太人幸存,他们很快又成为屠杀和折磨(有时是谋杀)的牺牲品,到 1990 年其人数下降到仅为 6 000 人。然而,仍旧有接近 100 万犹太人留在独联体共和国中,主要是在俄罗斯(并且,讽刺的是,法国的犹太人口有了实质性的增长;来自伊斯兰北非的移民使其人数达到了约 50 万)。

在其他地方,民族主义的反抗也如火如荼。爱尔兰就是其中之一,虽然有些迹象表明其最具破坏性的影响已经过去了。一份英国与爱尔兰的协议在 1985 年承认了爱尔兰共和国具有参与讨论阿尔斯特地区未来的权利并且为此设立了新的机构。更为有希望的是,九年后开始了一段新时期,有关利益各方为了爱尔兰宪政未来的和平商讨而实现了停火,并且受到了双方恐怖组织的遵行。然而,在不到 18 个月后,因为民族主义的爱尔兰共和军(Irish Republican Army,IRA)于 1996 年 2 月 1 日在伦敦制造的一场爆炸案,这一充满希望的时期悲剧性地结束了。这场爆炸对和平进程所造成的道德、心理和政治损害至今仍可见到。

在其他许多地区,民族或团体之间古老的冲突也并未消失。1990 年,共产主义在罗马尼亚失败时,便出现了罗马尼亚人和特兰西瓦尼亚地区(Transylvania)的匈牙利人之间的冲突。三年后,这里要求在罗马尼亚国家内部实现自治。但是持续的民族主义情绪的破坏性最悲剧性的证明发生在南斯拉夫联盟共和国境内。这就是为人们所知的“种族清洗”(ethnic cleansing)——这是在一个特定地区通过谋杀、驱逐、恐吓、强奸、纵火和饿死等方式对一个当地人群进行彻底清除的委婉说法。这就是 1992 年波斯尼亚的塞尔维亚人对该地区克罗地亚人 661
和穆斯林所采取的行动。在其后的四年里,波斯尼亚的存在处于危险之中。

克罗地亚和斯洛文尼亚为了对抗南斯拉夫(事实上是塞尔维亚)军队迅速建立了自己的独立国家。在波斯尼亚的斗争注定更为困难。这里至少有三大有影响力的民族——穆斯林、克罗地亚人、塞尔维亚人，而这些群体的分布——主要居住在隔离的村庄或城镇的隔离街区内(其中就有首都萨拉热窝)——比在其他共和国的情况更复杂。1992年3月,波斯尼亚的全民公投受到了塞尔维亚人的抵制,但是克罗地亚人和穆斯林都投票支持,决定了波斯尼亚的独立。其后,波斯尼亚的塞尔维亚人就拿起了武器为占有萨拉热窝和其他他们宣称应归属塞尔维亚的土地而战。他们受到了塞尔维亚和黑山共和国的支持(正式来说，两者仍是南斯拉夫联盟共和国的组成部分)。这导致了联合国对塞尔维亚对外贸易的制裁,这是该组织在数年悲惨事件中作出的最后的有效行动。

欧盟因为德国此前对克罗地亚的承认感到的尴尬也因此稍微得以缓解。直到1994年北约(在联合国的授权下)才准备采取行动进行对波斯尼亚塞尔维亚人的攻击(空中打击),这些塞尔维亚人一直忽视或者阻挠达成一个解决方案。美国政策缓慢地具体化,但最终却是决定性的。其使得贝尔格莱德的塞尔维亚政府遗弃了波斯尼亚的塞尔维亚人,并使北约采取了更为积极的行动。克罗地亚也重新开始了与波斯尼亚塞尔维亚人之间的冲突,这并非是因为他们对穆斯林感到友善,而是因为克罗地亚人在塞尔维亚人宣称占有的区域内陷入困境。波斯尼亚的塞尔维亚人最终接受了停火协议,1995年11月,塞尔维亚、克罗地亚和波斯尼亚的总统在美国举行了和平磋商。

在这四年当中,大约有20万人丧生。对这些并不富裕的国家而言,破坏是相当巨大的。资助北约先遣队(约有6万人)去监督必要的撤退和边界划定比设计一个重建计划要容易得多,更不要说将战犯绳之以法了。和约的实质是波斯尼亚应由两个实体组成,一个是穆斯林-克罗地亚人联邦,另一个是塞尔维亚人的。克罗地亚政府已能确保其所想要的北部领土的安全;塞尔维亚再次未能取得亚得里亚海的港口，并被迫放弃在其他地区获得领土的希望,但却因撤销制裁而感到一丝满足,毕竟这一制裁措施对其已经产生了极大的损害。穆斯林的波斯尼亚幸存了下来。波斯尼亚的塞尔维亚人至少在最开始的时候遵守了分治的规定,但在精神上却拒绝这一解决方案。他们没有理由希望这种民族主义诉求的老问题能够就此平息。

663 后记：面向21世纪

尽管最近存在相反的说法，但历史并没有走到终点。历史并不像任何人所想象的那样存在着终点。从另一方面讲，某种事物的历史，例如国家的、教会的、宗教的、文化的、法律制度的、工业的，以及许许多多其他事物的历史，会有终点。在写作和研究各个实体时，历史学家或明或暗地用时间顺序解释他们的课题。无论解释是什么，他们最终在最接近自己所争论或叙述的地方得到了结论，因为在此之后并没有主题。据此，随便举一个例子：神圣罗马帝国的历史被认为结束于1806年（尽管从历史学家对于帝国的研究和论述中来看，它的历史并不是这样）。

可能欧洲历史如今从这样的特殊角度看来已经到了一个终点。当然，这里没有一个如同1806年那样清晰的时间分界线。在考虑各种可能性时，我们需要清楚我们想要表达的内容是什么。或许我们可以将欧洲作为一个（在大多数时间内）明显区别于世界其他区域的地理范围来对其过去几个世纪的历史进行考察。尽管如此，显然在最近的几个世纪里，越来越多的非欧洲历史不得不被纳入欧洲历史叙述中，以使对欧洲历史的认识变得清晰。事实的确如此，即使是世界其他地区的历史——例如非洲或亚洲——也通过来自欧洲的人和事对其发生的作用这一观察途径（而非与之相反）而显得更加清晰。尽管如此，影响却是相互的。举个例子，欧洲历史长期以来深受从美洲流入的马铃薯和白银的影响，而这就意味着，那些为欧洲历史发展提供可能性的非欧洲历史是与欧洲相关联的。

如今，实际上，这只鞋子毫无疑问地被穿在了另一只脚上。在这个世纪中，那些欧洲以外的地区常常决定着欧洲的事物。随着世纪末的来临，这个趋势也越来越明显。如今，在北京作出的决议决定了清理欧洲帝国在亚洲残余势力最后阶段的推进方式；来自东京和首尔的决议决定着威尔士的就业前景。就政治层面而言，这个进程始于1945年，甚至可能更早就开始明确地产生作用。在此背景之下，欧洲历史还能 664
被继续写成是一个独立的主题，一个完全由自身内部演化而不是起源于世界其他地区的叙述吗？至少谨慎地来说，那是做不到的。

尽管在解决这些问题之前，我们一再反思我们可能试图将欧洲历史表达为一个独立的和明确的研究对象是明智的。界定其自身是不受外界影响的还是易受外界影响的标准应当是观察其对于拥有许多可供选择的传统文明的世界其他地区的反应。显然，西方在近几个世纪里显示出了一些显著的力量——这是西方留在世界上的印记。命名以及为这些名称下定义通常被认为是权力的标志和形式；我们的世界中大部分被广泛认同的名称来自欧洲。即便是恒星和行星的名称也源于欧洲流传的神话，而我们的地球表面将这个特点表现得更加明显。欧洲、非洲和亚洲的概念源于被欧洲人所极大地拓展的古希腊观念。美洲以意大利航海家来命名。澳大拉西亚(Australasia)之所以被称为澳大拉西亚，是因为其面对着被欧洲人称为南极的地方。仍然与我们息息相关的地区被称为中东与远东，因为这个安排与欧洲人首先到达的地区有关；而且在全世界范围里，这样的名字还有纽约、新拉雷多、新法兰西、新西兰。通过在世界范围内的命名，欧洲人清晰地重组了世界，无论是对于他们自身还是非欧洲人来说都是如此。

我们所居住的地球的版图是欧洲人在仅仅一个世纪内发现并完成的。它确定了全世界居民如何认识他们自身的途径，因为欧洲人像命名地名那样来对不同的人种命名。正如他们创造了地理上的非洲这一概念，他们同样也创造了“非洲人”的范畴。从古老的、模糊的“摩尔人”的概念——起初包括了所有深色皮肤的非基督教徒，在这个意义上，这个概念被扩展到印度——发展出了一个“非洲人”的支系范畴（后来又出现了其他进一步细分和更加精确的支系范畴）。随着时间的演进，这使非洲大陆的居民将自身视为共享一种他们实际上从没有拥有过的共同身份成了可能，并且为其他词汇的发明开辟了途径，例如泛非主义或非洲性格（*négritude*）这些观念。而这些观念则更容易在合适的时间里被从欧洲人那里借用——例如有关种族、民族时。这些观念在全球范围内具有很强的影响力，虽然它们实际上走了捷径，有时否认了其他的真实的原始身份的存在。

欧洲为全世界提供了第一种世界性语言。汉语相比其他语言可能被更多的人所理解，但是这并没有使其成为世界性语言。它从没有像西班牙语在我们今天称之为“拉丁美洲”（源于19世纪法国皇帝拿破仑三世的一个灵感）的地区，英语在北美洲和澳大利亚，以及英语、法语在许多非洲地区那样广泛地应用于中国之外的区域。通过语言（如同地
665 理上的表述一样）来确定想象和感知的标准，确定重点，在某些方面相比其他方面更早地取得突破。同样的情况也出现在欧洲的竞技体育、艺术、音乐在世界范围内的影响上。

历史依旧可以持续发展。即使是最微不足道的迹象，显然也反映了一个文明有独特意义的最具体的影响，这些在过去300年中都是改造世界的主要力量的主要来源。这种现象已经远远超过由单纯的政治或军事实力所产生的影响。它甚至不是局限于一个能被自觉接受的思想和原则。实际上，衡量欧洲影响的一个困难是文化演变的过程常常处于不自觉的状态下。更进一步讲，有时甚至可能是有意识或无意识地抵制欧洲所造成的后果。最后，欧洲文化当然不是唯一的“高级”文化。其只不过是与第一个在世界范围内传播的人类文明的塑造（在各个层面以不同程度展开）相关，这一过程的影响是完全彻底的、从上到下的、自觉或不自觉的，贯穿了近几个世纪以来的整个世界历史的。

历史学家（特别是在大学任教的历史学家们）常常被认为给予了欧

洲过多的关注。“多”指的是他们所论述的“欧洲中心论”(“欧洲中心性”的特征)这类的概念，这些概念比单单关注一些固定的题目范围要更加宽广，目标要更加分散。通常而言，相比这种歪曲背后的原因，对于欧洲中心性的批评似乎不太关心欧洲和欧洲的主题被给予了不适当的关注。这往往意味着不仅是高估了欧洲历史的相对重要性，还包括欧洲人行为的内在价值也都被高估了。研究欧洲历史而不是其他的，例如非洲或中国的历史，被认为反映了一个假设，即欧洲的成就在一定意义上更值得钦佩，更值得赞赏，所以“更好”。

我们最好应当承认，面对这样的批评，最近几个世纪以来的历史著作给出了一些貌似合理的以及似是而非的解释。许多欧洲人的确俯身去研究过其他文明。受到莱布尼茨与伏尔泰所推崇(尽管对其并不了解多少)的中华文明后来在维多利亚时代受到轻视——正如有人所说的那样，那是一个“巨大的、稳定的、缺少活力的沉闷的文明”[1]。当然，这两个判断都是肤浅的。许多从事跨文化研究的人也是如此，例如，在近几个世纪里，欧洲人通常还是认为非洲人是野蛮人，尽管非洲人能够像为自己的部落在非洲大陆上寻找合适的生态环境那样掌握复杂的科学技术。其他类似的例子也很容易想到。

我们还应当回顾，在欧洲大扩张中(因为这是欧洲历史中的一部分)，几个世纪以来的欧洲人都认为自己在一定意义上要比被自己所征
服的地区“先进”得多，无论其本身的行为有多糟。即使当作为寻求世 666
间平等众生灵魂救赎的基督徒，欧洲人也自认为拥有真理，而其所面对的是无知、没有道德和野蛮的民族。这种想法是基督教文献世俗化的表现，其不断满足着欧洲人的虚荣心，不断维持着宗教的发展和世俗传教士的热情，一直持续到这个世纪。但是我们不能把问题看得过于简单。如果说有教养的欧洲人习惯性认为只有欧洲传统艺术才是真正的艺术，那么同样有许多欧洲人从事其他文化艺术的研究与收藏。并没有人强迫他们来从事这样的工作，他们是基于热情在从事这些工作。

---

① Cardinal Newman in *The Idea of a University*, ed. I. Ker (Oxford, 1976), p. 213.

我们可以看到，是一个英国人而非印度人率先推动了印度本土出版物的出现，另一个英国人发起了印度的考古学研究，最终实现了政府对印度古迹的有序保护，而这些事情是之前任何征服者都未曾想到的。更进一步(更尖锐地)讲，显而易见，欧洲人曾遭遇的一些社会习俗，与作为征服者的欧洲人一样时常是残忍的、卑鄙的和野蛮的；我们很难(除非为了一些谨慎的或实际的理由，但即使是这样也很难)为溺杀女婴和焚妇殉夫这样的行为来提供论据。由于欧洲中心论的消极方面的过度影响可能产生道德上的优越感，而这肯定也会导致对历史史实的歪曲。

如果要讲一个关于世界历史而并不只是世界上某些部分的历史的故事，事实上还得从欧洲中心论的角度来理解最近几个世纪之事。欧洲在大多数时间里是推动世界历史发展的主要动力的起源。而在同一时期的世界其他地区或其他民族的历史也是十分值得研究的，并不是因为其与欧洲扩张的联系，而是因为其自身的闪光点。中国、印度以及日本的历史可能像欧洲历史一样为我们带来心灵的愉悦，陶冶我们的情操，指导我们的判断并开阔我们的思路。历史总是这样，每一部历史都有自己值得研究的原因。欧洲历史也是这样，但在一定的时期内，欧洲历史的重要性要远大于亚洲、非洲或美洲的历史。

世界历史告诉我们应当如何使用“欧洲”一词，这又是另外一个问题，而且这个问题更难说清楚。由欧洲大陆产生的各种影响直接或间接地通过欧洲人的著作以及那些与欧洲人相遇的人们的所见所感(无论友善的还是暴力的)来进行传播。通常欧洲人的共同点是不难看出来的。是通过语言还是态度来表达自己是一个老生常谈的问题。如果要理解欧洲人，那些欧洲人共有的语言和态度应当被作为历史性的问题来理解，这显然十分重要。但是这些语言和态度对于理解一个持久的、稳固的、被我们称之为“欧洲”的文明并没有提供什么线索。在数量上，现在可能有比从前更多的欧洲人对于在欧洲建立一个统一的体制抱有强烈的信心，他们之中许多人对于推动统一怀有极大的个人兴趣或者说是热情，甚至有人(少数人)对之抱有一定程度的道德信念。但
667 是让英国人和法国人有这种想法花了很长时间，而且让所有欧洲人都

具有相似的意识还得再过一段时间。这并不奇怪。经过了数个世纪，欧洲人在其所拥有的不同的经历(或思想)的共同作用下将欧洲的行为和习惯塑造成了不同的形式。

历史能够增进我们的理解，却不能为我们提供关于欧洲的定义和自我认同的现成例子。历史也不会为我们提供将拥有共同、持久的历史传统的成员作为一个历史整体来定义为欧洲的证据。这就说明我们可能感受到的对于欧洲的忠诚必然意味着一些与过去所能认识到的东西完全不同的情况。太多的人曾试图在过去的身份上加入关于传统的自我认同的观念，或者至少是这种观念的雏形。实际上并没有不变的持久的欧洲传统，即使从欧洲流传来的许多思想和观念起源于遥远的过去。在我看来，“欧洲”一词发生了一系列历史性的意义变化，因欧洲人面临的不同需求和挑战而产生差异。欧洲产生的某些思想、制度已经断断续续地通过各种手段相互交融，变得精炼，并且更有效地起作用，还传播到了整个世界。这些思想和制度多种多样。在一定的时间内为了一定的目的，人们常常将其作为一个整体，来使其发挥功效。

如果一定要为欧洲确定一个形象，在我看来，它应当被视为一个历史的熔炉。在欧洲(其范围甚至很难被界定)，某些时期内发生的某些事件以后会产生重大的影响(而这些影响可能在事件发生很长时间之后才能显现出来)。这些影响现在被视为全球性的影响，这些发生在欧洲的事件改变了整个世界历史的进程，而由这些影响产生的后果最后又被作用回欧洲本身。通过这个影响的网络——或者我们更加形象地称之为传播系统(transmission system)——这些事件的影响覆盖了整个世界，而这个网络本身就是欧洲对于世界影响的产物之一：它使历史的发展形成了规律。反过来讲，这个网络丰富、批判和修改了被传播的内容：于是，欧洲的成了西方的。现在新的文化创作，新的确定性已经开始明显地作用于地理上的欧洲。试图去判断欧洲遗产的性质实际上并没有意义；欧洲的任务已经完成。

或许有人会对这个结论感到不快，有人会感到失望，有人甚至会感到可悲。然而，如果我们不再将未来的欧洲看作是一个世界历史性的角色,这便是一个成功的结果。欧洲历史不会由于曾经像产生过人权论一样产生过大屠杀而不值得被研究。这一切仅仅是一个主要的文明化过程和一个历史进程的结束,辉煌的时代已成过往。这是一个事实,而不是去对那些已经远去的旧帝国统治的传播系统(再次使用这个比喻)、自信的传教努力、经济的剥削和技术的传播等感到惋惜(或进行庆
668 祝)的借口,因为它们现在已经几乎不起作用了。成功已很难被复制,所有剩下的工作就是去把握最后的机会,将越来越多的由欧洲起源的那些价值观和思想固定下来,使之能在其他文化中稳定下来,即使这些文化看起来对于外来文化有排斥性。当然,由此产生的现实中的和物质上的对抗的升级必然会随之而来。五个世纪前许多文化与欧洲之间那种原封不动的、纯粹的文化边界将不复存在。(至少在这个星球上)不会再出现新的文化上的地理大发现时代,也不会出现新的欧洲时代了。

但是,历史学家不应该做预言。那些明显的轮廓实际上是模糊的。我们并不能总是准确地描绘出这些轮廓,因为这些边界仍在不断地改变。这些改变之中的边界可能变得非常奇怪。而这也在未来的欧洲和世界范围内成为现实。如果我们回头看去,也并不应该对此感到惊讶。曾经在欧洲紧密团结的基督教会,现在变成了天主教与新教。基督教内部长期的、富有成果的自我批判甚至是自我怀疑现在已经变成了一种日常的、完全世俗化的行为。尽管偶然有表面上的相似之处,但 19 世纪的帝国主义,已经和 16 世纪的西班牙殖民者迥然不同了。今天的传教士们传教所怀有的目的和信念已经完全不同于他们一个半世纪前的先辈们。很显然,现在没有任何一个西方的军火商还会显示出像文艺复兴时期希望禁止向非洲人出售武器的罗马教皇,或者小心翼翼地将印度军队中的大炮置于英国兵团控制之下的英国统治者那样的谨慎态度。所有这一切,还有其他更多方面,汇总起来可以说明,文化的迁徙已经改变了那些自从地理大发现以来形成的关于全球欧化的认识,因此,任何认为“欧洲”的对外文化性影响就像自来水管里流出的水一样,无论接受者愿意与否都不可避免(但基本上都是被动的)的观点是荒谬的;这些自来水管现在通过别的方式来起作用,欧洲人有时不得不

让自己来洗洗淋浴。

我们很容易认为，欧洲内部机构的形式变化将不会像想象中的那么重要，无论这些想象是积极的还是消极的。欧盟可能需要时间来处理实际问题，调整利益分配，通过安排谈判消弭矛盾，调和积极与消极方面使之可以被接受以及尽可能地实现国家间的公平、平等，从而增强欧洲内部的凝聚力，但是这样一来可能会比我们所期待的慢得多。同时还可能存在一些文化上的问题：例如对于大量的非欧洲移民而言，他们接受最多的东西仅仅是肤浅的欧洲式生活方式。像这样的挑战将会引起政府决策层更加尖锐的争论和立法。这样也许能阐明对于外侨待遇的共识(尽管这种共识令人怀疑，但至少可以说是一种共识)程度。不管是否能真的达成这种共识，但至少这个问题已经引起了人们的注意。

无论如何，欧盟之中仍然存在一些不合逻辑的事物，许多人依旧认为欧盟并不是欧洲的完美形态。东西欧之间的差异长期以来为人们所 669
争论，而这种差异已经凸显了多次。东欧与西欧两个文化区的长期存在并不是冷战的产物，也不是 1939 至 1945 年(第二次世界大战)之间所发生的事件的产物，更不是 1917 年俄国“十月革命”的产物。这些历史事件只不过是在原有的历史条件下加入了新的限制性条件，特别是在市民文化、经济发展以及环境和卫生的现实等方面。关于欧洲何时终结的辩论将一直持续下去。起源于犹太教经典的基督教世界发展成为两个完全不同的天主教欧洲与东正教欧洲。政教合一成为俄国难以磨灭的政治传统(而最近的历史表明仍存在这样的希望)，而奥斯曼帝国的专制统治给其在巴尔干半岛国家中的政府带来了恶名。虽然波兰、波罗的海国家、匈牙利、波希米亚、摩拉维亚信仰天主教，但俄罗斯却不是：它没有罗马教皇，没有关于叙任权的斗争，没有中世纪的领主豁免权和公民自由，没有文艺复兴，没有工业革命，没有参与地理大发现，没有来自本土的启蒙运动，也没有法国大革命。它直到 20 世纪才完成了工业化，令人惊奇的是，它是在来自西欧的思想框架内完成了工业化的进程。俄国长期以来也是欧洲文明的传递者，在很长一段时间内其主要的传递对象是亚洲，但是，1918 年以后，俄国向世界输出最多的是欧洲思想的加工品——马克思主义的共产主义，其吊诡地成为欧洲霸权的颠覆者。

这些信条在世界众多地区的吸引力进一步证明——当然这也是这些地区所需要的——无论是好是坏，我们期待这个世界被改造成欧洲所呈现出来的西方的形象。没有迹象表明那些将抵制这个结果的人，能永远抵抗文明缓慢的侵蚀，那些文明的危险礼物对许多人很有吸引力，对那些权势人物来说则是不可缺少的。尽管如此，这首先意味着我们将进入这样的一个时代，文化的对立将会带有政治与经济对立的色彩。这些诞生于欧洲传统之下的事物，可能在未来的数十年里被他们文化上的对手谴责为魔鬼撒旦的信徒、邪恶原则的体现和政治经济上的侵略者和剥削者。然而这些拟人的手法只是一种比喻。我们（包括历史学家们）都使用这些说法，却常常并没有真正认识它们。比喻是最有帮助的工具，但是它的诱惑力使其具有更大的危险。我们很容易将某些现实甚至是人物归于我们所选择讨论或解释的单位中；也很容易不自觉地跌入理想化的状态，认为作为一个时代的“思想”所发生的事情是被新观念所启发的，或者认为我们视之为席卷整个社会的一波疾病的传播或通货膨胀，是真正意义上或实际意义上的，而不是基于观察者对成千上万独立事件的分类，而这些独立事件可能被划分在其他的背景中或者通过其他的方式来叙述。

法国历史学家布罗代尔曾用过一个说法，看起来对于思考欧洲十分有帮助。他谈道，欧洲的一部分——意大利——是“一种历史实体的代表，其中各种事件具有相似的影响和效果，并且这些事件在某种意义
670 上是受到限制的”。这个说法认识到一个框架长期以来对于欧洲历史的限制，这个框架尽管是一件紧身的夹克，但首先，它是一个只放映固定历史剧目的剧场。毕竟，欧洲这个名字第一次被给予一个地方是很长时间之前的事情了，虽然我们不能想当然地认为我们确切地知道欧洲这个名字在历史上任何一个特定的时间是否具有更深一层的意义，但这一名词通常已经能在最小的地理范围上为人们所认同。在其范围

内，甚至在狭义上，特定的事件建立起了特定类型的制度，各民族开始有意识地要拥有自己的历史意识，一些危机被克服，其他的则产生了灾难，而这些危机在数百年的时间里对数以百万计的人们产生了巨大的影响。欧洲人共有的经历或所经受的同一观念的影响程度能够（并且必须）被探讨；欧洲人所共同经历的东西，在同一时间并没有为亚洲人和非洲人所共同经历，这些东西十分重要，应该被作为历史所书写；我们仍然可以肯定，并非所有人都拥有共同的经历，并且有时他们这个群体共同经历的事情，并不会与其他人分享。

任何时期内的自我认同与自我认知都是特定情况下的产物。一个19世纪的欧洲人——如果有这么一个典型的人的话，看待外部世界的方式注定要与今天欧洲人所持有的观点大相径庭。在不同时期内，欧洲人一直在担忧"美国化"（Americanization，希特勒对此极为重视，并且看起来是郑重其事的）。然而，关于美国化的警钟很难扮演19世纪在全球分享的"西方"文化那样的角色。数个世纪以来，对于伊斯兰教的恐惧成为欧洲人共有的观念，他们所想象的现代伊斯兰教中的某些元素现今仍困扰着他们。然而，从外部来看，伊斯兰教关于欧洲和欧洲人的描绘大多数都迷失在对"西方"的普遍反应中——认为其是一个唯物的、无神的、断裂的社会，正如那些满怀热情的穆斯林在苏联和美国所见到的那样。视角发生变化，认知也随之变化，"欧洲"这个概念始终在不断完善和改进之中。如果我们觉得困扰，即便是像本书一样对历史作一粗略的探讨，可能对于着手解决问题也是有所助益的。

索　　引

（索引条目后数字为原书页码，即本书边码）

B

C

D

F

G

K

M

O

P

Q

R

T

U

W

Z